- **主　编**：熊文钊
- **副主编**：张俊杰　刘志峰
- **撰稿人**：（按拼音顺序排列）

蔡　锟　曹旭东　冯瑞丽　雷　磊
刘春禾　刘志峰　孙　建　田　艳
吴勇辉　熊文钊　姚新柱　张步峰
张　杰　张俊杰　张　伟

法学研究生
教学书系

# 公法原理
Principles of Public Law

熊文钊 / 主编

图书在版编目(CIP)数据

公法原理/熊文钊著. —北京:北京大学出版社,2009.10
(法学研究生教学书系)
ISBN 978-7-301-15730-5

Ⅰ.公… Ⅱ.熊… Ⅲ.公法－原理－研究生－教材 Ⅳ.D90

中国版本图书馆 CIP 数据核字(2009)第 167079 号

| | |
|---|---|
| 书　　　名: | 公法原理 |
| 著作责任者: | 熊文钊　主编 |
| 责 任 编 辑: | 明　辉　白丽丽 |
| 标 准 书 号: | ISBN 978-7-301-15730-5/D·2401 |
| 出 版 发 行: | 北京大学出版社 |
| 地　　　址: | 北京市海淀区成府路 205 号　100871 |
| 网　　　址: | http://www.pup.cn |
| 电　　　话: | 邮购部 62752015　发行部 62750672　编辑部 62752027 |
| | 出版部 62754962 |
| 电 子 邮 箱: | law@pup.pku.edu.cn |
| 印　刷　者: | 北京宏伟双华印刷有限公司 |
| 经 销 者: | 新华书店 |
| | 730 毫米×980 毫米　16 开本　27.25 印张　509 千字 |
| | 2009 年 10 月第 1 版　2019 年 8 月第 3 次印刷 |
| 定　　　价: | 42.00 元 |

未经许可,不得以任何方式复制或抄袭本书之部分或全部内容。
版权所有,侵权必究
举报电话:010-62752024　电子邮箱:fd@pup.pku.edu.cn

# 前　言

## 一、研究目的和研究意义

公法,是与私法相对的概念,一般是指以实现公共利益和规范公权力为首要目标的法。自从公元3世纪古罗马法学家乌尔比安首创公法这个概念以来,西方世界出现了许多关于公法的研究成果,这推动了公法的发展和繁荣。不过,不论是在大陆法国家还是在英美法国家,关于公法的研究并无定式,关于公法的概念内涵和外延也众说纷纭,甚至公法作为一门学科是否具有独立的法学基础和概念工具也是令人怀疑的。

中国在改革开放之后,开始引入和移植西方尤其是大陆法系的法律制度,公、私二元对立的法律框架自然被中国法学界所接受,因此,学者也开始研究公法问题,并取得了一些研究成果。不过,其中的问题仍然很多,主要有以下一些:第一,这些研究成果大多是从公法之下的单个学科的角度分别进行的,很少有关于公法的共性问题的研究成果;第二,对公法的研究,还停留在较浅的层面,缺乏坚实的理论基础;第三,对公法的研究方法过于单一,一般只会运用分析实证的方法;第四,对公法的基本范畴、研究对象、研究目标缺乏逻辑一致的论证。

加强公法原理的研究,其实际意义在于:第一,能够提炼规范国家权力的基本规律,完善公权力的整体运行,有利于我国的宪政建设;第二,有利于指引人权保障的趋势,加强公法制度建设,使公权力的运行在保障人权的基础上具有正当性,推进我国的法治进程;第三,有利于完善我国的公法制度,从而推进制度反腐败。其理论意义在于:第一,对各部门公法学科已有的研究成果进行抽象和概括,有利于提高人们对公法认识的理论深度和研究水平;第二,将公法的概念、范畴、原理等系统化,有利于实现各具体公法学科内部的和谐发展,也有利于公法规范的协调发展;第三,有利于消除我国公法学研究的盲点,拓展法学发展的空间;第四,有利于完善公法学科体系,探索我国公法学长足发展的突破口。

## 二、主要研究内容

本书基本的预设便是:在各个不同的公法分支中,存在一种可以被抽象出来

的共性的原理,这种原理便是公法原理,也是本书的主要研究内容。它大致包括四个主要部分:

第一,公法的基础概念研究。主要研究公法和私法、权力和权利这两对基础概念的历史起源、演变、性质、内涵和类型等问题。自乌尔比安提出公私法划分以来,由于古罗马在政治上的不断集权,统治者更加注重的是私法的发展,因此,私法在法律领域获得了更多的发展,也就是说,公法与私法划分的最初意义也许只是为私法的发展获得自由的空间服务。但伴随着政治、经济和文化的发展,尤其是在近代资本主义市场经济发展的背景下,出现了市民社会与政治国家的两极对抗,为了控制国家权力对公民的干预,保持国家"守夜人"的角色,亟需一些专门的法律来规范国家权力的行使,公法也获得了发展的土壤。但是,伴随着"市场失灵"现象的出现,国家也开始了其积极的作用,出现了"行政国"现象。在法律方面,原来的"公、私法泾渭分明"开始走向"公法私法化"和"私法公法化"的融合。权力与权利是公法中历久弥新的话题。从本质上来说,权力永远是为了权利而生存的,权力是为了更好地保障和维护权利而存在的,权利不仅是权力的来源,更是权力的归宿。没有权利的认可,权力的存在就缺乏其正当性和合理性,权力只不过是权利实现的手段。但二者又处于对抗状态,权力所具有的扩张性、侵犯性等特性,使得权利始终面临着被侵害的威胁。权力总是以缩小权利来扩张自己,二者犹如天平的两端,此起彼伏。因此,权力对于权利来说既具有侵害性也具有保障性。

第二,公法的基本范畴研究。主要研究公法的基本范畴的内容,包括公法关系、公法规范、公法的基本原则以及国际人权公约对我国公法发展的要求等。公法中规定的权利义务必须要通过相应公法规范对一些社会关系进行调整后所形成的公法关系体现出来,只有通过具体的公法关系,才能把公法上的抽象的权利义务关系转化为具体的权利义务,这样,才能实现公法所要实现的价值。公法规范具有一个极为严密的体系,其有相应的等级对应,对于各个不同的公法所形成的公法关系也不尽相同,比如宪法规范、行政法规范、刑法规范以及诉讼法规范,在这里,宪法规范在法律体系中是具有最高效力的规范,在公法规范中,其效力当然位阶最高,其他公法规范的效力要从属于宪法规范而不能与之相抵触。由于公法规范是具有不同性质的规范,因此,做好公法规范之间的衔接自然也是我们这里所要探讨的重要课题之一,这样才能保证公法规范体系的有机性和统一性。公法的基本原则是指导公法活动(立法、执法和司法)的主要原则,在私法体系中,形成了一系列基本原则(如诚实信用、意思自治等),在公法领域内,也理所当然地有自己相应的基本原则(如民主原则、法治原则、人权保障原则、平等原则以及比例原则等),这些原则是任何一个现代法治国家都应该具备的。

公法原则与私法原则的不同之处就在于,私法原则更加注重意思自治,而公法原则则更注重对国家权力的控制,防止对权利的侵害,这也是公法的本质所在,即限制国家权力、维护公民权利。尤其是在注重人权保障的当代,我们更要注重从公法领域去完善人权保障机制,切实做好人权保障工作。

第三,公法的基本制度研究。主要研究公法的公权民授制度(包括代议制、选举制度、政党制度)、权利保障制度、权力制约制度(包括横向权力配置制度和纵向权力配置制度)、正当程序制度、公法责任和救济制度。公法理论的实践需要相应的公法制度来操作,同时任何制度的建立都需要理论上的支持。公法基本制度也需要公法理论的支持。公法理论研究的主要目的是为了限制国家权力、保障公民权利,必然,公法制度的设计也遵循这样的精神进行。公法制度的设计从各个方面来对国家权力进行限制,以保障公民的权利。从权力的来源来说,公权民授制度就很好地对国家权力的来源作了限制,通过代议制度、选举制度等对国家权力的来源作了严格的约束,从而使权利成为国家权力的来源。从权力的行使过程来看,通过权力分立与制衡的方式限制权力的专断,同时,通过正当程序制度要求权力在阳光下行使,防止权力的暗箱操作,从而进一步限制权力,保障公民权利。从权力行使的后果来看,公法责任、救济制度等权利保障制度要求违法行使权力者承担责任以限制权力的任意行使,为国家权力的行使戴上一个紧箍咒,使其永远难以脱离公法的控制。

第四,公法的基本价值研究。主要研究公法与正义、公法与利益、公法与秩序以及公法与效率等。法的价值也是一个亘古不变的话题,一个法律能够存在并运作,主要是因其具有相应的价值。公法也不例外,正义、利益、秩序以及效率等都是公法所要实现的价值。这些价值之间相互独立又相互影响,尤其是正义与效率。因此,如何协调好这些价值之间的关系也是公法理论的一个重要课题。

### 三、主要的创新点

第一,本书系统归纳研究了关于公法的共性问题和运行原理,建立起公法的基本概念、基本范畴、基本制度和基本价值。

第二,本书所归纳出来的公法基本概念、基本范畴、基本制度和基本价值,构成了一个完整而具有内在逻辑的原理体系,这种体系性很强的结构和内容,本身就是一种创新。

第三,本书试图打破公法学科之间的藩篱,构建具有共性的公法原理,同时加强了学科之间的沟通和互相促进,开拓了新的研究领域,拓宽了研究视野。例如,对于新出现的公、私法融合的领域,由于以前私法原理较为一致,因此较多地诉诸私法原理,如经济法领域、劳动法领域、环境法领域等;在具有逻辑基础的公法原理出现之后,这些公、私法融合的领域,同样可以诉诸公法原理,从而促进我国的法律制度的完善和法学成果的丰富。

第四,本书构建了新的公法学研究方法。传统的公法研究方法以规范性的研究方法为主,而本书在公法原理的指导下,整合形成了功能性和规范性的综合研究方法,以适应不同学科的研究需要,从而为各学科的研究提供了新的研究工具。

# 目 录

**第一章 公法观念** …………………………………………… (1)
    第一节 公法观念与公私法划分 ……………………………… (1)
    第二节 公私法划分的根据 …………………………………… (5)
    第三节 当代中国公法观念的强化 …………………………… (8)

**第二章 公法的逻辑起点——公权力** …………………… (17)
    第一节 公权力和政府的起源 ………………………………… (18)
    第二节 公权力的概念与特征 ………………………………… (29)
    第三节 公权力的时代功能 …………………………………… (39)

**第三章 公法的归宿——权利** …………………………… (46)
    第一节 权利的概念 …………………………………………… (46)
    第二节 公权利与私权利 ……………………………………… (50)
    第三节 权利与公权力的关系及公法调整 …………………… (53)

**第四章 公法规范** …………………………………………… (59)
    第一节 公法规范概论 ………………………………………… (59)
    第二节 公法规范分论 ………………………………………… (85)

**第五章 公法关系** …………………………………………… (117)
    第一节 公法关系的概念及特征 ……………………………… (118)
    第二节 公法关系的构成 ……………………………………… (122)
    第三节 公法关系的分类 ……………………………………… (130)
    第四节 公法关系的产生、变更和消灭 ……………………… (132)
    第五节 公法的实现与公法关系 ……………………………… (134)

**第六章 公法原则** …………………………………………… (137)
    第一节 民主原则 ……………………………………………… (137)
    第二节 法治原则 ……………………………………………… (141)

第三节　人权保障原则 …………………………………… (146)
　　第四节　平等原则 ………………………………………… (150)
　　第五节　比例原则 ………………………………………… (156)
第七章　公权民授制度 ………………………………………… (161)
　　第一节　代议制 …………………………………………… (161)
　　第二节　选举制度 ………………………………………… (174)
　　第三节　政党制度 ………………………………………… (189)
第八章　权力的配置与制约 …………………………………… (199)
　　第一节　公权力的组织结构——政体 …………………… (199)
　　第二节　横向权力配置 …………………………………… (202)
　　第三节　纵向权力配置 …………………………………… (222)
第九章　正当法律程序 ………………………………………… (233)
　　第一节　西方法律的程序化 ……………………………… (233)
　　第二节　正当法律程序的基本结构——以行政程序为例 … (244)
第十章　权利保障制度 ………………………………………… (256)
　　第一节　权利保障制度概述 ……………………………… (256)
　　第二节　权利保障制度在公法中的体现（以我国为例）… (259)
第十一章　公法责任与救济 …………………………………… (271)
　　第一节　关于行政救济含义之解释 ……………………… (271)
　　第二节　行政救济之原理 ………………………………… (275)
　　第三节　行政救济之基本原则 …………………………… (280)
　　第四节　行政救济之形态 ………………………………… (285)
　　第五节　关于行政救济机制一些问题的思考与探讨 …… (294)
第十二章　公法与正义 ………………………………………… (303)
　　第一节　正义观念概述 …………………………………… (303)
　　第二节　公法与正义 ……………………………………… (314)
第十三章　公法与利益 ………………………………………… (318)
　　第一节　利益概述 ………………………………………… (318)
　　第二节　法与利益的关系 ………………………………… (323)
　　第三节　公法对利益的选择和协调 ……………………… (326)

**第十四章　公法与秩序** ……………………………………………………………(336)
　　第一节　法律与秩序的关系 …………………………………………………(336)
　　第二节　公法对秩序的维护 …………………………………………………(338)

**第十五章　公法与效率** ……………………………………………………………(345)
　　第一节　效率概述 ……………………………………………………………(345)
　　第二节　公法与效率的关系 …………………………………………………(353)
　　第三节　中国公法的效率价值的实证分析 …………………………………(358)

**第十六章　公法的发展趋势** ………………………………………………………(364)
　　第一节　公法的发展趋势综述 ………………………………………………(364)
　　第二节　公法私法化与私法公法化探析 ……………………………………(367)
　　第三节　公法国际化与公法全球化探析 ……………………………………(383)
　　第四节　国际人权公约对我国公法发展的要求 ……………………………(393)

**参考文献** …………………………………………………………………………(419)

**后记** ………………………………………………………………………………(424)

# 第一章
# 公法观念

## 第一节 公法观念与公私法划分

### 一、公私法划分与公法观念的出现

"公"与"私"的观念由来已久,并很早便出现在法律领域。但关于公法的观念则并非随着法律的产生而自始存在。确切地说,公法观念的出现源于古罗马五大法学家之一的乌尔比安首次提出的关于公法与私法划分的思想。公元3世纪,乌尔比安以敏锐的观察力指出:"公法是有关罗马国家稳定的法,即涉及城邦的组织结构,私法是调整公民个人之间的关系,为个人利益确定条件和限度,涉及个人福利。"①后来查士丁尼钦定的《法学总论——法学阶梯》进一步肯定了这一分类,即"法律学习分为两个部分,即公法和私法,公法涉及罗马帝国的政体,私法则涉及个人利益"②。这种划分确立了公法和私法的职能分工和各自的调整范围,并形成了各自特有的原则。乌尔比安在他的《学说汇纂》中指出:"公法的规范不得由个人之间的协议而变更","对当事人来说,协议就是法律"。③换言之,公法是强制性的,必须遵从而不能随意变更,而私法是任意性的,可以由当事人协议更改。这些都是对二者差异的揭示。将法律划分为公法和私法,是古罗马法学家的杰出创造,而根据这种划分来构建整个法律体系的内在结构,则是罗马法的首创,并为后世所继承,产生了极其深远的影响。

然而,当初罗马法学家提出公私法划分无疑有其特定的历史背景,由于时代

---

① 〔意〕彼德罗·彭梵得:《罗马法教科书》,黄风译,中国政法大学出版社1992年版,第9页。
② 〔古罗马〕查士丁尼:《法学总论》,张企泰译,商务印书馆1995年版,第1—2页。
③ 周枏:《罗马法原论》(上),商务印书馆1994年版,第84页。

的局限性,当时公法和私法在理论上虽有明晰的区分,但是公法远未取得与私法同等的地位,公法的发达程度远远落后于私法。"几乎所有有关罗马法的文件都只涉及私法。"①"事实上,仅仅私法才是许多世纪以来人们认真注意的对象:公法仿佛是个徒有其名的、无用的,甚至是危险的对象,罗马没有我们所理解的宪法或行政法。刑法也只是在私法周围发展,因而它基本上似乎是有关私人(犯法者和受害者或其家属)的事务,刑法实际上从未成为'公法'部分,从未达到私法那样的发展程度。""罗马法提出了公法和私法的划分,但这样做的目的在于撇开公法——如果真的存在公法的话。换句话说,法学家谨小慎微地避开了这个危险的禁区。"②

究其原因,不少学者认为是由于罗马帝国政治上的不断集权,使得法学家们视公法领域为畏途。而且,在他们看来,公私法的划分"不仅仅限于学理上有划分的必要,它更像是一种面对现实的精明,由于政治上的集权严重限制了法律的空间,法学家划分公私法实际上是为了将私法同公法相区分,弃公法保私法,让私法远离政治,这样就可以使其摆脱政治的桎梏,从而有一个较广的空间自由发展"③。也就是说,公法与私法划分的最初意义也许只是为私法的发展获得自由的空间服务的。

古罗马时代的公法与现代意义上的公法的价值取向也是存在很大差异的。现代公法以限制国家权力为基本价值取向,在公法领域中"通行的是代议制民主、三权分立、宪政、法治等原则和制度"④。而古罗马时代的公法则主要是"维护国家的政体稳定,即维持统治的秩序"⑤。"帝国时期的罗马社会,君主的权力逐步扩大,专制王权取代共和政治,国家的大政方针主要由皇帝制定。而所谓的公法,实际上是专制王权实施社会统治的工具,根本谈不上限制权力一说。"⑥但不管怎样,古罗马公私法划分的理论为日后公法观念的进一步演进奠定了基础,具有开创性意义。

---

① 朱景文:《比较法社会学的框架和方法:法制化、本土化和全球化》,中国人民大学出版社 2001 年版,第 91 页。
② R. David and J. Brieley, *Major Legal Systems in the World Today*, 3rd edition, Publisher: Stevens, 1985, pp. 81,63. 转引自孙国华、杨思斌:《公私法的划分与法的内在结构》,载《法制与社会发展》2004 年第 4 期。
③ 张问:《从社团看罗马公私法的分野》,http://www.lwwzx.com/Freepaper/21312.htm,最后访问日期:2008 年 10 月 8 日。
④ 沈宗灵:《比较法研究》,北京大学出版社 1998 年版,第 128 页。
⑤ 沈敏荣:《论公、私法的起源及其演进》,载《中州学刊》2000 年第 4 期。
⑥ 王继军:《公法与私法的现代诠释》,法律出版社 2008 年版,第 9 页。

## 二、公私法划分的历史演进

### (一) 公私法划分在中世纪的延续

公元 476 年,西罗马帝国被日耳曼人征服,西欧开始进入长达千年的黑暗中世纪。日耳曼人建立了以庄园制为基础的等级森严的封建专制制度。王权、教会和封建领主的权力吞噬了公民的权利。在当时高度集权的专制统治模式下,"绝对权力"的观念并不容许任何个人维护自己的权利,以与政体相对抗。[①] 政治国家与市民社会的界限消失殆尽。正如哈贝马斯所言:"从社会学来看,也就是说,作为制度范畴,公共领域作为一个和私人领域相分离的特殊领域,在中世纪中期的封建社会中是不存在的。"[②]在法律上,日耳曼人的习惯法代替了罗马法。公法与私法不再作区分。基尔克(Gierke)认为,"在德意志的法的历史上,在整个中世纪都没有认识到公法与私法的观念的区别,一切人与人之间的关系,自邻近者间的交易关系以及王与国民间的忠诚关系,都被视为可包括于一个相同的单一的种类的法里"[③]。在这种历史环境下,公法与私法划分的社会基础和条件缺失,其在实践中的应用更是无从谈起。

但是,即便如此,公私法划分的理念并没有销声匿迹,其作为一种学术上的分类在中世纪的思想家和法学家那里仍然得到了延续。圣保罗、奥古斯丁和阿奎那等基督教思想家的法律思想都以适合当时的形式传承着古代的法律思想[④];公元 11 世纪,随着罗马法的复兴,许多法学家们的理论阐述中,特别是布加鲁斯、普拉森第努斯、阿佐等注释学家的著作中仍然不乏公私法划分的传统,这使得公私法划分理念的血脉得到了传承。

### (二) 公私法划分在近代的兴盛

17、18 世纪,资本主义商品经济迅速发展,生产力大大提高,人口增多,城市发达起来,商品交换日益频繁。市民社会力量初步发展壮大,与国家形成抗衡之势。

同时,资产阶级革命爆发后,欧洲大陆建立了一批以民主政治为主旨的近代民族国家。民族国家现代化的过程也是法律制度现代化的过程。自 11 世纪罗马法复兴开始的学术研究和传统此时正好契合了近代民族国家法治发展的要求。欧洲普通法正是在罗马私法和注释法学派的著作基础上发展起来的。19

---

[①] 〔美〕艾伦·沃森:《民法法系的演变及形成》,李静冰、姚新华译,中国政法大学出版社 1997 年版,第 268 页。
[②] 〔德〕哈贝马斯:《公共领域的结构转型》,曹卫东等译,学林出版社 1999 年版,第 6 页。
[③] 〔日〕美浓部达吉:《公法与私法》,黄冯明译,中国政法大学出版社 2003 年版,第 1—2 页。
[④] 〔美〕E.博登海默:《法理学与法哲学及其方法》,邓正来等译,华夏出版社 1987 年版,第 22—28 页。

世纪,在以法、德为代表的法典编纂和法制改革过程中,公私法的划分得到广泛运用。19世纪末,当法学家们开始认真研究现实的法律规范和制度时,公、私法的划分就成了他们重建法律制度的基础。公、私法划分不断演进和发展的历史,使这种划分产生了极大的权威,并与大陆法系的各种文化交融在一起。① 在19世纪法典化的过程中,有关私法自治的思想得到了集中的反映,例如在法国和德国的民法典中,占统治地位的观念是个人的私有财产权和个人的契约自由,这种对个人主义的强调具体体现了理性主义和自然法泛滥时代思想家们的极端主张,法典所突出的个人财产权和契约权,保证了个人权力不受国家侵犯,这些民法典被认为发挥着类似于宪法的某些作用。在私法范围内,政府的唯一作用就是承认私权的实现。② 政府就是守夜人,"管得最少的政府是最好的政府"。应在国家社会生活和经济生活中尽力排除政府的干预。当时的普遍观念认为,法律领域内只有两个主体,即国家和个人,国家在公法范围内活动,私法则是个人行为的领域。公私法划分顺势走到了历史的前台。公法获得了空前的发展,出现了以控制国家权力、保障公民权利为目的的宪法和宪政。在此基础上,行政法、刑法和诉讼法也发生了洗心革面的变化。公私法的划分得到了最终的确立。

总之,近代资本主义商品经济和民主政治的发展为公私法的划分提供了历史条件,它们所孕育的自由、平等、民主等精神促成了公私法划分的兴盛和公法的迅速崛起。

需要指出的是,从形式上看,英美法系国家历史上一直没有公私法的严格区分。英美法系国家对法律的分类主要是普通法和衡平法。英国法历史上受罗马法影响较小,是相对独立于罗马法发展起来的。从普通法出现时起,王室法院就垄断了中央的司法权。王室法院所审理的案件以及它通过判例创造的普通法都被认为是有关王室利益的。也就是说,普通法是一个统一的法律体系,它既调整私人之间的纠纷,也适用于政府部门作为一方当事人的案件,因而似乎谈不到公、私之分。③ 在英国法学家奥斯丁看来,一切法都是主权者的命令,通过国家权力起强制作用,不因公法和私法而有所不同。英美法系国家遵循判例法传统,其制定法细琐、不成系统。而且英美法系国家的法官对立法和司法起着重要的推动作用。他们注重实用主义的传统,主要关心具体案件的解决,对法律划分这种宏观问题并不特别在意。英国没有行政法院,行政争议也是由普通法院管辖,这也影响到人们对公私法划分必要性的认识。尽管如此,英美法系国家的学术

---

① 〔美〕约翰·亨利·梅里曼:《大陆法系》,顾培东、禄正平译,法律出版社2004年版,第96页。
② 同上书,第97页。
③ 沈宗灵:《比较法总论》,北京大学出版社1987年版,第218页。

研究中一直存在着关于公私法划分的讨论。特别是进入20世纪后,随着制定法的大量增加,再加上理论上和逻辑上的需要,学界越来越倾向于划分公法与私法。行政法在英国和美国逐渐得到承认和确立即是明证。

(三) 公私法划分在现代的新变化

进入20世纪后,随着资本主义从自由竞争阶段进入垄断阶段,自由竞争的秩序被垄断所破坏。政府的消极政策饱受诟病。尤其是1933年的全球经济大危机后,凯恩斯主义盛行。国家干预主义逐渐取代了自由放任主义。政府一改"守夜人"的角色,开始积极主动地对经济和社会生活进行广泛而深入的干预。在法律方面,由于国家权力广泛渗入到市民社会中,公法与私法开始出现相互交融的现象,即所谓的"公法私法化"和"私法公法化"。公域和私域的界限日益模糊,而且出现了大量被认为无法确知归属于公法还是私法的社会立法。这使得公私法的划分一度处在危机之中。

然而,公法与私法划分的根基并没有动摇。只要国家权力与公民权利、公共利益与私人利益、公域与私域的差别仍然存在,公私法的划分就有其客观基础。所谓的社会法也不过是公私法规范的混合体,其成分也不过是公私元素的不同组合而已。而且,20世纪70年代以后,国家对社会经济的过分干预给社会经济的发展带来了危害,尤其是福利国家的过度膨胀,给国家财政带来了沉重的经济负担,进而引发经济停滞和通货膨胀。在西方经济学界,主张经济自由、相信市场机制、反对国家干预、反对公有制的新自由主义学派逐渐占据了上风。西方国家开始了新一轮的私有化过程,国家从金融、电信等原先政府干预最多的领域撤退,公法和私法在一定程度上重新分离,可谓"分久必合,合久必分"。[①] 从发展趋势来看,公法领域将持续引入私法的调整原则和方法,私法领域也将不断地吸收公法的调整原则和方法,公法与私法必定长期处在彼此相对独立而又互动的状态中,共同促进法治社会的和谐发展。

## 第二节 公私法划分的根据

在大陆法系学者看来,公、私法的划分是天经地义的。但是对于两者间的界限到底何在,不同的学者有不同的划分根据和标准,其中最重要的、具有代表性的学说,包括以下四种:

---

[①] 王继军:《公法与私法的现代诠释》,法律出版社2008年版,第12页。

## 一、利益说

这种划分历史悠久,影响深远。乌尔比安是这一学说的代表。乌尔比安认为,"公法是为保障罗马国家利益的法,私法是规范私人利益的法"。这一观点为后来的许多法学家所赞同并发扬光大,但其核心思想没有变。即公法是旨在维护公共利益的法,而私法则是旨在维护私人利益的法。该学说抓住了法与利益的本质联系,从法的目的出发,为公私法的划分提供了一个强有力的解释。

但是,更深一步探讨,这一学说存在的前提是必须首先阐明何谓公益,何谓私益,公益与私益的界限到底何在。这并不是一个能轻易说清楚的问题。公共利益与私人利益往往并不是泾渭分明的。在现代社会,公共利益是以私人利益为出发点和归宿的,纯粹抽象的公共利益是不存在的;个人对私人利益的追求也有边界,只有不损害他人及社会公共利益时才受到法律的保护。① 而且,作为国家的法律,往往是既在保护着个人利益,同时又在维护着社会公共利益。不能笼统地讲某个法律代表着公益或者私益。"我们甚至根本不可能找出一种单纯的'公共利益'或者单纯的'私人利益'的法律。"②事实上,很多时候总是"公"中有"私","私"中有"公"的。比如,在持利益说的学者们看来,民法无疑是典型的私法,但是谁能说民法中的公序良俗原则和权利滥用禁止原则不是为保障公益而存在的呢?同样的,作为典型公法的刑法当中也有保护私益的罪刑法定、无罪推定原则。可见,利益标准有其难以克服的内在缺陷。

## 二、主体说

主体说由德国学者耶利内克提出,在日本、法国等大陆法系国家十分流行。该说认为,凡法律关系的主体一方或双方均为国家或公共团体者为公法,法律主体双方均为私人或私人团体者为私法。即认为公法与私法是依法律关系的主体不同而生成的分类。"划分公私法的标准在于法律关系的主体(至少有一方)是否代表国家或某种公共权力,因为公法调整的是国家或其他公共权力(包括地方国家机关或公共组织)至少作为一方参加的法律关系。如果这种法律关系的任何一方都不代表国家或其他公共权力,那么这种法律关系就是私法关系。"③

这种学说是法律关系分类的一种常用标准,具有一定的合理性。但是其缺陷也是与生俱来的。反对者认为,这种标准并不能将公法与私法完全地划分开

---

① 孙国华、杨思斌:《公私法的划分与法的内在结构》,载《法治与社会发展》2004年第4期。
② 易继明:《私法精神与制度选择》,中国政法大学出版社2003年版,第15页。
③ 转引自沈宗灵:《比较法研究》,北京大学出版社1998年版,第110页。

来。作为公法主体的国家或公共团体,往往也参加私法关系,如政府实施民事行为与私人订立合同等。面对这种质疑,持赞同说的学者对这一学说进行了一定的修正。日本学者美浓部达吉引进了"准私人地位的国家"这一概念。他认为国家或者公共团体满足三个条件就可以成为私法主体:第一,法律关系是单纯经济的内容的关系;第二,国家不居于支配者的地位而发动优越的意思力时;第三,国家服从私法的规律在公益上不致发生不适当的理由时。除法律有特别规定者外,在国家作为主体而具备此三种要件的场合,国家即站于准私人的地位,那法就是私法。① 以美浓部达吉为代表的持主体标准的学者试图通过"一增一减"(减去"准私人地位的国家"、加上"准国家地位的公共团体")的方式引进"行为"标准来修正"主体"标准。但这种自挖墙脚的"修正"方式不仅直接造成行为标准与其平起平坐,而且已在事实上不知不觉地放弃了单一的"主体标准",转而采用"主体+行为"的混合划分标准。② 也就是说,这种修正的方法实际上无疑是对其所推崇的主体标准的自我否定;而且,美浓部达吉的三个标准,尤其是第三个标准在实践中如何认定,又是一个需要解决的难题。可见,主体说也有难以克服的弱点。

### 三、服从说(意思说)

服从说又称权力服从说,法律关系说,由德国学者拉邦德所倡导。该学说主张"公私法划分的标准在于法律关系上的差别,规定权力服从关系的为公法,规定权利平等关系的为私法"③。也有学者称之为意思说,"公法所规范的意思为权力者及服从者的意思,私法所规范的意思为对等者的意思"④。即凡规定国家与公民、法人之间权力服从、管理服从的是公法;凡规定国家、公民、法人相互之间权利对等或权利平等关系的是私法。服从说从法律本质上是一种意志的体现的视角,为公法和私法划分提供了一种有益的思路,值得肯定。

但是,反对者认为,私法中也有服从关系。即使在传统的私法——民法中,亦颇不乏对人不平等之规定,例如亲权之规定,即承认子女有对于父母教导之服从义务,但不能据此认为民法是公法。⑤ 公法中也有平等关系,如两个地方国家机关之间的关系⑥;而且,即便在公共机构与私人之间,也由于存在

---

① 〔日〕美浓部达吉:《公法与私法》,黄冯明译,中国政法大学出版社2003年版,第43页。
② 袁曙宏、宋功德:《统一公法学原论》,中国人民大学出版社2005年版,第159页。
③ 曹竞辉:《法理学》,台湾五南图书出版有限公司1987年版,第24页。
④ 〔日〕美浓部达吉:《公法与私法》,黄冯明译,中国政法大学出版社2003年版,第26页。
⑤ 陈新民:《中国行政法学原理》,中国政法大学出版社2002年版,第9页。
⑥ 王涌:《私权的概念》,载夏勇主编:《公法》(第1卷),法律出版社1999年版,第393页。

着行政合同、行政指导、行政给付等非强制性行政行为而不再表现为"命令—服从"关系。① 可见，服从说仍然有着无力单独将公私法彻底划分开来的弱点。

### 四、综合说

基于各种单一学说的缺陷和不足，有学者提出了综合说，即将多种标准加以综合来考虑法规范的公私法性质。如法国学者沃林认为，"公法实际上是调整公共机构和被统治者，即以国家为一方并且以个人为另一方的法律，但并非公共机构和个人之间的一切法律关系都包括在内，事实上，并非所有这些关系都由公法来调整，它仅调整公共结构在行使其命令权时的那些关系"②。这种观点是主体说与服从说的结合。我国有学者主张进一步将各学说的优点加以统筹，为公法和私法的划分提供一个精确的标准。从主体上看，公法关系的主体至少有一方是国家，而私法主体均是平等的社会主体；从法律关系的内容看，公法关系的内容调整的是公共利益，而私法调整的是私人利益；从调整方面看，公法以权力服从为本，而私法以权利平等为本。③ 笔者也大体同意这种学说。从公法与私法的法律关系主体、调整对象、调整方式等多方面来考量，就能够比较准确地把握法规范是公法还是私法性质。

## 第三节 当代中国公法观念的强化

### 一、商品经济是公私法划分的基础

我国从清末修律到国民政府的《六法全书》，基本上都是引进的以德国为代表的大陆法系的法律制度和理念。承认公私法划分的观念自然成为当时的主流观点。但是由于中国长时间处在纷争和动荡之中，这种法律理念并没有对中国的现实社会产生太大的影响。

新中国成立后至 20 世纪 80 年代末期，我国对公私法的划分基本持否定态度，无论是法学研究还是法律体系中均排除了公、私法的划分。而且否定论至今一直存在着。其最主要的论据莫过于认为公私法的划分是以私有制为基础的。我国是实行生产资料公有制的社会主义国家，不存在公私法划分的前提。其理论根源是列宁在 1922 年指导制定苏俄民法典时所讲的一段话："我们不承认任

---

① 袁曙宏、宋功德：《统一公法学原论》，中国人民大学出版社 2005 年版，第 159 页。
② 孙国华、杨思斌：《公私法的划分与法的内在结构》，载《法制与社会发展》2004 年第 4 期。
③ 郑德光：《公私法理论争议》，载《韶关学院学报（社会科学版）》2001 年第 7 期。

何'私人'性质的东西,在我们看来,经济领域中的一切都属于公法范畴,而不是什么私人性质的东西",因此必须"对'私人'关系更广泛地运用国家干预;扩大国家废除'私人'契约的权力"。① 苏联学者大多认为社会主义国家不存在公私法的划分。苏联科学院国家与法研究所所长维客多·M.特西契西茨等在对列宁的话进行解释时认为:"在以生产资料公有制为基础的社会条件下,不存在私人利益与公共利益的对抗,社会主义法取消公、私法的划分,不是因为公法取代了私法,而是因为这种划分失去了存在的基础。"②其要义就在于把公私法的划分与生产资料的所有制形式对应起来,认为没有私有制就没有私法,就没有公私法划分的必要。其实,列宁讲的这段话有其特殊的时代背景,当时苏俄正在实行新经济政策,在内外交困的时期,国家不得不加强对经济生活的干预和控制。列宁强调的是经济领域中没有什么可以不受国家干预的私人关系,并非针对公私法划分问题发表论断。不顾历史背景断章取义地简单理解和引用领袖人物的言论是不可取的。

马克思对罗马私法的发展历史曾有过精辟的论述。马克思在《德意志意识形态》中指出:"私法和私有制是从自然形成的共同体形式的解体过程中同时发展起来的。在罗马人那里,私有制和私法的发展没有在工业和贸易方面引起进一步的后果,因为他们的生产方式没有改变。在现代各国人民那里,工业和贸易瓦解了封建的共同体形式,因此对他们说来,随着私有制和私法的产生,便开始了一个能够进一步发展的新阶段。……当工业和商业进一步发展了私有制(起初在意大利随后在其他国家)的时候,详细拟定的罗马私法便立即得到恢复并重新取得威信。"③从中我们可以看出,是商品经济而不是私有制推动了私法的发展。正如马克思指出的,罗马私法起源于罗马帝国,衰落于封建社会,又复兴于"现代各国",即资本主义社会。罗马帝国和资本主义社会区别于封建社会之处在于它们有工业和贸易,是商品经济社会,而不在于它们有私有制。罗马私法发展、衰落和复兴的历史表明,有商品经济的社会就有私法,没有商品经济的社会就没有私法。可见,私法的基础是市场经济和市民社会,而不是私有制。④

另外,我们说商品经济是公私法的划分的基础,并非仅仅是为了强调在市

---

① 《列宁全集》(第42卷),人民出版社1987年版,第173页。
② 转引自顾爱平:《论公法与私法的划分及其在我国法治建设中的定位》,载《江苏社会科学》2005年第4期。
③ 《马克思恩格斯选集》(第1卷),人民出版社1995年版,第132—133页。
④ 周颖、张娜:《公法与私法的划分是市场经济立法的基础》,载《中国矿业大学学报(社会科学版)》2000年第2期。

经济下要承认私法,更不是要实行"私法优先"。在新的社会历史条件下,我们不能忽视私法,但更应该重视公法,更需要强化公法观念的更新和公法的现代化。

### 二、强化社会优位和权利本位观念

不难看到,不少人还在将公法和私法直接地对应着公共利益和私人利益,认为强调公法的重要性就是强调国家利益的优位性,就是要加强国家对社会的控制和管理。殊不知,现代意义上的公法,其内涵早已经超越了"公法是关于国家利益的法"这一最初的定义。现代公法的精神实质恰恰是基于对国家公权力的警惕而要对之加以规范和控制。

在关于政治国家与市民社会的关系问题上,当代学者提出了国家优位论和社会优位论两种大相径庭的理念。究竟社会是第一性的还是国家是第一性的?两种理念可以说是截然相反的。国家优位论认为,相对于市民社会而言,国家是第一性的,处于优势地位,国家主导社会。而社会优位论则认为,社会是第一性的,是目的,社会利益应优先受考虑;国家权力是工具,国家是为社会服务的,而不是相反。需要指出的是,国家优位论和社会优位论都是关于国家与社会关系的公法理念,不能简单地将国家优位论对应于公法优位,而将社会优位直接对应于私法优位。

国家优位论在实践中容易导致政治国家凌驾于市民社会之上,国家权力凌驾于社会权利和公民权利之上。国家优位论隐含着一个前提:国家利益代表、包含着社会利益。但是这个前提是经不住考验的。历史证明,国家利益与社会利益并不总是一致的。正如马克思主义经典作家指出的,"以往国家的特征是什么?社会起初用简单分工的办法为自己建立了一些特殊的机关来保护自己共同的利益。但是,后来这些机关,而其中主要的是国家政权,为了追求自己的特殊利益,从社会的公仆变成了社会的主宰"[1]。国家权力的肆意膨胀往往成为社会利益的最大侵害者。

社会优位论的理论来源可以追溯到古希腊、古罗马的国家视为"人民的事业"的理论。柏拉图早在其《理想国》一书中就提出了国家与社会二元划分、社会处在国家之上的思想,他认为不正义的国家不是国家,而对国家来讲,正义就是为全社会服务。柏拉图指出,"那些只依照部分人的利益制定法律的国家,不是真正的国家"[2]。古罗马时期,西塞罗在其《共和国》中将国家界定为"人民的

---

[1] 《马克思恩格斯全集》(第22卷),人民出版社1965年版,第227页。
[2] 〔古希腊〕柏拉图:《法律篇》,张智仁等译,上海人民出版社2001年版,第715页。

事务",可见当时的社会自治观念已相当盛行。至资产阶级启蒙运动时期,以洛克、卢梭为代表的契约论者提出了社会契约论,认为人的生命权、自由权、追求幸福的权利等自然权利是不可转让的,转让给整体的权利只是执行权,国家是人们合约的产物。① 潘恩曾说:"政府不过是一个全国性的组织,其目的在于为全体国民——个人的集体的——造福。"② 也即,国家的权力来源于人民的让渡,没有人民之间的契约存在,就不会有法的产生。法的本质属性是社会性。"从自由主义市民社会理论来看,政治国家不过是市民的代表而已,国家官员只是市民社会选举出来的政治代理人,他们享有的一切权力都是市民给他们的授权。政治国家制定的一切法律都反映了市民社会的合意,而不能仅仅反映立法者的意志,否则,就是滥用代理权就是权力的异化。"③ 实际上,社会优位论的集大成者是马克思。马克思主义经典作家早就指出,"市民社会是全部历史的真正发源地和舞台"④,而且其唯物史观的一个基本原理,就是市民社会制约和决定国家而不是相反。不幸的是,马克思主义的市民社会理论被斯大林的个人专制主义所掩盖和扭曲,而我国又把苏联的法学理论当成了当然的马克思主义照搬过来,导致我们长时期忽视和遗忘了马克思主义的这一重要理论。

我国历史上长期处在"东方专制主义"统治之下,一直有着国家优位的传统。"朕即国家",国家自从社会中产生之日起便凌驾于社会之上,吞噬了市民社会。人们头脑中只有以皇权为代表的国家,没有社会的概念。国家与社会往往被看做是一回事。这种片面的认识导致了国家与社会高度一体化的格局。市民社会的生存和发展空间极其狭小。新中国成立后,我们长期推行绝对的计划经济体制和无产阶级专政的国家理论,进一步强化了固有的国家优位论。国家权力无孔不入,可以"合理"地决定一切、干预一切,社会因之丧失了自身的独立性。"大政府,小社会"便是真实的写照。⑤ 在我国的总体社会机构中,国家和社会长期以来仍然是完全重合的、一体的。个人利益、社会利益都被抽象涵盖于国家利益之中。国家对社会的同化导致市民社会的停滞,民主政治的发展受限。直至改革开放,市民社会和国家的分离互动才真正提上了日程,形成了国家和社会由一体化向二元结构发展的趋势。

我们要进一步强化国家权力来源于社会、服务于社会这一社会优位的公法

---

① 〔英〕洛克:《政府论》,叶启芳、瞿菊农译,商务印书馆1982年版,第166页以下。
② 〔美〕潘恩:《潘恩选集》,马清槐等译,商务印书馆1981年版,第264页。
③ 丁以升:《法的阶级性的理论危机》,载《法学》2005年第1期。
④ 《马克思恩格斯选集》(第1卷),人民出版社1995年版,第88页。
⑤ 潘丽萍:《略论法治进程中国家与市民社会的关系》,载《福建论坛(人文社会科学版)》2005年第5期。

理念。要清楚,公法不仅仅是国家用以治理社会的工具,也是社会用以控制国家的工具,而且主要是社会控制国家的工具。要理顺国家与社会的关系,恢复国家权力的本来面目,促使国家从主宰者向服务者的角色转变,建设服务型国家、服务型政府。市场经济的建立和发展无疑为市民社会的发展提供了良好的经济基础。在市场经济条件下,社会力量日益壮大,社会利益分化、社会主体多元化和市民社会多元竞争为市民社会的发展提供了强大的推动力。但是,我们仍然还有很长的路要走。

社会优位的公法理念,必然要求我们确立权利本位的理念。权利本位是社会优位于国家、社会控制国家的最集中体现。权利本位观坚持权利是权力的来源,无权利便无权力,权利高于权力,权力是为服务权利而存在的,而非相反。"公民权利既是国家权力的源泉,也是国家权力的配置和运作的目的和界限,即国家权力的配置,只有为了保障主体权利的实现,协调权利之间的冲突,制止权利之间的相互侵犯,维护和促进权利平衡,才是合法的和正当的。"[①]只有当权利真正成为目的,权力成为手段时,真正的法治才得以产生。

### 三、强化依法治国观念

法治,是人类文明的结晶,是现代国家的重要标志之一。"法治的概念并不是专属于'西方'的",法治的观念正"以这样或那样的方式遍及全球"[②]。改革开放以来,我国的法律制度逐步健全,法律体系逐步完善。党的十五大更是提出了要"依法治国,建设社会主义法治国家",并已将之写入了《宪法》,这无疑将对我国的法治进程产生深远影响。但是,我们也不得不正视,在我国,宪法和法律尚未取得应有的权威,法治之路还刚刚起步。在这漫漫的征途上,我们尤其要强化以下理念:

(一) 依宪治国是依法治国的前提

法治是相对于人治而言的,划分法治和人治最根本的标志在于:当法律权威与个人权威发生矛盾冲突的时候,是法律权威高于个人权威,还是个人权威凌驾于法律权威之上?或者说,是"人依法"还是"法依人"?凡是法律权威高于个人权威的都是法治,而法律权威屈服于个人权威的则是人治。而且当二者出现矛盾冲突的时候,不是个人权威屈从于法律权威,就是法律权威屈从于个人权威,

---

① 张文显:《市场经济与现代法的精神论略》,载《中国法学》1994 年第 6 期。
② 〔美〕劳伦斯·M. 弗里德曼:《法治、现代化和司法》,载《北大法律评论》1998 年第 1 卷第 1 辑,第 280 页。

二者必居其一。① 法治的要义在于确立法律至上,通过法律来支配国家权力,保护公民权利。法治离不开宪法。依法治国首先要依宪治国,依宪治国是依法治国的前提和基础。必须树立依宪治国和宪法至上观念。

第一,依法治国不仅是一项基本国策,而且已经写入了《宪法》,成为宪法规范。1999年3月15日,九届全国人大二次会议审议、通过的宪法修正案第13条,在现行《宪法》第5条增加1款,作为第1款,其内容为:"中华人民共和国实行依法治国,建设社会主义法治国家。"这表明,"依法治国"已经以国家根本法的形式得以确立,成为国家的一项重要制度,这就为中国特色社会主义法治建设提供了宪法依据和基础。

第二,依法治国的价值目标是要实现人民的意志和利益,实现对公民权利和自由的保护,归结起来就是要实现权利至上。没有民主的宪法,没有宪法的至上权威,依法治国的价值追求根本无从实现。宪法是民主事实的法定化形式。正如毛泽东同志指出:"世界上历来的宪政,不论是英国、法国、美国或者是苏联,都是革命成功有了民主事实以后,颁布一个根本大法,去承认它,这就是宪法。"宪法是民主的结晶,是公民权利和自由的保障书。

公民权利在多大范围和程度上得到保障,是判断一个法治国家的重要标准。而关于公民权利的保障的范围和程度主要体现在宪法中。我国现行《宪法》首次将"公民的基本权利和义务"提到"国家机构"之前,虽然只是顺序上的调整,但是在一定意义上却体现了权利至上、国家机构的权力是为公民权利服务的法治原则。2004年3月,十届全国人大二次会议审议通过的宪法修正案,更是将"国家尊重和保障人权"载入《宪法》,开创了中国人权保障事业的新纪元。

第三,依法治国的本质要求是要实现对国家权力的监督和控制,用法来支配权力。这也是法治区别于人治的重要标志。没有宪法至上,没有宪法的权威,对权力的监督和制约就会落空。

一般来说,一国宪法的内容主要在于规定国家权力的配置、运行和对公民权利的保障。它从两个方面保证对权力监控的实现,一是公民直接享有和行使权利的方式,这里主要有由选举产生有关国家机关进而监督国家机关及其工作人员等;二是不同国家机关之间通过权力制约权力以保障权力服务于权利的方式。② 也就是说,宪法分别通过规定权利对权力的监控和权力对权力的制约来保证实现权力服务于权利这一价值目标。

所以,只有实现了宪法至上,树立起宪法权威,权利才能够有效地监控权力,

---

① 何华辉:《比较宪法学》,武汉大学出版社1988年版,第73页。
② 周叶中:《宪法至上:中国法治之路的灵魂》,载《法学评论》1995年第6期。

权力对权力的制约才有了现实的基础。否则,宪法至上若得不到实现,权利无法监控权力,权力无法制约权力,依法治国本质要求的国家权力良性运行秩序必定落空,公民权利的价值目标亦无从实现。所以,从这一角度而言,宪法至上、依宪治国是依法治国的前提基础。

第四,依法治国需要良好、健全的法律体系。没有宪法,没有宪法至上,依法治国的这一条件不可能成就。宪法是国家的根本大法,是我国法律体系的核心,具有最高的法律效力和法律权威。正如詹宁斯在《法与宪法》一书中所指出的:成文宪法作为国家的根本法,在一种意义上是对法治学说的明确体现。所有公共机构——立法、行政、司法——的权力都直接或间接地源于宪法。宪法性法律是有关宪法的法律,是决定这些机构及其行使的一般权力的根本法。[①] 关于宪法最高性的表述在大多数国家的宪法中都明确存在着,如美国《宪法》第6条规定:本宪法和依本宪法所制定的联邦法律,以及在联邦权力下所缔结的一切条约均为全国的最高法律。加拿大《宪法》第52条规定:本法是加拿大的最高法律,一切法律与本宪法的规定相抵触的,其抵触部分将不发生效力。我国现行《宪法》在序言中明确指出:本宪法以法律形式确认了中国各民族人民奋斗的成果,规定了国家的根本制度和根本任务,是国家的根本法,具有最高的法律效力。我国现行《宪法》总纲中还规定:一切法律、行政法规和地方性法规都不得同宪法相抵触;一切国家机关和武装力量、各政党和各社会团体、各企业事业组织都必须遵守宪法和法律。一切违反宪法和法律的行为,必须予以追究。

宪法是母法,其他法律、法规是子法。其他法律、法规都依据宪法而制定,且都不得同宪法相抵触,否则将因违宪而无效。法治乃"良法"之治,只有根据宪法制定的符合宪法精神的法律法规才是依法治国所要求的"良法"。

而且,社会总是处在恒动之中,一国的法律也不得不随着社会生活的变化而变化,但是一个有序的社会又需要法律保持连续性和统一性。宪法之所以为根本法,其要义之一就在于相对于普通法律而言,宪法的修改程序要严格得多,因而宪法具有更大的稳定性。正是宪法的原则、精神及其稳定性和权威性保证了法律体系的完整和统一。没有宪法,就不可能有依法治国所需的健全的法律体系。没有宪法,也不可能有真正意义上的法治。宪法至上是法治的灵魂和精髓,宪法具有最高权威,这已成为公认的法治和法律至上性原则的根本标志。[②]

(二) 依法行政是依法治国的核心

依法行政,是指行政机关必须严格按照宪法和法律规定的权限和程序行使

---

① 〔英〕詹宁斯:《法与宪法》,龚祥瑞等译,生活·读书·新知三联书店1997年版,第43—45页。
② 王人博、程燎原:《法治论》,山东人民出版社1998年版,第177页。

行政权力,有效地管理各项社会事务。依法治国包括依法立法、依法行政、依法司法等,其中最核心的是依法行政。之所以如此,是因为:

第一,这是由行政机关在依法治国中的职责决定的。

行政机关是我国国家机构中最庞大的组成部分。大量的国家和社会的管理事务要靠行政机关去完成。绝大多数的法律、行政法规和地方性法规要靠行政机关去执行。行政机关依法行政的进程直接影响甚至决定着依法治国的进程。

依法治国就是要"国家的立法机关依法立法,政府依法行政,司法机关依法独立行使审判权、检察权,公民的权利和自由受到切实保护,国家机关的的权力受到法律的严格制约"①。改革开放以来,根据社会发展需要,我国以宪法为核心制定了大量的法律法规,可以说初步形成了中国特色的社会主义法律体系。无法可依的矛盾已经大大缓解。相对而言,有法必依、执法必严、违法必究的要求更加紧迫,依法行政的任务更加艰巨。从数量来看,我国80%以上的法律、90%的地方性法规以及几乎所有的行政法规都是靠行政机关来执行的。行政机关能否依法行政、行政工作人员能否依法办事,直接决定着法律法规能否得到实施,直接影响到国家法律的尊严和权威。而且,行政机关及其工作人员能否带头遵纪守法,也会对社会公众产生示范效应,其影响甚广。

第二,这是由行政权的性质决定的。

行政权是国家宪法和法律赋予国家行政机关执行法律、实施社会管理活动的权力,它是国家权力的重要组成部分。依法治国的核心是依法治权,这个"权"最主要的是行政权。首先,行政权范围极广,而且天然呈一种扩张的趋势。从我国的宪法规定来看,政府可以根据宪法和法律,规定行政措施、制定行政法规、发布决定和命令,编制和执行国民经济和社会发展计划和国家预算,领导和管理国防、外交、经济、社会、文化等各方面的事务。可以说,在现代社会,行政权几乎无处不在,无时不有。对这一膨胀性的权力不予以有效监督和制约,其后果不堪设想。

其次,行政权的主动性、单方性和强制性决定了其对公民权利的威胁最大、最直接。行政权不仅范围极广,而且具有主动性、单方性和强制性。在许多情况下,行政机关在行使行政职权时,其作为管理者与作为被管理者的公民、法人之间是一种命令与服从、强制与被强制的关系。这种直接管理关系在行政命令、行政处罚、行政强制等行政管理活动中广泛存在着。行政机关会单方、主动地给被管理者设定义务,克减被管理者的权利并依靠国家强制力或得强迫执行。在这种不对等的状态下,作为被管理者的公民和法人的权利处在随时被侵害的不利

---

① 王家福等:《论依法治国》,载《法学研究》1996年第2期。

境地。而且,自由裁量权的广泛存在和不当行使加深了权力滥用的危险。"一切有权力的人都容易滥用权力,这是万古不易的一条经验。有权力的人使用权力一直到遇有界限的地方才休止。"[1]如果不受约束,行政权就可能走向专横,就可能被滥用并导致腐败。以权谋私、权钱交易、权权交易,都是权力滥用的极端表现。对行政权加以有效的监督和制约,保证其在法治的轨道上运行,防止其被滥用和腐化,成为依法治国的关键所在。

---

[1] 〔法〕孟德斯鸠:《论法的精神》,张雁深译,商务印书馆1990年版,第225页。

# 第二章
## 公法的逻辑起点——公权力

在我国以往的公法研究中,很少有学者专门论述公权力的本体论问题。法理学研究者们对于权力范畴的论述是比较多的,但是往往表现出粗略化和表征化,以往论者往往注意到权力的强制性并作为权利的对照来展开对权力的分析和介绍,而少见有法学意义上的规范的分析。更有论者指出,"囿于复杂的社会因素,中国法理学对公共权力的合法性和运行机制缺乏整体性的、形而上性的反思,公法基础理论欠缺所表现出来的弊端已经十分明显"①。特别是现代的法律体系可以说是权利体系,在很多人的眼中,法律就意味着权利,而对于权力问题的关注相当不够,而事实上权力与权利是法律规范体系中不容忽略的两个基本问题。

公法可以说就是关于公权力的法,在公法的殿堂里,公权力是问题的根本,没有社会意义上的公权力现象,就不可能有公法的产生和发展。近代权力分立理论的出现和现代公法的发展,一方面基于公权力对社会主体权利的侵略性,而强烈要求规范、控制公权力;另一方面,随着福利国家的出现,又要求公权力为社会主体权利服务,不断扩张公权力作用的空间。公权力既是公法产生的原初动

---

① 于立深:《公法哲学体系的建构》。于立深博士在此文中进一步断言"步入新世纪,中国公法领域迫切需要形而上的沉思,中国法学最有价值的范式研究和体系建构也将在公法领域里发生",为此引入了一个在笔者看来非常重要的概念——"宪法法理学",在注释2中他提到"宪法法理学"是美国法学家、人权学家 L.亨金提出的一个概念,亨金说:"法学院在教授宪法时就好像宪法无理论,因而,当某些法学院学生了解到实际上存在着宪法理论时,他们往往会大吃一惊,当然,还有人会否认宪法理论的存在。"(参见〔美〕路易斯·亨金:《权利的时代》,信春鹰、吴玉章、李林译,知识出版社 1997 年版,第 105 页;路易斯·亨金:《宪政·民主·对外事务》,邓正来译,生活·读书·新知三联书店 1997 年版,第 1—2 页。)德沃金的著作里也出现了"宪法法理学"的字样,参见〔美〕罗纳德·德沃金:《自由的法:对美国宪法的道德解读》,邓正来译,上海人民出版社 2001 年版,第 396 页。

因,也是公法不断发展的动力因素。因此,在公法原理的研究中,首先对公权力这一范畴进行研究,可以说抓住了公法的脉搏。法国公法学家莱昂·狄骥就认为支撑传统公法学的理论和支柱有两个:第一就是公权力,他一般表述为主权;第二是个人权利学说。作为"统一公法学"研究的首倡者袁曙宏教授在《论建立统一的公法学》中也指出,"如同马克思的《资本论》是以商品这个资本主义市场经济最基本的细胞作为其逻辑起点一样,统一公法学则以公共权力这个公法最主要的规范对象作为其逻辑起点,并以此演绎和派生出统一公法学的其他核心范畴、基本范畴和一般范畴"①。笔者也认为,公权力是现代公法学理论的元概念和逻辑起点。

随着近代立宪主义的产生、权力分立学说的提出和实践,公法获得了空前的发展。可以说,较之于近代以前的法学理论,公法成为很多思想巨擘的领地,在这片富有神奇诱惑的领地中,很多智者的思想在驰骋,为我们后人构建了丰富的公权力理论。公权力问题值得公法学者"认真对待"。下文笔者将从公权力的起源、理论界说、时代特征与功能、类型及其组织结构等方面着手,力图多角度、多层次、多领域地考察公权力范畴所蕴含的法律意义、历史脉络和文化特征。既要通过公权力的理论资源对公权力作法律上的规范分析,同时也要努力找到组织和控制公权力的政治科学方法,建立一整套的合理的宪政结构。

## 第一节 公权力和政府的起源

对于公权力的研究,我们有必要遵照德国近代的公法学家耶利内克和日本宪法学的奠基人美浓部达吉在论述"国家"时的思路,也就是要区分社会意义上的观察和法律意义上的阐释两种方法。作为公法学者,当然得要注重法律意义上的阐释,而不必拘泥于社会意义上的考证。这种方法的要点正如耶利内克所指出的:"国家的观察,不可不明白地区别为两种方法。其一,乃是把作为社会现象的国家为其目的物,以观察那使具体的国家生活成立之客观的及主观的现象,以明白世界上之外部的及内部的国家之存在和影响。其二,乃是把国家之法律的方面为其目的物。这并不是欲观察现实的现象,而是欲证明现实的国家现象和法的关系。"②在法学方法论上,法律如何规范公权力,将公权力视为何物与作为社会现象的公权力本质上是什么应该加以区别。

---

① 袁曙宏:《论建立统一的公法学》,载《中国法学》2003 年第 5 期。
② 参见〔日〕美浓部达吉:《宪法学原理》,欧宗佑、何作霖译,中国政法大学出版社 2003 年版,第 80 页。

## 一、作为社会现象的公权力

当下的人们,时常会处在一种所谓的"后现代"的语境当中。随着"祛魅"的现代化的世俗过程的展开,人被必然地卷入一个事实与价值、存在与当为的二元体系当中,可是另一方面人们也开始对历史产生了一种焦虑,即所谓的"一切历史都是当代史",历史仿佛可以复制和重现。在一个权力无处不在的时代背景下,人们必然要追问:权力从何而来?人为什么需要公权力?曾经有人这样说:创造权力的人对国家的强大作出了必不可少的贡献。但质疑权力的人作出的贡献同样必不可少,特别是当这种质疑与私利无涉时。正是这些质疑权力的人们在帮助我们作出判断:究竟是我们使用权力,还是权力使用我们?[①] 实际上,权力总是被人们作为公权力来看待的,公共权力或者公权力落实到公法领域,在近代以降的人们的眼里总是与国家联系在一起或者附属于国家。

从形式上看,公权力伴随着国家产生,没有国家就不会有公权力,国家作为一种文明的政治体很重要的特征就是行使凌驾于社会之上的公权力,一般也将公权力称作国家权力。但是,我们知道国家是历史的产物,在人类文明的初期是不存在国家的,那么国家产生之前是否也不存在公权力呢?公权力实际上并非与国家共存亡,前国家时代和后国家时代同样需要公权力,只要人类社会还存在就有足够的理由保留公权力。公权力产生和发展的重心不在于国家,不在于政治科学,更不在于行使权力者,而在于社会本身。

### (一) 公权力的起源

自从人类社会形成以后,就有了公权力问题。公权力作为一种社会控制力量,存在于一切社会形态之中,作为人类各个文明普遍存在的一种社会现象。人类自产生以来,就面临着群居的问题,这就是马克思所谓的人类的社会性。为了维系人与人之间的和谐相处,对于群居生活进行一定的管理、规划,以及处理群居共同体面临的危机和挑战,必然需要有一个权威进行决断。人类共同体对于权威的需要是公权力产生的根源,权威必然要产生一个公共组织,这个公共组织要承担一定的功能。任何的群居共同体或者社会共同体,都需要依靠一定的权威和权力来规范、维护其内部的生活秩序和应对来自自然、其他共同体的挑战。所以说,公权力来源于人类对于权威和安全的需要,又是人类生存之必需,是自然产生的。姜明安教授在论述公权力时也采用了一个"共同体"的概念,他认为,"有人类共同体就必然有公权力,因为人类共同体为了生存和发展,必须要应付各种自然环境和社会环境的挑战,必须要协调人与自然及人与人之间的相

---

[①] 转引自王诺:《读哈佛》,载《读书》2000年第12期。

**公法原理**

互关系,为此,必须有公权力介入,由公权力对共同体成员进行组织、领导、管理"①。

正如休谟所说,"人诞生于家庭,但须结成社会,这是由于环境必需,由于天性所致,也是习惯使然。人类这种生物,在其进一步发展时,又从事于建立政治社团,这是为了实施正义。没有这种执行机构,人类社会不可能有和平,不可能有安全,也不可能进行相互交流。因此我们认为,我们整个庞大的政府机构,其最终目的无非施行正义,或者换句话说,支持那十二审判员"②。对于正义的无限忠诚可以说是普遍的人性原则,但对于所有的人是否都能够正确无误地发现正义,并能够预见到它们的作用,人们不无怀疑。因为人们天生的自然差别(体质、智力、精神等),加之人性中天生的弱点(短视、自私、贪婪等),往往使很多的人偏离长远的、更加重要的利益,而追逐眼前的利益。政府的起源是必然还是偶然?"政府的起源是较为偶然而又不大完善的。很可能以为君临于大众之上的情况最初始于战争状态。"因为,在战争中"超人的勇敢和才智最易显现","战争最需要一致和协同"、"最易感受到混乱的恶果"。"持续的战争状态(这在野蛮部落中是常有的事)促使人们习惯于顺从酋长。如果酋长既勇敢、谨慎又公平,那么它就会成为所有争端的仲裁者,甚至在和平时期也是如此。他从而有可能逐步依靠自己的力量和人民的同意建立一己的权威。"③

共同体的概念,是一个人类社会背景下的产物,古代的氏族、部落基本上可以看做是家庭的共同体,最初人类之间的联合是男人与女人、父母与子女之间的联合,结成的"共同体"就是家庭,这区别于后来在私有制基础上产生的以国家为代表的政治共同体(除国家外,人类政治共同体还包括非国家的其他公权力组织,如社会自治组织和国际政治性组织等)。

从人类漫长的历史发展过程来看,原始社会没有国家,只有氏族和部落。虽然不存在国家意义上的公权力,但是为了维系氏族、部落安全,就需要由一定的公共组织来行使公共权威调整、维护氏族内部、部落内部的人与人之间的相互和谐关系,构建良好的生活秩序。最初的公共权威是氏族族长和部落酋长,同时还设立了其他的公共职位,并赋予其一定的权威性、强制性的公共职能。"人与人进行交往,形成了人类社会,由此产生了诸多社会公共事务。只有很好地处理这些社会公共事务,正常而相对公平的社会秩序才能得以维持。也只有在这种秩序下,每个人的人权才能够得以保障。而处理这些社会公共事务的权力,可以将

---

① 姜明安:《论公法与政治文明》,载《法商研究》2003 年第 3 期。
② 〔英〕休谟:《休谟政治论文选》,张若衡译,商务印书馆 1993 年版,第 23 页。
③ 同上书,第 25 页。

其称之为'社会公共权力'或者'公权力',以与个人所拥有的'私权利'相对应。拥有社会公共权力的组织可以称之为'社会公共组织',在社会公共组织中,由于国家组织的系统性、严密性和独特的强制力,决定了其在处理社会公共事务方面的有效性和独特作用。在其他社会组织还不能够处理过多的或者无力处理某些社会公共事务的前提下,国家组织的存在就是必要的,由国家组织去处理一部分社会公共事务也就是必要的了。"[1]世界上的一切政府如果都只是强力和暴力的产物,人们生活在一起乃是服从弱肉强食的野兽的法则,而不是服从其他法则,那么就会奠定永久混乱、祸患、暴动、骚扰和叛乱的基础,基于这点认识,理性的人类必然要寻求一种另外的组成政府的方式,来创设公共权力,这就是政治社会或者国家、政府的起源。

(二) 公权力的历史演进——从国家公权力的垄断到社会公权力的扩张

国家公权力来自社会,先有人类社会,后来产生了社会公权力,随着私有制、阶级和国家的出现,社会公权力整体地转化为国家公权力。公权力被国家这个庞大的政治实体——也就是霍布斯眼中的"利维坦"——所垄断。当然,国家公权力与国家产生之前的公权力并没有本质的区别,就像狄骥在《宪法论》中指出的,"在人类的一切大小社会中,我们如果看到一个人或一部分人使用强加于他人的一种强制权力,我们就应当说已有一种政治权力、一个国家存在了。人们即使大力研究,也不会在一个部落酋长的权力和国家元首、部长、议会所组成的一个现代政府的权力之间发现任何本质的区别。这仍然是一种程度的区别,而不是本质的区别"[2]。公权力现象到了国家或者政治社会阶段,就明显地表现为国家公权力。

随着私有制的产生,社会成员之间分化成若干的阶级,为了维持社会的安全与发展,作为统治机器的国家就诞生了。恩格斯在《家庭、私有制和国家的起源》中对于国家的诞生作出了很好地概括,他说:"国家是社会在一定发展阶段上的产物,国家是表示这个社会陷入了不可解决的自我矛盾,分裂为不可调和的对立面而又无法摆脱这些对立面,而为了使这些对立面、这些经济利益互相冲突的阶级,不至于在无谓的斗争中把自己和社会消灭,就需要有一种表面上凌驾于社会之上的力量,这种力量应当缓和冲突,把冲突保持在秩序的范围内,这种从社会中产生,但又居于社会之上并日益同社会脱离的力量就是国家。"国家出现以后,公权力问题就与国家机关紧紧地联系在一起,可以说,国家就是公权力的

---

[1] 胡锦光:《宪法的精神》,载王锴:《公法论衡》序言,人民日报出版社2004年版,第3页。
[2] 〔法〕狄骥:《宪法论》,转引自《西方法律思想史资料选编》,北京大学出版社1983年版,第631页。

垄断组织。

在西方文明史上,出现过几种不同的国家形态:古希腊时期的城邦国家、古罗马以来的帝国、近代资产阶级革命之后兴起的以主权为旗帜的民族国家。民族国家的出现是西方近代文明开始的标志性事件,是西方政治和法律体系从中世纪的二元结构(教权与皇权的对峙、宗教法与世俗法的分裂)向一元结构转变的结果,也是新的起点。至少在理论上,一个主权国家的标志以及现代国家的含义就是国家拥有颁布法律、执行法律、进行管理、裁决社会纠纷的权力。实际上,这个过程是世俗的君主与新兴的资产阶级(确切地说是城市商人)结盟来共同对抗以教皇为权威的宗教势力,并最终把宗教的力量驱赶出世俗领域,并在世俗领域确立了君主的绝对主权,进而使得以君主为权威的主权国家普遍确立。以下论述的国家实际上就是这种近代意义上的民族国家。近代的主权国家与古典自然法学派的思想兴衰紧密相关,古典自然法学说与资产阶级革命同呼吸、共命运,有时是革命的先导,有时是革命的旗帜,有时是革命的辩护词,有时是革命的总结。可以说,"古典自然法理论是以法哲学形式表现的启蒙思想和政治革命学说,政治哲学与法哲学结合得如此紧密,根本原因就在于近代资产阶级革命是一种社会制度代替另一种社会制度的宪政革命"①。古典自然法学家中几位代表性的人物,霍布斯、洛克、孟德斯鸠、卢梭等对于公权力的一些问题都有相关的论述。

古典自然法学家洛克从社会契约论的角度论述国家权力,他认为国家权力就是为了规定和保护财产而制定法律的权利,判处死刑和一切较轻处分的权利,以及使用共同体的力量来执行这些法律和保卫国家不受外来侵害的权利;而这一切都只是为了公众福利。② 在《政府论》的"论自然状态"一章的结尾,他引证了胡克尔在《宗教政治》第 1 卷第 10 节中所说的话:"上述的法则"——即自然法——"对于人类来说,甚至在他们以若干个人的面目出现时,也是有绝对约束力的,尽管他们从无任何固定的组织,彼此之间也从无关于应该做什么或不应该做什么的庄严协定。但是既然我们不能单独由自己充分供应我们天性所要求的生活、即适于人的尊严的生活所必需的物资,因而为了弥补我们在单独生活时必然产生的缺点和缺陷,我们自然地想要去和他人群居并营共同生活,这是人们最初联合起来成为政治社会的原因。"③这可以看做是社会契约论意义上的国家公权力的起源,其要义就是:国家公权力是每个人交给社会的他在自然状态中拥有

---

① 张乃根:《西方法哲学史纲》,中国政法大学出版社 2002 年版,第 128 页。
② 〔英〕洛克:《政府论》(下篇),叶启芳、瞿菊农译,商务印书馆 1964 年版,第 4 页。
③ 同上书,第 11—12 页。

## 第二章 公法的逻辑起点——公权力

的权力,再通过社会交给设置在自身之上的统治者或者政府,附以明确的或默许的委托,即规定这种权力应该为他们谋福利和保护他们的财产。

在国家统治机构的架构中,国家公权力为立法权、行政权、司法权所代表。从古希腊的城邦政治开始就已经有议事机能、执行机能、裁决机能的区分,古罗马的共和国政体更是吸收了古代希腊人的智慧并融入了罗马人的军事管理体制,发展出了比较完善的执政官体制。到了近代民族国家出现,在近代启蒙思想家的理论指导下,大多国家都确立了立法、行政、司法的三权分立,公权力问题实际上就化约为这三种权力的问题。当然,有的人把行政权也称为执行权,如洛克、康德。康德把这三种权力视为人民的普遍意志在一种政治体中的人格化,他还根据实践的三段论中的三个命题对三种具体类型的公权力进行分析:作为大前提的是规定意志的普遍法则;次要的根据作为小前提原则的法则,提出可以应用到以此行为的命令;最后的结论就是判决书或者在具体的案例中关于权利的判决。①

关于立法权和执行权的起源,洛克认为国家拥有权力对社会成员之间所犯的不同的罪行规定其应得的惩罚(这就是制定法律的权力),也有权处罚不属于这个社会的任何人对于这个社会的任何成员所造成的损害(这就是关于战争与和平的权力);凡此都是为了尽可能地保护这个社会的所有成员的财产。但是,虽然加入了政治社会而成为任何国家成员的人因此放弃了他为执行他的私人判决而处罚违反自然法的行为的权力,然而由于他已经把他能够向官长申诉的一切案件的犯罪判决交给立法机关,他也就给了国家一种权力,即在国家对他有此需要时,使用他的力量去执行国家的判决;这些其实就是他自己的判决,是由他自己或者他的代表所作出的判决。这就是公民社会的立法权和执行权的起源,这种权力得根据长期有效的法律来决定应怎样处罚发生在国家中的犯罪行为,同时也根据以当时实际情况为依据的临时的判断来决定应怎样对外来的侵害加以惩罚;在这两方面遇有必要时,都可以使用全体成员的全部力量。②

虽然自然法学自 19 世纪以来不断受到分析法学、社会法学和历史法学派等的挑战③,但是分析法学、社会法学和历史法学等流派在公权力的起源、公权力的合法性、公权力的公法规制,囿于各自的学术立场和理论视野并未给予足够的关注和深入的探讨,实际上我们今天来讨论这个问题,仍没有摆脱自然法学的影响。英国的劳特派特就指出:"如果没有自然法体系和自然法先知者的学说,近

---

① 参见〔德〕康德:《法的形而上学原理》,沈叔平译,商务印书馆1993年版,第139页。
② 〔英〕洛克:《政府论》(下篇),叶启芳、瞿菊农译,商务印书馆1964年版,第54页。
③ 〔英〕哈特:《法律实证主义和法律与道德的分离》,翟小波译,载《环球法律评论》2001年夏季号。

代宪法和近代国际法都不会有今天这个样子。在自然法的帮助下,历史教导人类走出中世纪的制度而进入近代的制度。"①

在一些高度工业化与官僚化的社会里,一种推动法律向偏离现代国家原则方向发展的力量得以形成。法律特权被授予非国家组织,如力量强大的社团和利益集团。它们由于拥有的信息,在无论议会抑或官僚机构的立法方面似乎已经是不可或缺的了,议会已经允许它们在法律改革方面发挥积极的作用。另外,它们也通过直接参与解决范围广泛的法律争端,来减轻集中化司法机构的负担。② 国家权力不得不让步给合法的、分散的社团之网。正如福柯这位后结构主义的代表人物所指出的,权力不是一个机构,也不是一个结构,而是多种力量关系的负荷;它不限于国家机关所掌握的权力,国家永远不是唯一的权力领域和权力主体(除国家机关之外,政党、社会组织和个人都可以是权力主体),真正用来支撑国家权力运作的是存在于它之外的各种各样的权力关系(也称微观权力);权力作为流通的东西或者作为以链条发生作用的东西,从来不局限于这里或那里,也不局限于任何人的手里,更不是作为一种商品或一份财富而被使用;每个人都受制于权力,同时又在运用着权力;权力一方面渗透到基层去,另一方面它又从无限小的起点逐渐上升到一种普遍的程度,为国家体系所把持、所吸收。③

## 二、国家(政府)产生原因概说

很多的经典作家对于政府的起源问题都有过论述,而且对于政府如何从家庭组织之外的其他社会组织尚未出现时起源,往往诉诸"自然状态"与社会契约的概念模型。在近代民族国家产生以前如希腊城邦时代、罗马共和国时代,并不存在近代民族国家意义上的国家概念和国家形态。当时指称国家意味的常词是 res publica(共和国)。由于深受自然法律令和"契约法"精神的影响,古罗马共和国后期的法学家西塞罗推论说,国家是个道德的集体,是共同拥有该国家及其法律的集团。因此,他用美好的词句把国家称为 res populi 或 res publica,即"人民的事业",而实际上这就等于较古老的英语"commonwealth"一词的用法。除非国家是为了伦理的目的组成的一个集体,除非国家被道德的纽带联系起来,否则就像后来奥古斯丁所说的那样,它只不过是"大规模的大路抢劫"。

---

① 〔英〕劳特派特:《奥本海国际法》(上卷第 1 分册),王铁崖等译,商务印书馆 1971 年版,第 63 页。
② 〔美〕埃尔曼:《比较法律文化》,贺卫方、高鸿钧译,生活・读书・新知三联书店 1990 年版,第 14—15 页。
③ 徐大同主编:《当代西方政治思潮》,天津人民出版社 2001 年版,第 368—369 页。

## 第二章 公法的逻辑起点——公权力

当然,国家可以推行暴政,可以用野蛮的暴力统治其臣民——有道德的法律并不能使不道德的行为不发生——但是只要这样做,它就失去了国家的真正特征。因此,国家乃是一个法人团体,这个团体的成员身份是它的全体公民的共同财产;国家的存在可以把相互帮助的利益和公正的政府提供给其成员。这样便产生了三个后果:第一,由于国家和它的法律是人民的共同财产,因此它的权威来自人民的集体力量。第二,正当而合法地行使的政治权力才真正是人民的共同的权力。行使这一权力的长官就通过他的职位来做这件事。法律是他的依据,他是法律的产物。第三,国家本身和它的法律永远要服从上帝的法律,或道德的或自然的法律——即超越人的选择和人的制度的更高一级的正义统治。在国家的本质中暴力是一种附带的事情,而只有在需要它来实现公平和正义的原则时暴力才是正当的。不难看出,真正的共和国既当为伦理之邦,又当是法治之国,更当是人民"主权"之域。因为即便是在帝国趋向于皇帝"专制主义"的王法时期,其正当的效力也在于"人民把他们的全部权威和权力移转给他";而东方专制主义意义上的君主绝对论在当时是不存在的,这极大地影响着西欧中世纪以及民族国家兴起时期的宪政理论。

西方近代的自然法学家运用自然状态的概念来证明政府建立在"社会契约"之上,而且这种假设性的理论在西方宪政思想史上发挥了重要的作用。这种"社会契约"被看成是用来把分散的人们形成一个政治统一体并通过合意来赋予这个政治统一体行使权威性的强制力量的协议书,也可以称之为宪法,当然这里的宪法是指实质意义上的宪法。

格劳秀斯(Hugo Grotius,1583—1645)被人们称为"国际法之父",其不朽名著《战争与和平法》被译成多国文字。这部完成于1625年的作品,花费了他整整22年的时间(从1603年写作《捕获法》算起)。这部作品是在西方各主权国家亦即新兴的欧洲民族国家之间缺乏公认的国际关系准则这一背景下产生的。他的主要贡献就在于"将西方传统的自然法理论与现代国际关系准则形成的共同约定说相结合,提出了一整套新的自然法与国际法学说"[1]。格老秀斯区分了"自然法"与"意志法",其中"意志法"指的就是人定法。人定法是由国家制定的,而在他看来,"国家是自由人们的完全合作体,旨在结合起来享受权利,谋求共同利益"[2]。

托马斯·霍布斯(Thomas Hobbes,1588—1679)是英国资产阶级革命时期的思想家,在西方近现代政治思想史上占有举足轻重的地位。早年,翻译了古希

---

[1] 张乃根:《西方法哲学史纲》,中国政法大学出版社2002年版,第134页。
[2] Hugo Grotius, *On the Law of War and Peace*, Kessinger Publishing, 2004, p.44.

**公法原理**

腊修昔底德的《伯罗奔尼撒战争史》,1640年他发表了《法的要素》,论证了主权的不可分。英国内战后,他发表了最为著名的《利维坦》,这部被西方人称为"继柏拉图的《理想国》、西塞罗的《论共和国》之后,近代的第一部《共和国》"①的经典作品,集中地反映了霍布斯的哲学、政治、法律、伦理和宗教思想。他在《利维坦》的序言中说,国家是一个巨大的利维坦(圣经中的海底怪兽,力大无比)。国家是一个拟制的人,力量自然比人要大。国家的灵魂是主权,支配着整个人体的生命和运动。关节是各种政府官员。神经是奖惩,用于加强主权,促进人人尽守其职。平等和法律是拟制的理性和意志,协调是健康,叛乱是疾病,内战意味着死亡。最后,依靠契约,人们创造了一个拟制的人即国家。②

霍布斯在《利维坦》第17章专门论述了国家的成因、产生和定义。他说:

> 我们看见天生爱好自由和统治他人的人类生活在国家之中,使自己受到束缚,他们的终极动机、目的或企图是预想要通过这样的方式保全自己并因此而得到更为满意的生活;也就是说,要使自己脱离战争的悲惨状况。因为各种自然法本身(诸如正义、公道、谦谨、慈爱),如果没有某种权威使人们遵从,便跟那些驱使我们走向偏私、自傲、复仇等等的自然激情互相冲突。没有武力,信约便只是一纸空文,完全没有力量使人们得到安全保障。这样说来,虽然有自然法(每一个人都只在有遵守的意愿并在遵守后可保安全时才会遵守),要是没有建立一个权力或权力不足,以保障我们的安全的话,每一个人就会、而且也可以合法地依靠自己的力量和计策来戒备所有其他的人。在人们以小氏族方式生活的一切地方,互相抢劫都是一种正当职业,绝没有当成是违反自然法的事情,以致抢得赃物愈多的人就愈光荣。③

霍布斯认为要建立一种能抵御外来侵略和制止相互侵害的共同权力,以便"保障大家能通过自己的辛劳和土地的丰产为生并生活得很满意",只有一条道路,那就是:

> 把大家所有的权力和力量付托给某一个人或一个能通过多数的意见把大家的意志化为一个意志的多人组成的集体。这就等于是说,指定一个人或一个由多人组成的集体来代表他们的人格,每一个人都承认授权于如此承当本身人格的人在有关公共和平或安全方面所采取的任何行为、或命令他人作出的行为,在这种行为中,大家都把自己的意志服从于他的意志,把

---

① Richard S. Peters, *Introduction to Leviathan*, Clooier Books, 1962, p.15.
② 张乃根:《西方法哲学史纲》,中国政法大学出版社2002年版,第136页。
③〔英〕霍布斯:《利维坦》,黎思复等译,商务印书馆1985年版,第17章。

自己的判断服从于他的判断。这就不仅是同意或协调,而是全体真正统一于唯一人格之中;这一人格是大家人人相互订立信约而形成的,其方式就好像是人人都向每一个其他的人说:我承认这个人或这个集体,并放弃我管理自己的权利,把它授予这人或这个集体,但条件是你也把自己的权利拿出来授予他,并以同样的方式承认他的一切行为。这一点办到之后,像这样统一在一个人格之中的一群人就称为国家,在拉丁文中称为城邦。这就是伟大的利维坦(Leviathan)的诞生,——用更尊敬的方式来说,这就是活的上帝的诞生;我们在永生不朽的上帝之下所获得的和平和安全保障就是从它那里得来的。因为根据国家中每一个人授权,他就能运用付托给他的权力与力量通过其威慑组织大家的意志,对内谋求和平,对外互相帮助抗御外敌。国家的本质就存在于他身上。①

他把国家定义为"一大群人相互订立信约、每人都对它的行为授权,以便使它能按其认为有利于大家的和平与共同防卫的方式运用全体的力量和手段的一个人格"。并且承当这一人格的人就称为主权者,其余的每一个人都是他的臣民,取得这种主权的方式有两种:"一种方式是通过自然之力获得的,例如一个人使其子孙服从他的统治就是这样,因为他们要是拒绝的话,他就可以予以处死;这一方式下还有一种情形是通过战争使敌人服从他的意志,并以此为条件赦免他们的生命。另一种方式则是人们相互达成协议,自愿地服从一个人或一个集体,相信他可以保护自己来抵抗所有其他的人。后者可以称为政治的国家,或按约建立的国家;前者则称为以力取得的国家。"

康德指出了因为权利的问题,人类已经被假定是自私的,那么"这个尚未用法律加以调节的社会状态的理性观念,必须作为我们讨论的出发点",由于他认为"每个人根据他自己的意志都自然地按着在他看来好像是好的和正确的事情去做,完全不考虑别人的意见。因此,除非决心放弃这个法律的社会组织,否则,人们首先不得不作的事就是接受一条原则:必须离开自然状态,并和那些所有不可避免要互相来往的人组成一个政治共同体,大家共同服从由公共强制性法律所规定的外部限制"②。在康德的思想中,人类的自然状态不一定是绝对不公正的状态,但他认为这样一种自然状态如果曾经存在过,那么必定不是通过法律来调整的社会状态,而且一旦发生权利的争执,找不到"一个强制性的法官对该争执作出有权威性的法律裁判",如此说来,从自然状态进入到一个存在法律认可

---

① 〔英〕霍布斯:《利维坦》,黎思复等译,商务印书馆1985年版,第17章。
② 〔德〕康德:《法的形而上学原理——权利的科学》,沈叔平译,商务印书馆1991年版,第137页。

个人权利并且物品的占有基于分配的正义、存在执行公共权力的机构来保证的"文明联合体"就"合情合理"了。①

### 三、规范论中的国家观念——国家法人说

康德在论述"公法"的定义和分类的时候,首先认为国家可以叫作共同体或者共和国,它是由所有生活在一个法律联合体中的具有公共利益的人们组成,并进一步指出,国家如果从它与人民的关系看,就可以叫作权利,并由此产生主权者的概念。② 他也认为,国家是许多人依据法律组织起来的联合体,这些法律并非单纯靠法令建立,而是一种来自外在权利的概念,是"先验的必然"。法律为每一个真正的联合体提供了规范性的标准,并把联合体组织成为一个共和国。

大陆法系国家公法理论中的国家不同于与我们一般理解的国家,我们一般将国家理解为广义的政府,也就是实体上的国家机器。而在大陆法国家的传统中,把国家放在法规范的视野之下来对待,认为它是在一定地域上的全体人民组成的服从同一个政府统治的共同体,具有独立的法律上的人格,政府仅为其一个要素或称为机关,也就是我们公法上的国家法人理论。

其实在罗马法中,已承认部分公法组织,如国家,自治市等具有法律人格(personalita),但由于罗马法是一个跛足的法律体系,其私法虽然极为发达,被马克思称为商品经济社会最完善的法律体系,但在公法上则乏善可陈。其对这些公法组织,均是着眼于其在私法上的权利能力和责任能力,并未从公法,即统治权享有的角度加以规范和研究。③ 作为德国近代公法学的创始人耶利内克在他的《一般国法学》中说,"国家作为法律的组合团体来说,它是建立在一定领土上被授予发号施令的固有权力(统治权)的一种人民组合团体"④。耶利内克的国家法人说在理论上面临的最大的难题在于,法人人格必须根据法律获得,而若要以国家为法人,则必在国家之前就存在法律,然而脱离开国家又安能有法存在?对此主张,国家法人说的学者的回答是,国家与法有互相不可分离的关系,并非先有国家然后才有法,而是国家一旦成立,法即同时存在。一种团体要成为国家,必须设置具有统辖国家最高统治权的中央机关,此统治权并非国家成立后方能具有,相反其正是国家成立的一个构成要件。因此,国家本于其成立的事实,

---

① 参见〔德〕康德:《法的形而上学原理——权利的科学》,沈叔平译,商务印书馆1991年版,第137页。

② 同上书,第135—136页。

③ 参见〔意〕彼德罗·彭梵得:《罗马法教科书》,黄风译,中国政法大学出版社2005年版,第29、50—54页。

④ 〔法〕狄骥:《宪法论》,钱克新译,商务印书馆1962年版,第439页。

当然即可具有法律上的人格。① 凯尔森继承了耶利内克一般公法学中规范论的研究,并将规范的研究发挥到极致,创立了所谓的"纯粹法学",凯尔森认为所谓法人并非一个独立的实体,而只不过是一定法律秩序的人格化,国家亦不过是国内法律秩序的人格化,所谓国家的权利义务不过是作为国家机关的个人,也即执行法律秩序所确定的特定职能的人的权利义务,国家问题就是一个归属问题,国家是各种不同的人的活动按照法律秩序归属的一个共同点,从而国家亦当然为法人。凯尔逊认为这样即可解决因传统理论将国家与法两元化而造成的国家为何受法拘束的理论难题。②

## 第二节 公权力的概念与特征

### 一、作为公法学的研究对象的公权力

(一) 公权力的概念

公权力的概念从来就不存在一个能统治一切的定义,对公权力的定义基本上分为三类:政治学的、社会学的、法学的。有代表性的关于公权力的学说主要有以下三种:

(1) 能力说。"公权力可被看成一种不顾阻力而实现人们意志的可能性,或者说是一种对别人行为产生预期影响的能力。"

(2) 强制意志说。公权力是"一个人或一些人在某一社会行动中甚至不顾其他参与这种行动的人的抵抗的情况下实现自己意志的可能性"。

(3) 关系说。公权力是"一个人或许多人的行为使另一个或其他许多人的行为发生改变的一种关系"。

布莱克法律辞典曾提出三种关于权力的法学定义:(1) 权力(power)是做某事的权利、职权、能力或权能(faculty),权力是授权人自己合法作某行为的职权(authority)。(2) 权力是在法律关系中一方以一定作为或不作为改变这种关系的能力。(3) 狭义的权力指为了自己利益或他人利益处理动产、不动产或赋予某人处理他人利益的自由或职权。另外,英美法还有仅适用于民法的权力,它指做具有法律效力或作用的事情的权利。③

从事实论上讲,公权力是指国家和其他公共任务主体为行使国家权力而享有的立法、执行、司法等权限的总称。从规范论上讲,公权力指以维护公益为目

---

① 钟赓言:《行政法总论》,朝阳大学法律科讲义1922年版,第20—21页。
② 参见〔奥〕凯尔森:《法与国家的一般理论》,沈宗灵译,第203—205、222页。
③ 〔英〕沃克:《牛津法律大辞典》,邓正来等译,光明日报出版社1988年版,第706页。

的的公团体及其责任人在职务上的权利,它是基于社会公众的意志而由国家机关具有和行使的强制力量,其本质是处于社会统治地位的公共意志的制度化和法律化。通常立法权、行政权、司法权都是公权力。也有的学者认为,公权力是一个社会共同体对内、对外作出行为的能力,人类社会共同体是指人类根据地域、民族、经济关系、政治信仰或者统治需要而形成的社会群体,如部落、西方的城邦、近代君主国家、现代民族国家,还有社会团体、社会组织以及国际上的政治组织(如联合国等)、经济组织(如 WTO)也享有一定的公权力,人类社会共同体是在不同的时间按照不同的民族、地域、政治信仰、社会需要形成、发展起来的。国家权力(Staatsgewalt)是最能够体现国家在法律上之特殊意义的要素,从而也是公法规范的核心对象。

(二) 公权力与相关概念辨析

1. 公权力与公权利

公权利指公法所确认的权利,公权力指的是公共事务中之权,二者往往指广义的政府行使的权利和权力,也常分别称公权和公力,但大多情况下是通用的。公权力是公民和团体无法独自行使的,比如治安、查处罪犯、审判、外交、国防,等等。对于公权利的认识,学者们的意见不一,有学者将公民权利中涉及国家政治生活的譬如选举权和被选举权、监督权、创制权和复决权等认定为"公权利",而关于公民私人性质的或者"公权利"外的称为"私权利"。也有的学者把国家为主体的权利称为"公权利"。

2. 公权力与私权力

这里的"公权力"与"私权力"的区分,是从权力的享有主体和服务对象的角度观察的,公权力自然就是公共权力,来自于国民,服务于国民。私权力则是一人一家之权力。公权力从性质上来说是一种派生性的权力,是作为社会主体的人为了维持一个和平的秩序,过一种"共同善"的生活,防止自己的正当利益受到他人的侵犯而设定的。从一开始,权力就具有公共的性质,但是随着国家和私有制的产生,原本属于氏族、部落共有的权力开始异化、被私人占有和控制,并成为强制他人服从的一种装置。因此有必要提出私权力的概念与公权力相对照,来充分地理解公权力的性质。私权力是一人、一家、一统治集团之权力,其目的是为少数人的利益服务,其移转、分配是在一个家族、一个统治集团之内进行的。

为什么要追究权力的"公"的性质?主要是从权力的来源和目的来看的,这是现代社会公权力合法性和正当性的根源。

从权力的来源来看,权力必须来自人民的委托或者人民代表制定的法律的授予。可以作一个理论上的逻辑推演,在历史上一定出现过这样一个时刻,即当一个个孤单的个人充分认识到合作的需要,而不仅仅是依赖于家庭,那么人们之

## 第二章 公法的逻辑起点——公权力

间的社会组织性开始迈出了实质性的一步。这种普遍共识的结果必然是人民之间通过广泛的商谈和意见交换达成具有普遍约束力的社会契约,卢梭称之为"公意"的东西或者人民委托自己的代表组成制宪会议制定实质意义上的宪法,通过"公意"或者实质意义的宪法创设公共的权力装置:立法机关、行政机关、司法机关等来分别行使管理社会的职能,维护某个特定的社会共同体的有规则的社会秩序(安全目的)、经济秩序(功利目的)、政治秩序(正义目的)。

安全、功利、正义应该是充分表达了公权力的近乎普遍的目的。正义是维护共同体的安全和人与人之间的和谐所必需的,同时我们应该认识到,功利和安全是维护社会的生存和发展所必需的。偏离了正义,人们之间的相互信任无法建立,普遍实行的规则无人遵守,因为人们并不会从内心对缺乏公正有效性的规则或者社会充满信心。忽略了功利,则是阻塞了社会发展的动力系统,功利原则是人们相互之间进行合作的一个重要的原因,正是因为多数人之间的联合可以产生比孤独的个人更大的财富,而且能够创造一种力量来维护和不断增长财富。但是我们应该注意到这几种目的之间是可能存在冲突的,它们的关系并非绝对,而是相对的。不同的国家或者社会组织都必须作出决定来解决或者缓和可能的冲突,并且必须要作出决断:究竟要优先考虑正义还是功利抑或安全、是正义优先于功利还是安全优先于正义。如果说法学是一门关于人类经验的学问,那么公法学同样是一门关于公法实践和经验理性的学科,我们对于公法学的研究,不过是为了通过对公法的规范、制度等的确立来获得我们所需要的安全、功利和在不同时代具有不同内容的正义。

### (三) 公法与公权力

埃尔曼在他的《比较法律文化》中引述了一位在伦敦受过教育的中国法学家的一段话,他说"你们西方人的烦恼在于你们一直未能超越你们称之为'法治'的初级阶段。……而中国却总是知道要治理一个社会单凭法律是不够的。两千五百年前她便知道这一点,今天她仍然知道这一点"[①]。的确,从古代起,东西方的人们都在激烈而无休止地讨论法律与公权力的关系问题,不同的是西方人通过讨论得出法律支配公权力的结论,也就是法律高于一切公权力;而中国的情况却是公权力是至高无上的,高于法律。西方人对于法律与公权力关系的认识奠定了他们的法治观念的基础。

公权力与法律之间是天然的辩证关系。公权力永远是部分的法律加部分的专断。公权力要想完成其目标就必须以法律为支持,另外公权力也需要法律为自身提供合理的边界,否则不受制约的本身可能会因为肆无忌惮与蛮横跋扈而

---

① 〔美〕埃尔曼:《比较法律文化》,贺卫方、高鸿钧译,生活·读书·新知三联书店1990年版,第92页。

脱离功利、秩序的轨道,更不要谈正义了。从公权力与公法的关系来看,二者几乎形影不离,相互促进。在公法所涉及的领域,都可以看到公权力作用的痕迹;而在公权力广泛的活动空间中,公法的光芒却未必能照亮全部。一些公权力活动的灰色或黑色区域常常隐蔽于冠冕堂皇的公权力话语之下。

理解公权力,必须要首先认识到它跟公法固有的密切联系,同时要超越简单的对公权力进行语义上的分析和形式上的描述。我们要着重探究公权力的公法规制和保护,既要寻求公法关系背后的法治理念和宪政制度来达到认清公权力的特征的目的,又要通过公权力来重新理解公法的意义,重新解构公法,最终重新构建公法。我国的行政法学者姜明安教授这样论述公法与公权力:

> 公法是规范和控制公权力的法,是调整公权力主体与人类共同体成员的关系以及公权力主体相互之间关系的法律规范系统。人类共同体是人类在不同历史时期共同生活或为实现一定共同目标,共同进行一定活动而形成的组织体,如古代社会的部落、城邦,现代社会的国家、国际组织以及非政府自治组织等。公权力是人类共同体成员赋予共同体组织对内对外作出代表其成员意志和利益的行为的能力或力量。在现代社会,公权力主要指国家权力,除国家权力外,公权力也包括社会公权力,如社会自治组织对其成员行使的权力以及社会自治组织依法律授权或国家机关委托而对外部相对人行使的权力。在我国,共产党是执政党,执政党自然也行使重要的公权力。因此,现代公法不仅调整国家机关与公民的关系以及国家机关相互之间的关系,而且调整国家权力与社会公权力的关系以及社会公权力主体与相应社会自治组织内部成员和外部相对人之间的关系。①

## 二、公权力的特征

上述对权力的定义,尽管在表述上不同,但我们还能发现一些关于公权力的共性东西:公权力关系存在于人与人的社会关系当中,但这种关系是不平等的,它是管理—服从关系;公权力是一种力,是一种支配力或影响力,这种力能使接受方的意志受到影响进而服从公权力行使方的意志;公权力具有强制性,这种强制力在公权力受方不服从时表现出来;公权力具有形成性,公权力的发动往往是构成公法上法律关系的起点。

### (一) 合法性和正当性

法无明文规定的权力不得行使。具体指权力来源合法化,权力运作合法化,

---

① 姜明安:《论公法与政治文明》,载《法商研究》2003 年第 3 期。

权力制约合法化,自由裁量也要符合合法性的法治要求,权力的一切行为必须由法律确定,超越立法目的和法治精神行使的权力无效。权力的行使应当反映立法本意,与法治精神和立法目的相悖的权力无效,同时应接受司法矫正和宪法审查。"法不授权不得行,法有授权必须为"这条原则不仅适用于所有的公权力主体,也适用于拥有一定权力的社会组织。这条原则不仅体现在立法中,更是执法、司法、法律监督等法治环节的运作依据。哈林顿曾指出,在法治条件下,"每一个政府的基础或中心就是它的基本法律"①。拉兹也认为:"法治意味着政府的全部权力必须有法律依据,必须有法律授权。"②郭道晖先生在谈到近代的法治时曾指出其三点基本要求:"(1)任何人的权力都来自宪法和法律;(2)任何权力都要受立法和司法的制约;(3)法律的作用既要治民,更要治吏,制约政府。"③

(二)公共性和服务性

现代公权力的"权力"(强制性意志)色彩逐渐隐匿,公共利益的优先性和公共的服务功能加强了。当然,我们也要认识到,现代公法比以往更加注重尊重和确保公民个人的权利,并以公共利益为公权力行使的基本准则;同时公益基准并非绝对的,公权力也要不时地面对如何划分、协调公益与私益的关系和如何更好地保障私益的问题,以使社会整体上的公益实现。立法机关在立法过程、行政机关在执法过程和制定政策过程中、司法机关在判决过程中都要面临公共利益的解释和公益与私益的衡量问题。

(三)程序性

现代公法在公共权力的行使上更多地强调程序性。例如行政机关首长的选举制、公务员或者政府文官的公开招考制度、行政信息公开制度、行政立法听证中的相对人参与和专家咨询制度等都渗透着正当程序原则的精神。程序性特征给行政活动带来了正义的观念,那就是"正义不仅应该得到进行,而且还必须在能够明确看到其得以进行而不存在任何怀疑的情况下进行"④,而且程序也带来了新的行政效率性的保证。威廉姆·道格拉斯指出,"正是程序决定了法治与恣意的人治之间的基本区别"。在季卫东先生那篇著名的《法律程序的意义》中,对程序对于现代法治和民主社会的作用作了相当精到和富有智慧的概括:程序一方面可以限制行政官吏的裁量权、维持法的稳定性和自我完结性,另一方面

---

① 〔英〕哈林顿:《大洋国》,何新译,商务印书馆1983年版,第104页。
② 张文显:《二十世纪西方法哲学思潮研究》,法律出版社1996年版,第61页。
③ 郭道晖:《民主·法制·法律意识》,人民出版社1988年版,第23页。
④ 〔英〕韦德:《行政法》,徐炳译,中国大百科全书出版社1997年版,原文为:Justice shoud not only be done, but shoud manifestly and undoubtedly be seen to be done。

却容许选择的自由,使法律系统具有更大的可塑性和适应能力。换言之,程序具有开放的结构和紧缩的过程;随着程序的展开,参加者越来越受到"程序上的过去"的拘束,而制度化的契机也由此形成。程序开始于高度不确定状态,但其结果却使程序参加者难以抵制,形成一种高度确定化的效应。因此,如果我们要实现有节度的自由、有组织的民主、有保障的人权、有制约的权威、有进取的保守这样一种社会状态的话,那么,程序可以作为其制度化的最重要的基石。①

（四）专属性和不可自由处分性

公权力是权力者专有的,一般来说,公权力是由人民或者社会成员通过法律的形式授予的,目的在于为公共利益服务。因此,公权力本身在被创设的同时也被赋予了一定的义务,这种义务性的存在决定了公权力的专属性和不可自由处分性。专属性是指公权力是由特定的主体享有和行使的,包括组织和个人,如特定的国家机关、社会公共组织以及一些国际组织等。一般的公民个人不能拥有公权力,因为人民是来监督和制约公权力的,如果人民本身既拥有公权力又制约公权力,是不符合权力的行使要求的。

不可自由处分性表现在权力的不可放弃、不可自由转让。法律有明文规定的权力不得放弃。从法律上讲,权力授予具有双重意义,一方面给予权力行使者一定的权力,另一方面也为权力取得者设定了一种责任或义务,而权力的功能就是保障权利,所以,权力取得者必须积极充分地切实行使法律所赋予的权力。

（五）扩张性

公权力具有强大的约束力和威慑力,而且公权力的行使伴随着权威的树立和荣誉的彰显,因此权力带有巨大的诱惑力。正如罗素所说,"爱好权力,犹如好色,是一种强烈的动机,对于大多数人的行为所发生的影响往往超过他们自己的想象"②。孟德斯鸠在《论法的精神》中这样写道:"一切有权力的人都容易滥用权力,这是万古不易的一条经验。有权力的人使用权力一直到遇有界线的地方才休止。"英国历史学家约翰·阿克顿勋爵有一句广为传诵的名言——"权力导致腐败,绝对的权力导致绝对的腐败"。

### 三、公权力的类型

（一）一般分类

根据公权力的承载主体或者作用领域的不同可以将公权力划分为国家公权力、社会公权力和国际公权力。很明显,国家公权力是作为主体的国家所拥有的

---

① 季卫东:《法律程序的意义》,载《比较法研究》1993年第1期。
② 〔英〕伯特兰·罗素:《权力论》,吴友三译,商务印书馆1991年版,第189页。

权力,作用的范围是整个国家。社会公权力系得自国家法律的授权或机构委托,来管理社会某一领域的权力。国际公权力是在国际交往中,伴随着国际组织的兴起和蓬勃发展在国家与国家之间所形成的对于协约国生效的权力。

根据权力在规范意义上的位阶,可以把公权力分为主权、制宪权和宪法层面上的公权力。主权是一国法律体系中最高的权力,而且高于宪法。制宪权是制定宪法的权力,在位阶上应该低于主权,可以看做是在法律体系中代表主权发动的一个概念装置。宪法上的公权力则是通过宪法的制定而创设的诸种权力,例如立法权、行政权和司法权,等等。

根据权力的内容和特征不同,可以将公权力分为立法权、行政权和司法权。具体的概念和特征参考以下的内容。

从权力的层级体系以及权力作用的地域范围角度可以把公权力分为全国性的公权力与地方性的公权力。不管是在古代社会还是经济文化高度发达的现代社会,作为治理国家的权力总是被不同的方案所配置,单一制国家和联邦制国家均存在着全国性权力和地方性权力的划分,单一制国家中央权力与地方权力的一元层级体系,而在联邦制国家中则存在联邦权力和联邦组成单位权力的二元体系。

(二) 立法权、行政权、司法权

可以说早在古代,人们便认识到国家权力活动形态中有立法、行政和司法三种类型,但是,这三种活动类型却没有从组织上分离开来。[①] 国家从其产生的那天起,就是以管理社会公共事务为其根本特征和职能的。这种公共权力机关为了保证居民对它的尊敬和恐惧的服从,就开始使用法的手段调整和管理被统治者。行政权与立法权、司法权混合地集中在统治者的手里,而没有被人们作为独立的权力形态来认识和把握。这甚至造成了狂热的人们对权力的盲目的图腾崇拜,人们迷信权力的力量,相信依靠权力的强制威力来规范社会中的各种关系,包括政治关系、经济关系、文化关系、意识形态等,人与人之间的关系也被纳入这种强制之中。整个古代的社会就是处在一种权力的笼罩之下,东西方都曾经存在过的奴隶制度就是这种强力支配社会的典型。近代民族国家建立后,一个重大的制度变革就是在宪法上创设了三种权力,彼此分立和制衡,并维持在最高主权的统一下,康德对三种公权力的相互关系和特性有着经典论述:

> 国家的三种权力,按它们的彼此关系看,就是:(1) 彼此协作,如同许多法人那样,一种权力成为另一种权力的补充,并以这样的办法来使得国家的

---

① 〔日〕南博方:《日本行政法》,杨建顺、周作彩译,中国人民大学出版社1988年版,第6页。

政体趋于完善;(2)它们彼此又是从属关系,这样,其中一种权力不能超越自己的活动范围去篡夺另一方的职能,每一种权力有它自己的原则,并在一个特定的人的手中保持它的权威,但是,要在一位上级长官意志的指导之下;(3)经过上述两种关系的联合,它们分配给国内每个国民种种他自己的权利。①

1. 立法权

所谓的立法权存在广义和狭义的两种理解。广义的立法权主要是指所有的有关创制、认可、修改、废止法规范和法规则的权力。狭义的立法权是指立法机关创制、认可、修改、废止法律的行为。在这里我们应该把立法权与立法机关的权力区别开来,从法理层面上和权力分立的实践来看,立法权不单单归属于立法机关,特别是在当下行政权急剧扩张、委任立法蓬勃发展以及判例法制度在两大法系相互镜鉴的情况下,都表明作为立法权的主体不限于立法机关,立法权就此也应该作广义的理解。此外,由于立法机关的权力不仅包含立法权,还有像组织和监督政府、议决预算、国事调查、对外签署条约权、特赦大赦等权力,所以立法权的概念以广义的理解为妥。

就立法权的性质,我国有学者进行了探讨,在对立法权性质的认定时"既考虑到它是一种权力这一本质属性,又要归纳出其本质属性中的主要方面",将立法权的性质归结为合法性、统一性和民主性。② 合法性包含着形式上和实质上的合法性两个方面,形式上主要是立法程序以及主体资格,实质的合法性则需要一些法的价值标准进行判断,例如自由、秩序、正义等。统一性则表现在立法权一般由专门的机关统一行使,除了法律授权和机关委托,任何其他的个人和组织都不得行使。此外,立法权的统一性还表现在立法形式上要使法律结构、概念术语、格式等达到统一。最为重要的是立法价值的统一,各种法律规范要在宪法价值的统一下,形成一个体系化的逻辑体。民主性主要是指立法主体的选举、立法过程、立法的决议以及立法的通过都要有不同的社会阶层的参与和讨论,不能由一个集团或者政党垄断立法。

2. 行政权

行政权是从公权力中分离出来的独立的权力形态,应该有不同于立法权、司法权的属性和特征,行政权的实质属性就是指执行性的国家权力。关于行政权的特征,有人归纳为合法性、强制性、优益性和不可处分性③;有人归纳为执行性

---

① 〔德〕康德:《法的形而上学原理——权利的科学》,沈叔平译,商务印书馆1991年版,第143页。
② 戚渊:《论立法权》,中国法制出版社2002年版,第23页。
③ 朱新力:《行政法基本原理》,浙江大学出版社1995年版,第11—12页。

和创造性、公益性和服务性、命令性和民主性、权力性和义务性(责任性)①;有人归纳为公益性、优先性与先定性、命令性与强制性、不可自由处分性、执行性②;还有人归纳为公共利益性、优益性、先定性、单方命令性和强制性、职权与职责的统一性、不可自由处分性以及执行性等特点③;有人认为行政权具有暴力性、执行性、单方性和扩张性四个特征④。现代行政权的属性必须要放到现代社会这个大背景里进行认识:行政权的现代化是一个动态的整合过程即古代意义与近代意义的行政权、事实层面与规范层面的行政权、本土意义与异域语境的行政权的传承、创新、借鉴和融合。在这个整合的过程中,行政权的特征和内容经历了从价值观念到实证要素的变迁。因此行政权的特征可以概括为:

(1)公益性和服务性。行政权的拥有与行使旨在谋求和保护国家、集体、社会的公共利益,同时保护行政相对人的合法权益,必须符合法定的公共目的和范围。

(2)单方命令性和强制性。行政权的行使是行政主体单方意思表示的行为,而非双方行为(行政合同行为除外)。行政主体行使行政职权取决于自身判断,不以相对人的意志为转移。行政职权的行使以国家强制力作保障,具有直接支配他方当事人的强制命令力量,也即可以通过行使行政职权迫使或禁止相对人作出某种行为、实施某些活动。行政相对人必须服从行政权的支配,行政权在必要的情况下可以对相对人的人身、行为或者财产予以强制。相比之下,立法权的行使有更多的利益集团的参与、民众的参与;司法权则由当事人启动,并在当事人的直接参与下运作。另外,立法权虽然以制定普遍性规范为主要内容,包括制定强制性规范,但不能将强制力直接施加于相对人。司法权虽也直接以国家强制力为后盾,但在很多的情况下需要借助于行政机关的力量。

(3)从属法律性和不可自由处分性。行政权不仅表现为法律上的支配力,还包含着法律上的职责要求,实际上是职权与职责的统一体。这种法律职责的要求就是行政主体不得自由处置行政权。主要表现为两点:第一,一定的行政权必须由相应的行政主体行使,未经法律许可不得随意转让、放弃,放弃意味着职责的不作为,须承担法律责任;第二,行政权不得随意增加、减少,行政权的行使必须按照法定的程序。

(4)优益性。行政主体在行使行政职权时,相对于行政相对人而言处于优

---

① 武步云:《政府法制论纲——行政法学原理研究》,陕西人民出版社1995年版,第109—111页。
② 熊文钊:《现代行政法原理》,法律出版社2000年版,第13—14页。
③ 张正钊、韩大元主编:《比较行政法》,中国人民大学出版社1998年版,第295—298页。
④ 应松年、薛刚凌:《行政组织法研究》,法律出版社2002年版,第134—136页。

越的法律地位,依法享有行政优先权和行政受益权,这是一种特殊的法律保障与物质保障。行政优先权和行政受益权的结合就是行政优益权,是国家为确保行政机关有效行使行政权,履行职责,实现公共利益的目标,而以法律法规的形式赋予行政机关享有各种职务上或物质上优益条件的资格。

(5) 执行性。行政权力的最终保障力量在于执行力。行政权的运用目的,在于实现某种社会秩序状态,当被管理者不执行行政命令、不履行义务,从而使公共秩序或公共利益所要求的状态不能实现时,行政机关可以采取某种措施实现所要求的状态。例如对危害公共秩序行为人的人身拘留、对违法建筑的拆除等都是行政权所表现出来的维持公共秩序的力量。在一定意义上,行政权就是执行法律的权力,即将法律的规定适用于具体的人或者具体的事件。这种执行性决定了行政权与相对人有着更经常、更广泛、更直接的联系,也决定了行政权对于社会各个领域的影响。行政权大多是对具体的行政事务的处理,如发放许可证、行政征收或者行政处罚等直接影响相对人的权益。相比之下,立法权涉及对政治、经济、社会制度的选择和重要的国家事务的决定,而司法权对相对人的权益的影响是间接的。

(6) 社会性和专业性。现代行政权力的社会化趋势越来越明显,行政权介入社会生活的领域更加广泛,行政权的非专属性和主体日益呈现多元性,更多的非政府组织和机构在行使公权力,行政权的社会化变得客观真实。同时,由于现代社会生活的复杂、科技的迅猛发展,需要行政权对于科技立法抱以积极的姿态,加强了行政权的专业性特征。

3. 司法权

在现代国家,司法权的存在往往被看做是社会文明进步的一个标志。司法权无非就是特定国家机关或者社会组织所依法享有的对争议案件事实居中进行法律判断,并进行终局性裁判的一种权力。司法权一般具有以下几个特征:

(1) 被动性。司法权并不主动地裁判案件,只有当事人请求司法救济时,它才能启动。"从性质来说,司法权自身不是主动的。要想使它行动,就得推动它。向它告发一个犯罪案件,它就惩罚犯罪的人;请它纠正一个非法行为,它就加以纠正;让它审查一项法案,它就予以解释。但是,它不能自己去追捕罪犯、调查非法行为和纠察事实。如果它主动出面以法律的检查者自居,那它就有越权之嫌。"①

(2) 中立性。法官在诉讼中必须保持中立,超越于双方当事人的利害关系,对控辩双方的主张和利益给予同等的关注,禁止恣意和偏私。

---

① 〔法〕托克维尔:《论美国的民主》(上),董果良译,商务印书馆1980年版,第110页。

(3) 独立性。正如奥地利法学家凯尔森所说:"当司法官执行属于其权限的法律之时,个别规范的命令之约束是不存在的,此所谓个别规范的命令系由其他机关发出,特别是由非审判机关发出的。换句话说,司法官执行职务时,无须服从上级机关。反之,当行政机关执行属于其权限内的法律时,却必须受上级机关个别指示的约束。"[①]

(4) 终局性。司法裁判一旦作出,就会产生既判力、拘束力,任何个人和组织、国家机关都不得随意变更。在一个法治社会中,纠纷最终都是通过司法来解决的,大到总统选举,小到市民官司,司法权都是维护正义的最后一道防线。

## 第三节 公权力的时代功能

### 一、时代背景

(一) 从自由主义法治国到社会法治国

社会法治国是和自由法治国相对的一个概念。自由主义法治国是近代以来的形式主义法治观,秉持自由主义的精神,相信每个人都是自己的主宰,清楚自己的利益所在,个人的自治空间相当广泛,国家能够做的就是放任每个人在自由竞争的市场里追求自己最大的利益,社会最大的福祉就是在市场交易中实现交换正义。自由主义表现在法律上就是财产权的绝对保障、私法自治、契约自由的形式上的法律平等。自由主义强调的是个人劳动所得、人格独立和尊严以及社会多元化,财产权具有对抗国家或者社会的干预和规制的功能,而且具有基本权的对抗之功能,因此个人具有遵守私法自治和契约自由原则、不受国家干预的基本权。相反,社会法治国论者主张,市场自由竞争的前提是个人必须具有立足点的平等地位,否则私有财产便会成为个人控制他人的工具,因此有必要对资本的力量予以节制,而节制的手段便是由国家权力对于私有财产权的行使进行适当的制约和限制。社会国家的理想表现在对于契约自由的修正,以及实质平等观念的提出,要求国家积极地提供给付,改变社会的不平等,因而使财产权具有分享权之作用,个人可以通过国家来实现人性的尊严,并分享国家提供给付的"分配正义",而不是放任个人独享财富。

社会国原则是现代宪法的重要特征,它是在德国 1919 年制定的《魏玛宪法》当中确立的,然而,其最初作为一项积极的、国家负有给付义务的理想在法规范的意义上是很不明确的。这一原则只能被视为对立法者在宪法上的有拘束

---

[①] 转引自龚祥瑞主编:《西方国家司法制度》,北京大学出版社1993年版,第17页。

力的法规范条款,立法者被赋予了重要的义务去平衡社会与经济的对立,以及通过法律的实施来调整分化的社会生活和阶层,最终达成合乎社会正义之秩序。除了立法者,行政权和司法权在适用和解释法律时,亦均负有注意以及使其具体化之宪法义务。所以社会国原则之内涵虽然并不直接赋予人民主观之权利,然而却经过具体的法规范来赋予人民此项权利。

(二) 人权价值不断彰显和基本权功能不断拓展

人是国家的目的,国家是为了人而存在,并非人是为了国家而存在。这是近代立宪主义产生以来所追求的最核心的理念。因此,绝大多数的立宪主义国家,都会把人民的基本权利写在宪法的最前面,以明示宪法的精神和价值内核。之后,再通过国家权力的分工和制衡、国家组织的设计去维护和实现这样的宪法精神。宪政在根本上就是要在宪法所确立的自由、民主、法治的基本价值秩序下,通过宪法的规范作用,来约束和控制公权力,将宪法中的基本权利的价值生活化、社会化,达成人民基本权利的保障,促成人的自我实现的最大可能性和人的全面发展。

作为近代立宪主义原理指导下产生的宪法,其概念经历了一系列的变化,随着现代宪法调整的法律领域、社会关系的扩大,宪法概念的内涵也在发生不断的变化,其意义不断向新的领域扩张。现代宪法不仅是规范意义上的法律体系的最高文件,更为重要的是构成了人类政治社会共同体的法律基础和基本价值秩序。① 第二次世界大战以后,德国宪法学的变化首先反映了宪法概念的演化。第二次世界大战以前的德国,以拉德布鲁赫为代表的法律实证主义理论甚嚣尘上,支配了整个德国的公法学界。而法律实证主义过于强调法律的事实上的规范功能,摒弃将价值问题引入法律体系当中,最终酿成纳粹践踏人权的严重后果。战后的德国人民、政治家、法学家都在反思:一个有着悠久的历史文化和哲学思辨传统的国家为何在短短的五十年内发动两次世界规模的战争?严密的法律规范体系为何还控制不住当权者权力的滥用和个人野心的膨胀?不光在德国,这种反思还蔓延到整个西方法学界,哈特和富勒的论战称为西方法哲学史上的光辉一页,自然法的瑰丽光芒穿透历史云烟的蒙蔽,再次照亮人世。拉德布鲁赫成了一个新自然法学的坚定拥护者,这位纳粹德国时的"桂冠法学家"明白了一个道理:法律包括宪法必须有一个绝对的先决条件即个人的权利和自由,违反正义的法律必须为正义所取代。德国《基本法》的制定再次代表和引导了宪法观念的变迁,这种自然法意义上的价值论的宪法概念成为目前公认的宪法概念。从规范意义到价值范畴,宪法完成了从近代的以立宪主义原理为主要内容

---

① 参见徐秀义、韩大元主编:《现代宪法学原理》,中国人民公安大学出版社2001年版,第13页。

的控权学说、最高法到以保障人民的基本权利为核心价值取向的根本法、人权保障书的范式的转变,宪法或者说现代立宪主义成为一种对现实政治秩序下人类自身生活的"理想图景"进行构建的"技艺"。

基本权利的防御权功能是近代立宪主义的核心,但这只不过是依据抽象的条文对于当时存在之客观的状况而为的抉择,但时至今日已非昔比,在现代意义的宪法目的之下,基本权利润藏着怎样的内涵,其拥有者人民依此能向国家主张怎样的权利,国家被课以何种之作为或不作为之义务,这就是基本权利的功能之所在,当然也是探讨基本权利规范效力包括水平效力的先决条件。根据外国的资料和台湾学者的研究,基本权利的现代功能至少包括:防御权功能、收益权功能、保护义务功能、程序保障功能和制度性保障五大功能。[1]

防御权功能,也称为自由功能,是古典主义基本权利理论最主要之机能,在德国《基本法》中一般称为自由基本权或防御权。主要是指基本权利赋予人民一种法的地位,当受到国家的侵犯时,得直接据以向国家请求停止其侵害行为,避免公权力恣意之干预。防御权功能的对象包括抽象的法规、具体的行政处分、司法裁判以及事实行为等。但是这项针对国家的防御功能在现代已经扩大到司法领域的效力,对于来自平等主体地位的私人侵害亦需要援引此功能。

受益权功能又称为给付请求权功能,人民与国家的关系中除了消极和积极的地位外,还有主动的地位即人民可以主动请求国家为一定之行为并帮助国家形成国家之意志,国家具有给付义务。在生老病死、人民不能自我照顾的时候,国家就要为生存照顾之给付义务。

保护义务功能是指国家负有保护其国民之法益以及宪法上所承认的其他制度的义务,特别是以保护国民之生命、身体自由与财产权为主要的内容。这也是现代的法治国家所应该具有的基本功能。此功能的主要论证来自宪法委托学说和主观权利理论。德国最近发展的国家"基本权保护义务"学说认为,国家负有保护国民宪法上的基本权利之义务,在错误解释私法的一般条款的判决中,法官未尽保护私法关系中一方当事人的基本权利的义务,故违反了保护义务,侵害了保护请求权。对此,当事人除了要求提供私法救济以外,还可以通过宪法诉愿,将地方法院的司法判决提交联邦宪法法院,以实现对法院因错误或疏忽而对其宪法基本权利造成的侵害之救济。[2]

程序保障功能是指宪法课以国家提供一个适当的组织与程序之义务,以便

---

[1] 参见李惠宗:《宪法要义》,台湾元照出版公司2001年版,第90—99页。
[2] 法治斌:《私人关系与宪法保障》,载法治斌:《人权保障与释宪法制》,台湾政治大学法律学系法学丛书第23期。

积极营造一个适合基本权利实践的环境,据以落实人民基本权利的一项功能。这个"适当的组织与程序"主要是要求国家提供人民一个诉讼上的程序保障,这项功能在原则上是消极性的,但是对于现代民主法治国家建立一个可供人民信赖的司法制度却是不可或缺的。德国的宪法诉愿制度、美国的正当法律程序制度对于这一功能的运用是很成功的。

传统的制度性保障功能是德国魏玛宪法时期的宪法学者施密特创制的概念,主要是指婚姻、财产、文官体系、地方自治团体等社会生活之事实,经由各种法律规范加以规定,形成法制度上的保障,与基本权利的一般性保障有所区别。此功能的目的在于保障制度之核心,从而保障与该制度相联的基本权利的本质内容免受立法权的侵害。第二次世界大战后,德国的公法学者将制度保障之概念进一步发扬,同时课以立法者积极地去形成与保护的义务,而不再是消极的现状维护。然而这与施密特的制度性担保概念已经有所偏离,使制度性功能与受益权功能、保护义务功能以及程序保障功能之间产生相当程度的重叠现象。

## 二、公权力的积极与消极功能——围绕基本人权的保障而展开

### (一) 公权力的消极功能

西方近代以来的法治确立了私人自治的原理,传统的立宪主义精神正与之彼此吻合,都强调公权力不能肆意介入私人自治的领域。在德国宪法观念中,宪法权利首先是"主观的",即是一种"个人权利",同时也是个人针对国家的一种"防御权"(Abwehrrechte)。如1958年西德联邦宪法法院在"吕特事件案"的判决中就曾明确指出:"基本权主要是人民对抗国家的防御权。"[①]黑塞也曾经指出,"作为人与公民之权利的基本权,首先是对国家权力的防御权。针对国家权力而对个人宪法上之地位的不当侵害,这些权利使个人凭借法的手段所进行的防御成为可能。之所以在自由的宪法秩序中这种防御权仍属必要,乃是因为:纵然是民主制度,也是人对人的统治,隐含着权力滥用的危险,而且即使在法治国家中,国家权力仍有作出不法行为的可能"。当代比较宪法学家K.罗文斯坦(Karl Loewenstein)有一段经典表述:宪法"不得不对个人自律的领域,即个人的诸权利与基本自由作出明示的确认,同时也不得不针对某个特定的权力持有者或整体的权力持有者所可能施行的侵犯而对此种领域作出保护性的规定。这一原理之所以在立宪主义展开过程的初期就已得到认识,乃因其表达出了立宪主义所蕴含的那种特殊的自由主义目的。与权力的分割和限制的原则相呼应,一

---

① BverfGE7,198,Urtei v.15.1.1958(西德联邦宪法法院第一法庭1958年1月15日判决,联邦宪法法院判例集第7卷第198页以下)。

般的政治权力所不能侵入的这个领域,正是实质宪法的核心"①。

罗文斯坦所谓的"核心领域"正是属于公权力不得侵犯的范围。可以说是"侵犯禁止"的领域,禁止首要的是指向立法者,法律不得直接违反禁止侵犯义务,同时也不得授权行政机关和司法机关从事侵犯"本质内容"的行为。简言之,侵犯禁止的对象包括所有的公权力行为。因此,作为近代公法,它既成为授予行使公权力的依据,又规定了行使公权力的范围与方法。人民对于公权力对他的人权本质内容的侵犯拥有防御权存在,可以作为当基本权利受到公权力侵犯时的请求权基础,请求宪法救济,抵御来自公权力的不法侵犯。一位当代美国学者就说:"尽管在不同的国家,立宪主义的实质内容和结构机制有着不少的差异,但是立宪主义的核心理念——通过一部高级法的实施来控制公权力——仍然为当下所有的立宪政府所宣告"②,公权力自身应该保持自我的克制,在尊重基本权的情况下,尽量不在没有法律授权的情况下强行介入私领域,危及基本权利或者侵犯到权利的核心领域。

(二) 公权力的积极功能——人权保障义务

19世纪末20世纪初以后,特别是第二次世界大战以后,西方发达国家掀起了一场"权利革命",公民权利范围急剧扩张,不再局限于自由权等传统权利,而是扩展到社会经济权利等新权利。公权力的角色也不再是消极的不干预公民自由,而是要为公民权利的实现提供积极的保障,这种保障义务不仅仅面向立法权,同时也面向行政权和司法权。

宪法学的发展进入到现代宪法时代之后,宪法的"现代型"特征显然地与近代立宪主义初期的宪法有所不同。首先,宪法调整社会关系领域的逐渐扩大,宪法从主要调整国家和公民之间的关系发展到调整社会关系的层面,宪法价值的社会化成为明显的趋势。这实质上是基于法团主义的观念影响,法团主义是发源于法、德等欧陆国家的法理学思想,特别是随着社会主义思潮的兴起和第一次世界大战的影响,支配了19世纪末到20世纪的时空,现在我们还处在这样的影响之下。现代政治思想之主流者,为团体主义、服务理念、积极与机动之法治主义以及诸权协力思想,现代各国宪法亦以此为主要思想基础,1919年自《魏玛宪法》产生以来的世界各国宪法纷纷将生存照顾权、经济社会权等受益权内容写入宪法,反映了法律社会化、宪法价值社会化。根据我国台湾学者林纪东先生的概括,现代宪法的主要特征如下:第一,国家不是无为而治,而是励精图治,故对

---

① 转引自林来梵:《卧室里的宪法权利——简评"延安黄碟案"》,载《法学家》2003年第3期。

② Richards Kay, American Constitutionalism, in Larry Alexander (ed.), *Constitutionalism*, Cambridge University Press, 1998, p.16.

### 公法原理

人民的衣食住行乐育都要有所想到;第二,宪法不只保护个人所有权和契约自由,而要保护每个人的生存权和社会公共福利,故所有权神圣不可侵犯的原则为所有权伴随义务的原则所取代;个人的契约自由只有在不妨碍别人的生存权和不违反社会正义的前提下,予以保障;第三,宪法不止是消极的政府行动的"限制规定",而且有积极的指示政府行动方针的"方针规定"。①

在行政法领域,公权力同样面临着从秩序行政或者消极行政到给付行政或者积极行政的转变。自古希腊、古罗马以来的法治传统、法治的理想图景和近代分权制度的形成,以及欧洲启蒙思想家的分权学说、资产阶级的革命性崛起导致了法律支配权力格局的形成。法律对君主权力的支配实质是对于行政的控制,是对行政权的约束。法律的代表是议会,议会开始跟国王讨价还价。议会制定法律将行政活动、行政权纳入了自己的支配范畴,作为规制行政的法——行政法便产生了。行政法产生的最初阶段,法与行政基本上是法对行政的单向度的约束和控制,行政的功能除了维持必要的秩序以外没有其他的作用,也可以称之为秩序行政阶段。随着社会的不断发展变化,单纯的秩序行政弊端百出:无力面对日益增加的社会职能;法律的约束导致行政效能的减弱。原因正如日本行政法学者南博方所说的:行政法就是关于行政的法。行政是有生命之物。既是有生命的,便总希望自由,嫌恶约束。行政法虽然是制约行政权的法,但要把行政和法结合起来却十分困难。若是强调行政一面,则法的制约作用要遭到破坏;或者强调法的一面,则行政被窒息,行政目标难于实现。②"行政法一方面给予政府有效的执行手段,另一方面控制政府的权力,政府只能依法行政,维护公民的合法权益。从行政法学的观点来看,行政好比一部机器,这部机器需要强大的动力,才能充分发挥为人民服务的作用,但是机器必须得到有效的控制,否则机器的动力愈大,可能产生的损害也愈大。动力和控制是行政活动中的对立统一,二者不可分离。"③

行政作为法的调整对象,是一个历史的概念。随着行政法治化进程的发展,行政从秩序行政逐渐发展为给付行政,成为现代国家行政管理的重要形式与标志。行政在历史发展过程中表现出不同的社会价值与功能。行政与法结合的初期,行政功能限于消极地维持秩序,即把秩序行政作为其基本目标,通常从技术的、管理的角度理解与运用行政。到了现代社会,现代科学技术的发展,客观上为行政领域的扩大提供了现实条件,国家通过行政管理所从事的活动范围日益

---

① 林纪东:《比较宪法》,台湾五南图书出版公司 1980 年版,第二编关于《魏玛宪法》的论述。
② 〔日〕南博方:《日本行政法》,杨建顺等译,中国人民大学出版社 1988 年版,前言第 2 页。
③ 王名扬:《法国行政法》,中国政法大学出版社 1989 年版,序言。

扩大,行政的质与量都有了提高。弗雷德曼指出:现代国家都要介入广泛的经济活动,从中央集权的计划经济体制下经济活动的规制到倡导自由企业观念的美国,各种规制及经营活动中都有国家的干预。也就是说,现代国家行政作用的重点也从消极的维持秩序发展到积极的福利行政。伴随着国家理念的转变与社会生活的变化,行政作用已扩大到经济、社会及各种文化的领域,呈现出内容的多样性、性质的技术性等特点。当然,现代行政的历史发展并不意味着秩序行政的消失,福利行政的出现尽管从客观上扩大了行政作用的范围,但国家生存所必要的秩序功能仍然有它的合理性。由于行政理念与范围的变化,行政与政治及其他社会价值、观念的结合具有多样化的形式。比如,传统行政概念中存在的消极的纯技术性因素日益减少,社会性、福利性的因素日益增多,因而具有明显的法律性与政治性。行政观念的现代转变体现了现代社会人权保障与社会文明的价值观,使人类寻找到了更为合理的生存环境。行政与法的互动,相互依赖,相互促进成为现代行政法的基本理念,二者由对抗发展到合作、互助。

最后笔者诚恳地引用康德的一段话结束本章,算是作为一个法律理想主义者甚至掺杂浪漫主义情愫的善良公民的些许愿憬:

> 正是由于三种权力——立法、执行、司法——的合作,这个国家才能实现自己的自主权。这个自主权包括:依照自由的法则,组织、建立和维持这个国家自身。在三种权力的联合中,国家的福祉得到实现。古话说"国家的福祉高于法律"。可是,这种福祉不能仅仅理解为个人的富裕和这个国家公民的幸福,正如卢梭所断言,也许在自然状态甚至在一个专横的政府统治下,会更愉快地、更称心地达到这个目标。但是,国家的福祉,作为国家最高的善业,它标志着这样一种状态:该国的宪法和权力的原则这两者之间获得最高的和谐。这种状态也就是理性通过绝对命令向我们提出的一项责任,要我们为此奋斗。①

---

① 〔德〕康德:《法的形而上学原理——权利的科学》,沈叔平译,商务印书馆1991年版,第145页。

# 第三章
# 公法的归宿——权利

## 第一节 权利的概念

### 一、权利的含义

权利一词在不同的意义上使用,如道德权利、习惯权利、法定权利、现实权利等。对于权利一词存在着不同的解读,主要学说有:

第一,资格说,即把权利理解为资格,认为权利就是做或不做某种事的资格,只有具有权利主体的身份,才能够向别人提出作为与不作为的主张,不受他人干预地从事某种活动。

第二,自由说,即把权利理解为自由,包括权利主体的意志自由和行动自由,主体在行使权利时不受法律上的干涉,主体做或不做一定行为不受他人的强迫。

第三,意思说,即把权利理解为法律赋予人的意思力或意志支配力。离开意思即无所谓权利。对于此说,有学者提出了否定的理由,即:(1)权利的取得,是由于事实或他人的法律行为,而不必有意思,如父母因子女出生而享有亲权。私生子被其父认领,而取得被抚养的权利。(2)权利人不一定有支配力,例如无行为能力人,虽不能以自己的意思处理事务(即无支配力),但仍能享有权利。(3)权利之行使,有时也未必基于权利人的意思,例如无行为能力人的权利,由其法定代理人代为行使。因此该无行为能力人本身,其真实意思如何,有无行使该权利的意思,无关紧要。(4)权利人有时不可以自由的意思支配权利,如公法权利的行使与社会公益有关,故不能抛弃或让与。私法上的权利,因为维护社会公益,也禁止抛弃。①

第四,利益说,即可以把权利理解为法律所承认和保障的利益。享受此利益的人就是权利人。不管权利的具体客体是什么,对权利主体来说,它总是一种利益或必须包含某种利益。有学者认为此说仍存在不足:(1)权利人不一定有利益,例如亲权人教养子女,其本身并无利益可言。(2)法律所保护的利益,不以权利为限,还包括反射利益。所谓反射利益,通常是不特定个人或多数人非当然所得主张之间接利益。反射利益并非权利。例如法律规定右侧通行,在此规定下,人人享受到交通安全流畅之反射利益。但并非因此个人拥有要求他人右侧通行的权利。又如个人享受国家的公共设施,如享用公共道路、街道、河道、陆海空交通工具、医院、学校、博物院、图书馆、邮政、公园、运动场等利益,这只是权利的反射而不是权利本身。(3)权利未必皆有利益。例如破产管理人、遗产管理人、代理人及为第三人利益而订约的当事人等,虽有权利,但不一定享有利益。②

第五,法力说,即把权利理解为法律赋予权利主体的一种用以享有或维护特定利益的力量,或一个人通过一定行为或不行为而改变法律关系的能力。其中,权利的内容是法律上的特定利益,而且赋予权利人实现享受利益时要求他人作为或不作为的力量。例如一般来讲,所有权人对其所有物有使用、收益及处分的权利并且不受他人干涉,对无权占有或侵夺其所有物者,所有权人有请求返还其所有物的权利。

第六,可能说,即把权利理解为作出或要求他人作出一定行为的可能性以及请求国家强制力量给予协助的可能性。这种可能性受到由法律规范所责成的他人的相应的义务的保障。

第七,规范说,即把权利理解为法律所保障或允许的能够作出一定行为的尺度,是权利主体能够作出或不作出一定行为,以及要求他人相应地作出或不作出一定行为的许可与保障。

第八,主张说,即把权利理解为具有正当性、合法性、可强制执行的主张,包括对某物的占有,要求返还某物,要求承认某事实(行为)的法律效果等。

第九,选择说,即把权利理解为在特定的人际关系中,法律规则承认一个人(权利主体)的选择或意志优越于他人(义务主体)的选择或意志。换言之,某人之所以有某项权利,取决于法律承认它关于某一标的物或特定关系的选择优越于他人的选择。正是法律对个人自由和选择效果的承认构成了权利观的核心。

第十,范围说,即把权利理解为法律允许人们行为的范围。

---

① 参见梁宇贤:《法学绪论》,自行出版 2006 年版,第 121—122 页。
② 同上书,第 122 页。

## 公法原理

从上述可以看出,对于权利的诠释众说纷纭,各学说从不同的侧面,为人们认识法律权利提供了诸多思路和经验。可以说,法律权利是国家通过法律所确定的,由国家强制力保障实现的,一定的主体可以自己作出或要求他人作出或不作出某种行为的资格或能力。

法律权利的实质是一定社会生活条件下,各阶级或阶层力量的较量所达成的,由法律确定并由国家强制力保障实现的,主体以相对自由的作为或不作为的方式获得利益或主张的一种手段。任何法律上的权利,实质上都是社会上占支配地位的阶级或集团的意志的体现,是该阶级或集团及其所代表的社会价值观和根本利益或主张的体现,即它们从体现占支配地位的阶级或集团的价值观点和标准出发,由法律所作出的在人民相互冲突和重叠的利益之间确定什么是正当的、应由法律加以承认和保护的,以及正当行为的类型和尺度。利益永远是形成权利的动机。没有对利益这一目的的关注,就不会产生对权利这一手段的需要。因此孙国华先生指出:"权利是国家创造规范的客观界限,是国家创造规范时进行分配的客体。法的真谛在于对权利的认可和保护。"[①]

法律权利体现了国家意志,也在一定程度上体现了权利享有者的意愿。但法律权利所体现的意志和意愿,并非可以任意地表现出来。法律权利从根本上说是受社会物质生活条件制约的,是社会物质生活条件对权利和义务的一种法律描述。马克思指出:"各种最自由的立法在处理私权方面,只限于把已有的权利固定起来并把它们提升为某种具有普遍意义的东西。而在没有这些权利的地方,他们也不去制定这些权利。"[②]权利是一定社会生活条件下人们行为的可能性,是人的自主性、独立性的表现,是人们行为的自由。一定主体的法律权利直接关涉一定主体的利益,正如朱景文先生所说:"法律上的权利是指法律所允许的权利人为满足自己的利益而采取的、由其他人的法律义务所保证的法律手段。权利与利益有着密切的联系,权利人实现自己利益的行为是法律权利的社会内容,而权利则是这一内容的法律形式。"[③]

当然,任何法律权利都有明确的界限。权利所体现的利益以及为追求这种利益而采取的行动,是被限制在统治阶级的根本利益和社会普遍利益之中的,是受社会的经济结构以及社会的文化发展水平所制约的,即以社会承受能力为限度的。权利界限确定得适当,符合社会物质生活条件所提供的可能,可以带来社会的稳定和发展;反之,就会引发政治上的动荡,迟滞甚至破坏社会的发展。

---

① 孙国华:《法的真谛在于对权利的认可和保护》,载《时代评论》1988年创刊号。
② 《马克思恩格斯全集》(第1卷),人民出版社1956年版,第144页。
③ 孙国华主编:《法理学》,中国人民大学出版社1994年版,第481页。

因此,权利确定了利益及分配利益的基本规则,是对不同人群、不同个人之间在利益分配方面的权威定位,不仅有助于激发社会成员积极性、主动性和创造性,有利于人类及其各个组成部分的发展,还有助于维护社会的稳定。在民主时代,还有利于形成权利与权力之间良好的互动与制约机制。

## 二、权利的特征

通过对权利概念的解读,笔者将权利概念的特征概括为:

第一,权利是以法的形式表现出来的权利,是法中所确定的权利,具有正当性和合法性,是"实证"的权利。

第二,权利是国家意志的体现,是由国家强制力予以保障的。当主体的权利受到侵害时,就可以要求国家通过制裁侵害者,以保护主体的权利。

第三,权利是权利主体按照自己的愿望来决定是否实施的行为,因而权利具有一定程度的自主性和可选择性。权利是一定的主体可以选择作出一定行为或不作出一定行为,或是要求他人作出一定行为或不作出一定行为的权利。

第四,权利是权利主体为了保护一定的利益所采取的法律手段。因此,权利与利益是紧密相联的。而通过权利所保护的利益并不总是本人的利益,也可能是他人的、集体的或国家的利益。它具有工具性,其首先表现为,它们是统治阶级的国家分配利益、维护统治阶级利益或社会普遍利益、进行公共管理(社会控制)的手段。

第五,权利终究是法律上的权利,不完全等于现实的权利,它是一种资格或可能性,它的实现有赖于多种因素的综合作用。

第六,权利总是与义务人的义务相关联的。离开了义务,权利就不能得以保障。

第七,权利是一定条件下的权利,具有普遍性、时间性、空间性、历史性和发展性等特征。

## 三、权利的分类

在权利分类的问题上,在本阶段我们一般涉及的分类有:第一,根据权利的存在形态可划分为应有权利、习惯权利、法定权利和现实权利;第二,根据权利所体现的社会内容(社会关系)的重要程度可划分为基本权利与普通权利;第三,根据权利对人们的适用范围或效力范围可划分为一般权利(对世权)和特殊权利(对人权);第四,根据法律权利是否属于基础性的权利和义务或是否是本原意义上的独立权利和义务,可以把法律权利分为第一位权利与第二位权利;第五,根据权利主体依法实现其意志和利益的方式可划分为行动权利与接受权利;

第六,根据权利主体的不同可划分为个体权利、集体权利、国家权利、人类权利。此外,还有关于公权利和私权利的分类。结合公法原理的特点,笔者用专节着重分析公权利和私权利的分类问题。

## 第二节 公权利与私权利

### 一、公权利与私权利划分的必要性

私权利与公权利分类的问题,在我国研究的很少。强调私权利与公权利的分类,在中国国情之下,对改善和转变法律文化传统中偏重于国家权力、忽略公民的公权利和私权利的状况是有益的。研究公权利和私权利的分类,有助于我们认识公法的核心和目的及归宿。在2007年比较法年会上,有学者提出,公法体系要以公民的公权利为本。立法的重心应转变到以人为本,以公民的私权利和公权利为本,实行以政改立法和社会保障立法优先。公法是规范国家和公民社会之间关系的法,是公权力与公权利之间关系的法。公法并不意味着要以国家利益为本位,而是应当以人为本,以人权和公民权为本,人权和公民权是公法体系的心脏、灵魂。[①]

### 二、公权利与私权利的区别标准

关于公权利与私权利的区别标准,是一个需要认真研究的课题。按照我国台湾学者梁宇贤在《法学绪论》中的归纳,目前学界有如下五种观点[②]:

第一,权利主体说,即以权利主体为区别的标准,认为公主体的权利,是公权,至于无公主体存在的权利为人民相互间的权利,为私权。

第二,权利目的说(又称权利关系说)。以权利是否关系到公益或私益为区别的标准,公权是以公益为目的的权利,私权是以私益为目的之权利。

第三,权利归属说。此说以权利是否归属于国民或一般人民为区别标准,公权是国民所独有的权利,私权则不限于国民,凡一般人民及外国人亦享有。

第四,法律依据说(又称法律规定说)。此说以法律认定的根据,作为区别的标准。所谓公权,是公法上所规定的权利,亦即在公法上所享有的权利。可分为国际法上的公权与国内法上的公权。所谓私权,是私法上的权利,即私法上所规定和享有的权利。

---

① 钱福臣:《中国法学会比较法学研究会2007年年会论文综述》,载 http://www.iolaw.org.cn/showNews.asp? id=16563,最后访问日期:2009年4月16日。
② 参见梁宇贤:《法学绪论》,自行出版2006年版,第124—125页。

第五,国家生存说。公权与私权之区分标准,应以权利是否以国家生存为目的而定。公权,系以国家生存为目的的权利,即权利人行使该权利以完成其所欲达到之目的,直接与国家生存有关。例如国家的独立、平等、自卫及行政、立法、司法等权利,人民的自由、平等、生存、受益及参政权也是。私权是以个人社会生活为目的的权利,即权利人行使该权利以完成其所欲达到之目的,仅与个人生活有关,而非直接关注于国家之生存。例如人民的身体权、财产权等,国家机关的物权、债权等。

按照梁宇贤先生的分析,权利主体说、权利目的说、权利归属说和法律依据说存在不足:第一,权利主体说不妥之处在于,国家与人民间亦有私权关系,如买卖、租赁等权利关系,就属于私权,人民相互间亦有公权关系,如被选举权与选举权。第二,权利目的说的缺点在于,公益、私益的标准殊难认定,且二者相牵连。第三,权利归属说之缺点在于:(1)国民与人民之间之区别,在法律上并无一定的界说。(2)享有公权者,不限于国民或人民,国家亦有公权。至于外国人,有时在本国亦充任官吏,而有公权。第四,法律依据说看似有理,但事实不然。例如宪法为公法,但却有关于私权的规定。此乃具有公法的性质。他认为就理论而言,应以国家生存说作为划分标准。①

梁宇贤先生的分析有助于我们认识公权利和私权利的划分标准的界定,但笔者认为,他认可的国家生存说同样存在问题。因为社会的发展已有很多权利的拥有者和行使者远远超出了国家的范围。而以权利是否关系到公益或私益,作为划分公权利和私权利的标准,还是可取的。所谓公权利是与公共利益有关的权利,是公民参与国家和社会公共事务的权利;而私权利是"作为一个个人或私人组织的成员,追求自己利益"的权利。② 或者说,公权利是关系到权力的权利,它们或者"产生"公权力,或者"监督"公权力,是国家民主政治体制的重要组成部分。③ 尽管公权利和私权利的关系是紧密相连的,但公益的最终目的本身就是为最终的私益服务的。公权力或公权利服务的对象应当是私人利益,是每个人能从中得到的应然的益处。

### 三、公权利的种类

从权利所属的领域看,公权利分为国际法上的公权利和国内法上的公权利。

---

① 参见梁宇贤:《法学绪论》,自行出版2006年版,第124—125页。
② 可参看美国亚历山大·米克尔约翰教授对"公共利益"与"私人利益"的区分。见〔美〕亚历山大·米克尔约翰:《表达自由的法律限度》,侯健译,贵州人民出版社2003年版,第43页。
③ 马岭:《宪法性法律》,载《西北政法学院学报》2005年第1期。

## 公法原理

（一）国际法上的公权利

国际法上的公权利是指一国对于他国所享有的权利，主要包括：第一，生存权，即一国有自保权与自卫权，是国家的基本权利。所谓自保权，是一国保持生存与发展而采取必要措施的权利，例如国家内部的组织及发展权利，像政体的选择、军队的训练、国防建设、经济建设等权利；对外有与他国交际、交换外交使节、订立同盟条约或互助协定的权利。所谓自卫权，是国家遇有外来侵害时，可采用必要的自卫手段以保护本国的权利。第二，独立权，即国家独立存在，不受任何干涉。一国对内有权选择其统治形态，并得自由行使法律上的权利；对外行使派遣使者、缔约、宣战与媾和等权利，而不受任何外力或外国干涉。第三，平等权，即一国在国际法上，可要求享受或负担与其他国家相等的权利，不因国家的贫富及幅员大小而有不同。当然，这里所谓的平等，仅指法律上的平等而言，在政治上难免有不平等的现象，如在联合国安全理事会内，仅有特定的大国有"否决权"。①

（二）国内法上的公权利

国内法上的公权利包括国家的公权利和公民的公权利。

国家的公权利一般可分为立法权、行政权及司法权三种。至于对国家这一主体所享有的物权、经营权，是公权利还是私权利，有不同认识。②

公民的公权利包括公民的选举权、监督权两大类。选举权是"产生"国家公权利的发动机。在现代民主国家，"普选制是代议制的基础"，国家权力来自于人民的授权，具体的授权方式就是选举，通过选举，公民与他们的代表之间建立一种委托关系。监督权主要包括言论、出版、集会、结社、游行、示威、请愿等权利，是针对国家和政府的，即便是因为对本企业事业单位或社会上另一部分人不满的言论、出版、集会、结社、游行、示威，往往也是要求政府要采取相应的措施进行干预，或者对政府没有干预表示抗议。公民的这些公权利与公民的私权利相比，不仅仅具有权利的"私人"性质，不仅仅关系到自己的个体利益，它是整个国家权力建立和存在的基础，是改进和提高国家机关工作质量的手段，是连接公民与国家之间的桥梁，是个体作为"社会成员"和"国家公民"而参与公共生活的手段。③ 至于平等权、自由权、生存权、受益权（指人民要求国家行使其统治权而为特定行为，借以享受特定利益之权利。有审判请求权、行政请愿与诉愿权、教育

---

① 参见梁宇贤：《法学绪论》，自行出版2006年版，第127—128页。
② 同上书，第129页。
③ 马岭：《宪法性法律》，载《西北政法学院学报》2005年第1期。

上的受益权、经济上的受益权、参政权),有学者也认为它属于公权利的内容。①

就公民的公权利和国家的公权利的关系而言,无数个公民的公权利的汇合将导致国家公权利或国家权力的诞生。为使私权利有保障,人们才创造了公权利,即人们为了保卫自己的生命、自由、健康、财产、安全,才需要相互协商,需要组织起来,维持秩序,才产生公权利。公民的公权利的行使才导致国家公权利或国家权力的诞生。公民若没有公权利,他们就与国家失去了联系。公民公权利的重要性在于,当国家不履行保护公民的职责、甚至践踏公民权利时,面对国家的失职或滥用公权利时,公民的公权利就是公民自卫的武器。

### 四、私权利的种类

私权利一般包括人身权和财产权。

人身权分为人格权(与权利人生存不可分离,是社会生活必须具备之权利,包括生命权、身体权、自由权、名誉权、姓名权、肖像权等)、身份权(存在于权利人特定身份关系之上的权利,如亲属权、监护权、继承权等)。

财产权,权利人对特定事物享有经济价值之权利。有债权、物权、无体财产权(是以人之智能所创作之利益为标的之权利,又称智能权,如著作权、发明权、专利权、商标权等)。

劳动、受教育、健康、安全等也是私权利。有学者认为:言论、出版、集会、结社、游行、示威等权利既有公权利的性质,也有私权利的性质。②

就国家的公权利和私权利的关系而言,国家公权利的目的在于保障私权利。私权利必须借助公权利的形式才能实现,保护私权利是设计国家权力机器的目的,公权利是实现这一目的的手段。

作为公法,就是要通过国家法律,把不论是公权利,还是私权利,通过立法规制清楚,通过执法,落到实处,通过司法解决纷争。

## 第三节 权利与公权力的关系及公法调整

### 一、权利与公权力的关系

从权利的分类看,有公权利和私权利之分,而公权利中,又存在公权力。公权力,简单地说,就是办理公共事务的职权,也就是国家机关或社会组织的公务

---

① 参见梁宇贤:《法学绪论》,自行出版2006年版,第129—133页。
② 马岭:《言论自由、出版自由、新闻自由的主体及其法律保护》,载《当代法学》2004年第1期。

人员，在其职责范围内，对有关公共利益的共同事务，作出决定和进行管理的权责。人们通常说的"权"、"权力"，就是指公权力。公权力不是每个公民都享有的，而是只有在国家机构或社会组织中担任某种公职的人才享有的一种职责和权能。

公权力的主要特征主要包括：(1)公权力体现和代表国家、集体或其他共同体的利益，不体现和不代表私人利益、个人利益，是人民授权的结果；(2)公权力体现服从的关系，而不像一般权利那样体现平等关系；(3)只能由职权享有者自己行使，不可转让其他主体行使；(4)公权力也不可放弃，享有职权不仅意味着主体可以自己或要求他人作出或不作出某种行为，而且还意味着享有职权的主体必须自己或要求他人作出或不作出某种行为，否则即为失职；(5)公权力的行使是直接和间接以国家强制力为后盾的，其强制性是鲜明的，而公民行使权利或权利受到侵害，一般只能通过国家的强制力作为间接的后盾，公民权利的享有者本身不能实施对他人的强制。

就权利和公权力的关系而言，从理论和应然的角度看，公权力和权利的关系应是互动的，公权力维护和保障权利。从应然的角度看，权力的本质在于正义，不具有任何正义的权力是赤裸的暴力，即使这种正义为现实的非正义所假借和压抑。权力应当与权威相结合，公益、保障能力和不可处分是权力不可缺少的三要素，三者缺一即不能构成完整的权力。权力的表现形式及其载体可能多种多样，但其价值在于保障权利，维护正义。从应然的角度看，权力应当是一种义务，这是权力的核心要素。在该义务上赋予一定的"能量"，并通过特定载体，就可以使其由观念化为现实的力量。权力的本源在于权利，服务才是权力的灵魂。

但在现实生活中，存在着突破权利或公权力的界限，甚至出现了权利或公权力滥用的问题。权利或权力滥用是指权利人或权力人在权利(权力)行使过程中超越权利(权力)界限，因故意或过失造成损害国家的、社会的、集体的利益和其他公民的合法权利(权力)，造成二者的矛盾和冲突。鉴于公法原理的内容特点，再次着重分析公权力和权利之间的矛盾和冲突。

## 二、权利和公权力之间的矛盾和冲突

### (一)公权力对权利的矛盾和冲突

公权力对权利的矛盾和冲突表现在三个方面：

第一，公权力总要突破公权利规定的范围。权利是权力的渊源，公权力来源于权利，公权力应以权利为其界限，而不得超越它赖以产生的权利范围，但是，公权力一经产生，就不可避免地具有扩张性，它总要突破原有权利范围的限制，壮大自己，而权利总力图把公权力限制在其可能容纳的限度内，这样，便形成了公权力与权利的矛盾,而且,这一矛盾始终存在。

第二,公权力侵犯公权利。这主要是指公权力被非法使用,造成对权利的侵犯。它常常表现为国家机关、社会团体或企事业单位的领导或其他手中握有权力的人,超越权力行事的限度,非法使用其手中的权力,去侵犯权利,谋取私利,即所谓的以权谋私,造成人民群众对此反应强烈。

第三,公权力否定权利。这是公权力与权利的激烈对抗形式,它常常表现为公权力对权利的剥夺,从而使合法权利得不到行使,例如法西斯政府的上台,致使公权力与权利的矛盾激化,造成社会动荡。

(二)权利对公权力的矛盾和冲突

权利对公权力的矛盾与冲突也表现在三个方面:

第一,权利限制公权力。权利是公权力的源泉,它天然地对公权力形成限制,而且,公权力产生后,总要突破权利的限制,并常常危及权利。权利为使公权力保持在它所能容忍的限度内,必然要对公权力加以限制。权利与权力正是在这种限制与反限制的斗争中,求得妥协与平衡,不致造成严重失衡。

第二,权利诱蚀公权力。权利的主要内容是利益,它对公权力不可避免地具有诱蚀力。公权力被诱蚀的结果便是造成对权利的侵犯,从而导致二者的矛盾冲突。

第三,权利否定公权力。公权力如果走向非法暴力,或违背人类理性,就会遭到权利的激烈反抗,甚至导致公权力的覆灭。

权利与权力冲突的原因是多方面的。其直接原因是不同社会阶层或团体乃至个体的不同利益和需要,而这些利益和需要常常发生矛盾,在国家和社会生活中就常常发生权利与权力冲突。这些矛盾和冲突时而缓和,时而激烈。有些矛盾和冲突的一方是正当、合法的,有的则不然,因而有的会产生积极后果,有的会产生消极或严重后果。所以法律对权利与公权力的合理配置就成为需要认真严肃对待的问题。

## 三、法律对权利与公权力的规制

从理论上搞清权利与公权力的关系,是为了在实践中合理地配置权利与公权力,减少和避免无论是权利还是公权力的滥用。

(一)公法对公权力的规制

近代公法的诞生和发展,都是为了配置、规范或者制约公权力。但公权力的积极张扬是权利实现的重要方式,各种权利时刻需要公权力的保障,公法对公权力的保护是必要和必须的。但由于公权力具有直接强制性、单向性、扩张性、易腐性等特性,极易膨胀,进而侵害私权,所以现代公法更多地是强调对公权的限制,即规范和制约。从保障公权力在法律的范围内正当、合法、有效地产生、分配、行使来看,这种配置、规范与制约同时可以视为是对公权的一种深层次的保护。我国公法对公权力的保障主要表现在以下几方面:

1. 确定公权力的来源及范围

从公权力在人类社会中的发展来看,公权力的取得和维持都必须存在其为人们所普遍认可的合法性理由。在古代社会,公权的取得是以"君权神授"、"君权天赋"等为理由表现出合法性的。在现代人看来,这是公权取得的非民主、非法治状态。到了近现代,随着天赋人权、人民主权等思想观念深入人心,公权来自于人民,人民的民主权利成了公权力的源泉,实现了公权的民主化、法治化。另外,现代法治社会要求公权力必须以保护私权为必要限度,避免公权过分膨胀,危害社会公共利益或人民的利益。一些国家性重大的社团性的公权力也都在国家公权力和其他组织及人民大众的参与下制定了相应规定。

我国《宪法》第2条规定:"中华人民共和国的一切权力属于人民。人民行使国家权力的机关是全国人民代表大会和地方各级人民代表大会。"第3条规定:"全国人民代表大会和地方各级人民代表大会由民主选举产生,对人民负责,受人民监督。国家行政机关、审判机关、检察机关都由人民代表人会产生,对它负责,受它监督。"这些规定为公权在我国的取得与行使提供了合法性基础。另外,《宪法》、《国务院组织法》、《人民法院组织法》、《人民检察院组织法》等法律明确规定了各项公权的范围,避免了全能国家和全能政府的产生。一些国家性重大的社团性的公权力也都在国家公权力和其他组织及人民大众的参与下制定了相应规定。

2. 确定公权力主体的产生和公权力的转移、交接及取得的程序

现代公法理论不仅要求公权力的来源和权力范围合法、正当,而且要求公权力主体的产生和公权力转移、交接和取得的程序合法、正当。我国的《宪法》、《选举法》及相关程序法规定了人民代表、国家机关、国家机关领导人通过选举产生,并规定了权力的取得、转移及交接的程序,体现了民主与法治的要求。一些国家性重大的社团性的公权力主体也都在国家公权力和其他组织及人民大众的参与下制定了相应规定。

3. 规范公权力行使的条件、基准、程序和方式

为保障公权力公正合法地行使,必须以法律严格规范公权力行使的条件、程序和方式。在这方面,加强法律对行政权的规范尤显得重要和迫切,因为在各种公权中,行政权与公民权利有着最广泛、最直接的联系,行政权滥用,最容易给公民、法人和其他组织的权益造成损害。同时由于行政权与各种利益直接联系,它又最容易被滥用,最容易产生腐败现象。而我国行政法在依法行政,建设法治政

府、透明政府的时代要求下,在程序正当、公开原则的指导下,对各种行政行为(如行政处罚、行政许可等)的条件、程序和方式作了明确规定,听证程序是最好的例证。

4. 确定及协调公权主体相互间的关系

现代公法的发展要求公权力主体与人民及国家的关系法律化、制度化,同时也要求公权力主体之间的关系法律化、制度化。公权主体首先指国家机关,国家机关纵向包括中央国家机关和地方国家机关,横向包括立法机关、行政机关、司法机关、军事机关等。公权主体在我国还特别包括执政党——中国共产党。我国《宪法》在第3章国家机构中对国家机关的具体设置、职权划分及相互关系作了规定,使国家机关组成完整严密的有机整体,保证了公权的实现。同时,《全国人民代表大会组织法》、《国务院组织法》、《人民法院组织法》、《人民检察院组织法》、《地方各级人民代表大会和地方各级人民政府组织法》等对《宪法》的规定又作了进一步的细化。此外,《宪法》也对执政党的法律地位作了明确的规定,为实现执政党与国家机关关系的制度化、法律化奠定了基础。

5. 确定对公权的监督制约机制

公权是人类共同体为应付外部世界的挑战和协调共同体内部的关系,为维系自己的生存和发展所必需的。但公权一旦产生,又有膨胀、滥用、腐败的趋势,从而构成对人类共同体自身的威胁。因此,人类在设计公权的产生和运作机制的同时,还必须涉及对公权的监督、制约机制。我国依据《宪法》、《审计法》、《行政监察法》等公法,建立了各种对公权的监督制度,如行政监察制度、审计制度、受理申诉控告的制度等,这些制度对实现公权的规范行使发挥了积极的作用。但由于体制的问题,使得监督职能分散,监察和审计机关又隶属于政府,从而使监督职能受到很大的影响,有待于进一步完善。

(二) 公法对私权利的保护

公法对私权的保护主要有两种途径:(1)公法部门法中通过明文规定直接对私权予以确认。如我国《宪法》在公民权利与义务一章中明确规定:"公民的合法的私有财产不受侵犯。""国家依照法律规定保护公民的私有财产权和继承权。""国家为了公共利益的需要,可以依照法律规定对公民的私有财产实行征收或者征用并给予补偿。"作为公法核心的《宪法》对作为私权的私有财产权、继承权的规定无疑是公法保护私权的最好例证。(2)通过规定侵犯私权行为的法律后果间接对私权予以保护。我国《刑法》将侵犯公民财产权的行为规定为犯罪并要求追究刑事责任,而诉讼法又通过对侵犯他人权利(公权或私权)的行为追究法律责任的形式,使私权得到最后的保障。

我们知道,公共权力来源于公民权利,其形成是公民权利让渡的结果。公共权力的存在是为了保障、捍卫和发展人民权利,但权力一经产生便具有扩张的趋势,所以公共权力与公民权利之间是既相依共生又此消彼长的关系。因此,保护私权同时就意味着对公权予以规范和限制。最近几年,我国在对公权的授予、规范、限制及对私权的保护方面取得了长足的进步。如:(1)经抗击"非典"的催生,信息公开初见雏型,官员问责制呼之欲出,应急法律制度初步建立。(2)"孙志刚事件"引发的收容遣送制度的废除,彰显了公权开始对作为私权的人身自由权的尊重和保护。(3)《行政许可法》的出台是缩小公权介入范围、规范公权行使的重要举措,在有限政府理念的指导下,确立了行政许可中的民本原则。(4)私有财产权利和人权的入宪,从国家根本法的高度强调了对作为私权的私有财产权、公民人身权的法律保护。

但同时,公权侵害私权的事件也在不断出现,我国在规范公权与保护私权方面仍存在不足。首先,法律法规的规定不够完善,如《国家赔偿法》中不承认精神损害赔偿,部分民事合同要经过行政机关批准、许可、登记,关于公务员招考条件的部分规定不合法,这些都在一定程度上侵犯了私权。其次,公权的扩张导致人民私权受到侵害,不加限制的权力必然带来权力的扩张,而权力扩张的最大受害者无疑是私权,现实中因公权扩张造成人民权利受损的事情时有发生。如发生在西安的"夫妻看黄碟民警上门,丈夫遭受处罚"事件、《苏州市犬类管理办法》的出台,都是公权粗暴介入私权的例子。最后,公权的私化导致公民权利受到侵害。国家机关及其部门行使权力应该是公而无私的,运用权力谋取私利或部门利益,徇私枉法,是公权私化的主要表现。

通过上面的分析,我们可以得出这样的结论:扩大和保护私权,减少和约束公权,培育私权社会,建立公正、高效的公权系统,是一个长期而艰难的过程,是一个"为权利而斗争"的过程,在这个过程中,需要国家、社会和每个公民长期不懈的努力。

# 第四章
# 公法规范

## 第一节 公法规范概论

### 一、研究视角和方法

(一)研究视角:公法规范的整体性研究而非部门公法的割裂解读

公法与私法范畴的区分是法律规范与部门法规范之间的一个维度,这个位于宏观视角(法理学)与微观视角(部门法学)之间的中观视角给了我们一个清晰的区分性研究部门法的思路,然而不幸的是,公私法在更多情况下仅仅成了一种"标识",例如,我们常说,"宪法是公法而民法是私法",公私法成了纯粹的属种名称。公法的研究更是由各部门法"分而治之",作为公法的代表性范畴的公法规范更是没有避免被肢解的命运。部门公法规范之间的不协调在所难免。有公法而无公法学似乎成了一种常态,有幸的是,有敏锐的学者洞察到了这个空白,果断地提出了建立"统一公法学"的研究模式[①],吹响了公法学研究的新号角。从实践来看,三权之间的交叉、社会公权力的兴起,部门公法规范之间的借鉴等新情况表征着公法规范统一的需要。

我们认为,公法规范的研究应该从单纯的割裂式研究中摆脱出来,注重整体性研究,追问公法规范独立的意义,抽象出公法规范的概念,描述出公法规范的结构,概括出公法规范的特征,理顺公法规范的体系,探求公法规范特别追求的价值取向,整合部门公法规范之间的繁冗与冲突,填补部门公法规范之间的空白与不足。我们期待寻求蕴含于部门公法规范之中的一般原理与规律,并用其反

---

① 该理论由袁曙宏在《论建立统一的公法学》(载《中国法学》2003 年第 5 期)一文中提出。

思、解构、建构整个公法规范体系。当然，在这里绝不是否认部门公法对公法规范研究的贡献，部门化研究是公法规范体系研究精深化的必然路径，没有部门法的精耕细作便没有公法规范体系的繁荣昌盛，然而仅仅注重纵向的精深研究而忽视了横向的协调研究和整体的综合研究，容易造成学科之间的狭隘、偏执与冲突，造成不同公法规范之间的重叠，造成"责任空白"或者"一事两罚"。在精深研究的基础上，跳出公法部门的樊篱，站在更高层面整体性地研究公法规范是公法原理研究的必然任务。

（二）研究方法：规范研究、实证研究

规范研究和实证研究是公法学的两个基本的研究方法，由此形成规范公法学和实证公法学两个部分，其中前者主要研究公法的价值、制度和实践等；后者主要研究公法实然的功能、制度、机制、实践、方法等，对其加以经验考察和逻辑分析。① 规范研究是对应然状态的追求，正是这种追求促使着对实然状态的反思与评价，不断打破旧的束缚、寻求新的突破，使得法律无限地向最符合人类本性需要的目标接近。实证研究则从经验主义出发，通过逻辑分析来证明命题。实证研究是在批判规范研究的虚构性、不确定性等缺陷的基础上建立、发展、繁荣起来的。孔德断言：实证研究是人类思想发展的最后阶段，实证方法是科学研究的最高级方法。② 有人认为，规范研究不是科学，其根本理由在于规范研究的规范标准，所谓的正义、公平、自由等都是不可琢磨、无法确定的主观标准，只有从自然科学思维出发的方法论——实证研究才具有扎实的可信度。这种标准究竟是主观的还是客观存在的，恐怕非三言两语能够争论清楚，从实证分析法学的兴起、自然法学的黯淡到自然法学的复兴、"拉德布鲁赫的转向"，恐怕已经说明规范研究是不可少的。打个不恰当的比方，规范研究是服装设计，实证研究是织布，布织得再好也不能改变样式，而谁也不能阻止人类追求新样式的脚步，因为追求进步是人类本性所致，不论这个服装设计能否到达一个客观上"美"的标准，至少这种设计在无限地接近这种"美"，并且在这种接近中，"美"的层次在不断提高。

在对待规范研究和实证研究这两种基本研究方法的问题上，我们或许应该更加实用主义一些，规范研究追求"应当是"，实证研究则在解释"是什么"，它们各自的功能都是不可抹杀的，其实在研究问题的时候，我们都在不自觉地在实证

---

① 袁曙宏、宋功德：《统一公法学原论——公法学总论的一种模式》（上卷），中国人民大学出版社2005年版，第203页。

② 〔美〕博登海默：《法理学——法律哲学与法律方法》，邓正来译，中国政法大学出版社1999年版，第114页。转引自同上书，第167页。

研究的基础上向规范研究转向。实证研究为规范研究提供了扎实的根基,不至于使得规范研究在没有搞清楚"是什么"的情况下,就忙着断言"应当是什么",规范研究在实证研究的基础上更进一步,大胆地设想未来,有人说这是虚幻、臆想,但是没有这些大胆的"虚幻与臆想"又哪来"社会契约论"、"三权分立说"、"代议制"等呢?

**二、公法规范的原命题追问——从公私法的划分谈起**

有人认为,分类或许是最没有意义的研究方法,有多少标准就有多少分类,诚然在某些情况下,分类变成了为了分类而分类的研究。但是,不可否认的是,某些重要的分类,却给我们认识问题、分析问题、解决问题提供了极其重要的思路。这些分类标准或是对事物最关键性状的描述,例如将人类分为男性和女性;或是对关键特征的把握,例如,将法律规范与道德规范相区别。古罗马法学家乌尔比安睿智地指出,法律应该分为公法和私法,"公法涉及罗马帝国的政体,私法则涉及个人利益"①。但是在那个时代,留给公法的政治空间、社会环境几乎为零,私法的发达淹没了公法的微弱声息,公私法的划分仅成为了概念上的分类,实践中没有得到什么应验,在私法光辉的笼罩下,公法显得黯淡无光。在这种境遇之下,作为公法最直接表现形式的公法规范并没有多少作为。此时公法规范这个命题似乎显得可有可无、无足轻重。

(一) 公法规范在对立中体现价值

分类总会出现相对的范畴,而如果一个范畴十分弱小、另一个或几个范畴十分强大,一般情况下说明这个分类标准存在问题,或需重新确立分类标准,或需将强大的范畴再作分类。公法规范作为与私法规范相对立的范畴,若没有足够的与私法相"抗衡"的能力,注定只能是私法的附庸,其独立价值也就大打折扣。公法规范只有在同私法规范相对立的情况下方能体现其价值。

历史显示,公法在近代欧洲大陆崛起了。从中世纪后期开始,由于宗教改革推动了政教分离,此起彼伏的资产阶级革命和宪政运动推动了民主政体的确立,法律至上的法治理念在欧洲迅速普及,政府守法成为其合法存在的一个不可或缺的前提,共同推动着旨在制约公共权力、保障公民权利的近代公法迅速崛起。② 经济基础决定上层建筑,当经济发展需要更大的空间的时候,当私有经济期待摆脱权力制约的时候,当私法规范不能为这种摆脱提供足够的法律依据的

---

① 〔古罗马〕查士丁尼:《法学总论——法学阶梯》,张企泰译,商务印书馆1989年版,第6—7页。
② 参见袁曙宏、宋功德:《统一公法学原论——公法学总论的一种模式》(下卷),中国人民大学出版社2005年版,第26页。

时候,它的对立方——公法规范在这个时候登场了。这种二元格局的基础有学者从社会学角度将其概括为政治国家与市民社会的分离①,公域和私域的对立产生了对不同规范的需求,公法规范与私法规范成了既对立又统一的矛盾统一体。公法规范与私法规范相生相克,公法规范的行为标准、价值追求、调整方式、责任制度等内容都是在私法规范无法从自身性质出发而实现的情况下出现的,它们之间的对立性、差异性是其自身独特性的体现,公法规范作为后发达的、与私法规范风格迥异的调整方式,正是在这种相对中与私法规范达到一种"互补",实现自身不可替代的价值。

(二)公法规范\私法规范二元结构的继续

自法治建设进入近代社会以来,公法兴起,公法与私法达到了平起平坐的地位,但是对于公私法二元划分的质疑却一直没有停止过。有学者对质疑这种二元划分的理由作了总结:(1)长期在理论和实践中不承认公私法区分的普通法系国家,法治状况并不逊色。英美法系并无公私法的区分的传统,其司法传统是一元化的普通法院,对于私主体和公主体一视同仁、平等对待。其法律的终极价值是救济私权利,这种实用主义法律观使得他们不注重法律体系条理的完美,但是这些国家的法治状况也丝毫不比注重逻辑结构的大陆法系国家差,所以,这种划分并不是必然的存在。(2)承认公私法区分的国家,其划分公私法的标准在实践中不统一。同一国家内,在不同历史时期,某种法律关系、某项法律到底属于公法还是私法也常常变化。(3)公法私法化和私法公法化的现象不断发展。公法私法化现象指私法原则或精神向公法渗透的现象,行政合同、行政指导等非强制性的行为方式广泛适用于国家公务活动中,越来越多的传统上属于"私人"的主体,如行会、同业会,开始行使"公共权力"。与此同时,国家公权力越来越多地介入私人领域,一些传统的私法原则,如私有财产神圣、契约自由、过错责任等受到了公共利益或者社会利益的限制。自由放任时代被福利国、行政国时代代替,"私法公法化"由此产生。(4)出现了难以归类的新的部门法。公私法的渗透中,一个引人关注的现象就是劳动法、消费者保护法、环境法等"新的部门法"出现,它们到底是公法还是私法引起了争议。公法、私法、社会法三分法的划分方式兴起,公法私法二元划分受到挑战。②

我们认为上述理由不足以推翻公私法二元划分模式,理由如下:(1)英美法系和大陆法系秉承不同的法治传统,二者各有优劣,英美法系不奉行公私法的划分,法治状况良好,大陆法系奉行公私法划分,法治状况也不差。英美法系不奉

---

① 参见金自宁:《公法/私法二元区分的反思》,北京大学出版社2007年版,第40页。
② 同上书,第61—64页。

## 第四章 公法规范

行该划分模式而法治状况良好不能成为否定这种模式的理由,同样,大陆法系奉行该模式法治状况不错也不能说明英美法系应该转变成大陆法系的法制体系。两者应该相互借鉴,事实上,二者也从没停止相互吸收经验的脚步,特别在公私法二元划分问题上,虽然英美法系未采用,但是事实上它们规制公权力主体与私主体的规范在性质上也存在不同。(2)公私法划分的标准不统一,仁者见仁,智者见智,只能说明这是一个研究未尽的问题,不能成为一种反例证据证明公私法划分的不可行,标准的探讨其实在肯定公私法划分这个前提,只是在出现新情况的时候如何找到一个更好的区分手段使得公私法划分能够涵盖新的法律规范。而至于得出的结论不相同也是必然情况,因为从不同角度找到的区分手段可能将法律规范的性质作出相反的划归,这个不是法律规范本身的问题,而是标准的问题。(3)公法私法化、私法公法化,存在两种情况:第一,调整既有社会关系的法律规范的性质发生了改进。公法的调整方法借鉴了私法的元素,私法的调整方法借鉴了公法的元素,但这种借鉴都是在承认公私法划分的前提下进行的些微改进,没有触及各自的内核,例如行政合同仍不是私法意义上的合同,无过错责任和私法责任的特殊形式并更没有改变公法与私法的二元区分。第二,公法与私法作用领域的变化。公法私法化是原有的公法关系由私法规范来调整,私法公法化是原有的私法关系由公法规范来调整,即公域一部分交由私法规范调整,私域一部分交由了公法规范调整,例如,计划经济向市场经济的转轨意味着许多公法调整的经济领域将由私法取代调整,这种调整只是说明公法和私法的领域发生了改变,更未改变公法与私法的二元划分。(4)至于新出现的部门法的归类问题,诚然难以将某个部门法全部划入公法或者私法,然而,如果实证地分析各个部门法中逐个的法律规范,我们可以清楚地发现,它们不属于公法范畴就属于私法范畴。[①] 从本质上看,这些部门法只不过是综合地使用了公法和私法的调整方法。

基于以上的分析,我们认为公私法的划分不是为了标明法律规范的性质,而是调整手段的一种分类方法,我们不妨将法律看做一种调整社会关系的手段,而公法和私法调整手段是法律调整手段的下位概念,公法调整加私法调整完整地构成了法律调整的手段。从调整手段这个意义上理解公法和私法,我们可以将公法与私法的划分等同于公法规范与私法规范的划分,从功能意义上看,法律规范是法发挥作用的最微观元素、最小单位。个体的法律规范组合成制度,制度组合在一起构成一个法部门,法部门的总和就是法。公法规范与私法规范的二元划分是公私法区分的本质。公法关系是一种经过公法规范调整的社会关系,但

---

[①] 我们在曾经作过这方面的实证分析,囿于篇幅的原因我们在这里只使用研究的结论。

是哪些社会关系需要由公法规范来调整并不是既定的,而是随着社会需要的变化而变化的。由此我们可以清楚地看出,某些原来的私法关系由公法规范进行调整,或者某些社会关系由公法规范和私法规范共同调整都是可以理解的,作为调整手段的公法与私法的区分依然成立,只不过是公法规范、私法规范改变了作用的地方,因为它们都是动态的。公域和私域可能有些重合,公法和私法包含的内容可能发生了变动,但是公法规范与私法规范的区分依然是稳固的,公法与私法的二元划分依然成立。这可能是公法规范命题最重要的价值所在。

### 三、公法规范的位置、概念和特征

#### (一) 公法规范在公法系统中的位置(地位)

##### 1. 公法的构成要素

从一般法理学上讲,法是一个系统,在这个系统中含有复杂的各种要素,这些功能特定的要素组合在一起便构成了一个有机整体。对于构成要素的准确认识能够清晰地解构一个系统,便于进一步的研究。在研究法的构成要素的时候,往往采用"模式"化的方法,即通过观察,将具有同构性或者相似性的元素分类放置,然后再用一个概念将其简化概括。学者们对于法构成要素的概括多有不同。社会法学派代表人物庞德认为,法包括律令、技术和理想三个构成要素,律令是由规则、原则、概念、标准和学说组成的复杂体系,技术是解释和适用律令的方法,理想是一种法律理念和图景。[①] 新自然法学派代表人物德沃金也认为,法律的构成要素仅仅归结为规则是不够的,在适用法律过程中,特别是在审理疑难案件的时候,人们往往要借助规则之外的其他标准,这些标准主要就是原则和政策,在此基础上他提出法律的要素由规则、原则和政策构成。[②] 深受英美法传统影响的庞德和德沃金更加注重从法的动态应用方面概括法的构成要素,庞德将法律技术归入法的构成要素,德沃金也从审判的具体过程认为政策、原则都是一种必须。而分析法学派的学者则更加注重从法律体系的逻辑完整性方面概括法的构成要素。奥斯丁认为法是主权者的命令,哈特则在批判奥斯丁的基础上提出了法是主要规则和次要规则的结合的"规则说"。

关于公法的构成要素,我们认为:(1)公法概念、公法规则和公法原则是公法的体系要素。公法概念是公法上对各种事实进行抽象,概括其共同特征而形成的陈述性表达,公法概念为公法规则和公法原则的运用提供前提。公法规则是对一个具体的事实状态确定法律后果的律令。公法原则是公法中具有指导性

---

① 参见张文显:《二十世纪西方法哲学思潮研究》,法律出版社2006年版,第312—313页。
② 参见孙国华、朱景文主编:《法理学》,中国人民大学出版社2004年版,第287页。

的、统合意义的、抽象性的准则和原则。从法律体系,特别是实证的部门公法构成来看,这三者的结合能够实现某个公法集合的完整性。(2)公法技术、公法政策、公法理想是公法的应用要素。如果从动态方面来理解法,法应该是一个起作用的规则体系,而法的运行离不开法律技术和法律理念。对于建构性强于经验性的公法来说,形而上的标准、尺度,宏观的理念,社会影响的考量等显得更为重要。

2. 公法规则与公法规范

公法规则与公法规范是不是同一个概念,学界存在分歧。这种分歧和法律规则与法律规范的关系认识上的分歧是一致的。我国法学界通常将英语中的 rule 译作规则,而将 norm 译作规范。凯尔森认为,立法者创造的是规范,法律科学表述的却是规则,前者是规定性的,后者是叙述性的。① 沃克认为,法律规则与法律规范都是规范人的行为的,但是规则较规范具体,规范比规则抽象。我国法学家倾向于将规则和规范看做是同一概念。② 我们认为,公法规范既可以指总体的、抽象的公法规则,也可以与具体的公法规则互换称谓,从抽象意义上使用公法规范这个称谓更加确切。

3. 公法规范是公法系统的主体

规则是法律最古老的形式,法律在某种意义上说就是规则的集合体。从法条文的数量也能够清晰地看出规则所占的分量,公法也不例外。公法规范承载着公法最根本、最主要的功能,离开了公共规范,公法便不能发生作用。公法概念的价值需要通过公法规范体现,公法原则只是对公法规范的补充。公法技术、公法政策、公法理念等应用要素更是附着于公法规范之上,与之结合方能显现功能。

(二)公法规范的概念、任务及性质

1. 公法规范的概念

公共规范是调控公共权力或者在特定的事实状态下,确定公法上主体间权利义务关系的法律规范。公法规范由享有立法权的主体制定,具有普遍的约束力,逻辑上具有完整性,由国家强制力保证实施。这里的公共权力包括国家公权力、社会公权力和国际公权力。③

规范是一种抽象的行为规则,所谓抽象性,是指将各种具体事实状态和行为

---

① 参见〔奥〕凯尔森:《法和国家的一般理论》,沈宗灵译,中国大百科全书出版社1996年版,第48页以下。转引自张文显主编:《法理学》,高等教育出版社2003年版,第91页。
② 参见张文显主编:《法理学》,高等教育出版社2003年版,第91—92页。
③ 姜明安:《公法学研究的几个基本问题》,载《法商研究》2005年第3期。

方式的特点和共性概括、归纳出来,舍弃它们的具体形态,以"类场合"和"类行为"的方式加以概括和描述。① 公法规范是规范,具有规范的一般性质,它为公权力主体及其相对一方在某类场合提供某种行为准则。

2. 公法规范的任务

公法规范的任务有两个:一是授予某主体特定的公共权力,确定公权力的行使条件、程序和方式;二是调整特定状态下公法上主体之间的权力义务关系。其中公共权力的授予是主体之间发生公法关系的前提,某一个主体只有获得了某项公共权力,并且按照公法规范设定的规则路径运行,才有可能与相对一方之间构成一种公法上的关系,而有了这种公法关系之后,公法规范才能确定此关系中主体的权利义务,为此二主体提供行为标准。

3. 公法规范的性质

公法规范是确立公权力主体与公权力主体之间或者公权力主体与私人主体之间理想关系模式,并通过采取措施保证这种理想模型实现的法律规范,其采取的措施包括授予职权、课以义务、授予权利等方式。具体而言:

公法规范以构成性规范为基础,基本不存在调整性规范。② 调整性规范的功能在于控制人们的行为,使之符合规范概括出来的行为模式。调整性规范所涉及的行为在逻辑上先于或者独立于这些规范之外,无论是否存在调整性规范,人们都有可能从事或者不从事这些行为。这种规范一般为私法规范采用。构成性规范的功能在于组织人们按照规则授予的权力(权利)去活动。构成性规范所涉及的行为在逻辑上有赖于这些规范,即构成性规范先于由它构成的活动,没有这种规则,从事或者不从事这种行为都是不可能的。一般情况下,公法规范授予公权力、确立公权力的行使条件、程序和方式之后,才能产生公权力的运行,才能产生公权力主体之间或公权力主体与私权利主体之间的关系。这种关系一般称为公法关系。公法关系的理想状态是公法规范建构出来的,公法规范通过这种建构对公法关系进行调整。公法规范与公法关系之间的关系是建构并调整,可以将其看做是先归纳再演绎;私法规范与私法关系的关系一般是确认并调整,即先有私主体之间的五花八门的关系,法律规范对其进行价值上的判断、区分,确认最合理的关系作为理想模式,以此来调整私法关系,可以将其看做是先演绎再归纳。这种划分似乎和下面谈到的划分③有相似的地方,但是其角度是不同

---

① 参见孙国华、朱景文主编:《法理学》,中国人民大学出版社 2004 年版,第 290 页。
② 也有学者将"调整性规范"称为"确认性规范",参见孙国华、朱景文主编:《法理学》,中国人民大学出版社 2004 年版,第 299 页。
③ 权义复合性规范、义务性规范、授权性规范的划分。

的,下面的划分是从规范本身性质的角度,这里的划分是从规范与其所调整的关系互动方式的角度。

公法规范以权义复合性规范为主,以义务性规范和授权性规范为辅。授权性规范是指示人们可以作为、不作为或者要求别人作为、不作为的规则。授权性规范的特点是为权利主体提供一定的选择自由,对于权利主体来说不具有强制性,它不强令权利人作为,也不强令权利人不作为,而是为行为人的作为、不作为提供一定的选择自由。义务性规范是直接要求人们作为或者不作为的规则。它具有强制性、必要性和不利性等特征。权义复合规范指兼具授予权利、设定义务两种性质的法律规范。一方面被指示对象有权按照法律规范的规定作出一定行为,另一方面作出这些行为又是它们不可推卸的义务。① 由于公权力的特殊性,不能像对待私权利那样信马由缰,公权力带有一种责任性,公法规范在授予主体公权力的时候均要求其行使、且必须按要求行使。公法规范中单纯的义务性规范既可以指向公权力主体,也可以指向私人。而公法规范中的纯粹授权性规范只能指向私主体,不能指向公权力主体。公法规范以规范公权力为己任,所以权义复合性规范的数量较另二者为多。

(三) 公法规范的特征

公法规范作为一种法律规范,具有法律规范的一般特征:(1)国家权威性、强制性、约束性;(2)概括性、普遍性;(3)明确性、肯定性、相对稳定性;(4)可操作性、模式性;(5)制裁性。作为与私法规范相对应的法律规范,公法规范还有不同于私法规范的独立特征:

(1)公法规范涉及公权力,公法规范是为了调控公权力的运行而存在,是否涉及公权力的调整是公法规范与私法规范调整的本质区别。公法规范调整的是公权力之间或者公权力与私权利之间的关系,而私法规范调整的私权利之间的关系。我们将其概括为"公权力说"。学界关于公私法的划分还有利益说、主体说、法律关系说等标准。利益说认为,公私法区别的标准在于保护的利益是公益还是私益。主体说认为,凡规范国家与公法人之间、公法人与私人之间的关系的法律规范是公法规范;规范私人之间关系的法律规范是私法规范。法律关系说认为,凡规范国家与国民间的权力—服从关系的为公法;规范国民间平等关系、双方可以自由协商处理者为私法。我们认为,这几个学说都存在一定缺陷。首先,利益说无法把握,何谓公益、何谓私益,这至今还是一个没有解决的难题。其次,主体说指出了形式区别未指出实质区别。要成为公法主体肯定是在行使公权力的情况下,如果没有行使公权力,就不受公法规范的调整。例如,国家机关

---

① 参见张文显主编:《法理学》,高等教育出版社2003年版,第94页。

仅仅作为一个普通的买方应当受合同法调整。最后，公法关系需经过公法规范的调整而产生，它与私法关系不同，私法关系往往先于或者独立于私法规范而存在，公法关系与私法关系在时间上不具有对应性。

（2）公法规范在指向不同主体的时候其性质发生改变。当它指向公权力主体的时候，其规范具有权义复合性，授予的权力不能可用可不用。当它指向私权利主体的时候，其规范一般情况下没有权义复合性的特点，授予的权利可以行使也可以不行使。而私法规范在指向双方主体的时候，规范性质没有发生任何变化，而且具有单一性，或授予权利或课以义务，不存在必须履行的权利。

（3）公法规范要求"法无明文规定不行为"。公权力的来源在法治文明时代得到了澄清。在专制时代，"君权神授"、"国家权力天然合理"，随着文明的发展，人们认识到公权力并非自然存在，而是来源于人们的共同让渡，来源于人们的共同约定。公权力不能任意妄为，只能在人们约定的范围中活动，不能出格。公权力究竟在什么范围内活动，这个范围如何划定，人们把这个任务交给了公法，为了约束公权力，公法规范采用了"法无明文规定不行为"的原则。与公法理念相区别的是，私法规范遵循"法无明文禁止即自由"，私人权利是天赋的、自然存在的，法律规范只是在发现和确认，所以人们的活动范围只能扣除，不能划定。

（4）公法规范中当事人的法律地位存在差别。这里的公法规范是指调整公权力与私权利之间关系的法律规范，而不是指调整公权力与公权力争议的法律规范。公法规范中当事人在法律面前平等，但是在法律上是不平等的，因为其中一方享有了公权力因而处于主导和控制地位，相对人处于弱势地位，也正是这种差别要求公法规范与私法规范的内核存在差别。而在私法关系之中，虽然双方当事人可能在事实上处于一种不平等的地位，但是在法律上和法律面前都是平等的。

（5）公法规范追求的目标是通过对公权力的调控达到更好地为私权服务的目的。公法规范以保护公民权利为本位，虽然经历了"控权论"、"管理论"和"平衡论"等不同的理想模式阶段，但是实现对公民权利最大限度的保障和服务的理想依然没有改变，简单说来，公法规范就是让公权力为公民权利服务。而私法规范则遵循"意思自治"的原则，当事人之间的约定就是法律，国家以不干预为原则。只是在双方不能"私了"的情况下，才由司法机关介入裁决。① 这种差别是公私法规范在结构和手段等外在表现方面不同的原因。

---

① 参见郭道晖：《法理学精义》，湖南人民出版社2005年版，第248页。

### 四、公法规范的结构

**(一) 公法规范结构的要素**

公法规范的结构是公法原理中一个重要问题,理解公法规范结构对于研究公法规范具有深刻的意义,对公法规范结构的把握能够帮助我们在纷繁复杂、浩如烟海的公法规范中找到逻辑规律,大大简化理解公法规范的难度,更完整地把握公法规范的要素,并且能够根据结构的完整性、协调性反思规范的效用性。

公法规范的结构通常是指一个公法规范由哪些要素构成,以及这些要素之间在逻辑上的相互关系。公法规范表现形式纷繁复杂,从中抽象出一种结构模式使之能够解读所有公法规范的结构并非易事,而且从不同角度和方法出发可能产生不同的结论。从法理学研究的结果看,关于法律规范结构的构成要素主要有"三元说"和"二元说"。

三元说认为,法律规范在结构上必定由三个要素构成,即假定、处理、制裁。假定,是指法律规范中规定适用该规范的条件的部分,它把规范的作用与一定的事实状态联系起来,指出在发生何种情况或者具备何种条件的时候,法律规范中规定的行为模式便生效。处理,是指法律规范中为主体规定的具体行为模式,即权利和义务,它指明人们可以做什么,应该做什么,不能做什么,以此指导和衡量主体的行为。制裁,是指法律规范中规定主体违反法律规定时应当承担何种法律责任、接受何种国家强制措施的部分。三个要素是具有内在联系的统一的整体,任何一个法律规范都具备上述的三个要素。[①] 在表述为"如果……则……否则……"的情况下,"如果"是假定部分,"则"是处理部分,"否则"是制裁部分。此三要素结合在一起构成了法律规范的整体。也有学者认为,用法律后果取代制裁更为恰当。法律后果包括肯定性法律后果和否定性法律后果。[②]

二元说是20世纪90年代在批判三要素说的基础上兴起的一种新的学说。二要素说将法律规范的结构分为行为模式、法律后果两部分。行为模式是指法律规则中规定人们可以行为、应该行为、不得行为的行为方式,它可以是课以义务的,也可以是授权的。法律后果是指规则中指示可能的后果或者法律反应的部分。[③]

我们认为,三要素说比二要素说更加完整,二要素说实际上将"假定"这个要素排除,这或许是由于某些状态下规范的"假定"部分不明显、不直接,其实此

---

[①] 参见孙国华、朱景文主编:《法理学》,中国人民大学出版社2004年版,第293页。
[②] 参见张文显:《二十世纪西方法哲学思潮研究》,法律出版社2006年版,第327页。
[③] 参见张文显主编:《法理学》,高等教育出版社2003年版,第92页。

时可以将假定认为是一般情况。该规范不需要特别的事实情况、特定场所和特定时间就可发生作用,例如,公民的人身自由不受侵犯。若将"假定"部分剔出,对于需要特定场域、特定情形、特定理由的规范结构的理解会遭遇困难。另外,不需要用法律后果取代制裁。之所以用法律后果取代制裁是因为有学者认为制裁只是一种否定性的法律后果,而从司法实践情况来看,法院可能对某种行为作出肯定性判断,也可能作出否定性判断,所以对应的法律规范中应该包括肯定性法律后果规范和否定性法律后果规范,我们认为法律后果可以看做是司法机关决定是否适用"制裁"的判断结果,而不是规范结构的组成要素。肯定性的法律后果没有动用规范的"制裁"部分,否定性法律后果动用了规范的"制裁"部分。这种法律后果不会出现在法律规范的内容中,只会出现在司法机关的判断过程中。法律规范的"制裁"是保证所调整的关系达到"处理"中所要求的状态。它是一种行为标准,法律后果不能提供这种行为准则,只是一种司法判断结果。

由上分析可知,公法规范由假定、处理、制裁三个元素构成。

(二) 公法规范的结构的外在表现

一个完整的公法规范应该三要素齐全,然而在阅读法律条文的时候,完整的"如果……则……否则……"的表述是很少见的,多数情况下是一种"如果……则……"的表述,这种规则虽然没有法律规范在结构上的完整性,但是在实证法律条文中却大量存在。为了研究方便,有学者将这种"如果……则……"表述形式的规范定义为命令性规则。

命令性法律规则,是指由两个因素构成,直接体现国家规范性命令的行为规则,这种规则的基本结构是"如果……则……"。① 这种定义实际上是将假定进行拆分,分别与处理和制裁相结合,既可以是"假定"加"处理",也可以是"假定"加"制裁"。虽然它们不是一种完整的规范,但确实是一个规则。"假定"加"处理"为主体规定在一定场合的权利和义务,旨在建立一种正常的法律秩序,执行法的调整职能,有学者将其称为"调整性规则"②,为避免与前述调整性规范和构成性规范分类的混淆,我们在这里将其称为"调控性规则"。"假定"加"制裁"规定了违反"处理"部分的制裁措施,执行法的保护功能,旨在维护正常的法律秩序,或者使被破坏的法律秩序得到恢复,可以称之为"保护性规则"。

调控性规则与保护性规则的分类能够让我们更加清晰地解构公法规范的外在表现。随着立法技术的发展,调控性规则与保护性规则不再是前后紧密连接

---

① 参见孙国华、朱景文主编:《法理学》,中国人民大学出版社2004年版,第293页。
② 此处的"调整性规则"与前述的"调整性规范"不是一个概念。这里的"调整性规则"更接近"构成性规范"。

的连贯性表述。多个调控性规则可能共同使用一个保护性规则,许多保护性规则的前提可能是相同的,某一个完整的公法规范的调控性规则在这部法律当中,而其保护性规则可能在另一部法律当中。刑法、行政处罚法等专门的保护性规则的法律出现便是一个很好的例子。认识到公法规范的这种外在表现形式,对于认清公法之间的逻辑关系,充分利用各种部门法资源,实现部门法公法的综合治理具有重要的意义。

**五、公法规范的分类**

分类是为了更好地研究问题,分类能让我们找到公法规范相对于私法规范的某些特点,并以此为指导找到公法规范改进的方向。例如,前文已经涉及一些分类标准。调整性规范和构成性规范的分类告诉我们,在公法当中,构成性规范是基础,而构成性规范的特点是对公法关系进行建构,我们要改进公法关系,规范公权力的行使,督促公权力的行使①,就需要采取措施调整构成性规范的内容。授权性规范、义务性规范和权义复合性规范的分类告诉我们,公法规范指向公权力主体的时候,不可以采取授权性规范的方式,任何公权力的授予都需要带有义务性;另外,权义复合性规范和义务规范划定了公权力的作用范围,而授权性规范赋予了相对方对抗公权力的力量,要改变双方的力量对比,当从这三种规范入手。而调控性规则和保护性规则的分类,对于理解公法规范的外观起到了重要作用,同时为各公法部门的整合、统一提供了一种重要思路。公法规范还有以下其他重要的分类:

(一)绝对确定性规范与相对确定性规范

这种区分是根据公法规范是否给予了公权力一定活动空间的标准而划定的。法律原则上是一种明确性规范,理想的状况是达到一种确定无疑的境界,但是实践证明法律必须具有模糊性,公法规范也是如此,需要在一定条件下给予公权力一定的自由裁量空间。据此,可以将公法规范分为绝对确定性规范和相对确定性规范。绝对确定性规范明确、具体,没有给公权力留下自由裁量空间,执法人员和司法人员能且只能按照公法规范的要求行为。例如,《刑法》规定,对于被判处死刑、无期徒刑的犯罪分子,应当剥夺政治权利终身。相对确定性规范是指,公法在授权公权力的时候,留下了一定的活动空间,允许其按照具体情况作出自由裁量。这种分类对于公法来讲尤其具有意义,公法中存在大量的相对确定性规范,自由裁量权在现代公法规范中具有重要的地位,同时这也是比较容

---

① 例如,实践中很多应该行使的权力正是由于缺少构成性规范的支持而不敢实际行使,要督促其行使,首先应该将相关规范制定出来。

易产生问题的地带。这种分类让我们在调整公法规范的时候能够抓住问题的主要矛盾。

（二）强制性规范与任意性规范

上面的绝对确定性规范与相对确定性规范分类是以法律是否给予公权力一定的活动空间为标准，而这里的强制性规范与任意性规范划分的标准是是否允许当事人按照自己的意愿自行设定权利和义务。[1] 强制性规范是指，公法为主体提供了确定的行为模式，主体能且只能按照这种模式去行为。任意性规范是指允许当事人通过协商等方式确定双方的权利义务关系，只有当事人不愿意协商时才适用法律规范的规定。这种分类标准是法理上对于法律规范的分类，而公法规范能否分为强制性规范与任意性规范是有待讨论的问题。公法规范基本上都是强制性规范，任意性规范主要存在于私法领域。例如，买方可以与厂商商定产品的质量标准，而质量监督管理部门在检查的时候却只能按照法定标准。但是这种分类对于公法规范绝非没有意义，特别是公法发展到现代社会，公法的手段已经发生了改进，公法规范中也逐渐采用私法的手段，即引入了一些任意性规范的元素。这是一个十分值得关注的问题。

（三）委任性规范与准用性规范

所谓委任性规范是指，公法规范中没有对某项规范的具体内容进行明确的规定，而是委任其他主体对此规范加以制定。准用性规范是指，公法规范中没有对某项规范的具体内容进行明确的规定，但是允许其适用其他公法规范的规定。此二者的区别在于，前者指向的规范尚未制定，需要由指定的机关将此任务完成；后者指向的规范已经存在。委任性规范的出现特别是立法机关向行政机关、或者立法机关向司法机关的委任立法权的相关规范的出现，是公权力之间融合的最显著的特征。传统的立法权、行政权、私法权划分已经不再泾渭分明，而委任性规范出现的多少也是三权融合程度的表现。另外，还有中央向地方的委任和上级向下级的委任，说明了公权力在层级之间的调整。委任性规范是调整公权力分配（包括横向和纵向）的重要手段。另外，委任性规范的实现程度也是十分值得关注的问题。

六、公法规范的体系

（一）公法规范体系的概念及相关概念

1. 公法规范体系的概念

体系是一个系统，它是由其所涵盖的子系统按照一定的逻辑顺序、效力位

---

[1] 参见孙国华、朱景文主编：《法理学》，中国人民大学出版社2004年版，第298页。

阶、共同特征等组成的整体。公法规范体系即整个公法规范系统中的子系统,是按照一定的某种标准组合在一起,形成的一个关系明确、有机统一的整体。公法规范的渊源(部门公法规范)可能是多种多样的,但是这些子系统之间具有某种同构性和相似性,具有相同的归属性,而它们之间又由于某种差异性,可以在系统之内形成某种位阶。打个不恰当的比方,相似性和同构性让部门公法规范进了同一个房间,而差异性使得它们坐在了前后或者并排的位置,宪法规范坐在了第一排,行政法规范、刑法规范等坐在第二排,行政处罚法规范、税法规范等坐在了第三排。公法部门规范都具有公法规范的一般特征,而各个部门公法规范又是对其下位的部门公法规范的抽象。

2. 研究公法规范体系的意义

公法规范和公法规范体系都具有客观实在性,公法规范体系是主观思维对客观实体的加工和概括,但是这种概括和抽象不是凭空捏造的,它要求主观与客观相统一,尽可能使得主观抽象、概括符合客观实在。研究公法规范体系具有以下几个意义:(1)公法规范体系的建立是对公法规范的科学认识,有助于公法规范规律的认识和把握。(2)公法规范体系的建立既能够从宏观上把握部门公法规范之间的关系,又能将公法规范的规律微观地应用于不同部门法规范中。(3)公法规范体系的研究,能够使得公法规范之间条理清晰,从而减少部门公法之间的重叠与冲突,弥补它们之间的空白,使得公法规范之间协调运作,降低运行成本,提高公法效用。

3. 公法规范体系与公法体系、公法立法体系

公法体系是指一国现行公法既分为不同的公法部门,不同的公法部门又构成了内在统一、关系明确的有机整体。公法体系由公法规范体系、公法概念体系和公法原则体系共同构成,而其中公法规范体系是公法体系的主体部分。公法规范体系部门的划分与公法体系部门的划分是一致的。

公法规范体系与公法立法体系是两个不同的概念。公法规范体系是理论上对于实然公法规范的抽象和概括;公法立法体系则是指实在的国家制定的部门公法组成的体系。公法规范体系属于公法体系。公法立法体系是公法体系的外在表现。公法立法体系的基本元素是法律条文和规范性法律文件;公法体系的基本元素是公法规范、公法概念、公法原则和部门公法。公法体系是抽象的,公法立法体系是实在的;公法体系具有客观性,公法立法体系具有主观性;公法体系可以作为公法立法体系的一面镜子,公法立法体系应该努力向公法体系所要求的应然状态努力,不应该背离公法体系中的客观规律。公法体系比公法立法体系稳定,它依据社会关系的结构历史地形成,公法立法体系具有一定的偶然性。公法体系的纵向结构是公法规范、公法制度、公法子部门、公法部门、公法部

门群;公法立法体系的纵向结构是与制定机构的位阶一致的,例如,地方性法规、行政法规、法律、宪法等。①

（二）公法规范体系的内容

1. 部门公法规范

部门公法规范是公法规范体系的子系统,公法体系是由部门公法规范有机结合在一起形成的。确定公法规范体系首先应该确定部门公法规范有哪些。确定部门公法规范有哪些首先应该确定法部门有哪些。这些法部门中可能全部由公法规范组成,可能部分由公法规范组成,凡是含有公法规范的法部门都是部门公法规范的渊源。

法理学对于法的部门这个问题有过深刻的讨论,达成了一些基本的共识。我国的法部门一般包含以下几个层次:第一层次,宪法部门。宪法部门位于法体系的顶尖,统领各法部门。第二层次,基本法部门。主要依据法律的调整对象、手段来区分。包括行政法、民商法、刑法、诉讼法、经济法、婚姻法等。第三层次,是基本法部门的子部门。从这种划分可以看出一些逻辑上的混乱,例如,将宪法作为第一层次是从效力地位上,而从调整对象上看,它应该与其他基本法部门并列,这里将其归入基本法部门。公法是法的下位概念、法部门的上位概念,公法体系应该由这些基本法部门中的一些构成。相应的部门公法规范的渊源也应该存在于这些基本法部门之中。

这些基本法部门中完全由公法规范构成的有宪法部门、行政法部门、刑法部门、诉讼法部门,这些已经得到了学界的公认,在此不赘述。另外,民商法、婚姻法则是典型的私法规范组成的法部门。剩下的就是经济法和社会法,这两个法部门比较特殊,既含有公法规范,也含有私法规范,不是完全的公法部门或者私法部门,在这里我们从微观的角度,按照其包含的公法规范和私法规范将其划分为经济公法规范与经济私法规范、社会公法规范与社会私法规范。② 所以公法体系中的法部门包括宪法部门、行政法部门、刑法部门、诉讼法部门、社会公法部门和经济公法部门。前面讨论的是国内法的法部门,在国际法部门里面,国际公法属于公法体系。所以,部门公法规范包括宪法规范、行政法规范、刑法规范、诉讼法规范、经济公法规范、社会公法规范和国际公法规范。

---

① 关于公法体系与公法立法体系的不同,参照了学者关于"法的体系"与"立法体系"不同的论述,将此法学原理运用到该问题的研究中。参见孙国华、朱景文主编:《法理学》,中国人民大学出版社 2004 年版,第 308 页。

② 我们认为经济法不是独立的部门法,经济公法规范属于行政法部门规范。社会法也不是独立的第三法域,依然是国家公权力、特别是行政权作用领域的延伸。这个问题将在第二节中专门论述。

2. 公法规范体系的图示

这些部门公法规范按照一定的标准就位,就形成了公法规范体系。按照不同的标准会产生不同的体系图示,我们在这里依然按照规范效力等级进行图示:

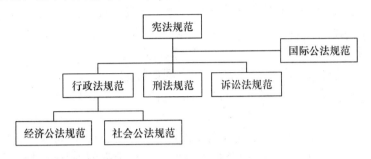

### 七、公法规范的调整对象

调整对象是公法规范与私法规范相区别的根本要素。从一般法理学上看,有理论认为,法律的调整对象是人的行为,而且这种行为不是孤立存在的,是处于社会关系中的行为,通过对人的行为的调整继而达到了调整社会关系的效果。而被调整了的社会关系通常被称为法律关系。有理论认为,法律的调整对象是社会关系,包括已经被法律调整或者客观上要求法律调整的社会关系。其实这两种理解本质上是相同的,前者意在强调人的行为,后者意在强调社会关系。但人的行为也是处于社会关系中的行为,社会关系也是因为人的行为而发生。法律的调整是通过作用于人的行为而实现,但人的行为必须处于社会关系之中。

从这个角度出发,我们可以将公法规范的调整对象定义为公权力主体与公权力主体之间的关系,或者公权力主体与相对主体之间的关系。这种关系由于它们之间的行为互动或者交互行为而产生。但是,并非公权力主体与相对主体的任何行为所产生的关系都是公法规范调整的对象,例如,行政机关与商场普通的买卖关系。那么什么样的行为构成的社会关系需要公法规范的调整呢?我们认为,公权力主体或者相对主体的行为必须涉及公权力的运行问题,也就是说此时的公权力主体必须是在实际行使公权力的主体,相对主体的行为必须指向公权力或者由于公权力运行而相应地发生。此时,产生了一个如何判定涉及公权力运行的标准问题,这是公法规范调整对象的核心问题。只有涉及了公权力运行的行为才是公法行为,才能形成公法关系,公法规范才能调整。

涉及公权力的判定标准有以下几个方面:

第一,是否授予了主体某项公权力,这是前提。这里的授权是一种单纯的授权,公权力的授予是公权力运行或者不运行、活动或者不活动的前提,没有公权力的授予就谈不上公权力的其他状态。例如,公民个人不能进行行政审判。也许有人会提出,公权力是公法规范授予的,其实此时公法规范就已经进行了调整。诚然,公权力是公法规范授予,但这种授予是单纯的授权行为,不涉及特定第三方,而公法规范的调整对象是特定的社会关系。

第二,公权力是否实际行使。公权力的实际行使行为,涉及公权力行为的主体部门,是实践中的常态,现实中需要公法规范调整的关系基本上是公权力行使产生公法行为进而产生的。对这种关系的调整一般是构成性调整的方式。至于具体行使的表现则是多种多样的,按照不同的标准可以分成许多种类,例如,从行使主体看,可以分为国家机关行使、社会组织行使等;按照权力性质可以分为立法权的行使、行政权的行使、司法权的行使;按照行使方式可以分为制定法律规范、审判、批准、处罚、确认、奖励等;按照权力行使的后果,可以分为赋予权利的行使、课以义务的行使等;按照强硬程度可以分为强制性行使、指导性行使和协商性行使等。另外,需要注意的是,公权力的实际行使还包括公权力的错误行使,所谓错误行使是指主体滥用公权力、越权等情形。对这类非常态关系一般采用恢复性调整的方式,即调整使之恢复到构成性调整的效果。

第三,是否公权力应该行使而未行使。公权力应该行使而未行使或者公权力不应该行使而行使都是公权力实际行使。对实践中存在的大量的公权力应该行使而未行使的情况,是否涉及公权力的行使?我们认为当然涉及,公权力是职权,是权义复合性的,公权力应当行使说明出现了主体有行使权力的义务,此时若不行使是义务的不履行,当然涉及公权力。否则110该出警而不出警会成为公法规范不了的行为,这岂不成了笑话?

第四,公权力是否是表见行使。公权力的表见行使是指实质上没有公权力,但却有公权力行使的外观而行使公权力。公权力的表见行使不同于无权行使和明显越权行使,无权行使是实质无权、外观上也无权,无权行使不受公法规范调整;越权是有公权力主体超越自己的权限行为而行为,前提是有权,越权可以归入错误行使公权力。表见行使往往是以前享有某项权力,虽然后来丧失但仍然具有权力行使的外表。例如,法律赋予某行业组织处罚权,后来撤回,但是该组织依然行使。公权力表见行使,应区分主体分别对待。若主体是国家机关,可以看成越权,用公法规范调整;若主体是企、事业单位或社会组织,按照危害性程度分别采用私法规范和公法规范调整;若主体是公民个人,也应该按危害性程度决定公法规范调整还是私法规范调整。从国家机关到企、事业单位到个人采用的调整手段应该越来越软。

**八、公法规范的手段**

公法规范与私法规范的首要区别是调整对象的差别,针对不同的对象所采取的手段必然也会不同,调整手段的差别也是公法规范与私法规范的重要差别。公法规范手段研究有助于从机制上找到其与私法规范的区别,有助于寻找公法规范特有的规律性,从总体上把握公法规范的特性。公法规范的手段主要表现为公法规范结合而形成的公法制度,公法制度是个体公法规范的上位概念,公法规范发挥作用只靠个体肯定是不行的,往往是一部分规范有机结合在一起形成公法制度而发挥作用。这些目的、设计、作用与私法制度相异的公法制度,是公法规范特有手段的体现。

(一)授权制度

公权力不是与生俱来的,公权力需要公法规范来确定。这就产生了一系列的问题:哪些公法规范可以授予公权力,什么样的主体有资格获得公权力,公权力的授予通过什么方式进行,公权力能否像私权利一样转让,等等。据此,授权制度应该包括以下几个方面的内容:(1)授予公权力的公法规范的位阶。即决定哪个级别上的公法规范有资格授予公权力。(2)公权力主体的资格。公权力由于其公共性、优位性、权威性等特征,不能任意授予;行使公权力的主体必须具备一定的资质和能力,一般来讲,公权力主体只能是机构,个人一般不能成为公权力主体。(3)公权力授予的方式。这里涉及的问题包括,是通过规范性法律文件授予还是通过命令等其他方式授予,是永久性授予还是期限性授予,是附条件的授予还是无条件的授予,等等。(4)公权力的转移。即公权力能否转移给其他主体行使、如何转移等。通常来讲,公权力主体的资格不能转移,公权力能否转移须由公法规范规定,公权力的转移通过授权还是委托的方式也需要由公法规范来规范。

(二)控权制度

控权制度是公法规范的特有手段,公权力是建构性的不是经验性的。公权力由于其特有的强势性、危害性等特点,对其产生需要控制,而产生之后的行使更需要控制。控权制度包括以下几个方面:(1)公权力作用范围的划定。公权力不同于私权利,公权力的行使、作用必须在法律规定的范围之内,其范围是划定性的,即公权力只能在特定的范围内活动。相比而言,私权利的行使范围是排除性的,即除了法律禁止的范围,私权利都可以任意活动。(2)公权力行使的条件、方式、程序。公权力的行使不具有任意性除了范围上的限定外,还有行使条件、方式、程序的控制。公法规范以构成性规范为主,构成性规范具有强制性,公权力的行使需要按照公法规范中规定的行使条件、方式、程序进行,没有协商的余地。特别是随着对程序价值认识的提高,程序制度在控权制度中的地位越来越高,诸如回避制度、听证制度、信息公开制度、说明理由制度、参与制度等越来越多地在公法规范中出现。同时,对程序制度的要求由形式向实质转变,公法规范中的程序逐渐向正当程序转变。(3) 公权力的效果。公权力的行使会产生公定力、确定力、拘束力、执行力等效力，这些效力在保障公权力行使的同时也限制了公权力的肆意行为。因为这些效力不只约束相对方，更约束公权力主体，公权力主体不能任意改变自己的行为。(4) 对自由裁量权的控制。自由裁量权是公法规范上的一个特征，这也是现代社会实践的要求所致，对公权力的控制的关键部分便是对自由裁量权的控制，这也是形式法治到实质法治的保证。现代公法主要采用比例原则、罪责刑相统一原则、公平原则等约束自由裁量权。(5) 权力监督。权力监督制度包括权力来源制度、权力之间的监督制度、权力内部的监督制度。权力来源制度涉及公权力的来源，涉及国家与国民之间的关系，例如代议制度、选举制度、政党制度。权力之间的监督制度包括横向监督与纵向监督。横向监督涉及三权之间的关系，包括立法权对行政权、司法权的监督，司法权对行政权的监督；纵向的监督指的是中央对地方的监督、上级对下级的监督等。权力内部的监督是对三权各自内容进行监督，例如，行政监察部门对其他行政机构行为的监督。

### (三) 公法责任制度

公法规范规定的责任制度注重惩罚性，私法规范规定的责任制度注重补偿性，公法上的责任制度旨在保障权威秩序的建立，私法上的责任制度目的是为了恢复到自然、合理状态。公法责任由于指向的主体不同，可分为两个体系。指向公权力主体的责任制度主要包括宪法责任和国家赔偿责任。宪法责任也称违宪责任，即违反宪法规定应当承担的责任，例如，法律文件因违反宪法而被宣告无效。国家赔偿责任包括立法赔偿、行政赔偿和司法赔偿。指向公权力的责任体系是公法特有的。而指向相对方的责任制度则使得公法规范更具特点。指向相对方的责任体系包括行政法上的责任和刑事责任。

### (四) 公权利制度与公法救济制度

公权利是公法上规定的权利，其所具有的功能是对抗国家公权力，公权利是公法规范建构的权利，而私权利则是在经验中存在的权利。公权利需要公权力的保护，公权力需要公权利的制约。公权利与公权力之间的张力，也是公权力运行的动力和制约力，公权力需要对公权利进行保障或者约束，但是公权力的运行受到二者之间张力的约束。公权利，大体上包括自由权、受益权（如诉权、请愿权、工作权、受教育权、公物或公共设备利用权、俸金请求权、养老金请求权等）、荣誉权、参政权（如服公职之权、选举权、罢免权、创制权、复决权等）。① 公法规

---

① 上官丕亮：《论公法与公权利》，载《法治论丛》2007 年第 5 期。

范上的公权利制度与私法规范上的私权利①制度共同构成了完整的权利制度。而公权利与私权利都可能受到公权力的侵害,所以公法救济制度也是公法规范不可缺少的调整手段。

公法上的救济制度与私法上救济制度不同的是,公法救济制度既可以救济受公权力侵害的公权利,也可以救济受公权力侵害的私权利。公法救济制度除了诉讼制度之外,还包括复议制度、申诉制度、苦情制度②等,这是私法救济手段里面没有的。

### 九、公法规范的价值追求

在哲学上,价值意味着客体对主体的效应,是客体对主体的作用和影响。这里包括了价值主体、价值客体和价值关系三个要素。③ 价值是一个关系范畴,价值主体往往有主观的或者客观的价值目标,而价值客体自身的属性、内容能够帮助主体实现这种价值目标,因而二者之间发生了关系,即需要与满足的关系。价值的主体是人,价值的客体是外界事物。公法规范的效能、作用能够满足人的调控公权力等价值目标的实现,因而二者之间形成了价值关系。价值也是一个实践与认识的过程,主体的价值目标、需要也是在实践中不断发展的,客体需要不断完善自身才能更好地实现主体的价值目标。公法规范的价值追求实质上就是人给公法规范所设定的价值目标,公法规范的价值就体现在达到此目标的状态中或者追求此目标的过程中。如果将公法规范的手段比作公法规范的躯体,公法规范的价值就是公法规范的灵魂。具体而言,公法规范的价值追求包括以下几个方面:

#### (一) 自由

权利是一种自由,整个法治历史都在为追求权利而奋斗,为实现一种自由的状态而努力。当人们为了生存的需要而建立某种秩序的时候,公权力诞生了,国家出现了,但是近代政治文明、法治文明启迪了人们的智慧,公权力不是天然的需要,它是人们的设计,于是国家存在的基础得到了矫正,人们对公权力的看法发生了改变,政府在人们心中成了洛克所说的"必要的恶"。公权力存在毋宁说是以权利为本位,本质上更是以自由为目标。

自由的内涵是在不断发展变化的,公法规范的价值目标也随之变化。传统

---

① 这里的私权利主要包括人身权和财产权。
② 苦情制度是日本创立的,与我国的信访制度相类似,但我国的信访制度不是严格的法律制度。
③ 王玉樑:《当代中国价值哲学》,人民出版社 2004 年版,第 4 页。转引自莫于川、田文利:《公法共同价值论要》,载《法学论坛》2007 年第 4 期。

上的自由是个体意义上的消极自由,即免于干涉和侵犯的自由,此时公法规范的目标在于严格控制公权力,此时的公法规范具有内敛性。现代社会的自由观发生了变化,对于积极自由的渴望激增,期望公权力能够为自由的实现做点事情,不再是单纯的被动,于是公法规范赋予了公权力新的活动空间和活动自由,公法规范具有了能动性。

(二) 平等和正义

平等和正义不是一个概念,但是二者具有紧密的联系,平等是正义的基础,平等是正义中最容易把握的内容,正义的范围较平等更广泛,例如,它还包括合理、正当、善等内容,但从法律的角度来看,平等是正义中最具有操作性的价值目标。有学者认为平等是正义的首要内容。"理由有三:第一,正义可以包含诸多原则,但平等是其中一项最主要的原则,平等与正义有着某些颇为相似的特性。如不平等容易,它只要随波逐流;平等难,因这需要逆流而动。这恰恰是正义本身的特性之一。第二,每个人的正义观可能不同,但追求正义实为永恒,平等恰恰有如此特性:平等是我们所有理想中最不知足的一个,其他种种努力都有可能达到一个饱和点,但追求平等的历程几乎没有终点。第三,在一定意义上说,没有平等就没有正义。"①

公法规范中虽然确立了公权力的优位性、权威性等特征,看似是对公权力主体与对方不平等的确认,但是它却时刻没有忘记对平等和正义的追求,主要表现为以下几个方面:第一,公法规范设计公权利制度对抗公权力,使得公权力主体与相对主体之间形成张力;第二,公法规范在赋予公权力优越性的同时,也在救济制度、责任制度等方面课以公权力更多的义务,例如,行政机关不得反诉,以实现二者在总体上的平等;第三,公法规范要求公权力在对待相对主体的时候遵循平等原则。从宪法的"法律面前人人平等",到刑法的"罪责刑相一致",再到各部门公法"同样情况同样处理"的要求,都是公法规范追求平等和正义的体现。

(三) 民主与效率

民主与效率都涉及公权力与公民权利的关系。民主与效率在公法规范上是一对矛盾的范畴,民主有时候以牺牲效率为代价,正如丘吉尔所言,"民主不是一种有效率的体制,但民主胜过任何一种有效率的体制"。而对效率的追求也需要民主的框架之内,如果仅以效率为目标,会导致"主权不在民"的结果,出现公权力本位的情况。特别是在现代社会,公权力膨胀、行政国形成的情况下,如果一味地追求效率,容易导致民主价值的沦丧。

---

① 〔美〕乔·萨利托:《民主新论》,冯克利、阎克文译,东方出版社1993年版,第339页。

公法规范对于民主价值和效率价值的追求随着历史的发展而变化,一方面随着效率要求的提高,民主价值在某些领域让位于效率价值;另一方面,民主价值也在寻找新的实现方式。就第一方面来看,主要体现为公权力的授予方面,一般来讲,公权力以公法规范的方式赋予,公法规范一般由立法机关制定,这是民主的基本要求,但随着社会发展,新问题层出不穷,立法的速度滞后于社会发展,为了适应这种变化,往往将公法规范的制定权授予行政机关行使。另外,从授予权力的规范特点看,标准性规范、裁量性规范不断增加,公权力能动性增加。就第二方面来看,民主作为重要的法价值并未由此式微,除了传统领域中依然贯彻的"法律优先"和"法律保留"原则之外,民主也找到了新的实现方式,那便是协商式民主、参与式民主,这种新的民主形式强调民主不再是封闭式的民主,不再是单纯的选举制加代议制的民主,而是一种开放性的民主、一种切身感受到的民主,减少了民主的神秘性。在公权力强势的今天,能够对公权力起到软化作用,使之更加人性和便民。民主价值和效率价值这对矛盾也有统一存在的可能性,并非水火不容的,例如,随着社会公权力的崛起,国家公权力逐渐下放,由社会公权力取而代之,这一方面是还权予民的民主过程,另一方面也是公权力行使效率提高的方式。

(四) 秩序

秩序是指在自然进程和社会进程中都存在着的某种程度的一致性、连续性和确定性。[①] 法律作为一种社会调整手段,其最原始、最基础的价值便是秩序。特别对于建构秩序的公法规范来说,其产生之初不是为了保护自由、维护正义,更不是为了追求民主,而是为了实现社会的有序状态——统治者所期望的有序状态。秩序在公法规范的价值体系中,具有工具性价值的性质,它为其他价值目标的实现提供了现实的条件,没有秩序的存在,公法规范的其他价值也难以实现。[②]

在公法规范发展的过程中,秩序价值的内涵也在不断地丰富,秩序已经不再是单纯的统治秩序,其新内涵至少有以下几个方面:第一,公权力运行秩序。单纯统治秩序强调的是管理,只追求公权力行使的效果,不过问公权力恣意可能带来的危害,对权力行使秩序关注较少,而现代公法规范在关注权力效果的同时,更加关注权力运行的过程。第二,经济秩序。自然经济条件下,经济关系简单,简单的私法规范足以加以调整,而随着物质文明的丰富、社会经济的迅速发展,私法规范在建设经济秩序的某些方面,特别是宏观方面相对捉襟见肘,公法规范

---

① 参见〔美〕博登海默:《法理学——法律哲学与法律方法》,邓正来译,中国政法大学1999年版,第219页。

② 参见张文显主编:《法理学》,高等教育出版社2003年版,第394页。

介入宏观经济领域成为必要,在特定情况下甚至直接介入微观经济领域。第三,社会生活秩序。社会生活复杂化致使争议复杂化,社会纠纷已经由传统的私域纠纷日益向公域纠纷蔓延,纠纷日益复杂化。在传统的人身安全、财产安全问题继续存在的同时,公共安全、国家安全问题相继出现。促使公法规范提高解决问题的手段,改进法律技术,维护社会生活的安定和谐。第四,国际公法秩序。随着各国交往的日益频繁,世界日益"村落化",国际公法问题也随之增多,国际公法秩序的安定关系一国的国际形象、国际荣誉、国际地位、国际关系、国家安全,最终关系到人民利益,公法规范在建立国际公法秩序方面也是责无旁贷的,稳定、和谐的国际公法秩序也是公法规范追求的价值目标。

### 十、公法规范的发展——统一、整体视角上的一些展望

#### (一)确立公法规范发展的总体理念——平衡公法

研究整体的公法规范最终需要得到公法规范发展的回应,那么,公法规范的回应从何开始?我们认为应该从确立公法规范发展的总体理念开始,设立公法规范发展的总体目标。公法规范发展的总体理念和目标为公法规范整体发展指明了方向,为部门公法规范的整合提供了标准,为公法规范与实践结合提供了原动力。没有总体理念和指导思想的公法规范,犹如茫茫大海上漂泊的孤舟,最终会迷失了方向。如何确立公法规范发展的总体理念?我们认为它应该包含公法规范发展所追求的价值,特别是时代性价值,体现现代公法规范发展的规律,顺应公法规范发展的方向。

在探究现代行政法发展模式的时候,罗豪才先生最早提出了"平衡论"的主张,这一理论设想从对行政法发展的两大历史模式——"管理论"和"控权论"的反思出发而提出,虽然当时的理论显得过于形式和简单,但是这种思维方式得到了继承和发扬,随后以平衡思维探讨行政法模式的著述不断丰富,平衡论在理论上日益完善,并且在实践中日益得到论证和回应。行政权是一种典型的公权力,行政权与相对方的权利可以说是公权力与公民权利的一个缩影,行政法规范的发展模式可能为公法规范发展模式提供借鉴。从实践来看,公法规范正在和将要经历着这样一个相似的发展历程,而且应当经历这样一个历程。在此我们设想以平衡公法作为公法规范发展的总体理念和目标。

如何理解平衡公法的总体理念?有学者认为,平衡公法是通过博弈实现的结果。公法制度的安排过程是一个相关利益主体广泛参与其中的博弈过程。如果各个利益主体在宪法和立法法提供的立法平台上,进行公开、公平、公正的策略较量,各展所长,各得其所,最终相互妥协达成某种制度安排共识,这样便能形

成博弈的均衡。① 有学者认为从统一的视角研究公法规范有平衡的价值,既能够促进部门公法之间的平衡发展,又能促进公法规范与私法规范的对话与平衡。② 除了这两种理解之外,我们认为平衡公法还是一种机制的平衡③,即授权机制与控权机制之间的平衡,这里的授权机制与控权机制都是广义上的,既要求公权力为其应该所为,又要求公权力能够为好其所为。达到这种机制的平衡也是公法规范发展的目标。简言之,平衡公法有以下含义:(1)形式平衡,即部门公法规范之间的平衡,公法规范与私法规范的平衡;(2)实质平衡,即授权机制与控权机制之间的平衡;(3)实现方式平衡,即通过均衡的博弈达到平衡的效果。

(二) 整合部门公法规范

从统一的视角研究公法规范,首先要从整体的视角、抽象的视角研究公法规范的本体、价值、实践等理论范畴,其次要将此抽象的结果与部门公法规范相结合,落实到实在的各具体部门中,否则只能是形而上的研究,缺少实践的指导价值。这就需要整合部门公法规范。以统一的标准观察部门公法规范,提高部门公法规范总体上的理性。具言之,包括以下几个方面的内容:

1. 反思、检视部门公法规范中不协调的规范

传统上对于公法规范的研究是部门化的,虽然某一具体的公法规范可能符合某个部门公法规范的要求,但是由于部门公法规范的狭隘和封闭,可能导致某一个公法规范的有效具有"地域性",可能此具体规范与总体上公法规范的理念、价值目标、基本要求相违背,也可能与其他部门公法规范中的具体公法规范相冲突。这需要用一个更高层次的、跨域部门公法规范局限的更高标准加以检视和反思。例如,某项公法规范从部门法的角度看是没有问题的,但是它却可能违背了宪法规范的要求;某项行政处罚规范与某项刑法规范有重叠等。

2. 部门公法规范的衔接

公法规范作为一个整体,一个重要特征就是其所辖的部门公法规范之间能够良好地衔接和契合,这样才能达到"天网恢恢,疏而不漏"的效果。部门公法规范之间衔接的问题可能是现阶段公法规范整体发展的重要且突出的问题。部门公法规范的衔接不畅主要表现有二:一是,部门公法规范之间的重合,损害了法律的确定性、唯一性,产生了规避法律的可能;二是,部门公法规范之间的空白,使得违法者"有机可乘"。这里的衔接不畅主要是从形式上看的。部门公法

---

① 参见袁曙宏、宋功德:《统一公法学原论——公法学总论的一种模式》(下卷),中国人民大学出版社 2005 年版,第 484 页。
② 王光辉:《论统一公法学的价值》,载《法商研究》2005 年第 3 期。
③ "机制平衡"的提出受启发于熊文钊教授的坐标平衡理论,参见熊文钊:《现代行政法原理》,法律出版社 2000 年版,第 133—134 页。

规范的衔接问题还存在实质上的不畅,这种不畅是指相互衔接的两个部门公法规范虽然形式上是衔接上了,但是规范实施效果上衔接不上。例如,某制造假冒伪劣商品的行为,在一个很大的数额幅度内(50万)都是由行政处罚规范以经济罚的方式制裁,而当数额达到51万的时候却可能遭受刑罚规范的制裁。虽然公法规范衔接紧密,但是规范效果没有多层次性,因而造成一种衔接的不合理。这也是亟待解决的问题。

3. 公法规范手段、机制的相互借鉴

统一公法规范除了研究总体上公法规范的基本范畴和部门公法规范之间的关系外,还从机制手段上研究各部门公法规范的发展。各部门公法由于理论的发展和实践经验的总结,都形成了一套具有特色的手段、机制,而由于其皆具有共性的公法规范特征,所以它们之间有相互借鉴的可能,统一公法规范的视角为这种借鉴提供了机会。例如,实践中,公众参与的手段不再作为立法规范的专利,行政法规范中也加以采用。

(三) 关注公法实践,回应实践中的空白

整体视角研究公法规范不仅注重理论上的抽象和整合,还注重实践中出现的非部门公法规范所能解决的整体公法问题。理论与实践的统一、经验与逻辑相结合是公法规范发展的要求。公法规范是建构性规范,但是公法实践的价值也不容忽视,而且这种公法实践更需要公法规范尽快回应。例如,国家公权力的分割性,导致了公法规范以各部门公法为轴心的分散性;国家公权力的交叉性、混合性,无疑要求打破传统公法以各部门公法为轴心的分散性,要求公法规范尽快实现对这种现象的规范和调整。再如,社会公权力的兴起、执政党权力的强大都是现在部门公法规范没有能力解决的问题,需要整体公法规范尽快回应。

另外,公法实践也能检视公法规范网络中存在的漏洞。由于人类抽象思维的有限性,公法规范不可能制定得尽善尽美,其触角不可能伸遍每一个需要它的角落,即使现在公法规范是完美的,但是社会的发展可能使其滞后,公法规范要跟上时代的脚步,必须注重实践对公法规范的检视。当实践中需要某个规范的时候,人们往往发现这个规范可能不存在,或者只有一个概括性的规范,没有具体的展开,可操作性很差,或者在某个部门规范领域展开了,在另一个领域没有展开。委任立法的不及时就是表现之一:当某个规范将法规制定权交给行政权的时候,我们发现这个法规还没有制定出来,这既是部门公法规范没有衔接好的表现,也是公法规范实践中的空白。公法实践能够将公法规范的全部内容生动地展现出来,是公法规范是否存在问题的最好的论据。随着立法技术的提高,抽象地寻找公法规范中存在的问题将越来越困难,而通过实践检视公法规范的不足将成为最重要的方法。

## 第二节 公法规范分论[①]

### 一、宪法规范的宏观领导力

宪法规范在整个法律规范体系中处于第一层次,但是不能由此认定宪法就是"母法",宪法规范是公法规范体系的组成部分,对于整个公法规范体系具有规范作用、统摄作用、价值导向作用,我们将其这些作用概括为宏观领导力。

（一）宪法规范公法性本质的体现

宪法规范不仅对公共权力进行宏观安排,而且还规定公民的基本权利和基本义务,这就容易得出一个结论:宪法规范调整公权力之间的关系,公权力与公民基本权利之间的关系以及公民基本权利与基本义务之间的关系。而公民基本权利与基本义务之间的关系不属于公法规范调整的范畴,所以宪法规范不完全归属于公法规范领域。

我们认为,这是对宪法规范调整对象的误读,宪法规范中调整公权力安排的规范无疑属于公法规范体系。宪法规范中设立公民基本权利,规定公民基本义务,但是宪法规范不是旨在调整公民基本权利和基本义务之间的关系。公民基本权利的设定其实是在为公权力的行使划定界线,或者给公权力主体课以义务,这旨在调整公权力与公民基本权利之间的关系。而对公民基本义务的规定,也并非针对公民基本权利,二者之间不具有一般权利义务关系的对应性、统一性,公民基本义务的规定本质上是公民对公权力承担的总体上、概括的义务。它的数量应该远远少于基本权利,或者根本不应该规定在宪法之中。[②] 所以,这还是在调整公民与公权力主体之间的关系。由此可以清晰地看出,宪法规范是彻底的公法性规范。

（二）宪法不是"母法"

上面已经从统一公法规范的角度分析,宪法规范属于公法规范,而公法规范与私法规范相对立,所以,作为公法的宪法是不可能成为私法的"母亲"的,而即使宪法是公法,对于其他部门公法有领导统率的作用,宪法规范与其他公法规范也不是"母子"关系。有人认为,宪法确立了立法权,而其他法律规范皆由立法

---

[①] 对于各部门公法规范的基本范畴的研究应该交给各部门继续进行精深研究,公法规范的研究不能代替部门公法规范的研究,本节只是从统一、整体公法规范的角度选取应该加以研究的范畴进行探讨,这里的讨论不是穷尽性的,而是列举性的,期待抛砖引玉获得更多的理论研究成果。

[②] 例如,张千帆教授就持此看法,其《宪法学导论》（法律出版社 2004 年版）中根本没有公民基本义务的内容。此例参见秦强:《宪法的本质与宪法规范的价值定位》,载《兰州学刊》2007 年第 4 期。

权运行而产生，因而宪法规范是其他法律规范的"母亲"。但实际上虽然宪法规范确立了立法权，但是没有划定立法权的范围，只是规定了立法权不能侵入的范围，例如，精神自由，所以，立法权实质上并不是有限的。只要符合宪法所规定的立法程序，只要不侵犯宪法所保障的人权或者违反其他特定的宪法条款，立法机构在理论上可以通过任何性质的立法。① 因而宪法规范对立法权力的控制以程序控制为主，实体控制为辅。宪法规范与其他法律规范（公法规范和私法规范）的关系不是产生与被产生的"母子"关系，而是监控关系。

（三）宪法规范的宏观领导力——源于宪法规范的至上性

宪法规范为其他法律规范提供价值标准、规范导向，这种控制是宏观的、指导性的，为什么宪法规范具有这种宏观领导力，原因在于宪法规范具有的至上性。而宪法规范为什么具有至上性，这种至上性体现在哪些方面是我们应该追问的。

我们认为宪法规范的至上性原因可以从两个方面分析：第一，从价值范畴来看，宪法规范体系的内涵是自然法精神的载体，这使得宪法规范具有了超然于其他部门法规范的价值，而且这种价值是人们在历史中的发现和总结，可以将宪法规范看成法律规范体系的精神领袖。第二，从规范角度看，宪法规范被人们置于法律规范体系的最顶端。法治社会中，法是"最大的"，而宪法在法中又是"最大的"。宪法规范的至上性是历史实践探索的结果。

宪法规范如何保证其价值要求能够渗透到具体部门公法规范之中，如何保证具体部门公法规范不违背宪法的要求，如何实现这种宏观领导力，这需要宪法发挥其规范作用，成为"规范的规范"，而不是仅仅停留在"政治法"这种口号性的要求上。有学者作了总结：(1) 宪法修改程序的严格性和复杂性；(2) 权力分立与监督制度；(3) 违宪审查制度；(4) 宪法意识的培养。② 严格、复杂的宪法修改程序能够保证宪法不被任意改动，从而成为政治的装饰，进而丧失其独立价值。权力的分立与相互之间的监督是最有效的权力制约方式，该制度能够防止权力的专横，防止权力之治在实质上取代了法律之治。宪法意识的培养能够树立宪法规范在社会中的权威地位，使得人们形成宪法思维，获得人们的支持和认同。这三点着重强调的是宪法规范如何直接保护自身，宪法规范要发挥其领导力首先要自身"健康"，这是前提。违宪审查制度着重强调的是宪法规范如何通过规范其他法律规范而保护自身，这才是宪法规范宏观领导力发挥的主体部分。正如一个领导只有干出成绩才能树立威信一样，宪法规范也只有实际地发挥对

---

① 张千帆：《宪法学导论》，法律出版社 2004 年版，第 23 页。
② 韩大元：《论宪法规范的至上性》，载《法学评论》1999 年第 4 期。

其他法律规范的规范作用,消除违宪的法律规范,制裁违宪的行为,才能真正树立起权威性。

(四)我国现行宪法规范的不足与弥补——从公法实践出发

宪法规范作为法律规范特别是公法规范的基础,应该在完善自身的基础上尽职尽责地发挥领导作用,然而从目前情况来看,无论是宪法规范自身修炼还是它的"工作任务"都没有得到很好的完成。具言之,有以下两个方面:(1)宪法规范的政治化倾向、工具主义观念明显。长久以来,宪法不是独立的,宪法是为政治服务的,宪法属于政治部门的观点比较盛行,宪法自身不是什么凝结人们共同理想的"圣经",只不过是阶级统治的工具。就像毛泽东对宪法的界定:"世界上历来的宪政,不论是英国、法国、美国,或是苏联,都是在革命成功有了民主事实之后,颁布一个根本大法,去承认它,这就是宪法。"[①]这种观念便是宪法规范政治化的鲜明表现,虽然随着法治文明的进程,对于宪法规范的理解大有改进,但是公法实践显示,将宪法视为装载政治宣言工具的思想和做法依然存在,大大损害了宪法的法律性和规范性。(2)权利规范虚置,违宪审查作为摆设,缺乏回应实践能力。现行宪法的一个突出弊端就是仅仅对宪法权利作了列举式的公布,而对于如何实现这些权利以及这些权利受到了侵害之后如何进行救济也根本没有涉及。违宪审查是宪法规范力发挥的最基本形式,但是从实践来看,全国人大没有进行过一次真正意义上的违宪审查。当公法实践与宪法规范相冲突的时候,宪法规范往往轻易让位于实践的需要。社会变革的正当性似乎仅有学者在进行质疑,宪法规范的具体实施者却将宪法"藏了起来"。

宪法规范作为公法规范的榜样,其自身价值的迷失,政治化、工具化的倾向容易导致公法规范体系甚至整个法律体系价值方向的迷失。相比私法规范,公法规范体系更需要宪法规范的领导,宪法规范的不作为、权利规范的不落实,致使宪法权利成了一纸空文,而违宪审查的不发挥作用,更加纵容了公权力的任意,纵容了公法规范体系中的违宪规范。再加上对现实的屈尊,更加打击了宪法规范在人们心中本来就不高的地位。这种情况有深刻的原因,包括历史的、思想的、法治传统的、经济的、政治的,等等,要破解这个问题恐怕不是一日之功,根本的路径我们认为应该是宪法规范自身完善与宪法规范功能发挥的相互推进,既完善宪法规范自身价值性和规范性,同时在公法实践中展现这种规范性与价值性。这样才能逐渐地树立宪法规范在公法规范体系甚至法律规范体系中的崇高地位。从弥补这些不足的策略上,我们认为应该是社会精英与社会大众的共同

---

[①] 范进学:《政治权利论》,山东人民出版社2003年版,第152页。转引自秦强:《宪法的本质与宪法规范的价值定位》,载《兰州学刊》2007年第4期。

努力,社会精英有义务走在为宪法呐喊的前列,有责任在自身做好的基础上引领社会大众宪法观念的发展,让社会大众切身感受到宪法规范的温暖和光辉,社会大众也应该积极提高认识,转变观念,响应正确的宪法观念,共同为宪法规范的权威的树立贡献力量,为公法规范的完善提供动力,为"法律被信仰"的实现尽一份义务。

## 二、宪法规范与行政法规范的互动

### (一)宪法规范与行政法规范的联系和区别

宪法规范与行政法规范是公法规范系统中最重要的两个部分,甚至有人认为狭义的公法就是宪法和行政法。宪法规范与行政法规范历来就存在密切的关系,它们在调整对象上有一定程度的重合,在规范使用的手段上有一定的相似,追求的价值有很强的一致性。关于宪法规范与行政法规范的联系问题,有过许多比较经典的表述,例如,"行政法是动态宪法";"作为具体化宪法的行政法"等。它们的根本目的都在于调控公权力,以达到更好地保护私人权利的目的。宪法规范与行政法规范之间也存在区别:首先,二者的法律效力的等级不同,行政法规范属于"普通法律规范"的范畴而宪法规范属于"基本法规范"的范畴,宪法规范能够控制行政法规范。其次,实体方面,行政法规范仅调控"行政"行为。[①] 宪法规范不仅调控行政权,还调控立法权和司法权,以及三权之间的关系,以及它们与公民基本权利之间的关系。最后,二者使用的手段不同。宪法规范对行政权进行的是"宏观调控",而行政法规范则对行政权进行微观调控。从总体上讲,二者的联系是主要的,区别是次要的。

### (二)宪法规范与行政法规范关系研究的必要性

为什么宪法规范与行政法规范的关系需要人们加以关注,这是一个前提性问题。我们认为关注这个问题的理由有:(1)公法学理论研究的需要,关注部门公法规范之间的关系是统一公法研究的重要内容,宪法规范与行政法规范之间的关系具有重要的研究价值。(2)公法法制完善发展的需要,中国法制建设的发展可以大体分解为三个时代,即维护社会稳定的刑法时代、促进市场经济发展的民法时代、追求社会正义的宪法行政法时代。由于宪法规范与行政法规范之间的密切联系,二者之间关系的准确定位对于二者的各自发展有重要帮助,客观上能够推动法治和宪政进程。(3)从实践情况来看,宪法规范本身的缺陷、宪政理论的落后以及宪法实施的不足在很大程度上制约了部门法尤其是行政法的发展,而对宪法最高法律效力的片面理解则更加阻碍着宪法与行政法之间的相互

---

① 参见张千帆:《宪法学导论》,法律出版社 2004 年版,第 32 页。

和谐和共同进步。① 这种客观情况的存在加剧了研究的必要性和紧迫性。

(三)相关学说的浏览与分析

公法学界对于宪法规范与行政法规范二者关系多有关注。随着学者研究的深入,角度更加科学,论述更加完善,在此我们按照研究角度的不同,将相关代表性学说分为三个阶段加以分类梳理,即宪法规范至上阶段、行政法规范崛起阶段、宪法规范与行政法规范互动阶段,并给予相应的分析和评论。

1. 宪法规范至上的阶段

代表性的论述如:(1)行政法是仅次于宪法的部门法。宪法是我国法律体系中最重要的根本大法,它调整着根本的社会关系,确定着国家的基本制度,是地位最高、效力最高、权威最高的法律。行政法既是实施有关现代国家机构之间关系的宪法规范的主要法律,又是实施宪法确定的各项政策的主要法律。因此,行政法即使不能说是宪法的一部分,也可以说是仅次于宪法的部门法。②(2)宪法是国家的根本大法,是法律体系中具有最高效力和最高权威的法。行政法是保障宪法所规定的若干原则得以具体、完全实施的最主要的部门法。宪法是根本法,是母法;行政法是部门法,是最具宪法特征、与宪法关系最为紧密的子法。宪法是行政法的基础,行政法规范是根据宪法制定的。不得与宪法相抵触,否则无效。行政法的效力仅次于宪法。③(3)宪法是国家的根本大法,它许多规范的实施有待于部门法来分别具体化。宪法有许多内容有待于行政法的具体配套。④

上述表述都是对宪法规范和行政法规范比较经典的概括,也是目前比较主流的观点。其核心意思在于:宪法规范是至高无上的,宪法规范是行政法规范的基础,行政法规范源于宪法规范,是宪法规范的具体化,宪法规范指导行政法规范,行政法规范受到宪法规范的制约。承认宪法规范具有最高的法律效力、承认宪法规范是行政法规范的基础是对宪法规范地位的正确表述,但是认为行政法规范源自于宪法规范,是宪法规范的具体化的类似表述似乎有所不当,因为这实际上是将宪法规范与行政法规范看成了"母子"关系,前面已经论述宪法不是"母法",所以不应该仅仅将行政法看成是宪法的实施法。诚然,宪法规范是基础,但是这种基础是宏观的、精神的、价值的,而非与行政法规范直接的一对一或者一对多的关系。这种"母子关系"的理解也许会让行政法规范具有扎实宪法

---

① 杨海坤、章志远:《中国行政法基本理论研究》,北京大学出版社 2004 年版,第 39 页。
② 参见罗豪才:《行政法学》,北京大学出版社 1996 年版,第 36—37 页。
③ 参见胡锦光主编:《行政法专题研究》,中国人民大学出版社 1998 年版,第 19 页。转引自杨海坤、章志远:《中国行政法基本理论研究》,北京大学出版社 2004 年版,第 41 页。
④ 胡建淼:《行政法学》,法律出版社 1998 年版,第 19 页。

基础,但是此观念一定会剥夺行政法规范独立发展的空间,束缚行政法规范在现实中成长的步伐,行政法规范成了纯粹的宪法规范在立法技术上的推演,这必然使得行政法规范丧失独立性。而强调宪法规范的至高无上性以及需要行政法等部门法的具体化,是对我国宪法规范实施状态的实证性表述,不是应然性表述,而实际上宪法规范缺乏自我实践是一种不正常的状态,因此,过分强调宪法规范地位的至上以及需要部门法的匹配,也会使得宪法规范丧失自我实践的活力。

2. 行政法规范崛起的阶段

从效力层级的角度界定宪法规范与行政法规范的关系损害了行政法的生命力,有些学者特别是行政法学者尝试挑战传统的观点,提升行政法规范的地位,为行政法发展寻找更大的空间。试举代表性观点如下:(1)行政法是一国法律体系中与宪法、刑法和民法地位平等、相互独立的基本部门法。原因在于:其一,部门法的存在是以特定利益关系为基础的。行政法等所赖以存在的基础并不隶属于宪法所赖以存在的基础,故行政法等也是不依赖于宪法而独立存在的部门法。其二,宪法规范调整的是整体利益相互间的关系,而行政法规范调整的是公共利益与个人利益间的关系。其三,部门法的划分是对全部法律规范的分解和综合。因此,在划分部分法时,先把宪法典排除在外,然后把所划分的部门法当作是宪法典这颗大树上长出的分枝的做法,既不符合历史唯物主义,又违反逻辑规则。① (2)胡建淼认为,行政法应该与宪法完全脱离,行政法离宪法越远则其地位越高。② (3)宪法是行政法的法律渊源的观点似是而非。从形式功能定位的角度看,行政法虽然以宪法为依据,但是,行政法不应该是宪法的法律形式的简单扩展和延伸。行政法应该是具有独立的法律形式意义的部门法。③

这几种观点或者强调行政法规范与宪法规范的平等地位,或是强调行政法规范具有独立性,以摆脱宪法规范对行政法规范的过分束缚。这种观点能够为行政法规范的独立、快速发展提供理论依据,但是我们认为此观点容易走向另一个极端。宪法首先是部门法,这是毋庸置疑的,但是部门法不能说明效力层次就是平等的,只能说明它们具有同样的属性。行政法不应成为宪法的法律形式的简单扩展和延伸,但是也不能脱离宪法的规范领导和价值要求。将宪法规范部

---

① 叶必丰:《论部门法的划分》,载《法学评论》1996年第3期。
② 此为胡建淼教授在中国政法大学五十周年校庆"走向21世纪的中国行政法与中国行政法学专题研讨会"上的发言。参见司坡森:《推动依法行政,建设社会主义法治国家》,载《行政法学研究》2002年第3期。转引自杨海坤、章志远:《中国行政法基本理论研究》,北京大学出版社2004年版,第38页。胡建淼教授的这种转变是这种认识阶段性的表现。
③ 参见张明杰:《行政法的新理念——市场经济条件下行政立法的走向》,中国人民公安大学出版社1997年版,第12、17页。转引自杨海坤、章志远:《中国行政法基本理论研究》,北京大学出版社2004年版,第42页。

门法化主要的目的是为宪法的司法适用寻找依据,但是宪法规范部门法化并不影响宪法规范的领导作用和宏观调控的能力。行政法规范获得更广阔的实践空间和理论领域,但是这不应该以牺牲宪法规范的领导作用为代价。

3. 宪法规范与行政法规范互动阶段

这种认识是在吸收前两个阶段合理因素的基础上的中庸选择,将宪法规范与行政法规范置于共同的公法视域之下,从二者的同构性、相似性出发,注重从相关性、互动性、统一性的角度观察宪法规范与行政法规范之间的关系。这种视角将二者关系的研究带入了一个更高、更科学的阶段。此观点最具代表性、最系统的表述为杨海坤教授首创,具体而言,宪法规范与行政法规范的关系包括以下三个方面:(1)宪法为行政法的发展指引着方向,行政法的发展则落实了宪法的基本原则,传播了宪政的基本理念。(2)行政法的发展在一定程度和范围内补充、发展了宪法。(3)行政法的深入发展推动着宪法的更新与改造,是宪法修改的动力。

这种观点在承认宪法规范指引、领导作用的基础上,从动态的角度强调了二者之间的密切关系。宪法规范与行政法规范本来就不应该为了自身利益争个"你死我活",二者之间的共同进步、相互鼓励才能达到正和博弈的最佳状态,对立只能损害各自的发展。宪法的发展不能完全依靠行政法规范的落实,完全落实宪法规范的观念将宪法规范静态化,否认了其活动性,然而行政法规范的补充作用却是必不可少的。例如,《行政诉讼法》、《国家赔偿法》蕴含了宪法所要求的自由、正义等价值要求,落实了法律责任建设在行政法领域中的任务;行政立法对知情权的确认,弥补了宪法规范在这个问题上的空白。行政法规范不是纯粹的被动,它能反向推动宪法规范的进步,行政法规范实践中遇到的原则性问题恰恰是宪法规范没有解决的问题,这就要求宪法规范积极吸收行政法规范的实践经验。例如,行政征收补偿问题的不确定,其根本原因在于宪法规范征收条款存在的缺漏,需要宪法规范积极完善来加以彻底解决,而同时宪法规范的完善也需要行政法规范在实践中积累的经验。

(四)宪法规范与行政法规范关系的现状及改进方式

从互动的视角审视宪法规范与行政法规范的关系得出的结论是不容乐观的,实践中二者之间的状态远远没有达到互动的良性状态:或者行政法规范超越了宪法规范的领导,例如,一些部门随意发文自行限制某种行政行为不属于行政诉讼的范围,克扣公务员工资用于城市建设,"馒头办"相互争权的闹剧,高考招生不平等、公务员录用歧视得不到救济,等等;或者宪法规范对行政法规范进行了不合理限制,导致行政法规范只能"合宪"地违背真理,例如,宪法对迁徙自由的否认,行政法规范用"户籍"制度进行贯彻。实践中反应的问题应该引起重视,这些问题都不是宪法规范或者行政法规范自己能够解决的问题,解决这些问题的同时其实也是在改进二者之间的关系。问题的解决可以从以下三个方面①入手:

(1)在行政法规范制定上,牢固树立"宪法至上"的观念。"宪法至上"不应该仅成为口号和摆设,应该成为行政法规范制定者行为的标准、成为行政法规范的制定标准。行政规范立法应该自觉接受宪法规范的领导和指引,即使在宪法规范存在空白的情况下,也应该从宪法所确立的价值目标、理念追求出发,从公民基本权利的保护出发,而不应该以"权力"为本位。

(2)在理论研究和制度创建上,强调宪法规范对行政法规范实践领域中问题的回应。至少包括以下五个方面:第一,明确承认知情权是公民的基本权利,为行政信息公开改革及立法提供宪法基础;第二,完善宪法上财产征收补偿条款;第三,拓宽"公众参与"的渠道;第四,扩大行政诉讼法院的审查范围;第五,加强人大适用宪法制度与普通诉讼之间的制度衔接。

(3)在宪法监督方面,尽快围绕人民代表大会制度建立违宪审查制度。违宪审查是宪法规范威慑力和领导力最有效的表现,在行政权膨胀的今天,行政法规范大有越轨的可能、行政行为不违法而违宪的情况多有存在,违宪的行政法规范破坏了公法规范体系的协调,损害了与宪法规范的良性关系,应该得到必要的治理。从我国现行体制和国情实际出发,违宪审查相关制度的建立应以人民代表大会制度为中心,为人大适用宪法提供完善的途径和程序。

## 三、刑法规范统一公法视角的观察

### (一)刑法规范的定义及其背后

刑法规范的定义可谓五花八门,甚至出现了非从法律规范的角度进行的定义,例如,有学者认为,刑法规范是一种具有行为规范和裁判规范两种性质或者双重功能的社会行为规范②;有学者认为,刑法规范是行为规范与裁判规范的复合规范③。这种定义看到了刑法规范的社会效果,即对人们的行为起到规范和指引作用,但是这个定义超越了法律规范的要素范畴,具有不确定性。我们认为首先应该从法律规范的角度对刑法规范进行界定。例如,有学者认为,刑法规范

---

① 此三个方面参考杨海坤、章志远:《中国行政法基本理论研究》,北京大学出版社2004年版,第59—63页。
② 参见陈浩然:《理论刑法学》,上海人民出版社2000年版,第7—8页。转引自杨凯:《刑法规范定义之检讨》,载《河南公安高等专科学校学报》2005年第2期。
③ 参见〔日〕阿部纯二等:《刑法基本讲座》(第1卷),法学书院1992年版,第11页。转引自杨凯:《刑法规范定义之检讨》,载《河南公安高等专科学校学报》2005年第2期。

是关于犯罪与刑罚以及罪刑关系的法律规范①;有学者认为,刑法规范是规定犯罪及其刑罚或者其他法律后果的法律规范②。

从法律规范角度对刑法规范进行的定义大都是从刑法本体的角度出发进行的,这些概括从内容和形式上抓住了刑法规范的基本要素,但是容易忽略从深层次上对刑法规范性质的把握。我们这里试从公法规范的角度分析刑法规范的本质,刑法规范在对犯罪、刑罚以及二者关系进行规定的时候,其实是立法权在对什么是犯罪行为、什么是刑罚、什么样的犯罪行为应该受到什么刑罚进行确认的过程,这实质上是公权力对私人行为进行的评价,在进行评价的同时,通过刑法规范赋予了审判权按照评价标准对行为人的行为进行评价、处理的职权,对犯罪嫌疑人、被告人课以相应的义务。从这个意义上讲,刑法规范是在调整着刑事审判权的主体与犯罪嫌疑人、被告人等之间的关系。本质上也是在调整公权力与公民权利之间的关系。

传统上对刑法的理解并未将其置于公法这个更高的范畴,而是封闭在自己的领域,这样容易造成的后果是将刑法理解成了单纯的公权力对犯罪嫌疑人、被告人如何进行有效制裁的技术法,容易导致权力本位,容易将"管理观念"发挥到极致。缺少了公法这座桥梁,宪法的理念很难落实到刑法规范中,因为传统上没有对刑法规范进行"权力与权利"两造结构的理解,因而造成了审判权这个公权力过大。例如,科处刑罚的可选择范围大,自由刑以年为单位计算。如果将刑法置于整个公法理念中反思,这些类似问题便容易解决。

(二)刑法规范与公法规范体系

1. 质疑"刑法规范不完全是公法规范"的理论

通过上述分析可以看出刑法规范符合公法规范的基本特征,但是对刑法规范性质的讨论并未达成一致。例如,哈耶克认为,刑法最终是对受损的私人权利的救济,所以应该属于私法。我们认为,这种看法存在问题,法律对于私人权利的保护根据行为不同的社会危害性给予了不同的保护方式,当损害处于比较低的限度、侵害手段轻微的时候,通过补偿、协商等私法性手段就可以解决问题,而当损害程度、侵害手段等达到一定的程度私法性手段不足以弥补受到损害的权利的时候,就需要动用国家公权力了,所以,判断刑法规范是公法规范还是私法规范不能看其保护的对象,而要看其手段的特征——是否动用公权力。

另外,有学者认为刑法规范中部分属于公法规范,部分属于私法规范;刑法

---

① 陈兴良:《本体刑法学》,商务印书馆2001年版,第4页。
② 薛瑞麟:《俄罗斯刑法研究》,中国政法大学出版社2000年版,第89—90页。转引自杨凯:《刑法规范定义之检讨》,载《河南公安高等专科学校学报》2005年第2期。

公法化主要是指经济犯罪和环境犯罪的大量出现。① 这种观点认为,刑法规范中有些指向的是古老的侵害个人法益的行为,这些侵害内容早在人类发展之初就已经出现,虽然刑罚方式有所变迁,刑罚权力的行使发生转移,但其实质内容却一直被继受下来,历经千年而极少变化。其中可能是由于人性的情感或道德上的本能与风俗,或者是由于包括交易习惯等一些对人的生存和发展极为有利的方式演变而来的传统。它们通过调整人们之间的一些基本关系而保护个体的基本利益。其生命力之所以强大,在于深深地植根于人心,而不以是否被国家法律所调整为必要限制。因此,法律所能做的只是通过文本将其确定下来。这些历经千年而极少变化的保护个人法益的刑法规范应归为私法,而各国因地因时制宜而增益的保护国家(社会)法益的刑法规范应归为公法。② 我们认为这种观点是不科学的,即使是对个人权益的保护,而且经历了千年的历史考验,也不能就认为是私法,私法规范与公法规范的区别在于调整对象、调整手段等范畴,而不在于是否经历了很长的历史,即使是古代的刑法也是用公权力维护社会秩序,而非私力救济,现代刑法与古代刑法的部分一致可以看成法的继承,刑法规范的性质是一致的,从古至今皆属于公法。

2. 刑法规范在公法规范体系中的地位

(1) 刑法规范逻辑结构的特点——从统一公法规范的角度把握

刑法规范也是由"假定、处理、制裁"三个要素构成,但是刑法规范的结构似乎不太容易把握。一般从刑法条文表述来看,都是由犯罪行为的描述和处以的刑罚两个部分构成的,也就是说一般仅由假定和处理两个部分构成。例如,《刑法》第260条第1款规定,虐待家庭成员,情节恶劣的(假定),处2年以下有期徒刑、拘役或者管制(处理)。在这里我们看不到"制裁"部分。为什么会出现这种情况? 这只是在刑法这一个部门法里面分析逻辑结构的问题,我们需要从统一公法规范的角度理解:刑法规范的制裁部分不在名叫"刑法"的这个法律文本里面,而在《国家赔偿法》的有关司法赔偿的条文中。《刑法》条文中规定了假定和处理部分,这要求审判机关在行使审判权的时候按照这个规定进行,如果违反了这个规定,则会受到相应的制裁,这个制裁便是司法赔偿。这样理解,刑法规范的结构就完整了。刑法规范是制裁性规范,但是这不意味着只是它去制裁别人,它自己本身就不需要"制裁"部分的保障了。刑法规范是典型的跨部门法规范,如果不跳出部门法的圈囿是无法清楚理解这个问题的。

---

① 彭凤莲:《统一公法学与刑法及刑法学的关系》,载《政法论丛》2006年第10期。
② 车浩:《刑法公法化的背后——对罪刑法定原则的一个反思》,转引自彭凤莲:《统一公法学与刑法及刑法学的关系》,载《政法论丛》2006年第10期。

（2）公法规范体系的后盾——作为保护性规范的刑法规范

公法规范体系的结构,层次上分为行为模式规范和保护性规范,行为模式规范是公法规范的基础,安排了公法行为模式,但是这只是一种理想的状态,仅是公法规范介入社会关系的第一步,从逻辑上讲是不完整的,因为虽然有这种模式的存在,主体也不一定按照这个模式行为,这种情况下,如果公法规范仅有行为模式规范而没有其他规范,不能保证公法规范的有效性,公法规范则有名存实亡的可能。这就需要公法规范结构中的第二层结构,即保护性规范。保护性规范在行为模式规范未被遵守或就行为模式规范的遵守出现争端时适用,它主要是确保行为模式规范得以实现,是行为模式规范的保护力量,是法律规范介入社会生活的第二步。[①] 这里的保护性规范一般由公法责任规范来充当,例如,宪法责任、行政法责任的相关规范,但是刑法责任规范却是最重要的、最严厉的、最终极的保护性规则,并非任何调控性规则都会动用刑法规范,但是刑法规范却是它能动用的最终极的保护规则,从这个意义上讲,刑法规范是公法规范体系的后盾。

保护性规范中包括责任性规范和程序性规范,责任性规范规定的是实体上的制裁,但是没有程序性规范支持,这种实体上的规范也是无法发挥作用的。从保护性规范的横向构成来看,刑法规范应该属于责任性规范。[②]

### 四、刑法规范与行政法规范的衔接

（一）衔接问题的出现

从理论上讲,行政法规范中有一部分属于制裁性规范,其目的在于保护受到侵害的理想的行政法律关系模式,违反了此类规范的行为具有行政违法性,然而行政法中的制裁规范有时候不足以制裁违法行为——行为的社会危害性程度超过了行政制裁规范的能力范围,这个时候需要启动更高层次的制裁规范——刑法规范来处理。此时,行政法规范和刑法规范所指向的行为除了社会危害性程度之外没有其他不同之处,这种行为将刑法规范和行政法规范连接了起来。这就出现了行政法规范(特别是其中的制裁性规范)与刑法规范的衔接问题。

从实践发展情况看,行政法规范与刑法规范的衔接是社会管理的产物,18世纪的德国由于社会管理的需要,警察厅有行使刑罚权的必要,导致了警察刑罚权对象——"警察犯"概念的出现,这种警察犯与传统的刑事犯的区别开始引起学者关注,有学者认为,刑事犯是对一般法益的侵害,警察犯则是对法规单纯的

---

[①] 关于调控性规则和保护性规则的关系的论述参考了张小虎的相关论述,参见张小虎:《论刑法规范的逻辑结构》,载《福建公安高等专科学校学报》1999年第5期。

[②] 同上。

不服从；有学者认为，刑事犯对法益造成侵害，而警察犯对法益造成违宪。① 虽然理论认识上并未取得一致，行政违法行为导致刑罚启动的情况已经被认可。后来随着社会管理需求的大量增长，行政管理方面的法律激增，行政违法而触犯刑法的情况越来越多，行政犯也就取代了警察犯而与刑事犯相对应。为了回应行政犯的出现，刑法规范与行政法规范共同配合进行规制。

（二）行政刑法的提出

我国的犯罪既有定性因素也有定量因素②，当行政违法达到了一定量的积累的时候便会产生质变，由触犯行政法到触犯刑法。这便产生了行政法规范与刑法规范的模糊地带。而这种规定行政违法而犯罪的刑法规范与传统的刑法规范之间存在着区别，为了更好地解决和研究这个问题，学界提出了行政刑法的范畴。

1. 行政刑法的概念

有学者认为，行政刑法规范是规定什么是行政犯罪、什么是具体的行政犯罪罪征，以及最终依据什么样的罪责关系确定行为人承担何种行政刑法责任的法律规范的总和。③ 有学者认为，规定以违反行政法为前提的行政犯罪及其刑事责任的法律规范，都属于行政刑法。④ 有学者从中国实际出发认为，中国的行政刑法就是国家为了维护正常的行政管理活动，实现行政管理目的，规定行政犯罪及其刑事责任的法律规范和劳动教养法律规范的总称。⑤ 有学者认为，行政刑法是国家为维护社会秩序、保证国家行政管理职能的实施而制定的有关行政惩戒的行政法律规范的总称。⑥

从这些概念中我们可以总结出行政刑法的一些基本要素：从行为违法性上看，都以违反了行政法的强制性规定为前提，而非以传统刑法上强制性规定的违反为前提；从行为社会危害性上看，都因超越了行政法制裁的评价范围而入罪；从制裁手段上看，都动用了传统的刑法上的制裁手段；从其规范目的性来看，都是为了维护正常的行政管理活动目的的实现，这些目的的出现要晚于传统刑法规范所要实现的目的的出现。

我国行政刑法分为广义的行政刑法和狭义的行政刑法。广义的行政刑法，

---

① 张明楷：《行政刑法辨析》，载《中国社会科学》1995年第3期。
② 赵秉志、郑延谱：《中国行政刑法的立法缺陷与改进》，载《河北法学》2006年第8期。
③ 李晓明：《我国行政刑法的冲突、整合与完善》，载《苏州大学学报》2005年第3期。
④ 张明楷：《行政刑法辨析》，载《中国社会科学》1995年第3期。
⑤ 赵秉志、郑延谱：《中国行政刑法的立法缺陷与改进》，载《河北法学》2006年第8期。
⑥ 卢建平：《论行政刑法的性质》，载杨敦先、曹子丹：《改革开放与刑法发展》，中国检察出版社1993年版，第113页。

是包括刑法典、单行刑法与行政法律中规定行政犯罪及其刑事责任的法律规范的总称。狭义的行政刑法,仅指行政法律中的刑事责任条款。学界一般采用广义观点,我们在此亦予认同。

2. 行政刑法(规范)的性质

行政刑法的性质也就是行政刑法规范的性质,即它究竟属于行政法规范或刑法规范,还是兼具二者的性质。学界有三种观点,即行政法说、刑法说、双重性质说。

行政法说的代表人物是行政刑法之父——德国人高尔德修米德。他认为,法的目的在于保护人的意志支配范围,其手段是法规;行政的目的在于增进公共福利,其增进的手段是行政活动;违反法的行为就是刑事犯,违反行政活动的行为就是行政犯;刑事犯包含形式的要素——侵害法规(违法性)与实质的要素——侵害法益,而行政犯在本质上只是一种具有形式的要素、违反行政意思的行为。

刑法说的代表人物是日本学者福田平。他认为,行政刑法与固有刑法的指导原理相同。由于固有刑法的诸原则大多在行政刑法中是妥当的,故行政刑法并非只是与固有刑法的形式相同,而是形成统一的刑法的一个部门。……应认为行政刑法是作为刑法的特殊部门属于刑法。[①] 我国学者张明楷也持刑法说。他认为,我国的行政法律规范,是分散在刑法典、单行刑法与行政法律的刑事责任条款中,而刑法典、单行刑法与行政法律中的刑事责任条款都属于广义的刑法的范畴,因此,行政刑法自然也是广义的刑法的一部分了。从程序上说,对于行政犯罪所适用的是刑事诉讼程序,而不是行政诉讼程序;行政犯罪的认定与处罚机关是人民法院(人民检察院在免予起诉的情况下可以定罪),而不是行政机关。从实质上说,行政刑法在体系上的地位问题,决定于支配它的是行政法原理还是刑法原理。[②]

双重性质说的代表人物是我国学者李晓明。他认为行政刑法规范具有双重属性,具体表现为:(1)惩罚对象上的双重性。行政刑法的惩罚对象是行政犯罪,行政犯罪具有违反行政法和违反刑事法的双重违法性。(2)法律责任上的双重性。即行政犯罪引起的法律责任包括行政责任和刑事责任。(3)法律渊源上的双重性。无论是集中规定在刑法典中的行政刑法规范还是分散规定在单行刑法和行政法律法规中的行政刑法规范,均不同于一般意义上的行政法规范或

---

① 〔日〕福田平:《行政刑法》,日本有斐阁1978年版,第42—43页。转引自苏海健:《论我国行政刑法立法的不足与完善》,载《四川教育学院学报》2008年第3期。
② 张明楷:《行政刑法辨析》,载《中国社会科学》1995年第3期。

一般意义上的刑法规范,而是兼顾行政法与刑法两种性质的特殊意义上的行政刑法规范。(4)指导原理上的双重性。行政刑法在立法与司法活动中,应当兼顾行政法与刑法的基本原理。[①] 行政刑法规范是行政法规范与刑法规范交叉而产生,是一种中间状态;行政刑法规范能够与行政法规范和刑法规范产生互动;行政刑法规范与行政法规范和刑法规范之间是一种衔接和协调关系,包括行政违法、行政犯罪、刑事犯罪之间的衔接与协调;行政责任、行政法责任和刑事责任之间的衔接与协调;实施机关(司法机关和行政机关)之间的衔接与协调。[②] 据此,他认为应该将行政刑法从传统刑法中独立出来,成为与传统刑法和行政法并列的法律部门。[③]

从学说的结论和论据来看,它们之间的分歧在于更看重行政刑法规范中的哪个或哪些要素而非绝对地排斥其他要素。行政法说更看重行政刑法规范的目的、所规制行为的来源,认为行政刑法规范的目的在于保护行政秩序、实现行政目的而非法益,所规制的行为是因为违反了行政法律而产生,如果没有行政法律则不会出现这种行为。因而,即使使用了刑罚的方式,也只是行政法规范在处理违反行政法行为时候借用了刑法规范的手段。刑法说则更看重行政刑法规范的制裁手段、所规制行为的危害性程度、规范中内涵的原则、价值等。这种学说认为,行政刑法规范虽然以行政违法为前提,但是这种违法程度由于量的积累而产生了质变,其危害性程度达到了刑法规范惩治的标准,违法行为的行政违法性与其刑事违法性相比在此时显得意义不大,此时需要启动的是刑法规范的制裁手段,行政法规范中的制裁手段退出了视野。行政刑法规范的设立、运行的原则及其所追求的价值基本与刑法规范相同,这也决定了其运行程序上要走刑事诉讼程序。双重属性说平等地对待某些要素,例如,认为行为的行政违法性是前提,刑事违法性是关键,二者不可偏废,所以,两种责任都需要承担。

在这里,我们可以从逻辑上清楚地看到,对于行政刑法规范的性质的判断标准变成了应该看重哪些要素,如果行政刑法规范在应该看重的要素上更具有某个部门法的特征,则它就属于这个部门法,如果在这些要素上不具有任何一个部门法的特征,则应该自立门户。一般来说,法理学上判断部门法特性的标准有调整对象、调整手段、追求价值。从调整对象来看,行政刑法调整的行为是严重违法行政法律的行为,诚然这种行为是以行政违法为前提,但是当其严重到一定程

---

[①] 李晓明:《行政刑法学》,群众出版社2005年版。转引自苏海健:《论我国行政刑法立法的不足与完善》,载《四川教育学院学报》2008年第3期。
[②] 李晓明:《论行政刑法规范的特殊属性》,载《政治与法律》2005年第5期。
[③] 李晓明:《我国行政刑法的冲突、整合与完善》,载《苏州大学学报》2005年第3期。

度之后它就不只是一般意义上的行政违法行为,而是刑事违法行为了,这种判断标准显然是刑法上的"社会危害性"标准。此时的行政违法性只是一个必要条件,刑事违法性则是充分且必要条件。从调整手段来看,针对一个行为使用的是纯粹的刑事处罚手段,绝对不能既用刑事处罚手段又用行政处罚手段。从其追求价值看,虽然其目的是为了行政管理的需要,但是作为一种制裁规范它更倾向于刑法规范所追求的正义。从这几点看,我们认为,行政刑法规范属于刑法规范。

关于双重属性的观点,其论据也是存在问题的。性质问题是一个应然问题,属于规范研究的范畴,即它应该是什么,但是论者只是用现实状态来回答这个应然问题,例如,法律源于以上的双重性,这只是一个实然状态,丝毫不能成为应然状态的论据。纵然,行政刑法规范具有许多特点,例如,其易变性、弱伦理性、分散性、中间性等,但是这不能改变其性质,只是实然状态的表现而已。这些特征不足以让行政刑法成为一个独立的法律部门。我们认为,行政刑法是一个法域,所谓法域是指法律规范因具有某种共同属性而结合再形成的领域,该领域中的法律规范没有改变其部门法属性。例如,民族法就是一个典型的法域。法域的确立能够便于更好地认识、理解、研究、改进该领域内的法律规范,具有重要的学术价值和实践价值。行政刑法是刑法规范的一部分,而且是与行政法规范衔接的部分,它与其他刑法规范是并列关系而非衔接关系。所以,行政法规范与刑法规范之间的衔接就变成了行政法规范与行政刑法规范之间的衔接。

(三)行政法规范与行政刑法规范之间的衔接

这种衔接实际上是两种不同制裁规范之间的衔接。根据观察和总结,它们之间的衔接主要存在以下问题:

1. 规范之间内容的重叠与空缺

规范之间的重叠和空缺都是公法规范体系不协调、不统一的表现。

规范之间的重叠是指规制一般行政违法行为的行政法规范与规制行政犯罪行为的行政刑法规范就同一行为作出了不同的规定,而无法确定适用何者的情况。这种情况还不同于责任的竞合。例如,如我国《刑法》第353条第1款规定:"引诱、教唆、欺骗他人吸食、注射毒品的,处3年以下有期徒刑、拘役或者管制,并处罚金;情节严重的,处3年以上7年以下有期徒刑,并处罚金。"《治安管理处罚法》第73条则规定:"教唆、引诱、欺骗他人吸食、注射毒品的,处10日以上15日以下拘留,并处500元以上2000元以下罚款。"这两条规制的行为具有相同性,采用的手段具有整体上的同质性,无法确定应该适用哪个规定。从立法本意来看,《治安管理处罚法》规制的应该是程度较轻的行为,但是到目前为止两条规定都没有相应的解释,重叠的状态继续存在,在法律适用的时候会产生冲突。

规范之间的空缺是指规范之间应该衔接而没有衔接上,理论上一般分两种情况:一是行政法规范规定了一般违法行为,行政刑法规范上没有对行政犯罪行为加以规定;二是行政法没有对一般违法性行政行为作出规定,直接由行政刑法对行政犯罪行为加以规定。实践中,第一种情况比较常见,第二种情况比较少见。例如,《税收征收管理法》第82条第4款规定,税务人员违反法律、行政法规的规定,故意高估或者低估农业税计税产量,致使多征或者少征税款,侵犯农民合法权益或者损害国家利益,构成犯罪的,依法追究刑事责任;尚不构成犯罪的,依法给予行政处分。但《刑法》第404条仅规定了徇私舞弊不征、少征税款罪,对于危害性同样严重的超征税费行为和其他违法征收行为却缺乏刑法的规制。①

2. 责任竞合问题的处理不明确

责任的竞合是指同一行为触犯了不同制裁规范的规定而应该承担不同种责任的情况。责任的竞合在法律责任体系中是比较常见的情况。例如,侵权责任和违约责任的竞合。这里的责任竞合是指行政法责任与行政刑法责任的竞合,在部分情况下这种竞合是必要的,但是在部分情况下,这种竞合是没有合理性和效果的。行政责任与刑事责任竞合情况下的追究方式有:(1)单处刑罚。即行政违法行为已构成犯罪的,只由司法机关给以刑事处罚,行政机关不得就同一事实重复处罚。(2)刑罚与行政处罚双重适用。即对行为人除由司法机关予以刑罚处罚外,有关行政机关还应予以行政处罚。对于应该进行单罚还是进行双罚,法律并没有明确规定,这容易给操作留下空间。而在双罚的情况下,规定了刑期和罚金的折抵,但不甚具体。对判处管制时已先处行政拘留、刑罚上的没收财产和行政罚款同处是否应该折抵等情形未作出规定。②

3. 行政刑罚法定刑设定过高、行政处罚中人身性处罚欠缺

行政刑法针对的是严重的行政犯罪行为,这种行为具有严重的社会危害性,但是与传统刑法相比具有一些易变性和弱伦理性的特点。西方理论曾经将传统犯罪称为自然犯,将行政犯罪称为法定犯,自然犯侵犯的是人类最古老、最根本、最重要的利益,其所受到的刑罚应该是最严厉的,法定犯受到的刑罚明显应该比自然犯低,具体表现就是法定犯的刑罚以财产罚和资格罚为主。但是从我国目前的行政刑罚的法定刑来看,仍然是以人身罚为主,甚至有死刑的规定,例如,对走私罪的规定明显比其他国家严重。而行政处罚规范则更加强调经济性制裁,这造成了行政法制裁规范与行政刑法规范在实质上的脱节,中间没有足够的缓冲地带。

---

① 赵秉志、郑延谱:《中国行政刑法的立法缺陷与改进》,载《河北法学》2006年第8期。
② 苏海健:《论我国行政刑法立法的不足与完善》,载《四川教育学院学报》2008年第3期。

4. 行政刑法对法人的制裁手段单一

随着经济的发展,法人犯罪的现象越来越多,行政法规范上确立的警告、罚款、没收违法所得、没收非法财物、责令停产停业、吊销营业执照等制裁方式都可以适用于法人。行政刑法规范中也增加了许多法人犯罪的罪名,但是从刑罚手段来看,只有罚金一种,显得过于单一,不足以威慑日益猖獗的法人犯罪问题。

5. 劳动教养制度的性质不明、弊端严重

劳动教养制度是极具中国特色的法律制度,但这项曾经辉煌的制度现在却给中国法治的发展带来了障碍。要解决劳动教养制度的问题,首先要对其进行定性。关于其性质的论证,学界众说纷纭,形成了诸多学说,如行政处罚说、行政强制措施说、刑事处罚说、保安处分说,等等。任何一种学说似乎都无法为劳动教养制度正名,从实践来看,这个制度却更多地只能是法治落后、人权观念淡薄的表现。其存在的问题主要有以下几个方面:(1) 规制对象的不明确,劳动教养的对象由该制度设立之初的四种人逐渐增多,最终多达二十余种,且规定比较笼统,容易招致被滥用的结果。[①] (2) 处罚的严重程度大,其期限是 1 年到 3 年,最长可以达到 4 年,这比很多刑罚对人身自由的剥夺时间还要长。(3) 程序简陋,几乎成了公安机关的单方行为,更不必说辩护了。这种不正当的程序不但不会带来正义,更容易导致腐败。(4) 法律依据不正当。它的依据包括:国务院 1957 年《关于劳动教养问题的决定》及 1979 年《关于劳动教养的补充规定》、公安部 1982 年《劳动教养试行办法》及 2002 年《公安机关办理劳动教养案件规定》,这些或是行政法规,或是部门规章。这直接挑战了《立法法》的权威。

6. 系统保安处分制度的缺乏

保安处分是指以特殊预防为目的,以人身危险性为适用基础,对符合法定条件的特定人所采用的,以矫正、感化、医疗等方法,改善适用对象,预防犯罪的特殊措施。我国行政管理中已经有保安制度的具体形式,例如,强制医疗与强制治疗、强制戒毒、工读教育、留场就业、没收处分等。[②] 但是缺乏对保安处分制度的系统研究,这些制度对于完善行政刑法的手段具有重要的价值。

(四)规范衔接问题的解决措施

行政法规范与行政刑法规范衔接问题的解决是一个宏大的工程,更需要实践经验的积累。这里只是从一般理论角度出发提供一些措施思路和制度宏观构想。具体而言:

---

① 赵秉志、郑延谱:《中国行政刑法的立法缺陷与改进》,载《河北法学》2006 年第 8 期。
② 苏海健:《论我国行政刑法立法的不足与完善》,载《四川教育学院学报》2008 年第 3 期。

1. 加强规范之间的协调与配合,明确责任竞合的处理

规范之间的重叠和空白问题是规范协调需要解决的首要问题。行政刑法规范是空白刑法规范,它缺少构成要件,需要行政法律规范[1]加以补缺才能实施。行政法制裁规范的表述特点往往是,"……追究刑事责任"。行政刑法规范的空缺性和行政法规范的指向性将二者勾连在了一起,但也恰恰是这种勾连容易致使其衔接不好。为实现规范之间的协调,有学者提出可以在行政法规范的条文后面直接规定犯罪和刑罚[2],这不失为一种创新。但是我们认为当下更可行的做法是应该对整个行政法规范和行政刑法规范系统作一次实证的梳理,找出规范之间的重叠和空白,并加以消除和补全。

法律规定,行政机关发现行政违法行为构成犯罪时,应将案件移送司法机关,依法追究刑事责任。但是,对于此时是否进行行政处罚,法律并没有明确规定。法律应该规定,"双罚为原则,单罚为例外"。并且在程序上加以规定,已经进行行政处罚的,应当告知法院,依法需要进行折抵的,则进行折抵;法律规定单罚的,则应该撤销行政处罚,并对已经执行的进行折抵;没有进行处罚的,应该等待法院判决后再进行处罚;判决后作出的处罚若是能被刑罚折抵,则不再执行。对于具体如何折抵,法律应该作出明确规定。

2. 改善行政法和行政刑法的责任手段,增加对单位犯罪的刑罚手段

中国刑法走出重刑主义时代,我们认为应该从行政刑法开始。行政刑法的社会危害性更多的是经济上的,与传统的人身性的、道德性的、精神性的危害有着本质的区别,经济性的危害是可以用经济手段来补偿和制止的,所以,行政刑法的责任手段应该更加经济化一些,少一些绝对的人身刑。另外,从社会管理系统论看,行政违法到行政犯罪是一个递进的过程,很多时候由于行政法责任的软弱导致了行政违法行为进一步发展,致使入罪,为了尽早将违法行为克制在前期,应该提高行政法责任手段的严厉性。传统上行政责任手段以经济性为主,我们认为应该增加其人身制裁性[3],这样方可拉近其与行政刑法规范责任手段在位阶上的层次距离,形成等差梯度。

对于单位犯罪应该采取的措施显然是增加刑罚手段。罚金诚然是最有效的手段,但是不可否认它具有局限性,特别是其对法人的名誉没有制裁效果,这种纯粹的金钱制裁对于某些大企业来讲可能是无关痛痒的,这就需要其他种类的制裁手段与之配合。法国刑法典对犯有重罪和轻罪的法人除规定罚金外,还规

---

[1] 只有行政法律和行政法规有资格为行政刑法规范补缺,其他级别的法律规范没有资格。
[2] 张明楷:《行政刑法辨析》,载《中国社会科学》1995年第3期。
[3] 张秉民、陈明祥:《论我国公法责任制度的缺陷与完善》,载《法学》2006年第2期。

定了解散、禁止从事某些职业或社会活动、司法监督、禁止在一定时期内公开募集资金和签发支票及信用卡等9种刑罚措施,配合罚金刑一起使用。①

3. 确立完整的保安处分制度,使劳动教养人性化、司法化

保安处分制度一般是指"国家基于公权力并据法律,对于犯罪行为或其他类似行为而具有一定危险之人,以特别预防犯罪为目的所施矫治、教育、医疗或保护等方法,而由法院宣告之公法上处分"②。从本质上看,这是对危险分子所采取的防患于未然的措施,由于它具有较强的限制人身性的特点,涉及重要的公民权利,不能由行政机关任意为之,从正义、公平的角度出发,应该将散见的保安处分制度在行政刑法规范中加以系统的规定,对适用对象、适用条件、原则、程序等作出规定。

劳动教养的诸多诟病中根本的两点在于其缺乏人性,且有着严重的任意性。改善劳动教养制度的根本途径也在于去除此两点弊病。我们认为,首先应该大大缩短劳动教养的时间,减弱劳动教养人身强制性程度,例如,可以实行双休日回家制度,使之人性化。其次,杜绝其任意性。通过体制的调整,将劳动教养的决定权授予司法机关,在法院内部设立治安审判庭③;使劳动教养的决定进入司法程序,允许辩护;确定明确的适用对象;通过制定法律对劳动教养制度的相关问题加以明确规定,为其人性化和司法化提供保证,也为其自身提供正当性。

**五、公法规范系统中的诉讼法规范**

(一) 诉讼法规范与公法规范的关系

判断诉讼法规范是否属于公法规范,其核心是看诉讼法规范调整对象中是否至少有一方是在行使着公权力的主体,如果是则说明它属于公法规范,否则说明它不属于公法规范。诉讼法规范的调整对象因诉讼法部门的不同而有不同。民事诉讼法规范的调整对象是,存在于人民法院与一切诉讼参与人之间的诉讼权利和诉讼义务关系。④ 刑事诉讼法规范的调整对象是国家专门机关在当事人及其他诉讼参与人的参加下,依法定程序追诉犯罪,解决被追诉人刑事责任的活动中形成的关系。⑤ 行政诉讼法规范的调整对象是人民法院和一切诉讼参加人

---

① 参见《法国刑法典》第131—137条至第131—139条。转引自赵秉志、郑延谱:《中国行政刑法的立法缺陷与改进》,载《河北法学》2006年第8期。
② 高仰止:《刑法总则之理论与实用》,台湾五南图书出版公司1986年版,第590页。转引自苏海健:《论我国行政刑法立法的不足与完善》,载《四川教育学院学报》2008年第3期。
③ 赵秉志、郑延谱:《中国行政刑法的立法缺陷与改进》,载《河北法学》2006年第8期。
④ 刘家兴主编:《民事诉讼法学教程》,北京大学出版社2001年版,第24页。
⑤ 陈光中主编:《刑事诉讼法》,北京大学出版社2002年版,第1页。

在行政诉讼活动中所形成的,以诉讼权利与义务为内容的法律关系。①

刑事诉讼法规范调整的刑事诉讼,就是公安司法机关行使国家刑罚权的活动,刑事诉讼法规范或是调整不同公权力机关之间的权力关系,或是调整国家刑罚权主体与犯罪嫌疑人、被告人、被害人及其他诉讼参与人之间的关系,其公法规范的属性是明显的。判断民事诉讼法规范与行政诉讼法规范是否属于公法规范,要看人民法院在诉讼中是否一直作为公权力主体存在。从具体的民事诉讼关系和行政诉讼关系来看,总有一方是人民法院,另一方可能是原告、被告或者其他诉讼参与人,甚至人民检察院。人民法院是诉讼活动的组织者、指挥者,在与诉讼参与人的关系中它始终处于主导的地位,这种组织、指挥和主导源自人民法院的审判机关的地位和宪法赋予的审判权,在行政诉讼和民事诉讼中这种审判权贯彻始终,在具体关系中演变成不同的形态,时而制约、指挥诉讼权利,时而克制或者主动满足诉讼权利的要求。因此行政诉讼法规范和民事诉讼法规范实质上在调整审判权与诉讼权利之间的关系,它们都属于公法规范。这种审判权也是刑事诉讼中国家刑罚权的源头之一,只不过在刑事诉讼中由于还有检察权和侦查权的共同作用,使得公权力主体一方更强大,因此,刑事诉讼法规范的公法属性更加明显。

（二）刑事诉讼法规范与宪法规范——刑事正当程序为连接点

关于程序法和实体法的关系问题,我国历来存在着重实体法、轻程序法,重实体正义、轻程序正义的观念。通常关于二者的关系都表述为,程序法的根本目的是为实体法服务;程序法是形式、实体法是内容;程序法是手段、实体法是目的,等等。但是在刑事诉讼领域,人们发现违背程序规则、取得实体结果的情况越来越多,特别是行使着公权力的司法机关刑讯逼供、超期羁押等肆意侵犯个人人身权利、程序权利的情形越来越严重。没有了程序的限制,公权力更加任意妄为,个人在强大的公权力面前显得如此弱小无力,这与法律追求正义的根本目的格格不入,为了规范公权力、保护个人的诉讼权利,程序正义的理念首先在刑事诉讼领域走上了历史舞台。程序不再只是实体的工具,刑事诉讼法规范不再只是实体法规范的服务生,不再只具有工具性,程序具有了独立的价值和品格。程序的存在不是为了实现人们所认为的实体上"好"的结果,因为程序公正可能能够实现这种"好"结果,也可能阻碍了这种"好"结果的实现,但是对程序规范严格执行、遵守这本身就是好的,这种"好"是独立的品质,不因为没有达到实体上的"好"结果而改变,它虽然有时候不能达到人们心中期望的"好",但却能避免更坏的结果出现。

---

① 胡建淼主编:《行政诉讼法》,高等教育出版社 2003 年版,第 13 页。

第四章 公法规范

刑事诉讼法规范规制的是国家公权力中最具侵犯性、最具危险性的那部分，包括刑事侦查权、刑事检察权和刑事审判权。这部分权力的滥用也是宪法最关注、最不允许的，因为它的滥用将给公民最重要的基本权利——人身自由权造成致命的伤害。刑事诉讼中公权力的危险程度是很高的，曾经有学者愤愤地指出，刑事诉讼是公民除了战争之外遭受的最危险状态，虽然有些极端，但也不无道理。如何规范国家刑罚权的运行，仅凭借刑事诉讼法本身恐怕不能完成，刑事诉讼法价值追求的转变、角色的重新定位需要外在的力量加以推动，要促进刑事诉讼法规范的质变就要将其放在整个公法的视野之下，用公法的一般理念、特有价值追求对其加以审视。公法规范追求正义、平等，控制公权力，呵护个人权利（包括犯罪嫌疑人、被告人的权利）。在公权力如此强大的情况下，如何尽可能地保护弱小的个人权利，最好的方式莫过于用程序规范公权力的行使。而公法规范系统中新理念的诞生方式一般有两种：一是自上而下的，先由宪法规范倡导，然后由部门公法执行；二是自下而上的，先由部门公法实践，再由宪法规范加以确认。这两种方式往往互相推动，共同前进。这两种方式有一个共同特点，就是都需要宪法规范的规定，宪法规范中对某一个理念的阐释、原则的确立，为部门法提供了最扎实的基础，同时也为部门法提出了最高的制度要求。从法治发达国家的刑事诉讼法和宪法实践情况来看，为了规范国家刑罚权，它们都确立了刑事正当程序的理念和原则。如美国宪法修正案第5条到第8条规定了刑事正当程序的内容，包括犯罪嫌疑人获得大陪审团审判、公开与及时审判、禁止一事多罚、禁止残忍与非常处罚、被告知指控理由并对质证人、在法庭保持沉默并获得辩护律师等权利。法国宪政院通过平等原则的运用对刑事诉讼程序中的不正当因素加以修正；德国宪法法院通过对《基本法》规定第1条和第2条在实践中加以阐发的方式确立了刑事正当程序的有关内容。[①] 可见，它们的刑事正当程序或是由宪法规范直接加以规定，或是由相关宪法规范解释而形成，或是宪法规范实践中对刑事诉讼程序不正当的因素加以纠正而确立。主要是通过自上而下的方式进行理念推进。刑事正当程序将宪法规范和刑事诉讼法规范连接在了一起。宪法规范对刑事诉讼法规范提出了新的要求，刑事诉讼法规范也因此获得了更高的生命价值。

从我国刑事诉讼法规范的实践来看，已经提出了对刑事正当程序的要求，例如，"佘祥林案"对沉默权的呼唤；比比皆是的超期羁押情况；律师在诉讼程序中"有劲无处使"的尴尬情况；诉讼程序过分倾向于国家刑罚权一方，等等。虽然近年来，刑讯逼供、超期羁押等情况得到了较好治理，但是刑事正当程序尚未真

---

[①] 张千帆：《宪法学导论》，法律出版社2004年版，第651—656页。

正进入宪法规范的视野,仅仅是出于民意的"逼迫"而已。在关于《刑事诉讼法》修改问题的研讨中,诸多学者、律师认为1996年修改之后的《刑事诉讼法》甚至更加落后。这很能说明问题。我国《宪法》第37条虽然规定了"人身自由"和"禁止非法拘禁",但是由于没有宪法规范实践的支持,没有违宪审查制度的应用,这条规定的应用范围还十分狭窄。宪法规范的不明确及宪法规范实践的落后,使得从上而下的理念推进方式变得十分困难。没有宪法规范及其实践的支持,单纯地期望刑事诉讼法规范得到刑事正当程序的约束恐怕只能寄希望于立法者尽快地自觉,在这里我们期望立法者倾听民意,以民意为重,在宪法规范实践缺失、宪法规范尚未修改的情况下,能够以崇高的宪法理念为指引,树立刑事正当程序的理念,对刑事诉讼法规范重新进行审视、反思和修改,在部门法领域开创宪政性实践的先河。

(三)诉讼法规范与刑法规范的关系

一般认为,刑法规范是实体规范,诉讼法规范是程序规范。在公法系统中,刑法规范和诉讼法规范都属于保护性规范。刑法规范规定了如何制裁、如何使得受到侵害的理想关系模式重新回归理想状态。诉讼法规范则为了确定实体法通过何种方式、什么步骤来实现对法律关系的调整。一般来讲,是将刑法规范与刑事诉讼法规范对应起来,将行政法规范与行政诉讼法规范对应起来,将民法等传统私法与民事诉讼法对应起来。实体法规范加相应的程序法规范构成完整的对法律关系调整的系统。

诉讼法产生的根本原因在于为纠纷提供一种解决方式和途径,但是诉讼法规范所调整的具体诉讼法律关系,也可能被侵害,而使得诉讼机制陷入危难之中。这种为解救纠纷设立的机制本身如果受到了侵害,纠纷解决的前提条件就被破坏掉了,所以,诉讼法规范所设立的诉讼法律关系也需要一个强有力的保护手段。除了诉讼法上确立的保护手段(如缺席判决)和某些行政制裁手段(如拘留、罚款)[①]之外,对于严重破坏诉讼法律关系的行为还应该有更好的保护手段。对于这个保护,刑法规范责无旁贷,只有刑法规范才能为保护诉讼法律关系提供最有力度的机制。刑法规范除了与刑事诉讼法规范相结合构成对法律关系的调整系统外,刑法规范也为刑事诉讼法关系、民事诉讼法关系、行政诉讼法关系提供保障作用。

破坏哪些诉讼法律关系的行为、严重到何种程度的行为需要受到刑法规范制裁,这是诉讼法规范和刑法规范所共同面临的问题,也就在这里,诉讼法规范

---

① 这里涉及诉讼法规范与行政法规范衔接的问题,但是其重要性不如与刑法规范衔接的重要性,在此没有单独讨论,期望能通过这个讨论为诉讼法规范与行政法规范的衔接问题提供一些解决思路。

和刑法规范产生了衔接。这个衔接对于保障诉讼法规范的有效性、权威性具有重要意义。诉讼法规范与刑法规范的衔接方式主要有两种:(1) 刑法规范在诉讼法规范的要求下加以规定;(2) 刑法规范在诉讼法规范没有要求的情况下进行规定。在第二种情况下,实质上是刑法规范加强了对诉讼法规范的保护,二者在衔接上不会出现问题,因为二者不存在形式上的衔接。只有在形式上有衔接的地方才存在衔接的空白与冲突,也就是说衔接的问题只会出现在第一种情况下。

从立法状况来看,第一种衔接在大部分情况下是好的,刑法规范的规定和诉讼法规范的要求相一致。如,非法拘禁罪(《刑法》第238条、《民事诉讼法》第106条)、妨害公务罪(《刑法》第277条、《民事诉讼法》第102条第5项、《行政诉讼法》第49条第5项)、妨害作证罪(《刑法》第307条、《民事诉讼法》第102条第2项、《行政诉讼法》第49条第3项)、扰乱法庭秩序罪(《刑法》第309条、《刑事诉讼法》第161条、《民事诉讼法》第101条)、枉法裁判罪(《刑法》第399条、《民事诉讼法》第44条)。

但是,也存在刑法规范与诉讼法规范要求不相一致的情况,包括以下几种:(1) 诉讼法规范要求刑法规范加以规定,但刑法规范没有规定,即衔接空白。衔接空白又分为合理空白和不合理空白。合理空白,是刑法规范没有满足诉讼法规范的要求是合理的。如根据《民事诉讼法》第106条规定,对于"非法私自扣押他人财产追索债务的,应当依法追究刑事责任,或者予以拘留、罚款"。《刑法》中没有相应规定,我们认为这是合理的,非法私自扣押他人财产追索债务的行为主要是侵犯了纯粹的"私人权利",其危害性不足以达到动用刑罚。不合理空白是指诉讼法规范要求追究刑事责任,而且应该追究但刑法规范没有追究。例如,《刑事诉讼法》第55条第2款规定,对于保证人不尽保证义务,构成犯罪的,应依法追究刑事责任。但刑法规范中没有相应规定。应不应追究是立法上的选择,但是这种选择有合理不合理之区别,是否合理需要理性的反思和实践的检验。(2) 诉讼法规范要求刑法规范加以规定,但是刑法规范没有完全按照诉讼法规范的要求加以规定,可能满足了一部分要求,可能改变了要求,即衔接冲突。衔接冲突分为合理的衔接冲突和不合理的衔接冲突。合理的衔接冲突是指刑法规范的规定比诉讼法规范的规定更趋合理。如根据《民事诉讼法》第102条第3项、《行政诉讼法》第49条第4项的规定,对于隐藏、转移、变卖、毁损已被查封、扣押、冻结的财产,或者已被清点并责令其保管的财产的,可依法追究刑事责任。而《刑法》第314条则规定:隐藏、转移、变卖、故意毁损已被司法机关查封、扣押、冻结的财产,情节严重的,处3年以下有期徒刑、拘役或者罚金。《刑法》在"毁损"前面加"故意"的限定是科学的,毁损与隐藏、转移、变卖不同,后三者都可以推定是故意的,而毁损可能是故意也可能是过失,如果是过失毁损而用刑罚加以惩罚是不合理的。不合理的衔接冲突是指刑法规范没有完全按照诉讼法规范的要求或者改变诉讼法规范的要求是不合理的。如《刑事诉讼法》第49条第2款规定:对证人及其近亲属进行威胁、侮辱、殴打或者打击报复,构成犯罪的,依法追究刑事责任。《民事诉讼法》第102条第4项规定:对司法工作人员、诉讼参加人、证人、翻译人员、鉴定人、勘验人、协助执行的人,进行侮辱、诽谤、诬陷、殴打或者打击报复,构成犯罪的,依法追究刑事责任。《行政诉讼法》第49条第6项规定:对人民法院工作人员、诉讼参与人、协助执行人侮辱、诽谤、诬陷、殴打或者打击报复,构成犯罪的,依法追究刑事责任。但是《刑法》308条则规定:对证人进行打击报复的,处3年以下有期徒刑或者拘役;情节严重的,处3年以上7年以下有期徒刑。由此规定可以看出,刑法规范没有规定对打击报复除证人以外的诉讼参与人的行为加以制裁。诚然打击报复证人的行为是最严重的、最需要治理的,但是从理论上和实践上看,对其他诉讼参与人及其近亲属的打击报复行为也是存在的,而且其严重性和危害性不亚于对证人的打击报复行为,因此刑法规范缩小保护范围的做法是不合理的。①

刑法规范与诉讼法规范衔接中不合理的空白和不合理的冲突的存在,要求我们从统一公法、整体公法的角度认真分析它们之间的衔接问题,理顺它们之间的关系。当发现衔接问题的时候,应该尽快采取措施加以解决,如进行法律解释和法律修改,使得法律规范体系尽快统一、协调。

**(四)行政法规范与行政诉讼法规范**

从理论上讲,行政诉讼法规范的目的在于恢复行政法规范中确立的理想行为模式,而这种理想模式被假定是被行政公权力破坏了,因为如果是被相对人破坏的话,行政公权力有足够的制裁手段甚至可以动用刑罚手段。所以,行政诉讼法规范本质上是对相对人(包括利害关系人和公众)这个相对于行政权处于弱势的群体进行救济的机制。原则上讲,凡是受到了公权力侵害的个人权利都有资格获得救济,行政诉讼法规范都有义务提供保护。但是,由于行政诉讼法规范除了权利保障功能之外还会产生对行政权力监督的客观效果,这样就会在司法权和行政权之间产生张力。由此,行政诉讼法规范的设立要考虑的角度就有两个:一是权利保护角度。从这个角度出发,行政权的任何运行都有可能对相对人(包括利害关系人和公众)的权益产生侵害,因此任何受到侵害的权利都应该获得救济。也就是说行政诉讼法规范要与行政法上的权力运行规范一一对应,不能出现有权力运行而无权利救济(司法救济)的局面。二是行政权和司法权博

---

① 相关分析参见陈吉生:《评新刑法与诉讼法的衔接》,载《河北法学》1997年第4期。

弈的角度。即司法权能否干涉行政权、能够在多大的限度内干涉行政权。行政权被认为是代表公共利益的,行政侵权与一般的私人侵权不具有可比性,现代社会行政权具有极强的专业性,司法权无法取代行政权的判断。如果允许司法权全面审查行政权,则有司法权过分侵入之嫌,造成行政权实质上的消失,这也是不合理的。任何一个国家在制定行政诉讼法的时候都会考虑以上两个方面,是倾向于权利的保护,还是倾向于给行政权足够的空间。这也代表了两种不同的价值追求,即更侧重于追求正义还是效率。

在这个价值选择的问题上,各个国家有不同的选择,但可以肯定的一点是,这个选择只有符合自己的国情、满足自己的实际需要,方才合理。所以在这个问题上应该注重考察自己的社会发展状况、法治状况等因素,然后作出最符合自己的选择。我国的《行政诉讼法》制定于1989年,从那个时代的情况来看,社会经济不甚发达,经济发展、社会环境的改善需要行政权力尽可能地发挥能动性。另外,由于社会生活关系、经济关系相对比较简单,行政权力侵犯个人权利的方式也比较单一。此时,如果过分强调司法权对行政权的监督,给予司法权过分侵入行政权的空间,也不利于行政权的成熟。应该说,那个时代的行政诉讼法是基本能够满足社会法制需要的。但是随着行政权的日益发展、社会生活的日益丰富,行政权作用的范围也越来越大,为了应对社会上出现的新情况,行政权行为的方式也日益多样,为了保证行政权的灵活性,其自由裁量权不断扩大。行政权的日益强大导致行政诉讼制度相对孱弱,旧的行政诉讼法规范已经越来越不能承担起权利保护的重任。例如,行政诉讼法规范中的相对人特指直接相对人,将利害关系人排除在权益受到影响的人之外,更没有将公众权益受侵害的情况加以考虑,这种权利保护从主体上看是最狭窄的;行政诉讼法规范采用了列举加排除式的立法技术对受案范围加以规定,最大限度地限制了受案范围,致使许多受权力侵害的情况无法走入行政诉讼的大门;在审查标准上,行政诉讼法规范仅允许进行合法性审查,严格限制合理性审查,导致审查的表面化;行政诉讼法规范设立了复杂的被告适格制度,给当事人起诉带来了极大的不便;现有的诉讼类型不能应对实践中出现的新情况;没有简易程序的设计,很多时候增加了当事人的诉累。行政诉讼法规范的落后客观上纵容了行政权的恣意,为了追求效率过度忽视了正义的价值、自由的价值。行政权与司法权在《行政诉讼法》制定之初处于正和博弈的状态,但是随着社会发展、行政权的膨胀,本来就处于弱势的司法权在行政权面前显得更加弱小,司法权与行政权之间的正和博弈的平衡被打破。行政诉讼法规范已不再能够与行政法规范一起构建起良好的调整公权力与个人权利关系的平台。行政诉讼法规范由于制度的缺陷,事后救济的功能不能良好发挥,不能满足权利保障的需要。行政诉讼法规范要真正发挥救济功能必须与行政法规范对应起来。行政法规范有一项权力运行规范,行政诉讼法规范就应该有相应救济性机制。这需要行政诉讼法规范多方面改进,例如,重新定位行政诉讼法规范的目的和功能,以救济权利作为其根本目的,在此基础上突出其保护公共秩序、监督行政权的功能;扩大行政诉讼受案范围,确立公权力标准,凡是受到公权力侵犯的权益都可以获得救济;在受案范围的立法技术上用概括式立法取代列举式立法;在原告资格问题上,逐步扩大原告的范围,由直接相对人扩展到利害关系人,必要的时候设立公益诉讼,允许公众作为公益诉讼的原告;在被告资格问题上,以便民为原则,简化复杂的被告资格制度;在审查标准问题上,针对不同类型的诉讼设立不同的审查标准,逐步扩大合理性审查的范围;完善行政诉讼类型化和判决类型化的建构;改进执行制度,等等。我们期待通过行政诉讼法规范的改进,提高司法权在相对关系中的地位,在新的历史条件下,重新形成司法权与行政权的正和博弈。唯有如此,行政诉讼法规范才能与行政法规范共同配合,搭建起运行良好的权力/权利调控体系。

(五)行政诉讼法规范与民事诉讼法规范

行政诉讼法规范与民事诉讼法规范本是两个不同的系统,救济不同的权利、规范不同的诉讼法律关系,它们之间本不应该有什么牵扯,但是实践中行政诉讼与民事诉讼交织在一起的案例日益增多,这让我们不得不将行政诉讼法规范与民事诉讼法规范关联起来,用统一的视角加以观察。行政诉讼与民事诉讼产生交叉的根本原因在于行政权力的扩张。在早期的政府"夜警察"时代,行政权力作用的领域基本不涉及经济领域,更不必说私人之间的经济关系领域了。但是,现代社会经济领域的自治不能,需要行政权力的介入,社会经济生活越复杂,行政权触及的领域就越广阔,行政权作用的方式就越多样。行政合同、行政指导、行政裁决的大量出现便是例子。行政权介入民事关系使其变得复杂,特别是行政争议出现的时候,民事纠纷的解决需要以行政纠纷的解决为前提,这就使得行政诉讼法规范与民事诉讼法规范之间产生了关联。

行政诉讼法规范与民事诉讼法规范的衔接是否顺畅呢?我国《民事诉讼法》第136条第5项规定:本案必须以另一案的审理结果为依据,而另一案尚未审结的,人民法院应当中止民事诉讼。从理论上说,这个衔接是完美的,两个诉讼程序分别就相应的纠纷作出裁决,而由于民事纠纷的解决需要以行政纠纷的解决为前提,所以,民事诉讼程序应中止等待行政诉讼程序的结果。但是,民事诉讼法规范要求民事诉讼中止,等待行政诉讼的结果,这无异于要求解决一个纠纷要走两个不同的程序。从行政诉讼的一审到二审,再到民事诉讼的一审到二审,才能解决一个纠纷,这个过程过于复杂和漫长,使得诉讼的效率损失殆尽。法谚有云,迟来的正义不是正义。在一个追求效率价值的社会,这种情况的存在是不允许的。《民事诉讼法》的规定是一种过于简单的完美,理论上的简易造成了实践中诉讼资源的巨大浪费。为了回应现实需要,1999年最高人民法院《关于执行〈中华人民共和国行政诉讼法〉若干问题的解释》第61条规定:被告对平等主体之间民事争议所作的裁决违法,民事争议当事人要求人民法院一并解决相关民事争议的,人民法院可以一并审理。首先应该肯定此规定是一种进步,至少说明了对实践需要的关注。但这个进步也是十分有限的,它仅规定了在存在行政裁决争议的情况下,法院可以一并审理,范围十分狭窄,其他行政争议仍然只能通过两个诉讼程序加以解决。对于如何解决行政诉讼程序与民事诉讼程序之间的衔接问题,学者们已经在进行研究,我们认为行政程序与民事程序交织的根源在于行政争议与民事争议实体上的交织,总体上的思路是先将行政争议与民事争议实体上的交织加以类型化,在此基础上处理程序交织的有关问题。实体交织方面,根据行政关系与民事关系在交织争议中的地位不同,分为民事争议为主关联行政争议(主要指行政确认中的权属确认引发的争议)、行政争议为主关联民事争议(指行政许可、行政处罚和除权属确认外的其他行政确认行为引发的争议)、行政争议与民事争议并重(指行政裁决引发的争议)。在解决程序问题的时候,根据这三种不同的实体交织类型确定不同的诉讼程序,同时应该考虑行政行为的公定力、当事人诉讼请求的选择、诉讼效益等多方面的因素。具体的程序设计囿于篇幅原因在此不再展开。

## 六、社会法、经济法规范性质讨论[①]

### (一) 社会法规范的性质

社会法因保护社会权利而出现。社会权利是人权保护发展到近代而出现的概念,又称为"第二代人权"。社会权利与自由权利相对应,最早由1919年德国《魏玛宪法》加以确立。社会权利出现的根本原因在于,自由权利过分张扬、国家在社会生活特别是经济生活中的作用过于消极,致使自由过度,走向另一个极端,出现了仅靠"自由法"本身不能解决的问题。如,市场缺陷、经济危机频繁爆发;社会贫富差距悬殊,法律上的平等加剧了这种"悬殊差距",造成了事实上更加的不平等;自然环境遭破坏,工业生产日益发达,环境破坏力日益严重,给人们的生存环境造成了极大威胁。当自由权过分张扬,损害了部分社会成员基本的生存尊严的时候,人们呼唤一种能够制约自由权的权利,于是社会权利便登上了历史的舞台。社会权利要求国家为人们有尊严的生活提供保证,如提供劳动机会、改变劳动者弱势地位、提供劳动保障、改善环境条件、提供受教育机会等。

---

① 关于为什么要进行"性质探讨"的问题,在此不再赘述。

为了保证人类生存的尊严、社会的稳定，满足社会权利的需要，国家的角色需要转变，国家不能再单纯地消极"守夜"，而是要积极地创造条件，维护人性尊严、保证人们有尊严的生活、改善社会经济状况、缩小贫富差距。于是，相应的法律制定了出来，如劳动法、消费者权益保护法、环境法等。这些法律的共同特点都是国家公权力介入了以前没有干涉的私人关系，特别是合同关系、经济关系等。有学者认为，这类社会法是国家公权力对私人领域的调整，既不同于公法作用的公域也不同于私法作用的私域，这类法律既不能归入公法系统，也不能归入私法系统。我们认为，公域和私域只是公法和私法作用范围的表征，公域和私域范围的大小是由公法和私法作用范围的大小决定的，它们不能反过来决定作用于其上的法的性质。以前的私域由于公法于介入，变得不再纯粹，这只能说明公法的作用范围扩大了，公域的范围扩大了，以前纯粹由私法调整的私域变成了私法和公法共同调整的领域，但是这个新领域的出现并不能改变对其加以调整的法规范的性质。也就是说，社会关系由某种法律调整而变成某种法律关系，但是不能说某个法律关系决定了调整它的法具备了相应的法属性，法规范是一个独立的规则系统。由于这个区域有公法规范和私法规范共同作用，所以某一部法律不能整体地归入公法或者私法领域，但是从具体的单个规范来看，它们或者是公法规范，或者是私法规范。对一部法律文件的性质从微观的角度进行界定，得出的结论可能完全属于公法规范或者完全属于私法规范，或者绝大部分属于公法规范或者绝大部分属于私法规范，也可能是部分属于公法规范、部分属于私法规范。到目前为止，尚未出现既不属于私法规范也不属于公法规范的法律规范。①

有一点需要说明，这些法律中存在一个"假定"和"处理"却有不同的"制裁"的情况。例如，我国《劳动法》第 60 条规定，不得安排女职工在经期从事高处、低温、冷水作业和国家规定的第三级体力劳动强度的劳动。这条规定是在调整女职工与用人单位之间的关系，但是从规范结构的完整性上看，这条规定不是完整的规范，它仅规定了"假定"和"处理"部分，没有规定"制裁"部分，一般情况下，制裁部分应该是单一的，但是我国《劳动法》中却能找到两个制裁手段，依据第 95 条的规定，用人单位违反该法对女职工的保护规定，侵害其合法权益的，由劳动行政部门责令改正，处以罚款；对女职工造成损害的，应当承担赔偿责任并改正。可见，如果用人单位违反规定，女职工可以通过法律手段获得民事赔偿；行政主管机关也可以主动对这种违法情况加以纠察并采取相应的行政手段。这

---

① 我国《消费者权益保护法》中规定的"双倍赔偿"性质上是个特例，此规定需要反思。实践中出现了许多弊端，如打假致富，这都是不正当的，国家不应当有如此导向。这种弊端也是违背了公、私二元划分的后果。

种共用假定和处理,并且将公法制裁手段和私法制裁手段规定在同一条文中的情况,能否认为就是既不能归入公法规范也不能归入私法规范的社会法规范呢?我们认为不能,规范的结构不以条文为表现形式,同一条中可以包含不同的法律规范,同样可以同时作为公法规范和私法规范的"假定"和"处理",不能由于公法规范和私法规范的一部分规定在一个条文之中就认为它们已经融合成了一个规范,它们只是公法规范和私法规范的一部分,并非全部,不同的制裁手段导致其性质归属的不同。社会法的本意并非创造新的社会法规范,而是动用公法手段保护私法上的弱势群体,公法规范依旧是公法规范,只不过其触及了原本不属于它"管辖"的私人领域。

(二) 经济法规范的性质:独立部门法? 行政法?

1. 部门法划分的应然标准

经济法学者为确立经济法独立的部门法地位一般先挑战传统部门法的划分方法、划分标准,确立新的划分标准,据此来确立经济法独立的部门法地位。这种思路从逻辑上看是通顺的,但是能否挑战成功与思路是否符合逻辑没有关系。经济法能否成为独立部门法的前提问题是部门法应该如何划分,划分标准应该是什么。

要回答这个问题,恐怕要从法的本体谈起。法到底是什么? 从不同的角度会有不同的答案,从终极价值来看,法是追求正义的体系;从实用主义角度出发,法是平衡利益的手段;从社会效果看,法在维持秩序。然而不论是追求正义、平衡利益还是维持秩序,首先都需要法实实在在地发挥一种规范作用,没有这种规范作用,任何更高层级的目的都不能达到。所以,从最基本的功能角度出发,法就是规范。一切更高层次的目的和追求都是建立在这个基本功能之上的;要达到更高层次的目的和追求,首先要将法的规范功能发挥好。社会关系是复杂多样的,针对不同的关系采取不同的调整方式才能最好地发挥规范功能。到这里,问题转变成了哪种将社会关系类型化的方法最有利于法的规范功能的发挥。这需要考察两方面:一是法作为一种规范的运行特点;二是社会关系构成的特点。法作为一种规范,其运行方式的内核是确定主体的权利义务。这就产生了一个问题,根据什么来确定主体的权利义务最合理,是根据主体之间关系的性质[①],还是主体之间关系的内容[②],还是其他。主体之间关系的内容是纷繁复杂的,可能有经济的、政治的、军事的、外交的、文化的、民族的、社会的、宗教的等,分类具有不可穷尽性和变动性,而其不具有一元性,不容易把握。而作为规范的法是一

---

[①] 这里的"关系的性质"特指由主体地位决定的关系的不同性质,如平等关系、不平等关系。
[②] 这里的"内容"是指其所归属的领域,如经济领域、政治领域、文化领域等。

个抽象的规则体系,不能穷尽的分类是无法抽象的,逻辑上是不完整的。如果法规范按照这种类型化的方法去运行,必然处于无尽的变动之中。① 这就需要寻求新的类型化方法,通过实践观察和逻辑分析,人们选择了主体之间关系的性质作为社会关系类型化的标准。平等主体之间(私权利主体之间)的关系由私法规范调整;不平等主体之间(公权力主体与私权利主体之间)的关系由公法规范调整。不平等主体之间关系的性质由于公权力属性不同而有不同,如立法权主体与私权利主体间的关系由宪法规范调整;行政权主体与私权利主体间的关系由行政法规范调整;司法权主体与私权利主体间的关系由刑法规范和诉讼法规范调整。主体之间关系性质不同,是由主体权利(力)的相对属性决定的,法规范针对不同性质的关系采取不同的调整手段、责任措施,取向不同的价值,由此形成了各具特征的部门法。以主体之间关系性质为划分标准具有逻辑上的周延性和完整性,比以主体之间的内容为划分标准更科学,是目前为止人们探索到的,最有助于法规范作用发挥的分类方法。

2. 传统的划分标准

传统的部门法划分标准是调整对象,即法律所调整的社会关系的不同,如民商法调整平等主体之间的民商事关系;宪法调整最基本的国家公权力特别是立法权与公民基本权利之间的关系;行政法调整行政权与相对人权利之间的关系;刑法调整国家刑罚权与公民权利之间的关系;诉讼法调整司法权运作与诉讼权利之间的关系。这种不同恰恰是根据主体之间关系的性质不同而作出的区分。我们认为这种总体思路是科学的。

经济法学者为确立经济法的独立部门法地位,摆脱行政法"束缚",而对传统的划分标准提出了挑战,主要有以下几种代表性观点:

(1) 否定调整对象标准,确立全新的部门法划分标准。如,有学者提出部门法划分的标准是主客观相统一的标准,包括利益本位标准和价值追求标准。从利益本位上看,经济法是以社会利益为本位,不同于以前的国家权力本位和个体利益本位。从价值追求上看,经济法所追求的正义、秩序和效益与行政法所追求的正义、秩序和效益价值均有不同。②

这种做法忽视了部门法划分的基本目的和功能,正如在上个问题中谈到的,

---

① 例如,曾经有过根据国务院部委管理领域的不同将行政法进行拆分研究的尝试(目前这些部门行政法的丛书已有9部,包括:《工商行政法》、《土地行政法》、《民政行政法》、《环境行政法》、《海关行政法》、《审计行政法》、《公安行政法》、《税务行政法》、《交通行政法》等),这便是根据主体之间关系的内容进行的分类,事实证明是失败的,国务院部委管理领域变动后,这些研究变得毫无意义。

② 许多奇:《经济法与行政法区分之我见——对法律部门划分标准的重新审视和运用》,载《河北法学》1999年第5期。

部门法划分的基本目的和功能在于更好地发挥其法的规范功能,至于法的更高的价值追求和功能目标都需要在法的基本功能——规范作用得到良好的实现之后才能考虑,法的高层次的理念和目标都需要具体的法规范来承载。法所追求的价值和理念可能随着历史的发展有所变化,但是作为其承载工具的法规范的一般属性和结构却应该是稳定的,因为只有如此才能既保证法的理念和价值追求符合历史的要求,又保证法的一般稳定性和规范性。更高层次价值追求和功能目标的实现非但不能以损害法的基本规范功能为代价,而且必须在基本规范功能实现的基础上才能实现。

(2)承认调整对象的划分标准,但认为调整对象不是唯一标准,其他方面的特征也可以使其具备部门法地位。有学者提出,经济法采用的调整手段与行政法不同。行政法主要依靠直接的调整方式作用于管理对象,而经济法则主要采用间接的调整方式①。有学者认为经济法采用的主要是经济手段,例如,财政、税收、金融、信贷、利率等经济杠杆。② 行政法采用的是行政手段。有学者提出,经济法与行政法的法律属性不同。行政法并不重在经济管理中的经济性内容,而重在经济管理中的程序性内容。经济法最关注的是用以干预经济的调控政策、竞争政策是否得当,所以用程序对作为经济法主体的行政机关进行控制是荒谬的。③

调整手段的特色是在对不同性质关系进行调整的过程中逐渐形成的,调整对象是调整手段的前提。如果仅有调整手段的不同,而调整对象的性质相同,经济法仍然不能具有独立的法律地位,它仍然只是一个子部门法。另外,学者关于经济法手段的特征的概括是不甚准确的,翻开法律规范条文,我们可以看到在传统的经济法规范中,如反垄断法、反不正当竞争法、人民银行法等,运用了大量的行政手段,如监督、处罚等,而非学者所概括的纯粹的、间接的"经济手段"。经济法也未设计出独立的调整手段,法律的调整手段依然是民事、行政和刑事三种。另外,关于法律性质不同,是对经济法属性认识不同的结果。对经济法属性认识的结果,不能反过来作为判断经济法属性的理由,否则,会造成逻辑上的因果颠倒。

(3)承认以调整对象作为部门法的划分标准,但是认为经济法的调整对象具有独特性,与行政法不同,因而能够独立成部门法。有学者将管理关系分为经济性的管理关系和非经济性的管理关系,认为行政法调整的是非经济性的管理

---

① 徐中起等:《论经济法与行政法之区别》,载《云南学术探索》1997年第5期。
② 李中圣:《关于经济法调整的研究》,载《法学研究》1994年第2期。
③ 徐中起等:《论经济法与行政法之区别》,载《云南学术探索》1997年第5期。

关系,而经济法调整的则是经济性的管理关系。① 有学者认为,经济法调整的经济管理关系与行政法调整的行政管理关系有质的区别,他们从传统的行政管理理念出发,将行政管理关系理解为一种直接的、以命令服从为特征的隶属性的社会关系,因此,在经济管理领域,如果经济管理关系是依据行政命令而发生的,是一种直接的管理关系的话,那么,这种管理关系就是一种仅具经济外壳的行政关系,它应由行政法去调整;相反,如果经济管理关系的发生根据不是行政命令,而是普遍性的调控措施、间接的调节手段,那么,这种宏观的、间接的、非权力从属性的经济管理关系应由经济法调整。②

此时的问题就转变成了经济管理关系是否与行政管理关系有质的区别,如果有则说明经济法的调整对象有特殊性,如果没有则说明经济法不能成为独立部门法。我们认为,经济管理关系与行政管理关系本质上是一致的,它属于行政管理关系的一部分。经济管理关系的主体与行政管理关系的主体性质上是相同的,经济管理关系也是作为公权力主体的行政机关与相对人之间的关系,此时的管理主体虽然在行使经济管理权,但这种经济管理权在性质上依然属于行政权,符合行政权优位性、主导性、有公定力等特征,经济管理机关性质上依然属于行政机关。经济管理关系只不过是行政机关在涉及经济领域的管理活动中产生的关系。性质上涉及经济管理,但仍属于行政权作用的结果。前面的结论已经告诉我们,关系内容的特殊性不足以成为经济法独立的原因,所以,经济法不能成为独立的部门法,经济法规范应该属于行政法规范系统。

---

① 刘国欢:《经济法调整对象理论的回顾、评析与展望》,载《法律科学》1996 年第 1 期。
② 王保树:《市场经济与经济法学的发展机遇》,载《法学研究》1993 年第 2 期。转引自王克稳:《行政法学视野中的"经济法"——经济行政法之论》,载《中国法学》1999 年第 4 期。

# 第五章
## 公法关系

当用公法调整社会关系的时候,公法关系就成为了不可逾越的中心问题。因为公法关系无论在理论上还是在实践中都是公法的转换器,是一个枢纽问题。

法律关系的观念最早来源于罗马的"法锁"(juis vinculum)观念。依照罗马法的解释,"债"的意义有二:债权人得请求为一定的给付;债务人应请求而为一定的给付。① 这形象地描述了债作为私法关系存在的客观强制性,并对后世民法及其理论的创立产生了深刻而又广泛的影响。因此,"从纯粹法学的角度看,19世纪以前,法律关系的研究仅仅限于私法领域,法律关系学说亦主要是私法关系学说"②。

直到19世纪,法律关系才作为一个专门的概念而存在。在法学上,德国法学家萨维尼第一次对法律关系作了理论阐述。但是,"法律关系始终是'权利'和'义务'的下位概念"③。当前,就国内来说,对于法律关系的研究基本上已经有了统一的认识。"法律关系是指法律在调整人们行为的过程中形成的权利、义务关系。"④"法律关系是在法律规范调整社会关系过程中形成的人们之间的权利和义务关系。"⑤

就整个法学学科来说,公法原理是在法学基础理论下的一个法学理论体系,是关于宪法、行政法等各分支公法的理论学科,是公法的法理学,是位于法学基

---

① 参见〔意〕彼得罗·彭梵得:《罗马法教科书》,黄风译,中国政法大学出版社1996年版,第283—286页。
② 参见王勇飞、张贵成主编:《中国法理学研究综述与评价》,中国政法大学出版社1992年版,第490页。
③ 参见张文显:《法学基本范畴研究》,中国政法大学出版社1993年版,第159页。
④ 同上书,第158页。
⑤ 参见刘金国、舒国滢主编:《法理学教科书》,中国政法大学出版社1999年版,第112页。

础理论之下而在各分支公法之上的一个学科。

从公法学科内部来说,其他的公法范畴如公法规范、公法行为、公法责任等都与公法关系发生着直接或间接的关联。可以说,任何公法现象的存在都是为了处理某种公法关系。如果把公法规范比作是子弹,那么它只有在公法关系这个战场上才能派上用场。没有公法关系的操作就不可能对公法问题作任何技术性分析,没有公法关系与公法事实的相互作用就不可能科学地理解任何公法法律问题。

研究公法关系对于公法理论和公法实践都有重要的意义。公法关系在公法体系中是一个极重要的问题,是区分公法与私法和建立公法诸制度的基础。对于整个公法理论体系的研究都可以依公法关系展开。通过公法关系对公法与私法的区分,并进一步列出公法在部门法中的具体体现,为实证地研究公法打下基础。另外,通过公法关系可以透视出公法的其他基本制度。因此说,公法关系问题是整个公法学的一个枢纽问题。

## 第一节 公法关系的概念及特征

### 一、公法关系的界定

现在,在法学界还没有出现关于公法关系的概念的论述,只有少量的关于公法的描述和对公法关系的简单介绍。我们可以从部门法公法与公法的关系中进一步理解公法关系的含义。

我们知道,部门公法与公法原理的关系是个别与一般、个性与共性的关系。公法原理中的公法关系应该是所有部门公法的法律的共性部分,而各部门公法又是既包含了公法原理的共同性部分,同时又有各自的特点。我们所要做的就是抽取出各部门公法中的共性部分。

一般认为,法律关系有以下几层含义:第一,法律关系是以法律规范为前提而形成的社会关系。第二,法律关系是以国家强制力作为保障手段的社会关系。第三,法律关系是以法律上的权利、义务为纽带而形成的社会关系。公法关系是法律关系的一种形式已是无可争议的事实。公法关系是一种法律关系,具有法律关系的一般特征。公法关系是法律关系的共性与公法的特性结合的产物。

公法的部门法至少包括宪法和行政法。在当今的这些部门法的研究中,有比较成熟的结论。"宪法关系,也称为宪政法律关系或宪法法律关系,是指按照一定的宪法规范,在宪法主体之间所产生的,以宪法上的权利和义务为基本内容的社会政治关系,是立宪社会最为基本的政治秩序在法律上、尤其是在宪法上的表现。"①"行政法关系是在实现国家行政职能中为行政法规范所调整的行政关系的双方当事人之间所形成的权利义务关系。"②

根据以上分析,对于公法关系的界定也是顺理成章的。公法关系是指公法在调整公权力之间,以及公权力与权利的关系过程中形成的权利义务关系。它反映一国社会经济制度以及立法、执法和司法情况的法律关系。其含义包括:(1)公法关系是以公法规范为前提而形成的社会关系。公法规范是公法关系产生的前提。没有相应的公法规范的存在,就不可能产生公法关系。如前所述,公法并不是一个部门法,而是一个以一定的标准划分的规范的体系,是以现行法律体系中所有的公法规范为研究对象的。在现行的法律体系中,并不是所有的公法规范都在同一个部门法中,也不是任何一个部门法中的所有规范都是公法规范。因此,我们说,我们所说的公法关系是以整个法律体系为视角的。不能仅仅限定在以某几个部门法为基础。另外,存在着"公法私法化"和"私法公法化"的法律渗透的运动现象。所以,为了避免研究的局限性,以开放的眼光看待公法关系问题更加有必要。(2)公法关系是一种法律拟制的关系,不同于公法所调整的社会关系本身。例如,行政法所保护的社会关系不同于上升为法律关系的行政法律关系。只有经过行政法调整之后才具有了法律的性质,成为行政法律关系。(3)从公法的实现形式来看,公法关系是公法规范的内容(行为模式及其后果)在现实社会生活中得到具体的贯彻。

公法关系是公法在调整公权力之间,以及公权力与权利的关系过程中产生的法律关系。公法关系的调整范围有两个:(1)关于公权力之间的分工、制约、配合。这个范围主要是由宪法规范来调整的,属于纯粹公法范围。依据权利制约的思想,现代国家一般都有相应的制度规定以保障人民主权宗旨的实现和人权保障等程序的畅通。西方国家主要有美国式、英国式和法国式。它们基本上都采取分权的原则和两院制。我国《宪法》规定了人民代表大会制。不管是哪一种制度,当涉及最广泛的公共利益的时候,世界各国都是以宪法的形式进行规范的。这是一种纯粹的公对公的公法关系。这种公法关系主要存在于宪法和政府组织法、人大组织法、立法法、区域自治法、特别区基本法等法律中。(2)关于公权力对私权利的引导、保护和关于私权利对公权力的作用的具体体现。这个领域属于非纯粹的公法范围。这个范围的公法关系调整的双方中一方是执行公权力职能的公主体,另一方是私主体。

"需要说明的是:行政主体与相对主体这种身份划分不是绝对的、一成不变

---

① 周叶中主编:《宪法》,高等教育出版社、北京大学出版社2000年版,第137页。
② 熊文钊:《现代行政法原理》,法律出版社2000年版,第75页。

的,在此行政关系中属于行政主体的组织,在彼行政关系中可能是相对主体。"①当双方都是公主体时有两种情况:第一,如果此时的相对"公主体"是以私主体的身份出现的,实质上是私主体,该公法关系即为非纯粹的公法关系。第二,当该乙检察院与上级甲检察院发生工作关系时,乙检察院仍为公主体。该公法关系为纯粹的公法关系。公与私、公权力与私权利的相互渗透、相互转化、相互对抗的对立统一关系,演绎出丰富多彩的公法关系。

如果从更深层次上来说,尽管乙检察院在与丙局的公法关系中是私主体,行使的是私行为,但是从乙检察院内部来说,该行为代表了公共的利益,是一个公行为。因此说,在公法中"公与私"、"公主体与私主体"、"公域与私域"、"公行为与私行为"等都是相对的。因此,对于什么是"公"与"私"的区别就变得非常重要了。如何建立一个系统的"公范畴"和"私范畴"理论体系是一个亟待解决的理论问题。②

在当前市场经济的新环境下,要求平等、契约自由,也要求计划和管理。公法在这样的形势下也应在理论和立法上适应其发展,进行进一步的研究。

---

① 熊文钊:《现代行政法原理》,法律出版社 2000 年版,第 83 页。
② 公与私是在相互联系中区分的,单个个体无法说明其本身是公是私,必须在与其他个体的关系中来判断是公是私。当一个个体与其他个体发生一定关系时,此关系部分为公,除此关系以外的其他部分为私;当个体与多个个体发生关系时,此个体中这些关系部分为公,其余部分为私。公与私的存在同时又是相对的,不是绝对的。
公与私又是相互转化的,不是相互隔离的。
从法人类学的角度来说(法人类学认为,法起源于国家产生之前(参见〔美〕霍贝尔:《初民的法律》,周勇译,中国社会科学出版社 1993 年版,第 18—30 页),"法在任何一个社会中——原始的或文明的,真正必须具备的基本条件,是由一社会权威机构合法地行使人身的强制,法律是有牙齿的,需要时它能咬人。虽然这些牙齿不一定必须暴露在外。"(参见〔美〕霍贝尔:《初民的法律》,周勇译,中国社会科学出版社 1993 年版,第 27 页。)人民面对共同的社会问题,通过一定的形式形成公意(此公意的原动力是公民权力——以权利形式表现),公意转化为社会权力和国家权力。所谓公权力是指这两者,即是指在一定公域依人民授权而存在的权力。这种公意形成途径应是自下而上的(那种自上而下的不管是否符合民意,或更深层地说,适合社会发展的统治模式,常常要求民众以缄默的形式"接纳"。"在这样的情况下,普通的缄默就可以认为是人民的用意。"参见卢梭:《社会契约论》,何兆武译,商务印书馆 2003 年版,第 35 页。)这种授权要受到当地经济、政治、文化水平等条件的制约,也包括历史传统的影响。当这些因素发生变化时,人民的意志也会发生变化。明智的统治者会看到这"无语的要求"并顺应这一变化了的世界,调整治理方式。否则人民的意志与政府的意志就会不协调,冲突,直至激化。公权力就像是一个"公器"——这一人民制造出来以服务自己而事实上又常常伤害自己的矛盾体。公权力一旦产生就把社会分成了两部分,这两者分别是公权力的两端——人民和政府。如此理解公权力是因为符合现实。历代统治者的良好统治都是顺应经济和民意的结果。灭亡是因为与之不符合。所以说人民主权与"法没有禁止的地方存在大量的自由"不矛盾。从本来的意义上说,尽管私权是最根本的,但是在现在国家中公权力起主导作用,公权力还有扩大的趋势。但是,公与私的对立统一关系是永远无法改变的。它们永远处在相互渗透、相互转化、此消彼长的运动过程中,没有消失的那一天。从法学的角度唯一需要关注的是,根据时代的需要,如何界定"公"的范围以及"公"与"私"的界线。

## 二、公法关系的特征

公法关系的特征是指公法关系作为法律关系的一种所具有的区别于私法关系的本质属性。

第一,公主体的恒定性。在公法关系中,主体双方必有一方是公主体。在纯粹的公法关系中,双方都是公主体。在非纯粹的公法关系中,只有一方是公主体,另一方是私主体。从最广义上的公法来说,存在一个庞大的非纯粹公法范围。在这个范围中,公法关系的一方是公主体,另一方是私主体。例如,在诉讼法中就存在着大量这样的非纯粹的公法关系。

公法学的价值在于对公权力的良性引导,既避免腐败又能使其充分发挥社会管理职能。就权力与权利的关系来说,不同的国度,不同的历史文化背景,不同的政治法律制度中的模式是不同的,有"官治民"模式、"控权"模式、"管理"模式以及"坐标平衡理论"[①]。在具体的措施上有"设立宪法法院"、"独立的行政法院体系"的设想以及"权力权力制约"和"权利对权力的制约"等理论。所有这些理论都是围绕着公主体展开的。因此,公法及其公法关系的主体的一个重要特点就是至少有一方是公主体。

第二,公法运行的公主体主导性。包括:(1)公法主体的受限制性。在公法关系中,行政主体受到一定的资格与条件的限制。公法主体作为公共权力的行使者,必须具备相当的条件才可以。世界各国对于公权力的授予和行使者都限定了严格的资格,以防止公权力对人权的侵害。我国关于权力机关与行政机关的资格有专门的法律来规范。我国公务员法、机关编制和授权等对此都有规定。(2)公法关系的不对等性。公法关系中的主体之间的地位往往是不对等的。这与私法关系中的平等有偿原则是不同的。如在行政法律关系中,行使行政职权的一方主体往往处于主导地位,在公法关系中起着主动的、积极的、决定的作用。而对方却处于被动的地位。公法关系中有很多内容具有无偿性或不等价性,如税收、征用土地等。另外在公法关系一旦形成后,对方主体就必须履行作为或不作为的义务,当不履行行政法义务时,公法主体可以强制其履行。

第三,客体的公共性。公法关系中的客体的最显著的特征是其涉及公共性。公法与私法有很多的区别,其中一个重要的区别就是公法的主体和调整范围为公共利益。而私法却无论在主体还是在调整范围上都只涉及私领域。

第四,公法关系具有法的先定性。公法关系的诸要素多是由法律、法规和规章事先规定好的,主体双方都不能自由选择。(1)主体的不可自由选择性。主

---

① 熊文钊:《现代行政法原理》,法律出版社 2000 年版,第 121—129 页。

体的不可自由选择性是由公法的"管理理论"决定的。尽管"人民主权"决定了人民作为主人的最终决定性,但是在现实操作的层面,公主体往往处于主动的地位,法律也往往事先规定了主体双方的角色。因此,双方主体不能自由选择对方。这一点不同于私法关系的"意思自治"和"契约自由"原则。(2)内容具有法定性和不可自由处分性。公法主体之间不能相互约定权利义务,也不能自由选择权利义务,其权利义务只能由公法规范予以规定。如前所述,公权力是公共意志的表现,具有公域性,因此也就具有优先性。公法不允许私主体在公法实施阶段自由约定违反法律的契约,以避免侵害公共利益。

但是,也有人认为应从效率和司法成本的角度来考虑刑事诉讼法中的"辩诉交易"。这是一个法律公正与效率的关系问题。我们将在第12章和第15章中对此进行讨论。

第五,公法关系是近现代社会法治体系中基本的法律关系,是维护社会秩序的基本关系。宪法关系和行政法关系是公法关系中的主要组成部分,宪法关系是所有法律关系体系中最为基本的一种,它确定了国家的法治生活的根本范式。行政法律关系执行着一个社会日常生活中绝大多数的管理工作。没有宪法关系的运作,就无法组织起国家立法、行政和司法机关,既不可能为其他各种法律关系的确定提供法律依据,也不可能对其他法律关系的运作进行裁判、协调;没有宪法关系为各个宪法主体设定基本的权利义务,其他法律关系中的权利义务就失去了宪法依据。

第六,公法关系是围绕着权力的行使和权利的保障而展开的,区别于私法关系。在一定意义上说,公法的作用就在于给公域和私域划分了界限。

## 第二节 公法关系的构成

公法关系的构成要素包括主体、内容和客体。

### 一、公法关系主体

公法主体是指在具体的公法关系中享有权利、承担义务的人,包括组织和个人。公法关系主体包括公主体和私主体。从权力和权利的角度来说,公主体同时拥有权力和权利;私主体仅仅拥有权利。

因此,在公法关系中存在两种关系:一是公主体与公主体的关系;二是公主体与私主体的关系。

1. 公法关系中的公主体

公主体是指依公民的意志确认、物化公权力,分配、行使、实现公权力的过程中的参与者。公主体包括：国家机关及机构、有公共权力的企事业单位、社会团体和其他组织等。它们因为执行着一定的公权力而参与到公法关系中来。

(1) 国家机关

有人认为民主国家是宪法关系的一个主体。[①] 从法学的角度来说，用国家机关比用国家更具有可操作性，有利于司法实践。国家机关可以作为公法主体也可以作为公法的相对主体。国家的一切权力和义务都是通过中央和地方的各级各类国家机关以国家的名义来行使和履行的。因此，国家机关能以国家代表的身份来参与宪法关系；同时，国家机关在许多情况下也独立地以自己的名义行使和承担公法上的权利和义务，例如在同级国家机关之间、上下级国家机关之间、国家机关同其他社会主体之间的宪法关系中的公主体国家机关都是作为公法关系的主体出现的。

(2) 政党

政党的存在及其合法活动是现代国家立宪政体得以有效运行的必要因素。离开了政党必要的政治活动，宪政国家的政治生活就缺少了宪政中介和组织维系机制。因此，虽然大多数国家的宪法规定了政党承担的宪法权利义务并且其成员也行使某些权力，但总的来看，政党是公民集体行使权利参与国家政治生活的组织方式。

(3) 其他组织

主要指法律、法规授权的组织和担当一定公共职能的社会组织。关于公主体的范围，我们应当以执行公权力为依据，不能以授权为依据，因为在现实生活中存在有大量这样的组织。这样理解的好处是，可以把没有授权而确实行使着公权力的组织也列入调整的范围，避免了漏洞。

2. 私主体是指除公主体以外的私个体

它们因为自己或公主体的行为而使自己与公权力发生了公法上的联系，从而参与到公法关系中来。私主体包括两种情况：(1) 仅仅代表自身利益的主体，即真正的私主体。如公民和其他组织。在公法关系中，公民只能作为相对主体出现。尽管公法的最终目的是为了公民权利的保障与实现，公民在公法关系中仍是处于被动的、消极的地位。(2) 没有执行公共职能的"公主体"。包括国家机关和其他授权的组织。如上文中的乙检察院在与丙局的法律关系中就是私主体。

---

[①] 参见周叶中主编：《宪法》，高等教育出版社、北京大学出版社2000年版，第140—141页。

## 二、公法关系内容

公法关系的内容是指公法关系主体之间的权利、义务的统一。对于公主体来说,这种权利和义务表现为公主体的权利和责任。对于相对主体来说,则表现为权利与义务。公法关系的内容是权利义务形式下实质的社会内容的反映。

这样区分的目的在于说明,权利是可以放弃的,而权力是不可放弃的,否则就会产生责任。

### 1. 权力与责任

关于权力有很多种说法:"权力是指它的保持者在任何基础上强行使其他个人屈从或服从于自己意愿的能力。"①"一个人或许多人的行为使另一个人或者其他许多人的行为发生改变的一种关系。"②"是一种组织性之支配权力,是制定法律、维护法律、运用法律之力。"③

"人民是权力的唯一来源"和"原始权威"。④ "人民只是将一部分个人能力所不能实现的天赋权利'存入社会的公股中',国家权力由这入股的种种天赋权利集合而成。"⑤

这里所说的公权力是实质上的公权力,是指在现实的公域内依人民的授权而存在的权力,它是在对应然权力确认后的存在物。公权力的载体有:(1)国家机关。包括权力机关、行政机关、司法机关、军事机关。国家机关是公权力的主要载体。(2)授权的组织。(3)极特殊情况下的个人。⑥

公权力的行使要有以下条件:权力机构的设置、官员的组成及其产生办法、机构的权力及其限制等。公权力的来源是人民授权,其过程是:选举立法机关——立法——执行——实现。公权力与公共权力在词义上无区别,但在法律文化上有区别:(1)公权力对应私权力。公权力有传统与现代、合法与非法之分。(2)公共权力在西方主要意味着国家与氏族组织的分野。公权力也不等同于国家权力,它们是交叉、重合的关系。因为许多非国家机关的主体也是公权力的拥有者和行使者,如授权的组织和个人等。

---

① 〔英〕布洛克等编:《枫丹娜现代思潮辞典》,社会科学文献出版社1998年版,第453页。
② *Encyclopaedia Britannica*, Version 15, Volume 14, Encyclopaedia Britannica Press, 1974, pp. 697—698.
③ 谢瑞智:《宪法辞典》,台湾文笙书局1979年版,第61页。
④ 〔美〕汉密尔顿等:《联邦党人文集》,程逢如、舒逊、在汉译,商务印书馆1980年版,第257页。
⑤ 〔美〕潘恩:《常识》,转引自《西方法律思想史资料选编》,北京大学出版社1983年版,第383页。
⑥ 参见熊文钊:《现代行政法原理》,法律出版社2000年版,第187—188页。

在现代社会,公权力与私权利在不断地扩张。其重要表现形式就是"公法私法化"与"私法公法化"。从理想意义上说,有一个处处充斥着私权利且处处充斥着公权力的社会,也就是和谐社会。这样就得出了一个结论:公权力是私权力(权利)的产物,是单个个体(最终表现为个人)生而具有的权利,通过一定的形式转化为共同的意志而产生了公权力。它们是产生与被产生的关系。私权力包括两种:一是留给公民自己通过自治调节的;二是当时还没有上升为公共意志的个别意志。公权力一旦产生又独立生存并反作用于私权利(有两种倾向:一是造福私权利;二是侵害私权利)。公权力与私权利两者的结合点是人民主权。在这个结合点上公私重合。从这一点向相反的方向延伸:至公、至私也是重合的。因此,公私如硬币的两面,不可分离又首尾相连。公权力的合法与否是形式上的,公与私是实质上的。一定社会的公与私要以当时社会的经济、价值承受力等条件为依据。当今社会以民主、公正、自由等为基础来分配公与私,并进一步演化出其他的公私概念。①

因此可以说,权力与责任紧密相联。公权力主体的责任有两种形式:一是积极的责任,即公权力主体必须作出某种行为以保障和促进公民的权利。二是消极的责任,即公权力主体不得滥用其权力侵犯公民的权利。

综上分析可以看出:(1)公法主体的权力的产生应有一系列理由,其中最直接的理由是公法规范。(2)公权力具有主导性。(3)公权力表现为:第一,公权力主体可以依法自主地作出某种行为。第二,公权力主体可以要求相对人为一定行为或不为一定行为。(4)相对人有监督的权利、救济的权利、获得保障的权利、参与国家管理权和诉权等。

2. 权利与义务

权利指的是一定的法律关系中,一方主体对另一方主体所享有的可以要求其作出一定的行为或不作为,并为法律规范所认可的一种资格、利益、自由的可

---

① 私域是指个体之间可以自愿解决而不损害第三者利益的范围。公域是指个体之间可以自愿解决的范围之外并可能损害第三者利益的范围。首先是现实的公域范围,进而抽象为权利层面的公范围。私域可依主体的意思自治而解决,公域则需要设置公权力来调整。私公域是把一定公域作为个体的称呼,如上文中乙检察院相对于丙局就属于私公域。公私域是指私个体的共同要求——共性,需要保护和确认,如休息权等基本人权由宪法来规定。公域与私域是一个不断伸缩变动的范围,由立法者根据需要取舍。

对公域与私域的划分可以明确国家的和公民的权利义务,从而可以:(1)防止国家权力超出公域侵入私域危害公民的权利与自由;(2)对国家机关之间的权力进行合理的配置,形成必要的分权与制衡。

私个体具有相对封闭性,私生自养,没有公共职权,在公法律关系中表现为私主体。公个体具有开放性,公生他养,有公共职权,并以行使职权为生存理由,在公法关系中表现为公主体。个体还可以分为公民个体和单位个体(机关、团体、企业、事业单位)。

能性或手段等。权利也是有物质制约性的。"公民在行使自由和权利的时候,不得损害国家的、社会的、集体的利益和其他公民的合法自由和权利。"任何超过法定范围和限度的滥用权利的行为都是公法所不允许的。同时,相应地,公法的相对主体也必须作出一定的行为或不作为——义务。需要说明的是,相对主体的义务范围无论如何应当是有限的。

可以看出:(1)公主体有执行法律、依法办事的义务,国防的义务,保障生产和增进福利的义务,接受监督的义务,补偿和赔偿的义务。(2)相对人有维护国家统一和民族团结的义务,遵纪守法的义务,维护祖国安全、荣誉和利益的义务,保卫国家和服兵役的义务,纳税的义务,服从管理、协助行政主体履行职务的义务,接受处罚、承担违法后果的义务,接受行政管理的义务。

### 三、公法关系客体

**（一）公法关系客体的概述**

公法关系客体是指公法主体的权利和义务共同指向的,重合的形态的总和。客体是联系主体权利和义务的中介和纽带。如检察院与法院之间的抗诉公法关系。检察院针对不公正的一审有提起抗诉的权力,法院有二审的义务。此时检察院的抗诉权具有主导性、法的先定性和不可自由处分性。法院处于被动的地位,有接受抗诉和二审的义务。两个公主体没有自由载量的权利。因此,不公正的一审就成为了此公法关系的客体,是联系检察院和法院的纽带。

公法关系客体中的公主体的权利和义务是双向的,也就是说,公主体的任何一个行为是权利同时又是义务。但是在纯粹公法关系中,权利一方在行使权利前是没有选择余地的。如国务院向全国人大报告工作就是一个不得不行使的权利——是权利和义务的结合。而在非纯粹的公法关系中相对人一方仅仅是一种权利。如行政相对人申请许可的行为就是一种可以放弃的权利。这是由公法关系的法定性和不可自由处分性决定的。

公法客体具有有用性、可控制性、稀缺性,是一个历史的范畴,它的范围是随社会条件的变化而不同的。在现实生活中任何能承载某种公共利益的价值的事物都有可能成为公法关系客体。

**（二）公法客体的分类**

公法关系中的权利和义务实质上是法益的表现。这些法益从表现形态上可以分为物质利益和精神利益、有形利益和无形利益、直接利益和间接利益;从享有主体上来说可以分为国家利益、社会利益等。从公法责任的角度说,一切违反公法的行为,无论是直接客体还是同类客体,归根结底都是对社会利益的侵害,这是一切公法客体的共性。这个共性不是单纯的共同点,而是客体的本质。

公法关系客体根据调整法的不同又可以分为公法益和私法益。公法益即在法律关系中为公客体,是指涉及不特定多数人的利益,表现为一般客体、同类客体、直接客体;私法益即在法律关系中为私客体,是指仅涉及特定行为个体的利益。当一种违法可以以自治的方式解决时由私法或非法律方式调整。若需要公权力来调整则已涉及公法了。即使在同一诉讼过程中,适用同一部诉讼法,也同时存在着公法和私法两个问题。①

公共利益(或称一般客体)是一个由各种各样的私利益组成的有机统一体,它当然包括同类客体和直接客体在内。同类客体是指某一类型的客体,如宪法客体、行政法客体等。直接客体是指具体的公法关系中权力(权利)义务指向的对象。

同类客体是指某一类违反公法的行为所共同侵害的公共利益。同类客体是同一类违反公法的行为的共同属性。它是宪法、行政法等部门公法分类的基础。一般说来,"具有某种共同属性的事物可以是产生出这种属性的类,不管这些事物在其他方面是如何不同,它们在这种属性方面均是具有彼此等价的关系的"②。这些部门公法中所列的行为的违法程度不尽相同,但是,它们所侵害的利益是一类的,如宪法,就是以最基本的社会和国家问题作为类客体的。

直接客体是指某一违反公法的行为所直接侵害的某种特定的利益。

把公法客体分为一般客体、同类客体和直接客体的目的在于,从公法学的广阔角度来看待各部门公法,并对其进行划分。从而能更清晰地分析公法及其规范,也为分析违反公法和公法责任提供基础。

(三)公法关系客体的形态

公法关系的客体是一个历史的范畴。它会随着社会的发展而变化。总体来说,由于公法权利和义务类型的不断丰富,公法关系的范围的种类有不断扩展在和增多的趋势。就当前来说,公法关系客体的种类有以下几种:

1. 行为

公法行为是指公法主体依法行使公法规定的权利的作为和不作为。公法关系客体不同于公法关系的标的。标的是公法行为所达到的目的或公法行为所指向的对象。在公法中如规范性文件等属于标的。而公法关系客体必须为权力或

---

① 所以,公法与私法的区分应考虑主体、利益、权力、客体等多方面的因素,鉴于此,对于两者的区分应以法律关系为标准较好。因为,法律关系包含了上述因素,而且所有这些因素的单个特征和最终功能都与公权力有较多的联系,能较为清晰地区分公法与私法,给公法一个清晰的轮廓。

② 〔俄〕瓦托夫斯基:《科学思想有概念基础》,范岱年等译,求实出版社1998年版,第290页。

权利所直接指向,又不能为公法规范所直接调整,而公法关系的标的必须通过公法行为才能在公法关系中得以表现,并且这种客观存在的标的物并不总是出现在每一项具体的公法关系之中,这就说明它们并不是公法关系的构成要素,当然不能成为公法关系的客体。

公法行为主要分为：

(1) 作为与不作为

作为的公法行为表现为在行为方式和内容上积极地作出一定的行为。如行政机关进行罚款和行为、相对人申请出国护照的行为等。

不作为的法律行为表现为在行为方式上不作出一定的行为。如国家机关不依法履行职责的行为、相对人不依法履行法定纳税义务的行为。

(2) 公法主体行为与相对主体行为

公法主体的行为是指具有公法主体资格的组织行使职权而作出的行政行为。如全国人大审查国务院工作的行为、税务机关的征税行为等。相对主体的行为是指在公法关系中相对人作出的具有公法意义的行为。如申请营业执照的行为等。

2. 物

法律上所说的物包括一切可以成为财产权利对象的自然之物和人造之物。物有公法关系的一般特征:有用性、可控制性、稀缺性。关于物的描述,现在已有较为成熟的分类：

(1) 动产与不动产

动产与不动产的区分是以物是否能因移动而损害其价值为标准而分的。动产是指能够移动并且不至于损害其价值的物。不动产是指在性质上不能移动或移动后将损害其价值的物。在公法上,动产与不动产的区分目的在于不动产的变动应以公主体的确认为要件。而动产则无此规定。

(2) 有主物与无主物

有主物与无主物的区分是以在一定的期限内是否有所有人为标准的。无主物是指一定期限内没有或所有人不明的物。有主物是指所有人明确的物。在公法上区分有主物和无主物的意义在于无主物的归属问题,从而定断利益纷争,维护社会公平。如我国公法中就规定所有人不明的埋藏物、隐藏物、超过规定期限无人认领的拾得物,漂流物以及无人继承、无人受遗产等都归国家所有。

(3) 特定物与种类物

特定物与种类物以物是否有独立的特征或是否被权利人指定而特定化为标准区分的。特定的物是指具有因定属性或被权利人指定,不能以其他物代替的物。种类物是指具有共同属性,能以品种、质量、规格确定的物。在公法关系中根据不同的情况或以特定物或以种类物为客体。如文物管理部门在进行文物鉴定或保护时,必须以文物这一特定物为其公法关系的客体。而在一般行政管理中都以种类物为其公法关系的客体。

(4) 流通物、限制流通物和禁止流通物

流通物、限制流通物和禁止流通物是以是否能进行流通为标准来区分的。流通物是指公法允许在公法主体间自由流通的物。物大多是流通物,或者说,凡是没有禁止的物都是流通物。限制流通物是指法律限定其流通范围的物,如黄金、白银、外汇等。禁止流通物是指法律明文禁止流通的物,如淫秽物品等。公法正是通过对稀有物的控制来控制公共利益的。

3. 人身权

人身,是由各个生理器官组成的生理整体。它是人的物质形态,也是人的精神利益的体现,在公法上表现为人身权,即指人在法律关系中依法享有的与其人身不可分离而无直接财产内容的权利。人身权可以分为人格权和身份权。人格权是对权利人自身的人身、人格利益的专属性支配权,包括健康权、姓名权、名称权、自由权等。身份权是指基于一定的身份关系而产生的权利,如荣誉权等。

我国公法中有很多关于人身权保护的规定从而使人身权成为我国公法保护的客体。如《宪法》在第2章规定了对公民人身权的保护。在行政法中也有以相对人人身为客体的,如在行政处罚、行政强制、行政奖励等公法关系中。

### 四、应以系统的视角看待公法关系构成要件之间的关系

我们在理论和实践中应当以什么样的一种视角来看待公法关系构成要件之间的关系,关系到研究的深入程度和实践的成败问题。

公法关系作为一个有机整体(系统),必然具有自己的要件(要素)、结构和性能以及环境因素。应当辩证地、系统地看待这个问题,要对公法关系的构成要素、结构、性能和环境进行全面的考察,避免孤立地看待其中单个要素和公法本身。

每一个具体的公法关系构成要素的搭配都是独特的。特定的主体的特定的行为侵犯了特定的具体客体,其中任何一个要素的变化都会改变公法关系的整体性能,从而在量上或质上改变公法关系,从而影响到公法责任。如一行政机关作出的一个具体的行政处罚违法,可能形成行政法律关系,承担行政责任。而该机关制定的一个行政法规违宪,可能形成宪法法律关系,承担宪法责任。

但是,不管是形成何种具体的法律关系,公法关系在本质上还是区别于私法关系的,因为对公共利益的侵犯是公法关系的最主要的特征。这一特征是

公法关系的诸要件的性能的体现。从这种意义上说,公法关系可以看做是公法与私法的区分标准。这样区分避免了孤立地、割裂地看待问题所可能导致的种种弊端。

另外,公法与私法不是静态的、不变的,而是相互作用、相互渗透的。坚持系统的观点,也就是要看到"公法私法化"和"私法公法化"的情况。所以,非纯粹的公法关系也应是我们研究的范围。

## 第三节 公法关系的分类

### 一、纯粹的公法关系和非纯粹的公法关系

以公法关系中是否有私范畴的参与可以分为纯粹的公法关系和非纯粹的公法关系。

对于建立公范畴与私范畴的意义在前面已经简单地作了介绍。就"公"的范围来说,德国法律界大多是从反面推出公共的特征的。即"公"是"某圈子里的人"(personen kreis)的相对概念。"某圈子里的人"是指范围狭窄的团体,例如家庭、家族团体、成员固定的组织、特定的机关的成员等。其特点在于:第一,该圈子并不是对任何人都开放,具有隔离性。第二,该圈子的成员在数量上是少数的。相反的推理是:"公"是指:第一,开放性。是指任何人在任何时候都可以自由进出某一场所,无需特别的条件,该场所不封闭也不专为某些人保留,不具有排他性。第二,数量上必须达到一定多数。一般认为应该达到社会的半数以上,以便符合"多数决定少数,少数服从多数"的规则。

公与私是在相互联系中区分的,单个个体无法说明其本身是公是私,必须在与其他个体的关系中来看是公还是私。当一个个体与其他个体发生一定关系时,此关系部分为公,除此关系以外的其他部分为私;当个体与多个个体发生关系时,此个体中这些关系部分为公,其余部分为私。公与私的存在同时又是相对的,不是绝对的。

所谓的公范畴和私范畴就是关于这两个范围的所有概念的综合。一般包括法域、利益、行为、主体、客体、权力等。公范畴就包括公法、公域、公利益、公行为、公主体、公客体、公权力等。私范畴就包括私法、私域、私利益、私行为、私主体、私客体、私权力等。

纯粹的公法关系是指在主体、客体和内容方面都只有公范畴要素的参与而形成的公法关系。如国家机关之间、国家机关与其他公共权力主体之间形成的公法关系。这个范围主要是宪法规范调整的关于公权力之间的分工、制

约、配合。当公法关系双方都是公主体时也不矛盾,因为任何一个行政法律关系中只有一个行政机关起主导作用,另一个公权力机关居于相对人的地位。

非纯粹的公法关系是指非纯粹的公法调节社会而形成的法律关系,在构成上有私范畴的要素。如果从最广义上的公法来说,存在一个庞大的非纯粹公法范围。在这个范围中,公法关系的一方是公主体,另一方是私主体,或内容上有私法的因素。这个范围是"公法私法化"和"私法公法化"的交叉点。这个范围不是一个固定的领域,因为"公法私法化"和"私法公法化"在不断地进行,所以,这个领域也在不断地伸缩。

纯粹的公法关系和非纯粹的公法关系与宪法关系、行政法关系的区分不同,因为在宪法关系和行政法关系中存在非纯粹的公法关系。

纯粹的公法关系和非纯粹的公法关系最主要的区别在于公权力不具有可放弃性,而私权利可以放弃。如申请许可行为、自诉行为。

区分纯粹的公法关系与非纯粹的公法关系的意义在于:

(1) 对于公法概念确定的意义。我们在确定公法的概念的时候,一般认为宪法与行政法是纯粹意义上的公法,因为它们是建立在公范畴之上的,没有私范畴的因素在里面。但是在诉讼法等既有公范畴又有私范畴的部门法在实施中形成的法律关系应该如何看待就成为了一个问题。本书的观点是应该把这种公法关系列为非纯粹的公法关系。相应地,这样的法也应该是广义上的公法。因为它们具有公法关系的特点,也就可以划在公法的范围之内。

(2) 有利于公法的深入研究和发展。"公法私法化"和"私法公法化"具体体现在原来纯粹公法或者纯粹私法中出现了私法和公法的规范。在法的实施中也就越来越多地出现了非纯粹的公法关系,从而朝向一个"处处都充斥着公权力,又处处都充斥着私权力的和谐社会"的发展方向。非纯粹的公法关系就是在这样一个"化"的过程中的体现。对于非纯粹的公法关系的研究会促进公法的深入发展。

## 二、一般公法关系和具体公法关系[①]

一般公法关系是指根据宪法(或者宪法关系中的抽象宪法关系)形成的国家、公民、社会组织以及其他社会主体之间普遍存在的社会关系,不是具体主体之间的,而是全部社会主体之间的一种法律联系。它是一种预设性的关系,是立法上的设定,或者说是建立具体公法关系的模型。

---

① 此分类借鉴了张文显关于抽象法律关系与具体法律关系的划分,参见张文显:《法学基本范畴研究》,中国政法大学出版社1998年版,第188页。

具体公法关系是指具体的部门公法在调节社会关系时产生的具体的法律关系,是依据法定的公法模型而建立起来的,以具体的、可感受的、可认知的、人格化的权利义务联系为内容的法律关系。

抽象公法关系和具体公法关系处于不同的阶段和领域。抽象公法关系是具体公法关系的基础,具体公法关系是抽象公法关系的具体化。抽象公法关系属于应然的范畴,具体的公法关系属于实然的范畴。

### 三、公权力内部的公法关系和公权力与私权利之间的公法关系

公权力内部的公法关系是指公权力机关与公权力机关之间的关系。这种公法关系又可以分为横向的和纵向的公法关系。

公权力与私权利之间的公法关系指是公权力机关与私权利主体之间的关系。

### 四、权力公法关系、行政公法关系和司法公法关系

权力公法关系、行政公法关系和司法公法关系的划分是根据公权力主体的职能不同而定的。它属于纵向的公法关系。

权力机关产生其他公权力机关,形成权力机关与其他公权力机关的关系。行政公法关系形成行政机关与相对人的公法关系。司法公法关系形成司法机关与参加人的公法关系。

## 第四节 公法关系的产生、变更和消灭

### 一、公法关系的产生、变更和消灭的条件

公法关系是法律对社会关系加以确认和保障的结果,因此,它具有相对稳定性。然而,由于社会关系本身是不断变化的,法律关系也就不能不具有某种流动性,从而表现为一个形成、变更与消灭的过程。法律关系的产生指的是在主体之间产生了权利、义务关系,变更指的是法律关系的主体、客体或权利和义务发生了变化,消灭指的是主体之间权利、义务关系的完全终止。

关系的形成、变更与消灭不是随意的,必须符合两方面的条件:一是抽象的条件,即公法规范的存在,这是法律关系形成、变更与消灭的前提和依据;二是具体的条件,即法律事实的存在,它是公法规范中假定部分所规定的各种情况。一旦这种情况出现,公法规范中有关权利和义务的规定以及有关行为法律后果的规定就发挥作用,从而使一定的公法关系形成、变更或消灭。因此,可以用一句

话来概括公法关系形成、变更或消灭的条件:公法规范加以规定的法律事实是法律关系得以形成、变更或消灭的条件。

但是,有了公法规范并不等于就有了公法关系。只有在公法事实出现时才能有公法关系。当公法事实出现时,公法规范关于权利、义务的规定就从可能变为现实。因此可以说,公法规范为公法关系的形成、变更或消灭提供了现实的条件。

法律事实是由法律规定的,能够引起法律关系形成、变更或消灭的各种事实的总称。公法事实与一般意义上的事实既有相同之处,也有重要区别。相同之处在于,法律事实本身也是一种事实,它与其他事实一样是一种客观存在的情况。区别之处在于:公法事实只是由公法加以规定的那些事实,而且是能够引起公法后果的那些事实。

### 二、公法关系的产生

公法关系的产生是指公法事实出现后,公法主体之间按法定的权利和义务模式形成的联系。这种必然的联系又可以分为应然的和实然的两种情况。

应然的联系是指当某种条件具备后,主体双方就自然形成一定的权利义务关系,无论主体是否承认它。应然的联系体现在现实中大量存在的民间法和习惯法中。

实然联系是指当某种条件具备后,主体双方在自然形成一定的权利义务关系的基础上积极主动地主张这种联系。这是一种有意识、有行为的联系,是人们付诸实际的联系。

上述两种联系将公法关系的产生区分为潜在的产生与实际的产生两种形态。

### 三、公法关系的变更

公法关系的变更是指公法关系产生之后、实现之前,因法定的原因发生了局部的变化。公法关系的变更包括主体的变更、客体的变更和内容的变更。

主体的变更是指主体发生了不影响原权利义务的某种变化。通常有两种情况:一是主体在数量上的变化。如行政机关的合并、分立等。二是主体在承接上的变化。如行政机关的撤销、因行政区划调整而变更隶属关系等。

客体的变更是指客体发生了不影响原权利义务的某种变化,通常是可替代性的变化。在公法关系中,有的客体能发生变化,有的不能发生变化。可以发生改变的客体是指具有可替代性的客体。这类客体主要有:一是与特定人的人身没有联系的财物。这种物可以由同等价值的他物代替。二是与特定的人身没有联系的作为行为(通常这种行为只是行政相对人的行为)。不能发生变化的客体是指该类客体具有特定性而不能改变。这类客体主要有:人身,不作为的行为,与特定人作为的行为,与特定人的人身密不可分的资源或财富,如行政职权、行政相对人的著作权等。

内容的变更是指行政关系主体的权利义务发生变化。在行政主体方面,主要表现为职权权限的变化。在相对人方面,主要表现为行政义务的增加或减少。

### 四、公法关系的消灭

公法关系的消灭是指公法主体双方原有权利的消亡或灭失。在公法关系这个系统中,任何一个因素的消灭都可能引起公法关系的消灭。

公法关系消灭的情形有:一是主体双方之间产生的公法关系因失去存在的意义而终止;二是已产生的行政关系因其内容已完成而消灭;三是因原适用的公法规范废除而归于消灭;四是私主体放弃自己的权利而使公法关系归于消灭。

(一) 主体的消灭

主体的变更是指公法关系双方中的一方或双方丧失主体资格。如行政机关的撤销、公务员职务的免除等。但是,如果主体有新的主体承接时就是变更,而不是消灭。

(二) 客体的消灭

公法关系客体的消灭可以导致公法关系的消灭但不必然导致公法关系的消灭。客体的消灭也可以形成公法关系的变更和消灭两种情况:一是原客体消灭后,能以另一个客体来代替原客体;二是原客体消灭后,其他物不能替代原客体,此时权利义务无法实现而只能归于消灭。

(三) 内容的消灭

内容的消灭是指公法关系的双方主体的权利义务得以充分的实现或因法律规定的特殊情况使主体之间的权利义务关系得以解除而灭失。如标的物的毁损、时效的丧失等。

## 第五节　公法的实现与公法关系

我们知道,对社会关系进行调整,首先是要有法律规范,因为法的调整是以法律规范的形成和生效为前提的。法律规范经国家创制产生,经公布生效,方可进入调整过程。此时的法是抽象的、概括的、原则的规定,法的实现的作用在于提供调整社会关系的法律依据。如果将其转化为具体的、微观的、现实的,就必须具体化,转化为特定主体的具体要求,架起一个具体的法律关系桥梁,才能把法律规范的具体要求转化为具体的法律关系,转化为现实。

# 第五章 公法关系

公法关系是法规范转化为现实的过程中的一个重要环节。公法规范经颁布生效进入社会,其法律规范自身并不自动具体化为法律关系。只有当社会中出现了法律规范规定的、与一定主体相关的法律事实时,才能产生法律关系。因此说,只有将法律规范和抽象行为模式转化为对具体主体的行为要求,才能形成具体主体的权利和义务关系。只有在法律规范的一般规定转化为具体主体的权利义务关系,成为具体主体的行为和要求时,才是要求人们实现公法规范的重要手段。这个阶段的重要意义是:(1)它确定了法律规范发生作用的具体主体;(2)它规范了这些主体应该作和许可作的行为;(3)它是保证主体权利和义务实现的专门法律手段和依据。

## 一、公法关系的评定(实现)及其应坚持的理论

20世纪40年代以来,系统论、信息论、混沌理论等一系列理论迅速崛起,提出了一系列系统范畴、系统观点和系统原理,这些理论丰富和发展了以前的法学研究方法,成为人们认识和处理各种复杂事物的有力的方法。

系统论的基本含义是任何事物都是作为系统而存在的,系统性是事物的根本属性。系统是由相互联系、相互作用的诸要素按一定的方式组成的,具有特定性能的有机整体。系统是由相互联系的诸要件组成的统一体,这就是一切系统普遍的共同本质。哲学家研究表明,世间万物作为系统,不仅其自身内部诸要素处在相互联系、相互作用之中,而且它与周围环境的其他事物也处于相互联系、相互作用之中,只不过是系统内部的紧密程度要大大高于系统周围环境的程度。这就使系统作为一个统一的有机体而显现出特殊性质和功能,使它在普遍联系之中呈现出独立性,与其周围环境中的其他事物相区别。因此,系统是标志着事物既处于普遍联系之中,又具有相对独立性的一个范畴。相应地,系统有以下的几个特征:整体性、结构性、层次性、过程性和开放性。

既然任何事物都是作为系统而存在的,公法关系这一事物也不例外。我们在分析公法关系的时候,也应按照系统的思想来研究这个问题。

## 二、对违反公法关系的评价与层次

整个公法关系是一个大的系统,各部门公法关系是这个大的系统中的很多小的系统。这部分与整体的关系是以一定的层次和结构组合起来的。因此我们可以这样设想:公法关系也是有一个客观存在的层次的。如果按公益的大小来划分的话,有以下的情况:

第一层:宪法关系;
第二层:普通法关系(行政法关系、刑法关系、诉讼法关系等);

第三层:社会法关系。

与上述不同层次的公法关系相适应的是责任体系:

第一层,宪法责任;

第二层,普通法责任;

第三层,其他法责任。

每层次的责任又有相应的责任承担方式。我们将在"公法责任"一章论述。

在公法的实现过程中需要对公法进行评价。公法关系的评价是指以公法的实现为目的而进行的逻辑上的推理过程。与公法关系的评价相联系的有:公法关系层次的评价、违反公法的评价、违反公法责任的评价、具体适用处罚方法和程度的评价。我国刑法中的犯罪、刑事责任和刑罚就是具体的体现。尽管我国在宪法和行政法的实施中还没有类似的明文规定,但是在逻辑过程中与刑法却是一致的。首先是对各部门公法的违反,从而构成违法行为。但是,这个违法行为的确定是以公法关系的构成要件为依据的。在确定违反公法以后,接下来的问题是确定违法的程度及其责任的承担方式。

第一步:确定违反公法。凡是实施了不利于人民利益(公意)的依公法应受到相应处罚的行为即为违反公法。这是从根本意义上来说的。就实在法来说,前者表现为宪法责任,其他也依法确定。构成违反公法的行为的特点是:第一,是危害了人民利益的行为;第二,违反了公法的规定;第三,是应当受到处罚的行为。三者缺一不可。

第二步:公法责任的构成及其要件。这是体现具体可操作性的设置。因为对公法责任的最后认定是一个综合的、系统的评价过程。既有法律的、政治的和社会的,又有道德的和情理的。所谓情理的,是指人的通常心理和事情的一般道理,这种评价是以违反公法事实为基础对行为人的责任进行的更为深入和细致的分析和判断,对公法责任的评价不仅要合乎法律和社会正义的要求,也要合乎情理。这并不违背法律的精神,反而使法律更有人情味而容易为人们所接受。

# 第六章
# 公法原则

## 第一节 民主原则

### 一、民主的基本含义

在英文中,"民主"(democracy)一词出自古希腊文 demokratia,其由 demos("人民"和"地区")和 kratos("权力"和"统治")组合而来,其基本含义就是"人民的权力"、"人民的政权"或"人民进行统治"(Rule by the people),也就是国人熟悉的"人民当家作主"。民主最初是根据对古希腊各城邦政体的统治者人数多少的比较而抽象出来的概念。在亚里士多德的《政治学》中,对古代民主进行了系统的研究和论述,它分析了民主的理由、道德标准和目标。亚里士多德在《政治学》第3卷中,从理论上阐明了公民、政体及其各类形式。公民被定义为参与了某类无确定任期官职的人,如法庭审理、议事会或公民大会的成员;从事低贱劳动的工匠则由于受贱业拖累难以在伦理上培养公民应具备之德性而在政治上被排除在公民之外;在各种关于政体的制度安排中,君王政体、贵族政体和民主政体分别由一人、少数人或多数人执政;而公民政体由于是"平民执政",因而才是"民主"。到了资本主义时期,资产阶级思想家对民主理论进行了发展,有洛克的社会契约论和天赋人权学说、孟德斯鸠的三权分立思想、卢梭的人民主权论等。一般来讲,民主是一种国家的政治制度,如列宁曾指出:"民主是一种国家形式,一种国家形态。"①随着时代的发展,民主作为一种科学的理念也渗透到经济、文化、管理等各个社会领域,成为了一种内涵宽泛、广泛适用的理念和信

---

① 《列宁选集》(第3卷),人民出版社1995年版,第257页。

条。一般说来,民主主要有以下几个层次的含义:

首先,民主是指一种国体。根据马克思主义的政治国家原理,国体即国家性质,是由统治阶级的性质所决定的。如根据我国《宪法》,我国的国体是人民民主专政,国家的一切权力都属于人民。这就是说,我国是一个人民当家作主的国家。简单来说,国家大事,人民作主,这就是民主最根本、最重要的含义。

其次,民主还指一种政体。政体就是政权的组织形式,是一个国家的统治阶级用来组织自己政权的那种形式。近代以来,政权组织形式主要有两种,即君主制和共和制。在君主制中又包含有二元君主制和立宪君主制;共和制中包含有议会制和共和制。

再次,民主还指人民在国家生活中享有的各种自由和权利。如享有批评权、建议权、申诉权、控告权、检举权等监督权;享有人身不受非法侵犯、人格尊严不受侵犯、住宅不受非法侵犯、通信自由和通信秘密受法律保护等人身自由及宗教信仰自由;享有选举权、被选举权以及言论、出版、集会、结社、游行、示威等政治方面的权利和自由;享有劳动权、休息权、物质帮助权等社会经济权利;享有受教育权、进行科学研究和文艺创作等文化活动的自由,这些权利是人民当家作主的必要条件和手段。若没有这些自由和权利,人民就无法行使国家权力,无法监督国家机关及其工作人员的活动,民主也就成了一句空洞的"口号"。

最后,民主也有着对一定的社会政治民主、经济民主、文化民主、管理民主、决策民主、监督民主等总括的内涵。政治民主主要是指社会成员参与国家事务管理、表达政治要求、实现政治愿望;经济民主主要指市场经济机制能够平等、公平,各种利益群体的主动性、积极性能够得以充分地发挥;文化民主主要指在文化领域能够百花齐放、百家争鸣,学术环境平等、自由、开放;管理民主就是指管理者不能独断专行,而是要听取被管理者的不同意见;决策民主是指能使决策体现大多数人的意志,符合大多数人的要求,而且少数人的利益也能得到一定的尊重和保护;监督民主是指各种监督要以民主的形式进行,要紧密依靠人民群众,要公开透明。

由此可见,在现代社会,民主的内涵是广泛而深刻的,民主的地位是重要和不可动摇的,民主与国体、政体等重大事项是紧密联系的,民主与平等、自由、权利、公平、公开透明等范畴也是不可分割的。因此,民主在法律领域的影响也是十分重大的,在以"权力控制,权利保护"为使命的公法领域就更是如此,没有"民主"这一基本原则贯穿的公法,在现代社会是不可想象的,因为那无疑将是历史的严重倒退,我们可以假想一下,没有民主原则的宪法还能不能称为"宪法"?

## 二、民主的历史渊源

早在原始社会,民主的理念就已经萌发。当时,氏族部落的成年成员对氏族的事务具有平等的参与、讨论、管理、表决的权利。氏族的重大事项均由氏族会议通过讨论、协商等形式来集体作出决定。氏族部落的首领也是由全体成年氏族成员推举产生,并且对其有随时"弹劾"、撤换的权力。氏族部落成员之间地位平等,没有高低贵贱的等级差别。但当时的"民主"不是一种我们现代所说的这种"政治上"、"法律上"的民主,但也反映出民主的理念已经开始在人类社会生根发芽了。

在奴隶制社会,政治、法律意义上的民主已有出现,最明显的实例就是古希腊、古罗马的民主制度。古希腊雅典城邦的民主派领袖伯里克利曾经这样解释民主,他认为:"我们的制度之所以称之为民主政治,因为政权是在人民手中,而不是少数人手中。"①当时,雅典的民主制度的基本结构大致是这样的:年满 20 岁的成年男性公民被分至 10 个部落,包括 140 个地方行政区,所有公民组成雅典的最高权力机构——公民大会,法定最低人数是 6000 人,每年至少召开 40 次代表大会,它解决和处理有关财政、法律、流放、外交等重大事项;各行政区通过抽签方式产生推选出自己的代表组成 500 人议事会,它是由 30 岁以上的公民组成的公民大会的行政和指导委员会;在 500 人议事会中,成员轮流任职于任期 1 个月的 50 人委员会,该委员会由轮流担任的主席负责,50 人委员会指导 500 人议事会提出议案等,所有担任公职的公民的报酬都是统一的。可见在古雅典,当时的民主制度已经比较发达了。但是,由于时代和阶级的局限性,当时的"民主"与今日之民主仍是不能同日而语的。

在经历了封建社会漫长的君主专制之后,民主在资产阶级大革命时期得到了充分发展。在这一时期,民主成为了资产阶级反对封建专制的有力武器,民主的学说也像雨后春笋般涌现出来。如卢梭提出了人民主权说,他认为主权主要是通过立法权来体现的,"立法权是国家的心脏"。② 而"立法权是属于人民的,而且只能属于人民。"③"法律乃是公意的行为。"④孟德斯鸠在其分权理论中对民主理念也有体现,他也认为立法权应该为人民所享有,应该由人民选举代表组成立法机关行使立法权,使法律成为人民意志的体现。在这一时期,还出现了

---

① 〔古希腊〕修昔底德:《伯罗奔尼撒战争史》II,谢德风译,商务印书馆 1960 年版,第 371 页。转引自马啸原:《西方政治思想史》,高等教育出版社 1997 年版,第 386 页。
② 〔法〕卢梭:《社会契约论》,何兆武译,商务印书馆 1982 年版,第 117 页。
③ 同上书,第 75、76 页。
④ 同上书,第 51 页。

《人权宣言》、《独立宣言》、1787年美国宪法等洋溢着民主思想的重要的法律文献。

无产阶级思想家对民主也有着丰富的论述。如在《共产党宣言》中,马克思、恩格斯指出:"工人阶级的第一步就是使无产阶级上升为统治阶级,争得民主。"①列宁指出:"民主意味着在形式上承认公民一律平等,承认大家都有决定国家制度和管理国家的平等权利。"②无产阶级对于民主理念也开展了现实的实践,如建立了巴黎公社、苏维埃制度、我国的人民代表大会制度等。

### 三、民主原则与公法

民主理念在原始社会就已萌发,在人类社会经过千万年的传承与发展已经成为了一种深入人心、不可动摇的重大信条。通观各国公法,在其制度的设计和运作过程中,都通过不同的形式规定了民主的意义。主要表现为:普遍规定了国民主权原则,确立国家权力的来源与基础;规定社会成员直接与间接参与政治过程的途径与机制;规定多数决原则与具体运用规则;选举制度的原则与运用;听证制度;辩护制度,等等。可以说,公法与民主是不可分的,民主问题的研究是公法研究的出发点。因此,民主必然要成为公法的基本原则,公法之中也必然要有民主原则。民主作为公法的基本原则的意义具体体现在以下几个方面:

首先,民主是法(尤其是公法)的目标之一。"法"不是法的目标,法是为了人类崇高神圣的目标而服务的。而民主就是这些神圣目标之一。将规范"权力"作为己任的公法则是实现民主这一目标的主要承担者。卢梭说过,"法律乃是公意的行为。"③人们通过法这种具有普遍约束力、强制力等特性的形式把公意确定下来,并要求每个人都平等地、没有例外地遵守,是因为法代表的是"公意",代表着人们共同的理性判断,是民主的。从这个角度来讲,法是"民主"、"公意"的载体和形式化。法是为"民主"、"公意"而服务的。同时,法又通过自己的普遍约束力、强制力等特性对"民主"和"公意"进行捍卫,不允许任何人对其进行肆意地触犯。而在国家这种形式之下,"民主"和"公意"的重要的、主要的体现就是"国体"和"政体"。人们通过法(主要是公法)将"国体"和"政体"的民主性质加以确定,并通过法(主要是公法)的各种实体和程序的设计对二者的"民主性质"加以最严密的保护。

其次,民主创设国家权力,是国家权力及其运作的正当性基础。公法的重要

---

① 《马克思恩格斯选集》(第1卷),人民出版社1995年版,第293页。
② 《列宁选集》(第3卷),人民出版社1995年版,第257页。
③ 〔法〕卢梭:《社会契约论》,何兆武译,商务印书馆1982年版,第51页。

使命之一便是规范权力,权力的产生是其对权力进行规范的前提,也是其规范的起点。人民主权说已被人类社会所普遍信仰,"权力"归属于人民,要体现民众的公意。但民众的公意并不是凭空、自动产生的,形成与检验民众公意的基本途径便是民主程序。在当今人类社会,没有经过民主程序产生的"权力"是不具备合理性基础的,是难以稳定和持久的。因此,在公法体系中必须贯彻民主原则,这样的公法才是具有正当性的公法,才是"良法"。

最后,在公法体系中,民主原则发挥着限制国家权力、保护公民权利的功能。民主原则在宪法层面,能够使社会各个阶层在宪法规定的范围内参与政治过程,表达不同"话语",发挥相互制约、限制权力的功能。在行政法领域,民主原则要求给予相对人参与行政的权利与机会,如进行陈述、申辩,要求听证等。在诉讼过程中,给予当事人以辩护等权利,避免了"偏听则暗",达到了"兼听则明"。民主原则通过以上在公法体系中的各种具体制度得以体现与落实,实现了限制权力、保护权利的功能。民主的这些功能使得民主必然成为贯彻于以限制权力、保护权利为使命的公法体系的一项重要基本原则。

## 第二节 法 治 原 则

### 一、法治的基本内涵

法治(rule of law)是一个既宏大又微小,既抽象又具体的概念。其宏大在于其是一种治国方略,其微小在于其与民众生活几乎事事相关;其抽象在于其外延之广,令人们难以鸟瞰,其具体在于它就在我们身边,几乎触手可及。关于法治,历史上许多著名的思想家都有经典论述,但笔者认为,要谈法治的内涵就必须要提到两个人及一次会议,这两个人分别是亚里士多德(Aristotle)和戴雪(A. V. Dicey),一次会议是1959年在印度新德里召开的世界法学家大会。关于法治,亚里士多德在其《政治学》中指出:"若要求由法律来统治,即是说要求由神祇和理智来统治;若要求由一个个人来统治,便无异于引狼入室。因为人类的情欲如同野兽,虽至大圣贤也会让强烈的情感引入歧途。惟有法律拥有理智而免除情欲。"[1]"我们应当注意到邦国虽有良法,要是人民不能全部遵循,仍然不能实现法治。法治应当包含两重意义:已成立的法律获得普遍的服从,而大家所服从的法律又应当本身是制定得良好的法律。"[2]西方法治理论的奠基人戴雪在《英宪

---

[1] Aristotle, the politics, bookiii, ch,16. 转引自夏勇:《法治是什么?——渊源、规诫与价值》,载夏勇主编:《公法》(第2卷),法律出版社2000年版,第2页。
[2] 〔古希腊〕亚里士多德:《政治学》,吴寿彭译,商务印书馆1983年版,第199页。

精义》中对法治作了以下三个层次的综括:第一,"国法的至尊适与武断权力相违反","英吉利人民受法律治理,惟独受法律治理。一人犯法,此人即被法律惩戒;但除法律之外,再无别物可将此人治罪"。第二,"人民在法律前之平等。换言之,四境之内,大凡一切阶级均受命于普通法律,而普通法律复在普通法院执行。当法律主治用在此项指意时,凡一切意思之含有官吏可不受制于普通法律及普通法院者皆被摒除"。第三,"表示一个公式,用之以解证一件法律事实。这件法律事实是:凡宪章所有规则,在外国中,皆构成宪法条文的各部分;而在英格兰中,不但不是个人权利的渊源,而且只是由法院规定与执行个人权利后所产生之效果"①。在1959年印度新德里召开的世界法学家大会通过的《德里宣言》中,确认了如下法治原则:(1)根据法治精神,立法机关的职能在于创造和维持使个人尊严得到尊重和维护的各种条件。不但要承认公民的民事权利和政治权利,而且还需要建立为充分发展个性所必需的社会、经济、教育和文化条件。(2)法治原则不仅要防范行政权的滥用,而且还需要有一个有效的政府来维持法律秩序,借以保障人们具有充分的社会和经济生活的条件。(3)法治要求正当的刑事程序。(4)司法独立和律师自由。一个独立的司法机关是实现法治的先决条件。

我国思想家对什么是法治也有自己的思考,如韩非提出治国要"以法为本"②,"法不阿贵,绳不绕曲","刑过不避大臣,赏善不遗匹夫"③。孙中山指出:"国与天地,必有与立,民主政治赖以维系不敝者,其根本存于法律,而机枢在于国会。必全国有共同遵守之大法,斯政治之举措有常轨;必国会能自由行使其职权,斯法律之效力能永固。所谓民治、所谓法治,其大本要旨在此。"④

"法治是法律史上的一个经典概念,也是当代中国重新焕发的一个法律理想。作为经典概念,法治蕴涵隽永,然幽昧经年,即便在标榜法治传统的西方亦不曾有过一个公认的定义。"⑤以上关于法治的阐述虽然"典型",然而却不够"服众",而且经过历史的发展,"法治"这一概念已经被人类赋予了太多的内涵,承载了人类太多的理想,同时,随着时代的发展,法治所包有的内涵与承载的理想还在与时俱进地增加。

---

① 〔英〕戴雪:《英宪精义》,雷宾南译,中国法制出版社2001年版,第244、245页。
② 《韩非子·有度》。
③ 《韩非子·饰耶》。
④ 《辞大元帅职临行通电》,载《孙中山全集》(第4卷),中华书局1985年版,第480页。转引自马小红:《法治的历史考察与思考》,载《法学研究》1999年第2期。
⑤ 夏勇:《法治是什么?——渊源、规诫与价值》,载《中国社会科学》1999年第4期。

## 二、法治的要素

法治是一个很抽象和概括的范畴,在法治的体系之下又包含着一些必不可少的要素,对法治要素的认识能帮助我们更清楚地认识什么是法治,如何实现法治。这些基本的要素可分为实体和形式两个方面:

(一)法治的实体要素

第一,人权保障要素。人类让法治承载的美好理想之一便是通过法律实现权力与权利的和谐,使权利为权力所尊重、所保护、所救助。人权是公权的源泉、界限与目的,如若公权毫无限制,人权毫无保障,法治便不存在了。"21世纪中国法治的发展,将取决于我国平等权(要消除我国目前的人权主体二元结构)、财产权(应将财产权上升为基本权、宪法权)、自由权(政治自由与人身自由范围的扩大)、生存权(以此构建政府具有强制责任的社会保障制度)、发展权(重构城乡、贫富、强弱群体间的连带关系)这五大权利群的整体进步与发展。人权进则法治兴,人权滞则法治衰,百世不移。法治的真谛在人权,上世人权史已对此作出解释,本世又岂可移?"[①]

第二,自由维护要素。自由是法的核心价值之一,是人类通过法治追求的终极目标之一。没有自由的"法治"则是当然、绝对的"非法治"。在一个法治国家中自由价值主要是通过宪法规定的精神自由、人身自由、经济自由等自由价值得到具体化的。自由的维护是法治国家实质的、核心的要素。

第三,权力制衡与权力控制要素。洛克说过:"法治的真实含义就是对一切政体下的权力都有所限制。"[②]1215年的英国《大宪章》开创了人类以法律制约最高权力——王权的先河。人类实践法治的历史过程表明,在法治有效的地方,权力都是分离或分立的。权力的高度集中意味着其力量的强大,意味着难以对其加以约束与控制。权力是洪水猛兽,一旦失控,后果将是严重的。实践也证明,对"权利"侵害最严重的往往就是"权力"。因此,制衡权力、控制权力成为了法治的使命之一。一般来讲,对权力有三大制衡与控制方式,即道德制约、权力对权力的制约、权利对权力的制约。

(二)法治的形式要素

第一,法律具有最高性。法治的实质就是"法律的统治",在法治国家中,法律是国王。不允许任何人、任何机关、任何团体有高于法律的任何特权,凌驾于法律这个"国王"之上。任何个人、机关、团体都要尊重、遵守法律,自觉地、必须

---

① 徐显明:《法治的真谛是人权——一种人权史的解释》,载《学习与探索》2001年第4期。
② 〔英〕洛克:《政府论》(下篇),叶启芳、瞿菊农译,商务印书馆1997年版,第92页。

地把法律作为自己行为的准则。任何触犯法律的行为都要得到法律的相应制裁。"法律至上"、"法律是国王"是法治的第一特征。

第二,法律具有普遍性。法治所要求的法律普遍性主要有以下几层意思:首先,规范的设定要有普遍性。要求规范能够对个案和具体情况具有一定的包容性和概括性,不能一事一法,一事一例,不能因事立法、因人设制。其次,规范适用要有普遍性。它有两方面的含义:一是指法律规范具有在一定空间内的普遍约束力;二是指相同的情况必须得到相同的对待,即"类似情况类似处理"和"类似情况反复适用"。

第三,法制具有统一性。要实现法治,就必须先有法制的统一。法制的统一性首先要求法律之中没有矛盾。包括一部法律内部没有矛盾,也包括法律之间没有矛盾。其次要求法律被统一地遵守。要求人人在法律面前是平等的,权利得到法律的平等保护,义务要平等地履行,不允许任何人在法律面前享有特权,在特权存在的社会里是没有法治的。

第四,司法具有公正性。人们信仰法治,很大程度上是因为人们认为法治能够带来公正。而司法是公正实现的最后一道防线。司法权是一种终极判断权,它对争执的裁决是最后的和最权威的,一旦司法这道公正最后的防线崩溃,社会公正便荡然无存了。培根曾说:"一次不公的判决比多次不公的行为祸害尤烈,因为后者不过弄脏了水流,前者却败坏了水源。"①没有司法的公正,就不会有法治的实现。

### 三、法治原则与公法

关于法治与公法,有学者论道:"治理之发达,在法治之发达。法治之发达,在公法之发达。这种法治当然首先是公法意义上的法治,而且是着重规制公共权力的法治,着重治官的法治,着重维护受治者的尊严与自由的法治。"②"法治既是一个公法问题,也是一个私法问题。但是,归根结底,是一个公法问题。"③可见法治与公法关系之紧密。

(一) 法治原则是宪法的基石

法治原则从高层次上讲是宪法原则,法治原则在宪法之中的体现也最为集中。作为1791年法国宪法序言的《人权与公民权宣言》规定:"凡未经法律禁止的行为即不得受到妨碍,而且任何人都不得被迫从事法律所未规定的行为。"

---

① 〔英〕培根:《论司法》,载《培根论说文集》,水天同译,商务印书馆1983年版,第193页。
② 夏勇:《法治与公法》,载《读书》2001年第5期。
③ 同上。

"除非在法律所规定的情况下并按照法律所指示的手续,不得控告、逮捕或拘留任何人。"《美国宪法》规定,联邦宪法、法律是全国的最高法律,各州宪法和法律不得与之相抵触;未经正当法律程序,不得剥夺任何人的生命、自由和财产。《土耳其共和国宪法》第 2 条规定:"土耳其共和国是一个民主的、非宗教的、社会的法治国家。"

宪法是保障人权、维护自由的重要依据。列宁曾说:宪法是写着人民权利的纸。法治的核心要素是对人权的保障,对自由的维护。法治这项职责的第一承担者无疑是宪法。我国《宪法》第 33 条第 3 款规定:"国家尊重和保障人权。"在各国的宪法之中,都规定和列举了众多的基本人权和自由。如人格权、平等权、精神自由权、经济自由权、政治权利、获得救济的权利,等等。法治的保障人权、维护自由的价值首要和主要是通过宪法来实现的。

宪法是法律至上理念的直接产物。法治的第一特征就是法律至上,法律是国王。而在一个国家的法律体系中居于最高地位的无疑是宪法。各国都规定了宪法的最高权威性,违反宪法的法律是无效的。宪法是一切国家机关、社会团体以及公民个人的最高行为准则。

宪法是权力制衡与权力控制的重要形式。权力在各个公权力机关的第一次分配是通过宪法来实现的,因此,权力制衡与权力控制体系的第一个层次就是由宪法来构建的。宪法一方面授予各个公权力机关以权力;另一方面也给各个公权力划定了界线,对公权力进行控制。宪法还通过对民主政体、权力的行使程序等问题的规定来实现控权和防止权力滥用。

人们制定宪法的目的无疑就是要使其成为人们的最高行为准则,使其保障权利与自由,使其实现权力制衡与权力控制等。概括来说,就是要通过宪法来实践法治的理念,以法治作为宪法的基石。

(二) 法治原则是行政法的灵魂

在国家权力体系中,行政权力是最难以驯服,也是最容易被滥用的,它自身的特性又决定了其有极大的自由裁量性和广阔的作用空间。人们形容行政权跟人们的关系是"从摇篮到坟墓",行政权与人们的日常接触是最直接,也是最频繁的。如若对行政权控制不当,对人们的影响也是最大的。因此,建设法治国家,贯彻法治理念,首先就要建立对行政权的严格控制制度。法治的第一要求是"依法而治",于是人们制定了以实现行政法治为己任的行政法来贯彻法治原则,来对行政权加以控制。人们制定行政法的目的就是要实现"依法行政",以法律约束行政,实现法律对行政权的"统治"。因此,可以说是法治的思想驱使着人们制定行政法,法治原则是行政法的内在的灵魂。

在现代社会,作为一种深入人心的、科学的理念,法治贯穿于整个法律体系与法律实践的过程之中,但作为以公权力为主要调整对象的公法更应是法治理念的主要承担者。在我国的公法体系中,宪法与行政法是公法的主体,两者只有全面、切实地贯彻法治理念,实践法治要求,才能够成为符合时代发展趋势,为民造福的良法、善法。

## 第三节 人权保障原则

### 一、人权保障原则的内涵、起源及其发展过程

人权是指作为一个人所应该享有的权利,是一个为满足其生存和发展需要而应当享有的权利。① 人权"指人们主张应当有或者有明文规定的权利。这些权利在法律上得到确认并受到保护,以此确保个体在人格和精神、道德以及其他方面的独立得到最全面、最自由的发展。它们被认为是人作为有理性、意志自由的动物固有的权利,而非某个实在法授予的,也不是实在法所能剥夺和削减的。"②"人权是受一定伦理道德所支持与认可的,人依其自然属性和社会本质所应当享有的权利。"③我国《宪法》第 33 条第 3 款规定,国家尊重和保障人权。在被马克思称为"人类第一个人权宣言"并成为以后美国立宪指导思想和立宪原则的美国《独立宣言》中写道:"人人生而平等,他们都从造物主那里被赋予了某些不可转让的权利,其中包括生命权、自由权和追求幸福的权利。为了保障这些权利,所以在人们中间成立政府。"作为美国宪法第一个修正案的 1791 年《人权法案》具体规定了个人的一系列自由和权利,如宗教自由、新闻自由、言论自由、集会自由;人身不受非法拘禁;保护生命、自由和财产,非经法律正当程序不得剥夺;公民拥有不自证其罪和获得公正审判的权利等。

"人权"观念的产生和形成是一个历史的过程。在原始部落社会中,权利和义务没有分别,因而人们也没有人权的观念。正如恩格斯所说:"在氏族制度内部,还没有权利和义务的分别",人们"参与公共事务,……究竟是权利还是义务这种问题……是不存在的"④。

"人权"的兴盛是近代西方资产阶级革命的产物。资产阶级将他们在反对封建专制统治斗争中所取得的胜利成果、争取到的人权通过法律的形式加以确

---

① 周叶中主编:《宪法》,高等教育出版社、北京大学出版社 2000 年版,第 97 页。
② 〔英〕戴维·M.沃克:《牛津法律大词典》,李双元等译,法律出版社 2003 年版,第 538 页。转引自胡建淼主编:《论公法原则》,浙江大学出版社 2005 年版,第 45 页。
③ 李步云:《人权的两个理论问题》,载《中国法学》1994 年第 3 期,第 38 页。
④ 《马克思恩格斯选集》(第 4 卷),人民出版社 1995 年版,第 159 页。

认和巩固。如英国1679年的《人身保护法》、1689年的《权利法案》。《人身保护法》通过规定刑事诉讼程序以保障公民的人身自由与权利。而《权利法案》则是"为确保英国人民传统之权利与自由而制定……"。

美国1776年的《独立宣言》和法国1789年《人权与公民权宣言》以及美国1787年《宪法》和法国1791年与1793年《宪法》是将人权理论转化为法律规范的重要历史坐标。作为法国宪法序言的1789年《人权与公民权宣言》中说道:"在权利方面,人们生来并且始终是自由平等的","任何政治结合的目的都在于保存人的自然和不可动摇的权利。这些权利就是自由、财产、安全和反抗压迫。""自由传达思想和意见是人类最宝贵的权利之一","财产是神圣不可侵犯的权利"。《人权宣言》还确认了与人权保障相关的一些原则,如法律面前人人平等、法无明文不为罪、非依法律不受逮捕、无罪推定等,并指出:"凡权利无保障和分权未确立的社会,就没有宪法。"法国1791年《宪法》第1篇"宪法所保障的基本条款"对《人权宣言》中所确认的基本人权给予了宪法保障,并且加以具体化。1793年法国《宪法》进一步丰富和发展了人权保障的内容和制度。同时,还就公民获得安全保障的权利、财产所有权、创制宪法等权利作了规定,如其第122条规定:"宪法保障全体人民的自由、安全、财产、公债、信教自由,普通教育、公共救助、无限的出版自由,请愿权、组成人民团体的权利,并享有一切的人权。"

17、18世纪时期的人权理论的重心是"个人",承认存在天赋的、普遍的个人人权,强调个人的生命权、自由权、平等权、安全权和财产权,强调依附于资产阶级共和国体制的公民的政治自由和平等。伴随着资本主义世界体系的形成,这种资产阶级宪法所确认的人权思想和人权原则也被资产阶级国家作为"普遍真理"而接受,因此,学者们一般称其为第一代人权。

从19世纪末到20世纪初逐步形成了第二代人权。这一时期,资产阶级的政权进入了巩固和发展阶段,但无产阶级和资产阶级的矛盾也日显尖锐,为了缓和阶级矛盾,稳定已经形成的统治秩序,资产阶级对"天赋人权"的人权理论进行了一些"修正"。在这一阶段,人权理论也开始由政治领域向社会经济、文化和社会生活的各方面扩展、延伸,在人权的内容方面,不仅丰富了公民的政治权利和自由,如人格尊严权、知情权等,而且强调公民的经济和社会文化权利,如劳动权、休息权、受教育权等。应该说,这一时期的人权理论,吸纳了被压迫阶级进行斗争的一些成果,在一定程度上突破了资产阶级人权观的桎梏,具有一定的积极的历史意义。

在第二次世界大战后逐渐形成了第三代人权。在这一时期,第三世界国家成为在国际事务中崛起的一股新鲜力量,在国际事务中发挥着越来越重要的作用。第三世界国家一方面受到社会主义运动、民族主义运动的影响,另一方面出于本国、本民族的生存和独立的需求,在人权领域提出了许多新的内容,建立了一套自己的人权理论。通过第三世界国家的不断斗争和努力,国际社会通过《联合国宪章》和《世界人权宣言》等一系列国际文件,在对基本人权进行宣告的同时,开始强调民族自决权、平等权、发展权,确认殖民统治和外国人侵是对基本人权的侵犯,人权的实现需要建立新的国际经济秩序和整个国际社会的协调与发展。这种人权理论在一定程度上是第三世界国家的共同意志的体现。

总的来说,虽然各国、尤其是发达国家和发展中国家之间,对人权还有着不同的理解,在人权方面还存在着矛盾和斗争,但不容否认的是,保障人权已成为一项世界性的法律原则。

### 二、人权保障原则与公法

公法是以公权力为主要调整对象的法律,是以"控制权力,保护权利"为己任的法律。这就决定了公法和人权保障原则之间的关系一定是极其密切的,决定了二者之间存在着相互依存、相辅相成、不可分离的关系。实践告诉我们,对权利威胁最大的不是别人的"权利",而是相比起来异常强大的"权力"。权力的滥用就必然会导致权利的受损,于是人们制定了公法来约束权力。在公法的整个体系中必须要贯彻人权保障原则,一方面,这是人们制定公法的目的;另一方面,以权利制约权力也是"控权"的有效方式。

从人权与宪法的关系来看,人权是宪法的核心,宪法是人权的首要保障。自资产阶级革命以来,对人权的信仰便深入人心,不可动摇。虽然不同国家、不同类型的宪法对人权的理解和确认程度各有不同,在人权的形式与实质的内容上也有一定的差别。但自从宪法产生以来,就不存在根本不承认人权,不对人权加以保障的宪法。列宁曾说过,宪法是写着人民权利的纸。一部真正的宪法的首要内容就是要宣布一切权力属于人民,就是要确认与规定公民的基本权利,也就是在一定程度上确认人权。离开了人权的宪法也就不叫宪法了。另外,自资产阶级革命以来,宪法只有以人权保障为核心,才能得到人民的拥护与遵守,才能具有最高的尊严与权威,才能获得其自身存在的正当性基础,否则必将遭到人民的反对,难以存活。如未对黑奴制度加以废除的美国1787年宪法的修正过程就是一个实例。

宪法是对人权加以保护的首道屏障。虽然人权保障有国际化的趋势,但人权的保护绝大部分要依靠国内法。如果人权在一个国家内没有得到该国的根本大法——宪法丝毫的确认,人权保障就没有根本上的依据,对人权的现实保护就难以实现,对侵犯人权的行为就难以加以惩治。同时,宪法对人权的确认与保障也是通过其他法律进一步构建具体的人权保障的程序与机制的基础。

可见,人权是宪法的核心,宪法必须要贯彻人权保障原则。如若不然,宪法就不能叫做宪法了。

行政法也要贯彻人权保障的原则。在《独立宣言》中写道:"人人生而平等,他们都从造物主那里被赋予了某些不可转让的权利,其中包括生命权、自由权和追求幸福的权利。为了保障这些权利,所以在人们中间成立政府。"这表达了人类设立政府的目标是为了更好地保护人权。"尊重和保障人权原则既是宪法的基本原则,也是行政法的基本原则。作为一个法治政府,自然应该尊重和保障人权,切实维护行政相对人的合法权益,使之不受侵犯,更不能以自己的行为侵犯公民的人权,损害行政相对人的合法权益。"[1]在现代国家中,行政权已经渗透到了空前广泛的领域,几乎在每个公民从"摇篮"到"坟墓"的一生中,都要与行政权不断地打交道。面对这样的状况,行政法一方面要对广泛的行政权加以控制防止其滥用,防止其对相对人合法权益造成侵害,从而保障相对人的人权。另一方面,现代国家的政府不再仅是"守夜人"的角色,还要求我们的政府积极采取行动在正面推进人权保障的实现。

宪法和行政法是我国公法体系中的主体,学界认为狭义上的公法就是宪法与行政法,通过上述分析,我们可以得出这样的结论:在现代人类社会之中,人权理念已深入人心,不可动摇,以"控制权力、保护权利"为己任的公法必须要贯彻人权保障这一基本原则,要以人权保障作为其核心,这是公法存在的主要目的,也是公法存在的正当性基础。

### 三、在公法领域人权保障原则的具体要求

在公法领域要切实地贯彻人权保障原则,需注重以下几个方面:

首先,要不断地建立、完善公法制度,切实保障人权。通过对宪法、行政法等公法领域的法律制度的完善,不断扩大人权保护的范围,完善保护人权的程序,不断推进人权由"应然"向"法然"再到"实然"的实践过程。

其次,公权机关在行使公权力时,不得侵犯公民的各项基本自由,包括人身自由、言论自由、信仰自由以及出版、集会、结社、游行、示威等自由;不得侵犯公民的各项政治权利,包括选举权、被选举权、担任国家公职权、参与国家管理权、对国家机关及其政府官员的监督权、申诉、控告、检举权等;不得对公民实施法律明文禁止的殴打、示众、辱骂等侵犯人权的行为,不得侵犯公民的财产权,如财产的所有权、使用权和继承权等。以上是对公权力机关消极方面的要求,同时,还要求公权力机关对上述公民几方面权利要积极地采取措施,排除妨碍,主动地保

---

[1] 姜明安:《行政法基本原则新探》,载《湖南社会科学》2005年第2期。

护、推动公民这些权利的实现。

最后,当人权受到侵害时要及时提供公法救济。"没有救济就没有权利",当人权受到侵害时,要求我们积极通过各种公法制度对其加以恢复和补救。这就要求我们要进一步构建和完善我们的违宪审查制度、行政诉讼制度、行政复议制度、国家赔偿制度。

## 第四节 平 等 原 则

### 一、平等思想的源流

《人权与公民权宣言》和《独立宣言》都在法律上确认了平等原则,自资产阶级革命以来,平等理念成为深入民众内心的不可动摇的信仰。"法律面前人人平等"成为了法治社会的重要标志。在调整公权利与私权利之间关系的公法规范之中,贯彻平等理念是历史前进的必然要求,也是人类付出了无数生命与鲜血得来的宝贵的革命成果。

早期对平等有代表性阐述的思想家之一即为古希腊思想家亚里士多德。他曾指出:"所谓平等有两类,一类为其数相等,另一类为比值相等。'数量相等'的意义是你所得到的相同事物在数目和容量上与他人所得者相等;'比值相等'的意义是根据个人的真价值,按比例分配与之相称的事物。举例来说,3 多于 2 者与 2 多于 1 者其数相等;但 4 多于 2 者与 2 多于 1 者,比例相等,两者都是 2∶1 之比,即所超过者都为 1 倍。"①亚里士多德从正义的角度讨论平等问题,提出了正义的平等观,认为"正义是某些事物的'平等'(均等)观念"。② 平等又可分为分配的正义与矫正的正义:"分配的正义",即根据每个人的功绩、价值来分配财富、官职、荣誉,如甲的功绩和价值大于乙的 3 倍,则甲所分配的也应大于乙的 3 倍;"矫正的正义",即对任何人都一样看待,仅计算双方利益与损害的平等。这类关系既适用于双方权利、义务的自愿的平等交换关系,也适用于法官对民事、刑事案件的审理,如损害与赔偿的平等、罪过与惩罚的平等。

古希腊的斯多葛学派进一步推动了平等思想的发展。斯多葛学派认为,"人们在本质上是平等的。由于性别、阶级、种族或国籍不同而对人进行歧视是不正义的,是与自然法背道而驰的。"③斯多葛学派认为奴隶与外邦人也有理性,

---

① 〔古希腊〕亚里士多德:《政治学》,吴寿彭译,商务印书馆 1983 年版,第 177 页。
② 同上书,第 148 页。
③ 〔美〕E. 博登海默:《法理学——法哲学及其方法》,邓正来、姬敬武译,华夏出版社 1987 年版,第 17 页。

主张任何人,包括希腊人和野蛮人、上等人与下等人、城邦人与外来人、奴隶和自由人、富人和穷人,都是平等的。斯多葛派的平等权思想主要含义是人人平等,反对歧视性的差别待遇。其倡导的是全人类平等,这是对城邦时期比较狭隘的平等观的推动与发展。

  平等思想在资产阶级革命时期得到空前发展,并最终成为资产阶级革命的口号和旗帜。这一时期对平等有深刻阐述的是洛克与卢梭。洛克在《政府论》中认为,人类原本处于"一种完备无缺的自由状态"①,人们按照他们认为合适的办法,决定自己的行动、处理自己的财产和人身,一切权力都是平等的。"这也是一种平等的状态,在这种状态中,一切权力和管辖权都是相互的,没有一个人享有多于别人的权力。极为明显,同种和同等的人们既毫无差别地生来就享有自然的一切同样的有利条件,能够动用相同的身心能力,就应该人人平等,不存在从属或受制关系。"②"自然状态有一种为人人所应遵守的自然法对它起着支配作用。"③但是这不足以保障人们的权利不受到侵犯,因而,人们为了克服自然状态的缺陷,更好地保护自己的自然权利,便相互订立契约,成立一个共同体,并将自己的一部分权力交给它去行使,国家便产生了。订立契约的人们相互之间政治地位是平等的,享有平等的政治权利。卢梭是法国启蒙运动中最具有代表性的平等论者。卢梭否认社会不平等跟人们的身体或精神的构造存在联系,他认为私有财产制度是人类不平等的根源。他认为:"平等,这个名词绝不是指权力与财富的程度应绝对平等;而是说,就权力而言,则它应该不能成为任何暴力并且只有凭职位与法律才能加以行使;就财富而言,则没有一个公民可以富得足以购买另一人,也没有一个公民穷得不得不出卖自身。"④卢梭追求的平等是分配的正义。"仅为实在法所许可的精神上的不平等,每当它与生理上的不平等不相称时,便与自然法抵触。"⑤"一个孩子命令着老年人,一个傻子指导着聪明人,一小撮人拥有许多剩余的东西,而大量的饥民则缺乏生活必需品,这显然是违反自然法的,无论人们给不平等下什么样的定义。"⑥由此可以看出,卢梭心目中的平等是与生理上的不平等相称的精神上的不平等,类似于亚里士多德的分配正义。但卢梭的论点的前提是自然不平等的程度并不如一般人所以为的那么深,"许多被认为是天然的差别,……完全是习惯和人们在社会中所采取的各种

---

① 〔英〕洛克:《政府论》(下篇),叶启芳、瞿菊农译,商务印书馆1997年版,第5页。
② 同上。
③ 同上书,第6页。
④ 〔法〕卢梭:《社会契约论》(第二卷),何兆武译,商务印书馆1982年版,第12页。
⑤ 〔法〕卢梭:《论人类不平等的起源与基础》,李常山译,商务印书馆1982年版,第149页。
⑥ 同上。

不同的生活方式的产物"①。体质强弱、体力大小往往取决于生存环境,智力强弱也与人所受的教育密切相关,作为教育后果的智力强弱与自然不平等相称。

约翰·罗尔斯在他的代表作《正义论》中认为,"所有社会价值——自由权和机会、收入和财富以及自尊的基础——都应当平等地分配,除非对任何价值或所有价值的不平等分配符合每一个人的利益"②。罗尔斯还提出了著名的两个正义原则:"第一,每一个人都有平等的权力去拥有可以与别人的类似自由权并存的最广泛的基本自由权。第二,对社会和经济的不平等的安排能使这种不平等不但可以合理地指望符合每一个人的利益;而且与向所有人开放的地位和职务联系在一起。"③第一个原则是平等的自由原则,要求人人都有平等的权力,享有与他人相同的最广泛的基本自由。第二个原则是机会公平、平等原则和差别的结合,该原则要求社会、经济的不平等,例如权力、财富的不平等,只有在地位和官职对所有人开放并且这种不平等对所有人都有利,特别是对在社会中处于最不利地位的人有利的情况下才符合正义。罗尔斯认为,由于出身和天赋等原因造成的不平等是不合理的,社会应该对此加以补偿。为了提供真正的机会均等,社会应该对那些天赋较低者以及在社会中处于不利地位者给予较大的关注,纠正偶然因素所造成的偏差,使人们更为平等。

无产阶级思想家对平等亦有论述,马克思说:"平等是人在实践领域中对自身的意识,也就是人意识到别人是和自己平等的人,人把别人当作和自己平等的人来对待。……也就是说,它表明人对人的社会关系或人的关系。"④无产阶级思想家认为平等最基本的要求,是政治地位和社会地位的平等。"一切人,作为人来说,都有某种共同点,在这些共同点所及的范围内,他们是平等的,这样的观念自然是非常古老的。但是现代的平等要求是与此完全不同的,这种平等要求更应当是,从人的这种共同特性中,从人就他们是人而言的这种平等中,引申出这样的要求:一切人,或至少是一个国家的一切公民,或一个社会的一切成员,都应当有平等的政治地位和社会地位。"⑤无产阶级思想家还把平等分为形式的平等和事实的平等,共产主义社会以前的任何社会的平等都是形式上的平等,只有到了共产主义社会才能实现事实上的平等。

不同时代、不同领域的学者对平等的内涵都有不同的阐释,可见平等思想的源远流长,亦可见平等的内涵的广泛性与复杂性。

---

① 〔法〕卢梭:《论人类不平等的起源与基础》,李常山译,商务印书馆 1982 年版,第 107 页。
② 〔美〕约翰·罗尔斯:《正义论》,谢延光译,上海译文出版社 1991 年版,第 68 页。
③ 同上书,第 66 页。
④ 《马克思恩格斯选集》(第 2 卷),人民出版社 1995 年版,第 48 页。
⑤ 《马克思恩格斯选集》(第 3 卷),人民出版社 1995 年版,第 143 页。

## 二、平等的含义

"平等"是一个指向性非常广泛的理论范畴,内涵十分复杂。从经验上看,当一个事物同另一个事物平等时,它在某一认同的方面不比另一事物多也不比另一事物少,当它们不平等时,它们之间的不平等性就在于,在某一方面是一个事物多,而另一事物少,或者,一个事物高级而另一个事物低级。① 然而,平等的内涵却不能简单地归纳为"相等"。平等含义横跨哲学、政治学、伦理学、经济学等多学科领域。萨托利曾说:"平等问题的复杂性——我把它称为迷宫。"② 一般来讲,平等的含义大致有以下几种:

(1) 事实上的平等与法律上的平等。事实上的平等是要求人的存在事实上要平等,法律平等是指法律适用上的平等,而不强求存在事实上的平等;换言之,事实平等要求内容上的平等,亦即人们在法律上所享地位或机会平等。利弗罗教授在 1965 年写道:"法国公法所依附的平等乃是法律平等,而非事实平等。如果对所有人相同,那么法律就履行了他对平等的责任。法律对象所处的事实状况使之对某些人有利,对其他人有害,但这并非法律所考虑的事物,因为法律本身并未造成这些后果。"③

(2) 绝对的平等与相对的平等。人生而有其自然属性,例如,性别、年龄、生理状况、智慧能力等方面均有本质的差别,绝对的平等不问事实上的各种差异而在法律上一律给予平等的对待,也就是说,绝对平等理论强调每个人不得有比邻人更多的权利,亦不得被课予比邻人更多的义务,绝对的平等基于自然法上人生而自由平等的理念主张在法律上一律给予平等的对待,但由于绝对平等的主张事实上极不合理,也无法实现,于是学者们提出修正的、限制的绝对平等说,其主张:第一,法律上对人的对待其考虑点应限定于事实上的条件或事由,例如,性别、种族、社会身份等。第二,要求平等对待的事项限于一定的范围内。例如,选举权、教育、社会保障、纳税等。第三,这些事实上的事由与平等对待的事项必须同时考虑在上述三者的限度内,必须实现绝对的平等。相对的平等则主张对于本质相同的事物,立法者在法律上应作平等的处置,而对于具体的个别差异应依事物本质作不同的立法,这样对具体事实上的差异作不同的规范符合平等原则。

(3) 形式上的平等与实质上的平等。一般来讲,形式上的平等即相同的人或事给予相同的对待,不同的人或事给予不同的对待。实质上的平等则因为每

---

① 〔美〕艾德勒:《六大观念》,郗庆华、薛金译,生活·读书·新知三联书店 1991 年版,第 161 页。
② 〔意〕萨托利:《民主新论》,冯克利、阎克文译,东方出版社 1993 年版,第 357 页。
③ 张千帆:《西方宪政体系》,中国政法大学出版社 2001 年版,第 125 页。

个人事实上会有身体、才智等方面的差异,依据各个人的不同属性采取不同的方式,对作为各个人的人格发展和权利实现所必需的前提条件进行实质意义上的平等保障。"在现代宪法下,一般来说,形式上的平等原理仍然可以适用于对精神、文化活动的自由、人身的自由与人格的尊严乃至政治权利等宪法权利的保障,而实质上的平等原理则主要适用于以下两种情形:第一,在权利的主体上,男女平等、人种平等和民族平等的实现,就是实质上的平等原理所期待的客观结果;第二,在权利的内容上,实质上的平等原理则主要适用于对社会经济权利的保障,其目的在于使经济强者与经济弱者之间恢复法律内在地所期待的那种主体之间的对等关系。"①

### 三、平等原则的具体要求

平等原则是各宪政国家中公法确立的一项重要原则,例如,我国《宪法》第33条规定:"中华人民共和国公民在法律面前一律平等。"日本《宪法》第14条第1款规定:"全体国民在法律下一律平等。在政治的、经济的或社会的关系中,不得以人种、信仰、性别、社会身份以及门第的不同而有所差别。""在法律面前平等的原则是所有法律中最古老和最根本并深深扎根的原则,作为一个实体原则,存在于每一个民主宪政制度的宪法和行政法中。即使这一原则在不同国家采取不同的形式,作为一个法律准则,它的有效性几乎得到西方世界每一个国家一致的承认。"②一般来讲,平等原则主要体现在以下两个方面:

(一) 立法平等

立法平等是指禁止立法者在立法思路的原则中进行不公平的分类,并依据这种分类从法律条款的含义上对应当给予平等对待的人不合理的区别对待。立法平等包括立法参与权平等和立法内容的平等。③

立法参与权平等,是指公民平等地参与法律创制的权利,立法参与权平等的目的是为了保证法律内容的公正、平等。现代宪政民主国家主要分为代议民主制和直接民主制两种。代议民主制要求全体公民都有权直接或间接地通过选举或推举产生的议员代表参与法律的创制。直接民主制要求全体公民都有权直接参与法律的制定。直接民主制在立法上的体现正是以全体公民对全体公民的保护和约束实现立法的正当性。代议民主制中的立法参与权平等在很大程度上就是选举权和被选举权的平等,从本质上说,直接的、无差别的普遍选举是确保代

---

① 林来梵:《从宪法规范到规范宪法》,法律出版社2001年版,第107页。
② Jürgen Schwarze, *European Administrative Law*, Sweet and Maxwell, 1992, p.545.
③ 李步云主编:《宪法比较研究》,法律出版社1998年版,第524页。

议民主制中立法参与权平等的关键。

立法内容的平等也就是每个公民在法律上的地位的平等,包括平等的法律保护和救济、平等的权利与义务。立法内容的平等是民主立法、进步立法的必然要求,反映出人类社会的发展规律,而以人的出身、性别、财产、种族、受教育程度等差异作为立法内容不平等的理由则是已经被历史淘汰的落后的立法特征。

事实上,立法上的平等主要是指国家机关在制定法律时,包括国家机关制定行政法规、地方性法规、部委规章、地方性规章、自治条例、单行条例或其他规范性文件,受宪法平等权拘束,平等地设定公民(法人)的法律权利与法律义务。因此,这个含义主要针对的是国家制定法律的行为,强调国家权力在为公民设定权利义务时,也应当受到宪法平等权的拘束,以使国家制定的法律,应当体现宪法规定的法律面前人人平等的原则,为国家的执法和司法提供宪法上的保障。所以,国家在制定法律时(包括国家机关各种普遍性规范性文件和影响公民权利义务的行为)不得对本质相同的情况,任意进行区别对待;也不得对本质不同的情况,任意进行相同的处理。[①]

(二) 法律适用平等

法律适用的平等,是指法律实现过程中各个环节的平等。司法平等与执法平等是法律适用的主要环节。法律适用的平等要求司法机关适用法律,对待一切公民,即使被依法剥夺政治权利的人,在保护和惩罚上都以平等的标准来对待。法律适用的平等,是法律本身平等的客观要求,是平等权实现的关键环节。法律的公正性、法律的权威性、法律的稳定性都要求法律适用的平等,如果法律得不到平等的适用,那么,所谓法律的公正性、权威性、稳定性也都将不复存在。法律本身的平等是法律适用平等的前提,而法律适用的平等是法律本身平等的实现。有了平等的法律,还需要平等地适用法律,才能真正实现平等。

执法平等,也就是"要求执法机关在法律执行的过程中,不以对象或相关人的民族、种族、性别、职业、社会出身、宗教信仰、政治思想、教育程度、财产状况、文化背景的不同而有所偏袒或歧视"[②]。只有执法机关真正能够以"法律面前人人平等"为准则,不偏不倚地执行法律,做到依法行政,才能真正使法治理念得以落实。

---

① 周伟:《论立法上的平等》,载《江西社会科学》2004 年第 2 期,第 173 页。
② 李步云主编:《宪法比较研究》,法律出版社 1998 年版,第 526 页。

## 第五节 比例原则

### 一、比例原则的历史渊源及内涵

比例原则是公权力行使过程中的一项重要指导原则。立法、行政及司法机关在行使公权力、履行职责的过程中都要受到比例原则的约束。公法上比例原则的作用在于对公权力行使的手段与方法进行规制，指导公权力机关谨慎、合理地行使公权力。比例原则要求在方法、手段的选择上，除必须是能达到公益目的外，还必须选择对公民权利造成损害或限制最小的手段、方法，而且这种造成损害的手段要与目的达成后所获得的利益保持"合比例"的状态。如果手段过当，比如"杀鸡用了宰牛刀"，即使合理的目的达到了，也不符合比例原则的要求。由于比例原则是公法领域中一个非常重要的原则，因而有学者称其为"公法领域的软化剂"。

"比例原则的某些思想最早源于雅典的梭伦。其早已对限度与过度的思想给予高度重视，其哲学思想的要点是用一极短的语句来表示的，即'别太过分'。他将正义作为目的，将限度作为社会秩序的界线，使其成为后世立法者的楷模。"[①]比例原则也可追溯到1215年公布的英国《大宪章》的规定：人民不得因为轻罪而受到重罚。学界一般认为，比例原则滥觞于19世纪的德国警察法学。1802年，德国学者贝格(Von Berg)在其出版的《德国行政法手册》一书中明白提及，警察的权力唯有在必要时才可以实行之，是广义比例原则出现之滥觞。[②] 德国行政法大师奥托·迈耶(Otto Mayer)在其1895年出版的《德国行政法》中主张"警察权的界限"，"警察为防卫公益而行使权力时，应该符合比例性的要求"。[③] 此时的"比例"实是指在遵守自然法基础上的比例，并不涉及手段的损害后果和目的的合理关系问题，因此此处之比例原则实际上仍是指必要性原则。奥托·迈耶在1923年出版的《德国行政法》(第3版)中，对比例原则提出了更具体的主张，在论及警察权力的界限时认为，逾越必要限度即是违法的滥权。[④] 1911年弗莱纳(F. Fleiner)出版了《德国行政法体系》一书，提出了"警察不可用大炮打小鸟"的名言，并表示对违反警察商业法令的商店，若警察可用其他较温和的手段(如执行罚、警察罚)来处置的话，就不可使用"吊销执照"的方式；最严

---

① 范剑虹：《欧盟与德国的比例原则》，载《浙江大学学报(社科版)》2000年第5期。
② 陈新民：《德国公法学基础理论》，山东人民出版社2002年版，第376页。
③ 同上书，第130页。
④ 同上书，第377页。

厉的手段只能在最不得已的时刻使用。① 德国学者耶利内克在1913年出版的《法律、法律适用及目的性衡量》中,对警察权的行使提出了几项原则,包括:不可以有侵害性、过度性和不可以违反妥当性(目的性)等。② 在司法实践中,1882年普鲁士高等法院通过的著名的"十字架山案"是比例原则发展史上的一个历史坐标。该案案情如下:柏林市市郊有一座"十字架山",在该山上建有一个胜利纪念碑,柏林警方为了使全体市民仰首即可看见此令人鼓舞的纪念碑,遂以警察有"促进社会福祉"之权力与职责,公布一条建筑命令,规定今后该山区附近居民建筑房屋的高度要有一定的限制,不能阻碍柏林市民眺望纪念碑的视线。原告对此命令不服,就此展开了一场诉讼。最后,普鲁士邦高等行政法院依据《普鲁士邦法》总则第10条第17款第2句的规定——"警察机关为维护公共安宁、安全与秩序,必须为必要之处置"作出判决:警察机关援引为促进福祉而限制某地段内建筑许可高度的一个警察命令无效。③ 行政法学界对比例原则(必要性原则)的研究,正式进入开拓期。④ 德国行政法学者哈特穆特·毛雷尔在论述比例原则时说道:"目的和手段之间的关系必须具有客观的对称性。禁止任何国家机关采取过度的措施;在实现法定目的的前提下,国家活动对公民的侵害应当减少到最低限度。"⑤

因此,概括来说,比例原则在公法领域一般是指公权力机关在行使公权力、追求某一公共管理目标的实现过程中,应选择妥当的、对公民权利侵害最小的手段进行,且采取该手段所造成的侵害不能超越达成目标所获得的利益。

学界通说认为比例原则具体包含三项子原则,即适当性原则、必要性原则、狭义比例原则,其具体含义如下:

适当性原则,又称为妥当性原则、适合性原则。其是指所采取的措施必须能够实现目的或至少有助于目的达成并且是正确的手段。也就是说,在目的与手段的关系上,必须是适当的。这个原则是一个"目的导向"的要求。通说认为,即使只有部分有助于目的之达成,也不违反适当性原则。并且这个最低标准不是以客观结果为依据的,而是以措施作出时有权机关是否考虑到相关目的为准。

必要性原则,又称为最少侵害原则、最温和方式原则、不可替代性原则。其是指在达到前述"适当性"原则要求后,在能达成法律目的的方式中,应选择对公民权利侵害最小的方式。其实际包含两层意思:其一,存在多个能够实现某目

---

① 陈新民:《德国公法学基础理论》,山东人民出版社2002年版,第377页。
② 同上书,第377、378页。
③ 陈新民:《宪法基本权利之基本理论》(上),台湾元照出版公司1999年版,第256、257页。
④ 陈新民:《德国公法学基础理论》,山东人民出版社2002年版,第377页。
⑤ 〔德〕哈特穆特·毛雷尔:《行政法学总论》,高家伟译,法律出版社2000年版,第106页。

的的行为方式,否则必要性原则将没有适用的必要;其二,在能够实现法律目的的方式中,选择对公民权利自由侵害最轻的一种。必要性原则是从"法律后果"上来规范公权力与其所采取的措施之间的比例关系的。

狭义比例原则,又称比例性原则、相称性原则、均衡原则,即公权力所采取的措施与其所达到的目的之间必须合比例或相称。具体讲,要求行政主体执行职务时,面对多数可能选择之处置,应就方法与目的的关系权衡更有利者而为之。① 比例性原则是从"价值取向"上来规范行政权力与其所采取的措施之间的比例关系的。但其所要求的目的与手段之间关系的考量,仍需要根据具体个案来决定。也就是说,狭义的比例原则并非一种精确无误的法则。它仍是一个抽象而非具体的概念。当然,狭义的比例原则也不是毫无标准,至少有三项重要的因素需要考虑:"人性尊严不可侵犯的基本准则;公益的重要性;手段的适合性程度。"②

综上所述,比例原则的这三项子原则分别是从"目的取向"、"法律后果"、"价值取向"上规范公权力行使时手段选择与欲达目的之间的比例关系的。三者相互联系、不可或缺,构成了比例原则完整而丰富的内涵。

## 二、比例原则的正当性基础

比例原则之所以能够成为公法之中的基本原则,之所以能够成为公法领域的"帝王原则",其原因在于,在比例原则之中包含了正义、平等、效率、人权保障这些法律基本的价值要素的基本要求,是正义、平等、效率、人权保障价值精神的具体体现。这也正是比例原则得以存在并发扬光大的理论根源所在。

(一)比例原则包含着正义的价值取向

正义具有公平、公正、公道、合理、公理等含义。亚里士多德曾认为,公平是违背比例相称的可能性之间的中部,"因为成比例就是中部,公平就是比例相称"③。古希腊先哲亦曾说过:公正,就是合比例,不公正,就是破坏比例。"比例原则的某些思想最早源于雅典的梭伦。其早已对限度与过度的思想给予高度重视,其哲学思想的要点是用一极短的语句来表示的,即'别太过分'。他将正义作为目的,将限度作为社会秩序的界线,使其成为后世立法者的楷模。"④因而,可以说比例原则是正义思想的一个具体执行者,即通过调节目的与手段的关系

---

① 城仲模:《行政法之基础理论》,台湾三民书局1980年版,第40页。
② 城仲模:《行政法之一般法律原则》,台湾三民书局1994年版,第126页。
③ 范剑虹:《欧盟与德国的比例原则》,载《浙江大学学报(社科版)》2000年第5期。
④ 同上。

防止超限度地破坏利益与价值均衡。

(二) 比例原则是对平等的具体落实

我们所说的平等并不是数学上的绝对无差别的平等,而是相对的平等,平等本身并不能绝对地排斥差别的存在。合理的差别对待,虽然在形式上看似不平等,但实质上是为了达到更高层次的平等。平等原则虽然并不禁止差别待遇,但是如果这种差别违反了适当性、必要性及比例性原则,任何一个正常的、有理性的人都会认为那是对平等原则的违反。平等并不禁止差别待遇,而是禁止"恣意"的差别待遇,从而谋求"妥当"的差别待遇。由于平等原则本身并未提供差别待遇的实质标准,所以,在各种不同的案件中,就需要运用比例原则对其所涉及的各种利益进行衡量,针对不同情况,作出不同处置。因此,我们可以说,比例原则是平等原则的具体化,比例原则是具体衡量平等的一个量度。

(三) 比例原则能够使效益追求与人权保障达到平衡

效益是一个经济学上的词汇,可以简单地理解为:投入和产出之间的比例关系。但效益主义追求的是产出的最大化,如若将效益主义的信奉完全应用到社会关系领域,就会出现这样的后果:使少数人的利益减损而使多数人利益增加,亦非不正当,这将导致少数人的权利被"正当地"侵害。换句话说,效益主义所追求的是多数的利益的扩大,也就是"公益"。在现实中随着"公益"种类的不同,"公益"一词涵盖的范围也不同,因此,任何一个社会成员都经常处于为不同的"公益"作出"牺牲"的风险中。罗尔斯就曾指出,一个社会无论效率多高,如果它缺乏公平,我们都不能认为它就比效率低但较公平的社会更理想。

这种情形多发生在公共工程、公害防止以及环境保护等领域,比例原则要求在处理这些问题时,要将效益与人权一并纳入考虑的范围内,并依照个案的实际情况,平衡地加以权衡取舍,不能简单地采取"总收益"大于"总投入"的方案,不能为了追求纯粹的效益而简单粗暴地牺牲人权,忽略对少数人的权利保障。因此,比例原则要求公权力主体要善于合理适当地协调不同的目标和利益,使国家、社会和个人、组织的利益得到兼顾。

三、比例原则的公法功能

第一,比例原则有利于实现个案正义。个案正义是指由于法律条文不可能照顾每个具体个案的特别情况,赋予公权力机关一定的裁量权,公权力机关在行使裁量权过程中应该在结合个案的具体情况下,再对法律加以适用,以使个案得到公正合理的处理。如何防止在具体个案中权力的肆意专断,是与公民息息相关的问题,而比例原则强调目的和手段的合比例关系,着重在具体个案中的"微观调控",以保护相对人权益为使命,因而可以说比例原则是实现个案正义的有效途径。

第二,比例原则有利于保护公民权益。早先在我国比较强调集体本位,对个体应有的独立价值和利益重视不够,强调个人利益服从集体利益、国家利益。而现代社会要求对个体的正当权益也要充分地尊重和保护。而比例原则作为公共利益和个人利益的平衡器,能够妥善处理公益、私益之间的紧张对抗关系,在公、私益的取舍权衡过程中提供实用的、公正的标准。

第三,比例原则有利于加强对公权力的控制,提高对裁量行为的预测性。比例原则的重要使命就是对公权力中的裁量权进行控制。比例原则为衡量裁量行为的合法性提供了具体的评价标准。同时,在具体案件中,对于公权机关应当作出什么样的决定,公民也可以根据比例原则的具体要求进行测评,从而对自己的行为作出合理的安排,保护自身权益。

# 第七章
## 公权民授制度

## 第一节 代 议 制

### 一、代议制度的由来与发展

（一）代议制度的起源

代议制度渊源于代议，是代议在政治生活领域中的具体运用，是一种国家政治制度。"代议"就其词义而言就是"代表商议"、"代表议事"，是指由某一个人代表某一特定的群体同另一些代表其他群体的人，就彼此共同面临的问题（或事务）进行商议、讨论，必要时共同作出决定，以使他们所代表的群体能采取相互一致的行动。"代议制度"作为一个特定的术语，是指代议在国家的政治生活领域中具体运用后形成的一种国家政治制度，又称为"代议制"。① 代议制度不同于一般的代议，有自身特有的规定性。这些特定的规定性是代议制运用于国家政治生活后，随着民主政治的不断成长，特别是选举制度和政党制度的发展完善逐渐形成的。代议制度萌芽于中世纪国家政治生活中的代议方式的采用，在近代资产阶级推翻封建君主统治过程中最终形成。随着社会政治、经济的不断发展和日趋完善，代议制度形成了一些共有的基本特性。这些基本特征主要体现在它的具体运作形态——代议机关上：第一，行使国家权力。在议行合一体制下，代议机关是国家最高权力机关；在议行分立体制下，代议机关是国家最高立法机关。第二，由有选举权的人民选举产生。选举的方式可能是直接的，也可能是间接的。第三，有一定的任期。各国代议机关的任期一般都由法律明确规定，

---

① 田穗生、高秉雄等：《中外代议制度比较研究》，商务印书馆2000年版，第3页。

到时必须重新选举,组成新的代议机关。第四,有明确的法律规范。通常在各国宪法中对于代议机关的名称、地位、组成、产生、任期、权限,以至行使权限的方式,都有明确的具体规定。代议机关自身的运作程序通常也都有相应的法律进行规范。第五,通过会议行使权力。代议机关拥有的国家权力是通过它举行的各种会议来行使的。

作为近现代国家政权制度的核心之一的代议制度,其产生、形成和发展演变,是一个漫长的历史过程。它的历史渊源是以工商奴隶制经济为基础的古希腊城邦直接民主制度和古罗马时期的民主共和制。西欧中世纪的封建农奴制农耕经济和神权政治窒息了这一民主制度。直到15世纪以后,随着资本主义生产关系在意大利、荷兰等城市共和国的产生和逐渐在经济领域中占据主导地位,这一民主制度才重新获得生命力,并与资本主义经济制度同步演进。代议制度最早形成于英国,出现于17世纪末18世纪初。在此之前,英国已经存在实行代议制的机关——议会,但国家的最高权力仍属于国王。1688年英国议会决定威廉三世和他的妻子玛丽二世共同即位,使英国政体由君主专制转变为君主立宪制。这就是西欧近代史上著名的"光荣革命"。同年,英国议会通过《权利法案》。1701年,英国议会还通过了《王位继承法》。通过这一系列行动,英国议会在限制王权的同时,扩大了议会权力,并且为英国的国家制度规定了新的基本原则,确立了议会是英国最高立法机关的地位。"英国近现代意义的议会,从此才真正开始。"[①]1776年7月4日,北美第二届大陆会议通过《独立宣言》,1787年,邦联召开制宪会议,制定了美国宪法草案。1789年,依据宪法选举产生的美国第一届国会成立,从而正式确立了美国的代议制度。两年后,法国革命中由第三等级代表组成的国民议会,在改组为制宪会议后,通过了《人权宣言》,并制定了宪法。1791年10月1日,依据宪法选出的立法会议成立。法国的代议制度宣告确立。尽管其后法国的代议制度经历过一定曲折,但最终在19世纪后半期,通过第三共和国宪法趋于稳定。

(二)代议制度的发展

随着资本主义商品经济的扩张,作为近代意义上的国家政权形式的代议制度从19世纪末开始逐渐成为全球性的国家政权制度的基本形式。

19世纪末20世纪初,随着资本主义经济的发展和壮大,资产阶级在西欧、北美和日本等主要资本主义国家,陆续建立了民主共和代议制和君主立宪代议制两种类型的民主政体。[②]当历史车轮驰到20世纪的时候,资本主义经济保持

---

① 郑允海等:《当代资本主义国家的议会制度》,福建人民出版社1994年版,第9页。
② 19世纪末经"明治维新"后,日本于1890年建立国会,通过宪法,实行君主立宪。

着强劲的发展势头,并逐步波浪式地向世界各地拓展。作为与资本主义经济制度相适应的代议民主制度,逐步成为许多后起的以资本主义经济制度为基础的国家的政治制度。由于两个原因,资本主义代议民主制在当代世界的发展具有新的特征:第一,俄国"十月革命"爆发并取得胜利。列宁和布尔什维克在俄国和后来的苏联建立了社会主义性质的代议共和制政体,这种新型的代议共和政体,在第二次世界大战后拓展到东欧和亚洲十余个新产生的社会主义国家,给20世纪资本主义国家民主代议制的发展,带来了巨大的影响。第二,由于帝国主义争夺殖民地而酿发的第一、二次世界大战和社会主义国家的影响。帝国主义殖民体制土崩瓦解,众多亚、非、拉的殖民地和半殖民地成为新独立的国家,它们纷纷仿效前宗主国试图建立代议制民主政体,这既给代议民主政体的发展提供了机遇,也提出了挑战。这两个原因决定了20世纪代议民主政体在世界各地的拓展只能是渐进的、波浪式的,并不断根据面临的实际情况加以改革。

代议制度在英、美、法等国家确立后,欧、美其他国家也先后把代议制度作为国家政治制度。第二次世界大战后,随着西方殖民制度的崩溃和新兴民族国家的建立,亚非各国也相继在自己的国家政治制度中采用了代议制度。除去极少数处于国内战乱的国家,当代国家几乎都把代议制度作为国家政治制度的一个组成部分。

(三) 代议制度在当代的发展状况

从第二次世界大战结束(1945年)至今,资产阶级代议民主制进入和平发展时期。20世纪四五十年代,德、意、日三国资产阶级代议民主势力在世界正义力量的支持和直接参与下,推翻了法西斯专制制度,重建了现代代议民主政体(德国、意大利)或君主立宪民主政体(日本);欧洲除东欧以外的资本主义国家也陆续重建了这两类民主政体,大洋洲的新西兰也于1947年独立并建立了代议制政体;由原殖民地而独立的国家,如印度、菲律宾等亚、非、拉部分国家也建立了形式各异的代议制民主政体。20世纪60年代到80年代,资本主义代议民主制继续发展,除最后仍实行法西斯专制政体的西班牙顺应时代要改行君主立宪政体之外,发展中国家,特别是韩国、泰国、马来西亚等国,随着资本主义经济的发展和民主政治文化的传播,纷纷由各种独裁专制政体演变为资本主义代议民主政体,同样的情况也在拉丁美洲和非洲国家发生。

21世纪以来,特别是第二次世界大战后资本主义代议民主制的发展,同以前的历史时期相比,有许多新的特点,如随着普选权的逐步扩大(废除原有的性别限制、财产限制和种族限制),代议制度的社会基础也逐步扩大;代议民主制因为代表工人阶级和"中间阶层"的共产党、社会党的参与,其阶级性质亦在逐渐发生某种变化;代议民主制本身构成代议机关与行政机关的相互关系,在罗斯福新政实行后,逐步发生变化;但代议机关的权力机关或立法机关的性质和职能,没有发生根本变化。

代议制自近代以来,作为民主国家的政治制度基石的地位就未改变过,数百年来虽历经风风雨雨,依旧岿然挺立。然而发展到了今天,代议制也遇到了一些难题,显示出自身的不足之处。

首先,代议制无法保证选民能够选举出可以代表自身利益的代表。现实中不乏仅仅为了某集团或者是个人利益而当选议员的政客,其中主要原因就在于代议制民主自身的弊端。可供选择的代理人的不充分,投票人对于代理人认识的不充分,都会影响投票结果,从而导致公民投票选择的代理人并非一定是公民利益的真正代表者。

其次,人民对政府的控制力越来越差。代议制民主是建立在委托人对代理人信赖之上的一种委托行使权力的民主形式,而且代议制下政府与公民之间存在着多层代理关系。公民是最初的委托人,代表或议员是公民的代理人,政府官僚又是代表或议员的代理人或者是受到他们的监督和制约,根据代理人效应理论,在委托人和代理人之间存在目标的冲突和信息不对称,因此,代理人存在偷懒或欺骗的动机,由于代理人通常比委托人拥有更多的信息,因此委托人很难监督代理人。很有可能出现受委托者对信任的背弃而使委托的利益遭受损害的情形。公民与政府之间还隔着议员的一层代理关系,因此这种效应只会更加扩大。而且,随着政府管理的高度专业化,人民对政府的控制能力必将日益弱化,政府行为偏离人民利益的现象也将更加难以遏制。

然而,虽然代议制存在着这样或那样的不足之处,并非最好的制度形式,可是目前尚未有一种更好的制度形式来取代它。因此,目前的问题不是代议制是否还有必要存在,而是我们如何改善代议制。以回归古典的视角来看,逐步扩大民众参与、扩大直接民主不失为一项选择。事实上,公民参与也已经开始崭露头角,在政治制度中占有一席之地。可以说,代议制还是有着改善的空间和余地,有着蓬勃的生命力的。

代议制度三百年来的发展历史表明,代议制度在不同国家呈现出十分不同的具体形态:英国的代议制度不同于法国的代议制度,法国代议制度不同于美国的代议制度,中国的代议制度又有自己的特殊的地方。导致这些差异出现的原因,归根结底是各自不同的国情。社会和经济发展水平所处的阶段、文化传统中所包含的思想意识以及具体的历史条件(特别是国内政治斗争的现实状况),对于一个国家代议制度的形成、发展,具有重大的影响。英国的代议制度形成于世界资产阶级革命的早期阶段,深受早期启蒙思想家洛克的分权思想的影响,代议制度作为一种妥协性产物,成为君主立宪政体的组成部分。作为妥协的明显标志,贵族院作为上院,尽管其地位、权力日趋微弱,但其保守性质经历三百多年后仍未有实质性改变。美国的代议制度是在摆脱殖民统治、组建联邦国家的过程中形成,孟德斯鸠的三权分立思想和潘恩关于民主共和与代议制度产生了重要影响。美国的代议机关与作为行政首脑的总统,共同拥有国家最高权力。美国参议院作为代议机关的上院,代表了组成联邦的各成员单位的利益,体现了分权与制衡的理念。法国代议制度二百多年来经历曲折,充分显示出在同一国家内,国情的演变对代议制度发展的影响。从代议制度的兴废和帝制、共和的交替,从代议机关的结构由多元体制到一院制再变为两院制,从代议机关在国家政治制度中地位的多次改变,这一切都同法国二百多年来社会经济发展和阶级政治斗争,以及国内政治局势的变化相关联。

## 二、代议制的公法原理

最早的代议制度是英国资产阶级在反对封建君主专制的革命中建立的。英国资产阶级革命是在早期启蒙思想家的思想影响下兴起的。天赋人权、人民主权等民主理论,强调国家主权属于人民,政府是为人民办事的机构。然而启蒙思想家对于如何建立这样一个政府,并确保这一政府真正实现人民民主这一目的,即通过一种什么样的制度来做到这一点,并未进行过深入的探究。代议制度在英国的建立和实际运作,为人们进一步研究这一问题创造了可能。代议制度理论正是在这样的历史背景下发展起来的。

最早对代议制度进行理论分析的重要思想家是托马斯·潘恩(1737—1809)。潘恩的政治思想及其关于代议制的理论分析,见诸主要政治学名著《常识》(1776)和《人权论》(1791—1792)。其后英国资产阶级哲学家、政治思想家约翰·斯图亚特·密尔(1806—1873)在《代议制政府》这一政治学名著中对代议制度进行了更为全面、深入的分析,并探讨了代议制度运作中的一些具体问题。潘恩和密尔对代议制度的理论分析,特别是密尔对代议制度具体问题的分析,对代议制度的发展、完善,产生了重要的影响。从人权的观点出发,潘恩论证了人民主权思想,认为"推翻封建暴君,反对君主专制政体,建立代议制的民主共和国,是人民的自然权利"。[①] 因为君主专制政体是最坏的治理形式,而共和政体是最好的治理形式,前者是以愚昧为基础,后者则以理性为基础。

潘恩赞同卢梭的社会契约论观点,认为政府是在人们彼此间的社会契约的基础上建立的,因此人们有权通过选举来更换政府。潘恩主张建立共和政体,他批评了那些认为共和政体不适用于幅员广大的国家的看法,提出了把代议制与

---

① 何汝璧、伊承哲:《西方政治思想史》,甘肃人民出版社1989年版,第196页。

民主共和制相结合的主张。为此,潘恩提出了著名的"简单民主制"的概念,从而对代议制民主理论作出了重要的贡献。潘恩指出,民主制有两种形式,一种是古代的简单民主制(如雅典的城邦民主制),即直接民主制,它形式上简单,但受到幅员和人口限制。另一种是代议制。潘恩指出,"代议"就是由人民选举出的代表去商议如何处理国家事务;在代议制共和政府下,政府由人民选举产生,人民是主权者。人民委托自己的代表,行使自己的权力。在民主选举基础上建立的代议制政府,将代议制同民主制结合起来,成为"一种能够容纳并联合一切不同利益和不同大小领土与不同数量人口的政府体制"[①]。潘恩关于代议制民主的理论,为资产阶级找到了一条比较现实的民主共和制度。

密尔对代议制度的理论分析,集中在他所写的《代议制政府》一书中。这部著作被认为是研究代议制度的经典著作。密尔作为一个自由主义和功利主义的思想家,是从功利主义的观点出发来考察代议制度的。他首先提出了检验政府好坏的标准问题,认为这一标准应是"社会利益的总和"[②]。密尔把政府视为实现这一目的的手段,因而手段的适当性必然依赖于它是否符合目的。政府是为了促进社会利益而建立的,因此检验政府的好坏,要看它是否促进了社会利益。密尔认为,好的政府应该增进被统治者的品质,能有效地组织人民来管好社会事务,促进社会利益。同时密尔还提出应从人民的实际水平出发来评价政府的好坏,只要它有利于进一步提高和改善人民的品质,就是好的政府。因此,他认为在人类历史发展的一定阶段,专制政府也可能是有效的政府形式,但在达到某种程度以后,"由于缺乏精神自由和个性,它们就永远停止下来了"[③]。正是基于这种分析,密尔认为理想上最好的政府形式是代议制政府。

密尔首先是从肯定民主制的优点出发来论证上述结论的。密尔认为,民主制政府有利于社会事务的良好管理,有利于增进社会利益,并强调只有民主制度才能有利于提高和改善人民的品质和能力,有利于民族性格的发展。因此密尔赞成主权在民的主张,认为理想的政府形式,应该是主权或最高支配权力属于整个社会集体的那样一种政府。然而,对于国土较大、人口较多的国家来讲,要求全体人民参加政府管理是不可能的。因而在这种情况下,坚持人民主权的原则,就只能是采取代议制政府形式。密尔指出:"显然能够充分满足社会所有要求的唯一政府是全体人民参加的政府;任何参加,即使是参加最小的公共职务是有益的;这种参加范围大小应到处和社会一般进步程度所允许的范围一样;只有容

---

① 〔美〕潘恩:《潘恩选集》,马清槐等译,商务印书馆1981年版,第246页。
② 〔英〕密尔:《代议制政府》,汪瑄译,商务印书馆1982年版,第17页。
③ 同上书,第34页。

许所有的人在国家主权中都有一份才是终究可以想望的。但是,既然在面积和人口超过一个小市镇的社会里,除去公共事务的某些极次要部分外,所有的人参加公共事务是不可能的,从而就可以得出结论说,一个完善政府的理想类型一定是代议制政府了。"密尔认为,这样就克服了简单民主制的局限性,又发扬了民主制的一般原则。

密尔在推崇代议制政府是最理想的政府时,也看到它容易产生弊病和危险。他认为主要有两种情况:一是代议团体以及控制该团体的民意在智力上偏低出现的危险,二是当同一阶级的人构成团体内的多数时有实现阶级主张的危险。前者可能会由于选举制度本身的毛病,导致智力优秀、道德高尚者不当选,使代议团体智力条件不优化,从而产生种种不良后果。后者可能会产生同一阶级构成的多数,制定一些只是有利于某一个阶级而不顾及社会普遍利益的法律的危险倾向。

基于以上考虑,密尔提出了"真正的民主制"和"虚假的民主制"概念。密尔认为,前者是代表全体的民主制,后者仅仅是代表多数的民主制;代议制民主应该是全体的,而不仅仅是代表着多数的民主制。密尔并不否定少数必须服从多数,应该被多数压倒。但他认为,这并不是说,少数不应该有代表,少数的意见不应该被听取。因此密尔强调重视少数、保护少数,并提出"对抗的职能",认为只有在对抗斗争中,社会才会有长期继续的进步;一旦出现一方取得斗争的完全胜利,不再发生冲突,就可能出现发展停滞,直至衰退。密尔关于两种民主制的分析,对于如何正确认识和运用代议制度来推进民主制度,是有意义的。

密尔在《代议制政府》一书中,根据英国代议制度的实践,就制度运作本身提出的一些见解,对于代议制度的发展完善,也很值得重视。密尔认为,代议制议会的第一个职能是监督和控制政府,第二个职能是国民的诉苦委员会和表达意见的大会。密尔认为,议会的作用就是表明各种需要,成为反映人民要求的机关,是关于一切公共事务的所有意见进行争论的场所。密尔还提出,管理不是议会的职责,议会不应干涉行政,议会在这方面的职责是选择能胜任行政事务的人。密尔并且主张在行政工作中实行个人负责制,行政官员不应通过选举产生,不应随政治变动而变动,而应通过考试竞争,择优任命。

马克思主义经典作家在指出资产阶级国家的代议制度是为资产阶级统治服务的同时,对于代议制民主一直给予充分的肯定和重视。列宁就曾明确地指出:"如果没有代议机构,那我们就很难想象什么民主,即使是无产阶级民主。"[①]列宁在《国家与革命》一书中,明确指出议会制是一种国家制度,摆脱议会制"不在

---

① 《列宁选集》(第3卷),人民出版社1972年版,第211页。

于废除代议机构和选举制,而在于把代议机构由清谈馆变为'工作'机构"。[1]

综合诸多代议制倡导者的理论,代议制的公法原理可以归结为这样几个方面,即人民主权、人民政府、权利保障以及多数原则。

人民主权的原则是指权力的来源是人民,权力应该始终掌握在人民手中,这是代议制的首要原则,也是民主政治的必然要求。共同体的全部和最高的权力属于共同体的全体成员,任何共同体内的权力,不管是立法或者是行政,都由它产生并从属于它。人民主权的原则阐明了代议制下的权力来源,把人民也就是共同体的成员放在政治生活的首要位置。

人民政府的原则是指人民对于政府的控制,这里的政府并不仅指代行政机关,而是泛指直接和间接由共同体的成员选举产生的各种国家机关。政府服务于共同体,而成员对政府的控制手段是选举和罢免。他们不仅有权选举他们认为适当的代表处理他们关心的事务,而且还可以随时撤换这些代表,或者对其职能加以变更。而政府则应当体现成员的意志并对他们负责,这种负责可以以定期报告、接受质询、问询和答复等形式体现。

权利保障原则是指代议制度设置的价值目标是为了保障成员的个人权利不受公共权力侵犯。个人的人身、财产、言论、出版和宗教信仰等方面的自由是个人人权的体现,也是一个意图在现代社会中追求合理正当的个人幸福生活的共同体成员所必不可少的权利,这些权利的匮乏或者受侵害将会导致个人生活质量的急剧下降,并构成对于全体社会成员美好生活的威胁。在对于个人权利的侵犯和威胁之中,性质最为恶劣、侵犯程度最严重的不是来自于成员间的相互的不尊重,而是来自于政府这个理应成为公共服务者的机关。因此,代议制蕴含了限制政府权力的意图,并且力图将政府已有的权力保持在可控的范围内。

多数原则是代议制的议事原则。"少数服从多数"被认为是民主制度天经地义的议事原则,顺理成章地也就成为了代议制下的议事原则。这里的多数,是有着一个平等的前提的,每一个有权参与表决的共同体的成员,其分量是相同的,影响是同等的,这样表决出来的结果才是真正意义上的多数意志的结果。而且,少数者并非完全没有表达自己意愿的权利,在一些重大事项上,比如基本权利的设置或者是事关共同体整体的重大的制度设置或者是政治选择,他们同样有着以消极的方式表达其意愿的权利并有权使对其不利的结果无法得以通过。

人类自从进入有国家的社会以来,为了寻求一个较为理想的治理国家的形式,自觉地或不自觉地,有意识地或无意识地,不断地进行探索,导致国家统治形式的变化。资产阶级在推翻封建君主专制统治、建立资产阶级国家过程中,把代

---

[1] 《列宁选集》(第3卷),人民出版社1972年版,第210页。

议运用到国家政治生活领域,形成了代议制度。三百年来,伴随着社会和经济的发展,在经历了无数次的大大小小的政治斗争后,由于普选权的实现和完善,由于政党的出现和政党制度的形成,在历史的"合力"下,代议制度得到发展并趋于完善。三百年来人类社会在各方面的发展和进步表明,代议制度作为一种政治统治工具,是迄今为止人类治理国家的一个较为理想的形式。尽管代议制度的具体形成和发展的历史背景是资本主义社会和资产阶级统治者的国家,然而它的被采用、形成和每一点改善与进步,都不仅仅是某一些人,甚至不仅仅某一个阶级活动的结果,而是整个社会各种力量和因素,直接或间接作用的结果。正因为如此,代议制度作为人类治理国家的一种手段、一种工具,是人类智慧在政治生活领域总结出来的一个文明果实,而不是只适合于某个特定阶级的专用品。

### 三、代议制度在我国的发展和前景

在鸦片战争以前的中国,在数千年的漫长岁月中,存在的是与农耕经济相适应的宗法分封等级君主制和专制君主制。直到19世纪中叶,西方帝国主义侵略者以炮舰打开中国大门,代议制理论才随同资本主义商品的侵入而姗姗进入,成为中国救亡图强的知识分子用以改造中国专制君主政权制度的武器。但由于各种历史因素的作用,直到中国共产党领导的新民主主义革命成功,近现代意义上的代议制度才在神州大地扎下根来,对促进人民共和国的民主政治和社会经济的发展,起到了保障和推动作用。改革开放以来,适应社会主义市场经济体制取代计划经济体制的变革,以人民代表大会制度为具体形式的中国代议制度,正经历着前所未有的发展并日趋成熟。

(一) 中华人民共和国全国人民代表大会制度的建立与发展

新中国成立后,中国人民在中国共产党的领导下,继承革命根据地时期劳动人民当家作主代议民主制度的成功做法,借鉴社会主义苏联发展苏维埃代议民主制度的经验,经过几年探索,最终创立了人民代表大会制的社会主义代议民主制度。

1954年第一届全国人民代表大会第一次会议通过的《中华人民共和国宪法》,标志着社会主义性质的代议民主制——人民代表大会制度在人民共和国的正式确立。根据1954年《宪法》的规定,全国人民代表大会是中国最高国家权力机关和唯一的立法机关,在国家政权体系中处于最高的地位;它拥有组织和监督其他中央国家机关,决定国家一切政治、经济等重大问题,修改宪法和监督宪法实施等重要职权。全国人民代表大会由省级人民代表大会选举的代表和军队、华侨选举的代表组成。每届任期4年,期满即进行改选,选举工作由全国人大常委会主持,在任期届满前举行。1954年《宪法》还规定了全国人民代表大会召开的次数和程序。

　　按照 1954 年《宪法》的规定，设立全国人民代表大会常务委员会作为全国人民代表大会的常设机构，它由每届全国人民代表大会第一次会议选举委员长 1 人、副委员长和委员若干人及秘书长 1 人组成；任期与全国人民代表大会相同，由于上届常委会要负责召开下届全国人民代表大会第一次会议，所以其职权要行使到选出下一届常务委员会时停止；它的职权主要有主持全国人民代表大会代表的选举和召集全国人民代表大会会议，解释法律，制定法令，决定国家的某些重大问题如宣布战争状态和决定戒严、任免部分国家机关工作人员和监督国家机关的工作等内容；它是委员制机关，通过会议来开展工作和行使职权。全国人民代表大会可以设立若干经常性委员会和临时性委员会来帮助工作，在闭会期间由全国人大常委会领导，这些委员会对工作或问题只有建议权而无决定权。

　　1954 年《宪法》规定的全国人民代表大会制度内容的实施标志着人民共和国的代议制度正式确立。它是社会主义中国的根本制度。在"文化大革命"前，全国人民代表大会召开了三届会议，其职权作用的发挥，对社会主义中国的经济建设和民主政治的发展，作出了不可磨灭的贡献。遗憾的是，在"文化大革命"中，它遭到严重破坏以致一度名存实亡。

　　1978 年 12 月召开的中共中央十一届三中全会，使中国的人民代表大会制度进入一个重要的发展阶段。1978 年 2 月 26 日至 3 月 5 日在北京召开的第五届全国人民代表大会第一次会议修改和通过的新《宪法》，极大地加强了全国人民代表大会的地位和职权：重新确认"全国人民代表大会是最高国家权力机关"；恢复了 1975 年《宪法》取消了的"监督宪法的实施"、"选举最高人民法院院长，选举最高人民检察院检察长"等职权；同时恢复了人民代表的质询权，规定全国人大代表有权向国务院及其各职能机构、最高人民法院和最高人民检察院提出质询，后者必须负责答复。同时，这部《宪法》还恢复了 1954 年《宪法》规定的全国人民代表大会及其常务委员会行之有效的工作制度，如设立专门委员会等，并根据形势的发展，进行了若干补充。

　　1982 年 12 月召开的第五届全国人民代表大会第五次会议通过的新《宪法》及其规定的人民代表大会制度，特别是全国人民代表大会制度的付诸实施，标志着社会主义中国的代议制度的发展进入一个新的时期。1982 年《宪法》对全国人民代表大会的规定，除全面恢复了 1954 年《宪法》关于全国人民代表大会地位、职权、工作制度和程序的有关规定外，并根据改革开放以来的形势变化补充了许多新内容。这突出地表现在加强全国人大常委会工作的有关规定上面。1982 年《宪法》将原来属于全国人民代表大会的一部分职权交由全国人大常委会行使,扩大其职权,加强其组织。1982年《宪法》规定:全国人大及其常委会共同行使立法权,共同监督宪法的实施;它有权审查、批准国民经济和社会发展计划、国家预算在执行过程中所必须作出的部分调整方案,有权决定国务院部长、委员会主任、审计长、秘书长的人选,等等。它还第一次规定全国人大常委会委员不得同时担任国家行政机关、审判机关和检察机关的职务。这些规定的实施,对全国人民代表大会充分行使职能,促进经济体制改革和民主政治建设,发挥了重大作用。

经过几届全国人民代表大会和它们的常务委员会的努力,全国人民代表大会制度得到了很大的加强和完善:(1)在加强立法权的同时,加强和改进了监督权的行使。监督权的行使和加强,对督促国务院依法行政和最高人民法院、最高人民检察院依法行使司法权,起到了良好的作用。(2)全国人民代表大会及其常务委员会行使职权逐渐程序化、制度化。先后制定的《全国人民代表大会组织法》(1982)、《全国人民代表大会常务委员会议事规则》(1987)、《全国人民代表大会议事规则》(1989)和《人民代表法》(1992),对全国人大及其常委会会议的举行,议案的提出和审议,审议工作报告,审查国家计划和国家预决算,国家机关组成人员的选举、罢免、任免和辞职,询问和质询,调查委员会,会议的发言和表决等,都作了具体的规定,提高了工作效率和效益。同时,全国人大常委会委员长会议、各专门委员会也分别制定了自己的工作规划或议事规则,以规范工作。(3)全国人民代表大会和其常务委员会的组织建设不断加强,其表现是根据《全国人大组织法》的规定,成立了若干专门委员会,承担全国人大及其常委会交办的工作,根据工作需要,全国人大、全国人大常委会,还可以成立特定问题调查委员会,从事有关调查工作。组织机制的加强,对加强全国人大和全国人大常委会职权行使,提供了组织基础和保障。随着社会主义市场经济体制的发展和逐步建立,我国以全国人民代表大会制度为主要表现形式的社会主义代议制度,也将通过政治体制改革而逐步完善,发挥愈来愈大的作用。

(二)我国人民代表大会制度目前存在的问题

虽然我国人民代表大会制度取得了可喜的进步,但同样有相当多的问题存在着。无论是从人大自身职能的发挥来看,还是从人大代表的履职情况来看,都存在着相当多的阻碍人大制度作为我国基本政治制度发挥作用的因素。

首先,是人大权力虚置的问题。我国《宪法》规定:"人民行使国家权力的机关是全国人民代表大会和地方各级人民代表大会。"然而在现实生活中,人大的权力行使经常受到方方面面的干预。

重大事项的决定权是人大的一项重要权力。但是现行政治体制下,经常是党委就本区域内重大事项作出决定,或者是党委和政府共同就某些工作进行部署。本应该属于人大或者人大常委会职权范围内的重大事项,往往被同级党委和政府以命令的方式代替。

人事任命权是人大的又一项重要职权,但这项权力在实际操作中往往是名存实亡。等额提名仍然是一个需要解决的问题,这使得人大对于候选人并无可选择的余地,实际上等于把人选的任命权放在了提名者手里。此外,即使是在差额选举的情况下,也存在着各种各样的问题。人大代表对于拟任命人员的具体情况往往缺乏了解,因此对于所提名的人选并不能根据其能力、威望、过往任职情况等进行评判,转而依赖于提名人的暗示或者推荐,此外还依靠自己的直觉,而这显然是靠不住的。

其次,人大的监督权很难落到实处。监督权是人大对于由自己所产生的部门工作情况进行检查、评价的权力,工作状况未能达到人大期望值的,将面临一定的惩罚措施。然而这项权力在行使过程中并不尽如人意。不少地方人大在实施监督时墨守成规,其议题年年反复,并不能起到监督的效果。而对于舆论反应强烈、在本地区有较大影响的社会问题,有些人大又缺乏监督的勇气和胆量,往往视而不见。

人大行使监督权的过程也往往流于形式。监督中往往满足于只是听取汇报、作个调研,泛泛地提些建议。监督过程中多半采用的是会议审议、调查视察、执法检查、工作评议、个案监督等形式,而很少采用质询、调查等更为有效、更为强硬的手段,罢免、撤职等措施几乎被束之高阁,绝少被采用。这使得人大监督工作力度不到位,缺乏权威性和有效性。

监督权的怠于行使和流于形式使得人大监督的效果很不明显。由于缺乏有效的监督措施,全国各地人大每年依法开展的监督活动最后能够取得成果的极少,那些群众反映强烈的问题往往得不到解决。

最后,一些人大代表缺乏履职的积极性。人大代表是人民代表大会的组成单位,代表们的活动情况直接影响着整个人大的活力。我国人大代表绝大部分是兼职,他们因自身工作所累,很难将代表工作作为首要工作来从事。

(三)对问题的解决方案及前景展望

第一,理顺人大和党委的关系。

要完善人民代表大会制度,加强人大职能发挥,首先就要理顺人大机构和同级党委的关系。中国共产党是中国特色社会主义事业的领导核心,这是不可变更的。因此各级人大都应该自觉接受党的领导,在政治上同党保持一致,坚定不移地贯彻其路线、方针、政策,通过法定程序使其意志转化为国家意志,保证其核心地位。同时,更为重要的是各级党委也要转变认识,要善于转变领导方式,从依靠方针政策办事转变为依靠法律办事,从以党委决定的形式来处理问题转变为通过国家机构法定工作程序的方式来处理问题。人民代表大会制度是我国的政体,也是中国共产党实现其领导的基本制度载体,因而各级党委要支持人大发挥职能。对于宪法和法律规定的应当由人大行使的职能,各级党委不能直接指挥,更不能包办代替。党的各级组织和全体党员要自觉在法律范围内活动,依法发挥领导职能。

第二,加强人大的监督职能。

对国家行政、审判和检察机关进行监督,是宪法赋予的重要职责。加强人大的监督职能需要注意以下几个方面:首先,应当使监督工作有法可依,出台专门的监督法,对监督的主体、对象、原则、程序、方法等作出明确的规定,使得人大的监督工作具有可操作性。其次,加强现有的专门委员会的建设,充分发挥其监督职能。目前各级人大专门委员会的工作人员并不多,大多为二十人左右,除去负责内务、文书管理和日常服务人员,平均每个专业委员会专门行使人大职能的工作人员并没有几个。这样自然难以适应工作的需要。可以对专门委员会的工作人员编制进行改革,扩大专业工作人员的比例,并招聘一批政治学、法学、经济学等方面的人才,以协助常委会开展立法和监督工作。最后,增设专门的监督机构。全国人大可以设立宪法委员会或者类似的专门实施宪法监督的委员会,作为协助全国人大监督宪法实施的常设机构。宪法委员会由全国人民代表大会产生,在全国人大闭会期间则由全国人大常委会领导。其主要职能就是履行宪法监督的职责。人大还可以设置类似于政府审计部门的监督机构,协助财经委员会来审查政府的工作计划、预算及其执行情况,并对政府部门各机构的开支进行调查和审计,据此为人大及人大常委会行使监督权提供事实依据。此外,人大还可以就专门事项成立调查委员会,这里的专门事项是指社会影响较大、群众反响热烈、事件后果严重或者性质极其恶劣等情况。调查委员会的委员由人大代表组成,负责查清整个事件并作出相应处理。调查委员会受同级人大及其常委会领导。其职责范围包括调查同级政府的违法行为以及同级司法机关的严重违法行为。

第三,加快人大代表专职化步伐。

推行人大代表专职化,有利于代表密切联系选民,集中精力参政议政,更好地发挥人大职能。

推行人大代表专职化的一个首要条件就是对人大代表的名额控制。压缩代表名额并不影响代表的广泛性和人民的民主权利,作为国家权力机关的各级人大本应是实质性的工作机关,而不只是一种主人翁地位的象征,代表的数量必须便于开会议事。代表数目过多,会使得人大会议流于形式,无法有效地实现预期目标。从现实的角度考虑,代表的数目降下来也有利于实现对代表专职化的物质保障。

同时还要逐步扩大直选的范围。逐步在省一级乃至全国人大选举中推行直选。因为只有直选才能够使得代表和选民之间建立起直接的、牢固的权利和义务关系,才能够使得代表们树立起对选民的责任感,保证选民能够对代表实施监督和罢免。这将是全面推行专职代表制的必要条件。同时值得指出的是,目前在我国全面推行直选可能会面临许多困难,然而这些困难并非不可克服。

推行专职代表制虽然对人民代表大会制度的完善相当重要,但也要根据实际情况逐步推行,是一个渐进的过程。其实现过程应当是有步骤、有计划的,可在部分地区、部分层级展开试点,然后逐步扩大比例,在条件成熟的情况下,最终实现全面的专职代表制。

## 第二节 选举制度

### 一、选举制度的由来和发展

（一）选举的由来

选举是现代民主政治的重要构成内容。尽管如此,在中西方古籍中,"选举"的概念都早已存在。在中国的古籍中,"选"意指拣选和挑选。《小尔雅·广言》载:"选,择也。""举"意指推荐和选拔。《史记·殷本纪》载:"是时,说(傅说)为胥靡,筑于傅险,见于武丁……举以为相,殷国大治。"《论语·颜渊》载:"汤有天下,选于众,举伊尹,不仁者远矣。"在中国传统的政治生活中,"选"和"举"虽然都是选择政治人才,但两者却有不同的含义,通常是分开使用的。其中"选"指统治者铨选人才担任官职,考量人才以授官,而"举"则是指以特定方式向统治者推荐可任官职的候选人。由此可见,在中国古代政治体制下,"选"与"举"虽然功能相同,但是主体却不同。无论"选"还是"举",都体现了中国传统的集权统治下选拔人才的方式和制度,与今天民主政治体制下的"选举"的含义有根本差异。

在西方,选举 election 一词源于拉丁语动词 eligere,意为挑选,它既包括对人的选择,也包括对事或对物的选择。[①] 近代以来,尤其是资本主义民主制度确立以后,选举成为政治生活的重要制度和内容,从而使得人们在民主政治的制度和运行的背景下来解释"选举"这一政治现象的含义。

选举是现代民主政治的重要内容和运行机制,马克思主义以阶级分析方法,

---

① 王雅琴:《选举及其相关权利研究》,山东人民出版社 2004 年版,第 9—10 页。

深刻分析了选举现象的含义,认为选举作为民主政治的特定制度,其根本特性是由国家性质所决定的,是服务于国家性质的政治方式和规则,也是民主政治下公民实现政治权利和参与政治的途径。按照马克思主义的分析,可以把选举理解为在民主政治制度的背景下,特定统治阶级为了维护其政治统治,而以公民法定票决方式选择政治和公共职位任职者的机制和规则。[①] 作为特定政治现象,选举具有规则的共识性、权利的普遍性和平等性、行为的选择性、投票的秘密性和选举的定期性等基本特点。选举是在人类社会政治长期发展过程中演进的,经过人民长期的斗争,民主政治中的选举权利、选举制度和选举方式才得到了发展。

(二) 选举制度的发展

选举制度作为选举的一个重要的具体表现形式,有其发展过程。选举活动在古代就已存在,但是,近代以来的选举制度,却发端于欧洲中世纪英、法等国的等级会议。英国从13世纪开始,由每个城市或者城镇选派2名自由民代表参加等级会议。在法国,国王菲利普斯四世为了向城市市民征税,于1302年召开了僧侣和贵族组成的第一次"三级会议"。后来,随着资产阶级力量的增长,国王被迫在等级会议中列入资产阶级的代表,规定年满25岁的自由民可参加代表的选举。这种制度后来被资产阶级采用,发展成为资本主义代议制和选举制度。

社会主义选举制度发端于巴黎公社。1871年3月18日,巴黎人民进行武装起义,推翻了资产阶级的统治。3月26日,巴黎公社以多数选举制进行选举,在这一过程中,扬弃和采用了原有选举制度的合理成分。后来的社会主义国家在建立无产阶级政权后,在宪法和法律中规定了选举制度,并且在社会主义民主政治实践中不断予以发展。

中华人民共和国的选举制度发端于第二次国内革命战争时期。在中国共产党领导下,中华苏维埃共和国中央执行委员会于1931年11月通过的《中华苏维埃共和国选举细则》、1931年12月通过的《中华苏维埃共和国选举委员会工作细则》、1933年8月颁布的《苏维埃暂行选举法》,是最早的一批选举法。新中国成立后,中央人民政府委员会在1953年2月通过了《中华人民共和国全国人民代表大会和地方各级人民代表大会选举法》,成为新中国成立后第一部比较完备的选举法,其中规定了选举的普遍和平等原则,并且规定了直接和间接并用、公开和秘密并用等选举制度。此后,全国人民代表大会于1979年对1953年的《选举法》进行了修改,1982年、1986年、1995年、2004年又对1979年《选举法》进行了修改,此外,1983年全国人大常委会第二十六次会议通过了《关于县级以

---

[①] 王浦劬主编:《选举的理论与制度》,高等教育出版社2006年版,第4页。

下人民代表大会代表直接选举的若干规定》。这些法律规定了我国选举实行普遍、平等、直接选举与间接选举并用、秘密投票、选举经费由国库开支等原则,并且形成了一整套适合我国国情的选举制度。

在选举制度发展的历史过程中,作为特定的政治制度,选举制度的发展变化首先是由社会经济基础决定的。同时,作为社会政治制度的组成部分和民主政治的运行机制,选举制度的发展又与民主政治制度的发展具有密切的联系。另一方面,作为规范和约束社会政治活动的特定制度,选举制度在选举活动与社会政治生活的不断相互作用过程中逐步趋于规范。

社会的经济基础及其发展,构成了选举制度变化发展的基本前提。作为社会经济基础的经济关系,经济所有权关系、生产过程的支配关系和生产结果的分配关系,决定着社会政治制度等上层建筑的根本属性。同时,社会经济活动的方式和规则,决定着政治制度等上层建筑的运行和过程规则及方式。正是这两个方面的结合,规定了选举制度发展变化的基本历史轨迹,使得选举制度的发展变化从原始社会的自治手段,发展成为奴隶社会和封建社会中实行市场经济方式的局部地区存在,而又为奴隶主阶级或者封建贵族和工商业主这些统治阶级成员专享的民主治理的途径,进而演化成为资本主义社会成员形式上享有,而实质上由资本力量控制的资本主义民主运行方式,最后发展成为社会主义社会全体成员真正决定政治和公共职位任职者的民主实现机制。

社会的政治制度的发展变化,构成了选举制度发展变化的重要条件。首先,作为民主政治制度的组成内容,选举制度是随着民主政治制度的发展而发展的。原始社会的选举制度,实际是原始民主制度的组成内容。进入阶级社会以后,在奴隶社会和封建社会的局部地区,选举成为这些地区统治阶级成员以民主方式实现自己统治意志的制度,不过,选举制度在这些地区也仅仅是作为民主制度的基本组成内容而运行的。近代以来,资本主义民主制度的建立和发展,对于选举制度的确立和发展具有重大作用和影响,资本主义宪政制度的建立和发展,一方面使得公民的政治自由和平等转化为政治权利,从而为公民选举制度的确立和运行奠定了公民和政治权利基础。另一方面,资本主义宪政制度确立了公民以公民和政治权利对于政府的制约关系,并且确立了公民的权利保护和保障制度,从而使得选举制度的作用和地位得到扩展和凸显。社会主义民主制度的确立,使得选举制度与经济制度和社会制度结合,成为公民社会经济和政治权利结合的方式和途径。其次,作为国家的政治制度,选举制度的发展变化与国家结构制度的发展变化有密切联系。直选与间接选举的并存,是国家结构形式在选举制度方面的要求和反映。最后,作为政治制度,选举制度的发展变化与特定国家的政党制度发展变化有密切联系。近代政党形成后,在民主政治中发挥着越来越大的作用和影响,选举成为政党活动的重要内容,选举几乎成为政党的选举和角逐,因此,政党制度的变化直接推动着选举制度的演变。另一方面,选举制度也决定着政党的政治生态环境、生存空间和参与选举的政党数量。

社会政治制度的法治化和规范化,构成了选举制度发展变化的基本趋势。经过长期的历史发展,在选举活动与社会政治生活的不断相互作用过程中,选举制度的发展变化呈现法治化和规范化的趋势,其具体体现为选举管理的规范化、选举程序的标准化、选举行为的法制化。在选举管理方面,在相当长的历史时期中,选举缺乏严密的管理,被视为只是简单的同意与否的活动,比如美国的选举在18世纪时只是表决活动,选票的印制还经常委托参选的政党进行,选举事务的管理也由参加政党的党员承担。随着政治制度化程度加深和选举在政治生活中作用的加强,选举的管理逐步规范。今天,世界上进行民主选举的所有国家,对于选举活动的基本环节都制定了规范的管理规则,并且进行了规范的管理。在选举程序方面,20世纪以前,各国政治制度的差异,使得各国选举程序也呈现多样化的特点。20世纪70年代以来,随着选举活动的规范化,选举程序也趋向于标准化,其内容主要包括:设立机构、划分选区、确定资格、登记选民、公布名单、提名候选人、竞选、初选或预选等。而选举行为的法制化则随着政治活动制度化和法制化程度的发展而发展,今天,大多数实行选举的国家都确立了选举的法律地位,制定了专门的选举法,有些国家还制定了地方选举的法律,形成了一整套比较完备系统的法律。

## 二、选举制度的公法原理

社会政治中的选举活动具有悠久的历史,政治思想家对于选举现象的关注也有漫长的历史。因此,选举制度的公法原理的演变和形成经过了漫长的发展过程,来源也是多方面的。在这些不同的理论来源之间,存在着交错递进的关系。尽管如此,选举制度的基础理论却是近代以来民主政治的产物,所以,近代以来民主政治的思想和理论成为选举制度公法原理形成的思想基础和理论内容。

资本主义选举制度公法理论是以资本主义民主理论为思想背景,在否定选择政治和公共职位任职者的封建世袭制度基础上形成和发展的,相对于封建专制和世袭制度而言,资本主义选举基础理论具有其历史的进步性。但是,资本主义选举基础理论以虚拟的人类社会的自然状态和社会契约理论解释资本主义民主和选举制度,以抽象的人民主权、代议民主和宪政理论作为资本主义民主政治和选举的理论基础,因而抽象现实的社会关系,否认社会政治的阶级性,从而使自身带有虚幻的色彩。马克思主义在科学批判和扬弃资本主义选举基础理论的基础上,合理吸收了人民主权理论和代议制理论的有关内容,创立了以人民主权和人民代表制为核心的选举理论。

（一）资本主义选举制度的公法原理

资本主义选举制度公法理论源于资本主义民主理论。就其基本内容来看,资本主义的选举制度公法理论主要包括社会契约论、人民主权理论、代议制理论和宪政理论。在资本主义民主政治和选举政治发展的不同时期,这些基本理论先后成为资本主义选举政治的支配性思想,并据此逐步构建和修补了资本主义的民主体制和选举制度。

1. 社会契约论

社会契约论有着悠久的历史,早在古希腊时期,智者学派的普罗塔哥拉、安提丰、希比亚和吕科弗隆的思想就已经包含了契约论的萌芽[①]。伊壁鸠鲁是社会契约理论的明确提出者,如同马克思和恩格斯在《德意志意识形态》中所说的那样,"国家起源于人们相互间的契约,起源于 contrat social［社会契约］,这一观点就是伊壁鸠鲁最先提出来的"[②]。与伊壁鸠鲁同时期的斯多葛学派发展了自然法理论,并在罗马自然法理论中得以延续,在中世纪晚期形成近代社会契约论的雏形。[③] 格劳秀斯、霍布斯、洛克、孟德斯鸠、卢梭、康德和费希特等人是近代社会契约论思想的主要代表。这些思想家将社会契约作为建立资本主义民主政治和国家制度的逻辑起点,通过有关自然状态和社会契约的不同假设,提出了不同的政治体制设计,这些设计成为资本主义民主政治体制的主要思想来源。

社会契约论是关于人类社会如何通过契约方式从个体的无政府状态转变为群体的有政府状态的理论。按照社会契约论的看法,政府是社会契约的产物,因此,人们达成契约的过程,就是政府形成的过程,不过,由于不同的资产阶级思想家关于社会契约达成方式的看法不同,因而对于社会契约基础上形成的政府体制的看法也有所不同,霍布斯主张绝对君主制,洛克主张君主立宪制,孟德斯鸠主张贵族制,卢梭主张共和制。

社会契约论对于选举的论述,取决于不同社会契约论者对于政治体制的看法,就此而言,只有主张特定政体的社会契约论才构成选举的基础和支持性理论。就不同的政体主张来看,大致可以将社会契约论划分为反对选举的社会契约论和主张有限选举的社会契约论。霍布斯是反对选举的社会契约论的重要代

---

① 蔡拓:《契约论研究》,南开大学出版社 1987 年版,第 7—11 页。
② 《马克思恩格斯全集》(第 3 卷),人民出版社 1960 年版,第 147 页。
③ 〔英〕迈克尔·莱斯诺夫等:《社会契约论》,刘训练、李丽红、张红梅译,江苏人民出版社 2005 年版,第 29—61 页。

表,他认为绝对君主制是保证社会契约最恰当的政体形式。① 对于绝对君主制来说,选举不但没有必要,而且是对于社会契约的破坏。② 而洛克、孟德斯鸠和卢梭等人是支持有限选举的社会契约论的代表。不过,他们支持有限选举的理由不尽相同。洛克认为通过选举议会来保证社会契约是最合适的形式③;孟德斯鸠虽然认为选举是民主制的最好实现方式,但是他更倾向于贵族制;④卢梭对霍布斯和洛克的绝对君主制和议会制都进行了批评,认为选举是民主政体继承和存续的最好实现方式。⑤

在分析社会契约论时,马克思认为,"卢梭的通过契约来建立天生独立的主体之间的相互关系和联系的 contrat social(社会契约论),也不是奠定在这种自然主义的基础上的。这是错觉,只是大大小小的鲁滨逊式故事的美学的错觉。这倒是对于十六世纪以来就进行准备、而在十八世纪大踏步走向成熟的'市民社会'的预感"⑥。

2. 人民主权理论

人民主权又称为"人民的统治"、"主权在民"、"一切权力属于人民"。古希腊虽然具有奴隶主阶级本质的民主制度和相关选举活动,但尚未形成人民主权理论。从理论来源方面来看,人民主权理论受到以下两种基本理论的影响:一方面是主权理论。在欧洲反对封建神权的过程中,民族国家和主权概念开始形成,其首倡者是法国学者让·布丹。其后,格劳秀斯、霍布斯、洛克和卢梭都从不同角度提出了各自的主权理论。所谓主权是指国家抽象的至高无上的权力,具有两个基本特征:(1)最高性,即不受限制性、绝对性、不可侵犯性和不可超越性;(2)整体性,即不可分割性、不可转让性、唯一性、排他性和统一性。另一方面是社会契约论。社会契约论中所包含的"天赋人权"思想,强调人民的权利不是来源于上帝,而是来源于个人的自然权利。人民在自然权利的基础上,出于完善社会生活的需要,达成社会契约,让渡权利给政府。就此而言,政府的权力来源于人民的权利。

人民主权理论实际上是主权理论与社会契约论的特定结合。但是,主权理论和社会契约理论的结合并非一定导向人民主权理论。关键在于,不同的思想家对于主权和最高权力之间看法不同。布丹认为,主权是"统治公民和臣民的

---

① [英]霍布斯:《论公民》,应星、冯克利译,贵州人民出版社2003年版,第113页。
② [英]霍布斯:《利维坦》,黎思复、黎廷弼译,商务印书馆1985年版,第150页。
③ [英]洛克:《政府论》(下篇),叶启芳、瞿菊农译,商务印书馆1964年版,第82、94页。
④ [法]孟德斯鸠:《论法的精神》(上册),张雁深译,商务印书馆1961年版,第7—12页。
⑤ [法]卢梭:《社会契约论》,何兆武译,商务印书馆1980年版,第123—128、141—144页。
⑥ 《马克思恩格斯全集》(第12卷),人民出版社1962年版,第733页。

不受法律约束的最高权力",代表着范围和时间上绝对和永久的权力。① 霍布斯继承了布丹的绝对主权思想。然而,在洛克看来,主权不是绝对的,而是相对的、有条件的。洛克的相对主权学说或者有限主权学说主要包括四个方面的主要内容:(1) 在社会契约的订立过程中,个人并不试图解决所有的问题,而是试图解决必要的问题,部分个人权利是由个人自己保留的;②(2) 个人只是将部分权利上交给国家和政府,人民与政府和当政者之间是委托与被委托的关系,政府权力是有限的;(3) 所谓主权即最高权力不是别的,就是最高权力机关行使的权力,最高权力就是立法权,最高权力机关就是议会;(4) 部分被上交的权利最终是属于人民的,人民在特定条件下可以收回自己的权利。③

卢梭被认为是运用社会契约理论系统阐述人民主权学说的代表人物。卢梭针对洛克的议会主权学说写道:"英国人民自以为是自由的;他们是大错特错了。他们只有在选举国会议员的期间,才是自由的;议员一旦选出之后,他们就是奴隶,他们就等于零了。"④在卢梭看来,解决主权的归属问题比到底哪个权力是最高权力更为重要。总的来说,卢梭的人民主权学说包括以下两方面内容:(1) 个人为了公益的目的形成公意,并通过社会公约从原始社会转变为社会状态。卢梭写道:"正如自然赋予了每个人以支配自己各部分肢体的绝对权力一样,社会公约赋予了政治体以支配它的各个成员的绝对权力。正是这种权力,当其受公意所指导时,就获得主权这个名字。"⑤(2) 主权属于全体人民。"这一由全体个人的结合所形成的公共人格,以前称为城邦,现在则称为共和国或政治体;当它是被动时,它的成员就称它为国家;当它是主动时,就称它为主权者;而以之和它的同类相比较时,则称它为政权。至于结合者,他们集体地就称为人民;个别地,作为主权权威的参与者,就叫做公民,作为国家法律的服从者,就叫做臣民。但是这些名词往往互相混淆,彼此通用;只要我们在以其完全的精确性使用它们时,知道加以区别就够了。"⑥人民主权不可分割、不能转让、不能代表,只能由人民直接行使,其中政府的立法权由人民直接掌握。在政府不能实现人民的公意时,人民有权推翻执政者。

在卢梭的人民主权思想中,选举并不占有重要地位。由于卢梭主张直接民

---

① 〔美〕约瑟夫·A.凯米莱里、吉米·福尔克:《主权的终结?——日趋"缩小"和"碎片化"的世界政治》,李东燕译,浙江人民出版社 2001 年版,第 22 页。
② 〔英〕洛克:《政府论》(下篇),叶启芳、瞿菊农译,商务印书馆 1964 年版,第 61 页。
③ 同上书,第 91—92 页。
④ 〔法〕卢梭:《社会契约论》,何兆武译,商务印书馆 1980 年版,第 125 页。
⑤ 同上书,第 41 页。
⑥ 同上书,第 25—26 页。

主制度,所以他认为,主权是不可代表的并由人民直接行使,在主权运行过程中并不需要选举活动。卢梭认为,选举对于君主制是危险的,选举的贵族制要比自然的、世袭的贵族制好,选举主要应用于执行官和军事首领方面。尽管如此,人民主权理论还是在客观上为选举奠定了理论基础。人民主权理论所阐述的主权在民、政府权力属于人民的思想,客观上扩大了人民的政治权利未来应用的可能性,并为选举权的广泛行使创造了条件。

人民主权理论以社会契约论为理论前提,在其前提假设上具有很强的虚幻性。同时,人民主权理论以抽象的人民代替了现实的社会经济关系和阶级关系,因此否认了社会政治生活的阶级性,使得资产阶级人民主权理论具有很大的虚伪性。有关这一点,恩格斯在《关于雅科比提案的辩论(续完)》[1]一文中进行了深入的分析。此外,人民主权理论并没有深入论述人民委托权力给政府的方式和监控政府权力的方式,因此,在有关保证人民主权持续实现的制度安排方面留下了空白。

3. 代议制理论

从洛克、潘恩到密尔不断发展的代议制理论,吸收了社会契约论和人民主权理论的内容,从两个方面奠定了选举的理论基础:一方面,在代议制理论的讨论过程中,自亚里士多德以来的静态的政体分析被更为深刻的、与社会现实紧密联系的政体比较所代替,在洛克、潘恩和密尔这些思想家看来,各种政体不再是平等相处、选择偏好不同的结果,而是有高下之分的。代议制政府被认为是国家最合理的形式,君主政体、贵族政体和直接民主政体已经过时了。另一方面,代议制作为公民通过选举其代表实际管理国家的基本制度最适合资本主义国家,尤其是大型资本主义国家。这是"一种在'法治'的框架之下通过选任的'官员'来'代表'公民的利益或观点而实行统治的制度"[2]。而保证这种代议制运行的必要制度,就是选举制度。选举权因此就成为频繁使用的权利,选举制度在保证资本主义民主和国家管理的正常运行方面就越来越重要,进而使选举活动成为资本主义国家的主要政治活动,选举制度成为资本主义国家的民主政治中的基本制度。

代议制理论是对于社会契约理论和人民主权理论的继承和发展,而选举则是代议制度实施和运行的典型方式。这些理论拟设的内在逻辑关系在于:社会成员通过社会契约建立人民主权,人民主权通过代议制来实现,而代议制通过选举来具体运行。

---

[1] 参见《马克思恩格斯全集》(第5卷),人民出版社1958年版,第301—306页。
[2] 〔英〕戴维·赫尔德:《民主的模式》,燕继荣等译,中央编译出版社1998年版,第6页。

资产阶级的代议制理论实际上是对于资本主义民主制度运行机制的设计,是保障资本主义民主和资产阶级统治的制度安排,因此,它实际是以形式上的代议制度掩盖了国家和政府的资产阶级属性,以形式上的公民的平等政治权利和选举权利掩盖了资本主义社会和政治生活中社会经济的不平等。

另一方面,作为特定的政治制度形式,代议制对于封建主义君主集权制具有历史的进步性。同时,资本主义代议制从本质内容上具有资产阶级性质,但是,其形式却具有民主共和的特点,正如列宁所说,"如果没有代表机构,我们不可能想象什么民主,即使是无产阶级民主"①。在《国家与革命》一书中,他更进一步地指出,摒弃政治制度的资本主义性质,"不在于取消代表机构和选举制,而在于把代表机构由清谈馆变为'工作'机构"②。

4. 宪政理论

"所谓宪政,就是拿宪法规定国家体制、政权组织以及政府和人民相互之间的权利义务关系,而使政府和人民都在这些规定之下,享受应享受的权利,负担应负担的义务,无论谁都不许违反和超越这些规定而自由行动的这样一种政治形态。"③

资本主义宪政理论来源广泛,内容庞杂,但是,概括起来,其有狭义和广义之分。狭义的宪政理论即宪政理论的早期内容,其着眼点是限制政府权力以保障公民权利,因此,宪政通常与公民的"消极自由"具有密切联系,属于保护型民主的制度安排,由此形成的制度主张是分权制衡理论。在这个意义上,宪政意味着"限政"。对于政治权力的限制,其主要目的是防止当选的官员对于公民权利和利益的破坏。具体来说,资本主义宪政主张的分权制衡包括两方面的主要内容:(1) 以权力制约权力。早期的权力制约主要通过立法权和行政权的制约来实现,后来发展成为立法权、行政权和司法权三者的相互分立和制衡。斯宾诺莎、洛克、孟德斯鸠等资产阶级政治思想家是这种分权思想的代表人物。而在中央和地方的纵向分权方面,美国的联邦党人进行了详细的阐述。(2) 以权利制约权力。为了使政治权力按照人民的意志和宪法的规则运行,人民需要以政治权利来控制政治权力,而选举权及其选举活动,则是行使这种控制所采取的主要方式和手段。

广义的宪政理论除了分权制衡理论之外,还包括以下内容:(1) 宪法具有最高性。宪法的最高性不仅指宪法与其他法律相比具有最高性,而且是指宪法本

---

① 《列宁选集》(第3卷),人民出版社1995年版,第152页。
② 同上书,第151页。
③ 张友渔:《宪政论丛》(上册),群众出版社1986年版,第80页。

身是最高的政治规则。"宪法是一个国家的根本大法,它确立国家制度和社会制度的基本框架,并规定了公民的权利和义务,为法治的实施提供了根本的法律依据。宪政是通过宪法规范政治行为并判断政治行为的,宪法为宪政的实施提供了内容的表述和形式的保障,它是宪政实施的前提。"①（2）宪法确认人民主权至上的原则,宣布公民权利的内容,规定国家机关的组成部分、职权、范围和行使职权的程序,同时建立有效监督体系和制约机制。"在制宪后,还需制定出行政法、各类程序法、国家赔偿法等制约国家权力和保障公民权利的法律,从而有效地保障人民当家作主。"②（3）宪政文化,即宪政需要与之相适应的政治文化和公民文化予以文化支撑,同时,宪法作为文化和意识形态的一部分,被公民、政治团体和政党所接受。

为了实现所谓"宪法至上"的原则,资本主义的宪政理论及其制度设计将选举提升到更高的地位,并且对于选举进行了详细的制度论述,主要体现在:（1）选举权作为公民的基本政治权利必须在宪法中予以明确的规定,政府有责任保证人民选举权利的实现。（2）公民针对分权体制下各种政治和公共备选职位行使选举权,特定职位的当选者向选民负责,并且依据法定制度规范与其他职位当选者合作。政治权力由此转化为特定的职权,而所有职权都具有特定范围,遵从特定程序并且具有法定期限,职权的持续需要选民的周期性选举授权。（3）选举成为政治生活的重要组成部分。公民通过选举过程,实现自己的政治权利,表达自己的政治主张和对于政治和公共职位候选人的要求,选举由此成为政府合法性的来源。同时,社会经过选举产生特定的选举文化。按照这样的法律规定和政治制度安排,公民选择成为选择政治和公共职位任职者的基本方式。

综上所述,资本主义选举制度的公法原理,是在资本主义民主政治理论和制度基础上发展形成的,是综合了社会契约论、人民主权理论、代议制理论和宪政理论的理论内容而形成的制度安排逻辑。经过这些理论的综合和发展,选举逐渐从简单的选择政治和公共职位任职者的方式,转变为资本主义政治制度的必要组成部分。

（二）社会主义选举制度的公法原理

社会主义选举制度的公法理论批判了资本主义选举基础理论的本质,扬弃了其不合理的部分,吸收了其中合理的成分。马克思主义经典作家在肯定其相对于封建专制世袭制度具有历史进步性的前提下,批判和扬弃了这些理论,创造性地发展了社会主义选举理论,并通过社会主义国家的实践不断加以完善。

---

① 王浦劬主编:《政治学原理》,中央广播电视大学出版社2004年版,第255页。
② 同上书,第256页。

在批判资本主义人民主权理论的基础上，马克思和恩格斯就人民主权的历史性质、人民主权在政体上的实现方式、人民代议制和选举方面等问题进行了理论阐述。

第一，"人民主权"和"人民代议制"中的"人民"是历史的范畴。对待历史范畴的分析应当运用历史唯物主义方法。在不同的历史时期，人民具有不同的内涵。资本主义选举理论的"人民"实际上是指资产阶级，而不是唯物史观意义上创造历史的劳动人民。对于卢梭的人民主权理论，马克思主义创始人肯定了其时代进步性以及人民有革命权的思想。但是，卢梭的人民主权理论当中的形而上学成分，使他看不到人民主权得以真正实现的社会经济基础。马克思主义创始人看来，真正的人民是劳动者阶级，在资本主义社会就是无产阶级。毫无疑问，真正的人民主权理论不但是反对君主主权的，而且也必然要反对资产阶级主权。

第二，人民主权必然要选择民主共和国的政治体制形式。首先，马克思主义的创始人坚决反对君主主权，肯定了卢梭、潘恩和密尔对于君主制和贵族制的批判。马克思写道："主权这个概念本身就不可能有双重的存在，更不可能有和自身对立的存在"，"一个是能在君主身上实现的主权，另一个是只能在人民身上实现的主权。这同上帝主宰一切还是人主宰一切这个问题是一样的"。① 其次，民主共和国政治体制"是无产阶级将来进行统治的现成的政治形式"②，只有民主共和制才能真正地实现人民主权。最后，马克思和恩格斯在分析巴黎公社的社会性质时认为，"共和国的真正'社会'性质仅仅在于工人们管理着巴黎公社这一点"③。列宁在谈到民主共和国的本质时也提到，民主共和国就是"全体人民享有全部权力"④。

第三，无产阶级国家应该采取人民代议制的政治制度。马克思和恩格斯充分肯定了代议制在历史上的积极作用，但是也批判了资产阶级的代议制，原因在于资产阶级的代议制是有产者的规则，其代表性只是资产阶级，并不真正具有"人民性"。这样的代议制不是真正的人民主权。人民要充分享有自己的公民权利，就必须建立自己的国家、自己的代表机关，从而使得人民主权真正成为劳动人民的主权。而且，马克思和恩格斯在对巴黎公社的考察中充分肯定了巴黎公社如下举措：代表会议应当主管一切公共事务，代表会议代表必须严格遵守选民的确切训令，并且选民可以随时撤换代表；专区的代表会议应派代表参加巴黎

---

① 《马克思恩格斯全集》(第1卷)，人民出版社1956年版，第279页。
② 《马克思恩格斯全集》(第39卷)，人民出版社1974年版，第209页。
③ 《马克思恩格斯全集》(第17卷)，人民出版社1963年版，第603页。
④ 《列宁全集》(第10卷)，人民出版社1987年版，第313页。

的全国代表会议。

第四,选举制度是无产阶级民主共和国的代议制的重要组成部分。一方面,在同资产阶级进行的无产阶级斗争实践中,马克思和恩格斯都把争取选举权作为斗争的重要组成部分。马克思和恩格斯提出共产党在德国的要求之一就是"凡年满21岁的德国人,只要未受过刑事处分,都有选举权和被选举权"①。恩格斯在《宪章运动》中也曾经鲜明地提出,"首先我们需要选举权"②。另一方面,在分析巴黎公社实践的基础上,马克思充分肯定了选举对于政权性质的重要性。在谈到巴黎公社的普选制度时,马克思写道:"公社是由巴黎各区通过普选选出的市政委员组成的。这些委员是负责任的,随时可以罢免。其中大多数自然都是工人或公认的工人阶级代表。"③20年后,恩格斯在为《法兰西内战》单行本所作的导言中写道,巴黎公社的人民普选制度是"防止国家和国家机关由社会公仆变为社会主人"④的首要办法。

总之,马克思主义的经典作家批判了资本主义选举理论在实现人民利益上的虚伪性。首先,"这同上帝主宰一切还是人主宰一切这个问题是一样的"⑤。其次,民主共和国政治体制"是无产阶级将来进行统治的现成的政治形式"⑥。只有民主共和制才能真正地实现人民主权。最后,马克思和恩格斯在分析巴黎公社的社会性质时认为,"共和国的真正'社会'性质仅仅在于工人们管理着巴黎公社这一点"⑦。列宁在谈到民主共和国的本质时也提到,民主共和国就是"全体人民享有全部权力"⑧。马克思主义的经典作家批判了资本主义选举理论在实现人民利益上的虚伪性,同时,按照他们的看法,人民主权理论、代议制理论和选举制度再经过批判和扬弃之后,可以为无产阶级和社会主义民主政治所吸收借鉴。

### 三、选举制度在我国的发展

(一) 我国选举制度的发展情况

我国当代的选举制度包括了政权机关即人民代表大会的选举和国家机关领导人的选举和基层自治组织即村民委员会和居民委员会的选举。其中,人民代

---

① 《马克思恩格斯全集》(第5卷),人民出版社1958年版,第3页。
② 《马克思恩格斯全集》(第42卷),人民出版社1979年版,第408页。
③ 《马克思恩格斯选集》(第3卷),人民出版社1995年版,第55页。
④ 同上书,第12页。
⑤ 《马克思恩格斯全集》(第1卷),人民出版社1956年版,第279页。
⑥ 《马克思恩格斯全集》(第39卷),人民出版社1974年版,第209页。
⑦ 《马克思恩格斯全集》(第17卷),人民出版社1963年版,第603页。
⑧ 《列宁全集》(第10卷),人民出版社1987年版,第313页。

表大会的选举是核心内容。

新中国成立之初,由于一些地方战事尚未结束,土地改革仍在进行之中,不具备普选的条件,各地大多采取特别邀请和推选的方法产生人民代表。1953年,中华人民共和国第一部《选举法》颁行,选举活动有了法律依据。这部《选举法》共分为10章66条,对各级人大代表的选举原则、组织机构、选举方式和程序、选区划分、选民登记、代表候选人的提出、代表名额、选举经费、违反行为的制裁等问题作出了规定。其主要内容有:初步实行普选制,但是对于地主阶级分子和反革命分子除外;直接选举限于乡镇一级,县级以上实行间接选举;选举采取举手表决或者是无记名投票的方法;按居住地划分选区;等额选举;对于特殊群体诸如妇女、少数民族、军人等予以专门规定;选举经费由国库开支;选举委员会由同级人民政府成立,负责选举事务,等等。此后,从1953到1954年,全国开始进行了第一次普选活动,1954年9月,第一届全国人民代表大会第一次会议在北京召开。

此后的很长一段时期内,国内处于政治动荡时期,政治运动频繁,致使人大工作很难正常开展下去,人大的换届选举工作也受到了很大的阻碍,代表多半是指定、协商产生,人大制度名存实亡。

中国共产党十一届三中全会之后,1979年,五届全国人大二次会议通过了中华人民共和国的第二部《选举法》。这部《选举法》的主要内容包括:实行普选制,但是排除被剥夺政治权利的人;直接选举的范围扩大到了县一级;选举一律采取无记名投票的方法;按照居住状况、生产单位、事业单位、工作单位划分选区;差额选举;对于代表的提名方式,除由政党团体提名外,增加了由选民和代表联合提名的方式;对于如何监督、罢免和补选人大代表做了专门的规定。

1982年五届全国人大五次会议对《选举法》做了首次重大修改,缩小了城乡代表所代表的人口数比例差距;限定了对于代表候选人的宣传和介绍的范围只能在选民小组会议上;规定了另行选举的当选票数;并对于归侨代表的名额作出了规定。

1986年六届全国人大常委会第十八次会议对《选举法》又做了重大修改,主要有:采取基数加上人口比例的方法控制代表名额;简化选民登记手续;将联名推举代表候选人的选民人数由3人提高至10人;取消了通过预选确定等额正式代表候选人的规定;降低了直接当选的票数,等等。

1995年八届全国人大常委会第十二次会议对于《选举法》作了第三次修改,明确了由县一级的人大常委会领导乡一级的选举委员会工作;再次缩小了城乡代表所代表的人口比例差距;恢复了预选制度;规定了罢免代表的具体程序;增设了关于代表辞职的规定。

2004年对《选举法》做了第四次修改,其主要内容有:在直接选举的阶段增设了预选程序;对于选举中的不法行为作出规定并加大了处罚力度;规定了选举委员会对于候选人的介绍职责;扩大了提议罢免代表所需选民的法定人数。

(二)我国当前选举制度的不足

(1)直接选举范围太过狭窄。我国目前直接选举的范围仍限于县级和乡一级人大代表,县级之上的人大代表均由下一届人民代表大会的代表选举产生。在《选举法》制定之初,之所以没有实行全国人大代表直接选举的考虑是,我国疆域广阔、人口众多,各地发展不均衡,直接选举的条件不足。如今这些障碍已经不能够再成为实行间接选举的借口,其他国家的民主实践早已证实,面积和人口不是间接选举的理由,而经济发展更不能成为直接选举的"拦路虎"。我们关注过美国和俄罗斯的大选,也目睹了印度的全国大选,还见到过战火之后的阿富汗,在那里一匹匹骡子拉着流动票箱接受投票,保证了他们战后第一次全国大选的成功。所以,直选不是没有困难,但是绝对没有克服不了的困难。不可接受的是间接选举模糊了选民的意愿,把代表的意愿粉饰成为了选民的意愿。事实上,二者根本就不是一回事。选民选举代表来代表自己参与国家和社会公共事务的管理,这是现代社会民主政治的必然选择,因为直接民主已经变得不可行。然而,代表本身就意味着人民与他们所需要管理的事项多了一层隔阂,插入了一层委托关系。这层委托关系使得选民不得不对他们的代表加以种种监控措施,以保证他们当初参加选举时的良好愿望不会被当作是某些人追逐私利的堂皇的外衣,可想而知,这种监控是困难的。如今,代表又产生了代表,我国的全国人大代表与基层选民相隔了三层关系,在这种情况下,根本不可能指望他们真正代表民意,因为他们甚至不知道自己是由哪个选区的哪些选民选出来的。在间接选举的情况下,还存在着另外一个问题,那就是这种选举更容易受到操控。贿赂收买一个人总比贿赂收买一群人要容易些,对于间接选举而言,由于参与投票的只是很少的一部分选民,因此,这种选举更容易受到操纵,其选举结果更加倾向于与民主、公正相对的一端。

(2)差额比例代表制存在问题。我国《选举法》中有一个很独特的规定,就是关于农村与城市每一代表所代表的人口数比例的规定。这个规定使得在城市居住的选民其票面价值相当于在农村居住的选民的4倍或者更多。对此,有着一个同样是很奇特的解释,说是因为农村人口太多,所以要平衡城市和农村的代表数目。这是一个很牵强的解释,因为不管是立法者还是解释者都很难拿出确切的数据来证明一比四的理由,这个数字只能是一时的基于当时城乡人口比例的估算,绝非科学计算的结果。抛开这个数字本身的奇怪性不谈,差额比例的背后反映的问题才是更加值得我们注意的。这个规定本身就把我国的国民分为了两个大的族群，一个是城市人口，一个是农村人口，并把他们区别开来加以对待。而城市人口明显得到了优待，因为他被认为有资格同人数远远多于他的农村人口平起平坐，并得到了更多的政治权利。这种规定体现了一种自上而下的民主，是一种少数人为多数人安排的民主，而这种安排本身就是不民主的。制度设计者们的错误之处就在于他们根据自己的日常经验而不是科学数据来对人们的参政能力作出评价，而这种评价本身也是荒谬的，因为它直接同人人作为国家的公民因而平等地享有管理国家和社会事务的权利的原则相冲突。事实上，在掌握着相同信息的情况下，一个衣冠楚楚的大学教授并不比一个衣衫褴褛的乞丐更能作出良好的政治选择，而是否能够掌握充分信息的关键在于竞选的充分与否。因此，《选举法》中的这个人为造成差别待遇的规定实在是一种极大的不民主、不平等的体现。

（3）提名和竞选程序不充分，不公开。《选举法》规定了政党团体提名和选民或者代表联合提名两种方式，而在实践生活中联合提名产生的候选人往往难以成为正式候选人，更难以当选。在确定正式候选人的时候，有一个选民小组协商、酝酿的过程，而这一过程，往往成为候选人遭到暗算的关卡。往往是提名上去了，然后经过不知是哪些人组成的选民小组"酝酿"之后，就只剩下政党提名的候选人了。而对于这个过程，广大的选民是没有发言权的，这在无形之中就变相剥夺了选民的选举权。在选举之前，对于候选人的介绍也往往局限于墙上的一张纸，内容不外乎此人某年月日任何等职务等，选民难以了解到与其代表能力有关的事项，诸如其履职情况、道德表现乃至平时的为人处世、言谈举止，等等，这使得选民空握有一张选票而无从下笔，因为他们根本无法预测可供他们选择的对象是否合适，最后只能"跟着感觉走"了。

（三）完善现行选举制度的想法

现行选举制度并非一无是处，作为我国境内选举的基本制度，它确立了选举方面的基本框架，并且在自身的不断完善之中彰显了其民主化的倾向。这里的建议也只是为了推进其民主化的进程，有一点想要说明的是，如果要推进我国选举制度的进步，最为主要的一点是要转变对于选举的态度，目前在选举过程中体现出来的种种弊端，其根源就在于对于公民的不信任，试图把整个选举过程置于可控范围之内，从而导致整个选举的形式化。因此，选举的进步取决于选举的民主化进程，最终取决于权力的推出和权利的参与程度。

这里所要谈到的选举制度的完善主要是指在选举中竞选程序的引入，同时也涉及了一些相关制度上的改变。引入竞选程序，主要是指在竞选过程中允许候选人通过各种方式介绍自己，使整个选举过程真正成为候选人的角逐过程，个人的被选举权得到充分发挥；也使得选民能够有机会充分认识到自己所要挑选的代表的方方面面,有充分的信息可以掌握;还可以借此使整个选举过程公开于公众的监督之下,遏制贿选现象。

关于竞选程序的具体想法是这样的:在经过了提名阶段之后,允许众多候选人以各种形式来介绍、宣传自己,为自己拉票。这种宣传必须遵守相关的法律法规,而不会因为候选人的身份享有某种特权或者是受到某种限制。至于选民小组之类的设置,就显得毫无必要了。在经过长时间的宣传之后,至选举日,各种宣传活动必须停止,选民前去投票,最终产生代表。如果候选人的数目过多的,必须先进行预选,而不是采取协商、酝酿的形式来筛选,预选结果出来之后,候选人仍然可以展开宣传活动,直至正式选举。

在此过程中当然需要诸多方面的规定,比如在宣传过程中,不允许出现攻击其他候选人、向选民行贿或者是勾结某些势力选举等情况,而当这些情况发生时,应当允许其他候选人向人民法院提起诉讼,确认这些行为并给予相应的惩罚,诸如罚金或者是禁止其在此次选举中行使被选举权,等等。

选举制度是一个民主国家最为重要的制度之一,它关系着整个民主制度的根基是否牢固,因而选举制度的设置直接影响了整个国家的民主化进程与民主程度。我国尚处于民主化进程之中,对于选举制度的关注,或许正是一个相当重要的突破口,由下而上推进整个民主制度的建设。

## 第三节 政党制度

### 一、政党与公权

（一）政党的产生

政党是一定阶级和阶层的积极分子基于共同意志、共同利益,为取得政权或影响政权而建立起来的政治组织。政党产生的条件是社会利益分化达到了很高的程度,政党产生的目的是为了整合社会利益,规范不同利益群体间的竞争,通过影响和控制国家政权来维持社会秩序。

政党自产生至今已有二百多年。作为一种政治现象,政党最早出现于17世纪的英国,到18世纪末和19世纪初才在欧美国家普遍出现。真正形成世界政党政治现象而进入所谓政党政治时代,是19世纪末和20世纪初的事情。1679年英国议会中代表资产阶级和新贵族的议员们提出反天主教的《排斥法案》,围绕这个法案,英国议会迅速分裂为两派,代表封建势力的保皇派被称作"托利党",代表资产阶级和新贵族一派被称为"辉格党"。与英国两党不同,美国两党产生于对美国"建国目标"的不同意见和主张,主张国家权力应集中于联邦政府的一派形成联邦党人;主张国家权力不应过分集中,要求宪法中全面规定公民权利的内容一派被称为共和党人。在最先出现近代政党和现代政党的英、美两国,政党的出现是议会斗争的必然结果。

政党产生初期遭到许多非议,这些非议主要是:第一,政党会破坏国家的统一和社会的和谐,从而导致分裂;第二,政党会损坏一个国家内部的安定团结,导致政治不稳和社会动荡;第三,政党会导致政府官员的腐败和行政系统的低效,"政党分赃"就是其中的典型;第四,招致外来干涉和影响。

在各种非议中,政党政治逐渐走向成熟。议会是西方近代政党产生的摇篮。然而,议会政党只有走向社会,才可能成为真正的政党。现代意义的政党具备从中央到地方的组织体系、一定数量的党员、相当的规模和群众基础,有明确的纲领和组织原则。议会政党只有走向社会才会实现这一切。

近代政党在英、美两国形成之后,陆续在欧美各国建立,并逐渐扩展到世界其他地区。迄今为止,世界范围内政党的建立大体经历了三次浪潮。第一次浪潮是19世纪70年代至19世纪末,这一时期,德国、法国、意大利等主要资本主义国家都建立起政党。第二次浪潮指20世纪的前40年,这一时期,除了原有的政党处于发展、完善、变化之中,政党世界中最引人注意的现象,一是共产党从原来的工人阶级政党中分离出来或另行创建,形成独立的政党体系;二是法西斯政党的建立和泛滥。同时,政党也开始扩展到世界各大洲,形成真正的政党世界。第三次浪潮始于第二次世界大战之后。在这一时期,西方各国的政党大体可分为两类:一类是英、美等国的政党,相对比较稳定,没有重大变化;另一类是大多数西方国家,尤其是德、日等法西斯战败国以及战争期间被占领的法国,则形成了政党创建、恢复和重新组合的高潮。经过前后二十多年的动荡、分化、组合,形成当今政党格局的基本框架。同时,各国政党,无论新创立的,还是早已存在的,都面临着战后经济、政治、社会和国际问题的严峻挑战,都有一个适应潮流、自我革新和走向现代化的艰巨任务。

(二) 政党制度

政党制度是指由国家法律规定或在实际生活中形成的关于政党的社会政治地位、作用、执掌政权或参与政治的方式、方法、程序的制度性规定。

政党制度的形成和发展受到多方面因素的影响和作用,其中最主要的是:(1)特定的生产关系基础上形成的利益结构;(2)各种不同的阶级力量和政治力量的发展成熟程度;(3)不同的国家政体;(4)不同的选举制度。

政党制度具有其自身的特点,这些特点主要是:第一,政党制度是按照统治阶级的利益要求而设立的,其最大原则是有利于维护统治阶级的政治统治和利益实现,因此统治阶级可以根据自己利益和统治需要而随时改变政党制度。第二,政党制度可以是成文法规定的,也可以是宪法惯例规定的。政府制度一般具有法律明确、具体和特定的规定,而政党制度可以在宪法中做原则规定,也可能按照宪法惯例而形成,并无明确的法律规定。第三,政党制度不仅规定着政党本身的地位、作用和活动方式,而且深刻地影响着国家政治制度、政治体制和社会成员的政治活动方式。

### 二、政党公法制度——政党的法律地位

政党在西方国家的政治生活中早已占有十分重要的地位,但其法律地位并未在宪法中做正式规定。第二次世界大战以后,联邦德国、意大利、法国、西班牙等国宪法先后对政党的法律地位作出明确规定,将政党纳入国家的政治体制。美国、英国宪法虽然没有明确说明政党的地位,但通过普选法律或最高法院的裁决,也规定了政党在该国政治体制中的地位和作用。

西方政党的法律地位主要是由宪法中的有关条款和专门的政党法加以确认的。例如,法国1958年《宪法》,德国的《基本法》和葡萄牙1976年《宪法》。德国还颁布了专门的政党法。有些国家的宪法则没有直接涉及政党问题,不包括专门的政党条款。

英国和美国的宪法没有对政党的法律地位作出明确规定,其原因有三:一是这些国家的资产阶级革命爆发于17—18世纪,当时近代意义的政党尚未形成,因此革命后制定的宪法以及成文和不成文的法律都没有涉及政党问题;二是这些国家政党本身也有一个漫长的形成过程,人们在相当长时间内并没有把它们同一般的社会团体区别开来,也就难以确定其法律地位;三是这些国家的早期政党都是以维护资产阶级统治为宗旨的体制内政党,当权者感到没有必要通过宪法和专门的政党法来确定它们的法律地位和行为规范。当然,英美的宪法中没有单独的政党条款,并不意味现今政党的存在和活动无法可依。随着政党的最终形成、数量的增加及其竞选活动的频繁,有些国家以竞选法等专门的法案列入有关政党的条款。

在当代西方大国中,第一个对政党活动实行全面、有效的法律调控的国家是联邦德国。这主要因为:一是战后联邦德国政党体制和政党格局混乱,不利于维持和巩固资产阶级的政治统治;二是当时德国处于旧格局被打破、新格局正在确立的时期,当权者正好抓住时机通过法律手段,按照自己的意志建立新的政党体制和政党格局;三是联邦德国当时处于东西方对抗的前线,为了抵制共产党的影响,迫切需要通过立法手段对其内部的共产党及其他反制度政党严加控制和打击。

1967年,联邦德国制定了《关于政党的法律(政党法)》,这是世界上第一部

专门规定政党制度的单项法典。它从法律概念给政党下了定义,规定了政党内部的组织原则、国家提供政党经费和政党财务汇报制度,以及取缔政党的判决原则。《政党法》关于政党的法律界定是:"政党是公民永久的、或较长时期对联邦或一州的政治意愿的形成施加影响的、并在联邦议院或州议院代表人民共同发挥作用的社会团体","政党的基本任务是在国家政治生活中,帮助形成公民的政治意愿。"依照《政党法》,丧失法律地位而被取缔的政党,大体有两种情况:一是组建和活动不符合规定;二是以法律所不容许的方式谋求政权的政党。对后一类政党的规定,明显针对反制度的政党。可见,西方国家的政党并非超阶级的,任何超越宪法允许范围活动的政党与任何危及资本主义制度的政党都会遭到无情的取缔和镇压。

关于政党的宗旨,法国第五共和国宪法的规定最为明确,反映了当时戴高乐对待政党和政党制度的严厉态度。法国《宪法》规定,政党的宗旨只能是"参加普选竞争"。联邦德国《基本法》规定"各政党应互相协作以实现国民的政治愿望"。意大利《宪法》赋予政党的权利相当于法国《宪法》第20条规定的"政府决定并制定国家政策"的政府职能。因此,有人认为意大利开了"政党民主国家"的先河。但西方国家宪法一般不规定政党可以代表人民的权利,因此,意大利《宪法》第49条只是提及"全体公民"参与"确定国家政策方针"的权利。法国《宪法》把"政党和政治团体"相提并论,政党并不享有特殊的地位。联邦德国《基本法》虽然赋予政党"实现国民的政治愿望"的代表权利,但《政党法》和联邦宪法法院对政党的宗旨和党员活动做了严格的限定。

美国则至今仍把政党看做仅仅是得到《宪法》第1条、第14条修正案保障的私人团体、在《宪法》中没有对政党的地位作出特别规定。当然,实际上政党在美国的政治生活中也处于支配地位。例如,有些州的法律规定,总统候选人的预选必须向全体选民开放,民主党照样我行我素,实行"关门预选",只许本党党员参加。当某个政党发生党内冲突时,美国最高法院也承认该党可以优先通过党内途径解决。政党的地位同私人团体实际上是有很大差别的。与此相反,法国和意大利政党的法律地位虽然得到了宪法的正式确认,但涉及政党的内部事务时,政党的权利与义务同其他社会团体并没有什么区别。

西方国家政党无论是否得到宪法的承认,对于成立政党和政党活动,在法律上和事实上都存在着种种限制。法国《宪法》规定,一切政党和政治团体"必须遵守国家主权原则和民主原则",并明文禁止一切可能"损害国家领土完整和共和国形式"的政党存在。

目前,有些西方国家把符合宪法规定的、具有民主性质的政党纳入本国的政治体制,称作"宪法化"或"体制化"的政党;不符合宪法规定的则列为"体制外的政党"。联邦德国和意大利走得更远,联邦德国宪法法院曾裁定,政党是向政府输送候选官员的政治组织,通过政党组织和选举程序,才能形成人民的意志并把人民的意志转变为国家的意志。因此,政府可以向政党提供竞选经费。但联邦德国的《政党法》第2条同时规定,任何政党若在6年内提不出自己的候选人参加联邦议院或州议院的选举,"就失去作为政党的法律地位"。

美国、英国的宪法虽然没有对政党的地位作出明确的规定和保障,从形式上看被纳入国家政治体制的程度不如联邦德国、意大利;但事实上,西方国家政党都是向政府输送官员的主要渠道,国家机构本身和政府的大政方针基本上操控在执政党的手里。所谓政党的"宪法化"、"体制化"只是从法律承认既成事实而已。至于"体制外政党",其法律地位和经费来源都无保障,随时受到限制、压制、甚至被取缔。

### 三、中国政党的特色——中国共产党领导的多党合作制度

(一) 中国共产党领导的多党合作制度的形成与发展

当代世界绝大多数国家都是由政党来领导的,中国也不例外。中国共产党领导的多党合作制度,是在中国长期的革命和建设过程中形成的。

中国共产党领导的多党合作制度的首要前提是中国共产党的领导。中国共产党的领导地位不是自封的,它是历史的选择、人民的选择,是中国共产党成立以来革命和建设发展的必然结果。

鸦片战争后的旧中国是半殖民地半封建社会。作为中国各民主党派的社会基础的民族资产阶级、城市小资产阶级及其知识分子,由于深受帝国主义、封建主义和官僚买办阶级的压迫和剥削,一般都有强烈的爱国心和反帝反封建的要求。这就是说,在中国革命中,民主党派反帝反封建的要求同共产党的最低纲领基本上是一致的。然而,中国民族资产阶级和小资产阶级的地位决定了作为他们政治代表的民主党派,不可能形成独立的强大的政治力量。在工农革命力量和反革命力量的激烈斗争中,他们没有独立发展的余地。他们只能靠拢共产党或靠拢国民党,而不能有其他选择。在一定历史时期,国共合作尚未完全破裂,各民主党派处于中间派地位,故在他们中间曾出现过右翼势力,提倡"走第三条道路",在中国建立一个资产阶级共和国。这当然是不可能的。他们既然要摆脱帝国主义和封建主义的压迫,就不能不向工农阶级寻求支持和合作,就不能不靠拢中国共产党。国民党反动派发动全面内战,国共两党关系完全破裂后,由于民主党派继续反帝反封建,反对国民党的独裁统治,他们就更加遭到国民党的排挤、打击和迫害。为此,他们必然更加转向工农阶级,更加靠拢共产党。而中国新民主主义革命的反帝反封建性质以及当时的历史条件,又决定了共产党在革

命过程中必须实行统一战线的政策,尽可能地争取和团结以民主党派为代表的中间力量。因此,各民主党派从成立之日起,便和共产党建立了不同程度的团结合作关系。特别是在抗日战争和解放战争期间,这种关系得到了进一步发展。1948年初,各民主党派公开宣布支持革命,同共产党一道为推翻国民党的反动统治、建立新中国而共同奋斗。随后,各民主党派又发表通电、决议,响应中国共产党1948年5月1日发表的关于召开新政治协商会议,成立民主联合政府的号召。他们的领导人应中国共产党的邀请,陆续进入东北和华北解放区,宣布接受共产党的领导,参加筹备新政协。在中国人民政治协商会议上,他们与中国共产党、各人民团体和各方面的代表一起,选举产生了中央人民政府,庄严宣布了中华人民共和国的建立。这标志着中国共产党领导的多党合作制度的正式形成。

新中国成立初期,中国共产党邀请各民主党派的代表人物参加中央和地方各级人民政权工作,共同决定和管理国家和社会事务,并经常就国家大政方针、经济文化建设和统一战线中的重大问题同各民主党派协商。各民主党派积极参加政权建设,积极参加国家政治生活和经济建设活动。这种合作关系对当时加强全国各族人民团结,巩固人民政权,彻底完成民主革命的任务和反对帝国主义的侵略,恢复国民经济,起了重要作用。

中共十一届三中全会以后,共产党领导的多党合作进入了新的发展时期。1979年10月,各民主党派召开代表大会期间,邓小平同志明确指出:"实行中国共产党领导的多党合作是我国具体历史条件和现实条件所决定的,是我国政治制度中的一个特点和优点。"1989年底,中共中央在《关于坚持和完善中国共产党领导的多党合作和政治协商制度的意见》中指出,中国共产党领导的多党合作制度是我国一项基本的政治制度。中共与各民主党派团结合作,互相监督,共同致力于建设有中国特色的社会主义和统一祖国、振兴中华的伟大事业。各民主党派是接受中共领导的,与中共通力合作、共同致力于社会主义事业的亲密友党,是参政党。1993年3月,八届全国人大一次会议把"中国共产党领导的多党合作和政治协商制度将长期存在和发展"庄严地载入了宪法。从政治制度的角度看,这标志着中国共产党领导的多党合作从法外制度转化成由根本大法确认的法内制度。

(二)一党领导多党合作

一党领导多党合作是中国政党制度的基本特征,这一制度包括两个方面的基本内容:一是中国共产党的一党领导体制,二是中国共产党与民主党派的多党合作体制。

第一,一党领导。

一党领导的实质意义是,中国共产党是中国唯一的执政党,它不与其他任何政党和政治团体分享国家的政治领导权,也不允许任何反对党的存在。现行《宪法》规定,中华人民共和国是工人阶级领导的,以工农联盟为基础的人民民主专政的社会主义国家。工人阶级是通过自己的先锋队即中国共产党来实现这种政治领导的。现行《中国共产党章程》也规定,中国共产党是中国人民进行社会主义现代化建设的领导核心。所以,一切中国公民都必须始终坚持中国共产党的领导。

中国共产党的一党领导有两个方面的基本含义。其一是针对其他政党而言,它意味着绝不允许其他竞争性政党的存在。作为中国唯一的执政党,它也绝不与其他政党分享国家的政治领导权。维持这种一党领导体制是中国现行政治制度的基本任务。中国法律绝对禁止政治反对党和反对派的存在,也不模仿西方国家的多党政治或两党轮流执政制度。其二是针对其他政权机关而言的,它意味着所有其他政权机关,包括人民代表大会、政府、法院和检察院等,都必须接受中国共产党的领导。中共中央的领导人曾多次阐明:中国共产党是执政党,这种执政地位是通过中国共产党对国家政权机关的领导来实现的。如果放弃了这种领导,就谈不上执政地位。所以,所有其他政权机关,包括人民代表大会、政府、检察院和法院,都必须接受党的领导。

党对所有其他政权机关的领导,主要是政治领导,即政治原则、政治方向、重大决策的领导和向其他政权机关推荐领导干部。

政治原则的领导是指党为了实现一定历史时期的总任务而提出某些基本原则。如党的十一届三中全会以来,提出坚持"一个中心、两个基本点"就是一例。政治方向的领导是指依据一定的政治原则,指明一定历史阶段的奋斗目标。如党的十三大制定的"领导和团结各族人民,以经济建设为中心,坚持四项基本原则,坚持改革开放,自力更生,艰苦创业,为把中国建设成为富强、民主、文明的社会主义强国而奋斗"的基本路线,也就是奋斗目标,体现了党对政权机关工作的政治方向的领导。重大决策的领导,如决定停止使用"以阶级斗争为纲"的口号,把工作重点转移到社会主义现代化建设上来,决定进行经济体制改革和政治体制改革,都体现了党通过重大决策实行领导。向其他政权机关推荐领导干部,即党为了确保自己的路线、方针、政策得以贯彻执行,必须培养、教育和考察干部,并向人民代表大会推荐政权机关主要领导人的人选等。

这种"一党领导"绝不意味着作为唯一执政党的中国共产党可以凌驾于法律之上,相反,党必须在宪法和法律规定的范围内活动。《中国共产党章程》明文规定"党必须在宪法和法律范围内活动";《宪法》也规定"任何组织或者个人都不得有超越宪法和法律的特权"。所以,所有党组织和党的干部的言行都不得与宪法和法律相抵触。党关于国家重大事务的主张,只有经过法定程序变成国家意志,才能得以贯彻执行。党向政权机关推荐领导干部,也必须经过合法的程序,如通过各级人民代表大会的选举和任免。早在1984年,中共中央就专门发布文件重申,任免政权机关领导人必须严格按照宪法和法律规定的程序办理。

第二,多党合作。

一党领导多党合作的另一方面是多党合作,即中国共产党与各民主党派的多党合作。各民主党派虽然不是执政党,但他们在接受中国共产党领导的前提下有权参与国家的政治生活,在这个意义上讲,它们是参政党。1989年12月30日发布的《中共中央关于坚持和完善中国共产党领导的多党合作和政治协商制度的意见》对各民主党派的这种参政党性质首次做了明确规定:中国共产党是社会主义事业的领导核心,是执政党。各民主党派是接受中国共产党领导的,同中国共产党通力合作、共同致力于社会主义事业的亲密友党,是参政党。

中国共产党与各民主党派进行多党合作的基本方针是"长期共存、互相监督、肝胆相照、荣辱与共"。"长期共存"就是各民主党派与中国共产党一道存在下去,他们在一定范围内也可以发展自己的成员,扩大自己的组织;"互相监督"就是共产党在监督各民主党派坚持四项基本原则和遵守宪法、法律的同时,也接受各民主党派对自己的监督,民主党派监督共产党的总原则是:"在四项基本原则的基础上,发扬民主,广开言路,鼓励和支持民主党派与无党派人士对党和国家的方针政策、各项工作提出意见、批评、建议,做到知无不言,言无不尽,并且勇于坚持正确的意见";"肝胆相照"就是共产党与各民主党派之间交往坦诚相见,不隐瞒各自的观点;"荣辱与共"就是共产党与各民主党派的根本利益是一致的,大家的关系是一荣俱荣、一损俱损。

多党合作的主要内容就是各民主党派与中国共产党一道参与国家的政治生活,参与国家大政方针、政策、法律、法规的制定和执行。这种多党合作实际上可以看做是一种有限度的联合参政。依照中共中央的有关规定,民主党派与中国共产党联合参政的具体内容是参与国家的立法、行政和司法活动。

人民代表大会是国家的最高权力机关,民主党派的联合参政首先体现在参与各级人民代表大会。中共中央要求各级党的领导机关,必须保证民主党派的成员在全国人民代表大会和地方各级人民代表大会的人民代表、人大常委会和人大常设专门委员会委员中有一定比例,并且可以聘请有相应专长的民主党派成员担任有关专门委员会的顾问。另外,各级人大、人大常委会在组织关于特定问题的调查委员会,人大各专门委员会在组织有关问题的调查研究时,也应当吸收人大代表中的民主党派成员参加,并且可以聘请民主党派的专家做顾问。按照中共中央的这一要求,县级以上人民代表大会的人民代表、人大常委会及其专门委员会中,都有一定比例的民主党派人士,并且通常至少有一位副委员长是民主党派人士。

各民主党派也参加各级政府部门的领导工作,担任政府领导职务,这是实现共产党领导的多党合作的重要内容。县级以上人民政府通常至少有一位主要领导是民主党派成员或无党派人士,如副县长、副市长,直至中华人民共和国副主席。对民主党派成员或无党派人士出任各级政府领导人的年龄要求和资历要求甚至可以适当放宽。考察、培养、选择由民主党派推荐的政府领导人是中共各级党委组织部、统战部和政府人事部门的重要职责。民主党派参与各级政府领导工作的另一种形式是,国务院和各级地方政府召开全体会议和有关会议讨论工作时,可根据需要邀请有关民主党派人士列席。政府及其有关部门还聘请民主党派成员兼职、任顾问或参加咨询机构,也可就某些问题,请民主党派进行调查研究,提出建议。政府有关部门也可就某些专业性问题同民主党派座谈,征求他们的意见。

民主党派还通过以下三种途径直接参与国家司法活动:一是直接参与司法领导工作,即推举符合条件的民主党派人士担任各级检察院和法院的领导职务,通常是副职;二是各级司法机关聘请一批符合条件的和有专门知识的民主党派人士担任特约监督员、检察员、审计员和教育督导员等;三是政府执法部门可以邀请民主党派人士参与监察、审计、工商等部门组织的对重大案件的调查,以及对税收等的检查。

第三,政治协商。

多党合作除了各民主党派与共产党联合参政外,另外一种基本形式便是政治协商。政治协商主要通过各级人民政治协商会议得以实现。现行宪法规定,中国人民政治协商会议是有广泛代表性的统一战线组织。县级以上区域都设有相应的人民政治协商会议,近年来少数重要的乡镇也开始设立人民政协机构。人民政协由中国共产党、各民主党派、各群众团体、各界代表人物组成,是民主党派与中国共产党等共商国事、参政议政的重要场所。

根据1989年1月颁布的《全国政协关于政治协商民主监督暂行规定》和《中共中央关于坚持和完善中国共产党领导的多党合作与政治协商制度的意见》,各民主党派与中国共产党政治协商的主要内容包括:国家在社会主义物质文明建设、社会主义精神文明建设、社会主义民主法制建设和改革开放中的重要方针政策及重要部署,政府工作报告,国家财政预算,经济与社会发展规划,国家政治生活方面的重大事项,国家的重要法律草案,中共中央提出的中央领导人人选,国家省级行政区划的变动,外交方面的重要方针政策,关于统一祖国的重要方针政策,群众生活的重大问题,各党派之间的共同事务,政协内部的重要事务以及有关爱国统一战线的其他重要问题。

### 公法原理

政治协商的形式多种多样,主要包括:召开政协的全体委员会议、常务委员会会议、主席会议、常务委员专题座谈会、各专门委员会会议;政协领导人应邀列席同级人民代表大会及其常委会的有关会议;以政协全体会议、常委会议、主席会议或专门委员会议等名义,向同级政权机关的中共党的委员会、人民代表大会及其常委会和政府提出建议案;政协委员进行工作视察;政协委员提出提案、举报、批评和建议;政协委员参加同级党委和政府有关部门组织的调查和检查活动;政协根据情况邀请同级党委、人大和政府的有关领导人就大多数委员关心的重大事项作出说明或进行协商。

在政协会议上,各民主党派可以以本党的名义发言、提出议案。各专门委员会的重要建议和委员的重要提案,由各专门委员会通过后提交常委会议或主席会议讨论。经常委会议或主席会议通过,再以各级政协常委会或主席会议建议案的形式向有关方面提出。以政协常委会、主席会议或以各专门委员会名义提出的建议、意见和批评,均由各级政协办公厅或办公室以正式文件的形式送达同级政府有关领导部门或有关方面。有关部门或有关方面有责任积极认真地对此进行研究处理,并将最终结果尽快以正式文件形式作出答复。

政治协商的主体尽管除了共产党和民主党派外,还有人大、政府、各群众团体、各界人士代表等,但主要是中共与各民主党派。有鉴于此,中共中央还就自己与各民主党派之间的合作与政治协商作出了以下特别的规定:中共中央主要领导人邀请各民主党派主要领导人和无党派的代表人士举行民主协商会,就中共中央将要提出的大政方针问题进行协商。这种会议一般每年举行一次。中共中央主要领导人根据形势需要,不定期地邀请民主党派主要领导人和无党派的代表人士举行高层次、小范围的谈心活动,就共同关心的问题自由交流、沟通思想、征求意见。由中共召开民主党派、无党派人士座谈会,通报或交流重要情况,传达重要文件,听取民主党派、无党派人士提出的政策性建议或讨论某些专题。这种会议一般每两月举行一次。除会议协商以外,各民主党派和无党派人士可就国家大政方针和现代化建设中的重大问题向中共中央提出书面的政策性建议,也可约请中共中央负责人交谈。中共中央与各民主党派的所有这些政治协商形式,原则上也适用于中共各级地方党委与民主党派各级地方组织之间的协商。

# 第八章
# 权力的配置与制约

## 第一节 公权力的组织结构——政体

### 一、政体的概念

政体是国家政权组织形式,是指"一定的社会阶级取用何种形式去组织那反对敌人保护自己的政权机关"①。政体似乎是政治学范畴中一个比较明确的概念,但在对政体类型进行分析之前,有必要区别将政体和政治制度、政治体制、政治体系以及国体这样几个相关的概念。政治制度、政治体制、政治体系、国体、政体都是指一个"整体社会"的政治结构。政治结构属于上层建筑范畴,是由社会生产关系的总和即社会的经济结构决定的。从这个意义上说,它们的实质内容是一致的,只是涵盖的范围、对政治结构的规定性有宽狭或大小之分。

政治制度一般是指与本国社会性质相适应的国家权力机构和基本制度。法国政治学家迪韦尔热给政治制度下的定义是政府机构的总和,政党制度、选举方式、决策模式和压力集团的混合体。从广义上讲,可以把一个有统治者与被统治者之分的特定社会团体的形式称作政治制度。美国政治学家阿尔蒙德则认为,政治制度是负责维持社会秩序或改变这种秩序的合法制度。我们认为,政治制度的内涵,除了作为统治阶级的主要工具——国家政权机构的组织形式和有关制度外,还应包括在一定的生产方式下形成的政党制度、选举制度、利益集团等,占统治地位的意识形态也是政治制度的有机组成部分。

政治体制是指根据宪法和法律规定建立起来的一整套政权机构,一般包括

---

① 《毛泽东选集》(第2卷),人民出版社1991年版,第677页。

有官方地位和法律权威的议会、政府、司法机构等。过去西方国家不把政党、工会、压力集团等非官方组织列入政权机构,即不把这些组织纳入政治体制的范畴。近年来,有些国家的宪法已经承认政党等社会组织为公民意识的合法表达工具,并将其列入政治体制。因此,也有人认为,政治体制就是狭义的政治制度。我们认为,政治体制是指政治制度的实体部分,包括政权机构、政党和其他政治组织的形式和运行方式,相互间联合成一个整体,因此,政治体制和政体可以看做两个基本等同的概念。

政治体系也称政治系统,是用系统分析模式和结构功能分析模式研究政治制度时经常使用的概念。作为政治生活中的一般用语时,政治体系与政治体制乃至政治制度的区别不很明显,但按照政治系统论和结构功能论的观点,政治体系是社会体系的一部分,包括"政治方面的所有互动作用"或"一切方面的政治结构"。

国体,一般认为,是指社会各阶级在国家中的相互关系或社会各阶级在国家中的地位。国体的本质就是阶级地位问题。

长期以来,国内外学者对政治制度、政治体制、政治体系或国体、政体的理解不尽相同,有的分歧涉及国家、政治系统的实质问题,有的则是不同学派之间的分歧。但有一点似乎可以确定:政治制度作为上层建筑的组成部分,源于社会生产方式,属于社会制度的范畴;这种反映国家性质(国体)的基本政治制度具有一定的稳定性,只有社会的经济结构和所有制结构发生根本变化时才能改变其性质。政治体系可以说明政治制度的运行机制和外部环境,有助于人们认识政治制度与其他各种社会现象的内在联系。

## 二、政体的类型及其结构分析

政体是社会的统治阶级维护国家利益和公共秩序,对付敌对势力的反抗,而采取某种原则和方式组织的政权机构。政体是国家制度的重要组成部分,是国家的主要外在表现形态。掌握国家政权的统治阶级都会根据本国的实际情况和现实需要,采取与自己国家政权的性质相适应的政体,以实现国家的各项职能。在全球范围内,不同国家的政组织形式,是存在很大的差异的。但是,按照通常比较集中的形式分类,国家政权主要有个人集中形式和集体集中形式两种;按照性质划分,主要有君主制政体与共和制政体两类。君主制政体包括专制君主制和立宪制两种,立宪君主制又分为二元君主制和议会君主制两种形式。

君主制是世界史上一种有深远影响的政治制度,它包括封建君主制和资本主义君主制。西欧封建君主制分等级君主制和君主专制等。在等级君主制下,君王对所属诸侯(诸侯对从属于他的小诸侯和骑士也一样)相互间有比较明确的权利义务关系,上面不得侵犯下面的权利。初期,君王和诸侯一样,靠自己的庄园的农奴来供给,而且直到后来根本没有普遍全国的"田赋"。农奴只对他所属的长上负有贡献和徭役的义务,亦即我们常说的"我的附庸的附庸不是我的附庸"。等级君主制的基础是等级会议。等级君主制度对欧洲资本主义生产关系的发展起了积极的推动作用。14世纪以后,资本主义萌芽在欧洲产生并得到迅速发展。封建君主为加强自己的权力,和早期资产阶级联合起来,推行重商主义,发展资本主义工商业,壮大实力,削弱地方割据贵族。典型的是英国都铎王朝统治时期推行的政策。但是,随着等级君主制演变为专制君主制,封建君主制越来越成为资本主义经济发展的障碍。专制君主制是封建君主制的最高和最后形式。其特点:一是等级会议对王权的牵制作用丧失;二是君主建立起直接对国王负责的官僚机构;三是确立了君主至高无上的地位。典型的是英国斯图亚特王朝和法国波旁王朝统治后期的政治制度。

资产阶级君主制分君主立宪制和二元君主制。君主立宪制的基本特征是君主成为临而不治的"虚君",丧失实权,只执行礼仪性的职能,有的仅仅是一种象征。世界上最早建立君主立宪制的国家是英国。英国资产阶级革命期间,由于英国处于手工工场时期,资产阶级和新贵族实力有限,改造世界的能力也有限,而封建贵族地主仍然拥有相当的实力,革命成果有丧失的危险。在这样的情况下,为维护资产阶级革命的果实,资产阶级和地主贵族达成妥协,发动没有流血牺牲的光荣革命,通过《权利法案》,建立起具有创新意义的君主立宪制。《权利法案》的主要精神就是限制国王的大权,约束国王的权力。但是,在英国君主立宪制形成初期,国王仍然掌握行政权。后来,国王的行政权转移到内阁手中,完整意义上的君主立宪制终于形成。历史的事实证明,英国的君主立宪制极大地促进了英国社会的进步和发展,对英国长期处于世界领先地位发挥了积极的促进作用。究其原因,就在于这种制度没有完全抛弃旧的价值体系,而只是对其加以改造,在此基础上把它融进了新的价值体系之中,从而保持了社会的稳定和价值体系的连续性。另外,1791—1792年、1815—1848年、1852—1870年的法国也是君主立宪制的国家或政权。二元君主制也叫二元制君主立宪制,在这种制度下,虽然宪法和议会能对君主权力实行限制,但君主依然大权在握,立法机关、行政机关都以君主的马首是瞻。1871—1919年的德意志帝国和明治维新后的日本也属于二元君主制之列。这种制度由于君主拥有较大权力,而君主本身是从封建君主演变过来的,因此带有较大的封建残余,如明治维新后的日本的政体为半封建的资产阶级君主立宪制。

除了君主立宪制和二元君主制外,在特殊时期资产阶级还曾出现过资产阶级军事独裁专政,如克伦威尔的护国主统治和拿破仑的第一帝国。

除资产阶级君主制外,资产阶级的主要政体还有资产阶级共和制。世界史上最早建立资产阶级共和制的国家是荷兰。美国的共和制为典型的总统制共和制。北美独立以后,于1787年制定了宪法。宪法规定,美国实行共和政体,总统和议员都由人民选举产生,总统是国家元首、政府首脑和武装部队总司令。法国历史上出现了多次共和国统治时期,如法兰西第一共和国、第二共和国和第三共和国。

共和制是资产阶级国家所采取的较为普遍的政权组织形式。它通常是指国家最高权力机关和国家元首由选举产生并有一定任期的政权组织形式,是资产阶级实现其阶级统治的理想形式。主要包括总统制、议会制、委员会制三种形式。在议会制国家,议会在国家生活中占主导地位;内阁由议会产生,向议会负责;总统由选举产生,一般不掌握实际权力,只为名义上的国家元首。在总统制国家,总统由选举产生,对选民负责,既是国家元首,又是政府首脑,议会行使立法权,对总统行使一定的制约权。在委员会制的国家,立法权属于国会,最高行政机构由委员会构成,由议会选举产生。

社会主义国家的共和制政体,在形式上有苏维埃制、大国民议会制、代表团制、人民代表大会制等许多具体表现。它们都是按民主集中原则组成,人民代表机关都在国家政权组织体系中占最高地位,其他机关由代表机关产生,对代表机关负责。

综观人类社会的政治发展历史,可以看出,每一特定社会的统治阶级所选定的政权组织形式都受制于该民族所处的物质生活条件,都有其存在的合理性,都曾起过某种历史作用。但同时,历史上各类政权组织形式都是特定历史环境的产物,都存在着某些局限性,也对历史产生过某些消极作用与影响。

历史上各种类型的国家的政权组织形式,伴随着社会制度的变革,不断地发生着变化,其发展变化是有规律可以遵循的,即由低级向着高级,由不完善向着完善,由个人集权向着民主和共和制发展,一直到国家消亡为止。政体作为国家政权组织形式,自然带有阶级属性,体现出统治阶级的意志与要求;政体作为国家政权管理社会的组织形式,又带有社会属性,服务于统治阶级管理国家的各项需要,并随着国家政权管理社会职能的扩大,而作相应的调整和拓展。

## 第二节 横向权力配置

### 一、横向权力配置的基础和原则

孟德斯鸠曾有一句名言:"一切有权力的人都容易滥用权力,这是万古不易的一条经验。有权力的人们使用权力一直到遇有界限的地方才休止。"①因此,"从事物的性质来说,要防止滥用权力,就必须以权力约束权力。"②这一判断已为人类社会的历史实践证明了其真理性。因此,权力应该受到制约,权力必须受到制约,权力越大、越重就越应该受到越严格的制约。没有制约的权力必将有被滥用的危险,人类的历史已经多次证实了这一事实。"以权力制约权力",使权力之间相互分立,是对权力进行约束的一种重要的方式。恩格斯曾指出:"在那些确实实现了各种权力分立的国家中,司法权与行政权彼此是完全独立的。在法国、英国和美国就是这样的,这两种权力的混合必然导致无法解决的混乱;这种混乱的必然结果犹如让人一身兼任警察局长、侦查员和审判官。这一点不仅从原则本身,而且从历史上来看,都是早已证明了的。"③因此,对权力体系进行合理的设计,对权力进行分立和分工,将权力进行合理有效的配置,既保证其有效运行,又使权力与权力之间相互约束,相互制衡,不恣意妄为,为非作歹,就显得意义十分重大。

权力的配置可分为纵向与横向两个方面,纵向权力配置即是指中央权力与地方权力的配置;而横向权力配置则是指立法权、行政权、司法权等权力的分配。关于权力的横向配置,从人类的古时,先哲们就开始了系统的思考,从以亚里士多德为代表的古希腊、古罗马思想家、洛克、孟德斯鸠到以麦迪逊、汉密尔顿为代表的联邦党人等,他们关于权力的横向配置与制约的思想及理论对后世的影响是极其重大与深远的。

(一) 欧洲古代的分权思想

每当人们探寻一门学术思想的源头,只要沿着西方学术思想的历程线索上溯,大多会推到古希腊,会追溯到柏拉图、亚里士多德、波里比阿等人,分权思想即是如此。当我们论及希腊人时,可以不夸张地说,实际上我们是在不由自主地谈论现在和过去。在古希腊星罗棋布的城邦国家中,已经令人难以置信地具有了相当发达的民主生活,存在着即使在现代人的眼光看来也相当完备的国家机构。分权思想和分权制度就以萌芽的状态存在于这些小小的城邦中。

柏拉图第一次把分工的思想应用于解释国家的产生和国家的职能。他认为,国家是在畜牧业、农业、手工业和商业发展的过程中形成的,超越于宗法部落组织的社会组织,是由社会分化和社会分工所决定的人们的特殊联合。柏拉图不仅把分工原理看做国家存在的基础,而且提出国家应当有治国、护国和生产三

---

① 〔法〕孟德斯鸠:《论法的精神》(上册),张雁深译,商务印书馆1961年版,第184页。
② 同上书,第154页。
③ 转引自傅兆龙:《国家权力制约论》,南京出版社1991年版,第121页。

个阶级。① 他指出,要想使国家的事情办好,就必须实行社会分工,各司其职,各负其责,即"每个人在国家内做他自己分内的事"②,这样社会才能够存在和发展。亚里士多德认为"一切政体都有三个要素,作为构成的基础"——议事机能、行政机能和审判机能。③ 亚里士多德关于政体三要素的论述第一次说明了实现国家权力的三种机能的分工,可说是一种萌芽状态的分权理论。④ 在亚里士多德之后,谈论分权又涉及制衡原则的是波里比阿。他认为,罗马共和国的政体混合了君主制、贵族制和民主制三个方面的因素。罗马的执政官、元老院以及全体公民(通过护民官和公民大会)分别掌握着重要的、但又不是全部的权力。三种权力并存而且相互制约的结果,是体现不同阶级利益的每一种权力都不可能过分地追求自己阶级的私利,从而保证了公共权力能够为国家的整体利益服务。⑤ 意大利政治哲学家马西利乌斯(帕多瓦的)提出了关于国家职能的分类,此种分类一直到孟德斯鸠的时代都无更实质的变动。马西利乌斯认为,(建立和决定国家的其他组成部分和机构的)最基本的有效原因是立法者;第二等的原因,也可以说是工具性的或执行的原因,是获得授权并为实现立法者所确定的目的的统治者。法律是一般性的安排,使国家能有充足的生命,而由于法律是一般规定,很多特殊情况有待统治者决定,由统治者完成法律规定的执行比由大量公民一起完成更为便利。⑥

(二) 近代资产阶级的分权学说

希腊分权与制衡思想经过中世纪在近代成为一种明确表述的、融贯的分权理论。洛克是近代政治思想家中最先明确地把国家权力划分为立法权、行政权与外交权三个部分的人。可以说,洛克进行这种划分,一方面当然考虑到这三种权力本身具有不同的属性,但他的根本目的就是通过对权力的划分实现对权力的约束。

---

① 〔古希腊〕柏拉图:《理想国》,郭斌和、张竹明译,商务印书馆1997年版,第156—157页。
② 同上书,第155页。
③ 〔古希腊〕亚里士多德:《政治学》,吴寿彭译,商务印书馆1965年版,第214—215页。议事机能为有关城邦一般公务的议事机能;行政机能涉及职司及其所主管的事项,以及他们怎样选任;审判机能是有关法庭的诸问题,涉及法庭的成员、所受理的案件和司法人员的任用手续。参见〔古希腊〕亚里士多德:《政治学》,吴寿彭译,商务印书馆1965年版,第215—230页。
④ 当然,对于亚里士多德所提出的每一个政制都具有的这三个要素的观点是否能说明他在历史上明确提出分权思想,有的学者对此还是有疑义的,如英国学者M.J.C.维尔在《宪政与分权》中指出:"当从这种区分职能的思想转到这些职能应委托给不同群体的人们的观点上来的时候,我们在亚里士多德的著作中几乎找不到什么支持这一点。"参见〔英〕M.J.C.维尔:《宪政与分权》,苏力译,三联书店1997年版,第21页。
⑤ Polybius, *The Rise of the Roman Empire*, Harmondsworth: Penguin, 1979, pp.313—316.
⑥ 参见〔美〕约翰·麦克里兰:《西方政治思想史》,彭淮栋译,海南出版社2003年版,第165页。

## 第八章 权力的配置与制约

洛克清楚地表达了权力分立的基本原则。他在《政府论》下篇中专章论述国家的立法权、执行权和对外权。按照洛克的理论,"立法权是指享有权利来指导如何运用国家的力量以保障这个社会及其成员的权力"①。一个国家中最根本的权力自然是制定法律的权力,这一点是社会契约论的一个当然的结论。在立法权的归属问题上,洛克并不赞同君主制,认为在一个"组织完善的国家"里,"全体的福利应该受到应得的注意,其立法权属于若干个人,他们定期集会,掌握有由他们或联同其他人制定法律的权力"②。这样一种设计相对于君主制来说,对于立法权本身已经是一种限制,因为它大大地减少了立法者独断行事的可能性。但是,洛克认为,要真正有效地约束政府的权力,这还远远不够,因为如果制定和执行法律的权力掌握在同一个或者同一批人手里,那么由于权力本身可能带来的利益,人们便难以防止这同一个人或同一批人利用他们所掌握的权力牟取私利。"如果同一批人同时拥有制定和执行法律的权力,这就会给人们的弱点以绝大诱惑,使他们动辄要攫取权力,借以使他们自己免于服从他们所制定的法律,并且在制定和执行法律时,使法律适合于他们自己的私人利益,因而他们就与社会的其余成员有不相同的利益,违反了社会和政府的目的。"因此,"当法律制定以后,他们重新分散,自己也受他们所制定的法律的支配;这是对他们的一种新的和切身的约束,使他们于制定法律时注意为公众谋福利。"③当然,他们在制定完法律之后之所以能够重新分散,也是因为法律可以在短时间内制定而其本身又应该具有一定的持续性,这样,立法机关并没有必要每天都进行立法的工作。

虽然如此,但法律的执行却又是一件日常的工作,所以需要某种机构监督和保证法律的实施,这就是法律的执行机构,这一机构的权力相应地被洛克称为执行的权力——"由于那些一时和在短期内制定的法律,具有经常持续的效力,并且需要经常加以执行和注意,因此就需要有一个经常存在的权力,负责执行被制定和继续有效的法律;所以立法权和执行权往往是分立的。"④洛克强调两者必须"分立",也就是说,它们不仅不能同时掌握在同一个人或者同一批人手里,并且它们根本就应该是两个不同的机构。

除立法权和行政权外,洛克还划分出第三种权力,即对外权,是决定"战争与和平、联合与联盟以及同国外的一切人士和社会进行一切事务的权力"⑤。洛

---

① 〔英〕洛克:《政府论》(下篇),叶启芳、瞿菊农译,商务印书馆2003年版,第89页。
② 同上。
③ 同上书,第89—90页。
④ 同上书,第90页。
⑤ 同上。

克之所以把对外权单独列出来,是他坚持社会契约论,认为对外权涉及的是那些原来并未与其有任何契约关系的个人或者群体,是一种处理与他们的关系的权力。但是,依从社会契约论的同样的逻辑,对外权无论如何不能超越立法权,也就是说,它只能在已经制定的法律范围内处理与其他的国家或个人的关系,所以,洛克也指出,从对外权的实际运行来看,它与执行权并没有明显的区别。只是,从执行权所依照的是已经制定的法律,而对外权则必须处理经常是没有办法事先预料的问题这个角度来说,它们又有所不同。洛克认为,尽管执行权与对外权的性质存在着这样的区别,但如果执行权和对外权掌握在可以各自行动的人手里,这就会导致纷乱和灾祸。① 也就是说,虽然它们彼此不同,但就其行使来说,还是让它们掌握在同一些人手里更为妥当。在这里,对于权力运行的实际情况的考虑又占据了主要的地位。由此可见,洛克秉承了马西利乌斯所提出的关于立法——执行职能的基本区分,也将政府职能划分为"立法"和"执行",三权分立的思想中的独立的司法权在他的理论中还没有完全体现出来。

而且,在洛克的思想中,他没有设定权力只有在机构之间分立才是完美的,相反,只要功能上的划分足够清晰即可,由此他避免了让国王成为"公认差遣的僮仆"的困窘。国王同时也活动于国会中,在那里,他的同意为制定法律所必需,这样,"在非常宽泛的意义上",国王"也可以被称为最高者",或者更确切地说,是"最高执行者"。当然,在这三种权力之间,洛克并不是平均地分配重量,他强调指出,立法权应该享有至高无上的地位。"在一切场合,只要政府存在,立法权就是最高的权力,因为谁能对另一个人订立法律就必须是在他之上。……社会的任何成员或社会的任何部分所有的其他一切权力,都是从它获得的和隶属于它。"②实际上,尽管立法权被称为是最高的,因为只有这样,它所制定的法律才具有约束力,但是,他刚刚宣布立法权的最高性,但马上又断言,这种权力应服从于人民的永久性权力。

"如果同一批人同时拥有制定和执行法律的权力,这就会给人们的弱点以绝大的诱惑,使他们动辄要攫取权力,借以使他们自己免于服从他们所制定的法律,并且在制定和执行法律时,使法律适合于他们自己的私人利益,因而他们就与社会的其余成员有不相同的利益,违反了社会和政府的目的。"③

这里的含义是,创设执行权是为了限制立法机构,而非相反。洛克继续强调对立法机构的限制,不仅从其与社会的关系的角度,也从其与其他分支的关系的

---

① 〔英〕洛克:《政府论》(下篇),叶启芳、瞿菊农译,商务印书馆1964年版,第91页。
② 同上书,第92页。
③ 同上书,第89页。

角度,提出了一个强大的执行部门。很明显,洛克的分权思想和西方近代以前存在的分权思想相比,已经完成了一次思想上的飞跃,他所关注的不再是基于效率理由的劳动分工,而是试图通过建立内部划分来限制政府权力。

法国的孟德斯鸠对分权论的发展作出了新的贡献。他认为,自由只能存在于权力不被滥用的国家,但是有权者都容易滥用权力却是一条万古不变的经验。因此,保障自由的条件就是防止权力的滥用。他主张防止权力滥用的最有效办法就是用权力制约权力,建立一种能够以权力约束权力的政治体制,以确保人们的自由。

孟德斯鸠指出,每一个国家有三种权力:(1)立法权力;(2)有关国际法事项的行政权力;(3)有关民政法规事项的行政权力。① 他称第二种权力为行政权力,第三种权力为司法权力。② 他认为一个公民的政治自由是一种心境的平安状态。这种心境的平安是从人人都认为他本身是安全的这个看法产生的。要享有这种自由,就必须建立一种政府,在它的统治下一个公民不惧怕另一个公民。为保障公民的政治自由,国家的这三种权力应该分别由不同的人或不同的机关掌握,否则公民的自由便没有保障。孟德斯鸠这样论述三种权力之间的关系:"当立法权和行政权集中在同一个人或同一个机关之手,自由便不复存在了;因为人们将要害怕这个国王或议会制定暴虐的法律,并暴虐地执行这些法律。如果司法权不同立法权和行政权分立,自由也就不存在了。如果司法权同立法权合而为一,则将对公民的生命和自由施行专断的权力,因为法官就是立法者。如果司法权同行政权合而为一,法官将握有压迫者的力量。如果同一个人或是由重要人物、贵族或平民组成同一个机关行使这三种权力,即制定法律权、执行公共决议权和裁判私人犯罪或争讼权,则一切便都完了。"③

孟德斯鸠在阐明权力分立的重要性之外,更说明了各种权力之间的制衡关系的基本要点。他根据英国政制指明英国的立法机关由两部分组成,它们可以通过相互的反对权彼此钳制;同时指明立法机关的两部分都受行政权的约束,而行政权又受立法权的约束。他认为这种制衡关系的存在,是英国政制比古代共和国优越之处,因为权力的互相约束在事物的必然运动的情况下,会冲破静止无

---

① 〔法〕孟德斯鸠:《论法的精神》(上册),张雁深译,商务印书馆1997年版,第155页。
② 需要指出的是,中文通常译作"行政权"的法文原文,就其原义而言,其实是"执行权",即执行立法机关所制定的各种法律的权力,而不是一般意义上的行政管理。类似地,洛克理论中的"行政权"是执行权(exeecutive power),法国1791年宪法中的"行政权"也是"执行权"。执行的是立法机关制定的法律。由此而言,现在被我们称为行政权的那种权力,其实是"执法权"。当然,这里的"执法"二字的含义有别于我们现在所习惯的与"私法"同义的"执法"。参见许明龙:《小议孟德斯鸠三权分立之本意》,载《史学理论研究》2002年第3期。
③ 〔法〕孟德斯鸠:《论法的精神》(上册),张雁深译,商务印书馆1997年版,第156页。

为的状态被迫地协调前进。① 他还指出,政治自由只有在那些国家权力不被滥用的地方才存在,"但一切有权力的人都容易滥用权力,这是万古不易的一条经验。有权力的人们使用权力一直到遇到有界限的地方才休止"。因此,"要防止滥用权力,就必须以权力约束权力"。②

分权原则是孟德斯鸠思想中最具原创性的部分,从根本上讲,这一原则能够更好或更有效地保证政治自由。然而,不应该把分权原则看做是主权的分离,因为这种权力必须运行,但必须协调运行。当这三种权力处于和谐状态时,我们可以发现真正的主权,虽然主权不是孟德斯鸠的主要关注点。孟德斯鸠的分权思想主要涉及的是政治自由和对权力的限制,而不是权力的真正基础。孟德斯鸠的分权学说固然反映了大资产阶级的局限性:既反对专制独裁和苛法专横、向封建势力争权又不彻底否定君主制度,而主张资产阶级和贵族分享政权。但这一学说却为资产阶级理想政治制度的建立设计了一个较好的方案,尽管这一方案经过二百多年的实践后,在现代国家中慢慢暴露出了很多的缺陷和不足。孟德斯鸠以权力制约权力的理论后来成为资本主义国家机关权力分工、保持权力平衡的理论渊源,并在后来美国联邦政府建立的过程中为汉密尔顿所直接承用。

孟德斯鸠以权力制约权力的理论在美国联邦政府建立的过程中,为汉密尔顿所直接承用。他坚持孟德斯鸠的观点:没有分权就没有自由。他认为立法、行政和司法权力掌握在同一个机关手里,不论是一个人、少数人、多数人,不论是世袭、任命或选举产生,都是"虐政",都是对自由宪法基本原则的破坏。③ 因此,要保证自由必须实行分权,将立法权、行政权、司法权严格分开,"均匀地分配到不同部门"④行使,即立法权由议会行使,主要负责制定法律;行政权由总统行使,主要负责执行法律;司法权由法院行使,主要负责监督、保障法律的实施。汉密尔顿进一步论述对权力应该如何进行制约,他认为,为了达到各种权力相互牵制,所谓"三权分立"就不是三种权力绝对的隔离分治,而应当存在着三种权力的相互联系,这是为了相互制约,才存在着权力间的局部混合。此外,他还认为,实行三权的相互制约,目的在于求得三权均衡地发展。他认为,从实际情况看,现实存在的三种权力不论在比例、力量上,还是在地位上并不均衡,其中立法权的势力最强,而司法力量却最弱,因此对权力之间的实际力量对比,要进行全面平衡,并应采取相应的切实可行的措施。他的分权制衡思想对美国宪法的制定,

---

① 参见〔法〕孟德斯鸠:《论法的精神》(上册),张雁深译,商务印书馆1961年版,第164页。
② 同上书,第154页。
③ 参见〔美〕汉密尔顿、杰伊、麦迪逊:《联邦党人文集》,程逢如、在汉、舒逊译,商务印书馆1980年版,第246页。
④ 同上书,第40页。

对美国政治制度的确立,作出了重要贡献。

(三)"议行合一"横向权力配置原则

与三权分立相对,"议行合一"是指国家机关重要工作的决议和执行统一进行的制度。在此制度中,立法权和行政权属于同一个最高权力机关,或者行政机关从属于立法机关,仅是立法机关的执行部门的政体形式和政权活动原则。"议行合一"是社会主义国家民主集中制原则在国家机关间工作关系上的体现。

"议行合一"起源于1871年成立的巴黎公社,它实行直接民主,由人民群众直接选出86名代表,组成立法与行政统一的公社委员会。公社委员是按普遍、平等的原则由巴黎20个区的选民直接投票产生的。它设立相当于政府各部的10个委员会,即执行、财政、军事、司法、公安、粮食、劳动与交换、对外关系、社会服务和教育委员会,领导各行政部门,各委员会由5—8人组成,公社委员兼任各委员会委员,实行集体领导,公社制定的各种法令,各行政部门必须执行。巴黎各区选出的公社委员还领导该选区的区政府,直接执行各项法令,并监督执行的情况。巴黎公社的议行合一制和资产阶级的三权分立制不同,它实现了立法权和行政权的统一,公社是同时兼管行政和立法的工作机关。

俄国十月社会主义革命后,列宁在创建苏维埃国家机关时发展了议行合一的历史经验。鉴于巴黎公社只在1个城市行使国家权力,还没有组织起全国性政权机关,列宁根据俄国革命取得全国性胜利的新情况,确立苏维埃代表大会的全权地位,但改变了巴黎公社时期把人民选出的代表机关和执行机关合而为一的做法,从1918年起就把代表机关和执行机关分开。按照1918年《俄罗斯苏维埃联邦社会主义共和国宪法》的规定,国家最高权力机关是全俄苏维埃代表大会及其常设机关全俄苏维埃中央执行委员会,最高行政机关是人民委员会。但人民委员会完全对全俄苏维埃代表大会及全俄苏维埃中央执行委员会负责。苏联1936年宪法规定,苏联最高权力机关是苏联最高苏维埃及其常设机关苏联最高苏维埃主席团,最高行政机关是苏联部长会议,最高权力机关和最高行政机关之间仍然是领导和被领导的关系。

中国人民吸取国际无产阶级专政政权建设的经验,结合中国的具体实践,创建了人民代表大会制度。1982年《宪法》规定:"中华人民共和国的一切权力属于人民。人民行使国家权力的机关是全国人民代表大会和地方各级人民代表大会","全国人民代表大会和地方各级人民代表大会都由民主选举产生,对人民负责,受人民监督","国家行政机关、审判机关、检察机关都由人民代表大会产生,对它负责,受它监督"。根据民主集中制的原则建立起来的中国国家机构就是议行合一的国家机构。议行合一制的基本特征是:(1)由人民直接或间接选举的代表机关统一行使国家权力;(2)国家行政机关和其他国家机关由人民代表机关产生,各自对国家权力机关负责并受其监督。国家权力机关在国家机构体系中处于最高地位,不与国家行政机关、审判机关和检察机关分权,不受它们的制约,只对人民负责,受人民监督。

(四)民主集中制原则

民主集中制原则和分权制衡原则是国家组织及其活动方式的两种不同原则。中国的国家组织及其活动方式实行民主集中制原则,西方资本主义国家则大多实行分权制衡原则。这是中西国家组织及其活动方式的重大区别。中国现行《宪法》第3条对民主集中制及其内容作出了集中规定和具体安排。我国《宪法》规定:"中华人民共和国的国家机构实行民主集中制的原则。"该原则具体体现为:第一,"全国人民代表大会和地方各级人民代表大会都由民主选举产生,对它负责,受人民监督"。第二,"国家行政机关、审判机关、检察机关都由人民代表大会产生,对它负责,受它监督"。第三,"中央和地方的国家机构职权的划分,遵循在中央的统一领导下,充分发挥地方的主动性、积极性的原则"。具体而言,国家机关的民主集中制体现为:(1)各级国家权力机关,即全国人民代表大会和地方各级人民代表大会,都由民主选举产生,对人民负责,受人民监督;(2)国家的行政机关、审判机关、检察机关都由国家权力机关产生,对它负责,受它监督;(3)各级领导机关实行集体领导和个人分工相结合,经常保持同群众的密切联系,倾听下级和群众意见,接受群众监督;(4)一切方针、政策和法律的制定,贯彻"从群众中来,到群众中去","集中起来,坚持下去"的原则;(5)各级组织严格遵守个人服从组织,少数服从多数,下级服从上级,地方服从中央的纪律,以实现中央的统一领导,同时发挥地方的积极性和主动性。民主和集中是互相依存、互为前提、缺一不可的。坚持民主集中制的原则,才能充分调动全国人民和各方面的积极性,集中力量进行全面的社会主义现代化建设事业。

民主集中制由列宁最早提出,概括地说,就是民主基础上的集中和集中指导下的民主相结合。它既是党的根本组织原则,也是群众路线在党的生活中的运用。《中国共产党党章》对民主集中制提出了6条基本原则:党员个人服从党的组织,少数服从多数,下级组织服从上级组织,全党各个组织和全体党员服从党的全国代表大会和中央委员会;党的各级领导机关,除它们派出的代表机关和在非党组织中的党组外,都由选举产生;党的最高领导机关,是党的全国代表大会和它所产生的中央委员会;党的上级组织经常听取下级组织和党员群众的意见,及时解决他们提出的问题;党的各级委员会实行集体领导和个人分工负责相结合的制度;党禁止任何形式的个人崇拜。

贯彻执行民主集中制原则,要着重注意以下几点:(1)坚决维护中央的领导权威,同党中央保持一致。民主集中制原则的"四个服从"中,最重要是全党服从中央。全党同志特别是各级领导干部必须自觉地维护全党的团结和统一,切实保证党中央的各项决策的贯彻落实。(2)党的各级委员会要认真执行集体领导和个人分工负责相结合的制度。既要防止和克服个人或少数人决定重大问题的情况发生,又要反对遇事推诿、互相扯皮和无人负责。(3)逐步完善民主科学决策制度。领导班子讨论决定重大问题要充分发扬民主,坚持从群众中来,到群众中去的群众路线,要建立健全领导、专家、群众相结合的决策机制,对决策方案进行充分论证。凡属党委全委会讨论决定的问题,一定要由全委会决策;凡属常委会讨论决定的问题,一定要召开常委会决策。

### 二、国家权力横向配置原则的体现

(一) 英国式以议会为重点的分权模式

英国在1688年"光荣革命"后,通过了1689年《权利法案》和1701年《王位继承法》,最终确立了英国以三权分立为原则的君主立宪政体,确认了议会是凌驾于国王之上的最高立法机关,即"议会至上"原则,议会拥有了不受限制的制定或者修改任何法律的权力。

《权利法案》和《王位继承法》还极大地限制了王权,原来总揽国家大权的最高统治者——国王的行政管理权被架空,只是名义上的国家元首,其权力已经成为礼仪性和象征性的了。

资产阶级和封建贵族长期斗争,立法权胜过行政权,下议院胜过上议院,资产阶级独占了统治权,在英国也最终确立了议会至上原则。英国议会的立法权代表了国家最高的权力,不受任何其他权力的控制。英国议会享有立法权、财政权和监督政府权等。按照英国宪法,议会有权制订或取消任何法律,并且英国法律不承认其他人或机构有权制订规定或规章以压倒或毁损议会法律。在法律上,立法权作为国家最高权力,超越执法权和司法权,奉行议会至上。

英国议会分为上议院和下议院。英国议会上议院的主要职能是:提出法案,尤其是无争议的法案,审查和修改法案,审理案件等。[①] 下议院的主要职能是:进行立法活动,代表公众观点,通过审核预算和年度财政法案控制政府收支,制定和控制国家政策,以选举委员会的方式监督行政机关。在法律上,作为立法机关,上议院和下议院拥有同等的权力,立法必须既得到上议院也得到下议院的审查与通过。这体现了上、下议院之间一定程度的相互制约关系。但宪法授予下议院某些特权,如提出拨款法案和发起弹劾程序的权利。这加强了下议院的地位。如果上议院不愿意通过下议院呈递的立法案,它可以利用拖延的方式进行

---

① 韩大元主编:《外国宪法》,中国人民大学出版社2000年版,第35页。

制约,但并无绝对否决权。当两院中之一院拒绝接受另一院提出的法案或因对呈递的法案修改使另一院无法接受时,常常是修正案被上议院同意,或经两院中政党领导人讨论之后达成妥协。如发生直接对抗,国王为了支持下议院,便按政府的要求,以增封足够的新贵族的办法使有争议的法案获得通过。可见下议院为立法机构的主要部分,在议会中居主导的地位。但由于上议院具有搁置拖延法案通过的权力,上议院可以利用这一权力来迫使政府和下议院修正议案,因而也形成了对下议院一定程度的制约。

英国的最高行政机构是内阁。内阁的职能是政府决策、管理行政机关、协调各行政部门的活动等。内阁通过议会选举产生,向议会负责,受议会监督。内阁享有的权力主要包括:立法决策权、管理权和协调权。在实践中,内阁负责起草并提出法案,享有立法创制权或提案权,决定着议会的立法会议议程和进度,并且通过首相控制议会党团和督导员支配议员的投票取向和立法内容。内阁享有国家最高行政管理权。除制定国家大政方针,掌管内政外交,还直接控制武装部队。

内阁和首相受到议会的有力制约。在实践中,议会下议院若通过对内阁的不信任案或否决政府的重要法案,常常会使内阁集体总辞职。如果内阁不愿意总辞职,就由首相提请英王宣布解散下议院并进行重新选举,新当选的议会下议院决定原内阁的去留。内阁和议会彼此分别以解散议会和对内阁不信任为武器,从而形成对权力的相互制约和平衡。这即为"责任内阁制"。实际上,英国行政首脑从议会本身产生,这样就使行政权的实施处在议会的有力监控下。但同时,议会法案或议案的通过与否又在相当程度上取决于执政党及其领袖也即内阁首相的意志,这又使行政权可通过多数党的地位制约议会,使立法权力受到一定地约束。

但到19世纪后期,内阁对议会的影响与控制更加突出。首先,议会通过的议案绝大多数是由内阁提出的,议会的审议和表决可以说只是履行法定的程序,是为议案的合法性寻找正当性的途径而已;其次,议会对内阁的监督、质询,也可通过执政党的议会党团进行干涉和影响,因而往往流于形式。"在议会政府国家里,议会和政府均由议会中的多数党控制,议会和政府的分权与制衡实际上是政党内部的分权与协作。"[①]第二次世界大战后,政府的作用不断扩大,首相的权力也空前加强,内阁已成为国家权力的主要承担者,从英国政权的权力结构变化来看,首相拥有领导内阁、操纵议会、支配国王的实际权力,成为了英国政治生活中最高决策人和垄断资产阶级在国家机构中的最高代理人,有人说英国实际上

---

① 何华辉:《比较宪法》,武汉大学出版社1988年版,第333页。

第八章　权力的配置与制约

已发展成为"首相政府"。

此外,《权利法案》和《王位继承法》也确立了司法独立的原则。为了限制国王对司法活动的干涉,宣布了"法院独立"原则,法官实行终身制,且只服从法律,不受国王和行政机关的约束。由于历史传统的原因,英国的司法体制极为复杂。一般说来,英国法院分为中央法院和地方法院两大部分。中央法院包括最高法院、枢密院司法委员会。地方法院包括治安法院和郡法院及各类法定裁判所等。最高法院又包括高等法院、上诉法院、皇家刑事法院。上议院也即英国的最高法院。虽然英国法律中有可以拒绝司法审查的规定,有排除司法审查的法律条款,但在实践中,对于列入司法审查以内的政府行为,英国高等法院主要是依据"越权无效"原则进行司法审查,形成了司法权对行政权的制约。同时,内阁首相又可以通过提名任命法官和通过拨款法案等形式对司法权进行制约,形成了一种相互制衡的机制。

英国国家权力的横向分配与制约机制及国家机构的设置是比较复杂的,各权力部门的关系也是相互交错,比较繁琐的,其并不像美国那样"三权"泾渭分明,但对权力进行分立,使权力之间相互制衡思想是蕴涵在英国国家权力系统之内的,权力与权力之间都存在着有力的制衡,这一点是十分明显的。

(二) 美国式的三权分立

美国是世界上贯彻分权与制衡理论最彻底的国家,是世界上资本主义国家实行"三权分立"最完美的例子,它的1787年宪法也明确规定了立法、行政和司法的三权分立的国家政权形式和三权互相"制约和平衡"原则。

为了保障自由,立法权、行政权、司法权必须分开,由不同部门分别行使。因而,在分权方面,美国《宪法》第1—3条规定,立法权属于由参议院和众议院组成的合众国国会,凡在联邦政府下供职的人员都不得为国会议员,行政部门的人员不得向国会提出议案,不能出席国会的会议;行政权属于美利坚合众国总统,总统既是国家元首,又是政府首脑,还是三军总司令,拥有所有的行政权。总统由选民直接选举产生,不对国会负责,而是对选民和联邦宪法负责,国会不能对总统通过不信任案以迫使总统辞职,总统也无权解散议会,无权直接立法;合众国司法权属于最高法院和国会随时制定与设立的下级法院。美国司法机关拥有强大的权力,法官受理案件不受立法和行政的干扰,受到终身任命,行政部门对法官有任命权,但无罢免权;立法部门对法官的任命有同意权,但只能对犯有重罪或不端行为的法官依法定程序弹劾,也不享有罢免权。立法、行政、司法三个系统互相独立,是美国三权分立的基础和保障。

美国《宪法》第1条就规定了国会的产生及其职权。其规定美国国会由参议院和众议院组成,每两年为一届。美国国会内部在权力划分上,参众两院享有大体相等的权力,使两院之间享有平等权而产生相互制约的关系。但宪法又规定了由参议院单独履行的某些权力,如参议院有权代表美国批准条约以及批准联邦行政和司法部门高级职务的任命。这就使参议院的权力略大于众议院。在立法上,两院权力相等,"法案于一院通过即送另一院以同样程序审议,如果另一院照原案通过,则视为国会通过该法案,如果法案被另一院否决,则该法案归于消灭。如果另一院修改了法案而退回原来的议院时,可成立协商委员会进行协商。协商委员会由两院议长各指定3至9名议员组成。如果协商不能成立,即视为否决该法案,如协商成立,则向两院报告协商后的修改法案,交两院表决。"[1]因此,立法权是由参、众两院共同行使的,任何一院通过的法案,另一院有绝对的否决权。除立法权外,国会还享有内政、外交、国防等许多重大权力,如对行政的监督权、财政控制权,设置低于最高法院的法庭权,宣战及批准缔约权,铸造货币权以及组织武装、任命批准等权力。当然,这些权力也分别受到行政权与司法权的制约。

随着美国社会经济的发展和国际地位的提高,美国的政治体制也发生了变化,即在保持三权分立、平行和独立的基本结构的同时,总统的权力获得了急剧扩张,总统逐渐取得了对立法和司法两个部门的优先地位,成为联邦的权力中心。

在行政权方面,总统拥有行政大权,但总统任命高级官员,必须通过参议院出席议员一半以上同意,但总统却可以通过设立助理、私人秘书等途径授予其亲信以极大的权限,此外,最高法院在对宪法中规定的总统的权限做了扩大的解释,即总统可以免除由他任命的纯粹的行政官员的职务,不受国会的限制。

在立法权方面,美国总统越来越多地通过行使对国会议案的否决权来干预立法活动。国会通过的议案须经总统签署才能成为法律,总统有权拒绝签署,并将议案退回国会,说明否决理由,被总统否决的议案,如果没有2/3以上的多数在国会重新通过,这个议案即被取消。总统还可以"搁置否决"、"口袋否决",即在议案通过后10天内恰逢国会休会,总统有权将自己不同意的议案搁置起来,既不予理会,也无需退回至国会,从而不适用议院再讨论通过的程序,最终实现绝对的否定。此外,总统还可以通过发表国情咨文,向议会报告联邦情况,从而指导国会立法。最后,按美国宪法规定,总统和参议院共享条约权,总统有权缔结条约,但需经参议院2/3多数批准。但总统缔结行政协议则无需提交参议院批准,因此,在实践中,总统往往采取行政协议来替代条约,从而避开参议院的否决,加强总统的权力领域。

---

[1] 韩大元主编:《比较宪法学》,高等教育出版社2003年版,第311页。

在军事权方面,美国总统有权自由从事防御战争、镇压叛乱,无需经国会同意。美国总统对进攻性战争需经国会通过始得宣布,同时拨款权也由国会掌握。但美国总统作为陆海空三军总司令,可以调动一切武装力量,只要总统造成战争的事实,国会即使不同意宣战,也不会愿意承担因没有拨款而导致美国战败的责任,因此,战争拨款权对总统军事权的牵制最终也无法实现。

从美国宪法的规定可以看出,美国总统享有广泛的权力,包括官员和法官提名权与任命权、外交权、军事权、立法否决权及立法创议权、赦免权等。实际上,美国总统既是国家元首,又是政府首脑、武装力量的总司令、主要的立法创议人,可以说集多种权力于一身。但总统的权力也是受着立法机关和司法机关严格制约的。如总统否决的法案,只要国会两院各有2/3的议员通过,就可驳回总统的否决,当然生效。总统提名的人选必须经参议院同意批准。财政方案必须经国会批准。此外,国会还享有对总统和总统任命的高级官员的弹劾权;国会有权要求总统报告国务情况,条陈政策,以备审议;总统制定和签署与外国缔结的条约,须经国会参议院批准;国会有权控制政府的全部经费开支;国会有建议、批准总统对最高法院法官的任命权。这些都形成对行政权的有力制约,防止了行政权过于强大,体现了美国的权力分立与制衡原则。

美国法院享有审判权和司法审查权。在美国,司法机关可以对立法机关制定的法律的合宪性进行审查。美国最高法院拥有对国会和州的立法机构的法律的合宪性和其他方面进行审查的权力。这种权力在宪法上并没有明确规定,是在实践中通过判例形成的。通过1803年"马伯里诉麦迪逊"一案,美国建立了违宪审查制度。美国法院还享有对行政行为的司法审查权。被委以行政权力的人或机构越权或滥用职权,这种行为就可以被法院宣告无效。[①] 然而,立法权、行政权对司法权也有明显的制约关系,如国会有权弹劾、审判最高法院法官并撤销其职务的权力;联邦最高法院、上诉法院、地区法院的法官要有总统提名,由参议院批准;司法机关的经费由政府提出,国会批准;总统享有赦免权等,这些都是三权分立与相互制约的体现。

(三) 法国式的以行政为重点的分权模式

法国大革命后,资产阶级取得了完全的胜利,独享了统治权。1789年颁布了《人权宣言》,明确宣布:"凡权利无保障,分权未确立的社会,就没有宪法。"这一精神为法国现行宪法所忠实继承,从而确立了法国现行的政权组织形式所依据的分权原则。

根据法兰西第五共和国宪法,即1958年颁布的现行宪法建立的政权形式,

---

① 〔英〕戴维·M.沃克:《牛津法律大辞典》,李双元等译,法律出版社2003年版,第615页。

可以说既吸收了美国总统制的特点,也借鉴了英国议会制的特点。通过加强总统的权力,削弱议会权力,从而把分权与制衡的权力重心由立法转到行政,并建立起独特的分权模式——半总统半议会制。

法国总统为国家元首,每届任期5年。法国宪法赋予总统广泛的权力,包括立法权、行政权和司法权。其权力主要包括以下几个方面:

立法权方面:根据法国《宪法》规定,总统于法律最后通过并送交政府后15日内予以公布。总统在法定期限内如要求议会重新审议其最后通过的法案,议会不得拒绝;总统有权就一切涉及公共权力组织的法律草案交公民复决;总统有权以命令的方式宣布议会特别会议的召开和闭会。此外,宪法还规定,总统在与总理及议会两院议长磋商后,得宣布解散国民议会,这一规定使国民议会这个立法机构在某种程度上处于总统的掌控之下。

行政权方面:根据法国《宪法》规定,总统缔结并批准条约;有权任命政府总理,并根据总理的建议任免其他政府官员;有权主持内阁会议,签署内阁会议所决定的法令和命令;任命国家行政人员和军事人员,委派驻外全权大使及公使。总理提出辞职后,由总统决定是否接受辞呈。《宪法》规定:"总统为军队的最高统帅。总统主持最高国防会议和国防委员会,主持内阁会议。"总统享有紧急处置权,法国《宪法》第16条规定:"当共和国体制、民族独立、领土完整或国际义务的执行受到严重和直接威胁,并当宪法所规定的国家权力的正常行使受到阻碍时,共和国总统在同总理、议会两院议长和宪法委员会主席正式磋商后,应根据形势采取必要的措施。"

司法权方面:法国《宪法》规定:"总统监督对宪法的遵守,总统进行仲裁以保证国家权力的正常行使和国家的持续性。"总统任最高司法会议主席,保证司法独立。最高司法会议除对高等法院的法官的任命及上诉法院首席法官的任命提出建议外,还负责法官的纪律检查职责。宪法规定,总统任命宪法委员会1/3成员,其中包括宪法委员会主席,并于卸任后为宪法委员会的终身当然成员。总统还有赦免等权力。

可以看出,法国总统是集立法、行政、司法权于一身的最高权威者,是"国家权力的中心"。然而,按照法国宪法,尽管他握有广泛的权力,对其也是存有一定制约的。法国宪法规定:"共和国总统的命令由总理副署,必要时由有关部长副署","国民议会在行使特别权力期间不得被总统解散","行政法院委员、授勋委员会主任、全权大使和公使、审计院的审计官、省长、政府在海外领地的代表、将级军官、大学校长、中央各部司长都应通过内阁会议任命"。而且,总统如果犯叛国罪,可以由议会提交特别高等法院审判。可见,总统的权力也是处于其他国家相关机关制约和监督之下的。

政府总理是行政权的代表,拥有仅次于总统的很大权限。总理具体领导行政机关的活动,对国防负责,并确保法律的执行;决定并执行国家政策,掌管行政机构和武装力量,任命文武官员,并在总统命令上副署。总地来看,总统制订大政方针,总理组织具体实施。行政机关在国家生活的领导中如果出现失误,为了维护政局的稳定,法国总统不需要负政治上的责任,但总理和其领导的政府必须代之受过。此外,政府要对议会负责,当国民议会通过对政府不信任案或当它不同意政府的施政纲领或总政策声明时,总理必须向总统提出政府总辞职。

法国宪法规定,总理行使制订条例的权力。为实施其政纲,政府得要求议会授权它在一定期限内以法令对于通常属于法律范围的事项采取措施。上述法令经征询行政法院意见后,由内阁会议予以制定。总理享有"立法的创议权",宪法还规定:"政府有权提出修正案","如果议会两院意见分歧,当某项法律草案或法律提案在每个议院两读后未获通过时,或政府认为有紧急需要时,经两院一读后,总理有权召集一个双方人数相等的混合委员会负责对讨论中的条款提出一个文本。混合委员会所规定的文本得由政府提交两院通过。除政府同意的修正案以外,其他都不予受理","在议会两院的议程中,应按照政府所规定的次序,优先讨论政府所提出的法律草案和政府所同意的法律提案。"

在法国体制下,法国总理和政府既受到来自总统的制约,同时也受到来自议会的制约。法国总理和政府是有限权力的政府。如宪法规定:"每周有一次会议专供议会议员提出质询和政府进行答辩","总理就内阁会议通过的政府施政纲领或者总政策,得对国民议会提出由政府承担责任的说明。国民议会根据所通过的不信任案,得追究政府责任。但该不信任案必须至少有国民议会十分之一的议员的签名才能提出","当国民议会通过不信任案或当它不同意政府的施政纲领或总政策说明时,总理必须向共和国总统提出政府辞职"。

法国的议会包括国民议会和参议院两院,享有国家立法权。法国《宪法》规定:"一切法律,皆由议会通过。"根据《宪法》规定,议会议员享有"立法创议权"和有权"提出修正案"。此外,议会还享有"批准宣战权"、"监督权"等。根据法国宪法规定,议会可以通过不信任案迫使政府倒阁。法国议会的地位在法国的权力配置体制下,显得比较弱小。议会的权力受到前所未有的削弱。立法权、财政权或是对政府监督权都被严格限制在一定的条件和范围内行使。例如,议会立法不仅被限制在一定范围内,而且在立法程序上,也受到了相应的限制。《宪法》第48条规定:"在议会两院的议程中,应按照政府所规定的次序,优先讨论政府所提出的法律草案和政府所同意的法律提案。"此外,《宪法》规定:"共和国总统在与总理及议会两院议长磋商后,得宣布解散国民议会。"由此可以看出,法国的议会在国家权力机构中不再处于最高和主导的地位,而是受到了总统和政府的各种限制。

法国司法机关可以分为两大基本系统:普通法院和行政法院。在法国,除了设立了专门的司法机关之外,还设立了一个兼有司法、监督和咨询职能的宪法委员会。它对其他机关的制约主要是通过其享有的违宪审查权实现的。根据法国宪法,凡是宪法委员会认为与宪法相抵触的法律和条约,均不得公布,也不得执行,由此形成了对诸机关的制约。但因为宪法委员会主席以及组成的9名成员中有3名是由总统任命,宪法委员会的裁决权实际上为总统所掌握。

(四) 中国式的人民代表大会制度

1. 人民代表大会制度的理论基础及其概念

人民代表大会制度是以经典马克思主义作家的代议制观点为理论指导建立、发展起来的独特政权组织制度。马克思、恩格斯通过批判资产阶级的议会制和选举制,总结巴黎公社的经验,提出了建立新型国家政权的观点,即人民的代议机构"不应是议会式的,而应当是同时兼管行政和立法的工作机关",代议机构由人民直接选举产生,直接受选民监督,受人民的监督、罢免,代议机构掌握一切社会生活事务的创议决定权。这一理论之后为社会主义国家奉为经典,并成为社会主义国家建立政权制度的直接理论基础。列宁也通过对资产阶级议会制的批判,在马克思、恩格斯的建立新型无产阶级国家代议制的基础上,更加明确、系统地提出了新型国家的代议制建设的理论,即建立一个真正的代议机关,通过它行使国家的一切权力来管理国家。但这个机关必须是真正按人民的意志选举产生,受人民的监督,人民随时可以撤换的。

1940年,毛泽东同志在《新民主主义论》中指出,中国未来的政体"采取全国人民代表大会、省人民代表大会、县人民代表大会、区人民代表大会直到乡人民代表大会的系统,并由各级代表大会选举政府。但必须实行无男女、信仰、财产、教育等差别的真正普遍平等的选举制,才能适合于各革命阶级在国家中的地位……这种制度即民主集中制"①。新中国成立后,我国的人民代表大会制度也在经历了中国人民政治协商会议的过渡后,于1954年真正建立起来。

我国《宪法》第2条规定:"中华人民共和国的一切权力属于人民。人民行使国家权力的机关是全国人民代表大会和地方各级人民代表大会。人民依照法律规定,通过各种途径和形式,管理国家事务,管理经济和文化事务。"人民代表大会制度是指拥有国家权力的我国人民根据民主集中制原则,通过民主选举组成全国人民代表大会和地方各级人民代表大会,并以人民代表大会为基础,建立全部国家机构,对人民负责,受人民监督,以实现人民当家作主的政治制度。这

---

① 《毛泽东选集》(第2卷),人民出版社1990年版,第665页。

也就是说,人民代表大会代表人民统一集中地行使国家主权,享有立法权、决定权、任免权和监督权。人民代表大会在统一行使国家权力的基础上,又明确地划分了行政权、审判权、检察权。行政权授予人民政府,人大常委会成员不得担任国家行政职务,行政机关对人大负责,并受其监督。司法权由审判权和检察权组成,按照宪法的规定,分别由人民法院和人民检察院独立行使,对人民代表大会负责。除此之外,人民代表大会有权罢免它所选举或决定产生的任何官员。由此可知,在我国,人民代表大会居于最高的地位,是立法机关,也是监督机关,其他国家机关则处于相对的从属地位,受人民代表大会的制约,并对人民代表大会负责。这样就构成了县以上各级人民代表大会及其常委会行使立法权、任免权、重大事项决定权和监督权;国务院和各级地方人民政府行使行政权;各级法院和检察院行使司法权的权力结构体系。

2. 人民代表大会制度下的横向权力配置

我国人民代表大会制度是以民主集中制为原则组织起来的。《宪法》第3条规定,"中华人民共和国的国家机构实行民主集中制",从而确认了我国的国家机构以民主集中制为其基本原则与活动原则。民主集中制原则是从人民到人民代表机关,再到其他国家机关的一种"单向制约"原则,是在人民代表机关统一行使国家权力的前提下,对国家的行政权、审判权、检察权等有明确的划分,使国家权力协调一致地工作的原则。具体体现为:

(1) 全国人民代表大会的职权

我国《宪法》第57条规定:"全国人民代表大会是最高国家权力机关,是行使国家立法权的机关它的常设机关是全国人民代表大会常务委员会。"《宪法》第3条规定,各级人民代表大会"都由民主选举产生,对人民负责,受人民监督"。

根据我国《宪法》,全国人民代表大会行使以下几方面的权力:

第一,立法权。《宪法》第58条规定:"全国人民代表大会和全国人民代表大会常务委员会行使国家立法权。"全国人民代表大会"制定和修改刑事、民事、国家机构的和其他的基本法律"。全国人民代表大会有权修改宪法,但宪法的修改须"由全国人民代表大会常务委员会或者1/5以上的全国人民代表大会代表提议,并由全国人民代表大会以全体代表的2/3以上的多数通过"。

第二,选举、决定和罢免权。宪法规定,全国人民代表大会有权选举国家主席、副主席、中央军委主席、最高人民法院院长、最高人民检察院检察长、全国人大常委会委员长、副委员长、秘书长、秘书长和委员;根据国家主席的提名,决定国务院总理的人选;根据国务院总理的提名,决定国务院副总理、国务委员、各部部长、各委员会主任、审计长、秘书长人选;根据《宪法》规定,凡由全国人民代表大会选举或决定任命的人员,由全国人大主席团或者3个代表团或者1/10以上的代表便可以提出对他们的罢免案,经全体代表的过半数同意即获通过。

第三,重大事项审查、批权与决定权。《宪法》规定,全国人民代表大会审查和批准国民经济和社会发展计划和计划执行情况的报告;审查和批准国家的预算和预算执行情况的报告;批准省、自治区和直辖市的建置;决定特别行政区的设立及其制度;决定战争和和平问题。

第四,监督权。全国人民代表大会监督宪法的实施,监督政府、法院和检察院的工作,听取和审议他们的工作报告。

第五,全国人大有权行使应当由最高权力机关行使的其他职权。

另外,作为全国人大的常设机关,它在全国人大闭会期间行使部分最高国家权力的机关,也是行使国家立法权的机关。

由上述规定可以看出,全国人民代表大会是国家最高权力机关,具有至高无上的法律地位。它由人民选举产生,对人民负责,受人民监督,在我国的权力系统中具有最高的地位。而且,"一府两院"均由它产生,受它监督,对它负责。

(2) 中央人民政府的职权

中央人民政府即国务院,既是最高行政机关,也是最高国家权力机关的执行机关。根据《宪法》规定,国务院由总理、副总理若干人,国务委员若干人,以及各部部长、各委员会主任、审计长、秘书长组成。国务院对全国人民代表大会负责并报告工作,在全国人民代表大会闭会期间,对全国人民代表大会常务委员会负责并报告工作。国务院实行总理负责制。

根据我国《宪法》规定,国务院主要行使以下几方面的权力:

第一,行政立法权。国务院可以根据宪法和法律,规定行政措施,制定行政法规,发布决定和命令;向全国人民代表大会或者全国人民代表大会常务委员会提出议案;改变或者撤销各部、各委员会发布的不适当的命令、指示和规章;改变或者撤销地方各级国家行政机关的不适当的决定和命令;各部、各委员会根据法律和国务院的行政法规、决定、命令,在本部门的权限内,发布命令、指示和规章。

第二,行政管理权。《宪法》第89条规定,国务院"规定各部和各委员会的任务和职责,统一领导各部和各委员会的工作,并且领导不属于各部和各委员会的全国性的行政工作",统一领导全国地方各级国家行政机关的工作,规定中央和省、自治区、直辖市的国家行政机关的职权的具体划分;编制和执行国民经济和社会发展计划和国家预算;领导和管理经济工作和城乡建设;领导和管理民政、公安、司法行政和监督工作;管理对外事务,同外国缔结条约和协定;领导和管理国防建设事业;领导和管理民族事务;保护少数民族的平等权利和民族自治地方的自治权利;保护华侨的正当权益和侨眷的合法权益。

第三,重大事项批准权和决定权。批准省、自治区、直辖市的区域划分,批准自治州、县、自治县、市的建置和区域划分;依照法律规定决定省、自治区、直辖市的范围内部分地区进入紧急状态。

第四,依照宪法和法律规定任免国家行政机关的领导人员;培训、考核和奖惩行政人员。

第五,全国人民代表大会和全国人民代表大会常务委员会授予的其他职权。

国务院由全国人大产生,受全国人大监督,对全国人大及其常委会报告工作。它是立法机关的执行机关。但不必讳言,在现实中鉴于人大对行政权力监督制度尚不完善和行政权本身的特点,它在中国实际上处于权力中心的位置。所以,加强对行政权的制约监督,显得十分必要。

(3)司法机关的职权

根据我国《宪法》,人民法院是国家的审判机关,行使审判权;人民检察院是国家的法律监督机关,行使法律监督权。

《宪法》第126条规定:"人民法院依照法律规定独立行使审判权,不受行政机关、社会团体和个人的干涉。"我国设有最高人民法院、地方各级人民法院和军事法院等专门人民法院。法院实行四级两审制,即全国设立最高人民法院,省、自治区、直辖市设立高级人民法院,自治州、地级市设立中级人民法院,县、区、县级市设立基层人民法院。院长每届任期同全国人民代表大会每届任期相同,连续任职不得超过两届。最高人民法院是国家最高审判机关。最高人民法院监督地方各级人民法院和专门人民法院的审判工作,上级人民法院监督下级人民法院的审判工作。各级法院都对同级人民代表大会及其常委会负责并报告工作。

《宪法》第129条规定:"中华人民共和国人民检察院是国家的法律监督机关。"我国设最高人民检察院、地方各级人民检察院和军事检察院等专门人民检察院。最高人民检察院是国家最高检察机关。最高人民检察院对全国人民代表大会及其常委会负责并报告工作,地方各级人民检察院对产生它的国家权力机关和上级人民检察院负责并报告工作。上级检察院领导下级检察院的工作。

在中国权力系统中,司法权与立法权和行政权相比显得比较弱小。虽然根据《宪法》,它同样是由全国人民代表大会选举产生,向全国人民代表大会负责,具有与行政机关同等的宪法地位,但在实际上,它既受人大的监督,又受到行政机关在人、财、物方面的限制,独立行使审判权虽有法律的明确规定,在实践中却难以落实,这一问题也是理论界和实务界致力解决的难点问题。

### 三、对我国横向权力配置的完善

人民代表大会制度在我国已经走过了五十多年的光辉路程,具有广泛性与真实性的特点,是适合中国国情的政权组织体系。但我国的人民代表大会制度在运行过程中也存有不完善的地方,概括地来讲,包括两个方面:首先,在制度外,党政关系还没有完全理顺,因而在某种程度上影响了人民代表大会的决策能力。其次,在制度内:(1)人大职权不到位。在立法方面,由于专门人才的缺乏,人大代表特别是常委会组成人员的兼职化程度太高,会期太短,致使很多法律、法规草案的审议很难深入;在监督方面,由于机制和程序的不健全,法律监督往往流于形式,而工作监督只限于听取政府和两院报告,很难起到真正的监督作用;(2)司法不独立,司法权力相对弱小。主要表现在:人大滥用监督权,进行地方保护,严重影响了司法的权威性、统一性和公正性;行政机关依赖其对司法机关财政费用的控制,以及对其人员编制的决定权,干预法院的独立审判,司法权难以独立行使。

因此,我们在坚持人民代表大会制度的基础上,要进一步理顺党和人民代表大会之间的关系,以提高和加强人民代表大会行使国家权力的能力;进一步完善人大和其他国家机关之间的关系,健全人大的监督机制,在国家机关之间实行合理的职能划分和分工,充分地发挥各职能机关的应有作用,从而使人民代表大会制度的优越性得以进一步的发挥和体现。

## 第三节 纵向权力配置

### 一、中央与地方权限划分的理论根据

公共权力的组织和运行一般有两个途径:其一为公共权力的横向配置,即由不同政府机关行使不同性质的政府权力,不同的政府机关之间相互制约又相互协调,表现为政权组织形式;其二为公共权力的纵向配置,即根据国家的区域划分,将公共权力在中央与地方之间、地方与地方之间进行分配,并由中央政府机关与各地方政府机关相互之间的分工协调,表现为国家结构形式。通常在论述公共权力或者政府权力制约平衡时,人们多将目光置于横向分权之上,认为只要横向分权得以解决,重要的权限划分问题也就清楚了,纵向分权却长期为人们所忽略。其实,横向分权固然重要,纵向分权也不容小视,纵向分权不清会导致纵向权力运行混乱同时危害地方横向分权,导致公共决策效率低下,政府威信丧失,最终必将害及人民福祉。

近代意义上的纵向分权,可以说是源自 18 世纪的美国,杰斐逊反对权力过分集中于联邦政府,主张实行中央与地方层次分权,并通过美国宪法得以界分。联邦和州的纵向分权所形成的两级政府体制,具有防御性功能,因为这会对自由构成"双重保障":每当一个政府危及自由时,公民都可以寻求另一个政府的保护。州与联邦的分权使得二者之间的紧张变得富有建设性,产生了近似于"不把鸡蛋放在同一篮子里"这一常识经验的效果。权力并非越大越好,也并非越不受限制越好,集权专断并非权力的要素,分权制衡对于保障权力是有益的。现代论者们也承认分权的这一原理,斯蒂芬·霍尔姆斯说,分权机制和代议制政府与政府官员完全独占肉体暴力的合法使用权的体制,是完美融合在一起的,"制衡机制的意思是规范政府,而不是使它瘫痪或破坏它的统治的能力"[1]。所有这些分权理论都立足于同一个认识之上,即凡是权力都有扩张和滥用的倾向,所以我们有必要让权力内部形成制约,"以权力对抗权力,以野心对抗野心"[2]。如果我们仅仅是抽象地将政府看做是为人民服务的组织体,分权制衡自无提及的必要,但从现实角度看,我们会了解到:一方面,政府作为一个组织体因其权力来源与责任对象的不同,会产生不同的利益取向,如中央政府更关注全国人民的利益而地方政府更关注地方人民的利益,地方之间经济发展不同平衡以及相互竞争,就会发生地方与全国利益的冲突,若不明晰中央和地方之间关系,必然会导致双方为争夺利益对垒割据,陷入一种不信任的博弈状态,不利于公共决策顺畅执行;另一方面,如果没有中央与地方的分权,由中央一方无限制掌握权力,就难免中央权力因扩张进而导致权利的嚣张和滥用并容易作出任意的政策决定,害及地方乃至全国利益。

## 二、中央与地方权限划分的模式

(一)联邦制

一般说,联邦制是若干个单位联合组成的统一国家。联邦制的概念是由约翰内斯·阿尔特胡修斯(Johannes Althusins)提出的。他熟悉瑞士和荷兰的联邦政体,并使联盟的纽带成为其政治思想的一个基石。他认为,关于联邦制"不存在被接受的联邦制理论,也不存在究竟什么是联邦制的一致的答案"[3]。联邦制是一种区域政治组织形式。它通过其存在和权威各自受到宪法保障的中央政府

---

[1] 〔美〕斯蒂芬·霍尔姆斯:《反自由主义剖析》,曦中、陈兴玛、彭俊军译,中国社会科学出版社 2002 年版,第 287 页。

[2] 〔美〕汉密尔顿等:《联邦党人文集》,程逢如等译,商务印书馆 1982 年版,第 264 页。

[3] Ivo D. Duchacek, *Comparative Federalism: The Territorial Dimension of Politics*, Lanham, Md.: University Press of America, 1987, p.189.

和地方政府的分权而将统一性和地区多样性同等地纳入一个单一的政治体制之中。这种组织形式的特点是,权力至少在两级政府中进行分配,统一性和地区多样性同时存在。具体地说,联邦制是一种立法权由中央立法机构和组成该联邦的各州或各地域单位的立法机构分享的立宪政体。其中,公民因不同目的服从两个不同的法律机构,联邦各组成单位通常设有与联邦一级的行政、司法机构相对应的行政、司法机构,其权力配置由宪法加以规定。

联邦制作为一种基本的国家结构形式,其内部构成是由成员国之间的结构形式来划分。联邦制的明显特点是:第一,国家整体与组成部分之间是一种联盟关系,联邦政府行使国家主权,是对外交往的主体;第二,联邦设有国家最高立法机关和行政机关,行使国家最高权力,领导其联邦成员;第三,实行联邦制的国家都认同于统一的联邦宪法,遵从代表国家利益的统一法律;第四,联邦各成员国有自己的立法和行政机关,有自己的宪法、法律和国籍,管理本国内的财政、税收、文化、教育等公共行政事务;第五,联邦和各成员国的权限划分,由联邦宪法规定。如果联邦宪法与成员国的宪法发生冲突,以联邦宪法和法律为准。

在当今世界近二百个国家中,虽然只有二十多个联邦制国家,可是,它们的人口总数在22亿以上,而且占了世界大约1/2的土地。其中,领土最小的是拉美的圣基茨—尼维斯联邦,共267平方公里,最大的是横跨欧亚的俄罗斯,有一千七百多万平方公里。面积在二百多万平方公里以上的国家中,绝大多数是联邦国家。而在亚洲、欧洲、北美、南美、大洋洲、非洲面积最大的国家中,除了中国以外,俄罗斯、加拿大、巴西、澳大利亚、苏丹无不实行联邦制。亚洲第二大国家——我们的邻邦印度,也是联邦国家。

1. 联邦制下立法权的分配

立法权是对公共事务的决定权力,因此,立法权的分配是整个联邦制分权结构中最重要的部分。联邦制宪法对立法权的分配涉及宪法对立法权的明确划分、双方权力分配更改的可能性,以及联邦对地区性政府立法权的控制等。

在联邦制国家中,宪法对立法权的划分有三种主要的方式:第一种是宪法列举联邦权力,对州的权力作出保留权力的概括规定,如美国、瑞士和澳大利亚,宪法列举的联邦权力较窄,主要限于两个方面:一是为维护共同体的存在所必需的权力,如国防、外交和征税等;二是为维护基本的经济生活统一性所必需的权力,如货币、度量衡、对外贸易和州际贸易等。管理社会事务的基本权力都不在联邦的列举权力之列。在这些国家,立法权与行政权的分配是重合的,联邦与地区性政府各自的行政权及于各自立法权所及的范围。虽然存在着立法权共有的领域,但在这一领域内也仍然是联邦的法律由联邦执行,地区性政府的法律由地区性政府执行,在地区单位内部同时并存着联邦与地区性政府两套行政机构,执行各自的法律与政策。

第二种是宪法将联邦和州的权力分为几个层次,对涉及联邦的权力均加以列举,宪法未涉及的权力归属州,如欧洲的联邦制国家瑞士、德国、奥地利、俄罗斯和亚洲的马来西亚等。俄罗斯宪法列举了联邦的专有权力和联邦与联邦各主体的共有权力,剩余权力属于联邦各主体。在德国,基本法首先列举了联邦的专有立法权;其次,列举了联邦和州的共同立法权——对此范围内的事项,州在联邦未立法的前提下有权立法;再次,列举了联邦制定基准州立法的事项;最后,剩余权力归属州。奥地利宪法则规定了由联邦立法并施行的事项,由联邦立法州执行的事项,由联邦制定基本原则州制定实施立法并执行的事项,剩余权力属于州的独立管辖范围。在这一类国家中,联邦立法权可以涉及民事、刑事、诉讼、经济调控和主要的社会服务,以及一部分政治权利和公共安全的立法,范围较前一类国家宽泛得多。

第三种是宪法对联邦的权力范围和州的权力范围均加以列举,再规定剩余权力的归属,如加拿大、印度和马来西亚等国。加拿大《1867年北美法案》列举了联邦与省的专有(exclusive)立法事务和少量的共同立法事务,剩余权力划归联邦。印度和马来西亚宪法的职权划分表详细列举了联邦与州各自的专有权力以及双方的共同立法权,印度的剩余权力属于联邦,马来西亚的剩余权力则属于州。这类国家的共同特点是宪法的权力配置向联邦显著倾斜。

2. 联邦制下行政权的分配

在联邦制国家,对行政权的分配与对立法权的分配不是完全一致的。具体而言,地区性政府的法律都由地区性政府自身执行,但联邦法律可能由联邦自身执行,也可能由地区性政府执行。

宪法对联邦与地区性政府行政权的划分,总体上有两种模式:第一种模式是联邦的法律由联邦自身执行,地区性政府的法律由地区性政府执行,如美国、加拿大、阿根廷、巴西和澳大利亚等国家采用了第一种模式在这些国家,立法权与行政权的分配是重合的,联邦与地区性政府各自的行政权及于各自立法权所及的范围。虽然存在着立法权共有的领域,但在这一领域内也仍然是联邦的法律由联邦执行,地区性政府的法律由地区性政府执行,在地区单位内部同时并存着联邦与地区性政府两套行政机构,执行各自的法律与政策。

第二种模式是联邦的法律部分由联邦执行,部分由地区性政府执行;地区性政府的法律由地区性政府自身执行,如欧洲的联邦制国家瑞士、德国、奥地利、俄罗斯和亚洲的马来西亚等。在这一类国家中,联邦和州存在着一定的权力复合,联邦的法律一部分由联邦的机构执行,一部分由州的机构执行。但联邦的法律由州的机构执行又有几种不同的情况。如瑞士宪法划分的行政权有三类:第一类是联邦制定法律,联邦执行;第二类是联邦制定法律,各州负责执行;第三类是州制定法律,州执行。在德国,根据《基本法》,联邦的法律由州执行是原则,由联邦直接执行是例外。联邦的行政管辖权主要限于第 87 条规定的情况。此外的联邦法律执行属于州的权限。州对联邦法律的执行又分为两种情况:第一种是依据《基本法》第 83 条作为州的自身职权执行联邦法律;第二种是依据《基本法》第 85 条作为联邦的代理人执行联邦法律(execution by the states as agents of the federation),又称为"委任行政"。在第一种情况下,州以自身的财政支出执行联邦法律,联邦对州执行的监督仅限于合法性监督。在第二种情况下,由联邦承担执行所需的费用,州的行政分支需要接受联邦行政分支的指令,并受联邦的合目的性监督。

3. 联邦制的司法体制

完整的国家权力包括立法权、行政权和司法权,从理论上说,在两级政府之间完整的权力划分应包括司法权的划分,联邦制国家有两套平行的法院系统也是较通行的观点。

在世界上主要的联邦制国家中,司法体制模式基本有两种类型:第一种是,联邦国家有两套平行的司法系统。此类模式以美国、阿根廷为代表。如美国的司法系统一套是由 94 个地区法院、13 个巡回上诉法院和 1 个联邦最高法院组成的联邦法院系统;另一套是由治安法官、市或郡法院、中级上诉法院和州最高法院组成的州法院系统,每个州的法院系统以该州的最高法院为结束点。联邦法院依据宪法受理联邦司法管辖权限之内的案件,州法院受理因州法而发生的案件。对前者的最高上诉法院是联邦最高法院,对后者的最高上诉法院是州最高法院,只有在一个案件中出现"联邦问题"(federal question),即对一个案件的判决理由实质是建立于对联邦宪法或法律的解释时,才可以从州的最高法院上诉到联邦最高法院。

第二种是,在另一些国家,虽然有联邦法院和州法院之分,但两者实际结合成近一元化的司法系统。瑞士、加拿大、俄罗斯等国的司法体系近似于单一化,例如,在澳大利亚,联邦法院系统主要包括澳大利亚高等法院、联邦法院、家庭事务法院和行政上诉法庭。澳大利亚联邦法院是一个仅具有有限初审管辖权的法院,广泛的联邦事务管辖权被授予各级州法院,对任何一级州法院涉及联邦事务的判决都可直接上诉到高等法院。同时,不论案件是否涉及联邦宪法或法律,澳大利亚高等法院是各州最高法院所有类型案件的一般上诉法院。因此,在澳大利亚,州法院既是联邦法院,又是州法院,而高等法院居于它们之上,类似于一个中央上诉法院。另外一些联邦国家如奥地利、印度、马来西亚和委内瑞拉等,则实行完全单一的法院体制。在这些国家,全国的法院都是由联邦的宪法或法律建立的,法官的待遇或任职资格等由联邦的宪法或法律确定,法官也由联邦或上级法院任命。所有的法院既适用联邦法律,也适用州法律。

关于联邦制的司法体制,还需要注意以下三个问题:

第一,在实行平行法院体系的国家,两套法院系统之间的管辖权不是互相排斥的。以美国为例,联邦司法管辖权并不排斥州对同类案件的管辖,除非宪法或国会明确地将某种案件的管辖权排他性地授予联邦。美国《宪法》第3条的司法条款仅建立了联邦最高法院,授予最高法院有限的司法管辖权,并授权国会建立下级联邦法院。这实际授予国会以选择权,是建立下级联邦法院行使联邦司法管辖权,还是依靠州法院行使联邦司法管辖权。事实上,在国会建立下级联邦法院的1789年《司法法》中,仅授予下级联邦法院对"公民多样性"案件的管辖权,直至1875年改革才授予下级联邦法院对于联邦问题的普遍性管辖权。在1875年之后,只要国会法律没有作出明确禁止,对于联邦司法管辖权限内的案件,州法院仍具有管辖权。因此,有学者认为,对于美国司法体制的确切描述是"在几乎所有涉及联邦法律的事件上,诉讼当事人有机会选择一个联邦法院起诉,而大多数与州法律有关的事件,诉讼则开始于州法院"。

第二,在各个联邦体制中,涉及联邦宪法和法律的问题,最后总能上诉到联邦的最高法院或宪法法院。在美国,当一个案件中出现"联邦问题"时,可以从州的最高法院上诉到联邦的最高法院。在阿根廷,联邦最高法院就涉及联邦宪法的案件有受理特别上诉的权力。在其他由州法院适用联邦法律的体制中,也都能使联邦的最高法院作为终审上诉法院来裁判有关的案件。

第三,联邦与州之间发生的争议,都由联邦的最高法院或宪法法院作出裁决。

(二) 单一制

单一制是一种国家结构形式,指由若干不享有独立主权的一般行政区域单位组成统一主权国家的制度,与复合制相对。在当代国家结构中,单一制与联邦制(复合制的一种)是主要形式。世界上大部分国家的结构形式也都采用单一制,如英国、法国、日本、意大利、韩国等都是单一制国家。

单一制国家划分为各个地方行政区划,其划分是国家根据统治需要,按一定原则进行区域划分的结果,国家主权先于各个行政区划存在,地方行政区不是一个政治实体,不具有任何主权特征。国家本身是一个统一的整体,只是为了便于管理,才把领土划分成若干行政区域,并据以建立起地方政权,即各地方行使的权力来源于中央授权,并不是地方固有,地方的自主权或自治权是由国家整体通过宪法授予的,各地方政权一般没有单独退出该国的权利。单一制国家的明显特征是:设立有统一的立法机关和统一的中央政府;全国只有一个宪法;按行政区域划分行政单位和自治单位,各行政单位和自治单位都受中央的统一领导,没有脱离中央而独立的权力。地方行政单位虽然也设有相应的权力机关或立法机关,行政机关和司法机关,但它们的权限有些是宪法授予的,有的是由中央政府直接授予或委托的,地方权力的大小完全取决于宪法的规定或中央的授予。在对外关系中,它是单一的主体。在它的领土上,没有其他任何类似的国家组织存在。

(三)我国中央与地方权限的划分

1. 新中国成立后实行单一制的原因

我国实行单一制的国家结构形式就是由我国的具体历史条件和民族状况决定的,是全国各民族人民的共同愿望。

第一,从历史上看,我国自秦汉以来,一直是统一的中央集权国家。实行单一制是历史发展的潮流。中国自秦王朝实行郡县制以来,两千多年基本上保持了高度的中央集权。封建时期,皇权至高无上,制度层面上几乎没有任何限制,连地方最基层的行政官员——县令都由皇帝直接任命,中央到地方虽有层层政府,但那只是专制形态的权力的层级、等级划分,并不具有任何可以对抗中央的力量,所以根本不存在分权的问题。清王朝解体后,国人对国家结构形式的制度选择进行了努力与尝试,最先进入中国先进分子视野的是以美国为典型的联邦共和制,但孙中山先生建立临时政府后,感到南北要统一,需要建立一个单一制而非联邦制的松散的国家,所以采用内阁制。孙中山并不拘泥于传统单一制中央集权的模式,而提出了均权思想。他认为地方自治是民主政治的基础,而中央保持较高权威有利于国家的统一。此外,他还提出了中央地方分权的标准:凡事务有全国一致之性质者,划归中央,有因地制宜之性质者,划归地方。不偏于中央集权或地方分权。① 而后蒋介石的南京国民政府在《中华民国训政时期约法》以及后来1946年的《中华民国宪法》中都继承了孙中山均权思想,后者更是专章明文列举了中央与地方权限,第111条还规定:"如未有列举事项发生时,其事务有全国一致之性质者属于中央,有全省一致之性质者属于省,有一县之性质者属于县,遇有争议时,由立法院解决之。"

第二,从民族关系看,我国一直是以汉族为主体的各民族和睦相处的国家,实行单一制是历史发展的必然结果。我国从秦汉以来,就形成了统一的中央集权制国家。两千多年来,我国虽然出现过民族压迫和民族分裂的局面,但是,各民族之间的经济联系和文化交流从未中断。国家的统一,各民族的团结,始终是我们国家和民族关系史的主流。近百年来,特别是中国共产党诞生以来,我国各

---

① 孙中山:《孙中山全集》(第9卷),中华书局1982年版,第123页。

族人民在党的领导下,在反对国民党反动派的共同斗争中,结成了血肉不可分离的战斗友谊。因而在全国解放以后,组成统一的多民族国家,是历史发展的必然结果。我国实行单一制的国家结构形式也是由我国民族状况决定的。从我国的民族成分和民族分布状况看,我国是一个多民族的国家,除汉族外,还有55个少数民族。我国各民族呈现"大杂居"(全国70%以上的县都有少数民族居住)、"小聚居"(少数民族聚居区也大多有大量的汉族居住)的分布状况,促使我国各民族在政治、经济和文化的发展方面,建立了密不可分的联系。这就为我国各族人民结成统一的祖国大家庭提供了客观条件。

2. 当下中央与地方权限的具体划分

从现有的法律制度看,我国当下中央与地方权限的具体划分体现在宪法中。我国最基本的政治制度——人民代表大会制度中已经涵盖了中央与地方分权的基础。首先,《宪法》第2条第1、2款规定:中华人民共和国的一切权力属于人民。人民行使国家权力的机关是全国人民代表大会和地方各级人民代表大会。第57条规定:中华人民共和国全国人民代表大会是最高的国家权力机关。第96条第1款规定:地方各级人民代表大会是地方国家权力机关。由此可知,中央地方分权,地方权力有其合法载体——地方人民代表大会。

其次,《宪法》第3条第1、2款规定:中华人民共和国的国家机构实行民主集中制的原则。全国人民代表大会和地方各级人民代表大会都由民主选举产生,对人民负责,受人民监督。第59条规定:全国人民代表大会由省、自治区、直辖市、特别行政区和军队选出的代表组成。第77条规定:全国人民代表大会代表受原选举单位的监督。原选举单位有权依照法律规定的程序罢免本单位选出的代表。第97条第1款规定:省、直辖市、设区的市的人民代表大会代表由下一级的人民代表大会选举;县、不设区的市、市辖区、乡、民族乡、镇的人民代表大会代表由选民直接选举。由此可知,我国的国家权力源于人民,而权力的传递是一种由地方至中央逐层上传的方式。地方人民代表大会有其获得权力的民主基础,通过宪法界分中央地方权力,地方截取部分只涉及地方事务的权力有其合法的基础。

最后,《宪法》第101条第1款规定:地方各级人民代表大会代表分别选举并有权罢免本级人民政府的正副行政首长,本级人民法院院长。《宪法》第104条规定:县级以上地方各级人民代表大会常委会有权决定本行政区域内各方面工作的重大事务,监督本级行政、司法机关工作;撤销本级行政机关的不适当决定和命令。《宪法》第111条规定:地方各级行政机关对本级人民代表大会和上级国家行政机关负责并报告工作。由上可知,地方各级人民代表大会目前已经部分担负起本级政府中心的职能,并且事实上成为部分地方自主权力的来源,省级人大及常委会如制定与宪法法律行政法规不相抵触的地方性法规等就事实上拥有了授权地方行政机关、司法机关权力的能力。

综上所述,中央地方分权是与人民代表大会制度以及民主集中制相契合的,我国可以立足于现有的基本政治制度,建立起适合国情的、以各级人民代表大会为核心的中央统一领导、地方灵活自治的层次分权模式。

### 三、对我国纵向权力配置的完善

新中国成立后到1980年之前,我国经历了新民主主义到社会主义的过渡,而后长期处于计划经济状态,这一时期政治经济高度计划,中央集权,大小事务统一调配,处于中间层次,连接中央与广大人民的各级人民地方政府基本上是在中央授权下行事,没有什么自治权,可以称之为中央政府的代理人。改革开放后,1982年《宪法》出台,《宪法》第3条对中央与地方关系做了原则性规定:"中央和地方的国家机构的职权划分,在中央的统一领导下,充分发挥地方的主动性、积极性原则。"第4条规定:"个少数民族聚居的地方实行区域自治,设立自治机关,行使自治权。"第31条规定:"国家在必要时得设立特别行政区,在特别行政区内实行的制度按照具体情况由全国人民代表大会以法律规定。"除此三条之外,再无其他较为具体的涉及中央地方权限划分的条文了,而在权力运行实践中,中央与地方几乎没有权限划分,权力全部源自中央,授什么权,授多少权,什么时候将权力收回,全部由中央决定,没有什么制度上的规制。20世纪80年代后,中央为增强各地经济活力,开始对地方放权,省政府表现出较大的自主权,且各个省级行政单位政府的自主权还大小不一,但是只要中央临时决定变更权力分配方式,中央意志立刻就会占上风,这点上由死刑复核权的数次变化可见一斑。另外,时常可以见到中央"叫停"地方某项目过热之类的,也是中央与地方权限混乱的一个表征。这种完全源于中央的权力分配模式引发了诸多弊病,如统一政策导致地方经济活力受抑制,中央权威受损。再如,中央过度集权不利于人民参政、议政,不利于民主进程的推进,因为权力集中于中央,由中央统一决策,对地方人民的各种意见、需求,政府的"反射弧"就难免太长,以至于显得过于迟钝,这会打击人民参政议政的积极性,丧失政治热情,那么民主进程受阻自不必提。当然,中国如此高度的中央集权,有中央现实的考量。20世纪80年代后,中央加大对地方授权力度的过程中,地方滥用权力的问题非常突出,也就如人们所说"一放就乱"的情况,因此,中央对"放权"慎之又慎。其实,地方政府滥用权力的根源不在于地方不会用权,而在于"中央的放权而非分权",由于权力属于中央,政治责任也由中央承担,地方政府只需对中央负责,这种自上而下的监督的效用的低下,中国整个古代史都可以为之作证,权力监督应该是立体的,是多方位的,尤其需要来自于基础的监督,因而有必要在国家权力内部进行分割,形成横向、纵向的制衡,同时通过民主机制启动社会的外部制约。如果中央与地方分权,权力来源于地方人民,由地方人大掌握,授权地方行政机构行使,再由地方司法机关进行事后监督,就可以充分调动各方力量,降低行政权滥用的风险,因而,中央地方分权,才是治本之道。

随着国家改革开放,建设社会主义法治成为治国目标,中央与地方不再是行政"一条鞭式"的领导方式,下级地方不能事事依赖上级中央政府的指示,而必须有弹性与活力,来执行法律以及发展建设。如将这种地方活力的制度投射到国家的政治结构,不可避免地会牵涉到法律的作用,中央与地方的关系也必然牵涉到法律的关系,这是中国迈入现代化政府、现代化国家与现代化管理的必经之路。所以,对我国中央与地方权力配置的完善,中央与地方关系的界分本宜由宪法来进行,而且规制权力运行本身也是宪政的内在要求。对此,笔者有如下建议:

首先,宪法应该对中央与地方权限有个明确的划分模式。宪法应当列明中央与地方的权限划分事项。地方分权涉及主要在立法权限的划分,且必须在宪法中规定出来。这就必须精密地对双方的立法事项予以划分,外国已经对这些问题进行了很久的讨论,累积了很多立法例及经验,都可以提供参考。中国近年来,中央在法律执行方面也面临许多涉及中央与地方权限的界分疑难问题,应当也有了若干宝贵的经验,都可以为日后决定哪些事项当由中央掌握提供借鉴(例如,有全国一致性必要者,还有其他法律,例如立法法,已经明白列为重要法律的事项,自然为中央专属立法)以及哪些可以放给地方自行处理。

其次,中国中央与地方分权的实质是全国人民代表大会和地方各级人民代表大会的权限划分,与此同时必须理清、完善地方政府机构内部的分权协调,避免权力在低层政府的滥用。对此,以下几方面的问题要解决:

(1)落实地方人民代表大会在地方政府机构中的中心地位,首先,要确保地方人大的财权,地方经济预算以及税收政策的调整变动都必须纳入地方人大权限之内,要保证地方人民代表大会及其常委会对地方财政的绝对控制;其次,要增强地方人民代表大会的人权,地方行政机关的主要官员都必须由地方人大产生,并保有可操作的弹劾、质询、罢免权力;再有,要增强地方代表大会的事权。关于地方重大经济、社会计划,涉及公共利益的征收征用,限制公民基本人权的议案等要有地方人大及其常委会专门立项、审核、授权;最后,要加快人民代表专职化进程,使地方人大及其常委会在中央地方分权后可以承当起地方权利核心的重责。

(2)要增强立法机关的独立性,尤其要完善法官选任制度和错案责任制,增强司法对立法和行政的审查权。如行政诉讼不应该仅仅局限于具体行政行为,要使抽象行政行为违法也可以通过法院得到救济;对于权力机关立法违背上位法的,也可以由司法机关进行审查。

(3)要明确地方行政机关的地位,理顺其与同级地方人大以及上级行政机关的关系。在处理地方政府自治范围内的事务时,地方行政机关为地方人大的执行机关,对地方人大负责;在执行上级行政机关委任的事务时,为上级的下属机构,对上级行政机关负责,并要由委任事务的上级政府独立财政预算和支出。

最后,建立地方级与中央级的违宪审查制度。实施法治国最重要的便是要贯彻法律的规范意旨。因此,要确保宪法保留及宪法授权的制度,以及其他法律保留原则的实践,都需要独立的审查机制。因此,便有必要建立违宪审查制度。中国目前实施的违宪审查是标准的立法审查,将审查法律是否合宪的责任交由人大职掌。由于全国人大的任务甚多,且既然全国人大主要的任务之一为立法,考虑的为多方面的政治判断,与法律违宪审查的案件产生途径,绝大多数将由司法诉讼,例如法律侵犯人权,因此违宪审查能改为司法审查较为适合。中央阶层的违宪审查能改由最高人民法院负责,便是一个很好的构想。至于地方阶层也会发生地方法律间的冲突,以及与中央法律的抵触问题,便可交由省级最高人民法院进行审议。必要时,再提请中央人民最高人民法院复审。地方与中央都建立法律违宪审查,是为违宪审查的"双轨制",以及地方自治的实施,都有助于地方建立一大批由法律专家构成的干部队伍。

除了民国时期,从古至今,我国的权力都是由中央统一控制划分,地方权力只能说是中央的授权,不存在分权的实践。中央与地方分权有利于建设民主、高效的中国特色社会主义,对于新的制度构建,我们只能大刀阔斧地进行改革,就如社会主义市场经济制度建立过程,在改革实践中不断探索、完善,在完善人民代表大会制度及司法制度的权力下,明确中央与地方权力的划分。

# 第九章
## 正当法律程序

### 第一节 西方法律的程序化

根据韦伯的观点,西方的法律在近代出现了转型,其趋势就是日益形式理性化。根据安东尼·克隆曼的概括,在韦伯的法律社会学中所使用的"理性"大概包括四个含义:由法规支配;体系化的;基于逻辑分析意义的;由人的理智所控制的。① 符合以上任意一个含义标准都可以称为"理性法"。法律中的"形式性"是指一种法律制度是否使用内在于这种法律制度之中的决策标准,这决定了法律体系的自治程度。形式理性化的法律代表着法律的演进方向,包括以上全部四个方面理性含义,在韦伯心目中,形式理性法的独特特性只有近代资本主义法律才具备,而最典型的形式理性法就是受罗马法影响的《法国民法典》和《德国民法典》。②

作为这种形式理性化的最为明显的特征,就是在法律技术上越来越突出强调法律程序的重要性,而法律程序也越来越专业化,越来越精巧繁复。与这一制度事实相联系的是,法律程序越来越具有所谓的"独立的价值",也就是说,法律程序越来越成为一个自我指涉的实体,其正当化的源泉越来越指向法律程序本身。

**一、西方法律的形式理性化及其与其他社会因素的关系**

近代西方法律的形式理性化是由多种原因所促成的,或者以韦伯的话来说,这些因素之间具有"有选择的亲和性"。这些因素不仅包括马克思所关注的经

---

① 参见苏国勋:《理性化及其限制——韦伯思想引论》,上海人民出版社1988年版,第222页。
② 参见〔德〕韦伯:《经济与社会》(下卷),林荣远译,商务印书馆1998年版,第201—203页。

#### 公法原理

济因素,还包括宗教、政治以及法律自身的因素,而这些因素又以一种复杂的形态纠葛在一起,共同促成了现代社会作为一种相对于传统社会的崭新的社会形态的出现。

(一) 资本主义理性经济与形式理性化的法律

马克思认为,法律属于上层建筑的组成部分,随着经济基础的变革,上层建筑随之变革,因此,资产主义法律的出现是由于资本主义经济形态的出现所带来的。韦伯则认为,"缺乏经济需求不是对过去没有某些法律制度的唯一解释。像工业上的技术方法一样,法律给予保障的,法律技术的合理方法在为现有的经济利益服务之前,必须已经被'发明'出来。……经济情况不能自动地产生新的法律形式,它们仅仅为已经产生的法律技术之实际推广提供了机会"①。这种"机会"是如何提供的呢? 韦伯认为,现代资本主义是一种特殊的经济形态,其独特性主要在于资本主义的社会行动都遵循特定的思维方式来获得利润,这种思维方式被韦伯概括为"可计算性",指的是资本主义经济中的社会行动者特别重视对于长期经济行为中的成本的投入和利润的回报的精细计算。这是由于现代资本主义的经济是大规模的、远距离、长时间的经济,投资需要集中大量资金,生产和销售常常是跨地域的,利润回收周期则又常常达到数年。在经济行为的时间和空间均不断扩大的情况下,投资的风险也就越来越大,因此,为了保证利润的成功回收,必须尽可能地对风险进行预测并提出相应的应对办法。这样就为法律的形式理性化提供了机会:"现代资本主义企业主要依靠计算,其前提是要有一套以理性上可以预测的方式运作的法律和行政管理系统,人们至少在原则上可以根据其确定的一般规范来进行预测"②,"近代的理性资本主义不仅需要生产的技术手段,而且需要一个可靠的法律制度和按照形式的规章办事的行政机关。……这种法律从何而来? 如在其他情况下一样,资本主义利益毫无疑问也曾反过来有助于一个在理性的法律方面受过专门训练的司法阶层在法律和行政机关中取得统治地位铺平道路。"③

(二) 理性化的宗教与形式理性化的法律

在韦伯看来,西方基督教的教会法与其他世界神法制度相比,要更为理性化和形式化,而且基督教教会法的这种独特性推动了西方世俗法的形式化。这主

---

① 〔德〕韦伯:《论经济与社会中的法律》,张乃根译,中国大百科全书出版社1998年版,第131—132页。

② Max Weber, *Economy and Society*: *An Outline of Interpretive Sociology*, edited by Guenther Roth & Claus Wittich, University of California Press, 1978, vol.2, p.1394. 转引自郑戈:《韦伯论西方法律的独特性》,载《韦伯:法律与价值》(《思想与社会》第1辑),上海人民出版社2001年版,第84页。

③ 〔德〕韦伯:《新教伦理与资本主义》,于晓等译,生活·读书·新知三联书店1987年版,第14页。

要表现在以下几个方面:(1) 在基督教会与世俗政权打交道时,它求助于斯多葛学派的"自然法"概念,从而发展出一套正义规范,这种规范具备形式理性的特点;(2) 在中世纪初期,西方的教会从日耳曼法的最为形式化的成分里吸取了模式,以创立第一个系统的法律制度,即忏悔录;(3) 中世纪西方的大学将神学与世俗法、教会法的教学分开,以便防止神学的混合结构影响到世俗法和教会法中通过古代哲学和法理学研究发展起来的严格的逻辑与专业性法律技术;(4) 教会法学家的集体活动所关心的不是应答和先例这种个案化的东西,而是教会的具有普遍意义的决议和敕令,教会法学家对决议和敕令的研究有助于发展出一套规则性的教会法技术;(5) 由于教会的神职人员是合理限定的官僚机构的官员,严格的理性等级组织和严格形式的法律技术使教会能够发布一般性的命令,这种命令具有理性立法的意义;(6) 由于《圣经·新约》对末世论的撤回,基督教教义只剩下了最低限度的规范,因此,教会法在罗马法中发现的形式化的立法技术就能为基督教提供理性的制定法;(7) 教会法程序产生了一种合理的、不同于世俗法的对抗制程序法的纠问式程序制度,这样的程序制度不会让诉讼中的自由裁量来决定事实真相。这使诉讼程序置于法官的控制之下,并创设了一种举证制度,使得事实真相的认定有多种可能性。① 因此,基督教的教会法就是近代西方形式化法律体系的雏形。

(三) 理性化的政治与形式理性化的法律

韦伯一般是从国家的领导权或该领导权的影响力来阐述政治的。韦伯是从经验意义上来定义国家的:"国家是这样一个人类团体,它在一定疆域之内(成功地)宣布了对正当使用暴力的垄断权。"② 关于国家的统治类型,从统治者与被统治者的关系以及统治者的权威来源上来看,可以分为三种"理想类型":传统型、卡里斯玛型与法理型。传统型统治的权威来源于传统,即通过遥远的祖先的承认和人们的习惯遵从而被神圣化了的习俗权威,如世袭君主制;卡里斯玛型统治的权威来源于领袖个人的超凡魅力,因其不断创造奇迹而被民众所崇敬和追随,如毛泽东统治下的中国;法理型统治的权威来源于以形式理性建立的法律规则,只要是合乎法规的职责履行,都可望得到服从,如现代官僚制统治。③ 在这三种统治类型中,只有法理型统治不依赖于个人的身份,进行非人格化的统治,这种统治类型是与形式理性化的法律结合在一起的。这表现在以下几个方

---

① 参见〔德〕韦伯:《论经济与社会中的法律》,张乃根译,中国大百科全书出版社1998年版,第241—244页。
② 参见〔德〕韦伯:《学术与政治》,冯克利译,生活·读书·新知三联书店1998年版,第55页。
③ 同上书,第56—57页。

面:(1)适用于某一特定社会群体的法律体系或是经由全体社会成员的一致同意而产生的,或是由一个为社会成员所认可的权威机构发布的,这套理性的法律体系会得到全体社会成员的遵从。(2)任何法律都具有抽象的、一般化的特征,并不指涉具体的个人或群体。社会管理围绕着法律的制定、维护和执行而展开。立法机构负责制定适用于整个社会群体的一般性规范,为社会成员的行为和社会关系的建构提供一种基本的导向;司法机构负责在具体案件中纠正偏离法律秩序的行为,从而使基于法律的社会秩序得以保持稳定;行政机关则按照一套既定的行政法规则实施对社会的日常管理。(3)法律为一个高度分化的社会系统,独立于政治、宗教和其他社会领域。法律职业者受过专门的职业训练,组成自治的职业共同体;法律知识高度抽象化和概括化,成为一种只有专家才能掌握的专门知识;法律实践必须由专家来进行,非专业人士受到资格条件和知识本身的双重限制,无法涉足法律实践活动。(4)不仅法律实践活动具有上述特点,整个社会的日常管理都进入一种技术化、非人格化的状态。管理人员都由受过行政法训练和行政管理训练的人员充当,严格按照规则办事,不受社会关系、个人心理因素等的影响。[①]

韦伯认为西方法律的形式理性化与其他社会领域的理性化并不是并行的,也不是相互决定的,只是相互提供了一种促动的可能性,韦伯以法律形式化与经济理性化之间的关系指出,"譬如,假如我们将私法的理性化看成是对法律内容的逻辑简化和重新安排,那么这种理性化在古代后期的罗马法中已经达到了迄今已知的最高程度。但是这种私法的理性化在一些经济理性化达到相当高程度的国家中却仍然十分落后。在英国,这种情况尤其明显,在那里,罗马法的复兴被法律社团的强大力量所征服。与此相反,在南欧的天主教国家中,罗马法的复兴一直保持着至高无上的地位"[②]。当然,在这里,韦伯认为英国虽然在经济上最早发展出高度发达的资本主义,却没有出现形式理性化的法律。笔者认为,这只是韦伯坚守着大陆法系传统的"逻辑理性"所致,而实际上英国普通法是通过所谓的经验理性来进行形式理性化的。

## 二、英国普通法的形式理性化

一般认为,英国普通法发端于1066年的诺曼征服,来自法国的征服者威廉建立了统一的封建集权国家。在此之前,英国存在着地方司法机构和领主司法

---

[①] 参见郑戈:《韦伯论西方法律的独特性》,载《韦伯:法律与价值》(《思想与社会》第1辑),上海人民出版社2001年版,第70—71页。
[②] 〔德〕韦伯:《新教伦理与资本主义》,于晓等译,生活·读书·新知三联书店1987年版,第56页。

机构,适用的是各地的习惯法。诺曼征服之后,王室法庭通过与地方和领主司法机构的竞争,逐渐成为全英格兰的统一的一审法庭。最初王室法庭以"巡回法庭"的形式到各地处理案件,到1180年,巡回法庭被永久性地设置在威斯敏斯特,即后来的"普通诉讼法院",处理普通民事与刑事案件;在13世纪初期,英国又设立了"王座法院",以处理重罪案件和涉及王室成员的案件。到中世纪末期,王室法庭几乎独揽了英格兰所有的审判事务,王室法庭是通过所谓的"令状"制度和陪审团制度来扩大其司法管辖权的。根据卡内冈教授的研究,在12世纪初期以前,令状只是国王、教皇或者其他统治者便利处理日常事务的一种文书工具,从内容和用语上都是命令式的口吻。但从亨利二世起,这些令状不再直接命令臣民如何做,而是要求他们到王室法庭解决争讼,由法官而不是国王决定双方的权利义务的分配。从此,令状由直接分配权利义务的"命令书"演变成了启动诉讼的司法文书,这种令状成为在王室法庭开始诉讼的一个必备条件。而陪审团制度起初是法国加洛林王室一种调查地方情况的制度和方法:由国王派出去的钦差召集地方上的民众,要求他们宣誓后回答钦差的问题,这些问题大体都是关于国王在地方上的利益、地方官员尽职情况、社会治安等。这一制度在一开始的时候只是行政咨询、调查而不具有司法审判的性质。后来诺曼人将这一统治管理技术带到了英格兰,并逐步运用于巡回审判中。1166年,亨利二世在《克拉伦敦法》中规定采用这一体制或方法对犯罪提出控诉,但这种所谓的控诉也不过是就其所知或所疑向法官陈述,仍未脱离咨询机构的性质。后来的《温莎法》和《北安普顿法》又将这一制度引入地产权利诉讼和占有之诉中,诉讼双方的12个邻人所组成的陪审团来提供关于某土地先前占有或其他情况的信息。随后,陪审团开始脱离邻里关系,对案件信息一无所知,但被要求凭借其经验判断当事人提供的情况是否属实,这就使陪审团从咨询机构演变成了审查事实问题的专门机构。①

卡内冈认为,王室法庭为英国普通法的产生提供了基础和前提,王室法构成了英国普通法的雏形,而令状制度和陪审团制度则是普通法制度的基石。② 而韦伯认为,英国普通法中的令状制度作为一种法律程序具有很高的形式理性,而陪审团制度则具有相当强的巫术色彩,而且英国普通法诸多法律技术因为缺乏

---

① 参见[比]卡内冈:《英国普通法的产生》,李红海译,中国政法大学出版社2003年版,第6—13页。

② 伯尔曼也有类似见解,认为英格兰王室法就是普通法的前身,而亨利二世对于令状制度和陪审团制度的法律改革对于英国普通法的形成具有关键性的意义。参见[美]伯尔曼:《法律与革命》,贺卫方等译,中国大百科出版社1993年版,第538页。

系统化的逻辑升华过程,残留了大量的巫术因素,是非理性的。① 卡内冈总结韦伯的观点认为:"在韦伯的理论中,普通法具有两副面孔:对中上阶层采用形式理性的法律,而对日常生活中下层的小型案件,则采取非形式理性的法律。"②

但是,经过近代的演变,英国普通法已经成为一套相当成熟的法律体系,并非像韦伯所说的那样,仍然保留了大量中世纪的巫术因素。韦伯是站在大陆法的立场上来考察英国法的,认为只有经过逻辑整合之后法律才能达到形式理性的高度。实际上,英国普通法通过与大陆法所遵循的"逻辑理性"截然不同的"经验理性",同样完成了法律的形式理性化。第一,在王室巡回法庭到处进行案件审理时,这些来自法国的法官并不熟悉英格兰的方法,他们是在不知道法的情况下来解决争端的,因此每到一个地方都要临时熟悉该地的习惯法,法官通过巡回审判了解了各地的习惯法,然后进行甄别、整理和加工,形成判决和规则,并在以后的类似案件中加以适用,这就形成了所谓的判例法。③ 但在近代以前,英国的判例法相当粗糙,在找寻先例上没有确定的法律技术来支撑,带有较大的随意性,严格"遵循先例"原则在 19 世纪才得到确立。④ 19 世纪以来,这种法律类推发展出一整套的技术。在普通法上的法律类推中,先例意味着特定的事实,而先例中的判决理由则将特定事实与法律原则联系起来,类推的关键在于将具体案件与先例中的特定事实进行类推联系。而且,判例编辑技术也日益成熟,至 1854 年,英国国会通过法律,规定了引用判例的专门规则:国会上议院的判决有拘束力,法院受自己制作的判例拘束,同级法院之间的判例有参考作用。⑤ 判例法在 19 世纪发展出系统的法律技术。第二,当令状由行政性转向司法性之后,形成了一整套程序化的制度体系。从司法令状的形成直至近代,不同的诉讼请求有不同的令状,而每种令状都具有各自的格式和相应的诉讼程序,而每种诉讼程序都包括传唤、答辩、审理、判决、执行等具体方法和步骤。这些诉讼程序由于过于庞杂而繁琐,经常导致当事人因选择令状的错误而被法院驳回诉讼请求,无论当事人的诉讼理由多么充分。经过长期的实践,这些诉讼形式在 1852 年被废除,程序被简化,程序经验被整合成普通法上的"程序先于权利"的原则,即任何一项权利不经过程序的确认即不能形成。⑥ 第三,在陪审团制度产生之前,英国

---

① 参见 Weber, *Political Writings*, edited by Peter Lassman and Ronald Speirs, p. 148,中国政法大学出版社 2003 年影印版。
② 参见 R. C. Van Caenegem, "Max Weber: Historian and Sociologist", in *Legal History: A European Perspective*, London: Hambledon, 1991, p. 212。
③ 参见〔比〕卡内冈:《英国普通法的产生》,李红海译,中国政法大学出版社 2003 年版,第 4 页。
④ 参见何勤华:《英国法律发达史》,法律出版社 1999 年版,"序言"部分。
⑤ 转引自章剑生:《行政程序法比较研究》,中国政法大学出版社 1994 年版,第 41 页。
⑥ 参见〔法〕达维:《英国法与法国法》,潘华仿等译,清华大学出版社 2002 年版,第 69 页。

习惯法上对事实的认定采取决斗、神明裁判或宣誓等非理性的方式;在陪审团制度产生初期,陪审团是由当事人的邻居所组成,这是熟人社会带有强烈人身属性的制度安排,由于陪审团成员与当事人之间互相熟悉,在其提供事实或者确认事实时无疑会受到其与当事人的邻里关系的影响,带有倾向性。但到近代以来,陪审团的成员逐渐由对案件一无所知的陌生人所组成,而且陪审团的人员由不懂法律的人员组成,只须具备初等文化程度即可;陪审团的成员在聆听控辩双方的唇枪舌剑时,不许记录,不许询问,只能诉诸他们最直接的感知,这些人的经验免于先入为主的法律之影响,是最直接的经验,是最可靠的经验。陪审团制度的这种演变就是一种基于经验理性的形式理性化的过程。第四,在近代以前,英国法上很少形成法典,但是从19世纪开始,英国的制定法开始日益增多,而且其地位也日益重要,尤其是在19世纪下半叶开始,出现了福利国家的概念,国家对社会的干预日益多样化。在社会法领域,制定法不能像过去那样仅仅作为法律的勘误和补遗,而要逐渐开始扮演建立新型社会关系、对公民和公职人员提供简要指导的角色,因此在社会法领域制定法将越来越重要,立法者需要表现其关于制定法的"逻辑理性",才能完成这一不同于过去普通法仅仅解决争端的新的历史任务。① 这种社会立法推动了英国普通法的形式理性化,使英国普通法中的"逻辑理性"成分越来越浓重。

### 三、大陆法的形式理性化

根据韦伯的论述,大陆法律与程序的演变大致经过如下几个阶段:"首先是通过'法律先知'阐述的神授法;然后是由法律荣誉者依据经验创设或发现的法律,即通过决疑论的法理学和遵循先例而形成的法律;第三是宗教权力设置的法律;第四,也是最后,是由受过法律训练的职业法律工作者从事的司法活动和系统阐述的法律。从这一点看,法律的形式性是这样出现的:在原始的法律程序中,带有神学色彩的形式主义和阐述的非理性条件相结合,然后,逐渐地形成特殊的法律与形式逻辑上的合理性和系统性。在经过了宗教和世袭君主的历史阶段之后,最后,从外部观察,逐渐在逻辑上提炼和推演,在法律程序中形成了合理的技术。"② 韦伯追寻了西方大陆法律的演变史,历史上的西方大陆法律存在几种法律形态:神授法、判例法、教会法和形式理性法,最终在法律程序上达到了高度的形式理性化。神授法存在于古代,以神的启示来解决争端和裁断生死;判例法则是罗马帝国时代的习惯法,也就是古代的罗马法;教会法则是在西方基督教

---

① 参见〔法〕达维:《英国法与法国法》,潘华仿等译,清华大学出版社2002年版,第34—35页。
② 见〔德〕韦伯:《论经济与社会中的法律》,张乃根译,中国大百科全书出版社1998年版,第306页。

会世俗化之后出现的西方近代法律体系的一个雏形;形式理性法则标志着近代西方大陆的系统化的法律。

　　大陆法最早可追溯至公元 6 世纪查士丁尼皇帝统治时期所编纂的罗马法,其成果就是著名的《国法大全》。《国法大全》将罗马帝国时代所实行的庞杂而含混的习惯法和判例法按照某种系统整合到了一起。在罗马帝国衰亡之后,欧洲被日耳曼人所控制,入侵者带来了他们的日耳曼习惯法,虽然《国法大全》被弃而不用,但由于日耳曼法实行只适用于日耳曼人的属人原则,罗马法在许多地方习惯法中得以被零碎地保留,因此日耳曼法部分与罗马法发生了融合。[1] 但是,真正对近代大陆法产生决定性影响的是中世纪欧洲大学中的法学家对《国法大全》的注释,在 12 和 13 世纪的注释法学家阐释了其中所用词句的含义和法律规则的范围,其后的 14 和 15 世纪的评注法学家则企图通过对《民法大全》中所确立的规则的诠释来发现和提出一般的法律原则,将其中所涉及的具体的法律规则以更为系统化的方式加以汇集和整理,以适合当时的需要,这经常需要杜撰和曲解,因此所谓"罗马法的复兴"很大程度上是一个托古改制的幌子。[2] 在这一段时期内,意大利的波伦亚城和其他意大利北部的大学成为了西方大陆的法学中心,来自欧洲各地的人们在这里学习《国法大全》和注释法学派的法学著作,拉丁文是学习中所使用的共同语言。这就形成了所谓的"共同法",共同法有着共同的法律体系和法律思想,有着共同的法律语言,还有着共同的法律教育和著述的方式。注释法学家的对罗马法的热衷,是通过对罗马法的重新注释来重新整合罗马法,以形成一个更加系统化和逻辑理性化的法律体系,从而"揭示何谓法律即正义要求一个正直的人所应做的,它们希望各个国家的法院都接受其指导,在其教诲的敦促下抛弃那些不适合于现代社会的古老习惯"[3]。正是由于这种观念的影响,欧洲大陆的许多国家的法官都由大学法律毕业生来担任,法国的这种法官改革在 13 世纪就完成了,其他国家的法官改革在 16 世纪也都基本完成。而这种法学教育和法律共同体的形成,在韦伯看来,在很大程度上促进了大陆法的形式理性化:"法学教育是在专门的学校里进行的,在那里,教学的重点是法律理论和法律'科学',也就是说,那要对法律现象进行理性的和系统的分析。"[4]教学方式是理论传授和逻辑分析,教学的主要内容是抽象化、系统化

---

[1] 参见〔美〕梅利曼:《大陆法系》,李浩译,法律出版社 2004 年版,第 6—8 页。
[2] 参见〔法〕达维:《英国法与法国法》,潘华仿等译,清华大学出版社 2002 年版,第 6—7 页。
[3] 同上书,第 7 页。
[4] Max Weber: *Economy and Society: An Outline of Interpretive Sociology*, edited by Guenther Roth & Claus Wittich, University of California Press, 1978, vol. 2, pp. 784—785。转引自郑戈:《韦伯论西方法律的独特性》,载《韦伯:法律与价值》(《思想与社会》第 1 辑),上海人民出版社 2001 年版,第 84 页。

后形成的学术知识,法学教授同时兼具教师和学者两种身份,他们传授给学生的不是实践经验,而是自己对法律现象进行理性分析和系统整理后形成的学术知识,而大陆法官和律师则主要由在大学学习法学的毕业生来担任,这就在很大程度上促成了大陆法的理性化。

在同一时期,就像市民法院将罗马法适用于普通民众一样,天主教的教会法院将教会法适用于普通教众,其理性化的过程在前面已经有过叙述。15 世纪以来,随着神圣罗马帝国的解体,近代民族国家兴起,共同法也随之解体,而教会法则逐步遭到废除,但是共同法和教会法的内在结构和法律原则被西欧大陆国家所继受,在有些国家,罗马私法和注释法学派的著作被正式确定为有约束力的国家法。① 以韦伯眼中的象征着最高形式理性化的 1804 年《拿破仑法典》为例,这部民法典的主要内容与查士丁尼《法学阶梯》的前三篇以及中世纪欧洲共同法的主要内容大体一致,基本概念实质上都来自于罗马法和中世纪欧洲共同法,法典体系和结构也如出一辙。实际上,大陆法的形式理性化在中世纪已经达到一个相当的高度,但仍然受到了实质法的影响,只是到了近代,随着实质法的衰落,大陆法彻底摆脱了实质法的背影之后,才最终完成了其高度的形式理性化。

### 四、西方法律的形式理性化——实质法的衰落与程序法的凸现

从最初的形式理性法——教会法形成以来,近代法律的实质法的逐步衰落而程序法的逐步凸现,这个过程反映在自然法与实定法之间的关系的演变上。

在西方法律历史中作为实质法而存在的自然法是指人类所共有的权利或正义的体系,它是"自然正确"(natural right)②在国家和法的领域中的体现,但实质法却在历史的长河中逐渐走向衰落。自然法理论肇始于斯多葛学派,在古罗马时代由西塞罗和其他一些法学家加以继承和发扬,最终在基督教会经院哲学家和教会法学家那里被发展成一套关于正义的规范化公理体系,本书称这种意义上的自然法为"古典自然法"。在古典自然法的图景下,自然即是上帝所创造的世界的永恒和谐,人只是朝着这种永恒和谐不断完善的自然的一部分;但是,随着近代自然科学的兴起,自然对象化为人所认识与改造的世界,而人则从自然中独立出来,为自然立法,这种意义上的自然法是理性化了的自然法,本书称之为"世俗自然法"。从古典自然法到世俗自然法,其预设被置换,即由目的论的人

---

① 参见〔美〕梅利曼:《大陆法系》,李浩译,法律出版社 2004 年版,第 8—13 页。
② 这个词现在被译为"自然权利",这种内涵上的变迁,从"自然正确"演变为"自然权利",再从"自然权利"到"法定权利",同样表明了法的形式理性化进程。施特劳斯的《自然权利与历史》极为深刻的阐述了这一点,当然,他所追求的在于反思西方整个传统。参见〔美〕施特劳斯:《自然权利与历史》,彭刚译,生活·读书·新知三联书店 2003 年版。

性置换为因果论的人性,这种人性观是以人自身作为起点与目的指向的终点的。正如特洛尔奇所说:"具有共同人性的自然人性取代了参与上帝的共同体的团契使命感的宗教动机,对普遍的善的感召式呼吁取代了克服罪性的斗争,以博爱为基础的人类一体的希望取代了虔敬与悖逆、被拣选与受诅咒者的区分。人本观念成为一个自然性的观念,它是具有人所共有的善之真理和本能的个体与生俱有的;换言之,人本成为人之自然系统的所有力量和冲动的自然禀性的另一表达式,成为人从这种自然系统来营造其现实社会的自足基设。"① 世俗自然法的典型形态就是 17 和 18 世纪的"社会契约论",代表人物就是英国的霍布斯与洛克及法国的卢梭和德国的康德,尽管他们在各自的理论上对自然法存在着这样那样的差异,但是,他们眼中的自然法都诉诸这种意义的人性观。

世俗自然法作为一种实质理性法,为近代西方法律的形式理性化提供了一种发生学意义上的动力因素。与实定法相对而言,世俗自然法具有三种功能:首先,世俗自然法具有一整套的规范体系,能为制定法提供一个体系化的道德基础,并指导和约束法律的制定与实施,"自然法学家对法律调整的某些要素和原则进行了详尽的阐释,而这些原则和要素则是一个成熟的法律制度的基本先决条件"②。其次,世俗自然法诉诸人的理性和人本身的价值,能为制定法提供一种价值上的正当性证明,"自然法的倡导者们认为,通过运用理性的力量,人们能够发现一个理想的法律制度。因此很自然,他们都力图系统地规划出自然法的各种规则和原则,并将它们全部纳入一部法典之中"③。再次,世俗自然法中所蕴涵的逻辑理性推动了实定法中的逻辑理性化程度,"在形式上,自然法学说强化了迈向逻辑上抽象的法律的趋势,特别强调了法律思维方式中逻辑的力量"④。最后,世俗自然法具有反对封建的人身束缚的色彩,能够帮助人们打破旧的法秩序,创造新的法秩序。⑤ 但是,在进入 19 世纪后,世俗自然法遭遇了来自历史社会情境变化的巨大挑战:(1) 自然法理论来自先验假定的演绎推理,无法解决资产阶级国家确立后出现的阶级分化和阶级矛盾日益尖锐的复杂社会问题;(2) 法国大革命和 1840 年的欧洲社会动荡,革命成为了常态,这就宣告了基于自然界永恒和谐的社会契约论的破产;(3) 以启蒙思想家的理论理性为旗帜

---

① 〔德〕特洛尔奇:《现代精神的本质》,转引自刘小枫:《现代性社会理论绪论》,上海三联书店 1998 年版,第 116—117 页。
② 〔美〕博登海默:《法理学——法哲学与法律方法》,邓正来译,中国政法大学出版社 1999 年版,第 62—63 页。
③ 同上书,第 64 页。
④ 转引自李猛:《除魔的世界与禁欲者的守护神:韦伯社会理论中的"英国法"问题》,载《韦伯:法律与价值》(《思想与社会》第 1 辑),上海人民出版社 2001 年版,第 873 页。
⑤ 参见〔美〕梅利曼:《大陆法系》,李浩译,法律出版社 2004 年版,第 19—20 页。

和先导的法国大革命,导致了雅各宾派的恐怖专政,造成了许多令人恐惧的后果;(4) 基于实践比基于理性的法律改革会对社会带来更有效的后果;(5) 19世纪出现的实证法学对自然法提出了质疑,认为自然法不能使自己成为制定和发现法律的一个有效用的工具。当人们说自然法是理想的、普遍的和源于普遍理性的时候,实际上这种自然法是一种关于以人为中心的实在的自然法,而不是一种关于"自然"的自然法,在此意义上,这种自然法是对特定时空中的现实法律的一种理想化的重构。因此,以人的理性所制定的形式理性法本身就能为自身提供正当化来源和规范性基础,而不必也不可能诉诸一种"更高级的法"来证明自己的正当性。[①] 虽然自然法学家与实证法学家之间的争论仍在继续,"但自近代民族国家出现后,这场争论纯属学术上的清谈,所有西方国家都转而奉行实证主义了"[②]。

因此,在 19 世纪以后,作为一种实质理性法的自然法的式微不可避免。而随着自然法的衰落,法律中的道德根基也逐渐被釜底抽薪,越来越趋向于形式化。比如说纯粹法学的代表人物凯尔森是这样嘲笑自然法的:"有人断言,专制制度下没有法律秩序,有的只是专制统治,这种断言纯属无稽之谈……专制国家也表现为一种人类秩序……而且这也是一种法律秩序。否定其法律性质,这就意味着自然法不是太单纯了,就是太夸张了。所谓专制意志,只能是一种合乎法律的独裁:自作主张,对手下具有绝对的支配权,用普遍的或特殊的价值随意消除或更改过去的规范。这样一种状态虽然充满了弊端,它也是一种法律状态。它也有好的一面。现代法治国家当中就经常出现独裁的呼声,这正说明了这一点。"[③]专制法律的弊端仅仅在于其缺乏确定性,不能达到形式理性的要求,但从其基本形式上来看仍然属于法,在此意义上,凯尔森绝对地排除了自然法。

既然自然法不能构成制定法的正当化来源,那么制定法是如何从其本身寻找正当化的机制的呢?这个机制就是法律程序。法律程序之所以能充当形式理性法的正当化来源,首先必须具有一系列社会条件,除此之外,法律程序本身的结构也能够为形式理性法提供正当化资源。首先,法律程序中不存在预设的真,而是通过程序中的参与者进行对话、交流或者辩论,理性地进行思考,在更为广阔的范围内进行选择,最终达成一种程序参与者都能接受的结论。其次,法律程序本身保持中立,不对程序的参与者提供倾向性意见,也不对程序的参与者所持

---

① 参见〔德〕韦伯:《论经济与社会中的法律》,张乃根译,中国大百科全书出版社 1998 年版,第 288—295 页。
② 引自〔美〕梅利曼:《大陆法系》,李浩译,法律出版社 2004 年版,第 20 页。
③ 〔奥〕凯尔森:《法与国家的一般理论》,转引自〔美〕施特劳斯:《自然权利与历史》,彭刚译,生活·读书·新知三联书店 2003 年版,第 4 页。

立场进行评价,仅仅要求程序参与者遵循程序本身的步骤与过程,在时间意义上完成程序即可。再次,法律程序具有确定性,这种确定性不仅表现在程序规则一般很少发生变动,而且表现在程序性的结果一经形成即难以变更,程序的参与者能够准确地预测程序的进程和程序可能的结果。又次,法律程序是一种高度的抽象物,其本身具有"反身性",作为一个法律系统能够自我复制。"从法律发展的出发点来看,形式主义的功能在于实现抽象,在于法律形式的详细规定和角色中立化。这种法律形式逐渐独立于情境,可以从一个情境转移到另一个情景,并且作为形式,可以脱离冲突。"①最后,法律程序具有"条件优势"的特点,这意味着决定按照"如果甲,那么乙"的思维方式进行。根据卢曼的分析,程序的这种特点有如下长处:第一,能与复杂的、不断变动的社会环境保持适当的对应关系;第二,为法制变革和其他社会制度的变革提供条件;第三,可以进行技术处理,在极端的场合甚至通过逻辑的计算进行自动化处理;第四,减轻对法律实践的体验进行加工方面的压力,进而减轻决定者对后果的过分负担;第五,减轻上传下达与监督检查方面的负担。简言之,法律程序的条件优势可以使程序的形式具有更大的容量。②

## 第二节　正当法律程序的基本结构
——以行政程序为例

正当法律程序,首先应该满足其作为一种法律技术的完备性、逻辑性和系统性。这种层次的正当行政程序虽然起源于近代西方的法律转型,但是具有相当的普适性,不论哪种文化和传统,人们对于这种法律技术的普适性还是倾向于接受。归纳起来,正当行政程序的结构性要素大致可以概括为以下四个方面:法律程序的中立、法律程序的公开、法律程序的论证和法律程序的自治。这四个要素必须同时满足,才可能构成作为一项无缺陷的法律制度的正当法律程序。下面以公法上的行政程序为例,来阐述正当法律程序的结构。

### 一、行政程序的中立

行政程序的中立,是指行政程序在作为程序对峙双方的行政主体和行政相

---

① Luhmann, A Sociological Theory of Law, Routledge & Kegan Paul 1985, p.125,中国社会科学出版社1999年影印版。

② 卢曼的这一观点转引自季卫东:《法律程序的意义》,载季卫东:《法治秩序的建构》,中国政法大学出版社1999年版,第24—25页。

对人之间保持中立,两者作为行政程序的参与者保持形式上的平等,而且行政程序不受行政主体的偏好和利害关系的影响。

(一)行政程序在行政主体和行政相对人之间中立,两者在行政程序运作过程中地位平等

行政程序的中立有两个方面的要求:一是作为一种制度装置,行政程序制度本身不能对程序参与者一方有利,而对另一方不利。如果程序不是中立的,例如程序制度对行政主体有利而对行政相对人不利,即意味着程序没有给予所有的人以平等的对待。程序中立,就是承认所有的程序参与者是具有同样价值和值得尊重的平等的主体,因此必须给予他们同等对待。需要注意的是,这与行政权的优位并不矛盾,行政权在实质上无疑要优位于相对人,比如说法律赋予行政行为以公定力、强制力等,但是一旦行政主体参与到程序中来,与行政相对人一样,必须按照行政程序的步骤、方式等来进行,在这种形式意义上,两者是平等的。

二是行政程序制度不能被心存偏私的行政主体或程序主持人所利用。如果行政程序制度本身是中立的,但是行政主体或程序主持人偏袒一方当事人,则同样会导致程序中立的破坏。因此,程序中立在制度上最主要的是要求有一个不偏不倚的决定制作者,这一点在现代法治社会中已被普遍认同。联合国于1996年通过的《公民权利与政治权利国际公约》明确承认在刑事诉讼和大多数民事诉讼中,当事人应当享受接受一个由"合格的、独立的、不偏不倚的"裁判主体进行裁判的权利。美洲国家于1969年通过的《美洲人权公约》对此也做了规定,要求主持司法性程序的主体必须是独立公正的。1950年制定的《欧洲保护人权与基本自由公约》也要求操作法律程序的主体应当是独立的和公正的。

程序中立的上述要求也为许多国家的宪法所承认。美国宪法修正案第5条以及第14条所确立的"正当程序"包含了程序操作主体必须独立、公正这一要求,加拿大的《权利与自由宪章》第11条要求所有刑事案件的被告都有权获得"由独立而公正的裁判者主持的审讯",以保障所谓"基本的正义"。我国1982年《宪法》也明确规定,人民法院独立行使审判权,不受任何其他机关、团体和个人的干涉。人民法院必须独立公正地审理案件。可以说,程序中立的要求在我国《宪法》中已有了明确的规定。1996年修改的《刑事诉讼法》和《民事诉讼法》对程序中立的要求又进一步做了具体的规定。①

---

① 参见王锡锌:《行政程序正义之基本要求解释:以行政程序为例》,载《行政法论丛》(第3卷),法律出版社2000年版,第288—291页。

## （二）行政程序不受程序主持人的偏好和利益的影响

影响行政程序中立的因素主要是程序主持人的偏好和利益。偏好与利益对行政程序中立的影响的不同在于，行政程序是否因为程序主持者的利益与程序结果有关，而偏向程序对峙双方的某一方。

（1）偏好。与个人利益对程序中立的影响不同，程序主持者或裁判者的偏好与具体的利益无关，而是由于其在程序活动中试图满足某种预设的观点或偏好，从而可能影响程序活动的公正性。美国行政法学者K.C.戴维斯曾经指出，程序活动中的偏好可能有三种情形：对法律和政策理解上的某种偏好、对特定情况下事实认定的偏好以及对特定当事人的偏爱。但是，对于上述三种情况，需要做进一步的分析：第一，如果裁判者仅仅是对于法律和政策存在某种预设的理解上的偏好，并不构成"偏私"，因为任何人都有可能对某一规范形成自己的理解，他们也有权利这样做。事实上，在行政活动领域，行政官员都被要求推进法律、法规和特定的行政政策的落实，他们对有关的规定和政策表现出某种偏好并不构成偏私。在很多情况下，这种偏好恰恰是他们获得任命的原因所在。第二，裁判者对于某种事实的认定或判断上的偏好是否构成偏私，有时是难以确定的，因为这种情况往往与对法律和政策的理解有关。但是，假如一个裁判者在收到相关的证据之前就已经形成了对事实的判断，则表明存在偏见；有时裁判者可能对特定案件发生之前就已经对特定事实形成了自己的结论。在这些情况下，程序中立都可能受到影响，因而应当予以避免。例如，美国联邦第二巡回法院在IMCO诉美国联邦贸易委员会（Federal Trade Commission）一案中，认为联邦贸易委员会主持的听证程序有失公正，因为它的一位主席参加了听证和决定的制作，而在此之前该主席曾经在一次讲演中指责过Texaco公司有违法经营行为，因而不能排除他在事实认定上的偏私。① 第三，如果程序主持者或裁判者对参与程序的一方当事人存在偏私或偏见，显然是不公正的。但如何认定裁判者对某些当事人有偏见，实践中往往很难把握。②

（2）利益。利益，英文为interest，本意为"利息"，原来主要被用来表示债权人对利息的要求是正当的、无可厚非的。近代以降，利益作为个人与社会的一种关系的体现得到广泛的应用。"这个概念，在关于自我与社会的关系方面，促成了一场认识革命。这种新的认识，是法国大革命的思想基础。"③奠定近代思想

---

① Texaco, Inc. v. FTS, F.2nd 754(D.C.Cir1964)。参见王锡锌：《行政程序正义之基本要求解释：以行政程序为例》，载《行政法论丛》（第3卷），法律出版社2000年版，第293页。
② 王锡锌：《行政程序正义之基本要求解释：以行政程序为例》，载《行政法论丛》（第3卷），法律出版社2000年版，第293页。
③ 〔美〕科尔曼：《社会理论的基础》（上），邓方译，社会科学文献出版社1999年版，第35页。

基础的社会契约论便认为：人们组成社会和国家，正是为了保护和追求利益。正如洛克所说："人们组成这个社会仅仅是为了谋求、维护和增进公民们自己的利益。"①因而从这个角度可以说，人们参与行政程序的目的就是为了实现自身的利益。但存在一个例外，那就是行政程序的主持人。从理论上来说，行政程序的主持人不能与行政程序存在利益上的关联，否则很难保证程序的中立性。行政程序的主持人对于程序活动的结果具有某种利益的情形，往往使人们很难相信他们能够公正地主持程序的进行和作出裁决，即使他们事实上确实作出了"大公无私"或"大义灭亲"的裁决，也无法完全消除人们对公正性的怀疑。因此，不管结果公正与否，只要行政程序的主持人与行政程序的活动具有利益上的关系，也应该回避，这恰恰是程序中立的本质要求。其理由可以归结为以下几个方面：第一，从法律程序的实际操作者看，要确证个人利益是否对程序活动的结果产生了影响，往往是非常困难的，因此只要程序主持人对程序活动有某种利害关系，就很难指望人们相信这种利益没有对结果产生影响，即便实际确实如此。第二，在很多情况下，要判断程序活动的结果是否"公正"所依据的外在标准并非人们一致认可的。这不仅意味着判断结果的实体公正性有时会相当困难，而且也表明有时结果的公正与否取决于产生该结果的程序。第三，程序主持人对程序活动具有某种个人利益的事实，不可避免地将影响人们对裁判者的信心。②

(三) 保障行政程序中立的正当行政程序制度

首先，是回避制度。为了消除利益和偏私对程序中立的影响，回避制度应当成为正当行政程序的组成部分。当程序活动的主持者和裁判者受到或看起来受到某种直接或间接利益的影响，或者对程序活动中的法律、事实和当事人存在偏见时，这样的裁判者对该具体的程序活动来说就是不合格的，他们应当回避，当事人也有权提出回避申请。

其次，是职能分离制度。程序结构上的职能分离有两个层次：一是完全的职能分离，即把调查职能、审理职能和裁决职能完全分开，由相互独立的机构行使。二是内部的职能分离，指行政机关的调查、听证和裁决职能由不同的实际工作人员行使。职能分离的重要目的在于避免裁判者在作出决定之前就形成了"成见"，从而影响程序中立。假如制作裁决的主体与主持调查的主体是合一的，可能在决定正式作出之前他就有了自己的结论；在听证和决定的制作时可能就很难接受与自己观点相反的意见，因而也就难以客观、全面地作出裁决。换言之，

---

① 〔英〕洛克：《论宗教宽容》，吴云贵译，商务印书馆1996年版，第5页。
② 王锡锌：《行政程序正义之基本要求解释：以行政程序为例》，载《行政法论丛》(第3卷)，法律出版社2000年版，第292页。

由于受到调查阶段有关信息的影响,裁判者作出决定时的独立性会受到质疑。另一方面,调查与裁决的功能混合,还可能导致裁判者"成为自己案件的法官",因为从逻辑上讲,裁判者总是会极力维护自己在调查阶段形成的"确信"。上述情况都会影响程序活动的过程和结果的公正性。同理,规则的设定权、实施权以及相应的裁决权的混合也可能产生类似的影响。①

## 二、行政程序的公开

英国大法官休厄特曾言:"公平的实现本身是不够的。公平必须公开地、在毫无疑问地被人们所能看见的情况下实现。这一点至关重要。"②正因如此,行政程序的公开也构成正当行政程序的重要因素之一。行政程序的公开是指在行政程序活动中,除涉及国家机密、个人隐私和商业秘密外,行政主体必须向行政相对人及社会公开与行政职权运行有关的事项。

(一)行政程序的公开

1. 行政程序的启动条件要公开

行政程序的启动条件分为行政程序启动的职权依据和行政程序启动的条件依据,这两种依据都要公开。

行政程序启动的法律依据是指行政主体应当将作为启动行政程序的职权依据,在没有实施行政权或者作出最终行政决定之前,向社会或行政相对人公开展示,使之知晓。行政程序启动的职权依据必须在影响行政相对人合法权益的行政决定作出之前,如事后公开职权的依据将导致行政决定无效,但法律有特别规定的除外。行政程序启动的职权依据指是由法定的国家机关制定、发布的不具有直接执行性的规范性文件。它是一种预设的法律规范,因此,它的公开有助于行政相对人预测行政权的运作,经济地安排自己的活动。我国《行政处罚法》第4条第3款规定:"对违法行为给予行政处罚的规定必须公布;未经公布的,不得作为行政处罚的依据。"这是行政处罚程序启动的职权依据的公开。

行政程序启动的条件依据是指行政主体在对具体个案启动行政程序之前,应当向行政相对人公开这一启动该行政程序的条件依据。我国《行政处罚法》第42条规定:行政机关作出责令停产停业、吊销许可证或者执照、较大数额罚款等行政处罚决定之前,应当告知当事人有要求举行听证的权利;当事人要求听证

---

① 王锡锌:《行政程序正义之基本要求解释:以行政程序为例》,载《行政法论丛》(第3卷),法律出版社2000年版,第297页。
② 〔英〕彼得·斯坦、约翰·香德:《西方社会的法律价值》,王献平译,中国人民公安大学出版社1990年版,第97页。

的,行政机关应当组织听证。该条规定便是行政处罚听证程序的条件依据。

2. 行政程序的过程公开

行政程序的过程公开,是指行政主体应当将行政决定的形成过程的有关事项向行政相对人和社会公开。行政程序的主导者往往是行政主体,作为被动一方的相对人要想通过行政程序保障自己的权益,首先必须要以了解行政活动的有关内容为基础。只有公开行政程序活动内容,相对人才谈得上了解;只有了解活动中所涉及的权利义务关系,并参与这一活动过程,才谈得上保护自己的权益。行政程序过程公开化也就意味着相对人的"了解权",即"所有公民都应有了解政治事务的渠道,应能评价那些影响他们利益的提案和推进公共善观念的政策"。① 相对人的"参与权"则使相对人在行政活动内容涉及其权利义务时有机会表达自己的意见,为保障自己权益提供现实的途径。可见,通过行政过程公开化,使相对人了解行政活动的内容并参与行政活动,本身就是一种对行政过程公正性的监督,也是保障相对人权益必要的基础。行政程序的过程是行政决定的形成过程,因此,它的公开对行政相对人维护自身的合法权益和社会监督行政主体依法行使行政权具有重要的法律意义。行政相对人了解、掌握行政资讯,是其参与行政程序、维护自身合法权益的重要前提。行政主体根据行政相对人的申请,应当及时、迅速地提供其所需要的行政资讯,除非法律有不得公开的禁止性规定。②

3. 行政程序的结果及其理由公开

行政程序的结果及其理由公开,是指行政主体作出影响行政相对人合法权益的行政决定之后,应当及时将行政决定的内容及其理由以法定形式向行政相对人公开。行政决定是行政主体对行政争议在行政程序中作出的一个具有可执行性的结论,对行政相对人具有强制力。行政程序的结果及其理由公开的内容:

第一,向行政相对人公开结果。行政主体作出行政决定之后,应当向行政相对人公开行政决定。这既是行政决定生效的条件,也是行政相对人行使救济权的前提。向行政相对人公开行政决定,有利于行政相对人认同行政决定,进而履行行政决定所设定的行政义务,使行政决定获得顺利的执行。

第二,向行政相对人公开决定理由。行政主体作出行政决定之后,应当向行政相对人公开行政决定的理由,为行政相对人在后来的司法救济程序中行使抗

---

① 〔美〕约翰·罗尔斯:《正义论》,何怀宏等译,中国社会科学出版社1988年版,第215页。
② 参见王锡锌:《行政程序法价值的定位——兼论行政过程效率与公正的平衡》,载《政法论坛》1995年第3期。

辩权提供条件。①

（二）告知制度

告知，是指行政主体应将与其具有利害关系的行政决定告知行政程序的当事人。告知，依照其时间和作用，大致包括以下两类：

第一，预先告知。指行政主体在作出行政决定之前将有关事实、理由和法律依据告知行政相对人和利害关系人。我国《行政处罚法》第31条规定："行政机关在作出行政处罚决定之前，应当告知当事人作出行政处罚决定的事实、理由及依据，并告知当事人依法享有的权利。"预先告知的作用在于促使当事人及时采取程序行为，例如陈述意见、申请听证等。

第二，事后告知。指行政主体将已经作出的行政决定告知行政相对人和利害关系人。事后告知的功能，一是在于使行政相对人明白行政决定的内容，并依照告知的内容对其发生效力，二是在于使行政相对人能够通过行政诉讼来维护其自身权益。②

### 三、行政程序的论证

如果行政程序是行政主体和行政相对人之间的沟通程序，那么行政决定则可以视为两者合意的达成，因此，在这个合意达成的过程中，必须诉诸理性交谈和论证。也就是说，行政决定必须是经过两者的交锋和质辩之后的产物。因此，行政程序的论证构成了正当行政程序的必要因素。这里需要特别注意的是，行政程序的论证要素之所以成为正当行政程序的必要因素，就在于任何没有经过程序性论证所形成的结论在形式上都是不可靠的，从而防止行政主体首先形成一个结论而后将程序视为给该结论打上合法印章的过程。

行政程序的论证由行政听证③和说明理由等制度加以保证。

（一）行政听证

行政听证的实质是行政相对人就行政主体的不利处分进行答辩防御。从法律程序的角度来看，这是体现程序的形式公正的最基本的要求。正如英国丹宁勋爵所言："一个真正的审讯往往必须包括'让争议当事人纠正或驳斥任何有损于他们观点的事情的公平机会，……如果被听取意见的权利要成为有价值的真正的权利，它必须包括让被控诉人了解针对他而提出的案情的权利。他必须知

---

① 参见章剑生：《行政程序法基本理论》，法律出版社2003年版，第53—55页。
② 参见汤德宗：《行政程序法论》，台湾元照出版公司2000年版，第19—22页。
③ "听证"这个概念，至迟于1732年已经出现于英国。王座法庭以剑桥大学未给被告答辩的机会为由，撤销了该校撤销Dr. Bentley学位的决定。参见同上书，第24—25页。

道提出了什么证据,有些什么损害他的说法;然后他必须得到纠正或驳斥这些说法的公平机会'。"①

也正因如此,行政听证成为了正当行政程序的核心制度,是最具有普遍意义的。在英国,作为自然正义的内容,任何人不得成为与自己有关的案件的法官,必须对双方听证的法理一直是适用的。在美国,听证被作为正当程序的重要内容。在德国《联邦行政程序法》上,法定听证也被作为重要的程序原则之一予以规定。在法国,作为制裁性处分中防御权的法理,在判例上得以体现。②

行政听证分为正式听证和非正式听证。正式听证模仿司法程序,由听证主持人居中主持,行政主体和行政相对人处于两极对抗的态势,在听证过程中,行政相对人可以为委任代理人、陈述意见、提出证据、对质证人、讯问机关代表和鉴定人等。

一般而言,听证程序由如下基本步骤构成:(1)通知。这是指行政主体在举行听证前将有关听证的事项告知相对人。通知是听证必不可少的程序,它是相对人获得听证权的一种首要的程序保障。它包括应将听证的内容以及有关事项告知相对人,如举行听证的时间、地点、性质,听证所涉及的事实问题和法律问题等等,以及采取适当的方式将通知及时送达受通知人,如可通过公告、面告、邮寄的方式及时、迅速地将通知送达受通知人。(2)举行听证。它是相对人向行政机关陈述意思、递交证据和行政机关听取意见和接纳证据的过程,听证活动由听证主持人主持进行,双方当事人可以相互辩论、质证,提出有关证据,提出回避,听从听证主持人的决定。(3)听证笔录。双方当事人通过理性而自由的辩论,对各自的有效性声明的质疑之后,排除了各自的主观因素,就辩论的客体达成了一致性结论。这一结论形成书面材料,便是听证笔录。听证笔录具有约束行政行为的法律效力,也就是说,经过听证之后的行政决定必须以听证笔录所记载的结论作为结论,因为这个结论具有"真理一致性"。③

(二) 说明理由

说明理由是指在行政程序活动中,行政主体在作出对行政相对人合法权益产生不利影响的行政行为时,除法律有特别规定外,必须向行政相对人说明其作出该行政行为的事实因素、法律依据以及进行自由裁量所考虑的政策、公益等因素。

---

① 〔英〕韦德:《行政法》,徐炳译,中国大百科全书出版社1997年版,第181页。
② 〔日〕盐野宏:《行政法》,杨建顺译,法律出版社1999年版,第191页。
③ 我国1996年的《行政处罚法》并没有明确听证笔录的法律效力,但我国2003年通过的《行政许可法》则明确了"行政机关应当根据听证笔录,作出行政许可决定"。这一立法例推进了听证程序制度的完备。

**公法原理**

　　就内容而言,行政行为说明理由可以分为合法性理由和正当性理由。前者用于说明行政行为合法性的依据,如事实材料、法律规范;后者则用于说明行政机关正当行使裁量权的依据,如政策形势、公共利益、惯例、公理等。

　　行政行为之所以需要说明理由,原因在于行政行为如果要对外发生法律效力,则必须通过程序论证说服行政相对人,因为在理性化和民主化的世界中,行政相对人不会接受未经论证的行政决定。因此,行政程序中的说明理由制度是行政主体就作出行政行为的依据所进行的一种主观法理上的论证、阐述,充分体现现代行政法治下行政行为之程序论证的特点,经过说明理由,可以提高行政相对人对行政行为的可接受程度。

　　在今天,行政决定说明理由,已成为现代法治国家公认的一项原则,各国行政程序法都对此做了规定。在葡萄牙,说明理由还是宪法所规定的一项义务。该国《宪法》第 268 条第 3 款规定:"……行政行为……如涉及公民的权利和受法律保护的利益,应当说明理由。"① 法国没有制定行政程序法典,但 1979 年制定的《说明行政行为理由及改善行政机关与公众关系法》规定了下列两种行政决定必须说明理由:一是对当事人不利的具体行政处理;二是对一般原则作出例外规定的具体决定。② 德国《联邦行政程序法》第 39 条规定:书面或由书面证实的行政行为须以书面说明理由。③ 在日本规定有理由附记制度,即指作出处分时,将其理由附带记录在处分书上,以告知相对人。④ 美国《联邦行政程序法》指示,正式裁决的"所有决定",无论是初审裁决还是最后裁决,"都应包括……调查结果和结论,以及依据所有记录在案的关于事实、法律或自由裁量而提出的理由或基础"。⑤ 此外,关于行政主体在作出对行政相对人不利处分时必须说明理由的规定,在荷兰、韩国、我国台湾地区和澳门地区等都有非常细致的规定。同时应当指出的是,我国大陆的成文立法中,要求行政主体向行政相对人说明合法性理由的也不少。⑥

---

① 应松年主编:《比较行政程序法》,中国法制出版社 1999 年版,第 178 页。
② 同上。
③ 〔德〕平特纳:《德国普通行政法》,朱林译,中国政法大学出版社 1999 年版,第 233 页。
④ 〔日〕盐野宏:《行政法》,杨建顺译,法律出版社 1999 年版,第 192 页。
⑤ 〔美〕盖尔霍恩·利文:《行政法和行政程序法概要》,黄列译,中国社会科学出版社 1996 年版,第 179 页。
⑥ 如我国《行政处罚法》第 37 条规定,行政处罚决定书中应当载明"违反法律、法规或规章的事实和证据"。

## 四、行政程序的自治

　　法律的自治性无疑是法治的一个基本特征。① 作为法律系统的一个子系统,行政程序也是自治的。行政程序自治,是指一种行政程序与其外界环境相对隔离的状态,在这种状态下,行政程序自身的展开过程同时也就是程序功能的实现过程。行政程序作为一个系统的自治并非当然的,这是行政程序逐渐演进的一个方向。很显然,这一表述吸收了卢曼关于法的自我复制和自我生成的观点,以及哈贝马斯关于行政系统独立于生活世界的观点。根据哈贝马斯的观点,当行政系统独立于生活世界,其正当性基础诉诸行政法的内在规则②;根据卢曼的观点,法律通过程序实现其正当性,那么,行政法必定通过行政程序来实现其正当性。③ 因此,行政法系统的自治必定以行政程序的自治为根基。行政程序主要是从以下几个方面实现其自治的:

### (一)行政程序在形式逻辑上自我完结

　　行政程序在形式逻辑上总是日趋成为一个严密化而系统化的规则体系。首先,行政程序的展开过程在时间上遵循合理的顺序,因为人们日常生活的经验足以表明,一个理性决定的产生步骤在时间上应当有一个合理的先后顺序,而且这种时间顺序是不可逆的。例如,从作出决定的过程看,收集和阐述事实、证据及理由的程序步骤应当在制作决定的步骤之前进行。其次,行政程序的前后一致性。在给定的条件或前提相同的情况下,通过法律程序而产生的结果应当是相同的。为了保证一致性,英美法系的传统中产生了同样情况同样对待、遵循先例等原则。如果行政机关对于同样的情况作出不同的决定,从形式上看就是违背理性的。④ 最后,行政程序倾向于法典化。行政程序为了更高层次上形式逻辑的整合,倾向于将行政程序整合成一部完整的、逻辑严密的法典体系。这大概是程序自治的必然结果。

### (二)行政程序在封闭的系统中运行

　　行政程序自成一个封闭的系统。首先,行政程序具有一个专业化的术语壁垒。例如,行政程序中的职能分离、文书阅览、程序正义等词汇,具有高度的专业

---

　　① 伯尔曼论及西方法律传统的特征时,首先提出的第一个特征也是法律的相对自治。参见〔美〕伯尔曼:《法律与革命》,贺卫方、高鸿钧、张志铭、夏勇译,中国大百科全书出版社1993年版,第9页。
　　② 参见〔德〕哈贝马斯:《交往行为理论》(第1卷),曹卫东译,世纪出版集团、上海人民出版社2004年版,第85—86页。
　　③ 参见〔德〕哈贝马斯:《在事实与规范之间》,童世骏译,生活·读书·新知三联书店2003年版,第589—591页。
　　④ 王锡锌:《行政理性原则论要》,载《法商研究》2000年第4期。

性,虽然都是简单的汉字所构成,但非专业人士很难明白这些词汇的确切含义。其次,行政程序具有封闭的制度壁垒,如案卷制度。案卷是指行政主体的行政行为所依据的证据、记录和法律文书等,根据一定的顺序组成的书面材料。案卷的材料必须与案件有关,凡是与案件有关的材料必须是通过合法手段获得的,对行政相对人不利的证据必须以在行政程序中经过质证;案卷形成于行政程序结束之后,且案卷一旦形成便具有了封闭性的特点;行政主体凡是在行政程序结束之后调取的证据或者其他书面材料,不得成为案卷的一部分;行政主体被要求将行政行为的过程和依据形成书面材料,防止行政主体恣意行使行政职权。典型的案卷如听证笔录,就具有高度的封闭性,行政行为受其约束。最后,行政程序在系统内部排除道德规范和政治规范的影响,只服从于程序规范。行政程序通过行政程序就是正当的,或者说,通过行政程序的过程便算是正当的。不仅如此,行政程序不断通过专业术语和理论生产出程序理论来论证自己的正当性和推进行政程序的复杂性。

(三)行政程序通过程序自身实现自治

行政程序能够通过复杂的话语机制,将外界的信息纳入自己的程序体系,予以重新解释,并在行政程序对外来信息的重构之中,实现行政程序的统治。比如说,在行政听证程序中,一切参与者都获得一种与其现实身份截然不同的新的身份,比如听证申请者、听证参加者、听证主持者、证人、代理人、鉴定人等,并以这种新的身份从事相应的程序活动,形成一定的程序法律关系。显然,这是一种临时的身份,它自行政听证程序开始时产生,随着行政听证程序的结束而消失。但这种临时身份对于一个自治的程序空间的形成却具有至关重要的意义,甚至可以说,正是这种角色的分化和重组,使得纠纷的"法律解决"成为可能。何谓纠纷的"法律解决"?这种解决纠纷的方式有一个关键的特征:它是一种"一般化"的解决,也就是说,它是一种不考虑纠纷的具体情景以及当事人的个体差异,仅仅着眼于事实和法律的纠纷解决。行政程序实现这一任务的第一步就是把当事人原来的身份隐去,而赋予他们一种法律上的固定身份。不管他在现实中是腰缠万贯的企业老板还是生活困窘的下岗工人,是学富五车的大学教授还是目不识丁的村夫野老,是手握重权的政府高官还是街头游民,在行政听证程序中,他们都要按照法律的要求扮演程序参加人、程序主持人、证人等角色。随着角色的转换,与当事人社会身份相联系的各种具体情景的差别也被忽略,由此对纠纷的评价和处理获得了一个相对单纯的背景。只有在这种相对单纯的背景下,关于纠纷解决的结果才会比较容易达成共识。另外,程序参加人、程序主持人、证人这些程序上的身份是与相应的权利和义务——对应的,扮演一个程序中的角色,就要从事相应的行为。比如,成为了程序参加人,就要清楚地阐述自己的主张,就主张说明理由,并提出有相应的证据;而另一方程序参加人则要就此进行答辩并提出反证。从这个意义上,角色的转换导致了行为方式的转换:当事人必须通过程序过程安排好了的方式来追求自己的目标。当事人因此被整合进了程序设定的"框框"之中,于是,纠纷的解决过程只能按照行政程序的"意图",按照行政程序的逻辑一步步地展开。①

---

① 参见吴泽勇:《从程序本位到程序自治》,载《法律科学》2004年第4期。

# 第十章
## 权利保障制度

### 第一节 权利保障制度概述

#### 一、权利保障制度的概念和内容

权利保障制度是指一国保障公民权利实现的政治、社会、经济、法律、文化、思想等各项制度的总称。从各国权利保障的政治实践和系统论的角度看,对权利的保障,仅有《权利宣言》或宪法是不够的,而仅有法律制度的保障也仍然是不够的,必须是政治、社会经济、法律、文化、思想等各项制度综合作用的结果,缺乏其中任何方面的保障或其中一方面的保障与其他方面的保障不相适应或不相协调,则权利也没有保障或没有充分的保障。其中,权利的政治保障制度是指国家在政治上建立的适应权利实现的保障机制,包括国体保障(即公民在国家中的地位)、政体保障、直接民主制度保障和政党政治保障等内容;权利的社会经济保障制度包括所有制及国家采取的劳动就业、劳动保护、环境保护、社会保险、社会救济、社会福利等;权利的文化保障制度的主要内容是国家促进教育事业利科学事业的发展,促进医疗卫生事业的发展,开展群众性的文化活动等;权利的思想保障制度主要内容为权利意识的普及与提高,权利观的形成与发展。以上各项制度以及其下的一些更为具体的各项制度之间相互适应、相互衔接、相辅相成、相互促进,形成综合、系统保障力量共同保障着公民的权利。同时应当指出,现代社会为法治社会,权利的内容必须规定在法律之中,因此法律制度是权利保障中最重要的、最常见的手段。由于本书的写作目的和篇幅所限,本章只研究权利的法律保障制度。

## 二、权利保障制度在公法中的地位、功能

人权问题是当今世界普遍关注的问题,权利保障是人权观念的现实化,是把人们所追求和向往的理想人权变为现实人权的一种实践过程。它意味着通过一定的制度和措施,使应有人权向法定权利转化,并最终使二者都转化为人们的实有权利。权利保障不仅是公法的重要内容,更是公法的出发点和归宿,对权利的确认和保障是公法价值的集中体现。权利保障制度在公法中的功能主要表现在以下几个方面:

第一,权利保障制度的确立功能。权利保障制度确立了公权力存在的合理性与合法性。法国《人权宣言》有这样一句话:"凡权利无保障和分权未确立的社会就不会有宪法。"宪法作为权利保障书,按照一定的宪法原则和精神确定国家制度的基本内容,它为国家权力提供了正当性基础,即"为了给权利免受强权的侵害以有效地保护"[①]。

第二,权利保障制度的经济功能。保障公民的合法权利是发展生产力的根本要求,也是以经济建设为中心,建设和发展市场经济,实现经济现代化的必然要求。市场经济制度和权利保障制度是密切相关的,一旦人有交换的平等权利和在市场上选择的自由,而这种自由又有可靠的保障,市场制度必然稳定发展。

第三,权利保障制度的指引功能。权利保障制度为全体社会成员提供了可供选择的行为模式,即可以做什么,应该做什么,不应该做什么。权利保障不是绝对的保障,而是在一定限度内的保障。权利的享有和行使以不得侵犯他人的权利、公共利益为限,如果行为人超越行为模式所规定的范围,那么权利保障就成为一定的法律后果。由此,权利保障制度对人与人之间形成的和谐关系客观上起着一种指引人们行为准则的作用。

第四,权利保障制度的评价功能。权利保障制度是评价一国政治民主化和公民权利意识的一个尺度。民主政治的核心在于保护人权、限制国家权力的滥用。为此,需要建立有效的权利保障制度,并创造条件使之正常运行。由于人权具有鲜明的时代性和实践性,从实际运用过程的分析中可以把握其实际的状况。这里需要指出两条标准:一是是否建立了权利保障制度;二是已建立的权利保障制度具备有效性。后者是人权发展中的决定因素。

---

① 莫纪宏:《现代宪法的逻辑基础》,法律出版社 2001 年版,第 205 页。

### 三、权利保障的全球走势

人类进入21世纪后,将要面临更多、更丰富、更复杂的人权问题。① 保障人权是国际社会普遍的呼声。可以说,人权已成为国际社会共同关注的社会问题。和平与发展仍是时代的主题,国际人权活动也应紧紧围绕这一主题,把人权原则纳入社会发展的总的体系之中。当前,国际社会发生了令人瞩目的变化,但无论怎样变化,人类总是向和平与发展的方向前进,具体而言这一趋势表现在:

(1) 重视人权保障的实际功能。从国际人权机构的活动到各国国内的人权实践看,都在重视人权实践的实际效果问题。从人权理论普及与研究,转向人权的实际操作。人权保障最初表现在1789年的《人权宣言》中,此后广泛影响了各国的人权立法与人权实践,近几年来,各国在人权保障方面都采取了一些措施积极改善人权状况。

(2) 人权保障机构的专门化、多样化。人权保障通常与一定机构的活动结合在一起,各国在人权保障方面建立了常设与非常设的机构,通过规定机构的活动来进一步强化人权保障。如日本人权拥护局及其下属的人权拥护委员会在侵权与救济方面发挥着重要作用;菲律宾的人权委员会在国内人权的处理上具有较大的权限等。在区域性人权保障中,欧洲人权委员会、欧洲人权法院、美洲人权委员会、美洲人权法院、非洲人权和民族权委员会、亚洲的一些非政府性人权机构,通过不同形式对人权保障产生影响。在国际层面,如联合国大会、联合国秘书处人权中心、经社理事会及其下设的人权委员会、妇女地位委员会,人权委员会又下设防止歧视小组委员会和保护少数小组委员会。此外,还有根据联合国已通过的国际人权公约的规定而组建的专门性人权机构,包括经济、社会、文化权利委员会、人权事务委员会、消除种族歧视委员会、消除对妇女歧视委员会、禁止酷刑委员会。从目前的情况看,人权保障的多样性将成为今后的主要趋势。

(3) 人权保障的内容日益广泛。在世界范围内,公民权利的立法有细密化的趋势,有些国家将公民权利作为宪法的重要内容,占据宪法的主要篇幅。创制权、复决权、知情权合理期待权、环境权、日照权、睡眠权、和平生存权、体育权等都是人权保障的新课题。

---

① 这里应指出,"人权"和"权利"的区别和联系。"人权"首先是一种道德上的权利,即作为主体人应具有的主体性的属性,其次,"人权"还通过一定的"制度安排"具体化为法律"权利",而得到实定法的保障。可见,"人权"是一种应然而"权利"是一种实然,"权利"是法律化了的"人权"。在"人权保障制度"和"权利保障制度"层面,区分二者的意义不是很大,本章对其不做区分。

(4) 人权保障的国际合作与主权关系得到协调。人权保障方面的国际合作是不可缺少的条件,但主权原则将得到国际社会的尊重。一方面加强国际合作,另一方面尊重各国的主权,积极贯彻人权保障中的国家主权。具体说,国际合作与主权的协调中,人权保障制度将在以下几个方面发生变化:

第一,以欧洲为中心的人权保障观念逐步向多样化的人权保障观念的转变。人权保障观念与制度最初是由西方发展而来的,并且在人权保障制度的形成和发展中的确起过重要作用,但这种保障模式并不能代表国际人权保障模式。理应允许各国结合本国实际,建立和发展自己的人权保障模式。即使是同一个非洲或亚洲国家,由于人权产生和发展的历史环境不同,人们的人权意识不同,需要采取各自不同的人权保障制度。如在日本,人权保障制度的核心是司法审查制,强调法律的作用;在韩国,人权保障制度的主体是宪法法院,通过宪法法院的活动维护人权等。在尊重人权的基本原则下,具体保障的形式和内容是各不相同的。

第二,改善各国人权状况的主要途径是国内立法。国际人权保障方面的合作有它一定的作用和意义,但同时它的局限性也是不可避免的。建立、改善和发展人权保障制度最终还是通过各国国内的制度,不能以国际合作来代替国内的人权保障。在这方面,人权保障的国际合作与主权原则之间存在明显的界限。

第三,各国发展水平的差异与人权保障的完善。从国际上看,各国人权发展水平是有一定差异的,这里有政治方面的因素、经济方面的因素,也有传统文化等方面的因素。因此,允许各国在发展国力同时逐步地改善人权状况,提高人权保障的效能,以协调国际人权保障的发展。特别是一些发达国家有义务帮助第三世界国家,减轻债务,加强经济合作,使广大第三世界国家从贫困中摆脱出来,提高本国人民的物质和文化水平,这是真正关心国际人权的实际行动。

总之,21世纪是人权保障普遍受到关注的年代。国际社会和各国都在调整相应的人权措施,逐步改变"常常在口头上受到重视,而在实践中却遭到粗暴践踏"的人权状况。

## 第二节 权利保障制度在公法中的体现
## (以我国为例)

### 一、宪法中的权利保障

权利保障是把人们所追求和向往的理想人权变为现实权利的一种实践过程。它意味着通过一定的制度和措施,使应有人权向法定权利转化,并最终使二者都转化为人们的实有权利。在这一转化过程中,宪法起着特别重要的作用,正如列宁所指出的:"宪法就是一张写着人民权利的纸。"①宪法的产生、发展、内容和宪政实践都是围绕人类争取权利的活动展开的,宪法以权利保障为出发点和归宿。同时,权利的实现和保障也离不开宪法和宪政制度,权利保障必须以宪法为核心和统帅,没有宪法保障的权利,只是空泛的口号。

(一)宪法对于权利的保障的发展

中国共产党在人权的法律保障方面进行了不懈的探索。早在1931年11月,革命根据地颁布的《中华苏维埃共和国宪法大纲》便明确规定了人民的权利与义务。这时虽然没有提到"人权"二字,但对于人民的言论自由、受教育的权利、宗教信仰自由、民族平等,都具体加以确认,特别是对妇女解放、男女平等和婚姻自由更为重视,专条予以规定。在抗日战争时期,解放区的人权保障有了进一步发展,首次在宪法中使用了"人权"一词。1941年11月颁布的《陕甘宁边区施政纲领》中明文规定:保证一切抗日人民,地主、资本家、农民、工人等的人权、财权及言论、集会、结社、迁徙之自由权,除司法系统及公共机关依法执行其职务外,任何机关、部队、团体,不得对任何人加以逮捕审问或处罚,而人民则有用任何的方式控告任何公务人员非法行为之权利。与此同时,各革命根据地也相继颁布专门的保障人权法规,如《山东省人权保障条例》、《陕甘宁边区保障人权财权条例》、《晋西北保障人权条例》等,甚至连一些市、区也发布过一些保障人权的规章。1946年陕甘宁边区又颁布了《陕甘宁边区宪法原则》,其中对"人民权利"、"司法"、"文化卫生"等做了专门规定,贯穿着人权原则。

新中国成立后,从《共同纲领》到1954年宪法再到1982年宪法,虽然没有直接使用"人权"一词,但基本人权原则和人权的某些具体内容,直接反映在宪法所确认和规定的公民的基本权利与义务之中,并从法律上、制度上和物质上予以保障。我国还先后加入了21个国际人权公约。从20世纪80年代末90年代初开始,以江泽民同志为核心的党中央总结当代中国和世界人权发展的实践,对人权问题进行再认识,首先从对外斗争的角度明确提出,社会主义中国要把人权旗帜掌握在自己手中。1991年11月1日,国务院新闻办公室发表《中国的人权状况》白皮书,首次以政府文件的形式正面肯定了人权概念在中国社会主义政治发展中的地位。1997年9月,中共十五大召开,首次将"人权"概念写入党的全国代表大会的主题报告,使人权从对外宣示的主题变为党领导国内建设的主题。现在,尊重和保障"人权"被庄严地载入宪法,必将进一步推动我国人权事业的进步。(1)它使得我国宪法关于公民权利的规定更加严谨、科学,意味

---

① 〔古希腊〕亚里士多德:《政治学》,吴寿彭译,商务印书馆1965年版,第113页。

着国家要保障宪法规定的公民基本权利。(2)"人权"由一个政治概念上升为法律概念,"尊重和保障人权"由党和国家的政策上升为国家根本大法的原则,由执政理念上升为国家建设和发展的理念,为保护公民合法权利提供了强有力的宪法依据。(3)它反映了我国顺应历史潮流,努力扩大并增强维护、保障人权的范围与力度的事实,向国际社会传达了我国人权事业不断进步的信息,必将赢得国际社会的高度赞扬。(4)"尊重和保障人权"作为宪法原则,将指导人与社会的协调发展,将指导人与环境和资源的协调发展。(5)人权法律保障体系将更加完善,与人权有关的社会问题将得到更为妥善的处理,也为相关法律的修订提供了宪法依据。

(二) 宪法中的权利保障

在我国,宪法是国家根本大法,是所有法律、法规、规章以及其他规范性文件的立法基础和依据。我国现行宪法在立法方面对公民基本权利进行了广泛、全面地规定。

首先,从宪法的结构来看,宪法规范主要包括国家机关的组织规范和宪法权利规范两部分。就它们之间的相互关系而言,公民权利的行使和保障处于主导地位,国家权力的划分和运行处于从属地位,并始终为保障公民权利服务。我国将公民基本权利的规定放在了国家机构的前面,表明在我国更加重视公民的基本权利和自由。2004年"国家尊重和保障人权"第一次明确写入我国宪法,这是我国宪法保障人权精神的进一步提升。因此,从这个意义上讲,宪法的核心内容就是规定和保障人权。

其次,从宪法的内容来看,公民权利的宪法保障制度可分为两个层面:第一,在宏观保障层面,《宪法》第2条、第3条和第5条规定了我国国家权力的架构,从规范上、宏观上控制了国家权力的运行,为人权提供了根本保障。其中第2条规定了国家权力的归属,"一切权力属于人民",人民行使国家权力的机关是人民代表大会。第3条规定了国家权力的活动原则,即民主集中制。第5条规定了宪法的地位。"一切国家机关和武装力量、各政党和各社会团体、各企业事业组织都必须遵守宪法和法律。一切违反宪法和法律的行为,必须予以追究。任何组织或者个人都不得有超越宪法和法律的特权。"这就在公共权力与公民权利之间划定了界限,其根本目的是明确国家权力的宗旨和界限,以尊重和保障人权。第二,从微观上,我国现行宪法的权利规范体系中所确认的基本权利的种类尚较丰富、齐备,已基本上接近当今西方人权保障以及国际人权标准中的类目。我国宪法中有关基本权利的主要规定如下:

| 分类目录 | | 各种具体权利的名称 | 条文出处(条,款) |
|---|---|---|---|
| 一般主体的基本权利 | 政治权利 | 平等权 | 33.2 |
| | | 参加管理的权利 | 2.3,16.2,17.2,111 |
| | | 选举权与被选举权 | 34 |
| | | 表达自由:言论、出版、结社、集会、游行、示威 | 35 |
| | | 监督权:批评权、建议权、检举权、申述权、控告权 | 27.2,41.1 |
| | | 获得赔偿权 | 41.3 |
| | 人身权利 | 宗教信仰自由 | 36 |
| | | 人身自由 | 37 |
| | | 人格尊严不受侵犯:人身权、名誉权、荣誉权、姓名权、肖像权 | 38 |
| | | 住宅不受侵犯 | 39 |
| | | 通信自由和通信秘密 | 40 |
| | | 文化活动的自由 | 13 |
| | 社会经济文化权利 | 财产权 | 13 |
| | | 继承权 | 13.2 |
| | | 劳动权 | 42 |
| | | 休息权 | 43 |
| | | 生存权:获得物质帮助的权利 | 44,45 |
| | | 受教育权 | 46 |
| 特定主体的宪法权利 | | 保护少数民族合法权利 | 4,52 |
| | | 保护妇女权利 | 48 |
| | | 保护婚姻、家庭、老人、儿童 | 49 |
| | | 保护华侨和侨属 | 50 |
| | | 保护外国人的合法权利 | 32 |

根据上述内容,我们可以发现,我国现行宪法的权利保障制度在宏观方面强调国家权力的人权保障功能,而不是严格的权力分立与制衡;在微观方面,自由权、社会权、集体权利的有关规定都与现代宪法基本权利发展趋势相符合。可以说,在宪法的指导下,我国已经基本形成了以宪法为核心的权利保障制度。

**二、行政法中的权利保障**

行政法在公法中的地位仅次于宪法,是"宪法的重要的实施法"①。行政权作为与立法权、司法权并列的国家公权力的重要组成部分,正如日本室井力教授

---

① 罗豪才主编:《行政法学》,中国政法大学出版社1996年版,第35页。

所言"最终在观念上,只有实现对国民的'福利'、国民的权益及人权的保障才能承认它的存在"。尤其是在当今世界,已经进入"行政国"时代,行政权力不断扩张,强调行政法对权利的保障是十分重要而且必要的。

首先,从行政法的基础理论来看,关于行政法的基础理论可分为"管理论"、"控权论"、"平衡论"三种,我国行政法学界在20世纪90年代曾掀起一股关于"平衡论"的讨论高潮。

鉴于我国的现实国情,赞成"平衡论"的学者占了多数。依据"平衡论",一方面,为了维护公共利益,必须赋予行政机关必要的权力,并维护这些权力有效的行使,以达到行政的目的;另一方面又必须维护公民的合法权益,强调行政公开,重视公民的参与和权利补救,以及对行政权的监督。这两方面不能偏废。[①] 事实上,保障行政权有效行使的制度亦是抑制行政权违法行使、滥用的制度,其根本目的还是为了保障人权和增进公共福祉。

其次,从行政法的基本原则来看,依法行政作为依法治国的核心要素,是近代法治国家行政管理和行政服务的一项基本原则。其基本含义是:行政机关依据法律取得并行使行政权力、管理公共事务,行政相对人如认为行政机关侵害其权益,有权通过法律途径请求纠正行政机关的错误行为,获得法律救济,并要求行政机关承担责任,以切实保障公民的权利。行政所依之法以体现人民意志的法律为最高标准。

最后,从行政法的内容来看,我国行政法对权利的保障是通过一系列行政法制度实现的。具体包括:

(1) 行政许可制度。我国2004年7月1日正式实施的《行政许可法》是一部规范行政机关行政行为的重要法律,它明确了行政许可的设定、行政许可的实施机关、实施程序、行政许可的费用,明确了行政机关的监督检查责任以及行政机关及其工作人员违反《行政许可法》应承担的法律责任等。这就有针对性地解决了很多公民、企业和社会组织在与政府打交道、跑审批时所面临的很多实际问题,而且也有针对性地控制了行政机关设租、企业寻租、权钱交易的腐败空间,确立了从源头根除腐败的制度基础。

(2) 行政强制措施。行政强制措施是行政机关依照法律规定在调查案件的过程中采取的,是取得直接证据、查明违法事实、查获违法当事人的行政手段。它关系到当事人的人身权、财产权等基本的宪法权利,对社会的影响也很大,所以从权利保障的角度讲,应当充分注意行政强制措施。行政强制措施主要有行政强制检查,查封、扣押、冻结,强制带离,强制履行,强制戒毒,隔离治疗,收容教

---

① 参见罗豪才:《行政法之语义与意义分析》,载《法制与社会发展》1995年第4期。

育等。这些措施散见于我国的许多法律、法规中,如《传染病防治法》、《海关法》、《审计法》、《人民警察法》等。最值得一提的是《治安管理处罚法》,其立法宗旨在于在保障公安机关履行治安管理职责的同时,也对权力的行使加以规范和监督,以切实保障公民的权利。正如全国人大常委会法工委副主任安建所言,与《治安管理处罚条例》相比,《治安管理处罚法》"宽严更适度,程序更严格,处罚更规范"。该法引人注目的亮点是,增加了要尊重和保障人权,保护公民的人格尊严;对违反治安管理的未成年人重在教育;严格限制询问和拘留时间;对治安处罚的程序规定更加公正;缩小了治安拘留处罚自由裁量的幅度;设专章规定了公安机关及其人民警察在治安处罚当中,必须遵守的行为规范以及必须禁止的行为。

(3) 行政处罚制度。《行政处罚法》是我国第一部比较全面地规范政府行政行为的基本法律,这部共 8 章 188 条的法律处处都体现了宪法关于尊重和保障人权的原则。从行政处罚的基本原则来看,行政处罚法定、公开公正、处罚与教育相结合、公民法人或者其他组织对行政机关所给予的行政处罚享有陈述权、申辩权、申请复议或提起诉讼的权利;从行政处罚的种类及其设定来看,处罚法对哪一级、哪些国家机关有权设定何种类的处罚都作了严格限定,尤其是限制人身自由的行政处罚只能由法律设定,鲜明地体现了对人身权的特别保护;从行政处罚的实施机关来看,处罚法对授权和委托的组织进行了较严的限制;从行政处罚的程序来看,主要有表明身份制度、告知制度、申辩和质证制度、听证制度、审裁分离制度、裁执分离制度。

(4) 行政监察制度。我国《行政监察法》的颁行是对《宪法》第 41 条的贯彻实施,有利于行政监察机关对行政机关及其工作人员的监督,防止行政机关及其工作人员对公民阻止合法权益的侵害,并有利于补偿、赔偿公民所遭受的损失。

(5) 行政赔偿制度。1994 年 5 月 12 日八届全国人大常委会七次会议通过的《国家赔偿法》在第 2 章中专门规定了"行政赔偿",这标志着行政赔偿制度在我国的全面建立。该法就行政赔偿的范围、赔偿请求人和赔偿义务机关、行政赔偿程序、行政赔偿的方式和计算标准做了详细规定。应该说,我国《国家赔偿法》所建立起来的行政赔偿责任制度,是行政诉讼制度的继续和发展。赔偿制度的建立,加强了对行政机关是否依法行政监督的力度。

(6) 行政复议制度。1999 年 4 月通过的《行政复议法》是我国行政法制建设中的一件大事。所谓无救济即无权利,行政复议是行政机关内部自我纠正错误的一种监督制度,也是对公民、法人和其他组织合法权益的一种事后救济措施。由于该法突破了政府抽象行政行为不得作为司法审查之对象的法律禁区,将部分规范性文件纳入行政复议范围,有人指出这是个了不起的进步。此外,与行政诉讼相比,复议案件范围要大得多,程序也要简化得多,当事人又没有经济负担,由此可见,办好复议案件对缓和并化解社会矛盾,保障和实现人权起着巨大的作用。

### 三、行政诉讼法中的权利保障

《行政诉讼法》的颁布实施,开创了我国民主法制建设的新局面,是中国行政法发展的里程碑。

古罗马有句名言"生效判决被视为真理",我国行政诉讼制度对权利的保障主要体现在以下几个方面:

第一,我国《行政诉讼法》第 1 条规定,为保证人民法院正确、及时审理行政案件,保护公民、法人和其他组织的合法权益,维护和监督行政机关依法行使行政职权,根据宪法制定本法。第 2 条规定,公民、法人或者其他组织认为行政机关和行政机关工作人员的具体行政行为侵犯其合法权益,有权依照本法向人民法院提起诉讼。把保护人权作为立法宗旨,表明整个行政诉讼活动要围绕着这个中心展开。

第二,确认了公民、法人和其他组织的诉讼权。当公民、法人和其他组织认为自身权利受到侵害时,行政诉讼法保护当事人提起诉讼的权利。这样才能保障行政相对人的合法权利得到保护。

第三,通过列举式、概括式与排除式相结合的方式对行政诉讼的受案范围做了明确规定,涵盖了公民的人身权财产权等,反映了对相对人权益进行保护的范围与程度。

第四,明确了原告与被告平等的诉讼法律地位,行政诉讼中的原告和被告共同享有的权利包括出庭辩论的权利,委托代理人的权利,申请回避的权利,查阅本案庭审材料,提出上诉的权利,提出申诉的权利,向人民法院提起申请执行的权利,并在第 7 条就规定了当事人在行政诉讼中的法律地位平等,保证了行政诉讼活动公正、顺利进行,为相对人在行政诉讼中自主、充分地行使其诉讼权利提供了法律保障。

第五,为了防止可能出现的"官官相护",充分尊重原告的意愿,赋予原告选择管辖权和提出管辖异议权。管辖权异议,是指当事人认为受诉法院对案件无管辖权而向法院提出的不符管辖的意见或主张。减少了当事人可能受到的管辖权方面的不平等待遇,给予了当事人合理的选择权,充分保护了当事人的诉讼权利。

第六,为了帮助没有诉讼行为能力的公民行使诉讼权利,规定法定代理制度和委托代理制度。诉讼代理是诉讼法为维护当事人的合法权益,保证诉讼正常进行而设置的一种法律制度。代理人代理的是诉讼法律行为,产生诉讼上的法律后果,其目的是协助当事人实现诉讼权利和履行诉讼义务。所谓行政诉讼代理人,是指在行政诉讼中,依法律规定,或由法院指定,或受当事人委托,以当事人的名义,在代理权限范围内为当事人进行诉讼活动,但其诉讼法律后果由当事人承受的人。依据《行政诉讼法》的规定,按照代理权限产生的根据不同,可以将行政诉讼代理人分为法定代理人和委托代理人,加强了当事人权利行使的力度。

第七,明确了被告对具体行政行为是否合法应承担的举证责任,这样使相对人的合法权益得到有效接济。行政诉讼的举证责任是指在行政诉讼中当事人应当举出证据证明自己的主张,否则,将承担败诉风险及不利后果的制度。根据我国的《行政诉讼法》第32条规定以及最高人民法院《关于行政诉讼证据若干问题的规定》第1条的规定,"被告对作出的具体行政行为负有举证责任,应当提供作出该具体行政行为的证据和所依据的规范性文件","被告应当在收到起诉状副本之日起10日内,提据以作出被诉具体行政行为的全部证据和所依据的规范性文件。被告不提供或者无正当理由逾期提供证据的,视为被诉具体行政行为没有相应的证据。"《关于行政诉讼证据若干问题的规定》第2条至第9条还分别对哪些情况下原告和被告应当提供证据以及收集证据时应当遵守的规定。按照我国《行政诉讼法》及《关于行政诉讼证据若干问题的规定》可以看出,我国的行政诉讼关于举证责任实行的是有限制的"谁主张、谁举证"的规则。

第八,赋予行政相对人对救济途径的选择权,即提起行政复议或行政诉讼的选择权。行政救济的途径,是指相对人的合法权益受到行政损害时,请求救济的渠道,即通过何种渠道请求救济。对于权益的维护和保障,是行政救济的法律制度的宗旨。复议救济,是指相对人认为行政机关的具体行政行为侵犯其合法权益,向作出具体行政行为的上一级行政机关或其设置的专门机构申诉,请求救济。复议救济是功能较完备的救济途径,复议机关在查明事实、判明责任的基础上,可以撤销一个违法的具体行政行为,使其违法行为效力消灭,恢复相对人的合法权益;可以变更一个不当的行政行为,使相对人获得合理的权益或消除相对人所承担的不合理的义务,使具体行政行为对相对人的影响恢复正常;可以责令行政机关就损害后进行经济赔偿,使相对人的物质损失或精神损害获得补救。诉讼救济是指相对人认为行政机关的具体行政行为侵犯其合法权益,向人民法院提起诉讼,由人民法院对被诉具体行政行为进行审查,违法行为予以撤销,造成损害者判令赔偿的救济途径。法院可以运用诸多的救济手段,使相对人受到损害的权益得到恢复和补救。如判决撤销违法的行政行为,判决变更不当的行政行为,判令行政机关行政机关履行法定职责和判令行政机关予以赔偿等。

第九,在审理程序方面,规定了公开、合议、回避、撤诉、不适用调解等一系列原则和制度。公开,包括对当事人公开和向社会公开、公开审判和公开宣判。除了法律规定的一些涉及国家机密商业秘密和个人隐私的案件,都应该公开审理或宣判。按照合议制度,合议庭是人民法院审理行政案件的组织行使。行政案件一律由合议庭审判,不存在审判员独任审判的情况。回避,是指审判人员、书记员、翻译人员、鉴定人、勘验人,因与案件的当事人具有某种利害关系或者其他特殊关系,可能影响案件的公正处理,而不得参加对该案件进行的诉讼活动的一项诉讼制度。经人民法院两次合法传唤,原告无正当理由拒不到庭的,视为申请撤诉;被告无正当理由拒不到庭的,可以缺席判决。人民法院审理行政案件,不适用调解。人民法院对行政案件宣告判决或者裁定前,原告申请撤诉的,或者被告改变其所作的具体行政行为,原告同意并申请撤诉的,是否准许,由人民法院裁定。这些规定充分保护行政相对人的权益。

第十,在执行上,对行政机关拒绝履行判决、裁定的,规定了人民法院可以采取的措施。公民、法人或者其他组织拒绝履行判决、裁定的,行政机关可以向第一审人民法院申请强制执行,或者依法强制执行。行政机关拒绝履行判决、裁定的,第一审人民法院可以采取以下措施:一是对应当归还的罚款或者应当给付的赔偿金,通知银行从该行政机关的账户内划拨。二是在规定期限内不履行的,从期满之日起,对该行政机关按日处50元至100元的罚款。三是向该行政机关的上一级行政机关或者监察、人事机关提出司法建议。接受司法建议的机关,根据有关规定进行处理,并将处理情况告知人民法院。四是拒不履行判决、裁定,情节严重构成犯罪的,依法追究主管人员和直接责任人员的刑事责任。

**四、民事诉讼法中的权利保障**

我国民事诉讼法中的许多规定都涉及人权。

第一,《民事诉讼法》第1章对我国民事诉讼的基本原则作了规定,最重要的有当事人诉讼权利平等原则、辩论原则、处分原则。诉讼权利平等,是指当事人在民事诉讼中平等地享有和行使诉讼权利。人民法院审理民事案件,应当保障和便利当事人行使诉讼权利。这就要求当事人的诉讼地位平等。辩论原则,是指当事人双方在人民法院主持下,就案件事实和使用法律等有争议的问题,陈述各自的主张和意见,相互进行反驳和答辩,以维护自己的合法民事权益。处分原则,是指当事人在法律规定的范围内处分自己的民事权利和诉讼权利的自由受法律保护。

第二,规定了当事人的诉讼权利,包括起诉权、反诉权、变更或者承认诉讼请求的权利、请求和接受调解的权利、和解权、上诉权、请求执行权、撤回起诉、上诉权、委托诉讼代理人的权利、申请回避权、提供证据权、进行辩论权、查阅、复制庭审材料的权利。其中民事诉讼特有的制度包括反诉权,请求和接受调解的权利,和解权。反诉,是指在一个已经开始的民事诉讼(诉讼法上称为本诉)程序中,本诉的被告以本诉原告为被告,向受诉法院提出的与本诉有牵连的独立的反请求。该权利亦是当事人法律地位平等原则的重要体现,是本诉被告所享有的重要权利,是保障本诉被告人民事权益的一项重要制度。反诉,是被告的一项重要诉讼权利,它是被告用来保护自己合法权益的一种特殊手段。所谓的民事诉讼调解制度,是指人民法院审理民事案件的过程中,可以在查明事实、分清是非的基础上,根据自愿和合法的原则,主持并促使当事人双方达成协议协商解决的制度。诉讼和解又称诉讼上的和解、裁判上的和解,是指双方当事人把他们对诉讼请求的主张相互让步的结果在诉讼上进行一致陈述的行为。民事诉讼中除了和行政诉讼刑事诉讼共同的制度以外,更着重保障了当事人的权利,使当事人在平等的条件下进行诉讼,使案件得到公平的处理。

### 五、刑法中的权利保障

我国刑法对人权的规定体现在:

第一,刑法典明确规定了罪刑法定原则、法律面前人人平等原则和罪刑相适应原则。罪刑法定原则,又称罪刑法定主义,即法无明文规定不为罪和法无明文规定不处罚。法律面前人人平等原则,是指对任何人犯罪,在使用法律上一律平等,不允许任何人有超越法律的特权。这是宪法所确认的法律面前人人平等这一社会注意法治的一般原则在刑法重的贯彻。罪刑相适应原则,亦称罪责刑相适应,基本含义是犯多大的罪,就应承担多大的刑事责任,法院亦应判处其相应轻重的刑罚,做到重罪重罚,轻罪轻罚,罚当其罪,罪刑相称;罪轻罪重,应当考虑行为人的犯罪行为本身和其他各种影响行使责任的大小因素。刑罚的基本原则无不体现了对当事人权利的保障,使当时人平等地受到法律的保护,不受特权的侵害。

第二,在刑罚制度方面,扩大了拘役、罚金刑的适用范围。由于拘役是短期剥夺犯罪人自由,就近实行劳动的刑罚方法,并由公安机关在就近的拘役所、看守所或者其他监管场所执行,在执行期间,受刑人每月可以回家1天至2天,参加劳动的,可以酌量发给报酬,所以较有期徒刑来说比较缓和,有利于对犯罪情节较轻的,社会危害性较小的罪犯进行改造,并使其更容易在刑满之后重新回到社会。罚金,是人民法院判处犯罪分子向国家缴纳一定数额金钱的刑罚方法。我国现行刑法顺应世界刑罚立法潮流,改变过去片面强调生命刑和自由刑的立法倾向,引入经济刑罚观,修订后的刑法适用罚金的条文比原刑法增加了6倍,大幅度拓宽了罚金刑的适用范围。

第三,对死刑的适用作出严格限制。在范围方面,刑法中规定死刑只适用于罪刑极其严重的犯罪分子,即对国家和人民的利益危害特别严重,手段非常残忍,犯罪人的人身危险性程度很大。在主体方面,规定犯罪的时候不满18周岁的人和审判的时候怀孕的妇女,不适用死刑。在死刑复核程序方面,规定死刑除依法由最高人民法院判决的以外,都应报请最高人民法院核准。生命权是公民最基本的权利,刑罚中也必然对其进行全面的保护。

第四,在刑罚的具体适用上,我国刑法规定了一系列有利于犯罪分子认真改造、重新做人的量刑制度和行刑制度,如量刑必须公正、合理和适当;根据犯罪情节决定在某一具体量刑幅度内从严、从宽判处刑罚或者免除处罚;立功自首制度,缓刑、减刑、假释制度。

## 六、刑事诉讼法中的权利保障

我国《刑事诉讼法》在以下几方面对人权保障作出了规定:

第一,吸收了无罪推定原则的基本精神。无罪推定,指任何受刑事控告者,在被证实和判决有罪之前,应推定无罪。无罪推定是为确定被告人在刑事诉讼中的地位,据此设定被告人的诉讼权利义务,设定控辩对抗的现代诉讼机制。"被告人不等于罪犯",这是无罪推定的首要之义。即在刑事诉讼中,无论何人,哪怕是现行犯,在未经法院依法审判确认有罪之前,其身份只能是"嫌疑人"、"被告人";关于案由,只能是"涉嫌"做什么。只有确立无罪推定原则,被告人才成为诉讼主体,享有与原告对等的诉讼地位,享有以辩护权为核心的各项诉讼权利。

第二,在强制措施制度上明确规定了侦查羁押期限。侦查羁押期限,是指犯罪嫌疑人在侦查中被逮捕以后到侦查终结的羁押期限,也就是说,羁押期限的起算,从犯罪嫌疑人被逮捕之日开始。在普通案件,对犯罪嫌疑人逮捕后的侦查羁押期限不得超过2个月。案情复杂、期限届满不能终结的案件,可以经上一级人民检察院批准延长1个月;有四种特定案件,下列案件在上述期限届满不能侦查终结的,经省、自治区、直辖市人民检察院批准或者决定,可以延长2个月:(1) 交通十分不便的边远地区的重大复杂案件;(2) 重大的犯罪集团案件;(3) 流窜作案的重大复杂案件;(4) 犯罪涉及面广,取证困难的重大复杂案件;还有特别严重案件,对犯罪嫌疑人可能判处10年有期徒刑以上刑罚,依照上述规定延长的期限届满仍不能侦查终结的,经省、自治区、直辖市人民检察院批准或者决定,可以再延长2个月。值得注意的是,最高人民检察院直接立案侦查的案件,符合《刑事诉讼法》第124条、第126条和第127条规定的条件,需要延长犯罪嫌疑人侦查羁押期限的,由最高人民检察院依法决定。

## 公法原理

取保候审是《刑事诉讼法》规定的一种刑事强制措施。在我国,指人民法院、人民检察院或公安机关责令某些犯罪嫌疑人、刑事被告人提出保证人或者交纳保证金,保证随传随到的强制措施,由公安机关执行。适用的对象:(1)可能判处管制、拘役或者独立适用附加刑的;(2)可能判处有期徒刑以上刑罚,但实行取保候审不致发生社会危险性的;(3)有逮捕必要,但因患有严重疾病,或是正在怀孕、哺乳自己婴儿的妇女,不宜逮捕的;(4)犯罪嫌疑人、被告人被羁押的案件,不能在法定的侦查羁押、审查起诉、一审、二审期限内办结,需要继续查证、审理的。法律规定,人民法院、人民检察院和公安机关对于有下列情形之一的犯罪嫌疑人、被告人,可以取保候审:可能判处管制、拘役或者独立适用附加刑的;可能判处有期徒刑以上刑罚,采取取保候审、监视居住不致发生社会危险性的。人民法院、人民检察院和公安机关决定对犯罪嫌疑人、被告人取保候审,应当责令犯罪嫌疑人、被告人提出保证人或者交纳保证金。

第三,规定了辩护人的数量和范围,规定犯罪嫌疑人、被告人除自己行使辩护权以外,还可以委托1至2人作为辩护人。律师、人民团体或者犯罪嫌疑人、被告人所在单位推荐的人、犯罪嫌疑人、被告人的监护人、亲友皆可以被委托为辩护人。扩大了指定辩护的范围,赋予护人更多的权利,提前了辩护律师参加刑事诉讼的时间,公诉案件自案件移送审查起诉之日起,犯罪嫌疑人有权委托辩护人;自诉案件的被告人有权随时委托辩护人。

第四,取消免予起诉,扩大不起诉的范围。不起诉主要分为决定不起诉、法定不起诉和存疑不起诉。决定不起诉在法理上称为酌定不起诉或相对不起诉。从公诉的角度看,相对不起诉是检察机关在拥有诉权的情况下对案件进行权衡后认为舍弃诉权更为适宜时作出的不起诉决定。我国《刑事诉讼法》第142条规定:对于犯罪情形轻微,不需要判决刑罚或者免除刑罚的,人民检察院可以作出不起诉决定。法定不起诉是起诉机关对案件没有诉权或者丧失诉权,因此而不提起公诉。存疑不起诉,即检察机关确认案件事实不清、证据不足,没有胜诉可能时,作出不起诉决定。

第五,在审判方式上,改革了法院对公诉案件的审查制度,规定由公诉人承担举证责任,公诉人相对当事人有更大的能力搜集证据,达到对当事人权利的保护,并扩大了合议庭判决权。

第六,从各个方面对保障被告人诉讼权利作出了具体规定,如起诉书副本至迟在开庭10日以前送达被告人,告知被告人可以委托辩护或在必要时指定律师为其辩护,二审阶段仍经过"讯问被告人、听取其他当事人、辩护人、诉讼代理人意见"这一程序等。

# 第十一章
## 公法责任与救济

公法救济有广义与狭义之分,本书所言救济主要从狭义的角度出发,即因公法(主要指宪法、行政法)关系而产生的救济活动,因我国目前并没有宪法救济,因而本章着重分析我国行政救济的主要问题。

### 第一节 关于行政救济含义之解释

"救济"一词的含义较为丰富,可以在多种语境下使用,如失业救济、医疗救济、社会救济、救灾救济、司法救济等。表述和使用尽管有所不同,但大致可归为物质救济或法律救济。物质救济,也就是我们汉语语义所指,"用金钱或物质帮助灾区或生活困难的人"[①],这一类救济是基于对人的同情、怜悯或不忍等所实施的救助行为,因而也被认为是道德救济。而法律救济却是另有所指,是根据一定的程序和规范对受害人提供必要的补偿、赔偿或补救的行为,是必须为的行为,具有强制性。换言之,法律救济对于救济主体而言是一种义务。

法律救济有多种表现形态,行政救济只是其中之一,而"行政救济"这种表述也只是学术用语而非法律用语,因而对于"行政救济"内涵之界定,各国亦有所不同。现将代表性的观点归纳如下:

第一,认为行政救济是国家为了防止或排除行政行为侵犯公民、法人和其他组织的合法权益而采取的各种直接或间接、事先或事后法律手段或措施所构成的一种补救制度。以此为依据,行政救济的范围大致包含有:行政复议、行政诉讼、行政赔偿、行政补偿等制度,行政机关上下级之间的行政监督、公务员责任、

---

① 《现代汉语词典》(第5版),商务印书馆2005年版,第733页。

监察机关对其他行政机关的监督、立法机关对行政机关的监督等机制也属于行政救济之范畴。另外,行政程序也被划归行政救济之范围。① 此观点涵盖了行政救济、行政程序、行政监督等所有内容,因而太过宽泛,不利于把握行政救济之本质。

第二种观点认为,"行政救济"与"司法救济"是相对的,因而行政复议、行政赔偿以及行政补偿等属于行政救济,而行政诉讼则属于司法救济。② 这一观点具有一定的代表性,甚至对我国的学者亦有深度影响,如我国有学者即持类似之说,"行政救济是指行政管理相对人在其合法权益受到行政机关的违法失职行为侵犯后提出申诉,由有监督权的行政机关按照法定程序对其予以救济的法律制度。这种救济是由行政机关来进行的,因而简称为行政救济"③。这一观点是仅从形式上来认识和把握行政救济,进而忽视了行政救济的本质在于解决行政纠纷,而非救济主体是司法的还是行政的。

第三种观点以我国台湾学者林纪东为代表,认为行政救济就是行政争讼,"行政争讼,谓关于行政上事项之争讼。……系行政官署适用行政法规是否合法、适当之争讼。其目的在于矫正官署之违法或不当处分,保护人民之权利或利益。行政争讼,就称为行政救济。"具体言之,行政争讼包括诉愿、行政诉讼、声明与异议、选举诉讼。④ 林纪东先生的观点较为准确地解释了行政救济存在的前提及其目的,具有一定的说服力,但把争讼等同于救济,有碍于我们从本质上进一步认识行政救济机制。

就我国而言,学者对行政救济的阐释亦各持己见,没有达成共识。有学者认为行政救济程序作为行政法的重要环节之一,包括狭义的行政司法和行政诉讼。具体来说,包括行政调解、行政复议、行政仲裁、行政诉讼。⑤ 有学者认为行政救济是"有关国家机关依法审查行政行为是否合法、合理并对违法或不当行政行为予以消灭或变更的一种法律补救机制"⑥。还有学者认为行政救济是对于受行政行为侵犯的公民权利给予的救济。"行政救济指公民的权利和利益受到行政机关侵害时或可能受到侵害时的防卫手段和申诉途经,也是通过解决行政争议,纠正、制止或矫正行政侵权行为,使受害的公民权利得到回复,利益得到补救

---

① 参见〔日〕室井力主编:《日本现代行政法》,吴微译,中国政法大学出版社 1995 年版,第 186—187 页。
② 参见王名扬:《美国行政法》,中国法制出版社 1995 年版,第 651 页。
③ 韩德培主编:《人权的理论与实践》,武汉大学出版社 1995 年版,第 699 页。
④ 参见林纪东:《行政法》,台湾三民书局 1986 年版,第 475—476 页。
⑤ 参见许崇德主编:《新中国行政法学综述》,法律出版社 1990 年版,第 385—388 页。
⑥ 叶必丰主编:《行政法学》,武汉大学出版社 1996 年版,第 222 页。

的法律制度。因此,行政救济是针对行政权力运用的一种消极后果的法律补救。"①以此为依据,行政救济分为行政内救济与行政外救济。行政内救济包括复议救济、监察救济;行政外救济包括立法救济、纪检救济、诉讼救济。除诉讼救济外,其他都是诉讼外救济。② 这些颇具代表性的观点从不同的视角和层面对行政救济的内涵做了相应的鉴定,尤其是第三种观点已为很多人所接受,但每一种观点又略显不足使得无法正确地认识行政救济的真实面貌。那么究竟何谓行政救济? 这关涉行政救济的范围以及相关制度的配置问题。

其实,如果我们从"救济"与"行政"两个视角入手,可能会更为全面地认识行政救济的本质。

首先,救济的本质是什么?

从词义上而言,救济是对陷入困境之人给予救援、救助或援助,以期受援助者能摆脱困境或危险。在汉语的解释里救济与权利无关。救济主体可以是国家、政府,甚至社会组织或个人,接受援助的对象则是处于社会底层或受到自然灾害影响的社会成员。研究表明,社会成员对生存和发展的需求是多种多样的,如温饱、安宁、公正、自由等,但需求不是权利,满足需求也不是义务③,只有当救济从被动变为主动时,救济才与权利产生联系。

西方国家对救济的解释体现在《牛津法律大辞典》关于"救济"的定义中:"救济是纠正、矫正或改正已发生或业已造成伤害、危害、损失或损害的不当行为。法律和救济,或者权利和救济这样的普遍词组构成了对语——更准确的分析可以这样来表述:法律制度赋予特定关系中的当事人以两种权利和义务:第一与第二权利和义务,前者如取得所购买的货物和取得货物的价款,后者如强制对方交货,或强制对方就未交货一事给付赔偿;或在另一方面,强制对方支付货物的价款或强制对方就拒收货物给予赔偿。虽然只有在第一权利未被自愿或被令人满意地满足的情况下,第二权利或救济权利才能发挥作用,但要求对方履行义务的权利,或要求对方就未履行义务或不适当履行义务给与救济的权利,却都是真正的法定权利。相应地,救济是一种纠正或减轻性质的权利。这种权利在可能的范围内会矫正由法律关系中的他方当事人违法义务行为的造成的后果。"④根据这一解释,救济具有如下属性:第一,救济是一种权利,是相对于实体权利或"第一权利"而言的"第二权利";第二,救济权利针对的是违反义务的不正当行

---

① 张树义主编:《行政法新论》,时事出版社1991年版,第232页。
② 同上书,第250—252页。
③ 夏勇:《乡民公法权利的生成——原理与现实》,载夏勇主编:《走向权利的时代——中国公民权利发展研究》(修订版),中国政法大学出版社2000年版,第675页。
④ 〔英〕沃克:《牛津法律大辞典》,邓正来等译,光明日报出版社1988年版,第764页。

为,且该不正当行为已经造成对权利主体的伤害、危害、损失或损害;第三,救济权是法定权利,具有强制性。

救济作为一项权利,最早可追溯到英国 1225 年的《大宪章》(Magna Carta)。《大宪章》第 29 条规定:"任何自由人,如未经其同级贵族之依法裁判,或经国法裁判,皆不得被逮捕、监禁、没收财产、剥夺自由和习俗、驱除、流放或加以任何其他损害,——无人被出卖、被拒绝或延迟得到公正或正义。"①这一条款被后来的柯克法官适用于处理臣民之间的私人关系,确立了具有现代意义的救济权,体现在他在 1641 年出版的《英格兰原理》一书中。他说,"任何一个在财产、土地和人身方面受到其他臣民——不论该臣民是教会人员还是世俗人员——损害的王国臣民,毫无例外地根据法律规定的程序获得无偿、彻底接受和毫不迟疑的公正和正当性救济;为此,公正应当满足三个条件:它应当是(1)免费的,因为没有什么比将公正用来出售更令人厌恶的事情了。(2)彻底的,因为公正不会跛行,也不会零碎地发生。(3)有效率:迟延是一种否定。满足了这三个条件,救济就既是公正的也是正当的。"②一个世纪之后,布莱克斯通把救济权视为文明社会保卫人的绝对权利的决定性手段之一。他把权利分为绝对权利和相对权利两大类。他认为安全、自由和财产权属于自然权利,是人不可剥夺的三大绝对权利。绝对权利不能仅仅被宣告,还需要保卫它们的手段。"假如宪章没有提供其他的手段保障其被实际享有,这些绝对权利仅仅由死的法律条文宣告、确认和保护是徒劳的。为此,应当建立某种其他的辅助性权利,以主要作为促进或制约的因素保护和维持不可侵犯的三大权利——个体安全、个人自由和私人财产权。"③其中,救济权是五个被界定的辅助性权利之一(其他四个辅助性权利包括议会的组成、权威和特权;对国王特许权的限制;向国王或议会提出损害赔偿的请求权以及持械自卫权)。救济权要求普通法院具有普遍的管辖权,受理涉及侵犯个人权利的任何案件,"因为英国法中一个确定不变的原则就是,受到侵害的任何权利都有救济,而且对每一个损害都有恰当的补救"④。布莱克斯通不仅重申了柯克法官实现正义的格言,而且强化了保护权利的实质性效果。

总之,法律救济就是法院赋予当事人实现法律权利的方式。法律救济主要是恢复性措施,即法院对于当事人的损失、伤害给予金钱上的赔偿。因而,救济是权利,并且是权利的保卫性手段。

---

① 董云虎等编:《世界人权约法总览》,四川人民出版社 1990 年版,第 55 页。
② Edward Coke, *The Second Part of the Laws of England*, New York: William S. Hein Co., 1986, p.55.
③ William Blackstone, *Commentaries on the Law of England*, London, 1765—1769, pp.140—141.
④ Ibid., p.109.

其次,行政救济之"行政"所指是什么?

之所以对行政救济的范围认识不同,有很重要的原因在于对行政救济之"行政"的定位,这一定位决定着行政救济的范围。相当一部分人认为,由行政机关提供的救济就是行政救济,如行政复议。我们认为如此解释脱离了行政救济的本质,救济与行政相连,更多地意味着救济权的指向对象是行政行为,或者说是因为行政行为导致了救济的发生。这样才能真正把握行政救济的内涵。

基于以上的考虑,我们认为,行政救济是利害关系人由于行政行为的违法或不当造成损害而采取的补救措施。这样的解释一方面概括了行政救济的本质是对因行政行为造成的损害而得的补救,另一方面更新了遭到不当或不法侵害的利害关系人是救济的主体而非救济的客体。因此,我们认为行政救济应当包括:行政诉讼、行政复议、信访、行政裁决几种。

## 第二节 行政救济之原理

### 一、权力与责任

权力是否必然与责任相连,或者说,"毫无理由地给他人造成损害,必须给予补救,使之恢复原状,这是一项普遍原则。这一普遍原则适用于政府部门吗?"[1]答案是否定的。公权力不承担责任是19世纪上半叶王权至上或主权至上理论的必然结果,"理论之于法律的教条,犹如建筑师之于建筑的工具,乃是其中最重要的一部分"[2]。

行政主体的行政责任是随着近现代民主政治思想的产生和民主政治体制的建立而逐渐形成的。近代资产阶级革命前,西方国家的政治生活中一直奉行"国王不能为非"以及"朕即国家"的理念。而行政管理权力及其行为后果是代表国王,因而,在政治关系上,官吏代表的国王行为造成的损害也不承担任何责任,因此,这一时期实际上处于行政无责任状态。

这一状态一直持续到资产阶级革命后,国家进入自由法治国时期,以作为"行政法之母国"的法国为代表,其所制定的《法国宪法》(1791年)首先明确了权力的来源,"权力只能来自国民,国民只得通过代表行使其权力","立法权委托给人民自由选出的暂时性的代表们所组成的国民议会","行政权委托给国王","司法权委托给按时选出的法官行使之"[3]。这一规定为国家承担责任奠定

---

[1] 〔法〕让·里韦罗、让·瓦利纳:《法国行政法》,鲁仁译,商务印书馆2008年版,第585页。
[2] 转引自荆知仁:《美国宪法与宪政》,台湾三民书局1985年版,第12页。
[3] 王名扬:《法国行政法》,中国政法大学出版社1988年版,第12页。

了宪法上的依据,随后建立的法国行政法院标志着法国行政责任制度的确立。而德国、英国、美国等步入法治社会的国家,也逐渐确立了国家或政府的责任制。尤其是在第二次世界大战后,西方各国普遍推动社会福利制度,一方面促成了行政法的加速发展,另一方面责任制度亦日渐成熟并趋于严格化。

在我国,公权力主体承担责任也经历了从无到有的过程。关于国家责任的法律规定最早可追溯到民国时期,1934年宪法草案第26条规定:"凡公务员违法侵害人民之自由或权利者,除依法律受惩除外,应负刑事即民事责任。被害人民就其所受损害,并得依法律向国家请求赔偿。"此后公布的行政诉讼法等相关法律都做了类似的规定,这些法律规定尽管只是装点门面的,但有总比无强。新中国成立后的第一部宪法1954年《宪法》第99条明确规定:"由于国家机关工作人员侵犯公民权利而受到损失的,有取得赔偿的权利。"这是新中国成立后首次以宪法的形式将国家责任给予确认。其后,由于政治上的原因,国家又处于无责任的状态,直到文化大革命结束,1982年颁布的《宪法》又明确了国家机关的行政赔偿责任。第41条规定,由于国家机关和国家机关工作人员侵犯公民权利而受到损失的人,有依照法律规定取得赔偿的权利。1982年《宪法》为以后责任制度的进一步发展提供了宪法依据,此后的《民法通则》等法律做了类似的规定。而1989年《行政诉讼法》的颁布标志着行政责任制度在我国的正式确立,其后公布的《国家赔偿法》进一步将责任问题具体化、法律化。

政府作为权力主体并且应承担相应的责任,离不开思想家和普通人民的努力和争取。以霍布斯、洛克、卢梭等为代表的社会契约论学者从人民和国家的关系为基点,论证了国家承担责任的必然性。国家的一切权力来源于人民,人民是出于保护自然权利的目的而将其权利以契约的形式委托给国家,而作为受托人的政府只能在人民授权之范围内行使其权力,否则属于违法或不当,对其"违约"行为应当承担责任。因而,行政责任是社会契约理论发展的逻辑结果。人权保障理论则从国家的义务以及保护人权的角度同样论证了政府承担责任的正当性与必然性。人权保障是社会进步的重要标志。人权作为人的基本权利,从"天赋人权"的自然状态逐步被法律化、制度化以及国际化,这是人类历史发展的重大进步,最初人权保障仅限于国内,随着国际关系的发展,人权又被规定在国际法中并获得不同程度的保护。因为"对于宪政发展历史上的宪政开拓者而言,尊重人权是人民同意政府的统治条件,是政府合法性的基础"[①]。换言之,政府是为了保障权利而成立的。在现代社会中,政府对人权的保障要求政府自己不得侵犯人权,同时还要求政府积极的创设条件,为人权的发展提供资源和空间。

---

① 〔美〕L.亨金:《权利的时代》,信春鹰等译,知识出版社1997年版,第108页。

实质上,政府作为国家权力的拥有者,承担责任也是法治社会的内在要求。责任政府是法治社会的必备要件,在法治社会中,不存在无权力的责任和无责任的权力。因而,权力与责任始终是一对矛盾的统一体,有权必有责,有责必有权。法治乃是"权力要受限制,没有无义务的权利,也没有无责任的权力;权力的行使要遵守法定程序;一切违反法律的行为都要遵守相应的责任"①。

对于如何追究政府的责任,各国设计了不同的制度,但其制度设计都来源于"以权力来制约权力"的思想,其表现形式就是行政救济制度。其实,行政救济的产生就是为了解决国家或政府的无责任状态,而这一事实已为学者阐释:"从行为事实要件和法律责任关系角度审视行政责任本质,我们不难得出如下结论,即行政责任的本质乃是行政主体与行政相对人之间地救济权关系。"②

### 二、权利与救济

权利与救济存在什么样的关系,我们耳熟能详的并已经达成共识的一条原则就是:"无救济就无权利。"说明了权利对救济的依赖程度,救济权作为公民的一项权利,与普通权利互为彼此,共存共亡。那么,普通权利为什么一定要依赖于救济权?或者说,第一权利为何必须依赖第二权利?学者们从不同的角度给予了解释。如有学者认为权利需要救济的根据是权利之间会发生冲突③,这是从社会冲突的角度分析的,有一定的说服力,但只回答了权利为什么会被侵犯,对于权利为什么需要救济未作正面的直接的解释。如果我们从权利本身的属性为视角,或许更能解释权利需要救济的真实性与迫切性。

何谓权利?这一现实而又富哲理的问题,让很多思想家为之着迷、为之倾倒,穷毕生之精力思考、研究,而给出的答案亦是多姿多彩,并因此而形成不同的派别。如德国法学者将权利界定为法律所保护的利益。他们认为,权利在形式上的要素是通过司法上的诉权而体现的法律的保护,而实质存在于权利主体的利益、利益的实际效用和享受上。同时,法的存在不是为了实现抽象的法律意志,而是用以保护生活的利益,用以援助生活的需要并实现生活的目的而服务的。这里的利益不是以金钱来估计的利益,而是一切广义的物质和道德的利益,如人格、政治自由,等等。④ 当代许多学者支持这一论点,主张不论权利的客体

---

① 龚祥瑞:《比较宪法与行政法》,法律出版社1985年版,第77页。
② 朱新力、余军:《行政法律责任研究——多元视角下的诠释》,法律出版社2004年版,第230—235页。
③ 参见程燎原、王人博:《赢得神圣——权利及其救济通论》,山东人民出版社1993年版,第349—372页。
④ 转引自〔法〕狄骥:《宪法论》(第1卷),钱克新译,商务印书馆1959年版,第204—205页。

是什么,对权利人而言,它总是一种利益。离开利益,权利就空无所有了。① 而英国法学家哈特则反对利益说。他认为,享有权利这一观念与从履行义务中获益这一观念并不相同。比如,X 向 Y 承诺,作为 Y 对自己某种善待的回报,他将在 Y 不在时照顾 Y 年迈的母亲。这里,尽管因 X 的行为受益的人是 Y 的母亲,但是,只有 Y 对 X 的请求权。他有资格使他的母亲受到照顾,他也能放弃这种请求权,使 X 免于这种责任。"换言之,当 Y 处于按自己的选择决定对 X 将如何行为,从而在这方面限制 X 选择自由的地位;而且,恰恰是这一事实,而非他必定受益的事实,使我们可以恰当地说他享有一项权利。"② 在哈特看来,权利属于由那些适当分配人类自由的规范构成的法律或者道德的特殊部分,这些规范使一个人通过自己的选择决定别人将如何行动的行为正当化。另外,权利可以基于承诺、同意、互相约束、当事人之间的特殊关系、特别许可而产生,并形成相应的特殊权利,它也可以直接诉诸人皆自由平等原则而形成普遍权利。前者构成了一个人所特有、干预另一个人自由的正当理由,后者则指在预感或面临某种不正当干预时,为防止不正当干预而主张的权利。③ 还有学者从伦理学的角度提出有关权利的主张,如美国伦理学家彼彻姆认为,资格说与要求说的权利理论更能把握权利的本质。其中,资格说将权利看做是一种去做、去要求、去享有、去完成的资格;要求说则把权利看做是一种有效的要求,这种要求权之所以存在或不存在取决于相应的规则允许或不允许这项权利,以及是否授予这项"资格"。他认为,这两种权利理论的共同点是将权利的概念表述为对人类行为的道德上有效力的要求。如果一个人拥有一项权利,他人必须受到有效的限制,不能去干涉此项权利之实施,并且必须提供权利享有者所应当享有之物。④

以上观点存在差异的原因是其研究的视角不同造成的,如同对"人"是从哪里来的一样,既有神学的解释,也有科学的解释。但问题的核心却没有变,那就是权利的属性。

首先,权利的主体是人。

近现代以来,权利或人权的概念,与自由、平等、民主等概念一道成为社会进步和启蒙思想的标志。而洛克的权利理论直接把权利作为政治道德的基础或一般意义的道德基础。L. 亨金指出:"称人权为'权利'是指人权'始自权利'的要

---

① 参见夏勇:《人权概念的起源——权利的历史哲学》,中国政法大学出版社 2001 年版,第 53—54 页。
② 〔英〕H. L. A. 哈特:《是否存在自然权利?》,张志铭译,载夏勇编:《公法》(第 1 卷),法律出版社 1999 年版,第 370 页。
③ 同上书,第 372—376 页。
④ 〔美〕彼彻姆:《哲学的伦理学》,中国社会科学出版社 1990 年版,第 290—296 页。

求,而不是仁慈、博爱、友情或爱的要求;人权无需谋求,也不是奖赏。权利概念意味着,根据一些可适用的规范按照某种秩序应赋予权利所有人的权利。"①这个主动的积极的主体,不是别的,而正是被称为权利主体的人。② 人是权利的主体,权利也是人生来就有的品质,康德的观点则具有代表性:"只有一种天赋的权利,即与生俱来的自由。自由是独立于别人的强制意志,而且根据普遍的法则,它能够和所有人的自由并存,它是每个人由于他的人性而具有的独一无二的、原生的、与生俱来的权利。——根据这种品质,通过权利的概念,他应该是他自己的主人。"③权利的主体性概念保持了人的自主权的地位,可以逻辑地推出对任何权利的侵犯就是对人的侵犯,而这与"人具有不可侵犯性"的内在属性是相悖的,因而权利必须被救济,这样才能保证人的基本的生存状态。

其次,权利具有不可侵犯性。

权利不可侵犯性的特质是权利的内在价值。罗尔斯指出:"每个人都拥有一种基于正义的不可侵犯性的权利,这种不可侵犯性即使以社会整体利益之名也不能逾越。因此,正义否认为了一些人分享更大利益而剥夺另外一些人的自由是正当的,不承认许多人享受的较大利益能绰绰有余地补偿强加给少数人的牺牲。"④权利的不可侵犯性是社会正义的一种表达,正如德沃金所言,权利是掌握在个人手中的政治王牌,是要求保护的"道德主张",也是对抗政府的理由。⑤因此,权利也可被视为人们行为的道德边界,它不是要求人们做什么,而是限制人们做什么。

权利的内在属性决定了权利必须要救济。因而,权利主体也是救济主体,二者具有统一性。因此,国家提供救济制度则成为其一项必须的义务,"在社会里,公民安全主要赖以为基础的东西,就是把整个人随意谋求权利的事务转让给国家。但对于国家来说,从这种转让中产生了义务,……因此,如果公民之间有争端,国家就有义务对权利进行裁决,并且在占有权利上要保护拥有权利的一方"⑥。

在公法领域,由于公权力与私权利的绝对悬殊,决定了其救济形式必然是公力救济。事实上,权利的最大危险不是来自个人权利的滥用,而是政治权力。洛

---

① 〔美〕L.亨金:《权利的时代》,信春鹰等译,知识出版社1997年版,第3页。
② 参见夏勇:《人权概念的起源——权利的历史哲学》,中国政法大学出版社2001年版,第176—177页。
③ 〔德〕康德:《法的形而上学原理——权利的科学》,沈叔平译,商务印书馆1991年版,第50页。
④ 〔美〕约翰·罗尔斯:《正义论》,何怀宏等译,中国社会科学出版社1988年版,第1—2页。
⑤ 〔美〕罗纳德·德沃金:《认真对待权利》,信春鹰等译,中国大百科全书出版社1998年版,第6页。
⑥ 〔德〕威廉·冯·洪堡:《论国家的作用》,林荣远等译,中国社会科学出版社1998年版,第68页。

克首先发现了这一深刻的冲突,并把把这个问题留给了孟德斯鸠。人类的历史经验让孟氏清晰地认识到人性的弱点,"一切有权力的人都容易滥用权力,这是万古不易的一条经验"①。为此,孟氏为人类提出了较为彻底的解决之道:分权与制约。他说:"当立法权和行政权集中在同一个人或同一个机关之手,自由便不复存在了;因为人们将要害怕这个国王或议会制定暴虐的法律,并暴虐的执行这些法律。……如果司法权同立法权合而为一,则将对公民的生命和自由施行专断的权力,因为法官就是立法者。如果司法权同行政权合而为一,法官便将握有压迫者的力量。"②

## 第三节 行政救济之基本原则

行政救济的原则是设立行政救济制度时所遵循的基本准则。由于现行行政救济机制体系较为庞杂,为使行政救济机制科学合理地配置,首先要明确行政救济之原则。这有利于理顺行政救济制度之间的关系、节省资源,使行政救济机制形成一个完整而有序的机制,从而更有利于保护公民的权利。

结合我国现行行政救济机制存在的问题以及原因考究,行政救济制度至少要遵循如下原则:

### 一、中立裁判原则

该原则是指在裁决活动中任何人不能作为自己案件的法官,裁判者不能偏向任何一方,必须保持不偏不倚的立场,平等地对待纠纷的双方当事人。这一原则要求行政救济机关只能服从法律与事实,不能考虑其他任何与案件无关的因素,包括裁判者的态度不能受其他因素(如政府、政党、媒体、利益等)的影响,至少在个案的审判过程中不应当受这些因素的影响。中立裁判是人类理性和情感对公正裁决的最基本要求,是无需证明的人类真理。它是裁决公正实现的最低限度要求,相反则是对裁判纯洁的破坏。

行政救济机关要真正做到超脱于双方当事人处于中立地位,至少要满足以下几个要求:首先,救济机构必须独立。这是保证中立行使裁决权的基本条件。只有独立的行政救济机构,才可以不受政治、经济和社会的影响,不受行政的干预而独立作出自己的裁决,才能保证裁决基本的公正性。否则,救济的公正性就无从谈起,行政救济制度不仅起不到化解纠纷的作用,反而徒增当事人的程序负

---

① 〔法〕孟德斯鸠:《论法的精神》(上册),张雁深译,商务印书馆1961年版,第156页。
② 同上书,第154页。

担和纠纷解决成本。其次,主持裁决的人员不得与案件或案件当事人有利害关系,否则,应当回避。回避规则的法理基础为普通法的自然公正原则,自然公正的重要内涵之一就是"任何人都不得在与自己有关的案件中担任法官"。回避最早是基于公正诉讼理由而产生的一项诉讼法上的制度,后逐渐为行政程序法所采用。这是从个体上保障行政救济机构中立的法律制度。回避理由包括足以使人们对裁决活动的公平产生怀疑的情形,诸如行政救济人员或其近亲属与裁决事项有特殊利害关系、行政救济机关事先对当事人显而易见的好恶等。我国《行政处罚法》第42条明确规定:"听证由行政机关指定的非本案调查人员主持;当事人认为主持人与本案有直接利害关系的,有权申请回避。"回避的主要作用在于排除偏见,保持行政复议者的公正无私,从而保障行政复议权力公正有效的行使,实现行政复议公正。同时,也有利于培养公众对行政复议的信任感,因为它从法律上排除了影响行政复议活动公平的非法律因素。最后,裁判者的素质也是行政复议中立行使的重要因素。作为行政裁判主体必须有相应的专业特长和丰富的专业知识,同时还应具备良好的道德品质、社会正义感和虔诚的敬业精神。因为国家的法律与公正并不能画等号,再严格的法律规则都难以避免"人"在其中的能动性。因此,为了保证裁决的公正度,保证法律执行人——裁决者的素质能力尤为重要。

**二、公开裁判原则**

公开裁判原则,是指行政裁决机关裁决当事人之间的争议除法律规定的特别情况外,一律公开进行,包括对当事人公开和对社会公开,裁决过程公开和裁决结果公开。公开裁判原则是行政救济的一项重要的程序原则。

"没有公开就无所谓正义"[①],揭示了公开裁判的真谛在于"正义不仅应当得到实现,而且以人们能够看得见的方式得到实现"[②]。这简朴的格言既是对公开审判精神的深刻领悟,也是对历史进行反思的经验结晶。

公开审判作为一项重要的诉讼原则,首先是被应用于刑事审判领域。当时是出于反对封建社会拷问、秘密审判和酷刑等制度,提倡刑事制度进行理性主义和人道主义的改革而由意大利杰出的法学家贝卡利亚提出,审判应当公开,犯罪的证据应当公开,以便使或许是社会唯一制约手段的舆论能够约束强力和欲望。[③] 这一原则在司法制度的发展史上有着巨大的作用,如今,已经被世界各国

---

① 〔美〕伯尔曼:《法律与宗教》,梁治平译,生活·读书·新知三联书店1991年版,第48页。
② 英国古老的法律格言,参见陈瑞华:《刑事审判原理论》,北京大学出版社2003年版,第65页。
③ 〔意〕贝卡利亚:《论犯罪与刑罚》,黄风译,中国大百科全书出版社1993年版,第2页。

确立为一项宪法性原则。

在行政救济中实行公开原则,更深刻的内涵在于保障程序的公正和杜绝裁判人的恣意行为。对裁判者而言,权力的行使都会面临滥用权力的诱惑,而裁决公开将其置于社会公众以及程序参与人的监督之下,可以有效地防止权力行使者滥用权力。"阳光是最好的防腐剂,路灯是最好的警察。"这句格言表明了公开的极端重要性,也是对公开裁判最好的评价。对于当事人而言,公开裁判意味着赋予当事人更多的知情权和最大的程序参与权,"当事人又得到通知即提出辩护的权利,是否具备这两种权力是区分公正程序和不公正程序的分水岭"①,从而充分展示当事人在行政救济中的主体地位。另外,公开裁判的过程也是法制宣传的过程,对社会公众而言无疑是上了一堂生动的法律课。法制教育不应仅仅停留在书面或口头的宣传上,更应让人们感受到法律是实实在在地发挥作用。而且,公开裁判与否对当事人及社会公众的感受是不同的,如果裁判是公开的,人们对裁判结果的正当性将付之于更多的信任,从而有利于树立法律的权威,有助于裁决的执行。

行政裁判公开原则的运用,必须以听证制度作为程序保障。听证是裁决的前提。听证,在英美被称为"审讯"或"听讯",在德国被称为"听审",日本被称为"听闻",基本含义都是给予当事人以参与的机会。广义上而言,听证包括司法听证、立法听证和行政听证,是指有关机关在作出决定时,广泛听取关系人的意见,从而作出公正、合理决定的程序;狭义的听证,就是行政听证,指行政机关在制定条例、法规或作出具体裁决时,听取利害关系人意见的法律程序。

听证的价值在于,一切公正合理的程序都必须具备一个最基本的条件,即权益可能受到裁决影响的主体必须有充分的机会参与程序,并对裁决结果的形成发挥有效的影响。程序主体只有真正参与到程序中去,才能摆脱程序的客体地位,免受被动地承受裁决的结果;才能通过积极主动的行为促使程序产生符合自己真实意愿的结果。任何形式的听证必须使当事人享有了解权和陈述、申辩权,行政机关必须充分听取和认真考虑他们的意见,否则,作出的决定无效。而这是对行政救济结果公正性最低限度的保障。

英国行政裁判所活动的首要原则即为公开:行政裁判所应听取对方当事人的意见作出决定,当事人有权知道对方论点;除有特殊原因外,询问应当公开举行(但有时也采用书面形式);裁判所可以对案件作现场调查,一般应在当事人参加的情况下进行;全部证据必须向当事人出示并听取当事人的意见。美国的正当法律程序,在行政领域的最基本要求包括通知、听证及理由之陈述。行政机

---

① 王名扬:《美国行政法》,中国法制出版社 1995 年版,第 410 页。

关在作出对公民个人权利或财产有不利影响的决定时,应及时通知当事人,及时听取当事人的意见,给当事人充分陈述理由和观点的机会,并使当事人获知该裁决的理由。在日本,规定听证的场合,尤其是对于不利处分,行政机关有义务举行听证会并为公开而努力,法令要求听证会必须公开。即使没有这种规定,为了公正承担责任,原则上也要求公开进行。法国1978年的《行政公开和公众关系法》改变了法国行政程序秘密的传统,规定了行政公开原则。我国《行政处罚法》亦对处罚听证中行政相对方当事人的听证权利做了规定,这些权利包括:得到通知的权利,申请回避的权利,委托代理人参加听证的权利,提出证据、进行申辩和质证的权利。

### 三、裁判经济原则

裁判经济原则指的是行政救济应以最小的投入获得最大的效益,即行政救济的利用应尽可能的便宜或经济,并使纠纷得到及时而迅速的解决。

效益,包括经济效益和社会效益,是公正和效率价值目标融合的最佳平衡点。公正是人类永恒追求的主题,然而,公正也不是绝对的,它具有多元性,会受制于不同时代对价值追求的迥异,会受制于社会制度的设计,也会受制于社会成员的不同理解和期待。而其中效率对公正有着绝对的影响,"迟来的正义为非正义"的英国格言已经告诉人们,一个低效率的裁决程序绝不能说是公正的。盲目地追求效率也会影响人类对公正的期待。因为高效率意味着简化的程序和简短的时间,这是由时间和效率的反证关系决定的。而绝对的公正必须有一丝不苟的、繁琐冗长的程序作保证,因为程序是公正性永恒的生命基础。因此,价值目标之间的冲突在所难免,毕竟"鱼和熊掌不可兼得"。

绝对的公正是以牺牲整体的效益为代价的,包括冲突主体的人身、经济等权益长期处于不稳定状态以及冲突主体为此付出的高昂的代价等。[1] 这样的公正既非冲突主体所期待的,也不是行政救济活动所追求的。行政救济必须考虑效率的价值,是行政救济的内在要求和其价值所在。这并不意味着削弱或抛弃公正价值,恰恰相反,它是为古老的公正价值补充时代的精神,使永恒的公正命题焕发崭新的生机。美国著名法学家庞德也强调,"法的目的和任务在于以最少

---

[1] "一起普通的农村相邻权纠纷案件,从案件起诉到法院,当事人交给法院的正式诉讼费150元,交给律师事务所的费用450元,而用于吃喝、烟酒及车马费等用去2250元,合计3000元,这里不包括当事人的误工损失,而案件在调查二审还未终结。"赵旭东:《互惠、公正与法制现代性——一个华北村落的纠纷解决》,载《北大法律评论》第2卷第1辑,法律出版社1999年版,第124—127页。

的牺牲和浪费来尽可能多地满足各种相互冲突的利益"①。

我们的理想价值观是如何恰当地选择、协调价值取向,合理化解价值之间的冲突。效率与公正的冲突并不意味着各自具有绝对的排他性,恰恰相反,二者存在的内在联系是其本质上的一致性。公正作为解决纠纷活动的永恒追求,它是纠纷解决的核心目标,是效率价值的基础,失去公正,追求效率将毫无意义,纠纷的解决也将毫无力量和权威。合理的选择是避免将价值目标推向绝对化或片面性,建立公正与效率紧密相联的标准和尺度,使公正与效率同生共长。任何利益的冲突都存在选择的一般性原则。权衡与选择的原则是尽可能满足多一些利益,同时使牺牲和摩擦降低到最小限度,也就是常言所说的"两害相权取其轻,两利相权取其重"。但无论选择什么,或者牺牲什么,只要能选准一个"度",既要无损于公正(从整体而言),又要无损于效率。这个"度"就是追求纠纷解决效益的最大化,纠纷解决效益的最大化正是公正与效率的最佳平衡点。这也是适用行政复议经济原则的价值所在。行政复议解决纠纷的基本价值目标只能是将社会的整体效益放在首位,追求经济效益与社会效益的最佳结合,而不是仅仅将经济效益放在首位。

行政救济是行政活动复杂性、效率性与司法程序公正性的有机结合,也决定了其解决纠纷既要迅捷,纠纷解决的成本又要低廉。② 因此,要求非行政诉讼的其他行政救济制度在程序上应当较诉讼简易,公民一旦受到侵害,应当以最简易、便捷的方法予以恢复,并且,其所保护的权益应该超过原权利享有的效益的代价和为此付出的代价。纠纷当事人对裁决满意,自然无须再进行繁冗的诉讼,也成就了权利保护的经济性。

遵循行政裁判经济原则,必要的灵活性是必不可少的。赋予裁决者更多的有益于解决纠纷的权力是必要的。行政救济机关在行政救济程序中,应采用职权主义审查模式,行政救济机关应该拥有完全的指挥权,为了查清事实,既可以主动询问当事人,也可以主动调查证据。另外,在保障公正、准确的前提下,尽量减少不必要的环节、手续,提高各个环节的运转速度。通过立法规定裁决的期限,行政救济机关应及时迅速解决纠纷,同时纠纷当事人应积极配合,消除议而

---

① 〔美〕庞德:《通过法律的社会控制——法律的任务》,沈宗灵、董世忠译,商务印书馆1995年版,第35页。

② 成本高昂和迟延不是行政解决纠纷所需要的,如果行政复议解决纠纷的效益类似赵旭东先生调查的情形,"一起普通的农村相邻权纠纷案件,从案件起诉到法院,当事人交给法院的正式诉讼费150元,交给律师事务所的费用450元,而用于吃喝、烟酒及车马费等用去2250元,合计3000元,这里不包括当事人的误工损失,而案件在调查二审还未终结"(赵旭东:《互惠、公正与法制现代性——一个华北村落的纠纷解决》,载《北大法律评论》第2卷第1辑,法律出版社1999年版,第124—127页),行政复议将会失去其存在的基础。

不断、拖而不决的现象。

## 第四节 行政救济之形态

行政救济作为一种对公民权利的补救方式,由于历史原因、政治结构、文化传统等因素的差别,在世界各国形成了不尽统一的形态,并各具特色。如英国的行政救济主要有行政裁判所、司法审查、行政赔偿等方式,美国主要有行政裁判制度、司法复审制、行政侵权赔偿制等,在法国则表现为行政机关的救济、行政法院的救济以及相应的赔偿制度,在德国则有异议审查制、行政诉讼制、行政赔偿三种形式。上述国家的行政救济制度尽管有所不同,其救济的内容则仍然是有共性的,均表现为行政机关的救济、法院的救济以及相关的赔偿制度。

就我国而言,由于其独特的文化背景以及政治结构,则形成了具有中国特色的行政救济机制。结合本书对行政救济内涵的鉴定,我们认为我国的行政救济制度主要包括:行政诉讼、行政复议、行政裁决、信访等几种。

### 一、行政诉讼

行政诉讼,可以通俗地表述为"民告官",即由法院作为中立的第三人解决"官民"纠纷的一种制度。

我国的行政诉讼制度是舶来品,清末改革时行政诉讼的思想被引入中国,1909年清政府颁布《大清暂行法院编制法》,并筹设"大清行政裁判院",不久,大清王朝覆灭。民国初年,设立平政院,审理行政案件。民国初年公布的《临时约法》、《中华民国约法》都有关于行政诉讼的规定。行政诉讼制度的正式确立于民国三年,当年制定并颁布了《平政院编制令》、《行政诉讼条例》、《平政院裁决执行条例》、《诉愿法》、《行政诉讼法》以及《纠弹条例》等系列法规,之后,《行政诉讼法》几经修改,现为我国台湾地区所用。新中国建立后到1982年,现代意义的行政诉讼制度基本上处于真空状态。1982年到1989年间,行政诉讼的规定散见于其他法律法规中,如1982年《民事诉讼法》规定,法律规定由人民法院审理的行政案件,适用本法规定。但由于只是一条原则性的规定,行政诉讼的发展相对缓慢。直到1989年颁布的《行政诉讼法》,标志着我国行政诉讼制度的正式确立。而《行政诉讼法》本身带来的社会效应是非常巨大的,有学者说《行政诉讼法》对我国具有里程碑意义。[①] 它象征着中国由人治向法治的转变,它开

---

[①] 如陈端洪教授认为,行政诉讼在中国首次建立了对峙式的政治模式,标志着民主宪政的肇端。参见陈端洪:《中国行政法》,法律出版社1998年版,第113页。

启了中国的宪政之路,它将带领我们步入法治社会,因而,《行政诉讼法》承载着重大的历史使命。

与其他国家的行政诉讼制度相比,我国的行政诉讼制度既吸收了其他国家的经验,也形成了比较独特的一面。

首先,由设于人民法院内部的行政庭审理行政纠纷。

这种行政审判体制既不同于大陆法系的"二元制"体系,也不同于普通法系的由普通法院审理制,而是由人民法院受理,由其内设的行政庭审理,当然,受理和判决是由人民法院作出。这样的体制有其优势也有不足,由专门的审判庭审理说明行政纠纷需要区别对待,不能一揽子解决。其不足在于行政庭受到人民法院体制的约束,人民法院的体制以及管理方式都会影响行政庭审判功能的正常发挥。

其次,受案范围较为特殊。

根据《行政诉讼法》的规定,受案范围采用的是概括式列举、肯定式列举以及否定式列举混合的方式,而这种方式在世界上是少有的。而受案范围的标准以人身权、财产权为主,并且是因具体行政行为造成的,抽象行政行为不属于行政审判的范围。至于除人身权、财产权之外的其他权利能否提起行政诉讼,则要视有无特别的法律规定。因此,相对而言,我国行政诉讼的受案范围限制因素比较多。

最后,行政诉讼不适用判例法。

这也应该说是我国行政诉讼制度颇具特色之处。我国的法律体系属于成文法,因而在任何一个法律领域中都拒绝判例法,行政诉讼制度也不例外。尽管有学者论证,实际上我国是有判例的,比如最高人民法院的批示、最高人民法院在人民法院公布的案例对下级法院具有指导作用。事实虽然如此,但"指导"不是判例法的特质,判例法注重的是遵循先例,与法律具有相同的效力。

《行政诉讼法》从实施到如今,有20年的历史了,经过这么多年的反复适用,其本身存在的问题已经引起广泛关注,并被酝酿着作进一步的更新修改。

《行政诉讼法》比较受关注的问题可大致归纳如下:

第一,行政审判体制的问题。

行政审判体制中最受关心的就是审判的独立性,由其作为行政诉讼制度,直接审查行政机关的行政行为的合法性,这一问题更显突出。而人民法院对行政机关的依附性直接牵涉到法院的中立地位。至于如何解决,不少学者已经提出了相应的对策。

第二,行政诉讼受案范围问题。

行政诉讼受案范围问题一直是人们所关注的焦点,从起草到实施,对这一问题的探讨没有停止过。抽象行政行为的可诉性以及受案范围的"人身权、财权权"标准是核心问题。其实,我们的努力不外乎是希望扩大行政诉讼受案范围,进而保护公民的权利。问题看似简单,但解决起来的确很难,尤其受案范围的大与小涉及了司法权与行政权的关系,而这是问题的关键点。

第三,行政诉讼当事人的问题。

行政诉讼原告资格、被告的确认作为行政诉讼的双方当事人,也属于当下讨论比较多的问题。原告资格范围的大与小,决定了权利人受保护的范围,然而,由于行政行为复效性的特定,决定了不可能所有与行政行为有牵连的人都能成为原告。然而,界限在哪里?这是人们要探讨的问题。至于被告,在我国的行政诉讼制度中,问题也不少。被告不适格,意味着起诉被驳回,但因为我国行政机构庞大,行政体系杂乱,如何确定被告对原告来说的确有些困难。行政主体理论的引入正是为了解决被告的资格,有好处但亦有不足。

第四,行政诉讼执行的问题。

对于当事人而言,拿到胜诉的判决只是其中的一步,如果判决得不到执行,判决没有任何实际意义。而行政诉讼中执行难的问题也让很多人望而却步。一方面,《行政诉讼法》有关执行行政机关的措施较为空洞而无实际内容;另一方面,由法院去执行行政机关,法院与行政机关的牵连不得不让人们怀疑其真诚性。因而,很多学者都在关注行政诉讼执行的问题,从不同的程度提出了解决的方案。

虽然,行政诉讼制度存在很多不足,但这是法律逐步成熟和完善的正常轨迹,毕竟行政诉讼制度作为法治的代言人,对有着悠久传统文化的中国来说是一个新生事物,两种不同的文化发生碰撞、融合是需要一个过程的。

## 二、行政复议

行政复议是由行政主体对行政争议作出裁决。行政复议作为行政救济方式,西方国家也存在类似的制度,如美国的"行政裁判"、德国的"异议审查"、日本的"行政不服申诉"、法国的"善意救济"和"层级救济"等,都属于由行政主体作为第三人对行政纠纷进行处理,当然在具体的制度设计上各个国家是不相同的。

我国的行政复议制度可追溯到民国时期。1912年《中华民国临时约法》第10条规定:"人民对于官吏违章侵害权利之行为,有陈述于平政院之权。"1930年颁布的《诉愿法》正式确立了行政诉愿制度。该法规定,行政相对人因行政官署违法或不当处分致其权利受到损害时,可以向原官署或其上级官署请求撤销或变更原处分。这种诉愿分为诉愿和再诉愿两级,不服再诉愿的可以向行政法院提起行政诉讼。当然,这一制度在当时因为政治的原因,其效果只是形式上的。但我国台湾地区至今仍保持这一制度。① 新中国成立后,1950年公布的《设置财政检查机构办法》第6条规定:"被检查的部门,对检查机构之措施,认为不当时,得具备理由,向其上级检查机构,申请复核处理。"这一规定是行政复议的雏形。20世纪50年代中后期,行政复议制度得到初步发展,但随之而来的"民主暴政"使行政复议发展停滞,一直到20世纪70年代后,行政复议制度才重新步入正轨,并于1990年颁布《行政复议条例》,1999年制定《行政复议法》,使我国行政复议制度的发展跨上新台阶。

我国的行政复议制度的特点可大致归纳如下:

首先,行政复议制度被定位为"内部纠错机制"。

《行政复议法》明确规定,行政复议是行政系统内部自我纠正错误的制度,并且这样的定位有立法提案机关的正式说明。国务院提请全国人大常委会审议《行政复议法(草案)》的议案中,开宗明义地指出:行政复议是行政机关内部自我纠正错误的一种监督制度。完善行政复议制度,充分发挥行政复议制度的作用,对于加强行政机关的内部监督,促进行政机关合法、正确地行使职权,维护社会经济秩序,维护公民、法人和其他组织的合法权益,维护社会稳定,具有重要意义。同时,在解释立法指导原则时,强调"体现行政复议作为行政机关内部监督的特点,不宜、也不必搬用司法机关办案程序,使行政复议'司法化'"。因而,对于行政复议的定位并非是学者们的解读。

其次,复议主体是行政机构。

《行政复议法》第3条规定,依照本法履行行政复议职责的行政机关是行政复议机关。行政复议机关负责法制工作的机构具体办理行政复议事项。从法律的规定来看,我国没有相对独立和统一的行政复议机构,而是由行政复议机关内部的法制工作机构承担行政复议的任务。实际情况是,相当一部分机关至今未设立行政复议机构,许多行政复议机构是与法制工作机构、甚至信访、秘书、提案或督察科室合署办公。这样的机构设置导致复议机构不能独立,行政复议决定的公正性明显受到怀疑。

最后,复议程序以书面审为主。

《行政复议法》第22条规定,行政复议原则上采取书面审查的办法,但是申请人提出要求或者行政复议机关负责法制工作的机构认为有必要时,可以向有关组织和人员调查情况,听取申请人、被申请人和第三人的意见。这一内容澄清了原《行政复议条例》关于"其他方式审理"的规定,并且排除了上述方式之外的其他任何方式。在实践中,行政复议机关基本上按此原则审查,表面上看起来可

---

① 参见吴庚:《行政争讼法》,台湾三民书局1999年版,第21—23页。

能会提高复议效率。但事实上,"书面审"程序过于简单,不利于查明事实,尤其是重大疑难的案件,会影响行政复议决定的公正性。

行政复议制度目前存在的问题主要有:

(1) 行政复议功能没有得到充分发挥。从现象上看,具体表现为:相对人宁愿信访,却不去行政复议;其次,行政复议案件少,并且维持多、撤销少。因而,行政复议并没有充分的发挥保护权利和监督行政的功能。

(2) 行政复议体制存在缺陷。行政复议体制存在的缺陷对于行政制度来说具有根本性的影响。首先,行政复议机构不独立,根据法律的规定,行政机关内设的法制机构负责行政复议事项。这样的机构设置是违背自然公正最低程序原则的,公正的程序最低限度就是解决纠纷的第三人保持中立,而这样的机构设置怎么可能中立? 其次,复议机构虚位。目前的情况是,省一级政府法制机构基本到位,设区市的政府法制机构设置区于淡化,而在县一级基本上只有牌子,少有机构和编制。这种倒序式的结构正与行政复议的顺序相反,因为大量的复议案件是发生在县级或市级的。"徒法不足以自行",古人的告诫却成了行政复议的镜子。

(3)《行政复议法》自身存在缺陷。行政复议制度的确立依据是《行政复议法》,而《行政复议法》的不足在实践过程中逐步显露并影响了行政复议制度的发挥。如《行政复议法》的规定整体上来说比较简单,过于原则,使行政复议在具体运用时不能解决实际问题;复议范围不明确、受理界限不清晰;关于行政复议适用的程序是行政性的,这与行政复议的救济属性是相悖的。

这就是我国的行政复议制度,从产生到成长到当下,曾经满载着人们的希望,公民希望其权利能得到保护,行政机关希望能自我纠错。然而,事实好像正相反,所以,公民转而求助于信访。当然,对于行政机关来说,好像看起来没什么损失,反而从中得利,不用承担责任。但这是否就是真的好呢,或许历史自有评判。

### 三、行政裁决

行政裁决是行政主体作为中立的第三方解决民事争议的活动。行政裁决作为一种行政救济制度,在我国由来已久,主要是由行政机关解决一些涉及专业性、技术性较强的民事纠纷。目前而言,还没有统一的法规来规范,对于行政裁决的范围以及方式零散地规定在单行法规中,大致来说,行政裁决主要存在于交通领域、治安行政领域、知识产权领域、农村土地承包领域、房屋拆迁安置补偿领域、消费者权益领域以及劳动仲裁领域。

就行政裁决而言,其特点如下:

第一,有专门的裁决主体。

按照我国的法律规定,在我国有权解决行政裁决的机构主要有:(1)行政机关的执法机构,一般解决特定范围的民事纠纷。(2)原行政机关和上级行政机关的专门部门,主要指行政复议机构,在一般的行政复议中,复议机关是上一级行政主管部门或同级人民政府,而负责行政复议的机构则是其内部机构。如《行政复议法》第3条的规定,行政复议机构是行政机关内部负责法制工作的机构。这就意味着所谓的专门的行政复议机构的主要职责是法制工作,行政裁决职能只不过是其中一项特殊的职能。(3)专门机构,专门行使裁决权的机构在我国目前有专利复审委员会、商标评审委员会、劳动仲裁委员会。《商标法》第20条规定,国务院工商行政管理部门设立商标评审委员会,负责处理商标争议事务。《专利法》第43条规定,专利局设立专利复审委员会。这两个机构是依据法律规定设立的专门行使行政裁决权的机构,是相对独立的行政机关。至于劳动仲裁委员会,其职能是解决劳动争议。虽然也是专门解决行政争议的专门机构,但由于它的组织体制,由政府劳动主管部门、工会以及政府制定的经济综合管理部门三方代表组成,由政府劳动主管部门的负责人担任主任,从一定意义上而言,仍然从属于劳动行政管理机关。(4)各级人民政府,就我国的现状而言,除司法部1990年颁发的《民间纠纷调处办法》赋予乡镇人民政府对各类民间纠纷以裁决权外,国家还通过法律和行政法规赋予地方政府和有关部门对行政工作中涉及的民事纠纷进行裁决和调解的权力。

从总体上而言,我国行政裁决机构绝大部分内设于行政机关或者属于行政机关的主管范围,基本上不具有独立性,中立裁判也就无从谈起,公正的行政裁决便也没有保障,而这正是我国行政裁决主体的重大缺陷所在。

第二,裁决需要专业技术。

随着市场经济的发展,社会分工越来越细,以至于精密的分工已非常人所能掌握。伴随精细的社会分工而来的是行政职能的专业化的提高。行政主体在管理指导这些事务时,不但需要法律知识,而且必须具有该行业的专业知识。行政裁决机关解决的纠纷,往往技术含量和专业含量都很高,如医疗事故纠纷、知识产权纠纷、交通事故纠纷等,这些纠纷不仅要求对技术本身能清晰地掌握,而且还要求对技术之间的差异能作出准确地判断。若交由法院和法官审理,那些千奇百怪的专业技术、五花八门的专业术语,对于只具备法律训练和司法实践的法官来说,会让他无从下手。我们说,法官是法律的守护神,其天然的职责是对法律的维护和适用。解决这种类型的纠纷,他们不是内行。另外,行政裁决的专业性还表现为纠纷解决所依据规则的专业化上。以劳动仲裁为例,除去由全国人大制定的《劳动法》以外,国家劳动管理部门以及各省、地、市的人大、政府以及劳动管理部门根据地区特点制定了各种各类的劳动法规、规章、条例等,对每个企业生效的劳动法规加起来可能有几本书的内容。从这遮天蔽日的法规丛林中找出合适的路径,除非是一个专业人士,否则很难做到。而这些纠纷若由行政主体进行裁决,对他们来说就像家常便饭。首先对事实的认定上就会驾轻就熟,不仅能充分发挥其专业优势,提高纠纷解决的质量和效率,而且可以节约纠纷解决成本。

第三,对象越来越复杂。

现代社会纷繁复杂,生产力空前发展,经济规模的扩大而导致的垄断使自由竞争秩序受到了破坏,市场失灵需要政府力量来加以补救,而且,社会结构日趋多元化,社会主体不再仅仅是单个的个人,出现了各种各样的力量雄厚的社会集团。社会的复杂性决定了纠纷的多样性。由行政裁决机关解决的纠纷,一般都发生于行政管理领域当中,决定了这类纠纷往往会涉及高度的技术性和专业性问题。同时,这类纠纷的法律关系也相当复杂,常是民事与行政法律关系互相渗透,往往是一个一般的违法行为,既是一个行政违法行为,又会涉及民事赔偿问题,既包括行政主体与当事人之间的管理关系,还包括当事人之间的民事纠纷关系。这种综合性的纠纷只能由具有专业优势的行政主体来解决更为理想。行政主体能够运用自己的专业特长、管理经验及其灵活多样的行政权力和丰富的物质资源,多管齐下,使得纠纷可以得到全方位的解决。同时,由行政主体来解决,也可以避免同一个事件若由不同的机关解决而发生裁决冲突的情况。

就目前来说,我国行政裁决制度有待解决的问题主要有:

第一,裁决机构的独立性。

我国行政裁决机构的设置上是依附于行政机关的,不是一个独立的裁决主体,因而,很难保证其裁决能够保持中立而作出公正的裁决。因此,如何能保证行政裁决机构的独立性是我们需要考虑和解决的。

行政裁决主体在行政裁决中以独立的、超然的第三人的身份对纠纷进行居中裁判,是实现公正的内在要求。如英国的行政裁判既不属于法院,也不属于行政系统,而是由法律规定设立的独立的自成体系的中立裁决机构。裁判所的成员不是由行政官员或从属于行政机构的人员组成,裁判所的主席由大法官任命或由部长从经大法官同意的预定名单的人员中任命,裁判所的其他成员则可以由裁判主席任命或部长任命。同时,裁判所之间彼此独立,互不相干。这些都是裁判所独立裁判的保障措施。美国的行政法官的法律地位也相当独立,其在组织上隶属于行政机关,但在职业上独立于他们所属的机关,对争议的裁决可以独立地作出。行政法官在任命、工资、任职等方面不受所在行政机关的控制,是由文官事务委员会决定的,这就为行政法官独立裁决提供了组织保障。

第二,裁决程序的司法性。

我国相关的法律规定对行政裁决的程序规定的较为模糊,而行政裁决也主要是以调解的方式处理的。虽然行政裁决强调简洁、迅速,但公正的裁决是其存在的生命,因此,为保证行政裁决的公正性,适当吸收部分司法或最低的程序原则,如公开裁判、中立裁判、回避等未尝不可。

### 四、信访

信访,简言之,就是来信来访。信访有广义与狭义之分,广义的信访是指群众通过写信或上访,向各级党政部门、人大、司法机关等单位提出要求、意见、批评、建议、愿望和申诉,以此来参政议政或维护自己的合法权益。狭义的信访是指国务院 1995 年颁布的《信访条例》所规定的行为,即"公民、法人或其他组织采用书信、电话、走访等形式,向各级人民政府、县级以上各级人民政府所属部门反映情况,提出意见、建议和要求,依法应当由有关行政机关处理的活动"。信访的内容非常广泛,包括提出建议、批评政策、检举揭发以及申冤告屈。本书所指的信访主要集中于行政相对人以权利救济为目的的信访。

信访作为我国特有的一种救济制度,在纠纷解决方面具有举足轻重的地位。尽管各部门通过各种渠道采取各种措施来抑制上访,但近年来出现的"投诉爆炸"现象不仅给信访部门带来了压力,同时与行政复议、行政诉讼等行政救济方式形成了鲜明的对比,后者不仅没有出现当初预期的"诉讼爆炸",并且发展缓慢,有时案件数量还呈现下降的趋势。因此,信访在解决纠纷方面,发挥了明显的优势功能。尽管如此,信访却被我国学者长期拒之门外,没有赋予其应有的名分,拒绝承认的理由在于,它既不是真正的司法程序,也没有明确的权责划分。所以,信访制度无论如何是难以变得完善的,必须尽快完善《行政诉讼法》来解决行政纠纷。[①]

从我国现有的救济方式以及救济效果来说,信访作为行政救济对于相对人有着非常重要的意义。尽管信访的道路曲折性以及持久性是人所共知的,但大部分的行政相对人仍然选择了这种救济方式。其实,人人心中都有杆秤,权衡利弊是人的本能,行政相对人之所以不计成本地选择信访,一方面突出了信访的优势:不受关系网的约束,能得到公正的裁决;另一方面,从侧面显示出我国行政诉讼、行政复议作为行政救济制度的缺陷。

部分学者之所以不承认信访为行政救济之一种的另一个理由就是,信访缺乏宪法依据。其实,存在的即为合理的,信访在我国可谓历史悠久,古代的非常上诉制度与信访极为类似,而且信访作为一种制度事实上一直存在并延续着,并

---

① 梁治平:《新波斯人信札》,贵州人民出版社 1988 年版,第 76 页。

## 第十一章 公法责任与救济

且没有发生过中断,是有特殊的意义在里面。不同的历史时期,信访都有不同的使命,就改革开放以来,信访在我国发挥的功用主要在于"安定团结"。事实上,信访的确不辱使命,对于稳定秩序、安定团结起了不可替代的作用。

信访作为我国特有的一种行政救济机制,其特殊之处在于其特别的解决方式。

首先,信访主要是以调解的方式解决纠纷。

信访救济是在行政主体内部展开的,主要通过调解处理,而调解在行政复议以及行政诉讼中是被禁止运用的。美国学者郭丹青曾对调解制度做过比较分析,他认为,在中国社会,调解尤其非常特殊的性质:纠纷解决者具有权威并不是因为其作为救济解决者的专门作用,而是因为其与纠纷双方有某些特殊的关系。而且,双方的利益直接对纠纷解决者的利益产生影响。由此,纠纷解决者会更关注于使涉及纠纷三方——纠纷双方和解决者——的集体福利最大化,而不是通过适用与所涉及事件有关的规则以决定谁会"取胜"。在程序上,这种调解与仲裁、审判之间的界限是模糊的,由于纠纷解决者与双方具有特殊关系,因而他处于一种可以将结果强加于双方的位置。郭丹青因此称这种中国式的解决模式为"内部解决方式"①。因此,信访救济实质上就是通过内部解决,使纠纷当事人双方达到一种平衡。

信访救济的另一个特色就是它的非程序性。这一特点是与行政诉讼、行政复议相比较而言的。就行政复议、行政诉讼而言,法律对其救济程序做了详细具体的规定,但信访的救济程序相对来说比较模糊,变化也比较大,它遵循的是一套"潜规则",因而,对于相对人来说,这种救济方式有风险,具有不确定性,信访持续的时间久,从黑发告到白发的并不罕见。但一旦遇到高层党政领导对信访案件做了批示,相对人所得到的很可能比其他的救济方式要多。

对信访的合法性、正当性以及是否有存在的必要,学者们都做了相应的探讨,尤其是对信访存与废的讨论,多数学者认为是与法治相悖的,在法治社会中不该存在类似的人治的解决途径。从理论上来说,的确有说服力,事实是,信访在我国的角色不仅仅是提供救济,同时也担负着重要的政治功能。"它是社会生活的一面镜子,是观察社会的窗口,了解社情民意的'寒暑表',联系群众的'渠道',反馈信息的'通道'。"②

---

① 郭丹青:《中国的纠纷解决》,王晴译,载强世功编:《调解、法制与现代化》,中国法制出版社2001年版,第378—379页。
② 参见中央办公厅信访局、国务院办公厅信访局编著:《信访学概论》,华夏出版社1991年版,第12页。

## 第五节　关于行政救济机制一些问题的思考与探讨

### 一、我国现行行政救济机制的缺失

行政救济制度从整体效果上而言,取得了可喜的发展,推动了我国法治化的进程,尤其在平息纠纷、缓解社会冲突方面,行政救济功不可没。但其不尽如人意之处也较为突出,并引发了系列的问题。当然,这也提醒我们重新思考制度设计的合理性,并对之进一步规划与完善。

（一）效率与公正的失衡

公正与效率是我们人类社会所面临的永恒的话题,而公正与效率又是一对矛盾的统一体,因此如何处理效率与公正带给我们的问题,不仅是我国也是世界各国所要面对的难题。在行政救济机制中,公正与效率仍然是一对需要调和的矛盾。

行政救济,作为公民权利或利益的受到侵害或将要受到侵害的保护措施,就救济的时间先后来说,可以分为执行前救济和执行后救济,或者可以表述为预防性行政救济和补救性行政救济。具体言之,执行前行政救济或预防性行政救济可以在行政行为执行完毕之前介入行政争议,从而使行政机关无法不受制约地作出并执行其行为,相反,执行后救济或补救性救济只能在行政行为执行完之后介入行政争议。从以上的描述中能够发现,预防性救济的提前介入可能会影响到行政效率;而补救性救济虽然保证了行政效率,但由于行政执行结束后对相对人造成的困境是难以修复的,因而,补救性行政救济有时也会损害社会公正,削弱国家权威。我国现有的行政救济机制,主要是以补救性行政救济为主要模式。正是这种模式的单一性在很大程度上导致了行政法治公正与效率的失衡,并且已经较为突出地彰显。

（二）行政救济资源缺乏有效整合

行政救济制度出现的公平与效率的失衡的现象,与行政救济资源的整体协调不好有很大的关系。

行政复议与行政诉讼的合理配置与否,直接影响到公民救济权的使用与保护。而我国的行政复议与行政诉讼制度在衔接上存在很多问题,如行政复议与行政诉讼的受案范围;申请人、被申请人、复议机关、复议第三人及利害关系人在诉讼中的地位;关于不服复议决定的诉讼受理问题;复议机关审查与法院审理的关系;对复议决定的合法性审查;行政判决与行政复议的关系等六大领域都存在不同程度的冲突。① 这些问题的出现一方面是因为法律之间的规定有冲突以及法律规定的模糊、不清晰,从而影响了行政救济主体的适用,造成行政救济制度运作的障碍;另一方面是由于对行政复议的定位以及制度设计上的问题,也是冲突的根源所在。二者的冲突首先会使得相对人救济权的行使无所适从,也会影响到行政诉讼、行政复议制度本身的有效运作,尤其是受案范围、行政终局以及复议前置等的设计,使得行政诉讼不能充分发挥其优势,行政复议制度又因大多数内容的规定与行政诉讼法的规定相一致,使得行政复议制度功能的趋同化而不能显出自身的优势,并不能发挥其应有的功用。

行政复议与行政诉讼制度因为自身存在的问题,在行政救济机制中没有得到正常的发展,相反,信访作为另类的解决纠纷制度,却备受青睐,以至于出现了"投诉爆炸"的现象。这一不争的事实与行政救济机制的安排恰恰相反,是本末倒置的。制度安排的初衷是,行政复议与行政诉讼是主要的解决行政纠纷的手段,信访则是附带的补充性的,类似于日本行政法中的苦情处理机制②,主要是发挥社会安全阀的功能。

### (三) 公民公权利观念的缺乏

公民公权利观念的普遍缺乏,也同样会影响行政救济的正常发展。观念会影响行动,如果公民公权利意识强,就会与政府形成一种良性互动,影响政府决策的形成,同时也会制约政府的权力,相反,如果公民对行政机关的行为听之任之,处于漠视的状态,那就是"缺乏政治信息或具有冷漠感的消极公民",我们实现的只能是一种微弱的民主制③,而这直接会影响制度功能的充分发挥。

有学者就我国公民权利意识的发展专门做了分析:

1. 财产权利意识强于政治权利和人身权利意识。人们在权利方面,最重视的是财产权,即特别关心自己的经济利益,当涉及经济利益时,敢于较真。

2. 被动性。公民已经在法律上享有政治、经济、社会和文化教育的各种权利和自由。但是对于这些法定权利,公民缺乏一种认知。当权利受到侵犯时,公民缺乏寻求救济的主动性。公民始终没有形成不断提出新的权利要求的习惯。

3. 群体权利意识较弱。具有共同利益的个人联合起来采取行动的团

---

① 参见蔡小雪:《行政复议与行政诉讼的衔接》,中国法制出版社 2003 年版。本书结合司法实践遇到的问题对行政复议与行政诉讼之间的冲突关系作了较为详细而全面的分析。
② 参见杨建顺:《日本行政法通论》,中国法制出版社 1998 年版,第 582—587 页。
③ 〔美〕阿尔蒙德、西德尼·维伯:《公民文化》,徐湘林等译,华夏出版社 1989 年版,第 518 页。

体权利意识不强,人们的集团观念和协作精神仍然缺乏主动性。

4. 不均衡性。城乡之间、地区之间、不同文化水平之间、不同经济发展水平之间,公民所拥有的权利意识差距较大。①

公民政治权利和人身权利观念的淡漠反映在行为上是对政治、对社会管理的冷漠,而这种冷漠同样会影响到政府的责任心,同时也会滋长政府滥用权力的机会。权利意识的被动性,一方面说明公民不会积极主动地参与行政管理,另一方面反映出公民在权利保护方面的被动性。一旦公民不主动行使诉权,按照行政救济之原则,有权救济机关是不会主动干预的。结果造成行政复议、行政诉讼等行政救济机制的无效性,因而公民权利观念也是行政救济机制发展的一个障碍。

## 二、关于行政复议与行政诉讼的关系问题

就行政复议与行政诉讼的关系,依行政复议是否为行政诉讼的先行程序,世界各国的做法大致有以下两种:

### (一) 以先行程序为原则,自由选择为例外

以先行程序为原则,自由选择为例外,即当事人欲提起行政诉讼的,必须先取得行政机关的复议决定或再复议决定,属于强制性的复议。这属于行政诉讼的先行程序。最为典型的是美国。美国适用"穷尽行政救济原则",该原则要求当事人提起诉讼救济之前,必须是已经用尽了一切可能的行政救济措施,方可请求法院审查,否则该行为便是非最后的或非成熟的,而不适于司法审查。这一原则存在的理由为"保障行政机关的自主和司法职务的有效执行,避免法院和行政机关之间可能产生的矛盾"②。德国行政诉讼制度依《行政法院法》第40条规定概括的裁判权③,凡属于非宪法性质的公法上的争议,(不限于行政处分)都由行政法院裁判,且提起行政诉讼并非均以经异议程序为前提要件。《行政法院法》第68条规定,提起行政诉讼前须先经由异议程序者,仅限于撤销之诉及课以义务之诉。可见,在德国,撤销诉讼和课以义务诉讼适用的是"诉讼先行程序"原理。根据我国台湾地区《诉愿法》第1条及《行政诉讼法》第1条规定,行政诉讼制度系以行政机关之行政处分为争讼裁判对象,且系先经诉愿、再诉愿之程

---

① 高鸿钧:《中国公民权利意识的演进》,载夏勇主编:《走向权利的时代》,中国政法大学出版社1995年版。

② 王名扬:《美国行政法》,中国法制出版社1995年版,第652页。

③ 德国《行政法院法》第40条第1项规定,非宪法性质之所有公法上争议,除联邦法律明文规定应由其他法院审理外,皆得提起行政诉讼。有关邦法之公法上争议,亦得经邦法规定,由其他法院审理之。

序,即所谓"诉愿先行主义"的制度。台湾地区行政诉讼原则上采取诉愿先行,而诉愿程序又以声明异议程序作为其先行程序。

台湾地区学者蔡志方认为,行政诉讼之所以采取诉愿前置,除了历史因素外,主要出于以下司法政策之考量:(1)行政之尊重与行政之统一。蔡氏认为,由行政机关自行复议,乍视之,又为权力分立原则及"不得就己案为法官"之自然正义原则,但如果不将终审权委诸行政机关,则并无违背,让行政机关有机会先自我再次审查行为之合法性及合目的性,比从一开始就由司法机关进行他律性的监督更能顾及行政机关的颜面,体现与人为善的用意。其尊重行政之目的显而易见。此外,复议前置还寓有统一行政之功能,特别是在上级审议下级的行为尤其如此。(2)减轻法院之负担。当前各民主法制国家之行政诉讼制度仍保留诉愿先行主义者,大半均以减轻法院负担为其根本理由。根据实证经验,由于实行复议前置,不仅过滤大量案件,而且使法院在审查过程中,减轻不少负担。这是各国行政救济改革一直未轻易尽除复议先行程序的原因。(3)协助人民澄清疑点。由于复议程序大多采职权主义,再加上适度的教育和行政公开制度,往往是争讼的人民知其所不知,厘清争点,从而正确地提出主张。(4)扩大救济机会。行政复议程序不仅可以过滤掉不必要的诉讼,使法院集中思考裁判之正确性,而且,由于行政复议机关不仅可以审查行政行为之合法性,而且可以审查行政行为的合目的性,而行政诉讼中的法院并于此项职权。故此,复议机制无形中更扩大人民救济的机会。(5)加速救济程序。复议先行可以过滤掉不必要的诉讼案件,使法院专注于复杂案件。而且复议的前置可以澄清争议,是行政法院能在最短的时间内裁判行政案件。①

(二)以自由选择为原则,先行程序为例外

所谓的"自由选择为原则,先行程序为例外",指的是一般情况下当事人对于行政救济的方式,诉讼还是复审,可以自由选择。只有在法律有特别规定时,行政复议则为行政诉讼的必要条件。日本行政诉讼原则上采用自由选择主义,"不服审查程序"只是例外。日本《行政案件诉讼法》第8条规定,实行撤销处分诉讼和审查请求的自由主义原则。原告是否请示审查,或者直接提起撤销诉讼,或者同时采用这两种程序,除有法律特别规定的情况,由原告自行选择。该法还规定,若法律由原告提出有关处分的审查请求未作出裁决前,不得提起撤销处分之诉时,则需采取审查请求前置主义原则。

我国《行政诉讼法》第37条规定:"对于人民法院受案范围的行政案件,公

---

① 蔡志方:《论诉愿与行政诉讼之关系》,载《行政救济法》(二),台湾三民书局1992年版,第105—141页。

民、法人、或其他组织可以向上一级行政机关或者法律、法规规定的行政机关申请复议,对复议不服的,再向人民法院起诉,也可以直接向人民法院起诉。"第2款同时规定,法律、法规规定应当先向行政机关申请复议,对复议不服再向人民法院起诉,依照法律、法规的规定。据此,我国立法是以"自由选择为原则,复议前置为例外"。但是,就选择先行而言,在我国,又有两种情况:(1)当事人选择行政复议是非终局的,若对复审裁决仍然不服,还可以请求诉讼救济。我国《行政诉讼法》第37条第1款规定,对属于人民法院受案范围的行政案件,公民、法人或其他组织可以向上一级行政机关或者法律、法规规定的行政机关申请复议,对复议不服的,再向人民法院提起诉讼,也可以直接向人民法院提起诉讼。(2)当时选择行政复议是终局的,即当事人可以在诉讼与复议之间只能作单一选择,当事人一旦选择了复议救济的方式,则行政复议具有终局的效力。如《外国人入境出境管理法》第2条规定的行政案件,《中国公民出境入境管理法》第15条规定的行政案件。

蔡志方认为,自由选择主义的立法主要基于以下几点政策考虑:(1)人民权利行使的自主性。提起诉讼抑或提起复议兼是人民之权利,从权利可以自由行使的角度出发,应当允许人民自由支配其权利。(2)权利救济的迅速性。由于行政法院诉讼过量,负担过重,程序进行缓慢,而行政复议程序较简易,如果制度运作得当,则其所提供的救济往往较法院更为迅速。两者同为权利救济的方法,自应允许人民选择。(3)行政与司法的良性竞争与制衡。给予人民选择权,人民可以在行政复议与行政诉讼之间进行自由选择,这种选择的结果是造成行政与司法之间的良性竞争。此外,一旦人民不服复议决定,可以通过向行政法院诉讼的形式启动他律的监督机制,从而达到制衡行政的效果。①

可见,先行程序与自由选择两种制度各有优劣。那么,在行政复议与行政诉讼之间到底以一种什么样的关系来架构更为合理呢?

整个人类社会正步入多元化的时代,不同的利益诉求得以彰显,不同的价值取向得以尊重。多元的纠纷解决机制正是基于满足法律纠纷的当事人对各种不同的纠纷解决机制有不同的认识和期待,为当事人的自由选择提供制度保障。法律设立不同的纠纷解决机制,目的也是为当事人提供必要的选择,以期纠纷能以最有效、也最能令当事人信服的方式得到迅速的解决。在纠纷的处理和解决过程中,最大限度地节约资源、实现权利救济效益的最大化,不仅仅是解纷机制所希望的,也是冲突主体所需要的,而程序选择权原理完全可以被应用到纠纷解

---

① 蔡志方:《论诉愿与行政诉讼之关系》,载《行政救济法》(二),台湾三民书局1992年版,第105—141页。

决机制中。

程序选择权,是指当事人在法律规定的范围内可以自由地选择纠纷的解决方式及纠纷解决过程中选择相关程序事项的权利。程序选择权的原理在于,依据宪法对于公民基本权利保障的规定,肯定当事人享有程序主体权,就其内容而言,首先是指当事人可以对纠纷解决的方式进行选择;其次,程序当事人或者利害关系人在进行诉讼活动或参与其他纠纷解决活动时,其地位不应被视为法院审理活动所支配的客体,而应成为"参与、发现及适用'法'的主体"[1]。程序选择权作为公民的一项诉讼权利,各国宪法均给予承认和保障。在我国现行法律制度的设计中,同样含有程序选择权的内容,只不过一直被众人忽略不计。如仲裁制度,就赋予了纠纷当事人有合意选用仲裁制度或诉讼制度的机会。再如我国关于当事人对行政复议和行政诉讼提起救济的规定,都隐含有当事人的程序选择权。另外,程序选择权本质上是一种诉权,是一种纠纷解决请求权。冲突主体有权依其意志,通过比较实体利益与程序利益之大小与轻重,选用非诉程序或诉讼程序。

公民权利的保障应该是直接的、有效率的,并且不存在漏洞。据此,采取复审行政复议先行程序,毕竟是多一道程序,只是劳民伤财,以至于对诉权造成不必要的限制,进而不符合救济程序上应迅速不迟延的效能原则?还是针对专业性案件,反而更能受到专业尊重,有效保障权利的效果,进而减少法院的负荷,增进救济效能?这样的利弊争论往往因为行政事件的复杂多样,行政复议机关自我审查机能的减弱,以及对有效权利保障的诠释不同,而难有定论。折衷之计,不如将复议先行程序改为任意性而非强制性,赋予当事人选择纠纷解决方式的权利,由当事人综合衡量各种因素后自己决定。这样不仅充分尊重当事人之程序主体地位,而且可以在各种解决纠纷机制之间形成良性竞争。当然,这并不排除国家基于各种政策的考虑,而有例外的规定。就此看来,我国立法例上采用自由选择主义,确是明智之举。

### 三、解决行政救济制度之关系应遵循的原则

(一) 司法最终原则

就司法权对行政权的事后审查而言,制度上许可行政机关自行审查,但在穷尽其内部救济程序之后,应由法院立于超然的第三者的地位予以最终决定。也就是说,行政权应受到司法权的制约,任何行政行为是以"法院说了算数"为其基本原则。

---

[1] 邱联恭:《程序选择权之法理》,载《民事诉讼法研讨》(四),台湾三民书局1993年版,第579页。

## 公法原理

救济在本质上是一种权利,就是对任何具体的法律争议,国家应该提供广泛而完整的权利救济途径,这种权利救济途径必须是完整的而且是无漏洞的,若有针对某种争议不得提起救济的规定,即为对救济权利的侵害。

法治国家权利保护要求完善,其核心在于行政救济制度必须在公民合法权利被侵害时,能够提供完整的保护,并且不能存在"死角"。

司法审查的最终性是国家权力运行的基本规则,是法治原则的必然要求。细而言之,具有以下三层含义:第一,一切因适用宪法和法律而引起的法律纠纷和相应的违宪、违法行为由法院进行裁决。这里的法律纠纷既包括私法上的纠纷,亦包括公法上的纠纷,而纠纷解决的主体——法院——有普通法院和专门法院(如宪法法院、行政法院)。第二,一切法律纠纷至少在原则上应通过司法程序及诉讼程序解决。我们说,法院是外在的,程序是内在的。法律纠纷解决的本质要求是公正,而这也正是法院的价值追求所在。司法程序以及构成司法程序基础和要素的司法制度具有产生高度公正的素质和能力。第三,法院对于法律纠纷以及相关的法律问题有最终的裁决权。所谓权力的最终,是说任何其他国家机关、组织或个人无权否定、撤销法院的裁决。如果法院对于议会的立法权无权审查,议会的立法权就是最终的;如果法院不能审查行政行为,行政权就是最终的。但司法最终的意思是说,任何适用宪法和法律而引起的法律纠纷原则上只能由法院最终裁决,这种最终权具有排他性。[1]

法院作为纠纷解决第三人,其严格的程序制约机制能够确保纠纷解决的公正度,纠纷当事人对司法救济产生依赖感和信赖感远远高于对行政机关提供的救济,从内心上更能接受司法判决结果的终局性,同时亦符合"有权利必有救济"的原则。从另一个侧面看,由法院对行政行为进行最终审查,是对行政最终权之否定。绝对的权力导致绝对的腐败,这已是千古不变的真理。而行政权力又具有自我膨胀的天然属性。对行政权的控制除事前控制、事中控制外,最有力和最有效之监控便是司法权对行政行为的事后审查。同时,适用司法最终原则,可以保障法律解释的统一。法律在适用过程中永远都无法避免法律的解释。行政复议权的最终意味着行政复议机关掌握着法律的最终解释权。为了保障法律的一致性,必须将法律的解释权统一地、最终地赋予法院,法律才能得到统一执行。因此,由司法审查的最终原则作为防护屏,赋予行政机关解决纠纷之权力,一方面可以减少和防止行政机关滥用权力的可能性,另一方面,即使发生了,通过司法审查也可以纠正,当事人的权利能够得到充分的保护。

---

[1] 参见宋炉安:《司法最终权——行政诉讼引发的思考》,载《行政法学研究》1999年第4期。

尽管在我国目前的几部法律中,仍然赋予了部分行政机关行政复议终局权[①],使这些案件被排除在司法救济的范畴之外,但随着我国法治现代化的不断演进,司法权成为最终权只是个时间问题。毕竟行政复议终局权是对司法最终原则的否定,是对有权利必有救济原则的否定,是与现代法治精神的背离,与现代法治国家普遍认可的行政复议不具有终局性的时代潮流逆向。

（二）裁判者不被追诉原则

就我国目前而言,对行政复议不服提起诉讼的是以作出裁判的行政机关为被告,由此造成了很大的负面效应,而这些问题在实践中也是客观存在的：首先,行政机关为避免成为被告,对于大部分的民事纠纷实施只调不裁措施,或者干脆不作处理。行政调解对于当事人而言既没有约束力,也没有强制执行力。当事人可以随意毁约,浪费资源不说,不仅降低了行政机关的权威,对当事人之间的纠纷也没有解决,而行政机关的这种心态常导致纠纷久拖不决,迟迟得不到解决,极大地损害了当事人的权益。其次,人为地将矛盾复杂化。将行政机关作被告,一方面,造成了一方当事人与行政机关之间的矛盾,另一方面,也造成了行政机关与法院之间的矛盾。关系的复杂化的结果便是,行政机关为避免败诉,通过各种方式对当事人和法院进行干预,不仅严重损害了法院的权威,当事人的权利仍然没有得到有效的救济。

我们认为,当事人对行政复议不服提起诉讼时,案件一旦被法院受理,诉讼仍应在当事人之间进行,作为裁判者的行政复议主体不应该演化成被告。行政复议具有的准司法性质,意味着它首先是一个裁判者,而不是一个管理者。正如英国著名大法官丹宁勋爵的精辟论述：“任何以法官在行使其审判权时的言行对法官进行的起诉都是不成立的……,对受害一方的补救办法是向上诉法院提出上诉或者申请人身保护状,要不就申请再审令或调卷令,或者采取此类步骤以撤销法官的判决。当然,倘若法官受贿或者哪怕有一点点腐化行为,或者法官滥用司法程序,那它将受到刑事法庭的惩处。但除此以外,法官不受赔偿的起诉。这倒不是因为法官有任何犯错误或办错事的特权,而是因为它应该能够完全独立地履行职责而无需瞻前顾后……,绝不能弄得法官一边用颤抖的手指翻动法书,一边自问：'假如我这样做,我要负赔偿损害的责任吗？'”[②]

虽然,丹宁是针对法官而言的,但这一言论应当适用于所有的居中裁判者,

---

① 如我国《行政复议法》第5条、第14条、第30条的规定,省一级人民政府、国务院各部门以及国务院的复议行为是终局性的;《外国人出境入境管理法》第29条、《中国公民出境入境管理法》第15条的规定,首先赋予当事人一定的选择权,当事人一旦选择复议这种救济方式,就意味着选择了行政复议终局权。

② 〔英〕丹宁：《法律的正当程序》,李克强等译,法律出版社1999年版,第70—72页。

当然也包括行政复议者。① 从某种意义上而言,行政机关不做被告,往往更能发挥行政复议的"过滤"功能。另外,可以保证行政机关以超然的第三人的身份,积极、及时、公正地解决争议,而不会担心因裁决被缠讼至法院。

在此,可借鉴日本的当事人诉讼制度,一方面,可以解决行政复议主体的尴尬地位,同时,也可以使纠纷得到彻底快速的解决。日本的当事人诉讼比较典型,是指"当事人之间关于公法上的法律关系的诉讼"。有两种形态被作为当事人诉讼来处理:一是实质性当事人诉讼,即公法上的法律关系的诉讼,如公务员的工资及损失补偿的请求诉讼,相当于法国的"完全管辖权之诉";二是形式性当事人诉讼,即关于确认或者形成当事人之间的法律关系的处分或者裁决,该法律关系的当事人一方为被告的诉讼。形式性当事人诉讼的原被告是民事纠纷的当事人,行政机关作为第三人参加诉讼,这种诉讼类型能够更好地解决行政机关与当事人之间的行政纠纷以及民事主体之间的民事纠纷。设立当事人诉讼的主要目的是为了在解决行政争议的同时,解决与行政权有关的特殊民事争议。考虑到这类案件的特点,可以当事人作为原、被告,将行政复议机关经第三人的身份吸引到诉讼活动中来。不仅有利于保护当事人的合法权益,保障行政复议机构的公正裁决,对法院的审查来说,行政复议机关作为第三人,法院可以避免重复审理,便于及时查明事实真相,节省司法成本,在审查案件时能够充分考虑行政复议机关所作出的行政复议的效力,使法院的判决既对作出行政复议的行政机关有约束力,也对当事人有约束力。

责任与救济在公法中是两个不可分割的命题,救济既是对权利的保护,也是对责任的追究,最终解决的是法治的核心问题:责任政府与人权保障。因而,其中涉及的需要作深入研究思考的问题很多,本书涉猎的仅仅是其中的一小部分,旨在提出问题,引起对"责任与救济"理论的关注。

---

① 需要特别提出的是,裁判者免受追诉是指作为裁判者的机构,不应因自己的裁判行为而被诉诸法院,但这并不是说裁判者可以为所欲为。一旦发生裁判者的个人严重违背程序规则或故意枉法裁判等行为,仍可以追究行为人个人的行政责任甚至刑事责任。

# 第十二章
## 公法与正义

### 第一节 正义观念概述

#### 一、正义——给每个人以其所应得

正义是一个"你不问,我尚知道是什么,你一问,我就不知道是什么"的概念。在现实中人们似乎很容易理解什么是正义,什么是非正义。而实际上,自人类诞生之日起,关于正义与非正义的问题的争论就一直没有停息过,而且恐怕永远也不会停息。正义是一个永恒而常新的概念,人们的正义观念也会随着时代和社会的变化发展而不断演进。

在中文中,正义即公正、公平、公道、正当。有学者认为,中国"正义"一词最早可能出自先秦儒家最后一位思想大家荀子之口,《荀子·儒效》云:"不学问,无正义,以富利为隆,是俗人也。"另外,中国古人很早就发明了"义"字。如所谓"义之所在,不倾于权,不顾其利","穷不失义,达不离道"。虽然我们并不认为传统中国人所称的"义"就是正义概念本身,但"义"字中的确孕育了正义概念的若干基本因子。

在西方,"正义"一词源自拉丁语 justitia,由拉丁语中"jus"演化而来。"jus"有公正、公平、正直、法、权利等多种含义。法文中的"droit"、德文中的"recht"、意大利文中的"diritto"等,都兼有正义、法、权利的含义。在英文中,justice 一词,具有正义、正当、公平、公正等意思。整体而言,西方的正义理论是相当丰富的,从演变的历史来看,其核心主题随着历史的发展和时代的变迁呈现出一定的阶段性。

古代的思想家们的主张大多是一种伦理或道德正义论。西方的正义观肇始于古希腊。在古希腊,正义论是政治哲学、道德哲学的中心命题。米利都学派的

**公法原理**

　　阿那克西曼德的思想反映了当时希腊人对正义的一种最深刻信仰:世界上的每一种元素,例如水、火和土,都应该有一定的比例,但是每种元素都永远在企图扩大自己的领地,然而又有一种必然性和自然律在永远地校正着这种平衡。——这就是正义。在柏拉图看来,正义即"正当地享有自己的东西和做自己的事情"。亚里士多德则将正义划分为分配的正义、矫正的正义和交换的正义三种形态,三者的基本原则都是比例平等,这是正义的普遍形式。这一理论在历史上产生了深远影响。

　　到了中世纪,对正义的神学定义占据统治地位。以奥古斯丁、托马斯·阿奎那为代表的神学家把上帝的意志作为正义的基础,认为正义只有在基督教国家里才能实现。奥古斯丁坚持认为,真正的正义应是完全超验的合乎逻辑的宗教推断的结果;这种真正的正义只有虔诚的信徒借助于神的恩典才可能达到,而永远不可能在世俗共同体中找到。甚至人间最好的法律也不过是真正的正义的"残片"或"镜像",这种正义只存在于上帝之城,它不属于此世。托马斯·阿奎那则把正义定义为一种习惯,依照这种习惯,一个人以一种永恒不变的意愿使个人获得其应得的东西。无疑,在阿奎那那里,服从上帝就是正义。

　　自启蒙运动兴起后,情况发生了重大的转变,人们思维的焦点开始从对神的顶礼膜拜转到了对人自身的尊重和对人的理性的审视,从一味服从上帝律法转到了制订人间法。西方的正义观逐渐远离了上帝,重归人性,从而走出了古代,走进了近代,"从天上回到人间"。自由、平等、博爱成为了正义的核心价值。以洛克和卢梭为代表的一大批思想家,以"自然状态"、"自然权利"、"社会契约"为理论基础,导出他们的正义理念。在他们看来,社会这一人类共同体不过是人们为保护自己的自然权利通过签订协议的自觉行动而形成的。社会契约论确立了社会正义的基本内涵,对后世的影响也是广泛而深远的。

　　有人在摆脱宗教神学和等级制度束缚的道路上走得过远。在他们那里,法律形式规则似乎取代了神意,成为了新的崇拜对象。霍布斯把秩序作为正义的首要价值,把正义或公正与否归结为是否遵守法律。奥斯丁认为,法的本质是命令,正义寓于以统治者的命令为核心的法律规则之中。伦理道德意义上的自然法不是严格意义上的法律,与法律正义无涉。

　　需要注意的是,近代西方还有一种功利主义的正义观,也是反对自然法思想的。休谟的"公共的效用是正义的唯一起源"可以说是功利主义正义观的源头。边沁认为,最大多数人的最大幸福就是判断是非的标准。与其同时代的英国政治哲学家威廉·葛德文的"正义这个原则本身要求产生最大限度的快乐或幸福"是其最直接的概括。

　　历史进入到现代,西方的正义观明显表现出一种以对具体制度的改革和设计为核心的制度正义论。自由、平等、权利不只是停留在启蒙思想家们的理想设计阶段了,现代思想家力求促使这种理想变成现实。他们开始注重从社会的整体福利和福利分配的制度设计中,展示自由和平等的价值。其首要代表当属当代美国著名哲学家和伦理学家约翰·罗尔斯,他试图将自由和平等结合起来诠释正义,其正义学说一般被称为"社会正义论"或"体制正义论"。有人认为罗尔斯的社会正义论其实可以被视作社会契约论的最新发展。

从我们上面的论述可以看到,正如纯粹法学派凯尔森所言:"自古以来,什么是正义这一问题是永远存在的。为了正义问题,不知有多少人流了宝贵的鲜血与痛苦的眼泪,不知有多少杰出思想家,从柏拉图到康德,绞尽了脑汁,可是现在和过去一样,问题依然未获解决。"①人们都试图给正义以精确的注解,却往往各执一词,莫衷一是,谁都想说清,却似乎永远也说不明。

尽管众说纷纭,但我们认为,其基本内核始终未变:正义就是给每个人以其所应得。古罗马法学家乌尔比安首创的查士丁尼《民法大全》中对"正义"有一个经典的定义:"正义乃是使每个人获得其应得的东西的永恒不变的意志。"②神学家托马斯·阿奎那对正义的定义是"一种习惯,依据这种习惯,一个人以一种永恒不变的意志使每个人获得其应得的东西"③。穆勒则说:"每个人得到他应得的东西为公道;也公认每个人得到他不应得的福利或遭受他不应得的祸害为不公道。"④当代伦理学家麦金泰尔认为:"正义是给每个人——包括给予者本人——应得的本分。"⑤罗尔斯则直接将正义的核心问题归结为社会制度的安排问题。他的两个正义原则其实就是说,每个人都应当得到与其他人的同样自由相容的最广泛的基本自由,都应享有同等的机会、地位、官职和自由,在这些方面如果不能做到平等,那至少也要使最不利者获益。凡此种种,其实思想家们的观点都包含了一个共同点,即:"给予每个人以其应得的东西的意愿乃是正义概念的一个重要的和普遍有效的组成部分。"⑥

我们认为,正义就是给每个人以其所应得。这一定义避免了艰涩和冗长所造成的认识的困难和理解的偏差,而且其蕴含着足够大的弹性空间,具有恒久的

---

① 〔奥〕凯尔森:《什么是正义》,转引自张文显:《二十世纪西方法哲学思潮研究》,法律出版社1996年版,第575页。
② 转引自〔美〕E.博登海默:《法理学——法律哲学与法律方法》,邓正来译,中国政法大学出版社1999年版,第264页。
③ 同上书,第265页。
④ 〔英〕穆勒:《功用主义》,唐钺译,商务印书馆1957年版,第48页。
⑤ 〔美〕麦金泰尔:《谁之正义?何种合理性?》,万俊人等译,当代中国出版社1996年版,第56页。
⑥ 〔美〕E.博登海默:《法理学——法律哲学与法律方法》,邓正来译,中国政法大学出版社1999年版,第264页。

生命力。因为对于什么是"一个人所应得"的,人们自然会有不同的解说,而这也正是正义概念和内涵随历史变迁的原因所在。"正义就是给每个人以其所应得"这一定义至少内含着两方面的意思,即"什么是每个人的所应得"和"如何给每个人以其所应得"。其中,前者涉及的是实体正义问题,后者则是程序正义的问题。

根据不同的标准,人们对正义有不同的分类。其中包括个人正义与社会正义、分配正义与矫正正义、实质正义与形式正义、实体正义和程序正义,等等。

## 二、正义是自由与平等的统一

从本质来看,无论是古希腊的道德正义观还是中世纪的神学正义观,都呈现一种超验和神学的色彩。至近代以后,平等和自由才真正成为探讨正义问题的焦点。

### (一)自由是正义的基本原则

在西方,自16世纪以来,自由观念便与正义紧密相关,自由逐渐成为正义观的主题和基本原则。康德的理论大厦是建立在人类的自由意志这一概念的基础上的,他认为人是理性的本体,有先验的善的意志,可以按照绝对命令行事,自己为自己立法,自由是与正义相联系的最高价值,一个正义的社会是出于理性选择的社会。在康德看来,正义既是人类自由意志的体现,又是其本身。正义就是自由。如果主体不能依其意志进行自由选择,那么道德和公正就失去了任何意义。法的价值在于确保人类的这种自由意志,否则它就是非正义的,就是对人类的犯罪。自由乃是每个人据其人性所拥有的一项唯一的和原始的权利。一个人的行为如果能和其他任何人的自由并存,那么任何人妨碍他实施该行为就是侵犯他的权利,就是非正义的,法就可以运用强制力量来对付那些不适当或不必要干涉他人自由的人。斯宾塞认为,每个人都享有充分的自由并与其他人所具有的同等自由协调一致,这是社会得以正常存在和活动的先决条件,是正义的根本内容。罗尔斯认为,在一个正义的社会里,基本的自由被看做是理所当然的,由正义所保障的权利不受制于政治的交易或社会利益的权衡。凡此种种,都表明在西方法哲学中自由是正义的一项基本原则。

自由是一个历史性的概念。探讨自由的含义,有两条途径:一是从人与自然的关系角度,即哲学意义上的自由;二是从人与人的关系角度,即社会政治法律意义上的自由。

哲学意义上的自由,按马克思主义哲学的观点,就是对必然的认识和依据这种认识对客观世界的改造。毛泽东曾对自由作了较为经典的概括,他说:"欧洲的旧哲学家,已经懂得'自由是对必然的认识'——这是旧哲学家的命题。'自由是对必然的认识和对世界的改造'——这是马克思主义的命题。"①

政治意义上的自由,则是相对于奴役、专制而言的,其与权利的概念紧密相联,在某种意义上,我们甚至可以说自由即权利或权利即自由。

社会政治自由与哲学认识论意义上的自由并不是自然承接的关系,尽管二者有密切联系,但绝不能任意混同。过去相当长一段时间里,我们总是用哲学自由来解释自由主义,用认识论上的自由囊括社会政治自由,结果将人们对自由的观念搞得一片混乱,社会政治自由也长期受到歪曲和压制。我们认为,对自由一词应该正本清源。自由主要讲的是"人与人"之间的关系,而不是"人与自然"之间的关系。正如哈耶克所言,"就此一意而言,'自由'仅指涉人与他人的关系,对自由的侵犯亦仅来自人的强制"②。

自由是什么?我们认为,如果一个人有一种能力,可以按照自己内心的意愿来思想和不思想,来行动或不行动,那么,这就是自由。无论人们对自由的认识有多大的差异,但有一点却是大家公认的,即在最本质的意义上,自由就是指自主的、不受束缚的活动,至于自主的根据、程度、范围、种类,则众说纷纭。人们对自由还有不同的分类,如按自由的主体不同,分为个人自由和社会自由;按活动能力不同,自由可以分为意志自由与行为自由。意志自由是选择活动的能力,行为自由是从事活动的能力;行为自由又可分为经济上的自由、政治上的自由和文化上的自由,等等。特别值得一提的是英国思想家伯林提出的消极自由和积极自由的概念。伯林关于两种自由的划分及评价曾在学术界引起激烈争论。伯林对两种自由的评价似乎没有得到多少人的拥护,但他对自由的划分却得到广泛的承认,一度成为西方学术界流行的分类法。正如有些学者指出的,两种自由的划分法对澄清人们在自由问题上的混乱大有裨益,对于正确认识宪法所规定的各类政治自由的性质和作用,说明个人与国家的关系,更是一个良方。

所谓消极自由,也被称为保护性自由,即人的行为不受他人的干涉,或者说是"没有强制"。换言之,"消极"意义上的自由,简单地说,就是指人不受他人干涉而行动的领域,就是"免于什么……的自由"。从消极自由这一定义可以得出,一个人不受他人干涉而行动的领域越大,他就越自由。在这个意义上,自由"就是行动的机会,而非行动的本身"。按照法国自由主义代表人物贡斯当的观点,私人生活中的消极自由大体包括:言论自由、择业自由、产权自由、迁徙自由、结社自由、信仰自由,这些个人自由所以消极,其意义是因为而且仅仅是因为这

---

① 《毛泽东著作选读》(下册),人民出版社 1991 年版,第 485 页。
② 〔英〕弗里德利希·冯·哈耶克:《自由秩序原理》(上),邓正来译,生活·读书·新知三联书店 1997 年版,第 5 页。

些"私人领域"是"拒绝侵犯"的。除非"我"把自己的意志强加于人,否则,任何人都不能以任何理由,哪怕确实是正确的理由,将其意志强加于"我"。消极自由主要是社会为个体提供发展机会的空间,防止国家权力以及其他公共权力对个人意志和私人领域的支配和取代。把自由作为权利的重要内容或在某种意义上把它作为权利的基础来看待,禁止对权利的侵犯,就是为了强调自由的这种免于被侵犯的属性,伯林对这种自由格外关注。伯林的宗旨是强调,在民主政治中,消极自由概念更有价值且更符合人类社会存在的价值多元论的现实。他的意思是,当事关国家权力运作时,我们应当更多地关心确认非干涉领域,而不是关心谁在行使国家权力。

所谓积极自由,即人是自己的主人,其生活和所做的决定取决于他自己而非任何外部力量。当一个人是自主的或自决的,那么,他就是"积极"自由的。这种自由是"做的自由"。消极自由主张不干涉,而积极自由正好相反,它需要某种程度的干涉。这种希望成为自己主人的思想传统最早是由法国启蒙运动以来的一些思想家予以表达和阐述的。积极自由论的倡导者们认为,在社会生活中,尤其是在现代社会,仅仅有消极自由是不够的,必须强调积极自由。"一个人,只有在他能够实现某种目的(不论是依靠自己的力量还是与他人合作)时,方能感到自己享有自由,方能感到自己是自己的主人。很明显,通过达到某种积极的目的来发现自己真正的价值,这种自由是以某种程度上不受限制的自由为前提的。身受各种各样束缚的人很难实现什么目的。然而,仅仅是不受限制,恐怕还不足以保证得到预期的自由。"[1]在现代社会中,积极自由在现代社会中已经广泛存在于公民的政治自由以及经济和社会权等权利和自由之中。

相对而言,消极自由因其自身的被动性,不会出现过度的问题。积极自由则不然,因其不是"免于"而是"做",则就存在过当的可能,它可能会反过来取消消极自由,造成对消极自由的"反噬"。

我们认为,一方面,消极自由的保护事实上离不开积极自由提供的外在保护机制;另一方面,积极自由的滥用又确实会形成侵害消极自由的危险。必须在二者之间寻找到一个合理的"度",尽量达至某种平衡。而这恰恰正是正义问题关注的焦点之一。

极端自由主义者们不仅认为自由至高无上,甚至不惜牺牲公正去追求最大限度的自由。其错误在于:他们所要求的自由超过了正义的允许,他们没有看到对自由的适当限制是正义的必然要求。自由与奴役、强制和限制是孪生的婴孩,

---

[1] 〔英〕彼得·斯坦、约翰·香德:《西方社会的法律价值》,王献平译,中国人民公安大学出版社1990年版,第194页。

他们互为定义,互为确立各自的边界。自由是免受奴役、强制和限制。然而,一旦向堕落的绝对自由跳跃,必然重现奴役。结果,寡头的自由最终取代人民的自由,少数人的绝对自由建立在对多数人的奴役之上,最终我们失去了自由。正如博登海默所讲的那样:"如果我们从正义的角度出发,决定承认对自由权利的要求乃是根植于人的自然倾向之中的,那么即使如此,我们也不能把这种权利看做是一种绝对的和无限制的权利。任何自由都容易被肆无忌惮的个人和群体所滥用,因此为了社会福利,自由就必须受到某些限制,而这就是自由社会的经验。如果对自由不加限制,那么任何人都会成为滥用自由的潜在受害者。无政府主义的政治社会会转化为依赖篡权者个人的状况。无限制的经济自由也会导致垄断的产生。人们出于种种原因,通常都乐意使他们的自由受到某些社会有益的控制。他们愿意接受约束,乃是同他们要求行动自由的欲望一样都是自然的,只是前者源于人性的社会倾向,而后者则根植于人格自我肯定的一面。"[1]可见,自由固然有其无可比拟的魅力,但是自由都有一定界限。在伦理学上,一般的自由主义者都认为自由是有限制的,并仅存于作为限制的权界之内。个人自由的界限就是必须不使自己成为他人的妨碍。在法学层面上,我们说,正义的法所规定的自由才是真正的自由。自由在法律上总是表现为某种权利。正义的法所规定的人们的自由权利,是合理限度内的自由,这个合理限度就是"每个人所应得"的。超出这一限度要求的自由必定侵犯他人的自由,若人人都如此行事,结果将会导致法所维系的社会体的崩溃,整个社会的自由也将不复存在。总之,无论从哪个层面上来看,自由都意味着一定程度的限制,这种包含限制的自由正是正义所要求的。

(二)平等是正义的核心原则

人们在追求正义的道路上,始终离不开"平等"二字。平等是一个较自由更加复杂的问题。尼采曾说,只有非历史的存在才可能被赋予恰当的定义。在人类社会历史的长河中,对"什么是平等"所作出的回答何止千万。以至于萨托利不得不感叹道:平等问题是一座迷宫。

在政治思想方面,平等概念一般是在两种意义上使用的:第一是指人作为"人"在本质上的平等,即人是平等的动物,"人人生而平等"。任何一个人作为独立的生命体来到人间,自然就成了人类的平等一员。这种平等资格是与生俱来的,因为他作为一个生命体同任何其他人一样,本身不存在什么高低贵贱之分。人作为人所具有的尊严是没有程度差别的。人人平等是指他们作为人在尊

---

[1] 〔美〕E.博登海默:《法理学——法律哲学与法律方法》,邓正来译,中国政法大学出版社1999年版,第281—282页。

严上的平等。他们都是人,都具有人种的特性,尤其是他们都具有属于人种一切成员的特殊性质。所谓天赋人权,就是从这一意义说的。这是一种排斥差别待遇的绝对的平等。第二是指分配上的平等,即人与人之间应该在财产分配、社会机会和政治权力的分配上较为平等。本质上的平等常常作为分配上平等的理论基础。① "分配的平等"强调的是人作为"个人"的平等,它要求合理的差别待遇。第一种意义上的平等是自然平等,第二种意义上的平等是社会平等。社会平等实质上是权利平等。法国《人权宣言》中说:"平等就是人人能够享有相同的权利。"我国《辞海》中也强调:"平等是人们在社会上处于同等的地位,在政治、经济、文化等各方面享有同等的权利。"

从我们前面对正义的解读可以看出,近代以后,人们大多要么是从自由要么是从平等来阐释正义,还有人把平等与自由结合起来作为正义的两个最根本原则。何怀宏先生在对社会契约论的三位主要代表霍布斯、洛克、卢梭等人进行研究时有一个很有意思的发现,即正义原则历史与逻辑的不谋而合的序列:生存——自由——平等。它们一个比一个更优先,只有基本上满足了前一个才能满足后一个,而前一个又是向着后一个开放的。② 平等成为正义的核心原则有其深刻的历史背景和强烈的现实关怀。其实,很多的思想家实际上都表达过类似的思想。亚里士多德曾提出城邦公民的等级平等,认为政治上的至善就是正义,而正义便意味着平等。柏拉图把正义看做是"给每个人以公平的对待"。恩格斯认为,"平等是正义的表现,是完善的政治制度和社会制度的原则"。罗尔斯的正义原则是,每个人都有平等的自由权利,给每个人以人格和尊严上的平等,每个人都平等地享有自由权利的社会是公正合理的社会;然后,还要给每个人以公平竞争的机会,促使人们通过自身努力减少不平等;当出现不平等时,应该以有利于最少受惠者的原则来进行权利与义务的分配。

平等的概念也可以从广义和狭义两方面来讲。很多人只是狭义地将平等理解为是一种纯形式化的规则,也就是不管情况如何皆应"完全平等",在这种意义下,平等与正义两个概念还是有质的区别的,一个强调形式,一个强调实质性内容。而事实上,广义上的平等直接与正义的要求相合。平等概念本身就蕴含着二维结构。通过对平等概念中二维结构的具体阐释和赋予规定性,可以直接构成一种正义论。正如萨托利所剖析的那样,"一方面,平等表达了相同性概念;另一方面,平等又包含着公正"。相同性要求相同对待或相同尺度,或是直接要求相同的结果,而公正则是要求差别对待,要求不同情况给予不同对待。而

---

① 邓正来主编:《布莱克维尔政治学百科全书》,中国政法大学出版社1992年版,第230页。
② 参见何怀宏:《底线伦理》,辽宁人民出版社1998年版,第215—224页。

正义就是给每个人以其所应得,"所应得"的权利按平等的标准就是每个人的基本权利完全平等与非基本权利比例平等。

"法律面前人人平等",这是法的正义性的最基本要求。有人不承认人人生而平等,他们以人在年龄、性别、肤色、民族、智力、体力等方面差别为依据,认为人生来是不平等的;认为法律上讲人人平等纯粹是出于人道主义的考虑,实际上在社会生活中是不可能平等的。这种看法是错误的,对平等的理解也是不当的。我们说人人生而平等,是指任何有生命的个人都是人类平等的一分子而说的,这与性别、年龄、肤色、民族、智力、体力等差别不相干。① 我们说,人人生而不同,人人生而有别,这是毋庸置疑的,而且这种不同确实是造成人在社会中不平等的重要原因。但是"人人生而不同"不能简单地的等同于"人人生而不平等"。

如果一个人是左撇子,而另一个人是右撇子,你说他们是不平等的,那显然是近乎荒谬的,我们只能说他们是不同的,除非法律规定只容许左撇子(或右撇子)担任公职,从而使这种自然意义和生理上的不同与利益进行了挂钩。而这时我们的关注点自然会转向法律类分标准的合理与否,转向对法律实质平等的追问。人生而有别,自然的差异并不可怕,可怕的是一种制度、一种法律对这种差异的看法。②

对形式意义上的平等和实质意义上的平等加以区分是非常必要的。形式平等与实质平等在所有的平等概念中是最难统一、最有歧义的。学界的表述各不相同。如:"不相应于事实上的差异而为待遇上的平等为形式上的平等;依事实上的差异而为比例上的待遇才是实质的平等","消极不采取不平等的措施是形式的平等,积极的采取合理的不平等措施是实质的平等"③;"形式上的平等,即宪法对各个人所保障的、各自在其人格的形成和实现过程中的机会上的平等。这种平等实际上并不问站在现实起点上的各个具体的'人'是否真正具有对等的实力等前提条件,当然更不问自由竞争之后的结果是否可能达至平等。然而,人们却在各方面存在着天然的差别,形式上的平等无视人的差别,存在着先天的缺陷,现代宪法或多或少的吸收了实质上平等的原理。所谓实质上的平等,主要指的是为了在一定程度上纠正由于保障形式上的平等所招致的事实上的不平等,依据各个人的不同属性分别采取不同的方式"④;"实有必要在一定程度上对形式的平等加以修正,以此推进实质上的平等。实质性平等的保障需要通过国

---

① 周凤举:《论现代法的精神》,群众出版社1999年版,第403页。
② 霍宏霞:《平等是什么?》,载《皖西学院学报》2003年第19卷第1期。
③ 城仲模主编:《行政法之一般法律原则》(二),台湾三民书局1995年版。
④ 林来梵:《从宪法规范到规范宪法》,法律出版社2001年版,第106—107页。

家积极干预才能实现,实质性平等的内容,是要通过国家权力的干预,来消除国民之中的经济与社会的不公平。但是,所有平等权权利效果的范围,应当停留在能消除由自由以及形式上的平等带来的弊端之程度上。"[1]人人生而有别,单一地强调形式平等可能会因为对合理差别的忽视而导致对实质平等的侵害。强调合理差别显然是对形式平等的破坏。所以形式平等与实质平等的冲突是不可避免的。如何确定合理差别的度,是平衡好二者关系的关键。这是一个需要智慧和取得共识的难题。我们认为,总体来讲,至少应该确定,对于保持人之尊严所必需的基本自由体系,应该不允许存在差别待遇的。这里有必要区分合理的差别和不合理的差别,国家不能以要使人们更加平等为借口来实行各种歧视,为自己的歧视性政策提供合理的依据,反之,由于人们存在着差异,国家也不能以实现形式上的平等为借口,而拒绝给弱者提供保护,而一律与强者"平等"对待。[2]

  平等也可区分为机会平等和结果平等。人们在社会生活中面临着各种各样的活动的可能性空间,也就是我们通常所称的"机会"。所谓的机会平等就是机会向所有人开放,使每个人都具有同样的从事某项活动的权利。如果机会无限多,自然就可以不加限制地给予任何人,但如果机会有限则无法均等地给予一切人。只有在机会有限,只能把机会给予某些人,而不能给予所有人的情况下,才会有机会平等的诉求和呼声。因此,我们认为,探讨机会平等,主要就是探讨在机会有限的情况下,如何才能做到机会平等。哈耶克在《自由制度》一书中指出,个人的能力天生不平等,对有能力的人提供平等的机会,才是公平的。只要是源于个人能力差异造成的不平等而不是因为机会差异,这样的不平等是可以接受的,这是机会平等的提出。然而,一些社会学家发现,个人的成功是由个人所具有文化水平来决定的。由于家庭的影响、遗产的继承,富人的后人能够得到更好的教育,获得成功的机会更多。这样的天生不平等对机会平等的建立形成了障碍,所以西方学者又提出条件平等的观点,要求竞争者站在同一起跑线上参与竞争,认为这才是公平的。但这样仍存在问题,由于不平等的遗传,富人的后代更易成功,在法律面前、在政治选举时,富人较穷人更占优势,现实情况是社会上贫富差距日益加大。一些社会民主主义者又提出国家应该采取必要措施保证结果平等的观点,即用政治手段、税收、福利制度等来增加劣势群体的竞争力。

  另外,关于结果平等与实质平等的关系,国外宪法学界存在不同的看法。日本的芦部信喜教授认为,实质上的平等旨在纠正由于自由竞争中机会平等所引

---

[1] 〔日〕大须贺明:《生存权论》,林浩译,法律出版社2001年版,第32—37页。
[2] 李忠夏:《试论平等权的内涵》,Http://www.chinaelections.org/PrintNews.asp?NewsID=50640,最后访问日期:2008年11月2日。

起的现实的不平等结果,为此,实质的平等即相对于机会的平等而言的结果的平等。而小林直树教授等学者认为,实质上的平等不同于结果的平等,后者主张所有的人决胜时必须站在同一终点线上,这有可能招致无视生活过程中努力或才能的差别的一种恶的平等。①

我们还可以将平等划分为完全平等与比例平等。亚里士多德最早阐释的平等的基本含义即是平等包括无差别和按比例,也称完全平等与比例平等。他说:"平等有两种:数目上的平等与以价值或才能而定的平等。我所说的数目上的平等是指在数量和大小方面与人相同或相等;依据价值或才德的平等则指在比例上的平等。……既应该在某些方面实行数目上的平等,又应该在另一些方面实行依据价值和才德的平等"②,"公正被认为是,而且事实上也是平等;但并非是对所有人而言,而是对彼此平等的人而言。不平等被认为是,而且事实上也是公正的,不过也不是对所有人,而是对彼此不平等的人而言"③。费因伯格将这一原则称作"平等的形式原则",他概括道:"我们的形式原则(源自亚里士多德)要我们:(1) 同样地(平等地)对待在有关方面相同的(平等的)人;(2) 不同地(不平等地)对待在有关方面不相同的(不平等的)人,这种不平等对待与他们之间的差别性(不平等性)成为比例。"④萨托利亦如是说:"平等的原则:(1) 对所有的人一视同仁,即让所有的人都有相同的份额(权利或义务);(2) 对同样的人一视同仁,即相同的人份额(权利或义务)相同,因而不同的人份额不同。"⑤简言之,"平等总是意味着给予从某一标准看来是相同的人同样的对待"⑥。

习惯上,正义被认为是维护或重建平衡或均衡,其重要的格言常常被格式化为"同样情况同样对待"。当然,我们需要对之补上"不同情况不同对待"⑦。我们前面提到过,正义内在要求权利平等。基本权利完全平等、非基本权利比例平等,这才是正义的法所要求和保障的平等。"完全平等"是指人们在政治、经济、思想等方面的生存和发展的起码的基本权利(即人权)上应该绝对平等,不容许有任何差别。一个人只要是人类社会的成员,不论其出身如何、社会地位如何、才智如何、对人类贡献大小如何,社会都应该保障他享有生存和发展的最低权利(主要包括生存权、政治自由权、思想自由权以及竞争职务和地位、权力和财富

---

① 林来梵:《从宪法规范到规范宪法》,法律出版社 2001 年版,第 105—108 页。
② 《亚里士多德全集》(第 9 卷),中国人民大学出版社 1994 年版,第 163 页。
③ 同上书,第 89 页。
④ 转引自王海明:《公正、平等、人道:社会治理的道德原则体系》,北京大学出版社 2000 年版,第 77 页。
⑤ 〔意〕乔·萨托利:《民主新论》,冯克利、阎克文译,东方出版社 1993 年版,第 353 页。
⑥ 张文显:《二十世纪西方方法哲学思潮研究》,法律出版社 1996 年版,第 536 页。
⑦ 〔英〕哈特:《法律的概念》,张文显等译,中国大百科全书出版社 1996 年版,第 158 页。

等一切非基本权利的机会权)。"比例平等"要求人们根据不同的情况应得到不同的待遇,享受不同比例的非基本权利。每个人因其才智不同、对社会贡献大小不同,而应享有不同的权利,这就是他的非基本权利。非基本权利是人们生存和发展的比较高级的权利,是满足人的比较高级需要的权利。非基本权利是每个人对于一切社会利益公平竞争的结果。

## 第二节 公法与正义

### 一、正义是公法最根本的价值追求和衡量尺度

关于法与正义关系的探讨,历史上自古就有,而且形成了丰富的理论。有的认为,法本身就是正义,就代表正义,法与正义是等同的。这是一些具有现实主义、国家主义倾向的思想家(如柏拉图、霍布斯等)所主张和坚持的。也有的认为,正义是衡量、评价法的尺度、标准,法是正义的,还是非正义的,是好的善的,还是坏的恶的,不在于法本身,而在于存在于法之外的并作为其基础的正义法、自然法、理想法。不符合道德、价值、正义的法不是真正的法,是恶法,恶法非法也。古典自然法学派和新自然法学派的代表们都持这种思想。还有的认为,法与正义无关,至少是没有必然联系。包括约翰·奥斯丁、凯尔森、哈特在内的许多分析实证法学家都否认正义是法的基础和标准。他们认为,法律是否符合正义的问题,不是法律问题,而是属于立法问题,是伦理问题。法学不研究法律的好坏,而只研究实在法。那些不符合正义的法律,只要是合法制定的,就是法律,就具有法律效力。是为恶法亦法。

总体上,相对于中国历史上的正义价值是从属于道德伦理的,西方向来是将法与正义紧密联系在一起的。即使是将法与正义的价值追求相剥离的实证主义法学,那也不过是浩瀚思想库中的一个小小分支,而且这一流派在历史上所造成的恶果人们至今仍记忆犹新。实际上,实证主义的"恶法亦法"的主张强调法的确定性、重视法的程序性价值,在某种程度上也是对程序正义的维护,是对法与正义关系理论的反向证实。

除了正义外,法还具有多方面的价值追求,如安全、秩序、文明、公共福利、效益等,但在法的诸价值中最核心的还是正义。正如罗尔斯在《正义论》中说的,正义是社会制度的首要价值,正像真理是思想体系的首要价值一样。他还说,某些法律和制度,不管它们如何有效率和有条理,只要它们不正义,就必须加以改造和废除。每个人都拥有一种基于正义的不可侵犯性,这种不可侵犯性即使以社会整体利益之名也不能逾越。因此,正义否认为了一些人分享更大利益而剥

## 第十二章 公法与正义

夺另一些人的自由是正常的,不承认许多人享受的较大利益绰绰有余地补偿强加于少数人的牺牲。所以,在一个正义的社会里,平等的公民自由是确定不移的,由正义所保障的权利决不受制于政治的交易或社会利益的权衡。允许我们默认一种有错误的理论的唯一的前提是尚无一种较好的理论,同样,使我们忍受一种不正义只能是需要用它来避免另一种较大的不正义的情况下才有可能。作为人类活动的首要价值,真理和正义是决不妥协的。正义是实现法的其他价值的前提与保证。没有正义,安全、秩序、文明、公共福利、效益等价值无法长久保持。

法治的核心在于公法之治。法与正义的关系集中地体现为公法与正义的关系,正义是公法最根本的价值追求和衡量尺度。

总体而言,宪法不仅是公法的核心,也是整个法律体系的基础。宪法正义处在价值链的枢纽点上。宪法正义是制度正义的源头,同时也是宪政正义的实践基础。宪政正义的最核心要义就在于通过控制权力来保护权利。通常认为,现代各国的宪法原则主要包括人民主权原则、基本人权原则、法治原则和权力制约原则等,这些基本原则既是宪政正义的集中体现,也是公法正义的核心部分。

正义作为公法的最根本的价值追求和衡量尺度,不仅对公法的起着积极的评价和促进作用,而且对公法的进化发挥着巨大的推动作用。

没有正义观念的革新就没有公法的进化。人们的正义观念是随着时代的进步而发展着的。人们在评价法是否优良或合理时,总是以特定时代的正义观念作标准。法的精神的进化是由社会的正义观驱动的,而法的总体精神的进化又引导着法的整体进步。我们看看历史,正义要求把人当"人"看,所以早在古希腊奴隶社会全盛时期,人们就用正义反对奴隶制;正义与自由平等不可分,于是启蒙思想家用正义谴责封建等级特权,从而引发了法国大革命和19世纪的世界性立宪运动。当时的人们已经认识到,对自由和平等的最大威胁来自于政府对公共权力的滥用,正是在这样的正义观念的推动下,人类创制了以控权为主旨的近现代意义上的宪法和行政法。

"社会正义观的改进和变化,常常是法律改革的先兆。当18世纪的欧洲普遍得出这个结论——即使用严刑迫使人们供认所被指控的罪行是非正义的——的时候,人们便发动了一场运动,要求通过一项赋予反对自证其罪的特权的法律,而这场运动最终获得了成功。"[①]美国大量的宪法判例也是正当程序原则催生的结果,美国宪法在这数量庞大的判例中悄然地变迁着。在今日的中国,公

---

① 〔美〕博登海默:《法理学——法律哲学与法律方法》,邓正来译,中国政法大学出版社1999年版,第269页。

进化的速度不可谓不快,其例证绝非鲜见。备受争议的《社会流浪人员收容遣送办法》之所以被废止,正是由于它对人们基本自由的蔑视,是不正义的;大量的行政规范性文件被废止,也是因为它们侵犯了公民的自由和平等权利而被视为违反了基本的正义原则。

在正义观念的推动下,公法内部的结构也发生着变化。正义观不但推动了以控权为主旨的近现代宪法的产生和行政法的产生和完善,还为程序法的发展和完善提供了驱动力。要实现正义的目标必须有严格、明确、公正、公开的程序,正义成为程序法进化的直接推动力量。例如,英美法系中的"正当程序"原则大大推动了整个法律程序的理性化、科学化;大陆法系则实行程序法与实体法的分离,由单一的刑事诉讼程序发展成刑事诉讼、民事诉讼、行政诉讼三大诉讼程序,由单纯的诉讼程序进而发展到立法程序、行政程序,从而整个程序法体系的质与量都得到了提高。而且,专门以国家机关为对象的诉讼形式——宪法诉讼和行政诉讼也是正义观催生的产物。

### 二、公法对正义的实现作用

"法是善良和正义的艺术","正义只能通过良好的法律才能实现",从这些古老的法学格言中,我们能感受到法对正义实现的重要作用。法是由国家强制力保证实施的社会规范。法的遵守和实施,使得正义的理想和追求得以转变为现实,使得社会在正义的旗帜下一步一步走向更加公正、自由和平等。

罗尔斯的立宪主义包括四个阶段,从中我们可以得出很多启示。他设计的第一个阶段是原初状态阶段。这一阶段是公民对正义原则的选择。为此,罗尔斯假定人们以原始的平等地位选择了两个正义原则。第一个正义原则是:每个人对与所有人所拥有的最广泛平等的基本自由体系相容的类似自由体系都应有一种平等的权利(平等的自由原则)。第二个自由原则是:社会的和经济的不平等应这样安排,使它们:(1) 在与正义的储存原则一致的情况下,适合于最少受惠者的最大利益(差别原则);(2) 依系于在机会公平平等的条件下职务和地位向所有人开放(机会的公正平等原则)。其中,第一原则优先于第二原则,第二原则中的机会均等原则又优先于差别原则。① 第二个阶段是立宪阶段。在选择了正义原则的基础上,人们通过召开制宪会议创制最有效的正义宪法。第三阶段是立法阶段。由人们选举出的有理性的代表,通过议会制定出符合正义原则和宪法允许范围内的各种法律。第四阶段是规则适用阶段。即由法官和行政官员将规则适用于具体情况及公民普遍地遵守法则。

---

① 参见〔美〕罗尔斯:《正义论》,何怀宏等译,中国社会科学出版社1988年版,第7—9页。

在罗尔斯那里,四个阶段是为两个正义原则的运用而服务的。在一定意义上,正义的两个原则所要达到的是政府与公民之间的理想关系。第一个原则要求政府尊重和保障公民的政治权利和自由;第二个原则要求政府有所作为,承担创造和保护事实平等的责任。在第一个原则的范围内,政府的角色是"守夜人",在第二个原则的范围内,政府的角色是"保险公司",不但要承担社会收入再分配的责任,而且要有能力和手段。①

由此我们也可以比较清楚地看出公法在实现正义方面不可替代的作用。

首先,通过立宪和立法分配权利以确立和提供正义。平等原则必须同样有效地拘束立法者。法律面前人人平等不仅仅是公民在适用法律上的平等,在立法上也应当是平等的;在分配权力时,公民基本权利和自由应完全平等,非基本权利和自由比例平等。并且,基本权利和自由非在紧急状态下不能随意限制、苛减与剥夺。

立法是实现正义的逻辑起点,如立的是恶法,则通过法律实现正义即成为一句空话;但是,即使立的是良法,也只是通向正义的开端而非结束。如果说立法正义是执法和司法正义的基础,那么执法和司法正义就是立法正义的切实保障。执法与司法是实现立法中所蕴含的正义的制度运行机制,在制度实施过程中,凡有悖于正义的自由和平等原则者,必须予以矫正与恢复。这也是矫正正义的要求。

在行政执法过程中,尤其是在裁量行政过程中,由于法律规范仅对行政行为的目的、范围做了原则性的规定,行政行为的具体的条件、标准、幅度方式都由行政机关自行选择、决定。现实中经常出现行政主体基于自由裁量权对相对方考虑不相关的事实而进行歧视的情形。也就是说,即使法律本身没有任何非正义的歧视,行政机关仍然可能以歧视方式来运用法律。此时,我们就不能仅仅满足于一种形式意义上的平等要求,而应从动态的、实质的观点坚持实质正义的理念。亦即裁量权行使也不能仅因事实上某些表面的不同,即必为不同的处理,而是在事实不同与处理不同之间有某种合理的内在联系。应该说,遵循平等原则的裁量应该说是裁量权的至高境界。

司法正义是社会正义的最后一道屏障。公法正义的实现离不开正义司法的保障。在一个社会机体中,哪一部分都可能出现腐败和存在严重问题,然而,唯独司法领域绝对不可以丧失正义原则。司法领域如果出现了严重的不正义,那将是毁灭性的、绝对无法挽回的。因为司法诉讼设立之宗旨就是为了矫正法在实施过程中产生的各种不正义,如果矫正环节本身出现了不正义,那无疑是灾难。因此,司法正义是公法实现社会正义的关键环节。

---

① 信春鹰:《正义是社会制度的首要价值》,载《读书》2003年第6期。

# 第十三章
## 公法与利益

## 第一节 利益概述

### 一、利益的含义和属性

利益(interest)与"弊"、"害"、"损"相对,如有利无弊,有损无益。透过人类的历史发现,"人们奋斗所争取的一切,都同他们的利益有关"①。对于利益的把握,人们曾下过不同的定义,比较普遍的是把利益界定为"需要"。按照孙国华教授的解读:"利益是主体和客体之间的一种关系,表现为客观规律作用于主体而产生的不同需要和满足这种需要的措施。利益反映着主体与其周围世界对其生存和发展有意义的各种事物和现象的关系,它使人与世界的关系具有了目的性,构成人们行为的内在动力"②,"需要是人类生命活动的表现和必然要求。正是人们的需要使人们结成一定的社会关系、利益关系"③。按照美国著名法学家庞德的说法,"我们给利益下一定义,它是人类个别地或在集团社会中谋求得到满足的一种欲望或要求,因此人们在调整人与人之间的关系和安排人类行为时,必须考虑到这种欲望或要求"④。

不过,对利益的属性问题,学者间存在严重的分歧。有人认为利益是人们对于满足一定需要的意志指向性,是主观的现象。有人认为利益是主观东西与客

---

① 《马克思恩格斯全集》(第1卷),人民出版社1956年版,第82页。
② 孙国华主编:《马克思主义法理学研究——关于法的概念和本质的原理》,群众出版社1996年版,第244页。
③ 同上书,第245页。
④ 〔美〕庞德:《通过法律的社会控制 法律的任务》,沈宗灵译,商务印书馆1984年版,第81—82页。

观东西的统一,是主体和客体环境的统一。按照孙国华先生的解读:"利益是个客观现象、客观范畴。利益的认识和实现要通过人,并不意味着利益是主客观的统一。利益是形成意志、意识的基础,但它是意识、意志之外的客观存在。意识、意志可以正确地反映客观存在的利益,也可以错误地认识或理解客观存在的利益而形成'主观利益'和对利益的错觉。应该把客观上存在的利益和人们主观上对这种利益的认识,即"主观"利益区别开来。反映在法律中的利益就带有一定的主观性,它与客观上存在的利益可能一致也可能不一致,甚至相反。也就是说,可能出现这样的情况:自以为是根据自己的利益行动的人,实际上却采取了违背自己利益的行动。这恰恰说明利益是客观存在的、是客观范畴,因为利益是人们同其周围现实中能帮助他们作为一定社会的成员而生存、发展的对象和现象的现实关系的表现。这些现实关系是客观的存在,利益也是客观的存在。认识利益的客观属性有重要意义:第一,使人们可以根据社会发展规律的要求来管理社会,同唯意志论的思想、态度作斗争;第二,利益的客观性理论,使人们看到在'统治阶级意志'背后的动因;第三,既然利益是客观的,那么法律的创制者就应尽可能正确、准确地认识并在法律中反映自己所代表的阶级和人民的真实利益、保护其根本利益。"[①]

对上述概括可以得出:利益反映着主体与其周围世界中对其生存和发展有意义的各种事物和现象之间的关系。它使人与世界的关系具有了意义和目的性,也使人的行为具有了明确的内在动力。因此,从本质属性上讲,利益是社会主体的需要在一定条件下的具体转化形式,它表现了社会主体对客体的一种主动关系,构成了人们行为的内在动力。所谓利益,可以理解为在一定社会关系中产生并展现出来的、通过实践活动而满足主体生存和发展需要的客观因素。需要是利益的基础和始因;利益是主体对客体的一种主动关系;利益是人们行为的内在动力;利益具有客观性、主体性、社会性、历史性、多样性等特点。

需要注意的是,利益的客观性对于解读公法对利益关系的处理突现其特殊意义,它使公权力在协调和分配利益的过程中力争做到与利益的客观性相符合,做到不主观、不妄为。

## 二、利益的种类

从不同角度可以对利益做不同的分类。根据利益内容的性质不同,可以分为物质利益、政治利益、人身利益和精神利益;根据利益的阶级内容,可以分为不

---

[①] 孙国华主编:《马克思主义法理学研究——关于法的概念和本质的原理》,群众出版社1996年版,第246—247页。

同阶级的利益;根据利益内容实现的程度不同,可以分为既得利益和将来利益;根据利益内容的合法性,可以分为合法利益和非法利益;根据利益的时间范围,可分为长远利益、短期利益和眼前利益;根据国家结构的标准,可以将利益分为中央利益和地方利益;根据利益主体的数量,可以分为多数人利益和少数人利益。就法律对利益的关系而言,通常是根据利益的主体进行分类,将利益分为个人利益、集体利益、国家利益和社会利益。利益法学派将利益分为个人利益、群体利益、社会团体利益、公众的利益和人类的利益。

美国著名的法社会学家庞德对利益的分类有相当的研究。他将利益分为个人利益、公共利益和社会利益。我们分别阐述庞德对这三种利益的认识。①

（一）个人利益

庞德认为,个人利益是"直接包含个人生活中并以这种生活的名义而提出的各种要求、需要或愿望"②。另外,个人利益还可以通过其他形式表现出来,比如,在一个政治组织社会生活中并基于这一组织的地位而提出的各种要求、需要或愿望;在文明社会的社会生活中并基于这种生活的地位而提出的各种要求、需要或愿望。当然,每一种主张可以以不同名义提出,甚至可以以社会利益的形式提出。例如,甲控告乙未经其同意而取走他的手表,并为取得对手表的重新占有获取手表的货币价值而要求赔偿时,甲对手表的要求是作为个人利益提出来的。但是,甲的要求也可以被认为是与保障占有物的社会利益相一致的,而且当甲通过控告使检察院以盗窃罪为名对乙提起诉讼时,甲的要求就是作为保障占有物的社会利益而提出的。

庞德将个人利益又分为人格利益(interests in personality)、家庭关系利益(interests in domestic relations)、物质利益(interests of substance)。

1. 人格利益

庞德认为,人格利益涉及个人身体和精神方面的主张和要求。它有六方面的表现:(1)保障一个人的肉体和健康方面的利益;(2)关于自由行使个人意志的利益——即免受强制和欺骗;(3)关于自由选择所在地的利益,即一个人选择他将到哪里去和将在哪里留下的主张;(4)保障一个人的名誉不在其周围的人中间受到诽谤,其地位不受他人的侵犯;(5)关于契约合同自由同别人自由发生关系,以及与此密切联系的使自己自由地从事或被雇于合适的或本人认为合适的任何职业的利益;(6)信仰自由、言论自由。庞德认为,个人自由的表现形式

---

① 吕世伦主编:《现代西方法学流派》,中国大百科全书出版社2000年版,第454—458页。
② 〔美〕庞德:《通过法律的社会控制 法律的任务》,沈宗灵、董世忠译,商务印书馆1984年版,第37页。

之间可能会发生冲突,例如,契约自由和选择职业自由的利益就同经过工会所提出的各种要求发生竞争,所以需要对个人利益进行限制。

2. 家庭关系利益

家庭关系利益由与个人身体和个人生活密切联系的一些东西组成。它包括:(1)夫妻每一方都对整个社会主张或要求外人不应妨害他们关系的利益。(2)夫妻双方对另一方提出的各种相互主张或要求。例如,丈夫对妻子操作家务的要求,妻子要求丈夫对他抚养和维持生活方面的主张或要求。(3)关于父母和子女关系的各种利益。

3. 物质利益

物质利益即个人基于经济生活的地位所提出的要求或需求。它包括:(1)对狭义的财产的主张,即控制有形物,人的生存所依赖的自然资料;(2)企业自由和契约自由,即经营企业、任职、受雇、订立或执行契约;(3)对约定利益的主张,即对约定欠款的主张;(4)外人不得干预自己与他人之间经济利益关系的主张;(5)自己与他人在事业、企业和组织方面相互结合,采取个人认为合适的集体行动的利益;(6)保障受雇人在雇佣关系方面的持久性。

(二)公共利益

公共利益是指"在政治性组织的社会生活中并以该组织的名义所提出的主张、要求和愿望"。公共利益包括:

(1)国家作为法人的利益。具体分为:第一,国家的人格利益。它包含国家人格的完整、行动自由、荣誉和尊严。第二,国家的物质利益,即作为一个社团的政治组织社会对已经取得的和为社团目的而占有的财产的主张,这种财产不同于它行使统治权的社会资源。

(2)国家作为社会利益的保卫者而拥有的利益。这种利益与社会利益有诸多方面相互重合。

(三)社会利益

社会利益是"存在于文明社会的社会生活中,并以各种社会生活的名义而提出的主张、要求和愿望"。

社会利益思想是庞德法学思想的核心概念。他认为,社会利益是"普遍而合理的,它基于人们在集体寻求满足的过程中而提出的主张、需要、愿望和企盼,并且这些主张、要求、愿望和企盼应该被文明社会所认识到并以法律的形式加以保护"。他认为,所谓权力通常而言就是法律保护的社会利益。权力的取得并非自然的,而利益的取得才是自然的。他将社会利益分为六个方面:

(1)一般安全的社会利益。是指为排除社会上威胁安全存在的行为,而以社会名义提出的主张、要求和需要。这种社会利益具体表现为以下五种形式:一是个人的人身安全;二是人们身体之健康的利益;三是和平与公共秩序;四是所有权不受侵害;五是交易的安全性(指一般的商品交换行为不受他人的干扰)。

(2)社会制度安全的利益。这种利益是针对威胁社会制度的存在及其正常运转而提出的。它的表现形式包括:第一,家庭制度的安全,指如何制止影响家庭关系或破坏婚姻制度的行为;第二,宗教制度的安全,制止伤害宗教感情的行为;第三,政治制度的安全;第四,经济制度的安全。

(3)一般的社会道德的利益。即文明社会中制止触犯人们的道德情感的要求。如制止某些不诚实的行为,禁止色情书刊等。

(4)保护社会资源的利益。指社会对已经存在的资源不得做无谓的浪费的要求。因为,个人的欲望是无限的,而社会的资源是有限的,所以必须对损害社会资源的行为予以制止。这种利益包括:对自然资源的利用和保护;对无法独立生活的人和有缺陷的人予以训练和保护。

(5)一般进步的社会利益。即为了满足人类不断向前发展的愿望而以社会名义提出的要求人类力量和人类对自然控制的发展的主张。这种利益以三种形式表现出来:经济进步,如财产自由、贸易自由、反对垄断;政治进步,包括言论自由;文化进步,如科学研究的自由。

(6)个人生活的社会利益。即以社会的名义所提出的要求每一个社会个体的生活都能够与社会的一般生活标准相适应的主张。其表现形式为:第一,个人自我主张的利益,即个人身体、精神和经济活动方面的利益;第二,个人机会的利益,即所有人都有公平、合理和平等的机会;第三,个人生活条件的利益,即社会能够及时地为每一个人提供在当时条件下的最低的生活条件的要求。

庞德认为,随着人类社会的进步,许多社会利益还会出现,这就需要人们能够随社会的进步而不断地对这些新出现的利益加以进一步的认识。

利益是法律永恒的主题,法律作为人类社会的基本规范,必须确认人们的利益类型,协调人们的利益关系,解决人们的利益纠纷。因此,对利益种类的理解和把握,有助于国家公权力在平衡利益的过程中考量全面。笔者认为需要特别注意的是:

第一,不能把国家利益或集体利益等同于社会利益或者可以包容社会利益。社会利益是一种独立的利益,社会利益的主体是公众,这一利益主体既不能与个人、集体相混淆,也不是国家所能代替的,尽管社会利益表现在权利形式上,其主体可以是公民个人、法人或其他组织,乃至国家。

第二,公共利益不是许多个人利益的简单相加,不能简单把群体利益等同于公共利益,也不能因为公共利益就可以忽视合法的个人利益。公共利益的受惠主体是不特定的,受益主体的不确定性决定了每个人都有机会成为公共措施或行为的受益者。实现公共利益可以采取多种手段和方式,如果采取其他替代方式仍可以保证公共利益的实现,就不应当采取对私人利益造成损失或造成更大损失的方法。公共利益的优先性并不能因为对个人利益的补偿而获得当然的正当性。

对国家利益、公共利益、社会利益的区分,有助于公法在调处这些利益与个体利益之间的关系中找到恰当的定位,符合利益的客观本然。

## 第二节 法与利益的关系

人类行为本身是在追求利益最大化。利益在社会生活中的作用,早在马克思主义产生以前就已被揭示。例如,霍尔巴赫曾指出,利益是我们每个人认为对自己的幸福所必需的,任何人被完全剥夺了利益,没有不死的。爱尔维修也明确地表示,河水不会倒流,人们也不会逆其利益潮流而动。鉴于利益在社会生活中的特殊作用,研究法与利益的关系问题就成为是法学的一个重要课题。

在人类社会的历史进程中,利益与法之间发生了重要的联系,二者之间的关系极为密切。利益是法律的永恒主题。认清法与利益的关系,对深刻认识和理解法具有重要的理论和现实意义。法是利益冲突的结果,对利益的保护形成法律上的权利和义务关系,法的最高任务在于平衡相互冲突的利益。总的来看,利益是第一性的,法是第二性的,利益决定法的形成、变化和发展;法对利益的形成、变化和发展具有能动的反作用。

### 一、利益对法的决定作用

从利益对法的决定作用来说:利益是法产生、变化和发展的始因、动力和归宿,是法发挥作用的基础。

首先,从法律的起源来看,利益的分化导致法的产生,法是利益差异存在和矛盾冲突的结果。在原始社会中,在生产产品没有剩余的状况下,一个集体生存下来,集体中的个人才能存活,这时人们的利益是共同的,其社会规范也是为了维护社会的共同利益,没有阶级倾向性。随着生产力的发展、产品有了剩余、社会分工的出现、私有制的产生和阶级的分化,使社会成员的利益逐渐分化,出现各种利益的矛盾和对立,出现了原始社会向阶级社会的过渡。在社会出现了富人与穷人、奴隶主与奴隶之间的无法由社会自我调整的利益冲突和尖锐对立时,法律作为利益关系的调整器就应运而生,保障社会共同利益为目标的社会规范代之以保障社会中占优势的阶级和阶层的利益和意志为基本目标的法律规范。

其次,统治阶级的根本(共同)利益决定着法的存在和本质。社会关系以利益关系为核心,在利益关系体系中对法律发展起决定作用的是统治阶级的根本利益。因为社会中的不同阶级均有自己的利益,但法不能反映所有的利益,法只能反映统治阶级的根本利益,进而决定法的价值取向。

统治阶级的根本利益是指统治阶级在政治、经济和文化方面决定其命运的重大利益。任何法律都会在根本性问题上,诸如所有制、国体、政体、基本权利和义务结构等方面,尽可能准确、充分地体现统治阶级的根本利益。而统治阶级的根本利益是经过提炼而形成的,在这一过程中,统治阶级舍弃了与自己的根本利益相对抗或不协调的个别利益,也考虑被统治阶级的利益,还要考虑社会公共利益,当然这些都以不违背统治阶级的根本利益为前提。

说统治阶级共同利益决定法的存在和本质,是强调这种利益在各种利益之间相互比较和冲突过程中的地位和作用,不是说法律仅仅表达统治阶级利益而不表达和反映任何被统治阶级的利益和要求,只是被统治阶级或在社会中处于劣势的阶级的利益要求对法的影响不具有决定性。由于社会共同利益的驱动,法律总是承担着或多或少的社会公共管理职能,因而法律上总存在一些体现社会共同利益的内容,比如兴修水利、资源保护、环境保护等。法律的许多内容是对不同主体的冲突利益的综合权衡。随着社会的进步和发展,法的阶级性趋弱,社会性增强。

再次,利益的发展决定着法的内容的发展。虽然法在形式上的发展和完善与利益的关系不是很大,但法的内容上的发展却取决于利益的变化和发展。人们对需要和利益的不断追求使社会生产力不断提高、社会不断发展和进步,而推动社会变迁的诸因素,使人们的利益关系处在不断重组和矛盾运动之中。利益关系的发展可以对社会的制度安排提出新的要求,其中也包括对法律制度的发展变迁提出新的要求,这是法律不断进步的内在动力。因此,利益的发展影响和制约着法律的发展,包括法律的发展方向以及法律内容的发展变化。法律为了顺应一定形势、时代需要必须作出某些调整、变革。如果不及时对法律作出调整和变革,这将可能损害人们的利益,导致利益关系失衡。在不同时代,人们的需要和利益不同,对法律的要求也不同,因而法的内容也随之变化。从一定意义上可以说,利益关系类型的根本转型决定了法的历史类型更替的规律性。脱离社会中复杂多样的利益关系而谈论法的发展问题,是不可能认识法的本质和规律的。

最后,利益决定立法、执法、守法、司法和法律监督的存在。利益法学派认为,利益是法律产生的根源,对利益的衡量、取舍是制定法律的基本前提。美国学者鲍尔(H. Ball)认为,人们遵守该法律的程度完全取决于该法律给人们带来的利益的程度。人们服从法律的程度直接与法律满足自我利益的程度相关。①执法、司法和法律监督的存在也都是维护利益的需要,并且是按立法者的意图进行的。对此,利益法学派的代表人物赫克认为:"在制度存在的背景下,法官必然要受现行法律的约束。法官必然要调整各种利益,并且循着立法者的路子来决定各种利益的冲突……法官不仅应当运用一些法律命令,而且他还必须保护那些立法者认为值得保护的总体利益。"②

## 二、法对利益的能动作用

从法对利益的作用来看,法是确认、协调和实现利益的有效手段。

首先,法确认、界定、分配各种利益。利益是客观的,它独立于立法活动之外,但它的发展在相当程度上又依托法律的支持,对法律的需求是利益发展的内在需要。为实现对利益的调整作用,法律必须首先在纷繁多样的利益中发现各种现实利益关系中的法律需要,正确认识各种利益及复杂的利益关系,确认利益名目、界定利益范围、分配利益数量和质量。通过法律明确利益主体、利益主体的地位及其利益范围,明确规定哪些利益加以保护,哪些利益不加以保护,是法律的核心任务。通过法律调整利益的基本理念、价值取向、基本原则指导实际生活中的利益分配和协调利益关系,为解决利益纠纷提供基本方向。

其次,法可以在一定程度上促进利益的形成和发展,也可以阻碍一定利益的形成和发展。法本身不能凭空创设利益,但法作为社会主体认识利益和能动反映利益的产物,在具备一定客观条件时,可以以自己特有的制度安排和调整优势促进一定利益的更快生成和健康发展。法律通过设定权利与义务、权力来规制人们的行为,这其实是对人们追逐利益行为的支持或控制,引导利益关系朝着预定的方向发展。这里的关键是,立法者能否真正认识到并且能恰当地协调社会中的各种利益。利益的发展离不开相应的制度安排,按照规则生活和交往,可以节约社会成本,有利于达到利益的最大化。法中所蕴含的公共权力能够清理利益的形成和发展中的障碍,使立法者所期待的利益得到实现。在我国,法的这种作用不能被忽视。如果法律只是消极被动地反映社会生活,法的作用潜力就没被有充分挖掘出来。

法可以阻碍一定利益的形成和发展,这是法影响利益发展的另一方面。法作为社会占统治地位阶级的意志的表达者,不可能对所有利益都一视同仁,不加选择地一概予以保护。法在保护和促进一定利益的同时,总是对另一些利益予

---

① 朱景文:《比较法社会学的框架和方法》,中国人民大学出版社2001年版,第539页。
② 谷春德主编:《西方法律思想史》,中国人民大学出版社2004年版,第445页。

以抑制,其目的也是为了使法所保障的统治阶级的利益达到最大化。任何一个社会的法都会有选择地阻碍一定利益的形成和发展。对利益的法律抑制有时符合社会进步要求,但有时也会与社会进步的潮流背道而驰。当某一社会的统治变得衰朽、没落而逐步丧失其社会存在的合理性时,该社会的法律对符合社会发展要求的正当利益的抑制便会更加明显。

最后,法是协调和实现利益的有效手段。协调利益有多种方式,而法律对利益的调节则是其中最重要的方式之一。通过法律的规范指引,使社会关系主体正常生产和生活。当社会主体利益发生矛盾或冲突时,人们根据法律规定自觉、自行予以调解,或者通过法定程序解决争端,从而使利益得到协调。当然,立法对利益的协调,并不能从根本上解决深刻的社会对抗,因为这些对抗是由社会的基本矛盾决定的,只是恰当的法律协调却可以缓和利益冲突,有效地抑制某些利益,为某些利益的发展创造一个相对和平、安稳的社会环境。同时,法的利益调节也具有意识形态的强化,借助于法律作为公平、正义、公意之标准的信念,人们会相信法律对利益的协调和安排是符合正义的,是值得尊重的,这也就强化了法律作为利益调节手段的有效性。

## 第三节 公法对利益的选择和协调

### 一、认识和协调利益是立法的核心问题,也更是公法的关键所在

立法是关于社会基本价值选择、社会中相互冲突的诸利益协调的重要活动。立法的核心问题就是如何确切地认识和恰当地协调各种利益,以减少利益冲突,促成利益的最大化。公法对各种利益的认识和协调更是如此。

(一) 全面、正确认识各种利益是立法的起点,同样也是公法一切工作的起点

一方面,利益是客观的,它独立于立法活动之外,但它的发展在相当程度上又要依托法律的支持,对法律的需求是利益发展的内在需要。另一方面,立法虽是人类的主观活动,但立法绝不是一个任意的活动,它必须正确地把握并表达社会生活的客观需要。良好立法的基本点便是如何发现社会生活的法律需要,其中最重要的则是发现各种现实利益关系中的法律需要。与此相适应,立法首先面临的便是正确认识各种利益及复杂的利益关系。在此前提下,才有可能提出恰当的法律调整措施。为了达到对利益及利益关系的全面、正确认识,立法者要真正实事求是,深入实际调查研究,倾听各方面的呼声和要求,这在公法领域就更是如此。这突出表现在改革开放进程中国家宪法的几次修改上。就私营经济

和土地两项重要内容,宪法几次修改。国家对私营经济由禁止到作为社会主义公有制经济的补充,允许其在法律规定的范围内存在和发展,再到非公有制经济作为社会主义市场经济的重要组成部分,国家保护个体经济、私营经济的合法的权利和利益,鼓励、支持和引导非公有制经济的发展。对土地,由任何组织或者个人不得侵占、买卖或者以其他形式非法转让土地,到土地的使用权可以依照法律的规定转让;由国家为公共利益需要可以依法征用到实行征收或者征用并给予补偿。这一再说明利益是客观的,顺应利益客观性是立法,特别是作为公法的宪法对基础的、重大的利益进行调整的必要条件,宪法修改所取得的社会成效又反过来证明全面、正确认识各种利益要讲究科学性,立法不是随意的,公法更不是随意的。

(二)选择和协调各种利益是立法活动的关键环节,更是公法立法的关键

利益的种类是多样的,就是同一个人或组织不同时期利益和要求也不同,又不能都得到满足,必然会出现多种形式的利益关系,它们之间存在着矛盾甚至冲突,还可能引发一系列社会问题。在全球化时代,在中国由农业国向工业国转变的时期,在不同地区经济文化发展差异相对较大的时期,存在着多元利益,如中央与地方的利益、区域之间的利益、局部与整体的利益、地方之间的利益、部门之间的利益、现实利益与长远利益、个人利益与群体利益和公共利益及社会利益、不同社会各阶层和利益群体的利益,等等,只要构成交往的对象都存在着利益调整问题。在中国社会转型期间,各种利益关系的矛盾、摩擦和冲突为公法对利益的平衡机制的产生和运作提供了广阔的空间。

公法对利益的平衡实际上也就是在具体规则指导下运用公权对利益矛盾的协调和平衡。如何在公法规则的安排下完成对利益关系的调控,使利益冲突各方实现多赢的局面,是公法学者们需要研究的课题。作为立法,特别是公法在各种利益之间作出恰当的取舍、协调,就成为一个复杂的问题。这其实是对各种利益进行的价值评判,也是对各社会主体的社会地位及社会作用的衡量。立法者总是从某种程度上牺牲或抑制某些利益而换取对另一些利益的支持和促进。这种利益协调是不同阶级之间力量对比的表现,也是一种国家管理艺术。立法者对社会中的诸利益及利益关系作出恰当的判断,会使立法得到更大多数人的拥护和支持,也使立法有可能在更大程度上促进各种利益的发展。当然,由于立法者的利益协调已蕴含了价值判断和阶级倾向性,通过立法促进利益发展也必然是有所选择的。问题的关键是,如何恰当地选择、取舍和协调各种利益,在保障占统治地位的阶级利益优先发展的前提下,还能以利益杠杆调动全社会各阶层的积极性,缓和其对现存社会秩序和利益关系安排的不满或抗拒。

## 二、立法选择和平衡利益的特点

一般而言,同立法过程中的利益选择和平衡具有的基本特点一样,公法对利益的选择和平衡同样具有的基本特点是:

(1) 主体性。主要表现在立法者有能力以自己的意志干预利益的发展。立法者通过对利益发展的主动干预和调整,把立法者的意志渗透到利益发展进程中。立法者的主动性、能动性、目的性等都是立法者在利益选择过程的主体性的展现。

(2) 受制约性。立法者的利益选择必然受制于社会发展的客观必然性,受各种社会条件和历史现实因素的影响,特别是受经济关系的决定。这就要求立法者不能盲目地对利益关系的发展发号施令,必须尊重客观规律,立足于客观的社会生活条件。

(3) 相对性。立法上的利益选择总是在一定时间、空间和具体的现实条件下进行的,不可能一劳永逸地对利益选择和协调作终结性解决。对利益的选择要随着各种社会因素和情况的变化而不断作出调整。某一具体的利益选择总要考虑时间、空间、历史文化传统、社会发展的具体特点、法律手段的局限性、立法者的认识能力等诸多因素。立法中利益选择的相对性表现在选择的主体、选择的原则、选择妥当性等方面。需要注意的是,承认利益选择和协调具有相对性,但不能因此走向相对主义。

(4) 代价性。任何一项社会选择从总体上看都要付出一定的代价,人们总是在利益得失的比较衡量中作出选择的。立法中的利益选择同样要付出代价。认识利益选择过程代价的不可避免性,应是利益选择与协调过程中不可忽视的一个视点。如何使选择的代价趋于最小,如何在不同的法律主体之间恰当地分配代价就是必须考虑周全的问题。利益是法律永恒的主题,"天下熙熙,皆为利来,天下攘攘,皆为利往"。法律作为人类社会的基本规范,必须确认人们的利益类型,协调人们的利益关系,解决人们的利益纠纷。在当代中国,私营经济和公有制经济之间的关系,公民对国家或集体土地的使用权,是法律必须面对和谨慎处理的重大利益问题。自1982年《宪法》生效以来,历次修正案在这些问题上几乎均有涉及,宪法的相关修改是对当代中国社会利益格局的重大调整,这种调整及其产生的社会效应非常值得我们分析和思考。

## 三、公法对于利益关系的处理

利益多元化必然会伴随着多种形式的利益关系的调处,中国社会处于转型时期,不同的利益关系需要法律加以规范。需要公法规范的利益关系很多,主要涉及以下几个方面：

(一) 个人利益与公共利益之间的利益冲突关系

人们普遍相信，在缺乏公益观念的社会环境下，个人无视他人及人类整体利益的极端自私自利足以毁灭人类自身。然而，公共利益为我们带来的并非总是福祉。在我国，公共利益长期以来被赋予的绝对正当性使公共利益超然凌驾于个人利益之上。随着市场经济的发展，人的主体意识日益增强，人权保障也逐渐兴起，公民个人的权利和利益日益受到社会的重视，于是个人利益与公共利益的冲突在所难免。

公共利益与个人利益的冲突主要包括两个方面：一是由于公共利益概念本身的模糊性，使得一些部门或团体借公共利益之名谋取部门或团体的自身利益。如一些政府部门打着"加强管理"的旗号，巧立名目，多收费多罚款。这种情况其实并不是真正意义上的公共利益与个人利益冲突。二是由于公共利益在我国的历史与现实中一直被扩大化而造成的公共利益与个人利益的冲突，这是实质意义上的公共利益与个人利益冲突。例如，大批城市工人因国企转制下岗失业，大批农民因城市化加速发展被迫离开土地，他们的个人利益都因为国家整体发展这个巨大的"公共利益"而受到了损害；我国人权事业的发展也因为公共利益的界限不明而受到了很大的影响，如犯罪嫌疑人至今没有被法律赋予沉默权，就是因为要保持打击犯罪的力度，而这也可以被看做是一种公共利益。于是，随着公共利益概念的不断扩张，个人的利益在中国现代化的过程中随时都有可能轻而易举地成为公共利益祭坛上的牺牲品。这就要求公法对公共利益提出可供操作的认定标准，否则个人的权利与利益就无法在公共利益与个人利益相冲突的情况下得到有效的保障。

(二) 中央政府与地方政府之间的利益冲突关系

中央与地方的关系是国家政治制度中的一项十分重要的内容，主要是指在一定的国家政权组织形式下中央政府与地方政府之间的权力分配及同属关系，而这种权力的分配和同属关系实质上就是中央与地方之间的利益分配关系。在我国中央与地方之间的关系问题由来已久，在改革开放之前的一段时间里，中央与地方的关系曾经历过多次调整，在中央政府实行高度集中的计划经济体制下，中央与地方之间陷入了"一放就乱，一乱就收，一收就统，一统就死"的怪圈。改革开放后，为了搞活经济，中央政府在干部管理、财政、经济管理等领域进行了广泛的分权改革，使地方政府获得了广泛的自主权，地方政府有了更多的自主利益，从而导致中央与地方利益关系发生了重大变化。这一变化的显著特征就是中央政府与地方政府产生了利益之争，或者说是"利益冲突"。如20世纪80年代开始，中央与地方实行"分灶吃饭"的财政政策和分税制之后双方在确立彼此特定的财税关系时,在分配利益上就产生了较为明显的利益冲突。又如,随着我国经济的快速发展,对土地的需求越来越大,地方政府因此大量抛售土地,获得巨额土地出让金,这些钱基本上归地方政府,而中央政府得到的利益却很少。同时,地方政府通过大规模卖地而谋取短期利益的行为与中央政府保护现有耕地的长远利益相冲突。以上几个例子虽然只是中央与地方利益冲突的几个侧面,但也能够反映二者之间的利益冲突确实存在。而中央与地方关系问题是宪法研究的一个重要部分,把中央与地方的关系明确化,以法律的形式确定下来,是宪法的调控中央地方利益关系的最基本的手段,也是宪政国家的题中应有之意。

(三) 地方政府之间的利益冲突关系

我国是一个实行中央集权制的国家,各地方政府都是中央政府的有机组成部分,它们代表中央政府在各自的区域内执行国家的法律,并按照中央政府赋予的权限在一定程度上行使自治权利,促进本地方经济的发展。在计划经济体制下,地方政府之间是一种平行的关系,如果遇到问题一般由中央出面解决,矛盾虽有但并不突出。改革开放后,地方政府有了更大的自主权,有了更多打交道的机会。作为一个相对独立的地区利益主的角色日益突显。在处理问题时,以地区经济利益最大化为追求目标。为达到发展本地区经济的目的,与其他地方政府之间进行排他的、对抗性的竞争,往往付出极高的代价,却没有得到各自可能获得的最大利益,因此形成了地方政府之间的利益冲突。主要表现在低水平重复建设、地方保护主义盛行和某些领域的无序、恶性竞争等方面。对于这些利益关系的调整和平衡,也要依靠公法来进行。

(四) 政府部门之间的利益冲突关系

部门利益之争在我国由来已久,近年来,随着市场经济的发展,政府部门之间尤其是中央政府的部门之间的利益之争问题更加严重和突出。长期以来,我国行政的突出特点是,决策与执行不分,机构设置重叠,职权相互交叉。在决策或履行职能的过程中,很多部门从自身利益出发,谋取本部门的特殊利益。在政府部门争夺权利和资源时,由于利益无法达到理想的均衡分配,极易引发部门之间、部门与上级管理机构之间的矛盾和冲突。

(五) 不同社会各阶层和利益群体的利益冲突关系

改革开放后,社会结构发生了变化,新的阶层不断涌现,同时还出现了一些难以作为一个阶层来划分的不同利益群体。由于中国社会情况的复杂和一直处于不断的变化之中,到目前学术界还没有形成对社会阶层和利益群体统一的划分标准。有学者将中国人分为四个利益群体:特殊获益者群体,如企业家、明星等;普通获益者群体,如工人、农民、一般的知识分子和普通干部;利益相对受损群体,如下岗失业人员;社会底层群体,指那些处于贫困线以下的社会群体。①由于特定的阶层或群体都有自身的利益,在社会的经济交往中自然会发生利益的碰撞。各阶层和群体之间收入差距的不断扩大是最为突出的方面。收入差距的不断扩大极大地刺激了不同社会阶层和不同群体之间的利益冲突,为社会的安定与和谐埋下了严重的隐患。

(六)现实利益与长远利益之间的利益冲突关系

这里的现实利益与长远利益的冲突主要是从可持续发展角度来说的。从中国的现实情况来说,现实利益与长远利益的冲突主要表现为追求经济的快速增长和对资源环境保护及降低能耗的矛盾上。对于还不够发达的中国来说,经济的快速发展无疑是我们非常现实的利益;而加强对资源和环境的保护,降低企业能耗,坚持可持续的科学发展观,又是我们必须要考虑的长远利益。这对矛盾在实践中存在得极为广泛。

(七)区域之间的利益冲突关系

我国区域之间的利益冲突主要表现在两个方面:一是区域收入差距导致的区域之间的利益冲突。改革开放后,我国经济总量不断向沿海经济发达地区集中,东、中、西部差距迅速拉大,尤其导致"老少边穷"地区与经济发达地区居民在利益上的反差与矛盾日益突出。二是资源利用方面的利益冲突。西部地区资源丰富,而经济落后。东部地区经济发达,而资源不足。在资源利用方面,西部地区为东部地区提供着大量的资源。同时,西部地区是全国大江大河的发源地,为全国和东部提供着生态公共产品。但是在东西部地区之间缺乏资源和生态环境的补偿机制,导致了西部地区资源的过度开发和生态环境的严重破坏。

(八)城乡之间的利益冲突关系

改革开放以来,随着中国经济的快速发展,城乡经济基本处于一种非均衡的发展态势。目前,中国人均GDP接近2000美元,接近低中等发达国家水平的情况下,城乡非均衡发展还继续惯性推进,城乡之间的利益冲突日趋明显,主要表现在五个方面:一是城乡居民收入差距巨大;二是城乡教育差距明显;三是城乡医疗差距显著;四是城乡消费差距扩大;五是政府对城乡公共投入严重失衡。

法产生于利益冲突之中,有了冲突才有平衡的必要,中国转型期间的利益摩擦和冲突为公法对利益的平衡机制的产生和运作提供了广阔的空间。公法对利益的平衡实际上也就是在具体规则指导下运用公权对利益矛盾的协调和平衡。如何在公法规则的安排下,完成对利益关系的调控,使利益冲突各方实现多赢的

---

① 万鸽:《著名社会学家李强解读社会分层中国社会分层结构衍生新变》,载《中国企业报》2001年12月10日第16版。

局面,是公法学者们需要研究的课题。

### 四、公法选择与协调利益的原则

法律是在一定物质生活条件下为避免或调节相互冲突的利益而产生的国家标准。法律在利益调整方面除了界定和分配各种利益之外,还应当确立解决利益关系的基本原则。按照庞德的说法:"法律发现这些利益迫切要求获得保障。它就把它们加以分类并或多或少地加以承认。它确定在什么样限度内要竭力保障这样被选定的一些利益,同时考虑到其他已被承认的利益和通过司法或行政过程来有效地保障它们的可能性。在承认了这些利益并确定其范围后,它又定出保障它的方法。它还为了下列目的而规定各种价值准则:为了确定哪些利益应予承认,为了确定保障各种被承认的利益的范围,以及为了判断在任何特定场合下怎样权衡对有效法律行为的各种实际限制。"[①]不同时代、不同社会、不同的法律制度在调整利益的原则上存在明显不同,各国立法也有不同的利益选择原则。就我国社会主义市场经济条件下的法律调整而言,基本的法律原则至少可以包括:

（一）平等和差别对待相结合的原则

平等原则是公法取舍利益应遵循的首要原则。平等原则不仅其适用范围具有普遍性,而且其具体内涵也具有一定的多义性。平等对待原则可以从以下两个方面把握:一是"同等情况同样对待",保障各利益主体"人格平等",实现形式平等;二是"不同情况不同对待",保障弱势利益主体的"利益差别",追求实质平等。法律应当首先维护多数人利益,但也不能忽略保护少数人利益。两者相结合更能彰显时代发展的需要和社会的文明进步程度。

（二）不损害国家、社会、集体和他人利益原则

个体利益的实现可能会给他人和社会带来利益,也可能带来不利或损害。法律对利益的选择和保护应以不损害国家、社会、集体和他人利益为基本原则。我国现行《宪法》第51条规定:"中华人民共和国公民在行使自由和权利的时候,不得损害国家的、社会的、集体的利益和其他公民的合法的自由和权利。"这既是立法的利益调处的基本原则,也更是公法的利益调处的基本原则。

（三）利益兼顾和比例适当原则

这一原则是考虑人们服从法律的程度直接与法律满足自我利益的程度相

---

[①] 〔美〕庞德:《通过法律的社会控制 法律的任务》,沈宗灵、董世忠译,商务印书馆1984年版,第36—37页。

关。在不同的利益集团中,有不同的守法程度。① 但也需要把更多的人文关怀注入利益的选择和协调之中,协调这二者的关系是立法者的重要任务之一。通过法律对社会特殊群体或弱势群体的利益给予适当倾斜,对缩小利益差异和推进社会和谐与进步具有特殊意义,这是当代立法需要特别关注的一个问题。

利益兼顾是社会主体共存的需要和保障,也是社会主体不断实现利益的保障。为此,在立法工作、执法工作中必须正确认识和处理社会利益、国家利益、集体利益和个人利益四者之间的关系,正确认识和处理目前利益和长远利益之间的关系,正确认识和处理局部利益和整体利益之间的关系,正确认识和处理中央利益和地方利益、民族利益、部门利益的关系。片面强调其中的某一方面都是不妥的。

但是,利益兼顾原则不是无原则的利益妥协。在不同的历史时期,利益兼顾的价值取向不同,如在专制时代突出保护的是特权,在资本主义自由竞争时期突出了个体利益的保护,甚至被冠以"权利本位"时代。但在现时代,在注重个体利益的同时,对社会利益的保障也是一个突出的实际问题,对此有学者提出这一时代应是"社会本位"时代。我们一定要在把握社会发展需要中解读好利益兼顾原则的时代取向,在通盘考虑的过程中,做到有所侧重,比例适当,即一种利益对另一种利益的限制要合乎比例,尽量做到"两害相权取其轻,两利相权取其重"。从"价值取向"上来规范公法调整的得当程度,争取达到利益最大化与法律人道化相统一。

(四) 缩小利益差异原则

在中国现时期,利益差异还会在一段时期内呈日益扩大趋势,法律应当在承认利益差异的同时,采取适当的调节措施以平衡利益,比如对某些利益主体实行倾斜或抑制政策。法律不否认社会存在利益差异,特别是在我国现阶段双轨体制下,利益差异还会在一段时期内呈日益明显趋势。法律应当在承认一定的利益差异的同时,采取适当的调节措施进行利益平衡。比如,对社会竞争获利者给予一定的限制,为社会中的某些弱小主体利益提供优惠条件和倾斜措施。通过法律的利益调整和平衡,逐渐缩小利益差异。

在现代社会中,多元的利益既相互交叉与融合,又相互矛盾与冲突。应当注意权衡相互冲突的利益的位序和重要性,予以恰当的利益评价。在利益衡量时,应挖掘各种利益的客观性和合理性,并基于这种客观性和合理性来协调各种利益关系,依据"多赢"的原则来平衡各方利益冲突,从而使各利益主体定分止争、各得其所、多赢互补。然而,进行利益衡量,对于相互冲突的利益进行选择时,应

---

① 朱景文:《比较法社会学的框架和方法》,中国人民大学出版社2001年版,第539页。

当依据正义的价值目标,作出合理的利益格局安排。应该选择最佳的利益方案,以达到综合利益最大化、代价最小化的目的。

（五）利益最大化与法律人道化相统一原则

法律选择和协调利益的目的首先是为了达到利益的最大化,在利益最少耗费和损失的情况下达到社会利益总量的最大化。由于我国社会矛盾的多重性和复杂性以及立法者素质等因素的影响,立法要达到利益的最大化是一个复杂而艰难的问题。但是利益最大化应当成为立法者的基本追求则是无疑的。在追求利益最大化时,人们经常的一个失误就是,忽视了法律也必须关注的其他价值关怀,尤其是在把利益最大化仅仅理解为经济、物质利益的最大化时,更可能如此。因而,立法在利益选择过程中必须时时关注法律的人道化问题,把更多的人文关怀注入利益的协调之中。尽管就最广泛的利益范畴而言,利益最大化中蕴含着法律的更加人道化的问题,但是在现实生活中,包括在立法中,往往以利益发展优先、利益最大化为由而冲淡了对法律人道性的关注。还有人认为,法律的人道温情与追逐利益的铁的逻辑之间几乎不可能相容。我们认为,法律的人道化问题是不能回避的。走向更有人道、更富有人性光辉的生活,使人过上真正的人的生活,是人类最朴素也是最崇高的理想。法律也应致力于这一理想。法律的人道化在社会主义时代更应成为立法的基本使命之一。法律人道化的要求至少可以包括:立法时要关注社会中的弱势群体,以期尽最大可能达到对所有人的平等关怀和尊重;为法律所肯定的利益关系要有利于达到利益最大化,同时也要有利于人的全面发展,有利于每个人的自由的扩展和生存质量的提高等。总之,在社会主义立法过程中,利益最大化与法律人道化从根本上是可以相容的,尽管二者之间时有冲突。协调这二者的关系也是立法者的重要任务之一。

（六）正当程序原则

程序主要体现了不同利益主体之间的一种理性的交涉和互动关系,其目的是达成一定程度的共识,并作出相对公正的决定,利益选择是通过程序实现的。在利益选择中贯彻正当程序原则,要求我们做到几点:一是保证主体地位平等,弘扬主体性;二是在主体间的交互碰撞中求得共识,增强法律的社会认同度;三是少数服从多数,保护少数,保护少数人的权利是关键。

调节各种利益是立法的核心问题,利益关系基于法律调整才能得到健康发展。中国当前正处于社会转型时期,利益的多元化及新的利益整合,价值的多元化及新的价值评估及重组,都成为重要而急迫的课题。我国立法中处理利益关系的基本态度应当是:既要尊重和提倡利益的多元化,又要分清利益发展的轻重缓急从而有所侧重;既要承认利益冲突的客观性和必然性,又要看到协调利益关系并通过立法达到一定共识的必要性;要按照促进个人和社会的协调和共同发展这一根本目标来处理利益之间的冲突;要尽量使解决冲突的方案建立在充分协商和共识的基础上。

通过上述对利益的选择和协调原则,做到公法对利益调处的合规律性与合目的性相统一。立法机关应广泛听取、回应和协调来自各方面的利益呼声和要求。在公法立法过程中,立法机关应当与利益群体之间建立起良性的互动关系,使公法既符合利益主体的需要,也符合社会发展的需要。

# 第十四章
## 公法与秩序

### 第一节 法律与秩序的关系

#### 一、秩序与法律秩序

秩序,即有序的状态,指自然界和人类社会存在和运行过程中普遍存在着某种程度的稳定性、一致性、连续性、行为的规则性和事件的可预测性。秩序普遍存在于自然界和人类社会中,是自然界和人类社会存在、发展和变化的规律性现象。不过,自然秩序是自发形成的,而社会秩序是人类通过有意识、有目的地遵循社会规律和规则,在各种社会交往过程中形成的相对稳定的关系模式、结构和状态,是人与人关系的规范化、制度化,它表现在社会中存在着一定的社会组织制度、结构体系,在社会关系中存在的某种程度的一致性、稳定性、确定性、均衡性和连续性。社会秩序是一个非常复杂的系统,包括经济秩序、政治秩序、宗教秩序、法律秩序等。

秩序是相对摆脱了单纯偶然性和单纯任意性的形式,它不仅是人类一切活动的基础和必要前提,也是人类发展的客观要求。没有秩序,人的行为、社会关系、社会生活都将陷入无序状态,人类社会就不可能稳定。任何比较繁荣发达的社会,都是比较稳定而有秩序的。即使在社会动荡时期,人们也向往安定而有序的生活。对此,美国法学家博登海默指出:"历史表明,凡是人类建立了政治或社会组织单位的地方,他们都曾力图防止不可控制的混乱现象,也曾试图确立某种适于生存的秩序形式。这种要求确立社会生活有序模式的倾向,决不是人类所作的一种任意专断或违背自然的努力。"①

法律和秩序的关系极为密切,笔者认为,二者是手段和目的的关系。对此,古希腊的百科全书式的学者亚里士多德指出:"今天法律者,秩序之谓也;良好法律即良好秩序也。"②罗马人的法律谚语说:"适用法律,你便会得到秩序。"西方法学家普遍认为"与法律永相伴随的基本价值,便是社会秩序"③。

法律秩序是社会秩序的一种,是国家根据社会生活的需要,在总结经验的基础上,制定法律规范,通过法律规范的运行而形成的一种社会秩序,如制定规则的秩序、执行规则的秩序、诉讼秩序等。按照《牛津法律大辞典》的解释,法律秩序"是从法律的立场进行观察、从其组成部分的法律职能进行考虑的、存在于特殊社会中的人、机构、关系原则和规则的总体。法律秩序和社会、政治、经济、宗教和其他的秩序并存。它被当作是具有法律意义的有机的社会"④。就法律秩序的性质而言,它是由法所确立和维护的,以一定社会主体的权利和义务为基本内容的,表现出确定性、一致性、稳定性、连续性,具有特殊强制力的一种社会状态,是一种由实体性的制度和观念化的意志所合成的社会状态,既是一种制度形态,也是一种结果形态。

法律秩序至少应包括下面三个要素:其一,以成文法典或判例的方式存在的法律规则体系;其二,在社会生活中,绝大多数人是依照法律规则行事;其三,立法、执法、司法机关依照法律立法、执法和司法。

法律秩序的特点可以概括为:第一,法律秩序是建立在法律规范、法律制度基础上的,以一定社会主体的权利和义务为基本内容的社会秩序。第二,法律秩序的形成是以国家权威机关的存在为依托和保障的,与一定的国家强制力有着密切的联系。第三,法律秩序中包含着不同阶级和阶层的利益矛盾和冲突,但这种矛盾和冲突是通过法律规则加以协调和控制的。第四,法律秩序具有确定性、一致性、普遍性、连续性、稳定性。第五,法律秩序是通过人们自觉遵守法律规则或国家以其强制力惩罚违反法律规则者的行为或因畏惧这种强制力而被迫服从而实现。

## 二、秩序是法律的基本价值,也是法律其他价值的前提

法律是建立和维护秩序的重要手段,秩序是法律永相伴随的最基本价值。

---

① 〔美〕博登海默:《法理学——法哲学及其方法》,邓正来等译,华夏出版社1987年版,第207页。
② 〔古希腊〕亚里士多德:《政治学》,吴寿彭译,商务印书馆1983年版,第328页。
③ 〔英〕彼得·斯坦、约翰·香德:《西方社会的法律价值》,王献平译,中国人民公安大学出版社1990年版,第38页。
④ 〔英〕沃克:《牛津法律大辞典》,邓正来等译,光明日报出版社1988年版,第539页。

社会中的绝大多数人,无论其阶级背景、所属的阶层及其社会角色有何不同,都期望某种秩序的存在。而法律作为社会规则体系的重要组成部分,在建立和维护秩序的过程中具有重要的作用。任何法律都要追求并保持一定的社会有序状态。追求秩序,对抗无序,便构成了法律的基本使命。在任何法律制度中,秩序都是法律所追求的基本价值。

在整个法律价值体系中,秩序不是法律的终极价值,但法律的秩序价值是法的其他价值的基础,没有秩序价值的存在,其他价值是无法实现的。因此,在法律的秩序价值与法律的其他价值之间,前者是后者的前提和基础,后者是前者的目的和发展。法律所追求的价值随着人类的进步、文明的发展不断丰富,法律最终是要通过秩序,达到人类的生存、安全、健康、公平、正义、自由、平等、人权、民主、法治、文明、发展等,但它们无不以秩序价值为基础。因为没有秩序,人的生存、安全、效益都会受到威胁并缺乏保障,公平、正义、自由、平等、人权、民主、法治、文明等就只能是希望而不能变为现实。对此,美国法学家庞德指出:"当法律秩序已经认定和规定了它自己要设法加以保障的某些利益,并授予或承认了某些权利、权力、自由和特权作为保障这些利益的手段以后,现在它就必须为使那些权利、权力、自由和特权得以生效而提供手段。"[①]

## 第二节 公法对秩序的维护

### 一、公法对秩序维护的历史演进

在任何社会,秩序都是法律的最基础的价值。只是在人类历史发展的不同时期,法律代表和维护的阶级利益不同,法律维护的秩序有着不同的实质内容。公法对秩序的维护,经历了由维护特权到平权,甚至是向贫弱者倾斜保护的秩序转变过程。

在奴隶制和封建制社会,公法维护的是等级秩序,即维护奴隶主和封建主的特权地位,维护少数剥削阶级对劳动人民的剥削和统治,这也成为其社会的法律精神之所在。这时期的法学家和政治家们都为这种法律秩序作出清晰而透彻的阐述,如古希腊的著名思想家柏拉图把人分为不同的等级,并且不同等级之间要各司其职,不得互相僭越,才能达成秩序。中世纪最权威的经院哲学家托马斯·阿奎那认为,整个世界就是一个以上帝为最高主宰的严格的不可逾越的等级结构,社会存在着不平等,统治和服从是必然的,低级的人必须按照自然法和

---

① 〔美〕庞德:《通过法律的社会控制 法律的任务》,沈宗灵等译,商务印书馆1984年版,第114页。

神法所建立的秩序,服从地位比他高的人,有才智的人享有支配权、统治权,而才智低下尽管体力较强也天生适合当奴仆,服从统治。中国古代思想家韩非称:"臣事君,子事父,妻事夫,三者顺则天下治,三者逆则天下乱,此天下之常道也。"①这一思想为后来的历代统治者采纳和继承,"君为臣纲、父为子纲、夫为妻纲"成为封建社会秩序的基本内容。

在自由资本主义时期,公法维护资产阶级的自由、平等秩序,是从个人权利的角度主张消除封建专制,保护自由平等的竞争、反对政府干预、发展资本主义的经济、政治和文化的人道主义社会秩序。对此,法国大革命的领袖罗伯斯庇尔对这种秩序做了如下描述:"我们希望有这样的秩序,在这种秩序下,一切卑鄙的私欲被抑制下去,而一切良好的和高尚的热情会受到法律的鼓励;在这种秩序下,功名心就是要获得荣誉和为祖国服务;在这种秩序下,差别只从平等本身产出;在这种秩序下,公民服从公职人员,公职人员服从人民,而人民服从正义;在这种秩序下,祖国保证每一个人的幸福,而每一个人自豪地为祖国的繁荣和光荣而高兴;在这种秩序下,一切人都因经常充满共和感情和希望得到伟大人民的尊重而成为高尚的人;在这种秩序下,艺术成了使他们高尚的自由的装饰品,商业成了社会财富的源泉,而不仅仅是几个家族的惊人富裕。"②

在垄断资本主义时期,公法强调"社会连带"及"个人与社会的和谐",减少人们之间的相互摩擦和无谓的牺牲,以使社会成员在最少阻碍和浪费的情况下享用各种资源,从而保障资产阶级的统治地位的秩序。其原因是资本主义进入垄断阶段以来,由于阶级冲突和各种社会矛盾的加剧,资产阶级思想家对秩序的思考从个人的角度转向了社会的角度。法国公法学家狄骥认为,社会全体成员由于需要相同和劳动分工而产生的相互依存关系即社会连带关系乃是社会的基本秩序。而基于社会连带关系的性质所生出的社会最高准则即客观法,乃是维系社会连带关系的不可缺少的条件,它高于并先于国家和政府而存在,对社会中所有成员普遍适用。庞德认为秩序的标志就是在人的"合作本能"与"利己本能"之间建立并保持均衡的状态。而要维持这种秩序则必须以"社会化的法律"取代过分强调个人权利、自由的法律。

当然,从历史唯物主义的角度分析,不同的社会有着不同的社会秩序,而任何社会秩序都是该社会生产方式内在本质的展开。每一种社会形态所展现的秩序的特殊性取决于该社会生产方式的历史个性。秩序的力量最终来源于生产关系的历史合理性。公法的原则及其基本内容等是形成社会秩序的最基本的因

---

① 《韩非子·忠孝》。
② 〔法〕罗伯斯庇尔:《革命法制和审判》,赵涵舆译,商务印书馆1979年版,第138页。

素。古代的公法更是"治民"的工具,公法所实现的秩序是保障被统治阶级服从统治的秩序,这种等级结构秩序是与古代社会生活条件相适应的,具有历史必然性。这种秩序的权威性来自于宗教、领袖人物的个人魅力或者因袭的传统。当生产关系尚能适应生产力的水平时,它就是不可取代的。只有当生产力的发展导致某种生产关系的历史合理性日渐丧失,新秩序的形成才不可避免。自由、平等秩序和社会本位秩序是现代文明的产物,具有其合理性。它是既为防止为数众多的意志相互抵触的无政府状态而采取的限制私人权利,又是为防止政府的专制而限制统治当局的权力的一种平衡。通过公法、私法及其二者的结合把私人交往和公权力运作纳入秩序的范围。这种秩序的权威性来自于民主和程序公正,使公法既包含了每个人的意志又超越了每个人的意志。

从历史发展的总体来看,公法对秩序的保障是通过分配权力和权利与解决冲突实现的。冲突是危害秩序的根源。在阶级社会中,由于人们占有和支配社会资源的数量不同,在社会发展的历史长河的已知时期和未来的市场经济发展的时期内,一直在向经济不平等的方向发展,因此冲突不可避免。如果缺乏有力的控制手段,必然导致相互冲突的发生乃至整个社会的毁灭。为此,必须把冲突控制在秩序的范围内,而国家作为一种"凌驾于社会之上的力量",从表面上超脱于各阶级,但实际上是掌握在经济上最强大的阶级即统治阶级手中的工具。国家控制和解决冲突的方法之一就是以最基础的公法来规定社会关系主体的权利和义务,以军队、警察、法庭、监狱等设施为依托保障社会秩序的实现。

在现代国家和社会,国家管理社会的主要的方式之一就是法的调整,而公法是最基本的制度。社会主体在国家和社会生活中的地位和利益关联尤为紧密的民主、自由、人权和诸如此类的其他许多权益,都需要公法的确认和维护。现代的公法是人们对抗无序、反对专制、反对极权最主要的基础和方式。

**二、公法对秩序的维护**

公法不同于私法。尤其是近现代以来,公法对秩序的维护是通过国家权力的干预,运用宪法、行政法、刑法、诉讼法等法律规则,对基本或重大的利益关系进行调整,维护国家的政治、经济利益以及社会的全局利益而进行的。其特点是较少采用甚至不采用意思自治原则,而是较多采用或完全采用纵向权力干预。比如对刑事犯罪,由于它严重侵犯了国家与社会利益,国家绝不会让当事人自行协商解决,即所谓"私了",而是运用国家司法权力强制给予行为人以惩罚。又比如对行政违法行为,由于它较严重地侵害了国家或社会利益,所以国家也不允许行为人同国家机关进行协商解决。因此,公法一般有组织法、行政法、刑法、行政诉讼法和刑事诉讼法。公法对秩序的维护方式主要有:

(一) 公法维护权力运行秩序

由于权力是不管他人是否同意,贯彻自己的意志以及控制、操纵或影响他人行为的能力。权力的运行既可能给社会带来好处,也可能给社会带来危害。一般而言,无秩序、无规则的权力运行对他人和社会造成的危害非常大,而且极有可能损害统治阶级的根本利益。这已被历史反复证明。因此,建立和维护权力运行秩序不可忽视。从历史趋势看,确立和维护权力运行秩序的重要性在不断增强,公法在此过程中起到重要的作用。

在专制社会中,从表面上看,统治者的权力不受任何既定规范的限制,包括不受法律的限制。无人能准确预测君主如何行使权力,服侍其左右的达官显贵也常有被革职或处死的危险。但历史上更常见的现象是:一个极其暴虐的甚至连本阶级根本利益都不顾及的君主,其下场不是被人民推翻,就是被本阶级所替换掉。这是因为,君主并非是他一个人在进行统治,而是作为一个阶级的代表在进行统治,其权力的运用也不能损害统治阶级的根本利益,不能超出社会所能容忍的限度。随着历史的发展,统治阶级逐步认识到以法律手段建立权力运行秩序的重要性,进而规范权力运行的法律逐步建立并完善起来,如规定官吏录用、官吏的等级与职责、官吏系统内部监控等权力运行环节的行政组织法律规范和制度,甚至在某些专制国家,这种法律规制达到很高水平,对建立和维护专制权力运行秩序起过非常重要的作用。

在现代民主政治中,各国法律几乎一致规定:一切权力属于人民。人民是主权者,但权力的实际运行只能由统治阶级中的少数人来完成。这同样会造成专制,会出现自由裁量权滥用的危险。因此,公法肩负着制衡专制、限制自由裁量权、建立权力运行秩序的重要功能。为此,法律明确规定公民的各项政治权利,并加以有力的保障,确保国家政权的民主性质。同时,法律还必须对国家权力运行作出科学安排,规定各权力主体之间的权限划分以及相互之间的合作、协调与制约关系,各权力主体内部的职权分配以及权力运行的程序,等等。可以说,在现代社会,公法重要的政治价值就是通过对国家权力的合理配置,建立起科学的政治权力运行机制、保障机制和控制机制,使国家权力机关的活动有章可循,有序不乱。为此,在制度的架构上安排有:

第一,质询制度。质询是指代议机关的议员或权力机关的代表,依据法律的规定,对政府或其他国家机关所负责的事项提出质疑和询问,被质询机关必须按法定时间和要求作出答复。我国《宪法》规定:全国人民代表大会代表在全国人民代表大会开会期间,全国人民代表大会常务委员会组成人员在常务委员会开会期间,有权依照法律规定的程序提出对国务院或者国务院各部、各委员会的质询案。受质询的机关必须负责答复。《全国人民代表大会组织法》规定,在全国人民代表大会会议期间,一个代表团或者30名以上的代表,可以书面提出对国务院和国务院各部、各委员会的质询案,由主席团决定交受质询机关书面答复,或者由受质询机关的领导人在主席团会议上或者有关的专门委员会会议上或者有关的代表团会议上口头答复。在主席团会议或者专门委员会会议上答复的,提质询案的代表团团长或者提质询案的代表可以列席会议,发表意见。地方人大组织法也有关于质询制度的规定。这一制度对强化国家机关的权力制约功能起到了积极作用。在会议期间,人大代表和委员通过质询,检查被质询机关的工作状况,对其工作作出评定,对出现的问题、过失提出质疑,直至追究法律责任。

第二,罢免制度。罢免制度是指代议机关或权力机关得依法定事由及程序罢免由它选举或决定的国家机关组成人员。我国的《宪法》规定,全国人民代表大会有权罢免国务院总理、副总理、国务委员、各部部长、各委员会主任、审计长、秘书长、中央军事委员会主席和中央军事委员会其他组成人员、最高人民法院院长、最高人民检察院检察长。地方人大组织法规定,地方各级人大选举并且有权罢免本级人民政府的省长和副省长、市长和副市长、县长和副县长、区长和副区长、乡长和副乡长、镇长和副镇长,县级以上的地方各级人民代表大会选举并且有权罢免本级人民代表大会常务委员会的组成人员;选举并且有权罢免本级人民法院院长和本级人民检察院检察长。

第三,弹劾制度。弹劾制度是当今世界常用的一种权力制约机制。弹劾案由下院提出,由上院审查;被弹劾对象是行政官员和司法官员;弹劾的理由是被弹劾的对象有犯罪行为;弹劾的审理程序类似于法院审理案件的程序。

第四,行政检查制度。行政检查制度是指国家专门机关依法检举、纠察各级国家行政机关及其工作人员的制度,也是国家权力制约的一项重要制度。从其内容来看,是政府内部实行的一种具有综合内容的法律监督制度。根据现行监察制度,我国在县级以上人民政府内部设监察机构。

第五,审计制度。审计是指专门审计机关和受委托人员对有关国家机关,企事业单位的财政及经济活动进行审核检查,以判断其合法性及有关经济资料的真实、公允的经济监察和评价活动。我国《宪法》第91条规定:国务院设立审计机关,对国务院各部门和地方各级政府的财政收支,对国家的财政金融机构和企业事业组织的财务收支,进行审计监督。审计机关在国务院总理领导下,依照法律规定独立行使审计监督权,不受其他行政机关、社会团体和个人的干涉。第109条规定:县级以上的地方各级人民政府设立审计机关。地方各级审计机关依照法律规定独立行使审计监督权,对本级人民政府和上一级审计机关负责。

第六,行政复议制度。行政复议制度是指公民、法人或其他组织认为行政机关的具体行政行为侵犯其合法权益而依法向原行政机关或其他有权的行政机关提出申请,由接受申请的行政机关对该行政行为是否合法与适当进行重新审查,并作出相应裁决的行政程序制度。

第七,司法审查制度。从世界范围看,司法审查是指由法院对立法机关、行政机关或者其他组织(如裁判所)的行为的合宪性或者合法性进行复审或者审查的制度。各国司法审查的范围不尽相同,但法院对行政行为的司法审查是通例。

第八,选举制与限任制。选举是一个国家选举代议机关的议员或代表和选举其他国家机关公职人员的制度。限任就是通过换届选举对掌权者的任职时间加以限制。选举制度为选民监督权力行使者,并在一定条件下更换行使者提供了重要途径,目的是使权力行使者必须向广大选民负责。选民根据国家权力行使者的表现,对其行为进行评判和监督,防止个人专断和个人崇拜的发生,也废除了终身制。

(二)公法维护社会基本生活秩序

第一,组织经济活动,维护社会宏观经济秩序。

公法对经济秩序的维护,是通过对各种经济组织的确立、内部管理、进入和退出市场、竞争手段的规制进行的。此类公法有企业法、劳动法、投资法、保险法、海商法、证券法、商标法、破产法、反垄断法和制止不正当竞争法等。此外,国家还通过对物价、质量管理、资格认证、环保、卫生监督乃至银行、财政、税收、审计、统计等进行规制,对全社会的生产、分配和交换进行调节,防止或缓和各经济部门的比例失调,消除生产经营中的盲目性。

此外,为了经济正常运行,公法还规定劳动者的最低工资标准、基本劳动条件,确立失业、养老及医疗等方面的社会保险制度;肩负起因私人资本、技术和劳力的限制而无法承担的,而社会经济发展所必需的水利、能源、交通、宇航等基础设施工程,并通过立法来组织实施其实施。

第二,维护社会生活的基本秩序。

安全的环境是人类一切活动的最起码条件。人身安全、财产安全、公共安全和国家安全等都属于社会基本安全范围,它们是人类社会生活正常进行的最起码条件。对社会基本安全加以维护就是公法的任务之一。公法对社会基本安全加以维护的最典型的部分即刑法,它把严重侵犯社会基本安全的行为,视为对整个社会的侵犯,定义为犯罪。对于犯罪行为,刑法规定了最严厉的惩罚手段,即刑罚。国家追究犯罪人的责任,一般不以告诉为要件,刑法是法律体系中国家强制力体现得最直接、最充分的一种法律,其惩罚严厉、社会威慑力之巨大,是其他法律所无法比拟的,这对于社会基本安全的保障是十分必要的。

此外,公法通过确定机械设备、工艺流程、产品、劳务、质量要求的标准,以保障生产安全,防止事故,保护消费者的利益,尤其是对易燃、易爆、高空、高压等危险性行业实行严格的法律规制和无过错责任制度,对直接关系人们的健康、安全和生命的消费品制定科学的标准;通过食品卫生、环境卫生、生态平衡、交通安全等的规制,来保障公共安全。

第三,规制和推进教育、科学、文化的发展。

教育、科学、文化的发展状况对于一个社会的健康和持续发展来说,具有重大意义,它甚至决定着一个民族的生死存亡。因此,特别是近代以来,各国都通过立法来保障和推进教育、科学和文化事业,诸如义务教育法、科技振兴法,以及专利、商标、著作权等知识产权法。

此外,公法还肩负着为建立和维护国际社会政治经济秩序、促进世界和平与发展的使命。

### 三、公法维护秩序的成本考量

公法秩序一般来说是通过人类努力建构的秩序,它的形成和维护是需要成本的,需要投入相当的人力、物力、财力和时间。在社会转型时期,新秩序的形成需要更大的成本,如立法成本、执法成本和司法成本等。如果投入不足,导致制度真空或执行不力,不仅新秩序难以确立,甚至还会出现混乱。对于主要通过法律建立秩序的国家而言,秩序的成本相对比较大,要求人们在法制建设过程中进行合理计算,充分考虑成本,并区分轻重缓急,循序进行。在当今中国,公法的变迁就是社会改革需要公法在较大范围的重大变革。中国公法领域的改革需要做好充分的理论论证工作,广泛听取意见,以减少不必要的成本支出或需要成本支出时支出不足。如果必须要由公法来建立和维护的秩序,即使花费再大的成本也要付诸实施。

# 第十五章
# 公法与效率

## 第一节 效 率 概 述

### 一、"效率"价值研究现状

效率作为法的一种价值,其研究属于法学基础理论范畴。对公平与效率的关系问题,我国曾出现过广泛的讨论,对效率问题的研究本应该引起学者广泛的共鸣,但事实上在我国卷帙浩繁的法理学著作中,专门论及法的效率价值的文献却为数不多,少有建树。从形式上看,有的作者在论述法的价值时并不把效率作为其内容;有的作者在论述法的价值时,用效益代替效率,例如,"法的效益价值是指法能够使社会或人们以较少或较小的投入获得较多或较大的产出,以满足人们对效益的需要的意义"①。"效益,在一定意义上也称为效率。它作为经济学上的概念,表达的是投入与产出、成本与收益的关系,就是以最少的资源消耗取得最大的效果。"② 从内容上看,对于效率是什么,效率和效益的关系如何,是把效率还是效益作为法的价值等问题,各路方家也是仁者见仁,智者见智,对效率和法律效率概念的表述也不一而足。譬如,"效率是从一个给定的投入量中获得最大的产出,即以最少的资源消耗取得同样多的效果"③,"法律效益一般是指整个法律体系或某一法律部门、法条、法律规范的社会效益(包括其经济效益),它表明在实施法律过程中所取得的符合立法目的和社会目的的有益结

---

① 卓泽渊:《法的价值论》,法律出版社1999年版,第206页。
② 吕世伦、文正邦:《法哲学论》,中国人民大学出版社1999年版,第582页。
③ 张文显:《法理学》,高等教育出版社、北京教育出版社2003年版,第243页。

果"①,"法律效益是实行法律所产生的有益的社会效果同法律的全部社会效果（包括正效果与负效果）之比。这可用公式表述为:法律效益＝有益的社会效果/法律全部社会效果"②,"法律效率是指法律效益与法律成本之比。它同法律效益成正比,而同法律成本成反比。投入的法律成本小,效益大,则法律效率高"③。有的学者把法律效率确定为"法律作用于社会生活所产生的实际结果,同颁布该法律时所要达到的社会目的之间的比,用公式表示为:法律效率＝有效结果/预期目标"④。

可见,"效率"、"效益"、"法律效率"、"法律效益"等概念已成为20世纪80年代末90年代初以来中国法学界尤其是法理学领域研究频率很高的范畴,同时由于研究时间短,研究不够深入,存在内涵界定不确定、不统一和运用随意、极不规范的问题。

### 二、法律效率

对什么是法律效率,法学界缺乏一致的意见。但是,即使从以上的诸多概念中,我们也可以发现,无论是"效率"还是"法律效率",都是对实施行为结果的一种评价。各家观点之所以不同,是因为对结果进行评价的参考系选取的不同:有的是以行为成本为参照系,有的则是以行为预期目标为参照系。在这种理解上,我们认为不同的表述并不影响我们对"效率"和"法律效率"的理解。

当我们以行为成本作为参照系时,效率是指以较少或较小的成本获得较多或较大的成果。类似的表述有"单位时间内完成的工作量"等。同样,这种意义上的法律效率是指以较少或较小的法律成本获得较多或较大的法律成果。这时的法律成本主要表现为时间、法律关系主体的精力投入、金钱或者利益。

当我们以行为预期目标作为行为结果的参照系时,效率是指行为结果与人们作出该行为时所期望的目标之间的对比关系。类似的表述在物理学中为"有用功在总功中所占百分比"。从这点出发,法律效率是指法律调整的现实结果与人们期望通过法律而实现的社会目标之间的对比关系。

在研究法律效率时,应注意以下几个问题:首先,目标与结果之比,并不一定非要有数量的形式。它只是要求我们必须将所获取的法律作用结果的信息与社会目标进行比较,通过比较来确定法律的作用效率。其次,一部法律的整体效率

---

① 郭道晖:《法理学精义》,湖南人民出版社2005年版,第216页。
② 同上书,第217页。
③ 同上书,第219页。
④ 李从珠:《统计方法在刑事技术中的应用》,群众出版社1986年版,第96页。

不等于每条法律规范效率的简单相加。个别法律规范效率低,并不能说明法律的整体效率低。法律的整体效率反映了法律作用的全部结果与其所要实现的全部社会目标之间的比。而个别法律规范的效率只反映该规范作用的结果与其所要达成的特定社会目标之间的比。

从以上两个方面对法律效率作出解释,意义首先在于法律效率符合效率的原本多重意义,并没有对效率做扩大解释。因为现代汉语中效率就有两种意思:一指机器在工作时有用功在总功中所占比例;二是指单位时间内的工作量。这种法律效率的界定应该比之前的各种界定更完整、更科学,也更符合实际情况。

其次,可以有助于更好地理解和分析有关效率的法律现象及法学界对法律效率的不同理解。对于法律效率的第一种理解,强调了法律成本的重要性。在法治国家中,法律的制定、执行和适用都是需要成本的,尤其在我们这样一个发展中国家。如何有效地利用资源,把有限的法律资源发挥出更大的作用,是个显著的问题。

对于法律效率的预期目标的分析,可以让我们明白制定一部法律的预期目标,而用这个预期目标来评价法律效果,可以让我们清楚地认识到该法律是否发挥了其应该发挥的作用。更为重要的是,假如某一部法律没能达到其预期目标,我们可以认为该法律的法律效率是低的,在这种情况下,法律效率的评价就应该让我们开始思考:为什么法律没能达到预期目标?法律在实施过程中遇到了什么问题导致了目标无法实现,亦或是法律在制定之时的目标就无法达成?法律应当如何改进才能实现立法者试图实现的目的?等等。

再者,对法律效率作为法律结果与立法预期目标的理解,符合法律效率的历史属性。"正义"在不同的时代人们对它有不同的理解,正义处在不断发展的过程当中。同"正义"一样,法律效率作为法律价值也应该是随着历史发展的。如何认识法律效率价值的历史性?学者们对此尚且暂无论述。我们认为,法律效率是与立法预期目标相互联系的,是法律调整结果与立法预期目标的对比关系。不同的时期,立法者的立法目标是不一样的。在奴隶制时期、封建制时期、资本主义时期和社会主义时期的立法者的目标显然不一。即使是同一国家在不同历史时期,同一国家的立法者基于各种社会需要和自身认识,立法目标也会有所不同。正是立法目标的不同,赋予了法律效率各个时期不同的内涵。

### 三、"效率"价值在我国法学研究中凸现的成因

谈及效率问题,就必须提及现代法学研究中的一个重要学派——经济分析法学。经济分析法学是运用经济学(特别是微观经济学)的理论和方法研究法律的经济性质,揭示法律的经济本质的一门新兴交叉、边缘学科。它产生于20

世纪70年代的美国。其诞生标志是经济分析法学理论奠基人科斯的《社会成本问题》(1960)的发表以及集大成者波斯纳的《法律的经济分析》(1973)的出版。经过三十余年的发展,经济分析法学不仅理论日益成熟,而且其理论、观点、方法也逐渐被运用于立法、司法实践活动之中。随着经济分析法学传入中国,经济分析法学理论及其研究方法迅速地影响和作用于中国法学界:一方面,其中的实证研究方法开始被较为广泛地运用于法学理论和法律实践研究之中,中国法学从传统的定性分析开始转向定性与定量分析相结合;另一方面,经济分析法学的核心范畴——"效率"(efficiency)被人们广泛讨论,这对我国法律,尤其是公法产生了巨大的促进作用。

经济分析法学的观点和方法有诸多争议之处,但它将效率引入法律领域并获得广泛的反响,导致效率目标在法律中的确立,却有其客观必然性。从根本上说,这是法与经济之间必然的内在的联系的具体表现。具体来说,效率成为当代法律价值目标的原因在于:

(1) 法律担负着实现资源最大限度地优化使用与配置的社会目标的新使命。

法律无论作为一种统治手段,还是作为一种文化现象都受制于社会整体的发展,尤其受制于社会经济的发展。当代社会经济发展的目标在于最大限度地优化利用和配置资源。尽管人类资源稀缺的矛盾一直与人类相伴而存,但将优化利用和配置资源作为一种明确的社会目标则始于现代文明社会。当代社会经济发展的这一主题也相应决定了当代法律的基本使命。

过去人们往往认为,法律在社会经济发展中的基本使命在于对各种财富以及财富的交易行为给予公平的保护。应当肯定,这种观念与自由资本主义时期社会财产关系的稳定以及经济竞争的要求相吻合,而且这种公平保护也是资源优化使用和配置的前提和必要保障。然而,财富及其交易行为的公平保护相对于资源最大限度地优化使用与配置的目标来说,仅有前者则明显是不够的。当代社会经济的发展已经明确将优化利用和配置资源作为一种社会目标,它决定着当代法律必须强化这方面的职能,把这一目标当作法律所追求的价值。

(2) 法律对当代经济生活的全面渗透。

在当代,法律对经济生活的干预无所不在,这使得法律的效率价值日益显得重要。这是因为:第一,在法律全面渗透的情况下,自愿使用和配置的方式很大程度上是由法律决定的。实存法律的内容直接关系到资源利用的效率。第二,在法律全面渗透的情况下,法律已成为改变资源利用效率的重要变量。每一立法活动以及每一司法审判行为都会不同程度地改变社会主体的行为成本与实际收益。事实上,在当代社会中,决定和影响单个经济行为效率或社会经济发展综合效率的因素,一是人们利用资源的主观能力,再就是以法律为主要形式的各种社会制度及公共社会政策。在此,特定社会中的社会经济发展的综合效率在很大程度上决定于该社会法律所内含的效率价值水平。在这种情况下,法律如果无视效率目标,就会对社会经济发展产生严重的不良影响。

(3) 效率的价值目标可以成为正义的价值目标的补充。

传统的法律观念将正义作为法律的最高价值,其他的法律价值可以归结在正义的旗帜下。而当代社会的法律不仅仅要追求正义这一价值目标,同时也要注意与之相联系的效率价值,在亚里士多德、亚当·斯密、斯宾塞以及罗尔斯等人的正义或正义观中,都包含某些有关效率的内容。然而,就总体而言,正义对效率的含括是极为有限的,正义无法准确地表达法律的效率价值目标。从实践层次看,正义单一地作为法律的价值目标具有多方面局限性,从而需要与效率目标形成互补。第一,当代社会经济生活中某些现象,仅仅用正义或公正无法对其作定性评价。许多经济行为或活动并不具有政治或伦理色彩,社会无法根据政治原则或伦理规范判定其正误,而这些行为或活动却关系到资源利用或配置的优化,在这种情况下,人们只能按照效率的价值目标来判定经济行为。第二,法律对许多权利的安排,必须以正义与效率双重目标为依据。例如,行政执法程序的设置既要注重行政权力和公民权利的合理配置,又要注重程序应有的效率价值。如果仅仅依公正来决定权利应授予某一方,可能导致资源的浪费或低效使用;而仅仅用效率作依据,则可能导致一方对另一方无偿补偿或不能足量补偿的侵害。第三,从整体上看,正义往往更适合于作为法律制度确定与实施的定性依据,而定量依据则有赖于效率目标,这也体现了正义与效率的互补性。

### 四、"效率"和"效益"

有的学者把"效益"定义为"效用",进而把"法律效益"等同于"法律效用"。有学者撰文指出,所谓"效益"是指商品和服务满足人们需要的能力。随着人们对某种商品消费量的增长,该商品给消费者带来的"效益"也在增长。但在达到某个临界点以后,"效益"开始下降,如果再继续增加该商品的消费的话,就会导致负的边际效益。[①] 有的学者把"法律效益"定义为"收益成本比"。所谓效益是指"以最少的资源(包括自然资源和人的资源)消耗取得同样多的效果,或用同样的资源消耗取得较大的效果"[②]。还有的学者把"法律效益"定义为"法律有效

---

[①] 吴大英、吕锡伟:《法规草案的设计与研究》,中国法制出版社1998年版,第6—9页。
[②] 王智民:《平价社会治安状况概论》,北京群众出版社1994年版,转引自危怀安:《论"法律效率"与"法律效益"的规范运用》,载《华中科技大学学报》2002年第6期。

结果与法律社会目的的重合程度"①。有学者更进一步指出,"法律效益指法律在现实作用结果中合乎目的的有效部分。它反映了法律的应然价值与法律的实然价值的重合与差异"②。这里,实际上是把"法律效益"界定为"法律有效价值"。

可见,对什么是"效益"、"法律效益",法律学者们有着同样的困惑和不解。究其原因,恐怕是因为"法律效率"、"法律效益"这些范畴是"舶来品",是随着经济分析法学传入中国,由"efficiency"的不同翻译所致。经济学中的"经济效率"与"经济效益"内涵的界定是不确定、不统一和不准确的。"法律效率"、"法律效益"来源于经济分析法学对经济学中的"效率"或"效益"术语的引用,故"经济效率"与"经济效益"内涵界定的混乱是导致"法律效率"与"法律效益"混用的根本缘由。

"法律效益"来源于经济效益。《现代汉语词典》把"效益"解释为"效果和利益"。"经济效益"就是市场主体在经济活动过程中所获得的净效果或纯收益。用公式来表示为:

$$经济效益 = 收益 - 成本$$

与此相对应,"法律效益"是法律供给主体在创制、供给法律过程中所获得的纯收益,是对立法、司法、执法活动的社会经济效果的客观评价。用公式表示为:

$$法律效益 = 法律收益 - 法律成本$$

法律效益可以从不同视角进行分类。从法律活动看,法律效益包括立法效益、司法效益、执法效益和守法效益。从综合评价法律的社会经济效果看,法律效益不仅包括经济效益,还包括政治效益、社会效益、文化效益等。

"法律效用"来源于西方经济学中"效用"一词。《现代汉语词典》把效用解释为"效力和作用"。这里显然是指"客观效力和客观作用"。与此不同,西方经济学中的"效用"则是指商品满足人的欲望的能力,或者说,"效用"是指消费者在消费商品时所感受到的满足程度。因此,"法律效用"是法律需求主体在购买并消费法律商品过程中所获得的心理满足程度,是法律消费者的主观评价。"法律效用"不等于法律的客观使用价值,它因主体、时间、地点的变化而不同。

"法律效率"直源于"经济效率",根源于物理学中的"效率"。《现代汉语

---

① 姜明安:《中国行政法治发展进程调查报告》,法律出版社1998年版,第1—5页。
② 白建军:《金融犯罪研究》,法律出版社2000年版,第99—111页。

词典》对"效率"的解释有二：一是指机械、电器等工作时，有用功在总功中所占百分比；二是指单位时间内完成的工作量。效益侧重于"收益"，强调收益与成本之差；而效率则侧重于"比率"，有用功与总功之比，或工作量与时间之比。

法律调整如能按立法者设定的目标，达到预期结果，则说明法律是有效率的。但在现实生活中，法律调整有时还会造成立法者预料之外的结果，对此就不能仅凭立法者设定的目标来评价了。日常生活中，每个人的行动有一定的期望目标，而源于行动的结果则可能根本没有可预期性。法律作用的结果也是如此，它既可能是立法者预期中的，也可能出乎立法者的预料。从这种意义上讲法的效益问题，也就是法律作用的预期结果与意外结果的比较问题。

把"效率"而非"效益"作为公法乃至整个法律体系的价值，是由价值的特性所决定的。"价值"是一个哲学的、一般社会学的概念，反映的是主客体之间的关系，使客体能够满足主体需要的一种性能，这种性能是潜在的，只有在与主体的关系中才能显现出来。任何客体，任何物质的、精神的、制度的对象，作为价值，都具有主体性与客观性。价值的主体性是指同一客体对不同的主体或不同时间、地点、条件下的同一主体的价值，都是不同的。客体性，即客体的价值不管主体认识不认识，是否要去认识，都是客观存在的。正像表现为需要和满足需要的措施的利益是客观的一样，客体对主体的价值也是客观的，不问是否被主体认识。

需要指出的是，不应把价值和评价相混淆。价值是客观的，而人们对客体价值的评价，却是主观的，是价值在主体意识中的反映。效率与效益的区别也正是价值与评价的区别。效率理应作为法律的"合理内核"，需要让效率精神贯穿现行法律之中，尤其是涉及政府行政事项的公法领域。而效益是法律在效率要求之下的应然结果，有效率的法律产生高效益的社会结果。从这种意义上说，效益是对法律效果的评价，效率则是对法律价值的追求。

### 五、效率与公平

效益与效率都是衡量投入和产出的重要标准，并且相互具有可参照性，因此两者与公平价值的冲突意义是几乎一致的。效率与公平之间的价值冲突，是长期困扰着人们的重大价值选择难题之一。

如果只提倡公平，忽视效率价值，甚至不惜牺牲必要的效率来追求绝对公平，这样极端的做法往往会损害效率，最终也会摧毁公平本身。我国在改革开放以前，就长期信奉平均主义原则，导致的危害结果就是人浮于事、效率低下和普遍贫穷。反之，如果只提倡效率原则，也会出现难堪的问题，因为效率的获得，很多时候不得不以一定公平的牺牲作为代价,虽然这种代价或许只是暂时的,但也必须承担。在这样的前提下,机遇更难合理分配,贫富两极分化的加剧势成必然,公平价值无疑会受到一定程度的损害。

因此,如何处理公平和效率的关系,有着重大的现实和社会意义。在社会主义市场经济条件下,效率与公平并不像某些学者所说的那样处于矛盾和冲突之中,它们之间实际上存在着相互促进的机制。就基本需要的公平来说,由于它服从人类的基本需要原则,因而是发挥劳动者积极性进而效率得以产生和提高的必要条件,离开人的最基本需要的保证,人的生存都无法保证,任何效率的提高更无从谈起。而随着效率的提高,人的基本需要的数量和质量都将得到进一步提高。就经济公平而言,起点上的机会均等,结果上的贡献和收获对称,必将有利于调动人的积极性,从而促进效率的提高,效率的提高必然带来财富的增加,又有助于经济公平进一步实现,所以两者是内在统一的。

就社会公平而言,调节的结果会使原先高效率者的实际收入减少,从而有可能影响他们的积极性而带来某些效益的损失,表明社会公平与效率的提高是存在一定的矛盾的。但是,社会公平作为高层次的公平会在另一意义上弥补这种效率的损失。因为,一方面,社会调节在使高效率者实际收入有所减少的同时,使原先低效率者的收入得到一定程度的补偿,从而有助于激发他们的积极性而带来效率的提高;另一方面,社会调节不是均等所有人的收入,而只是在一定程度上缩小差距,把社会成员的收入差距限制在大多数人能承受的限度内。因此,只要运用得当,就可以减少差距过分悬殊的负面效应,减少社会动荡,在求得社会安定中换来社会整体效率的提高。

由此可见,在社会主义市场经济条件下,效率与公平并不是不可协调的,它们之间具有一致性。当然,这并不是说,公平与效率之间就没有冲突和矛盾。当公平与效率发生冲突时,就存在社会政策的价值选择问题。这里讲的选择,不是选择一个,放弃另一个,而是在两者兼顾的前提下,寻求一个符合社会发展需要的契合点。一方面,法律要追求效率目标,保障资源的优化使用和配置,在对物质利益进行分配时,适当地给对社会作出较多贡献的人以更多的份额,以激励他们为社会创造更多的财富,从而实现在更高层次上的平等;另一方面,法律也不能忽视社会平等的要求,人们之间的收入差距不能过大,要把这一差距控制在社会公平观所允许的范围内,以防止由于差距过于悬殊所引起的社会动荡,以求得社会稳定中效率的持续提高。因此,不能将效率或公平绝对化,应当将二者协调起来,这就是使公平成为保障效率最大化而又能保证社会结构稳定在最低极限上的公平,效率成为社会所能承受的范围内,保证社会财富的再生产达到最高极限上的效率。

因此，正确的做法应该是提倡"效率优先，兼顾公平"。在此行动口号下，如何一方面保证效率优先，另一方面兼顾公平，都是法律应该关注的，并且也是理应有所作为的。

首先，法应该确认效率优先。发展是硬道理，法在涉及效率与公平价值选择的各个环节，应当把效率摆在优先的位置。在经济和社会尚欠发达的现状下，坚持效率优先的意义是不容低估的。为了贯彻效率优先的原则，把效率优先法律化、制度化具有特别重要的意义。坚持效率优先，就要把公平摆在相对恰当的位置，减弱因公平而影响效率的保持和提高的不利因素。法在涉及各种资源的分配过程中，必须把效率摆在优先的地位并予以相对特别的强调，防止平均主义思想对效率的侵蚀和干扰。

其次，法必须强调兼顾公平，并以特别的制度方式，比如制定最低工资法、社会救济法、社会福利法等来确保和维护社会公平，使社会既具有效率又不失公平，在确保稳定的前提下强调效率优先。可见，兼顾公平应当是效率优先的题中之意、应有之义。事实上，假如只求效率而无视公平，效率再高也会对社会整体的发展产生损害，效率自身也必然会回落，甚或倒退。以此而言，公平应是效率的基础和条件，无公平，也就无效率。法的重要使命之一就是使社会在增进效率的同时，兼顾公平。

## 第二节 公法与效率的关系

### 一、公法对效率调整的价值取向

一旦我们将效率作为公法所追求的目标，效率必然从各方面对公法产生很大的影响。

（一）对公法调整范围的影响

法律的调整对象是一定社会中的社会关系，但并非所有的社会关系都由法律来调整，法律调整哪些社会关系是由在社会中占统治地位的阶级的需要来决定的，将效率作为公法的价值追求，意味着统治阶级不仅需要法被动地执行确认和维护现存经济关系的职能，而且还需要法主动地担负起发展社会生产力、提高经济效率、优化资源的配置和使用的使命。这样，公法对经济关系的调整范围便得到了扩大，公法作为规定国家和公民之间的法律范围自然扩大得更为明显。在当代社会，公法的经济职能日益得到加强，公法对有关资源的配置和使用方面的规定日趋增多。效率价值对法律调整范围的影响至少可以从下面两点反映出来：第一，当代各国法律普遍地直接干预自然资源的使用问题，相继制定了自然资源保护的法规,如破产资源法、水资源保护法、森林法等;第二,对降低行为成本给予了重视,如在我国政府机构职能转变的时候出现的新型行政相关行为:行政指导和行政合同等。这些行为方式都是出于降低政府行为和当事人行为成本的考虑而实施的。面对这种新型的行政相关行为,公法就必须予以规制,做到依法行政,这样公法的调整范围也就自然得到了扩大。

（二）对公法调整方法的影响

效率价值的引入对公法的调整方法也产生了一定的影响,它使公法调整的方法更具有灵活性。例如,我国《民族区域自治法》第 20 条规定:"上级国家机关的决议、决定、命令和指示,如有不适合民族自治地方实际情况的,自治机关可以报经该上级国家机关批准,变通执行或者停止执行;该上级国家机关应当在收到报告之日起 60 日内给予答复。"在强调法制统一的社会,对民族区域自治地方的法律调整并没有采用"一刀切"的做法,而是针对民族区域自治地方的特殊性,让民族区域自治机关进行民族区域自治,在上级国家机关批准的情况下,可以对上级国家机关的决议、决定、命令和指示变通执行或者停止执行。这样的做法是效率价值的要求体现。此外,在刑法领域,基于快速解决案件纠纷的考虑,国外已经形成了辩诉交易的理论和实践,这是对刑事案件新型的处理方法;同时,基于节约社会资源的考虑,又开展了社区矫正和恢复性司法等先进的刑罚执行制度的创新等。这些都是在效率的要求下对公法调整方法作出的符合历史背景环境的改变。

（三）对权利义务分配的影响

将效率价值作为公法的基本价值之一,意味着法不仅按正义的要求分配权利义务,而且要以效率作为分配权利义务的标准。例如,我国在计划经济体制下,收入分配基本上属于平均分配,干好干坏、贡献大小对收入基本上没有太大的影响,这种分配制度不利于效率的提高。现在实行的以按劳分配为主,多种分配方式相结合的分配制度有力推动了效率的提高。再如,在税收管理上,我国在改革开放的一段时期内,对涉外企业所得税的税收优惠是较多的,主要包括:(1) 税率优惠,分设 15% 和 24% 两档优惠税率;(2) 减免优惠,包括"两免三减"、"五免五减",预提所得税减免、地方所得税减免等;(3) 再投资优惠等。尽管这些与法律的公平原则相悖,但它有国情的基础,是法律效率价值的要求,通过法律给予涉外企业这些税收优惠,实现法律所要达到的效率。随着我国改革开放事业的深入,随着市场经济体制的确立,实行内外有别的税收制度已经不符合市场经济体制的基本要求,对涉外企业所得税的优惠政策与法律规定也就成为了历史。市场主体的平等原则、公平竞争原则,促进了效率的提高。

（四）对公法程序的影响

效率价值还通过降低公法程序的成本对公法程序产生影响。尽快地解决纠纷,可以降低公法程序的成本,为此,当代各国普遍采取各种措施来提高解决纠纷的公法程序的效率,如证据保全、诉讼保全、先予执行等,这些措施为降低公法程序的成本,提高公法程序的效率,从而提高社会的总效率产生了一定的作用。

公法与效率的关系是相辅相成的,公法将效率作为其基本的价值目标,促进效率的实现;反过来,效率又对公法产生了影响,促进公法在调整范围、调整方式、调整程序等方面发生了变化。

## 二、公法对效率调整的作用

现代社会的公法,从实体法到程序法,从根本法到普通法,从成文法到不成文法,都有或应有其内在的经济逻辑和宗旨:以有利于提高效率的方式分配资源,并以权利和义务的规定保障资源的优化配置和使用。这里仅从以下几个方面说明公法怎样和应当怎样促进效率。

第一,公法承认并保障个人的物质利益,明确产权,从而鼓励人们为着物质利益而奋斗。利益是法学中的一个基本范畴。所谓利益,就是受客观规律制约的,为了满足生存和发展而产生的,人们对于一定对象的各种客观需求。其本意为"利息",原被用来表示债权人对利息要求的正当性。后来,利益作为个人与社会的一种关系体现,日益得到广泛的应用。利益意识的觉醒,利益观念的形成,无疑是人类思想史上的一个伟大进步。利益本身就具有个体性和社会性的双重特性。利益首先是个体性的,由于人的个体性,其需求和需求的满足均具有个体性,而且是利益最为核心和根本的部分。从这个意义上讲,任何利益都是个体性的。但由于个体之间需求上的相似性,他们可以以协作的方式共同满足每个人的需求,使得成本降低,收益增大。同时,在社会交往中,个体之间的需求可能重合,就像几个平面的交集一样,交集的部分虽然从最本原的意义上讲是来自于单个人的需求,但因为在社会关系中,其满足和实现牵涉到社会中的大部分人或所有人,这就使得利益同时具备社会属性。由于人们需求上的不同,个人利益表现不同。在具体的历史条件下,随着生产力和生产方式的变动以及由此导致的社会结构变动,个人利益与社会利益的关系也会变化。个人利益是社会利益的基础,社会利益归根到底要落实到具体的人,否则它就是虚幻的,其生命力也是有限的。同时,在个人利益和社会利益界限明确化的前提下,个人利益的实现和扩展往往有助于社会利益的成长和稳定,从而也有利于拓展个人的福利。利益依其内容的不同可以分为物质利益和精神利益,其中物质利益是第一性的,精神利益是第二性的,精神利益是对物质利益的补充。所以,个体的物质利益是人类社会发展的原动力。正是为着实现利益,人们才不断地改进技术,提高自己的生产手段,才呕心沥血,以致冒着各种风险从事经营,参与竞争。总之,对利益的无限要求,成为推动生产力发展、促进资源有效利用的永世不竭的动力源泉。

既然个体的自我利益的不断实现和追求是提高生产力,促进经济增长的决定性动机,是社会发展动力,那么,承认和保护人们的自我利益并使之成为一种权利,从而激励人们在法的范围内尽其所能地实现物质利益,就成为人类之所以需要法律的一个重要理由。我国自1978年以来进行的经济体制改革和经济方面的法制建设,一个总的趋势就是刺激人们关心物质利益,把物质利益同个人的学习、工作、生产活动挂钩,赋予人们追求物质利益并为之奋斗的正当权利,以使资源得以最有效率地利用。

这种合法拥有物质利益的权利在法律上的表现即为产权,因此公法必须明确对产权的界定,并使权利尽量配置到能产生最大效用的人手中。科斯在《社会成本问题》这篇经典论文中,证明了:人们进行交易的对象不是经济法学家常常设想的物质实体,而是权利;由于权利的交易存在交易费用,为了减少交易费用,用法律清楚界定权利就至关重要了。只要产权界定清楚,市场的自由交易就会带来最佳的经济配置。只有人们获得了对资源的占有权和使用权,物有其主,并有权排除他人对自己财产的侵犯或夺取,财产所有者才有信心和动机投入资源,发展财富。所以,任何一个国家的法律都是以财产权为核心的。不同的只是西方国家的法律是以私有财产权为核心,我国法律是以公共财产权为核心。

第二,公法确认、保护、创造最有效率的经济运行模式,使之容纳更多生产力。每种社会制度、每个国家都有其经济有效运行的最佳模式。但就当代社会而言,最佳模式是市场与计划或计划与市场模式。市场把生产者和经营者置于自由竞争的境地,为人们施展才能创造了广阔的场所,同时也使资源能够从低效率利用向高效率利用流转;计划则使市场中的竞争摆脱盲目状态,减少生产和经营中的偶然性、任意性、风险性及其他浪费资源的现象。所以,现代资本主义市场中有计划,社会主义计划中有市场。我国经过30年的锐意改革,原有的国家集中过多、统得过死、遏制商品经济、价值规律和市场作用等严重束缚生产力发展的经济运行模式已经发生重大变革,但经济发展中的深层问题远未根本解决,因而要进一步推进改革开放,使有计划的社会主义市场经济体制和运行模式在全国范围内形成,以进一步解放和发展我国的社会生产力。

此外,公法应维持交易秩序,实现自由公平竞争。市场机制中,市场自由竞争会减少交易费用。任何资产的所有者都可以通过收买、出售、招标、辞职等形式来强化竞争,从而降低费用,提高效率。由于社会资源的稀缺性和人的需求的无限性,必然会发生人们为争夺稀缺资源而产生利益冲突。如果不以法律的形式来解决这些冲突,那么不但难以实现资源的合理配置和有效利用,降低交易成本,反而会因竞争秩序的混乱而造成资源的浪费。

再者,法律制度作为一种有关人们权利的信息载体,通过提供诸多的行为模式,为人们提供信息、指导自己的行为。在现代社会里,存在着不确定性和风险性。法律制度的创设使得人们的行为具有可预测性,减少了交易中的不确定性,从而降低了交易成本。

第三,公法促使社会代价的减少和实际效果的优化。任何效率的提高都必有代价的付出,而代价的付出就存在多少的问题。在无视效率、只求结果的情况下,社会为这一结果所付出的代价往往不被人们重视,认为重要的仅仅是结果,这肯定不是理性的。公法的效率价值要求人们以较少的投入获得尽量多的产出,减少不必要的耗费。从程序法看,公法设定最经济的程序模式,确保人们以最简洁的手续、最少的时间耗费,达到预期的法律目的。所有的现代诉讼法都非常注意如何便于纠纷解决,便于诉讼参与,便于案件审理;尽快解决纠纷或处理案件,减少不必要的时间和资源消耗是其追求的目标。并且所有非讼程序,也都以如何使人能最迅速、最简便地处理有关事务为己任。程序法的所有努力的目的就是减少纠纷节约成本,提高效率。就实体法而言,公法设定最经济的行为模式,减少不必要的资源耗费。良法总是在保障社会稳定与促进社会发展的前提下,希望最广泛地保护社会财富,使社会财富不被任意破坏,能被最恰当使用或被最经济地使用。公法对于浪费资源和财富的行为,总是予以强烈反对的;对于故意毁坏公私财物的行为,总是要予以应有的法律制裁的。

人们总是希望自己的行为或活动能够获得最佳的实际效果,但事实上最后结果的获得并不都是以人们的意志为转移的。同一社会行为的作出或同样社会活动的进行,条件不同,方式改变,实际效果就常常会是多种多样的。选择怎样的行为模式,是影响一定行为能否获得最佳预期效果的最重要的决定因素。公法为人们提供适当的行为模式,使人们争取最优化的实际效果。当然,人们的行为模式并非仅限于公法,公法只是众多行为规范之一,但它比任何其他行为规范更具权威性、明确性和稳定性。公法通过一定规范的设定,为社会提供行为模式,指引着人们的实践行为。人们在公法的指引下采取一定行为方式作出相应的法律行为,据此,人们的行为才不致因触犯公法而被法律追究,违法行为是绝无正常效率可言的。由此,法的指引是人们行为获得相应效率的前提性法律条件。

公法为争取最优化的实际效果提供程序保障。人们的行为方式并非唯一,而是多种多样的,因而其客观效果包括法律后果在内也是多种多样的。而结果不同,其所涉及的效率就会有差异,与之相关事项的效率也会受到一定的影响。因此,公法就为人们争取最佳的实际效果提供了公法的程序保证。

第四,承认和保护知识产权,解放和发展科学技术,公法间接促进社会效率提高。科学技术是第一生产力。解放和发展生产力,首先是解放和发展科学技术。公法在这方面的作用主要是把科学技术活动及其成果宣布为权利,使"智慧的火焰加上利益的燃料"。近代以来各国的经验表明,凡是法律承认知识的价值,保护知识产权的地方,科学技术日新月异,社会生产力蒸蒸日上;反之,社会生产力则徘徊不前。

## 第三节 中国公法的效率价值的实证分析

自然资源是有限的,人们应该注重节约资源,在这样的思考下,党和政府提出了"走可持续发展道路"的主张。同样,作为社会资源的法律资源也是有限的,如何充分有效地分配和利用这些资源,又如何通过公法规范来实现社会资源的"最大化利用"便是当下公法所面临和亟待解决的问题。

公法作为规范国家权力和其与公民权利关系的法律,如何才能对国家权力的规范更具有法律效率?从我国国家结构来分析,因为存在立法、行政和司法的分工与合作,我们认为公法的效率价值追求也应该相应地体现在这三个方面。

首先,从公法规制立法来看公法的效率价值追求。在确认我国处于社会主义初级阶段的基础上,我们党制定了这一阶段的基本路线,即:领导和团结全国各族人民,以经济建设为中心,坚持四项基本原则,坚持改革开放,自力更生,艰苦奋斗,为把我国建设成为富强、民主、文明的社会主义现代化国家而奋斗。我国现行《宪法》确认了"一个中心,两个基本点的社会主义初级阶段"的基本路线。这是我国立法工作最重要的指导思想。对这一指导思想,《立法法》第3条也予以确认。因此评价某一时期的立法工作是否有效率,我们可以把立法产生的实际结果同这一立法的基本目的相互联系。符合我国现阶段的建设大局的,是有效率的;反之,则是缺乏效率并且应该试图被改进的。

然而,对立法阶段的效率解读只停在这么宏观的讨论层面上是不够的,我们应该从立法成本的角度来对立法效率做更具体的分析。立法活动作为社会活动,同样也需要消耗一定的社会资源,需要消耗一定的成本。通常讲,立法成本较多地指制定一部法律,从规划、提案、审议到通过、公布,以及进行修改补充、执法检查、立法监督等立法过程或整个过程中的人力、物力、财力以及时间、精力等物质耗费。它主要包括以下内容:(1)人力资源。立法活动既需要立法机关的投入,也需要各种各样立法辅助机构的配合;既需要立法机关组成人员履行职责,又需要各方面的专家、学者以及公民的广泛参与。(2)物力资源。立法活动的顺利进行必须有一定的物质设施保证,如信息储存、检索设备、通信联络及交通设备、情报资料等。(3)财力资源。如有关人员的薪金、交通费、住宿费、补贴以及进行调查研究、论证、听证等支付的费用。(4)时间资源。立法周期的拖延与浪费,往往意味着立法主体立法工作效率的降低,并同时造成人力、物力、财力等资源耗费的增加;另外,因立法滞后势必会在某些亟需法律调整的领域形成法律真空,由此而造成的社会损失则更难以估量。

我们认为,能反应立法效率问题的莫过于立法的会期制度。在立法学上,会期制度是关于立法机关在一定时期内开会的间隔及每次开会的时间的制度。这种制度通常由宪法和法律加以规定,会期时间自立法机关集会之日起,至其闭会之日止。代议制的立法机关多以开会为存在和活动的基本形式,因此实行固定的会期制度,是立法机关正常行使职权、定期开展活动的重要制度保障。会期制度通常由两部分组成:一是立法机关的两次集会之间的间隔时间;二是立法机关在一个立法年度集会的时间长短。

立法机关开会的间隔时间各个国家都不相同,一年之中只集会一次的有澳大利亚、加拿大、美国、希腊、爱尔兰、日本等39个国家,集会两次的有法国、西班牙、摩纳哥等27个国家,集会三次甚至三次以上的有印度、马来西亚、瑞士等10个国家,长期集会的有意大利、卢森堡、荷兰等5个国家。我国全国人大实行的是一年一次集会的制度,通常是每年3月召开。其中的不同与立法传统、立法习惯等有所关联。我国《宪法》第61条规定:"全国人民代表大会会议每年举行一次,由全国人民代表大会常务委员会召集。如果全国人民代表大会常务委员会认为必要,或者有五分之一以上的全国人民代表大会代表提议,可以临时召集全国人民代表大会会议。"其中对召开全国人大临时会议做了规定。究其原因,我们认为主要是基于效率的考虑,在发生重大影响的重大突发事件的时候,为了尽快作出应对措施,召开临时会议实为必要。

每次开会时,会期时间的长短各国也不尽一致。据各国议会联盟对48个国家的统计,每次开会时间长达125天以上的有6个国家;100至124天的有9个国家;75至99天的有7个国家;50至74天的有8个国家;25至49天的有15个国家,在25天以下的有3个国家。① 在中国,全国人大"每次会议举行的时间,……短的5天、8天,长的超过20天,最长的开26天"②。如果和世界上其他国家的议会相比较,我国全国人大的开会时间是比较短的。

---

① Inter-Parliamentary Union: *Parliaments of The Word*. Published by Gower Publishing Company Limited, 1986, p.357, 转引自李林:《坚持和完善全国人大的会期制度》, http://www.51zy.cn/92566797-2.html, 最后访问日期:2008年4月13日。

② 程湘清:《完善人大会期制度》,载《法制日报》1998年10月29日。

基于此,有的学者结合我国地域广泛、地区发展不平衡等情况,认为全国人大的开会时间太短,代表无法有充分的时间来表达自己的意愿,限制了全国人大代表作用的发挥。

但是从实践来看,全国人民代表大会有代表近3000人,每年集会一次,每次会期平均17天左右。会议期间全部代表被安排入住酒店,代表以及相关会务工作人员的食、住、交通费用全由国家支付。每个代表的开支都在几千元以上。据估计会期缩短1日,可为国家减数百万财政支出。

因此,在全国人大自主决定开会时间的同时,公法应对这种公权力的运用作出合理的限制。高昂的立法成本应该在保证代表们充分发挥作用的前提下得到合理的缩减。预防产生铺张浪费,从而给国家财政造成损失。这时候的公法效率价值追求即要求立法过程中以较少或较小的成本获得较多或较大的立法成果。

其次,从公法规制执法来看公法的效率价值追求。我国学者对于行政执法的理论基础提出了不同的理论学说。借用平衡论的主张,在控权行政时,不忘保证公民基本的实体自由权利和程序权利;在确认和维护公民权益主张时,不忘保障法律允许并依法进行的行政管理活动。行政机关的权力和相对方的权利应当保持总体平衡。我们认为,在我国行政执法的目的有二:一是为了保障行政管理的有效实施;二是为了确认和维护公民权益。因此,我们国家的行政活动应该以此为目的,依法行政也应该以此为评价标准。能够充分保障行政管理有效实施并且确认和维护公民权益的即是有效率的行政;反之则是缺乏效率,需要寻找改进方法的行政。

我国行政机构臃肿,政府规模过大。随着社会事务的日益繁杂,政府规模扩张已成为当代世界各国行政发展的普遍趋势。但是政府的规模并不是越大越好,政府规模无限扩张会产生政府失灵等一系列不良后果。在加重人民负担之外,政府规模过大还会导致政府行政的低效率。政府规模过大在我国已经不是一个新的问题,单从政府公务员占全国人口比例来看,1979年我国党政干部约279万人,1989年为543万人,增加了264万人,增长了近一倍;1995年则为1042万人,比1989年增加了499万人,又增长了一倍。若加上事业单位人员共计3576万人,在我国平均30人中就有一位官员。[①] 政府机构的不断膨胀,使得政府内部管理费用增加;而人员的增加,使得人际关系变得复杂,协调难度增加。此外,管理层级增多会降低信息传递反馈的速度和质量,这些均会影响政府行政管理的效率。

---

① 朱应皋、吴美华:《论政府规模扩张及其治理》,载《江淮论坛》2002年第4期。

有学者指出,当前行政执法中存在的问题有:"(1)依法行政法律意识淡薄;(2)行政执法主体不当行政、违法行政;(3)行政执法的相对无序;(4)行政相对人对行政行为的回应方式不当。"①我们认为这些存在的弊端都可以通过对行政程序的完善加以改进。行政程序之所以重要,是因为现代社会在实体上不得不赋予行政机关强大的权力的情况下,这种以防患于未然为宗旨的行政程序,可以通过"事中"监控,弥补司法"事后"控权的不足,即将行政权的具体实施置于严密、公开的操作轨道之中,既防止行政执法的消极无为,又限制其恣意妄为,促使行政执法体现出应有的效率。

纵观世界各国的行政程序法立法模式,有的是以公正为核心的权利保障模式。这种模式主要是通过一系列监控行政权行使的制度来达到保障相对人权利的目标。如美国1946年制定的《联邦行政程序法》,即主要是以保障公民权利,控制行政权滥用为目标。另一种则是以保障行政过程效率为中心目标的效率模式。其主要特征是行政过程简化易行,程序设置更多地考虑行政活动的便捷和可操作性,在行政程序立法中留有很大的自由裁量的空间。如西班牙1958年《行政程序法》对行政行为的一般规则明确规定"行政行为应根据经济、速度、效率之规则进行"②。联邦德国1976年《行政程序法》规定"行政程序的进行以简单而符合目的为宗旨"③。应该说,对于行政程序的法律规定,片面追求公正或者效率都是不可取的。

行政管理所面对的是纷繁复杂、瞬息万变的社会事务,如果没有高效率的行政管理,行政机关就不能完成管理国家和社会事务的任务。行政与效率的这种本质联系,决定了必须把效率作为行政程序的基本原则之一。没有效率,行政程序就失去了生命力,程序的价值也就显示不出来了。

因此,我国公法应体现对行政执法的程序效率的价值追求,规定行政程序应当高效、便捷,便于当事人或利益相关人参与;行政程序中的各种行政行为的方式、步骤、时限、顺序的设置均应有助于保证基本的行政效率,并在不损害行政相对方合法权益的前提下提高行政效率。

最后,从公法规制司法来看,以诉讼程序法为主、以实体法为辅的司法制度,应当体现公法效率原则和追求。具体地说,在司法行为过程中,通过充分、合理运用司法资源,以最小的司法投入获得最大的成果。同时,从整个社会利益看,就是通过司法机关的严格执法和公正裁判从而有效地解决冲突和纠纷,减少和

---

① 孙国华:《社会主义法治论》,法律出版社2002年版,第510—522页。
② 西班牙《行政程序法》第29条。
③ 联邦德国《行政程序法》第10条。

防止各种冲突给社会造成的负面影响和财产浪费。从诉讼参与人的角度来分析,首先对于法院来说,这种效率追求是以最小的诉讼成本实现司法公正;对于当事人来说,则是通过司法机关及时、有效地裁判纠纷,平息讼争,以付出最小成本(时间、精力、金钱),来实现自身的权益。

在一定意义上,法院或者法官代表着正义,人们把他们视为正义的代名词。但是人们同样也认识到"迟到的正义不是正义"。在现代法治社会中,公正和效率是司法的核心价值。在司法过程中,片面追求任何一方面都是不正确的,二者不可分割,必须协调发展。我国设置了诸如审判公开、回避、辩护、上诉、再审等法律制度,这都是为了满足司法正义的需要。但是这些程序制度必须兼顾效率的要求。对每一案件的具体审理不能因追求正义而无限期地拖延下去。因此,我们国家规定了二审终审制等。

司法的效率价值追求不仅受限于立法,而且在实践中还受到权力、政策、人情以及法官自身素质等方面的限制。我国三大诉讼法都对全国范围的诉讼从法律上作出了规定,但是由于我国幅员辽阔,各地经济文化差异巨大,法律的普适性和地域性存在矛盾。另外,行政机关对法院行使审判权时的干预也对法院有效解决纠纷产生了阻挠。更有甚者,一些当事人在参与诉讼过程中,也会想方设法使审判朝着对自己有利的方向发展,影响法官的审判效率。在外因作用的同时,法官自身素质也局限了其审判案件的效率,我国法院法官的任职条件较低,政治因素成分很重,这也是一个普遍存在的问题。

如何在司法实践中体现出公法的效率价值追求?首先从三大诉讼法的立法目的来分析。我国《行政诉讼法》第1条规定:为保证人民法院正确、及时审理行政案件,保护公民、法人和其他组织的合法权益,维护和监督行政机关依法行使职权,根据宪法制定本法。我国《刑事诉讼法》第1条规定:为了保证刑法的正确实施,惩罚犯罪,保护人民,保障国家安全和社会公共安全,维护社会主义社会秩序,根据宪法,制定本法。以上是我国《行政诉讼法》和《刑事诉讼法》对自身立法目的的明确规定,我国《民事诉讼法》没有对立法目的作出规定,只是在第2条中规定了《民事诉讼法》的任务,据此学者多认为民事诉讼法的目的为"维护社会秩序、经济秩序、保障社会主义建设事业的顺利进行"[①]。在实践中,对诉讼效率价值的评价可以借助于诉讼法本身的立法目的。通过诉讼产生的实际结果与诉讼立法目的比较,我们可以从宏观上认识到诉讼是否产生了预期的目的。司法中的这种效率价值更多地体现了公法对社会产生的积极作用,我们可以认为这是一种公法对外的效率价值。然而,司法还应该体现另外一种作为

---

① 常怡:《民事诉讼法学》,中国政法大学出版社2005年版,第42页。

公法实践的效率价值,即公法自身的效率价值。

所谓司法实践中公法自身的效率价值,是指从行为成本的角度来要求司法实践的效率。司法如果没有效率,即使实现了裁判的公正也往往是没有用的。迟到的判决意味着法院允许并给予违法犯罪者更多的时间去继续作恶,迟延的审理和裁判无异于有意折磨当事人的心身,错过良机的裁判造成大量执行难问题,怠于审理和裁判难免要导致最终的空判。

佘祥林案件便是一个极好的证明。即便最终佘祥林获得了自由,法律承认其是无辜的,但是法院的判决给佘祥林一家却带来了一场灾难。在司法实践中有国家公权力的介入,尤其是刑事诉讼过程中,公安检察机关和法院的权力极其容易对公民产生侵害,因此需要公法上的相应规制。公法效率价值便是对司法实践中国家机关行使公权力的一种行为要求。

诉讼法作为公法的一部分,应该贯穿公法的效率价值追求。但是我国现在体现在司法过程中的效率立法和实践都是不够的。与西方国家相比,我们在司法领域的效率价值体现明显不足。出于提高司法效率的考虑,西方国家在诉讼中规定了"辩诉交易"、"恢复性司法"、"社区矫正"等先进的制度,我国公法学界应加强对西方法律制度中的效率规定,吸收借鉴其合理的部分,加快我国公法制度的效率建设。

# 第十六章
## 公法的发展趋势

### 第一节 公法的发展趋势综述

法从创立之初,目的即是保护特定的社会秩序,这在法的价值层面也称为法的内在价值与基本价值。再深入分解,社会秩序的内涵其实是利益体系的并行不悖、互不干扰以及互不侵犯,就如同高速公路上川流不息的车辆,只有按照一定的规则行进,社会的脉络才不会紊乱。

但是,在法与社会运行共同构成的高速公路上,代表利益的车辆的数量、大小、上路时间等内容时刻都在发生着变化,可能车流高峰从午间转移到了晚间,可能上路车辆从三轮转变为了五轮,也可能车辆的标志牌从克莱斯勒变成了梅赛德斯。但唯一不变也不能改变的是,这条人类文明的动脉不能停滞,更不能阻塞。因此,面对着其规制与保护对象的迅速变化,法自身也只有不断地发展变化才能让道路一直保持通畅,才能适应并实现自身的秩序价值,也才能进而实现其利益价值、正义价值。[①] 所有法都已如此,作为维护社会公共利益同时通过强化对公权力的制约而实现对私权维护的公法自然也不可能在社会变革的大潮中独善其身,必然也需要发展变化,以期能更好地实现其自身的目标与价值。

如上所述,法建立在社会发展的基础之上,这是一个得到广泛接受的观点。社会发展的基础包括了经济基础、文化基础及政治基础。而在这些基础之上则依附着无数由上文所提到的利益衍生出来的权利。基础一动,利益生变,权利也就受到影响。所以,法自身随着作为法建立与发展基础的社会形态、社会结构的

---

[①] 法的价值问题实际在法学界中还存在着比较大的争议,本书比较赞同周旺生教授的关于法的价值的三分论述以及法的价值的位阶。详见周旺生主编:《法理学》,北京大学出版社2006年版,第3章,第67—88页。

变化而变化,随着其需要保护的利益的变化而变化,进而形成连续一致的指向性明确的线性发展态势,我们可以称之为法的发展趋势。这种法的发展趋势是作为整体的法这一社会文明产物所共同具有的,无论是私法还是公法都不会也不可能抛弃,因为抛弃了发展也就是抛弃了自身。

因此,研究法的发展趋势,特别是研究本书所关注的公法的发展趋势的基础就在于需要明确了解公法所依存的社会情势的变动,了解什么样的新形势使得原有的公法形态处处碰壁、遭遇挑战而必须在新的境遇面前进行变革。

首先引人注目的自然是世界经济领域的新发展。根据 WTO 2008 年 4 月 17 日发布的《2007 年世界贸易及 2008 年展望》,2007 年世界货物贸易总额为 13.57 万亿美元,服务贸易总额为 3.26 万亿美元。① 而 2007 年世界的 GDP 总量为 54.52 万亿美元②,也就是说,2007 年世界贸易总额(16.83 万亿)占了当年世界 GDP 总额的约 31%,通俗说来就是 2007 年世界总的财富产出中有三分之一是通过国家间的货物与服务贸易实现的。这是一个多么令人惊讶的数字,这意味着,如果没有国际进出口的贸易,我们的财富将缩水三分之一,而这还只是乐观的估计,因为 2007 年世界 GDP 其他的三分之二虽然不是直接与国际贸易有关,但是却间接地与国际贸易有着千丝万缕的联系,比如外资的引进促使的经济发展③,再比如人口的流动引起的知识与财富变更。

一切的数字都告诉我们这样的现实:经济不是正在进入全球化,而是已经进入了全球化的态势。有变化就有冲击,经济全球化与自由化的进程对传统的国家干预与约束理论产生了巨大冲击。首当其冲的就是加入 WTO 后 WTO 制度框架对各个成员国的影响。一方面,要增进国际贸易的便利,就需要各个主权国家在国内通过修改法律而使得其国内的贸易制度体系符合 WTO 的要求。众所周知,贸易制度与一国的政治结构密切相关,因此对贸易制度的改变必然会对一国的政治结构产生影响。另一方面,贸易自由化要求国家减少对经济的管制,要求国家主权主动或者被动地接受减损与限制以达到无法用主权去威胁贸易自由的程度。这在一定程度上对传统的民族国家的主权至上理论构成了强大的挑战。

---

① 《2007—2008 年世界服务贸易发展概况与展望》,载 http://hi.baidu.com/3g99/blog/item/3780a636b91f35340b55a936.html,最后访问日期:2008 年 6 月 22 日。

② 《Gross domestic products and GDP per capita, current prices in 2007》,载 http://bbs.typhoon.gov.cn/read.php? tid=17589,最后访问日期:2008 年 6 月 22 日。

③ 联合国贸易和发展会议估计,2007 年全球直接投资总流入量将达到 1.5 万亿美元,比上年增长 17.8%。摘自《2007 年国际金融市场报告》,来自中国门户发展网,载 http://cn.chinagate.cn/reports/2008-03/20/content_13137481_3.htm,最后访问日期:2008 年 6 月 22 日。

**公法原理**

而 WTO 在其框架内建立了一个性质上有超越国家主权嫌疑的争端解决机构①,任何一个国家盲目利用国家主权去损害国际贸易将会被排除出世界贸易体系而受到其他国家制裁。除了典型的 WTO 以外,国际合作的增加,也使得其他众多形式的国际机构产生,这些机构在某些事项上的作为与权力也对传统的国家主权理论提出了挑战。第三方面,则是经济交流迅速多变的特点使得传统民族国家的立法权逐渐受到冷落,因为法律的滞后性与原则性常常无法满足经济新主体以及贸易新形式的要求,而行政权则因为其效率性受到了更多国家的欢迎,也得到了更大的扩张。当然,为了约束不断扩张的行政权,司法权也随之受到了更多的重视。传统的三权鼎力的局面开始出现了倾斜。

同时,伴随着经济的发展,现代世界的科技发展也使得文化的交流与扩展得以迅速化与普遍化。随着互联网技术的飞速发展,世界的地理距离被网络距离所取代,开始被人们称为"地球村"。这种联系方式的进化使得不同国家、地区人们之间的文化交流变得更加频繁也更加简单。而这种密切交流的结果就是不同国家、地区之间制度的差异显而易见。人们可以根据这种差异进行对比而判断出适合自身的最优制度方式。当一个国家的制度在这种对比中明显受到该国人民的质疑时,作为民选的国家统治机关唯一能做的就是改变体制,迎合人民需要,否则,其统治的合法性将会受到极大削弱。因此,在现代社会,任何一个国家都不能也无法脱离与世界联系愈加紧密的趋势,封闭所带来的只能是被世界遗弃,而越来越多的价值也在这种联系中、在迅速的传播中成为了普世的需求,当然制度也不能避免。我们可以看到,在当今的 21 世纪,即使是仍然采取王权制度的阿拉伯世界的国家,其也无法忽视民主的呼声与要求,其王室也无法完全背离民意。人民主权已经成为了当今世界普遍认可并采取的国家基本价值与建立原则。

经济的全球化以及交流手段与方式的不断发展,对世界公法的影响虽然很大,却不是绝对的。而最主要的是将人权理念不断发展完善并深入人心。关于人权的内涵,在人类社会不断发展的过程中都在进行着扩长,到目前为止,已经出现了三代人权。人权概念范畴的扩大与社会的不断发展、生产力的不断提高密切联系。依据马斯洛的人的需求层次理论,人们正从最初满足衣食住行的需要不断转向更高层次。从个人的公民和政治权利以及经济、社会和文化权利到民族自决权再到发展权,人权理念已进入到人类实现自身需要的阶段。这一阶段是马斯洛的人的需求层次理论中的最后一层,而它在现实中的反映就是人不

---

① 关于 WTO 下的争端解决机制的性质,学者间还存在较多的争议,但是,其具有的对独立主权国家进行制裁的相关规定却使得其具有了一定的超越国家主权的性质。

断地去寻求自我解放。如何去实现这种解放呢,人们的目标必然转向了具有权力能力的公权力机构,希望这些机构提供包括制度、体系、权利等各个层面的公共产品,为人权的发展提供政治、经济与文化上的支持。当传统的以民族国家为基础的公权力机构不能实现这些要求的时候,人们就有需求也有必要去重新建立新的制度体系。

其实,以上这些现代社会发展的新态势并不是相互独立的,而是紧密地联系在一起对社会的各个层面产生了巨大的影响。而法乃至公法产生变化,出现了超越传统公法理论的发展趋势就是经济全球化、贸易自由化、科技现代化以及文化频繁交流出现全球相通的普世价值这些方面的共同影响在公法领域的反映。人权理念的发展通过全球化的过程使得人权成为了一种现代社会的普世价值,任何泯灭人权的国家、制度都直接暴露在全世界人们的眼前而受到唾弃,任何有助于人权持续发展的制度、体制则会迅速成为人们追逐的对象。同时,贸易全球化使得各国公民开始追求超越国家界限的自由,传统民族国家的主权体制、公权力体制开始成为这种自由的障碍。因此,人们追求人权价值实现的需求迅速形成了波及世界的潮流,而在这种潮流的影响下,人们希望民选的政府能够迅速为他们提供更为适合的社会公共产品,即更加符合人本主义的制度、体现效率的程序等。一句话,传统的民族国家无论对内对外都不再能完全适应社会发展的需要,传统公权力面临变革。

对内,对于传统的民族国家而言,经济的发展与科技的现代化使得民众对人权的要求逐渐丰富及提高,人们寻求能够更大程度上满足其对公共产品需求的公权力机构以及相应的制度机制,于是在"政府失败论"的基调下,新公共管理理论应运而生,而这也是公法私法化与私法公法化趋势的最直接表现;对外,传统民族国家的主权理论容易成为贸易自由的一大障碍,也容易成为人权不平等对待的保护伞,同时,单一的主权国家无法独自解决全球性问题而只能选择国际合作,于是,人们为了追寻全球范围内的自由与人类的生存开始寻求超越国家公权力的机构和相应制度,于是出现了公法国际化与公法全球化的现象。本章下面的内容就将围绕传统民族国家公法理论的困境,从对内对外两个角度探析公法的发展趋势,并在最后从人权角度进行总结。

## 第二节 公法私法化与私法公法化探析

### 一、新时期公法在行政法领域遭遇的挑战——新公共管理理论

19世纪被我们称为民主立宪的世纪,在当时的社会、文明和意识形态下,产

生了我们至今仍朗朗上口的价值判断基准,如法治、三权分立、立法优位、司法制衡,等等。但是,面对纷繁复杂的现代社会对法制的更高要求,传统的法律理论——无论公法与私法——都受到了巨大的挑战。其中,公法中的行政法领域所面对的就是20世纪70年代以来公共行政学上诸多学者提出的"新公共管理理论"。

(一)新公共管理理论的具体内容——重塑政府

新公共管理理论起源于20世纪70年代末。在新古典经济理论的崛起,以及经济全球化大趋势、信息技术革命推进、尤其是西方各国政府财政赤字猛增、福利国家不堪重负等一系列新的社会与政治问题出现的背景下,西方发达国家掀起了一场声势浩大的公共行政改革运动,称为"新公共管理"运动。这场改革运动始于英国,然后席卷全球。从美国的"重塑政府"运动到英国的"宪章运动",从新西兰的"全面改革"到德国的"苗条国家"改革以及其他西方国家普遍实行的以市场导向的行政改革措施,都在不同程度上实践着新公共管理理论,体现新公共管理理论的诸般特征。[①]

新公共管理理论的重要价值导向之一是实现由"以政府为中心"的重管制模式向"以满足人民的需求为中心"的公共服务模式转变。[②] 在这种价值指导的影响下,行政法学界也将这种变化称为是从"管理行政"到"服务行政"的转变。

有学者将公共管理理论的内涵与特征总结如下:

1. 重新定位政府职能及与公民的关系:政府不再是高高在上、"自我服务"的官僚机构,公民作为纳税人,是享受政府服务作为回报的顾客,政府的社会职责就是根据顾客的需求来提供服务。

2. 新公共管理改变了政府的服务效率、服务成本意识。追求效率是公共行政的出发点和落脚点。与传统公共行政只计投入、不计产出不同,新公共管理根据交易成本理论,更加重视政府活动的产出和结果,关注公共部门直接提供服务的效率和质量。

3. 重塑政府组织。新公共管理主张分权的政府,从等级制度转变为参与和协作制。通过采用私人企业的管理方法,减少层级、授权和分散决策权的办法来应对,政府应将社会服务与管理的权限通过参与或民主的方式下放给社会的基本单元,让他们自我服务、自我管理。

4. 改变了政府内部的组织结构和人员关系。新公共管理特别主张某

---

[①] 李银珠:《西方新公共管理理论的契约框架:借鉴与启示》,载《当代财经》2005年第12期。
[②] 莫于川、郭庆珠:《论现代服务行政与服务行政法》,载《法学杂志》2007年第2期。

些公共部门实行私有化,或者通过合同出让的方式,让更多的私人部门参与公共服务的供给,并主张在人员录用、任期、工资及其他人事管理环节上实行灵活性的制度。①

### (二) 新公共管理理论的主要表现——主体与手段

我们不难看出,新公共管理理论是对传统行政理论的否定,标志着公共行政研究领域的一次"范式"②转变。

新公共管理理论认为国家传统的行政手段过于庞杂,对基于传统行政造成的资源浪费深恶痛绝,认为缺少竞争的政府在提供公共产品时必然会出现惰性。美国的戴维·奥斯本和特勒·盖布斯两学者的话典型反映了新公共管理论者的基调:"其实黏合公家机构的只有两管强力黏胶原料,一管是'规则',另一管是'预算'。把这两管原料混合在一起,马上就得到僵硬不化的水泥了","规则导向的政府可能可以预防一些腐败,但是他们却是以惊人的浪费换来的。谁能推算出得过且过的职员造成多少损失?又有谁能推算出陷于规则、每做一点事就得增加人员和预算的官僚机构,带来多少损失?"③

基于新的公共管理范式,政府体制的运行更多地采用市场竞争模式和弹性政府模式,政府不再是公共权力资源的唯一垄断者,对于社会可自行调节的领域,原来的政府职能交给社会中介组织去实施和管理,提倡社会自治,尽可能避免国家权力在服务行政中可能出现的异化。

而引入竞争机制,就意味着要引进不同的主体在提供相同的公共产品上由公共产品的消费者——公民进行对比,进而决定谁才是该公共产品最合适的提供者。引入弹性政府模式,则意味着政府的触手要进行收缩,打破20世纪30年代后由美国罗斯福新政造就政府全面且全能的行政国模式。

由于不同主体的引入及政府权力的收缩,排除了政府授权管理公共事务的社会组织以外的众多社会组织出现并开始进入政府权力收缩后留下的真空地带进行扩张。于是,社会组织如同风起云涌一般大量出现。它们不仅仅是进入原先政府公权力占据的地盘,对原来并没有公权力盘踞的领域也开始进行控制。

---

① 李银珠:《西方新公共管理理论的契约框架:借鉴与启示》,载《当代财经》2005年第12期。
② 关于"范式"是指一种研究方法,根据美国科学家托马斯·S.库恩的解释,范式就是指科学共同体在某一学科中所共有的理论背景、框架和传统。关于范式在行政法学研究中的适用问题,可参见戚建刚:《对行政法发展的"范式转换论"之商榷》,载《法律科学》2003年第5期。
③ 〔美〕戴维·奥斯本、〔美〕特勒·盖布斯:《新政府运动》,上海市政协译编组东方编译所译,上海译文出版社1996年版,第136—141页。转引自王宏、高玉琛:《行政法的理论困境与出路》,载《福建法学》2007年第1期。

典型即如现在盛行的NGO①,这些组织以自己的章程作为行为准则,在涉及公共权力的一些领域发挥着重要的领导作用。"数据显示,各国NGO在近二十年来有飞速的发展。1975年在墨西哥城召开世界妇女大会时,只有144个NGOs参加。到10年后在北京举行第四次世界妇女大会时,则有3000多个NGOs参加,另有3万多人出席了NGO论坛。在欧美一些发达国家,各种社会组织蓬勃兴起,万紫千红。其会员人数也猛增,如1968—1984年间,英国皇家自然保护协会的会员由28万增至200万人。1971—1994年间,英国皇家鸟类保护协会的会员增加了13倍,现在已超过工党、保守党、自由民主党这三大党的总和,达86万人。"②

同时,民意的需求通过选举反映出来,20世纪70年代以后的西方国家政府在执政的过程中,也更加注重软力量,强调通过公民的合作与主动参与实现具体的行政目的。于是,很多种类的"软法"运用也开始进入我们的视野,成为学者们研究的具体对象。

(三)新公共管理理论的深层实质——现代社会发展趋势的巨大影响

新公共管理理论强调对原有大政府行政权力的约束,而希望其他更多的社会组织进入公共行政领域,一方面是希望这样的社会组织能够更加有效地满足不同公民对于公共产品的不同需求,另一方面则是与政府进行竞争,迫使政府行政效率的提升。

一方面,政府缩权,另一方面,社会组织获权。这就是一种公共权力多元化与社会化的体现。公共权力的多元化主要是从主体层面来体现,即行使公共权力的主体不再仅仅限于传统意义上的国家,而分散到诸多的社会组织中去。国家只是在其唯一和必要的领域以及其能够有效运作的管理的领域才应出现,典型即如外交、军事等。权力的社会化则是说,在传统的国家立法、司法、行政三权外,还出现了所谓的社会权力,即社会主体(公民特别是社会团体、非政府组织)所拥有的社会资源(物质资源和精神资源)对国家和社会的支配力。③ 这些权力的典型享有主体如新闻媒体、绿色和平组织等。而这些权力一旦有效运作,极有可能超越国家权力甚至颠覆一个政府。

那么,为什么人们会选择主张并接受新公共管理理论呢?总结而言,主要有下面几个层面的原因:

---

① NGO全称为"non-government organization",中文译名为"非政府组织"。
② 参见王绍光:《多元与统一——第三部门国际比较研究》,浙江人民出版社1999年版,第211页。转引自郭道晖:《权力的多元化与社会化》,载《法学研究》2001年第1期。
③ 同上。

第一,人权理念不断发展完善并深入人心。关于人权的内涵,在人类社会不断发展的过程中都在进行着扩长,到目前为止,已经出现了三代人权。人权概念范畴的扩大与社会的不断发展、生产力的不断提高密切联系。依据马斯洛的人的需求层次理论,人们正从最初满足衣食住行的需要不断转向更高层次。从个人的公民和政治权利以及经济、社会和文化权利到民族自决权再到发展权,人权理念已进入人类实现自身需要的阶段。这一阶段是马斯洛的人的需求层次理论中的最后一层,而它在现实中的反映就是人不断地去寻求自我解放。如何去实现这种解放呢,人们的目标必然转向了具有权力能力的公权力机构,希望这些机构提供包括制度、体系、权利等各个层面的公共产品,为人权的发展提供政治、经济及文化上的支持。

第二,现代社会国际化的影响日趋壮大。随着互联网技术的飞速发展,世界的地理距离被网络距离所取代,开始被人们称为"地球村"。这种联系方式的进化使得不同国家、地区人们之间的交流变得更加频繁也更加简单。而这种密切交流的结果就是不同国家、地区之间制度的差异显而易见。人们可以根据这种差异进行对比而判断出适合自身的最优制度方式。当一个国家的制度在这种对比中明显受到该国人民的质疑时,作为民选的国家的统治机关唯一能做的就是改变体制,迎合人民需要,否则,其统治的合法性将会受到极大地削弱。因此,在现代社会,任何一个国家都不能也无法脱离与世界联系愈加紧密的趋势,封闭所带来的只能是被世界遗弃,而越来越多的价值也在这种联系中、在迅速的传播中成为了普世的需求,当然制度也不能避免。

第三,贸易全球化与自由化对传统的国家干预与约束理论产生冲击。如前所述,最主要的就是加入WTO后WTO制度框架对各个成员国的影响。除了典型的WTO以外,国际合作的增加,也使得其他众多形式的国际机构产生,这些机构在某些事项上对传统的国家主权理论也提出了挑战。

由此可以看出,虽然新公共管理理论发端于行政领域,但是产生它的原因却并不仅仅是在行政领域形成的,乃是整个现代社会信息化、一体化、自由化的过程造就的。新公共管理理论主要是在于对国家的功能与作用的反思,一种"国家失败论"的认识,即在日益发达的现代社会,国家并不能及时有效地提供他们需要的社会公共产品。但是,在其背后却是人权发展的深刻影响。因此,我们应该认识到,现在日益发展的社会环境下对整体意义上的公法都能够产生影响,而新公共管理理论仅仅是这种影响在行政领域的突出表现。

在英美法系,人们对权力多元化的诉求,在大陆法系则是对国家理论局限性的再探究,都体现了人这个主体不断追求更高层次生活的目的。

## 二、公法应对现代社会发展趋势的表现

新公共管理理论虽然只是行政与行政法领域的新现象,但其背后所隐藏的却是日益复杂的社会现实与持续不断的现代社会发展趋势,这都对公法产生了巨大挑战。面对由新公共管理理论抽象得出的权力多元化问题,公法也穷而思变,主要表现为两个变形,也是目前阶段公法发展趋势的集中体现,即公法的私法化与私法的公法化。学界对此也研究颇多,下面我们看看学界对于这两个趋势的研究。①

### (一)公法的私法化——在公法中引入私法的治理方式

对于公法私法化,学界的归纳是"指在传统的公法领域中引入了私法手段,私法中的平等协商、互利合作的契约精神在向公法领域渗透"②,也可以说就是公权力主体采用私法的方式完成公共任务。

有学者将公法私法化归纳为两种表现③:

第一,私法组织从事公法活动。其具体操作办法可分为两类:一是公共组织私法化,即将原公共行政组织变成按私法规范进行活动的组织;二是公共任务私法化,即将某些原属行政的事务交由民间和私人组织来实施和管理,其委托方式有以下几种:"国家或行政公共管理部门将某些事务委托给私人或民间组织;同社会有密切关联的公共事务,像赋税一样,作为公民公法上的公共性义务,让公民来处理具有大众化的非复杂性公共事务;公共管理部门和私人组织协同实施某项公共事业,共同拓展该项事业。"④

第二,行政主体运用私法手段作出非权力化行政行为。即行政主体虽然仍进行着公共管理,但改变了传统的以单方性、强制性为特征的管理模式,代之以平等协商为特征的柔性化手段。在这方面的典型就如行政指导、行政合同以及

---

① 关于公法私法化与私法公法化,诸多学者给予了他们的思考与答案。具体可参见莫于川、郭庆珠:《论现代服务行政与服务行政法》,载《法学杂志》2007年第2期;郭道晖:《权力的多元化与社会化》,载《法学研究》2001年第1期;陈洲:《再谈宪法基本权利的效力——以宪法基本权利的私法化扩大为视角》,载《甘肃农业》2005年第11期(总第232期);王春业:《公权私法化、私权公法化及行政法学内容的完善》,载《内蒙古社会科学(汉文版)》2008年1月第29卷第1期;叶秋华、洪荞:《论公法与私法划分理论的历史发展》,载《辽宁大学学报(哲学社会科学版)》2008年第36卷第1期;曹杰、李应虎:《浅谈公法司法化与私法公法化》,载《法商论丛》2008年第1卷,等等。
② 曹杰、李应虎:《浅谈公法司法化与私法公法化》,载《法商论丛》2008年第1卷,第56页。
③ 王春业:《公权私法化、私权公法化及行政法学内容的完善》,载《内蒙古社会科学(汉文版)》2008年第29卷第1期,第28页。
④ 黄金卫:《公共事业的私法形态展开》、《以私法完成公共任务》,上海百家出版社2003年版,转引自王春业:《公权私法化、私权公法化及行政法学内容的完善》,载《内蒙古社会科学(汉文版)》2008年第29卷第1期,第28页。

行政给付等行为在行政法领域的兴起与发展。

（二）私法的公法化——使私行为具有公法性因素

私法公法化,就是指"在本来属于平等主体之间的私权领域中,出于某种需要,公权力介入其中,并对私权自治行为进行一定程度的干预。用美浓部达吉的话来讲,就是'不单使违反限制之个人相互间的法律关系为无效,且进一步以国家的权力科违反者以公法上的制裁'"①。大部分学者的观点认为,私法的公法化主要目的在于针对与限制私权的滥用。

具体而言,私法公法化现象一般发生在以下两种情况中②：

第一,当当事人之间地位不对等而私权自治造成极端不公平时。可见,出于对弱势群体的权利保护,对极少数强者滥用垄断权的抑制,公法将本来属于私权领域的内容吸收进入公法范畴,使得公权力可以通过一定方法和途径进入私域。

第二,当对私权的侵害明显损害公共利益之时。学者认为,所谓损害公共利益,是指侵权行为损害了非特定人的利益以及与非特定人相关的利益,扰乱了正常的管理秩序,并影响到市场经济秩序。③

美浓部达吉在他的《公法与私法》中也指出了私法的公法化,而且还标明了这一现象在具体法律关系中的存在,并将之分为四项予以阐释,即所有权公法上的限制;企业的公共化;契约自由之公法上的限制;公法与私法的结合。④

当然,在美浓部达吉之后,公法私法化有了更多的发展,虽然总体上来说并没有跳出他所列的四个层面,但是在内涵和外延上却有了不同的内容。

### 三、对公法两种趋势表现的分析

法学领域出现的这两个公、私法的发展趋势学说不仅是对公法发展的一种探究,对私法的发展也起到了有益的作用。那么,为什么会产生公法的私法化与私法的公法化,它们之间的关系又是什么呢？下面我们将从学理角度进行分析。

（一）公法私法化的学理分析

1. 产生公法私法化的原因

公法私法化的产生表面上看是新公共管理理论作用的一大产物,实际上是

---

① 王春业:《公权私法化、私权公法化及行政法学内容的完善》,载《内蒙古社会科学(汉文版)》2008年第29卷第1期,第29页。
② 同上。
③ 在涉及公共利益概念时,我们不得不慎之又慎,因为公共利益概念的不明确只会给予公权力干涉私人领域生活的借口。
④ 〔日〕美浓布达吉:《公法与私法》,第234—251页。转引自郑贤君:《公法价值向私法领域的再渗透——基本权利水平效力于契约自由原则》,载《浙江学刊》2007年第1期。

新的社会发展趋势对传统公法提出的诉求的回应。

新公共管理理论要求政府权力紧缩,要求政府从某些公共领域抽身而将其交付给能够对该领域实施更加有效管理的公共组织,即学者们所谓的"公共事务民营化"。这实际上就是一种传统公共事务执行公主体被私主体代替的表现。同时,新公共管理理论要求政府转变执政模式,以公民的需求作为最重要的目标,在执政的同时力求通过软效力达到公共目的,也就是所谓"软法"。也就是说要求政府在权力行使方式层面作出改变,从依靠传统的行政强制力、要求行政相对人无条件地被动服从转变为新的协商管理机制,即通过行政相对人的主动要求、主动接受去实现公共管理的目的。

由此,面对集中体现社会发展趋势的新公共管理理论的要求,传统公法出现了一些改变:首先,公权力机关将其原享有的公权力以及其所未有涉及的一些公共管理权力转移给了新兴的一些社会组织,包括企业、事业单位,也包括一些NGO组织,即上文所说的私法组织开始从事"公法活动"[①];其次,国家公权力机关在行使公权力时,也更加侧重行政目的的达到与相对人主动配合之间的关系,在更多层面采用了软行为模式,也即我们所谓的非权力行政行为。

可以这么说,新公共管理理论造就了公法的私法化并推进了公法私法化的发展。

2. 公法私法化的法理探讨

上文已经说了,新公共管理理论的核心要素是公共权力的多元化与社会化。而在这背后的最大推动力是什么呢?是国家无法提供满足公民需要的公共产品而只有让渡权力?是社会公共组织对公权力的极度渴求?还是公民希望给国家找到合适的竞争对手来督促国家的运作?这些原因都有,但都不是最基本的原因。最基本的原因是什么?其实在对新公共管理理论实质的深层分析中已经提到是整体现代社会的发展趋势。而在这其中最重要的则是第一个方面的问题,即人权理念的发展。

一直以来,对于人权的争议在我国都是未曾间断过的,而我国也一直把生存权和发展权作为人权的最重要内容,同时认为不同国家、不同社会有着不同的人权理念。不过,是否存在普世的人权观念呢?答案必然是肯定的。人权,是人区别于动物的权利,是人之所以为人所享有的尊严,是人为了自身的生存、发展与幸福所不断追求的过程满足。无论是崇尚自由主义的英美法系还是一直以来以

---

[①] 当然,这里称为公法活动还存在争议,因为当公共管理权力脱离国家公权力机关后,后续行使该权力的主体活动能否成为公法活动还需要看公法活动这一概念的定义。或者,改称为"公共管理活动"更加合适。

## 第十六章　公法的发展趋势

"国库理论"、国家主义观念为指导的大陆法系,无一不把人权作为一切国家活动所应当遵循的目标。

基于人权理论,人们建立国家,目的是在于通过这样一种方式更好地实现对人权的维护,对人民追求自由、幸福的过程的保证。20世纪30年代的经济危机,人们为了自己的生存,为了保证社会的发展,为了能够不让自己之前创造的追求幸福的基础灭失而将更多的权力让渡给国家,也就是在那个时期,国家的权力开始急剧膨胀。当然,罗斯福新政的成功让人们享受了一段时间的满足。但是,当人们解决了生存问题后而进一步审视将如此众多的权力交予国家是否合适时,问题出现了。人们发现,将所有的公共领域都交付国家进行管辖的正确性与效率性存在着巨大问题,庞大国家行政机构效率低下,并不能及时满足人们对社会公共产品的的要求,于是对国家权力进行分权的呼声便出现了。这也正是新公共管理理论的发端原因。

而也就是出于对人们人权要求的满足,各国政府也才会最终在一定程度上实现私法组织行使公共管理行为以及行政主体运用私法手段作出非权力化行政行为。

或许,我们可以认为其实这都是人的不知足,是人性的丑恶面,在危难时候需要国家,发展以后就可以抛之而去。但是,并不能因此否认人类追求自身最大程度自由、发展及幸福的本质。人的解放过程就是需要不满足才能前进,当自己已经给自己套上了镣铐,当人们的心主动进入囚笼,无法想象这样的世界人类能否继续生存。

3. 对公法私法化的法理应对

人权的呼声之浩瀚,新公共管理理论之泛滥,使得很多人陷入了对政府分权的狂热。而这个时刻,却正是我们法学界必须提高警惕的时刻。

我们知道,人类出于好的目的却常常带来可怕的结果,这不是因为初衷有问题,而是因为在实施的过程中缺少了约束与监督。我们一直认为人性本恶,一直认为"权力肯定会被滥用","权力的行使会一直延伸到有边界的地方为止"。

新公共管理理论所带来的公共权力多元化与社会化也是这样。自从文艺复兴之后"天赋人权"与"社会契约"理论的发展,现代宪政国家已经基于对国家这一必要"恶"的认识而建构起了对国家公权力运作的有效监督机制。但是公法的私法化却在这个监督机制之墙上生生打开了缺口。首先,公权力约束的监督机制针对的主体是国家以及国家授权的社会组织,而非本存在于私法领域的所有社会组织,但公法的私法化中"私法组织实现公法行为"却意味着原来处于严格约束与规制中的公共权力的行使进入了无约束与规定的社会主体手中,当原先的公权力制约机制因为主体的不适当而无法对这些享有并行使一定社会管理权力的名义上的私主体进行约束时,权力的滥用也就无法避免。同时,"行政主体运用私法手段作出非权力化行为"也造成了对这种非权力化行为的监管难题。一般而言,我们对行政主体的权力行为通过三个角度进行制约,即权力的获得渠道、权力的行使程序和权力侵害权利的救济。但是,当这个行为是非权力行为时,一切都变了。不过,是否意味着这些非权力行为就不会对公民权益造成损害,答案却是否定的。即使在我国,无数的例证已经告诉了我们行政指导所引起的巨大争议。

总的来说,公法的私法化直接造成了制度上的监管缺失,暂不论这样的监管是否会对新型的管理公共事务的社会组织发展产生阻碍——实际上这也只是法技术学上的内容,一旦监管缺失,新公共管理理论带来的不是更好地实现人权,而是更大程度上地忽视人权。这样的例子数不胜数。

当然,我们也不能忽视公法私法化概念中对公法发展有益的内容。有益之处主要就是在于对公权力的强化约束。要求公权力机关在行使公权力时,应当采取多种方式听取相对人的意见,让相对人参与到公权力的运行中来,即强调相对人的合作理念。

那么,怎么在公法私法化的语境下进行制度构建呢?本书认为,公法私法化的发展方向与趋势就是,公法将在主体概念上扩大,将行使公共权力的其他社会组织纳入公权力组织中来以加强规制。同时,公法将在执行层面上更加强调相对人的参与。

(二) 私法公法化的学理分析

1. 私法公法化的产生原因

私法公法化的论调,实质在19世纪末、20世纪初就产生了。当时经济危机的发生直接导致了人们对无限度契约自由原则的反思,"亚当·斯密的自由放任主义逐渐被凯恩斯的国家干预论所取代,表现在法治领域,就是在原本属于私权自治的范围内,出现了相当程度的公权介入的趋势"[①]。

到了新公共管理理论时期,随着更多的社会组织进入公共权力的管理领域,在公法尚未将这些社会组织纳入公领域时,这些社会组织打着私法范畴的主体名义利用获得的一定层面的公权力处于强势地位而对弱势群体予以压迫。于是,对在私法中更大程度地进行公法干预显得尤为必要,这也是私法公法化理论产生的最主要推动力。

---

[①] 王春业:《公权私法化、私权公法化及行政法学内容的完善》,载《内蒙古社会科学(汉文版)》2008年第29卷第1期。

2. 私法公法化的法理探讨与发展趋势

最开始的契约自由理念,是人类在经受了长期封建压迫之下所需求的首要权利内容,因为契约自由的前提就是人人平等。而人人平等,人的尊严才能得以实现。

但是,形式上的平等却往往造成实质上的不平等。在现代宪政法治理念下,对公民权利进行侵犯的最主要主体已经从国家转变为了社会组织,甚至一些具备经营自主权的企事业单位,也利用手中的强势权利侵害公民的基本权利。从新公共管理理论的内容来看,更多的社会组织将可能获得更大程度上的公共权力,这也为它们更大范围上侵犯公民权利提供了可能性。

这对法律提出了要求,也对公法提出了要求。在这样的要求下,原本认为公法领域的法律不应该适用于私领域的国家也开始进行了一系列的改革。

以美国为例。鉴于美国南部各州广泛存在的制度性歧视,在缺乏国会立法可以直接将宪法基本权利适用于私人关系的情况下,美国法官有强烈意愿矫正这一现象,从而以"州政府行为理论"又称"国家行为理论"或"政府行为理论"[①]来将私域中的纠纷问题提升到公权介入的层面。而在大陆法系的德国,其则是通过"第三人行为效力"中的"间接效力说"[②]理论将公权力的触手伸入私的领域。

但是,值得我们注意的是,在所有的这些理论及实践中,公法从来也没有直接进入私法中去,即使通过某些途径进入私法领域,也只是将特定的问题或者案件拉入公法范畴中,用公法的原理和方法去解决。如果不能明确这个概念,那么将私法进入公法混淆为是公法进入私法,就会为公法干涉私生活打开一道门。

3. 对私法公法化的警惕

私法公法化虽然在一定层面上可以对私领域中的一些有失公平、侵犯人权

---

[①] 国家行为理论又称政府行为理论,是美国最高法院所确立的一条司法原则,即"宪法只调整政府行为,而私行为则归普通法律调整"。不过,在以政府为一方当事人的案件之中,认定政府行为的存在并不构成什么问题,但是"显然,宪法保护不能,也不应,严格局限在政府为形式当事人的行为里",美国法院在民事案件中,发现政府行为的判例也屡见不鲜,由于在很多情况下,政府行为和私行为之间的界限并不明确,因此法院必须发展出一套理论,以使某些私行为可以归咎于政府行为。这也可以称为是国家行为理论的扩张。详见彭亚楠:《谁才有资格违宪?——美国宪法的"政府"行为理论》,引自 http://www.govyi.com/lunwen/2007/200711/188259.shtml,最后访问日期:2008 年 12 月 14 日。

[②] "间接效力说"是德国宪法法院通过判例确定下的一条宪法司法适用中的原则。德国宪法法院 1958 年鲁斯案的判决中分析说:基本权利的概念发展历史,特别是纳粹的暴政史证明了,政府权力构成基本权利的根本威胁,因此,基本权利应当适用于以政府为一方当事人的"公法"诉讼中,而不适用于双方当事人为平等主体的民事案件。但是,宪法法院认为,宪法的基本权利构成了"价值的客观秩序",对所有法域具有"影响力",即使在民事案件中,"法院"也必须依据和参照宪法的基本精神,对民法进行解释和适用。详可见同上注。

的事项进行干涉。但是,其在将私领域中的问题吸收到公法范畴进行判断的同时,也为公权在私领域的滥用埋下了伏笔。因为对私法公法化的概念容易产生误读,一旦将特定私法领域问题进入公法进行判断的公法私法化理解为公权可以在私领域不公的时候就进入私领域,那么公权以维护人权为借口侵入私人生活关系,弱小的个人如何去进行对抗呢?这就要求我们防患于未然,明确如何去正确理解,并在理论与实践中确定公权可以干涉私人纠纷的范围。

以上这种理念无论在英美法系还是在大陆法系都获得了一致的认可,不管是美国的"政府行为理论"还是德国的"间接效力说"都不承认作为公法基本法的宪法可以直接适用到私人之间的纠纷中。即不可以让仅具有垂直效力的宪法基本权利具有水平效力[①],而必须通过一定程序,使得私人纠纷产生公法性才可以。

如美国的"政府行为理论",该理论需要在一个本属于私法的关系中寻找州行为,虽然表面看似基本权利适用于私人关系,但其理论本质依然属垂直而非水平。类似地,英国1998年《人权法案》(The Human Rights Act 1998)规定将《欧洲人权公约》并入英国的法律体系,规定"公共机构"有义务实施《欧洲人权公约》规定的基本权利条款。"公共机构"包括法院、地方政府、履行公共职能的私人公司,要求私人公司行为必须与《欧洲人权公约》基本权利条款相适应,这既构成了公司社会责任,也是道德和伦理意义上的基本权利水平效力在公司这一私法领域中的体现。英国1998年《人权法案》对私人公司实施《欧洲人权公约》基本权利条款是强调私人公司履行"公共职能",而不是泛泛谈及公司基本权利保护责任。在持相同政治理念的加拿大,其"政府行为理论"也是强调私法关系中必须有"政府行为",而不是理直气壮和不加掩饰地将基本权利直接深入至私法关系中。虽然英国公司社会责任是道德上的基本权利水平效力在公司这一私法领域中的展开,但与美国和加拿大强调私法关系中渗入"州"或"政府"职能实有异曲同工之妙,是同一种逻辑思考下的产物,反映了英美深受自由主义政治哲学文化浸染这一事实。故而这些理论在实质上都属于基本权利垂直效力的变体,而非严格意义上的水平效力。

---

[①] 关于宪法中基本权利的水平效力与垂直效力研究,可参见郑贤君:《公法价值向私法领域的再渗透——基本权利水平效力于契约自由原则》,载《浙江学刊》2007年第1期。本段后面关于美国、英国、加拿大的例证也引自该文。

### 4. 公法基本法——宪法的性质问题

上文中说到了宪法问题,说到了宪法中的公民基本权利,大家首先联想到的就是我国的所谓宪法第一案——"齐玉玲诉陈晓琪侵犯受教育权案",很多人认为宪法应该司法化,那就应该让作为公民一切权利基础的宪法基本权利成为公民可以据以控告的请求权基础。这里不得不指出,这是很多学者一直以来常犯的一个错误。宪法的司法化与宪法的私法化并不是一个概念。要弄清楚这个问题,就要明确宪法的性质——宪法是否具有私法性?

作为基本人权在公法中的反映的宪法,实质上是属于完全意义上的公法,即宪法的每一条规定、每一部分内容体现的都是对国家权力与国家权力、国家权力和公民权利关系的调整,而没有涉及对私法中民事主体的民事权利之间关系的调整。宪法的基本权利也并非是公民一切法律权利的抽象化与基础。

西谚有云,让恺撒的归于恺撒,上帝的归于上帝。只有各得其所,才能相得益彰。宪法之于公法,民法之于私法,各自有一套价值理念与基石。宪法追求对公权力以基本法的形式进行明确的约束,同时为国家的政治运行设置基本的规则和程序以对公民社会进行保护,而民法则以私法意思自治为宗旨,最大程度地构造一种让人人都在平等的状态下合理处分自己的生活,追求自我价值更高实现的状态。诚然,公法与私法确实存在着共同的立法基础与抽象原则,但是这不是宪法,也不能是宪法,而只能是一种普世的人权观念、一种自然法的基础体现。①

由此,可以看出宪法是不具备私法性的。

当然,这里会产生一个疑问:如果说宪法属于严格意义上的公法,并不是私法的产生源头,那么是不是意味着宪法失去了对其他法律,特别是对私法中的各个部门法的领导地位呢?

答案是否定的。在现代宪政社会中,人权是一种普世性质的价值基础,是任何法律在制定过程中都必须要考虑的内容。"人权思想源出于近代的启蒙思想和自然法学派的主张,典型如美国在宪法中对公民的'生命、自由、财产、安全和追求幸福的权利'的规定,这是人权最早在宪法中的体现。但是,人权作为一种道德权利,它不仅是宪法所确认的基本权利的价值基础,也是整个法律秩序的价值基础,将对包括公法和私法在内的整个法律体系产生影响。"②因此,在每一部法律中都应当体现人权的意义。

---

① 关于人权的内涵和自然法的相关理论,具体可详见〔美〕E.博登海默:《法理学——法律哲学与法律方法》,邓正来译,中国政法大学出版社 2004 年版,第 40—77 页。
② 曹治国:《宪法基本权利民事权利关系辨》,载《河北法学》2008 年第 5 期。

但是,如何去确保每一部法律都符合普世人权价值的正当性呢?这需要对法律的制定者——立法主体提出要求并进行约束。而在一个国家的法律体系中,能够对立法主体,也即立法权力机关进行约束的只有一部法律,那就是宪法。因为宪法规制的是公权力机关,这个机关不仅仅包括行使行政权的政府,也包括行使立法权的代议机关、行使司法权的审判机关。宪法对其他法律的领导作用实质体现在:立法机关在制定法律的过程中,需要考虑人权的需要,以最大限度保护公民的权利为宗旨。如果在制定的法律中无法体现这一点,法律是可能被认为与宪法相抵触而无效的。也就是说,宪法中的人权保护价值与精神贯彻在立法的过程中,通过立法的过程对所立之法律产生指引作用,而并非是让宪法的具体内容,特别是让宪法的基本权利具体化而体现为民事权利。由此,基于从法律订立的源头出发对人权进行保护,宪法提供了这样的可能性。现今世界大部分法治国家,都将对人权的保护纳入了宪法,并通过宪法的司法适用监督人权保护的实施。我国的宪法司法适用虽然还存在瑕疵,但是也将国家尊重和保护人权纳入了宪法规定中。

通过约束公权力机关的宪法来间接地实现对其他部门法人权保障的要求,这也是我们之所以要赋予宪法最高的法律效力,赋予宪法对其他法律的领导地位的原因。

因此,我们需要通过明确公法调整的基本对象来正确掌握公法在私法公法化浪潮中的定位。即私法化只是说明对于天马行空、无欲无将的私法领域,需要通过一定的途径去解决私法无法解决的问题,但是这并不意味着公法可以肆无忌惮地进入私法领域。

公法的私法化远没有到"化"的程度,只是一种法现象的表现而已。而从笔者个人理解出发,私法公法化的说法因为存在很大的潜在危害,实没有加以提倡的必要。

(三) 公法私法化与私法公法化的区别

很多人认为一方面公法私法化,另一方面私法公法化,那是不是意味着公法最终变成了私法,私法最终变成了公法,也就是说公、私法最终会统一呢?

我们认为,这是对公法私法化与私法公法化的错误理解。公法的私法化与私法的公法化虽然都是因为新公共管理理论所倡导的公共权力分权、公共权力主体多元化与社会化而产生或重新受到关注,但是,其出发的视角是不一样的。公法的私法化只侧重于改变传统公法的一些运作模式,虽然会导致规制的缺失,但是确实可以通过立法去弥补。而且公法的私法化带来了另一个层面的益处,也就是强调参与行政、服务行政的理念,冀望通过公民的参与去具体实现行政目标。实际上,公法的私法化这一内容也是人权基本价值的体现,即民主的转型,

## 第十六章 公法的发展趋势

从票决民主转向协商民主及参与民主,打破传统的代议制度的限制,防止委托代理的代议人员违背选民意志的情况发生。不过私法的公法化就没有那么简单了,在私法的公法化概念解析中,极度容易给予公权力进入私领域的借口。因此,公法的私法化值得提倡,笔者也认为是公法未来一段时期主要的发展趋势,而私法的公法化,则不值得提倡。

而关于公私法是否会最终统一,从公私法的产生价值基础来判断则是不可能的。下面我们以公法的代表——宪法及私法的代表——民法为例,从价值层面揭示宪法与民法在产生和制度设置目的上的区别。民法的产生基础在于经济的发展,特别是商品经济的产生与兴盛,古罗马的民法就是一个典型的例证。当古罗马通过不断的战争征服成为横跨欧亚非三大洲的古代最大的世界性帝国后,东西南北的经济贸易和由此而发生的各种复杂的私法关系,使法律对罗马国家经济关系的调整与规范突出地成为实现国家政治稳定的首要任务,也成为立法者和法学家亟待解决的法律课题①,在此背景下,私法有了巨大的发展空间和实际需要。

而这个背景也告诉了我们民法所需要创设的世界,即是形成一个意思自治的市民社会。在这个市民社会的框架内,人人都有自己的自由意志,并能通过自己的意志去进行法律行为,通过民事权利去实现自己的利益需要。在这个市民社会里,商品交易的主体地位是平等的,而权利的产生也是基于平等主体的协商约定而不受到其他人的干涉。整个民法体系也就是围绕着如何才能让民事主体在市民社会领域获得最大限度的自由,享有最大限度的权利。因此,如同无数民法教科书告诉我们的一样,民法是一个"权利法"、"法无禁止即自由"。

但是,近现代意义上的宪法却是西方人民在经历了残酷的中世纪宗教统治和封建统治、经历了被国王不断剥削的黑暗生活后通过斗争而产生的。从1215年英国的《自由大宪章》,到1789年法国的《人权宣言》(后来成为1791年宪法的序言)、《美国宪法》,再到1919年的德国《魏玛宪法》、1949年的德国《基本法》,无不回响着这样一个声音:政府权力非常危险,必须得用宪法来约束。

纵观西方的宪政发展历史,西方学者们普遍认为国家是威胁自由的最大最可怕的"利维坦",是一种"必要的恶"。相对于社会中的其他社会团体,因为国家垄断了威力最大、也是最有效的强制力而成为威胁公民自由与人身财产安全

---

① 叶秋华、洪荞:《论公法与私法划分理论的历史发展》,载《辽宁大学学报(哲学社会科学版)》2008年第36卷第1期。

的最可能主体。① 如英国的《自由大宪章》,即明确其目的在于控权,即通过成文法的方式严格限制国王手中贪欲十足的公权力。

这种对政府的怀疑和警惕根植于西方的自由主义传统。如果说"自由的代价就是恒久的惊醒",那么对政府行为就需要特别的警醒。② 而最有效的方式,就是给政府的手脚加上镣铐,所谓"法无授权即不可为"。

由此对比民法和宪法的产生背景和制度目的,不难看出,两者在对象上是完全不同的。民法通过创设一个平等的市民社会,让私法自治之光发扬光大,也为人类的发展创造动力。而宪法则是通过对公权力的限制,为市民社会撑起一把保护伞。也可以这么说,民法规定针对的是平等的民事主体,其条文内容的目的在于授权,而宪法规定针对的是国家公权力机关,其条文内容的目的在于限权。

因此,公法与私法的划分至少在未来一段时间仍然是值得和需要的。或者从另一个角度去看,"如果我们不再试图从逻辑上证明或者从理论上证成公私法关系的清晰界限何在的话,那么'有必要区分但是没有绝对的标准',这其实就是一个能够令人满意的结论了"③。

### 四、我国应如何应对新公共管理理论背后的公法发展新形势

新公共管理毕竟是西方社会特定的政治、经济、科学技术发展条件下的产物,体现了西方公共行政发展的趋势与方向。应该看到,西方社会在公共管理方面的问题很大程度上是源于行政的法治化,要解决的问题是:在规范化、法制化和过多控制的情形下,如何提升政府的管理能力和改善政府的管理绩效。

与此不同,我们必须明确我国目前处于公法发展的哪个阶段,其次才能从实际出发了解我们目前的状况和能做的努力。

我国的公共管理面临着双重挑战:"一是政府行为法制化不足,行政权力缺乏制约,侵权行政、专断行政、非法行政现象严重;二是政府管理能力不足及由此

---

① 目前有很多学者认为除了国家以外,其他社会团体以及具备一些强势能力的个人也可能对公民的基本权利构成威胁。这种情形确实引起了民众的注意,因此在很多国家,司法机关将一些社会团体通过某种方式纳入到了国家公权力机关的范畴,或者将其行为归为国家行为,典型的即如美国的国家行为理论。但是,如果仅仅是强势的个人是否可以侵犯他人的宪法权利,各国都是采否定态度的。彭亚楠:《谁才有资格违宪?——美国宪法的"政府"行为理论》,引自 http://www.govyi.com/lunwen/2007/200711/188259.shtml,最后访问日期:2008 年 12 月 14 日;童之伟:《宪法民法关系之实相与幻影——民法根本说的法理评析》,载《中国法学》2006 年第 6 期。

② 彭亚楠:《谁才有资格违宪?——美国宪法的"政府"行为理论》,引自 http://www.govyi.com/lunwen/2007/200711/188259.shtml,最后访问日期:2008 年 12 月 14 日。

③ 魏武:《评公法与私法区别的必要及其依据》,载《黑龙江省政法管理干部学院院报》2008 年第 5 期。

带来的管理绩效问题。政府管理效能与社会发展、经济发展的要求存在差距,不能维护公正有效的市场秩序,不能提供充足有效的公共产品和公共服务,快速应变能力较弱。因此,我们不能机械地借鉴和简单地套用新公共管理理论,否则,在缺乏有效法制化的前提下,可能成为政府管理行为任意性、非法性的借口,干扰政府改革法制化的方向。当然,这样说并不否认我们可以从新公共管理理论中获得一些有益的借鉴。我国目前正处于转轨时期,随着市场体系的完善,政府行政管理体制改革无论在理论体系还是实践模式上都需要进一步创新。因此,研究新公共管理的理论与实践,借鉴其经验教训,吸取其理论成果,对现阶段我国行政管理体制改革,无疑具有重大的现实意义。"①

## 第三节　公法国际化与公法全球化探析

经济的全球化引起了全球政治制度的深刻变革,人们对超越国家的自由的追求,对传统民族国家无法解决迫切的全球化问题的失望,使得在公法领域,人们开始寻找国家之上的或者说是"超国家化"的公权力机构和相应的制度体系。

### 一、公法国际化与公法全球化的动因

法律的国际化与全球化与经济的全球化密切相关,在很多学者眼中,后者实际就是前者的产生原因与直接推动力。国际货币基金组织在1997年5月发表的《世界经济展望》中对经济全球化下过这样的定义:经济全球化是指跨国商品与服务交易以及国际流动规模和形式增加以及技术的广泛迅速传播使世界各国经济的相互依赖性增强。② 一般意义上我们所指的经济全球化是指各国各地区的贸易、金融、生产、科学技术等经济活动日益突破国家的界限,按照合理或不合理、公正或不公正的运行规则相互交往,并在全世界流动的状况;而且其中每一项具体内容的流动及其运行规则都会由于各参与国家或地区的人为的努力而发生变化,或者向着有利于各国垄断资产阶级的方向变化,或者向着有利于世界各国人民的方向变换。

经济全球化对法律全球化的推动力实际上不仅仅是在经济层面,而是经济全球化背后对各个国家社会制度的深层次影响。

一方面,经济全球化这个趋势是世界上任何一个国家都无法避免的,隔绝于

---

① 李银珠:《西方新公共管理理论的契约框架:借鉴与启示》,载《当代财经》2005年第12期。
② 郭宝宏:《经济全球化与发展中国家的成就》,经济管理出版社2003年版,第8页。转引自熊文钊主编:《大国地方——中国民族区域自治制度的新发展》,法律出版社2007年版,第408页。

**公法原理**

世界的唯一结果就是让世界抛弃自己。不过事实上即使再封闭的国家也必然存在着与他国的贸易。而一旦存在这样的交易,国家也就不以其意志为转移地掉入了全球化的漩涡。从商品的交流来看,经济的全球化是因为各国各地区的产品不同、资源不同,各地人们的生活需求也不同,当不能够完全自给自足的时候只有通过交换才能各得所需,这是商品社会的最基础准则。从人类生命存续的本能来看,交流与合作是任何个体生活在这个世界上的基础之一,远古时代的原始人类就已经明确只有团结御敌,才能保护自己族类生命的存续。而到了经济迅速发展的现代社会,作为世界一体的国家之间,就如同古代社会的个人之间,只有当其进行交流与合作之时,才能获取本国所需要的物品与财富,也才能保证本国以及本国之国民不致在国际竞争中落败,失去生存在地球上的资格。

另一方面,经济全球化使得各国之间联动加剧,一国发生的事件虽与他国无直接联系,但却能通过各种途径对他国乃至世界产生巨大影响。特别是金融资产的流动电子化,衍生金融产品的出现,更是将全球的金融体系捆绑在了一起,又通过渗透进社会生活方方面面的金融系统对整个社会产生巨大的影响力。如东京股市的一举一动同时与法兰克福、伦敦相连,仅纽约股市时间上略有滞后。① 美国的一项房贷政策导致了至今仍挥之不去的经济衰退的阴影。就如同蝴蝶效应一般,整合在一起的全球金融市场以及被金融市场密切渗透的政治生活中,某一方位的小的波动就会产生另一边的巨浪滔天。我们必须深刻认识到全球各国的联系对各国在运作公权力、制定政策与制度方面都起着巨大的作用。

再一方面,经济的发展推动了人类科技水平的提高,也让人类开始发现很多的自然问题、社会问题已经超越了国界,非一国之力可以解决。有学者对这些全球性问题进行了一定的归纳②,包括依然存在的对和平与安全的全球威胁,如核武器核技术的扩散,常规军事演习造成的巨大环境污染,跨国的恐怖组织活动和种族冲突;不发达与贫穷的全球挑战,从原来南北维度的不发达扩展了苏联解体后东西维度的不发达;对环境的全球威胁,如臭氧层损耗、全球变暖、水资源污染、核污染地区扩大等;大规模移民的全球挑战,不仅仅存在由于贫困、环境被破坏以及大量种族主义者冲突导致的移民,也出现了追逐财富流动的移民。

以上种种,都要求当今生存在这个世界上的人们去思考如何构建合适的法律机构及体制,去实现对经济全球化以及隐含在经济全球化背后的政治文化问题的应对。但是,这一切都不是最终的原因,促使法律出现全球化趋势的实质其

---

① 〔德〕鸠斯特·戴布鲁克:《法律、政治和市场的全球化对国内法的影响:以欧洲为视角》,孙祥壮译,载《金陵法律评论》2005年秋季卷。
② 同上。

实是生活在这个世界上的人们人权意识的觉醒,是人们对人权理论认识的丰富,是人们对人权要求的提高,是人们对人权实现的追求。

上文已经论述,关于人权的内涵在人类社会不断发展的过程中都在进行着扩张,到目前为止,已经出现了三代人权。人权概念范畴的扩大与社会的不断发展、生产力的不断提高密切联系。依据马斯洛人的需求层次理论,人们正从最初满足衣食住行的需要不断转向更高层次。从个人的公民和政治权利以及经济、社会和文化权利到民族自决权再到发展权,人权理念已进入到人类实现自身需要的阶段。这一阶段是马斯洛人的需求层次理论中的最后一层,而它在现实中的反映就是人不断地去寻求自我解放。经济从打破地域垄断到打破国家垄断,实际是人追求经济层面的自由的结果。而在经济领域获得个人事业的成就,是符合人类道德的人自我实现的最主要方式。同时,经济的发展一面创造出了更多的财富,为人继续的自我发展、自我解放与自我实现累积物质基础,另一面则是缩短了不同地域人们的交流距离,扩张了人们的视野,为生活制度的对比创造了机会,也为文化的互相影响渗透创造了条件。于是,在制度的对比中,人们发现并逐渐接受最适合人权发展的体制,在文化的交流中,人们找寻到了普世的共通的价值理念。而一旦尝到了全球化的甜头,没有任何人会愿意返回隔离于世界之外的自己的小角落。

经济全球化的论述首先让人想到的是私法的全球化。确实,目前世界范围内,私法的国际化与全球化程度最深,成果也最多。如《联合国国际货物买卖合同公约》不仅仅在国际贸易中为买卖行为订立了交易准则,同时在各国国内合同法的制定中也起到了范本的作用,我国《合同法》的制定就是最典型的例证。而WTO的相关规则,则被认为在私法领域的全球化中起到了中流砥柱的作用。

但是,虽然不是非常显眼,公法理论体系在经济全球化的背景中也发生着深刻的变革,而这种变革的推动力则是隐含在经济全球化背后的深层次的经济自由乃至人权解放所要求的对传统民族国家公法理论桎梏的破解。国际贸易自由首先需要的就是解除传统民族国家主权要求下的关税壁垒,这与传统民族国家公权力密切相关。同时,为了应对迅速多变的国际贸易环境,具有效率性的行政权继续扩张进而导致的司法权扩大,相对于逐渐冷清的立法权而言,导致了传统三权鼎立的偏移。另外,虽然WTO的很多规则体现了私法性,但是超越于国家主权外的争端解决机构所具有的执行强制力已经具有了公权力的属性。另外,其他国际组织,如欧盟或其之下的欧洲法院这些区域国际组织也具有明显的公法属性的权力。

## 二、公法国际化与公法全球化的概念内涵

法律全球化理论在我国学术界属于热点问题之一,因此法律全球化理论的版本很多。有的学者将之归纳总结为"法律非国家化说"、"全球法律趋同说"、"一国(区)的法律全球化说"、"私法主体立法说"、"全球性问题说"、"法治全球化说"、"法律全球利益说",等等。① 该学者认为,其中最具有代表性的是"法律非国家化说"和"全球法律趋同说"。

法律非国家化说的主要观点是:"经济全球化使资本、信息等生产要素不受国界限制而在国际市场上自由流动,这就要求为之服务的法律也只有突破民族国家的控制,才能为构筑和保障无国界的全球统一大市场的健康运行提供更有效的服务;法律全球化就是要限制国家主权并最终超越国家主权而成为独立于国家之外的法律,即实现法律的非国家化。持这种观点的代表人物是美国著名学者夏皮罗教授。他认为,法律全球化的过程就是法律非国家化的过程。因此,为了避开国家和政府的干预,法律全球化必然主要寄托于'私人主体'的法律创制活动。"②

全球法律趋同说的主要观点是:"伴随着市场的全球化、国际交往的密切以及跨国公司的战略和经营的发展,在某一国家或地区通行的法律制度逐渐为其他更多国家乃至全球所自愿接受的法律传播现象。它主要包括私法的全球化和公法的全球化。私法全球化是由于长期的历史发展逐步所至,公法全球化是由于各国公民法律意识的提高和宪政改革的需要,互相学习,取长补短,从而扩展为公法的全球化。全球法律趋同说发展的极端就是'一国或地区法律全球化学说'。该学说更进一步认为由于美国在世界经济中的优势地位,美国法律将成为一种全球化的普通法。"③

以上两种主要的法律全球化的理论,曾受到了众多学者的抨击,认为其理论不够严密,主要是西方经济学家的观点,在彻底否认国家主权的同时忽视了不同国家文化上的差异,因此是不可取的。

不过,经济全球化成为一种实然且不是可争论的态势的现状,使得法律全球化的理论研究未曾停止而继续深入,学者们也逐渐接受法律全球化是经济全球化发展的必然结果这一现实。只是在法律全球化的过程中还有很多工作要做,

---

① 徐孟洲、葛敏:《法律全球化理论评析及对策研究》,载《公安法治研究》2003年第15卷(总第55期)第2期。
② 同上。
③ 同上。

路途漫长,我们人类也才刚刚起步。

但解决了法律全球化是否是一种必然的趋势的问题之后,学者们的研究焦点聚集在了法律国际化与法律全球化的区别问题,其主要内容在于"国际化"与"全球化"是一对同义词还是各有其内涵外延。对此,中外学者都阐述了其各自的观点。

德国学者鸠斯特·戴布鲁克认为:"尽管'全球化'这一新词似乎经常是十分无意地被用作'国际化'一词的时髦同义词,但这种对'全球化'一词的解释缺乏它的不同含义。比如,一些对环境构成严重威胁如由于所谓'温室效应'引起的臭氧层消耗或气候变化,属于全球而不是国际问题,因为它们影响着人类,无论何处,不分国界。所以,全球化似乎是区别于国际化,表示政治、经济和社会活动一系列的去国家化的过程。另一方面,国际化是指'国家'角色——无论公、私——的合作活动,这种活动超越民族国家程度但最终手段仍处于国家控制之下。两概念间的另一区别是,国际化是民族国家努力满足其国民需要(即国家利益)的补充。而至少在理想中,全球化服务于'人类共同利益',如保护生存环境或规定一般经济和社会福利。在这个意义上,全球化是个规范性概念,因为其涉及价值判断,即共同利益为全球化概念下包含的措施所决定……基于上述考虑,这里所理解的'全球化'可以定义为:混合民族与个人来追求共同利益而进行的市场、法律和政治的去国家化过程。另一方面,'国际化'可以定义为:能够使民族国家在它们自身无法运作的领域满足国民利益的一种方法。"①

我国学者邓正来认为:"'国际'指的基本上是一种以现存甚至变化中的民族国家体系为基础的有关社会、经济、政治、军事、文化和法律的世界秩序,而在这种世界秩序中,基本构成单位是民族国家,而不是其他非国家行为主体(如个人、跨国公司、政府间组织和非政府组织等);而'全球'所意指的则主要是不完全以民族国家体系为基础的有关社会、经济、政治、军事、文化和法律的世界秩序。与此相应,所谓'国际化',乃是指以民族国家为核心而在两个或两个以上的民族国家之间所展开的经济、政治、军事、法律、文化等各方面互相影响的活动。民族国家对外联系越广泛和越深刻、国际化程度越高,它们之间政治经济的相互依赖程度也就越大。而'全球化'主要意指的则是一种经由一定程度或一定方面的'去国家化'而正在型构过程之中的社会、经济、政治、军事、文化和法律的多元化开放性进程;换言之,'全球化'主要是一种以实现人类共同利益或者实现与人类共同利益不相违背的民族国家利益为目的的市场、法律和政治的

---

① 〔德〕鸠斯特·戴布鲁克:《法律、政治和市场的全球化对国内法的影响:以欧洲为视角》,孙祥壮译,载《金陵法律评论》2005年秋季卷。

多元化进程,它的服务对象是整个人类共同体或与人类共同体不相违背的民族国家,所保护的客体是人类的共同利益或与人类共同利益不相违背的民族国家利益。"①

由此可见,中外学者在对"国际化"与"全球化"的概念界定上出现了交集,或者说是他们都认可了国际化与全球化在目的、主体以及手段上的不同。即"国际化"的主体依然是传统民族国家,其国际化的目的在于维护传统民族国家的利益,包括主权利益,而"全球化"的主体已经超越了传统民族国家范围而包括了个人、法人组织(包括公法人与私法人)、政府间组织与非政府组织等,简而言之,就是在"全球化"中传统民族国家仅仅是一方主体而非全部主体,同时,"全球化"所追寻的是人类的共同利益,其广度与深度都远远超越了"国际化"中的传统民族国家的国家利益。

按照以上学者们关于"国际化"与"全球化"的定义解读,实际可以看出,"国际化"的主体——传统民族国家——也是"全球化"的主体之一,"国际化"所追寻的利益即传统民族国家的国家利益也并不与"全球化"的利益即人类共同利益相矛盾。因为很大程度上民族国家追寻的国家利益主要也是满足该国人民的利益需求,而该国人民的利益在不违背人类共同利益的情况下也必然属于人类共同利益的一部分。由此,可以得出这样一个结论,即"国际化"归属于"全球化",是"全球化"过程中的一个阶段。"法律全球化"是包罗着"法律国际化"在内的一个涉及世界经济、政治、文化、人口、民族等问题的极度复杂的一个过程态势。

公法的国际化与公法的全球化也必然体现法律国际化与法律全球化的内涵。就公法领域而言,公法的国际化主要指向的是某些民族国家的公法理论与公法体系在经济全球化过程中成为一种法律文化不断进行传播,而不同国家的人民在总结了本国的公法文化后,面对不同的公法文化进行对比与选择,最终追寻到符合一般人类普世价值,能够体现与保护人权发展的公法理论制度,并采取措施,使得本国的公法理论逐渐与这种体现普世价值的公法理论相契合。这种契合中,必须事先存在一套先进的公法理论,而这套公法理论是对传统民族国家公法体系的总结,同时,采取或吸收国外的公法理论为本国所用虽然是各国人民的意志,但表象却是国家立法机关的立法行为,或者国家与国家之间在不减损主权强制力的情形下达成的国际契约。也就是说,公法的国际法无法摆脱传统民族国家主权的势力范围,而传统民族国家是实现这种国际化的唯一主体。但公

---

① 邓正来:《作为一种"国家与非国家法多元互动"的全球化进程——对"法律全球化"争辩的中立性批判》,载《河北法学》2008年第26卷第3期。

法的全球化内涵则要远远大于公法的国际化。公法的全球化代表了公法渊源的转变,主要表现为超越传统民族国家的机构所订立的规章也可以成为公法的渊源与形式。国家的主权不再是最强大的公权力,国家也不再是唯一能够享有最高位阶的公权力、实施最高位阶的公权力的主体。自然人、法人也可以与国家,乃至政府间以及非政府间国际组织达成公法上的契约。而这些契约对传统的民族国家也具有必然的强制力。一句话,在公法的全球化中,传统民族国家的地位已经退居其次,传统民族国家的以主权为基础的公权力也必须进行减损和妥协,使得公权力在全球范围内进行重新的分配,当然,对这种全球范围公权力的约束与监督机制也将发生深刻的变革。

当然,就目前的世界发展现状看来,公法的国际化已经出现了很多引起学者关注的实例与现象,在国际社会引起了较大的反响,而公法的全球化还仅仅是一个过程,且我们还处在这个过程的最初级阶段,或者可以这样说,我们还只是走在公法全球化中的公法国际化的阶段。但不能懈怠的是,公法的全球化所体现的一种公法制度乃至公法价值的重构性使得其成为我们所需要重点去研究的公法发展趋势之一。

### 三、公法国际化与公法全球化的表现

目前,在公法的很多领域内,都出现了公法国际化的现象,某些还有了公法全球化的端倪。或者说,公法国际化与全球化正在深刻冲击与影响着传统的公法理论。

**(一)宪法层面**

在宪法层面,公法的国际化其实从18世纪末就已经出现了。当时,法国的《人权宣言》(包括之后法国制定的宪法典)、美国的《宪法》这两部现代成文宪法成为了其他许多新兴民主制国家的模板。这些宪法中所体现并包含的人民主权原则、权力制衡原则、法治原则、人权原则现在已经是所有民主制国家宪法的金科玉律,甚至即使在某些仍然实行封建王权制的国家中,这些原则也在很多层面得以体现,甚至在法律中得以确立。同时,在这两部现代成文宪法鼻祖中所确立的民主共和制的国家结构形式也已经成为当今几乎所有独立国家建国时遵循的准则。这两部宪法典中蕴含的对人权的重视,对人权保护的重视,已经成为了现在社会的普世价值观念,也就是在这样的价值观念之下,人们才追求更大范围的自由与解放,这就引起了更深入的经济全球化与文化多元化。可以说,宪法理论的不断发展是公法国际化的最典型例证:某一国具有符合人民利益需求,满足人权发展需要的宪法文件,随着对外交流的深入,蕴含在这些文件其中的宪法文化传播到了世界许多国家并为当地人民接受而成为了其在建国时的参照对象或遵

循准则。于是,大部分国家的宪法都能够体现出某些方面相通的价值导向与精神追求。这也是公法国际化的明确定义。

但是,虽然宪法的国际化已经是一种实然状态,我们却不能忽视它的传播方式:很多时候是因为对弱小国家的欺凌,是通过对弱小国家的侵略才实现了文化的入侵,也就是在这种文化的入侵中,宪法文化才得以进入他国人民的视野。而在现今世界,战争已经明确被各国公认为是非法的,也被遭受了两次世界大战而充满悲伤的人们所唾弃。所以,在现实中,宪法文化的进一步传播,或者说新的宪法认知理论的发现失去了通过武力方式进入他国的机会,而仅仅能通过日常交流进行传播,而这必将遭遇传统民族国家主权的坚墙,各国的统治机关也力图通过严格的审核,禁止其认为对其统治地位产生威胁的思想传入。这颇具有讽刺意味:现代社会的传统民族国家的建立基础依据的价值理论都是在几个世纪以前人类为了保障自身权力而创立的宪法理论,但是,这套理论却同时也创造了严密的国家主权体系,为其自身的发展与再传播制造了牢笼。

不过,已经有了国际化的先例,宪法领域继续深入国际化乃至达到全球化的趋势是无法逆转的。以我国为例,先进宪法文化的流入呼唤着我国目前的宪法进行变革以体现保障人权的普世价值。有学者将我国宪法在经济全球化语境下遭遇的宪法国际化挑战进行了归纳:"经济全球化,要求我国宪法进一步完善人权保障制度,其中包括(1)我国宪法有关财产权的规定违背市场经济的平等原则,不能适应经济全球化趋势的需要,应尽快加以完善;(2)经济全球化,要求我国重新恢复以前宪法中曾经规定的罢工自由权;(3)经济全球化,要求我国重新恢复以前宪法中曾经规定的公民迁徙自由权。在进一步完善人权保护制度的同时,经济全球化要求我国宪法尽快建立有效的宪法监督制度。"[①]这种归纳或许不够完善,尚需推敲,不过也从一定层面上体现了宪法国际化更深层次的要求。

(二) 行政法层面

在行政法层面,公法国际化与公法全球化比宪法层面更为突出。

在经济全球化的现代社会,经济交流迅速多变,各国金融系统紧密相连,各种衍生金融产品层出不穷。为了能够迅速应对经济上的突发情况,需要对具有效率性的行政权进行扩张,通过行政立法、行政许可等手段对经济运行进行及时调控。同时,为了对扩张了的行政权进行监管,保障行政相对人的权益,司法权也进行了相应扩张,司法审查的范围不断扩大。于是,相对于反应滞后的立法权,行政权与司法权的扩张使得传统的三权分立或者说权力制衡体系出现了偏斜。这种现状一方面体现了宪法中传统理论在面临经济全球化时的局限,另一

---

① 欧仁山:《经济全球化与我国宪法制度变革》,载《行政与法》2004年第2期。

## 第十六章 公法的发展趋势

方面也为行政法的国际化与全球化创造了条件：只有跨越传统民族国家的行政法理论，产生超越国家层面的国际行政法体系才能够解决跨国的经济运行问题。

如若仔细分析，实际在上一节中行政领域出现的"新公共管理理论"也是行政法国际化的一方面体现，因为新公共管理理论体现了人们对能够在更广程度和更深层次上提供公共产品供给的公权力机构的需要，也体现了传统公共行政理论的局限，因此其才能够在全球范围内传播并获得重视，也才能够影响各国的传统行政法理论，使得其产生一定层面的国际趋同性。

在行政法领域，行政法国际化与全球化走的最远也最有成果的是欧盟。其无论是在行政实体法领域还是在行政程序法领域都颇有作为。

在行政实体法上，早先的欧洲学者如意大利著名公法学家加纳尼曾经认为，"尽管欧洲共同体（欧盟的前身）法深受各成员国行政法制度的影响，但是在欧洲共同体的层面上，不可能存在独立的行政法。一方面的原因在于欧洲共同体的局限性。即欧洲共同体不同于主权国家，它并不是一个普遍性的公共权力主体。另一方面的原因在于这样一个事实，即个人并不完全是欧共体法律秩序的主体"①。"同一时期的法国著名学者胡德也指出，如果存在欧洲共同体行政法，那么其内容便限于欧洲共同体机构和开支的内部管理。"②但是，情况并不如这些学者们意料。"在当时，欧洲煤钢共同体的最高机构已经被授予对成员国企业发布命令和实施制裁的权力。因此，其行为必须接受欧洲法院的司法审查。随后，《欧洲经济共同体条约》创设了竞争领域中的直接行政，1962年的基本条例③在农业方面赋予了欧洲委员会其他的行政职能。此后，情况有了显著的变化。欧洲委员会被授予了很多反垄断方面的行政权力，特别是在兼并和收购方面（第4064/1989号条例）。它还享有实施现场检查的权力（第1/2003号条例）。在农业政策方面，尽管共同体法将日常行政职能留给了成员国的有关部门和机构，但仍授予欧洲委员会监督权。"④

在行政程序法上，出现了初审法院，其主要负责审查行政行为。同时，欧洲法院逐渐并且稳固地强化了其对成员国程序法原则和规则的影响。"在1990年的Automec案中，初审法院承认欧洲委员会在作出反垄断决定时运用了'行政程

---

① 〔意〕吉亚桑托·加纳尼：《超越国家：行政程序法的欧洲化与国家化》，李仁真、刘轶摘译，载《国家行政学院学报》2005年第2期。
② 同上。
③ EEC：Council Decision of 4 December 1962 on the Co ordination of Policies on the Structure of Agriculture1。转引自〔意〕吉亚桑托·加纳尼：《超越国家：行政程序法的欧洲化与国家化》，李仁真、刘轶摘译，载《国家行政学院学报》2005年第2期。
④ 〔意〕吉亚桑托·加纳尼：《超越国家：行政程序法的欧洲化与国家化》，李仁真、刘轶摘译，载《国家行政学院学报》2005年第2期。

序',但是并未在此基础上得出任何具体的结论。12 年以后,初审法院在 max. mobile-Telekommunikation 案中得出了明确的结论……即首先,在何时必须启动行政程序这一问题上,欧洲委员会享有广泛的自由裁量权。但是,上述权力的行使应遵循善意行政原则。该原则是成员国宪政传统中共同的'法治国家'基本原则的一个方面。这样,欧洲委员会便负有勤勉和公正地作出行为的义务,包括确认私人组织享有的程序性权利……其次相对于私人组织而言,欧洲委员会还有监督欧洲共同体法正确适用的一般义务。毫无疑问,为了实现'公正善意行政'并遵循上述法治国家原则,欧洲委员会的行为应当接受司法审查。这一点已经被 2000 年在尼斯庄严通过的《基本权利宪章》第 47 条所确认。"①

不仅欧盟(欧共体、欧洲委员会)自己可以在行政上行使一定的权力,创设一定的规则,这些规则还在很大程度上对欧洲各国的国内行政法产生了巨大的影响。以法国为例,有学者总结如下:在欧共体的影响下,传统法国行政法发生了诸多变化:"首先,法国公共职能法发生改变,主要体现在法国公务员的任职资格;公务员任职平等原则;欧共体法对法国公共机构法律地位的影响上。其次,法国行政行为以及行政程序制度发生改变,包括行政行为主体发生变化;某些行政许可行为中增加了前置程序;行政行为说明理由制度。第三,法国行政诉讼制度发生改变,主要包括行政法院开始审查法国法律与欧盟条约的一致性,撤销违反欧盟条约的行政决定;行政诉讼具体制度的发展。"②

除了欧盟,WTO 中的争端解决机构的一些决定以及 WTO 的一些规定也具有了一定的行政法性。而 WTO 的原则也对我国行政法提出了变革要求,行政法出现了国际化的态势。③

(三) 刑法与刑事诉讼法层面

在刑法与刑事诉讼法领域,因为涉及各国传统文化的内容较多,在具体的定罪量刑方面,实不易出现全球统一的刑法典或诉讼法典。

但是,在刑法与刑事诉讼法中,很多价值与原则各国还是具有共通性的,其基础即在于对人权的重视,这里的人权不仅仅是被害人的人权,也包括犯罪嫌疑人以及罪犯的人权。在人权保障理念的指导下,刑法中的罪刑法定原则、普遍管辖原则等,刑事诉讼法中的无罪推定原则、律师尽早介入刑事诉讼原则、沉默权

---

① 〔意〕吉亚桑托·加纳尼:《超越国家:行政程序法的欧洲化与国家化》,李仁真、刘轶摘译,载《国家行政学院学报》2005 年第 2 期。

② 王敬波:《欧共体法影响下的法国行政法的新发展》,载《中国社会科学院研究生院学报》2007 年第 4 期(总第 160 期)。

③ 关于 WTO 基本原则对我国行政法的影响,可参见姜明安:《WTO 基本法律原则与中国行政法》,载《政法论坛》2002 年第 20 卷第 1 期。

制度等都已经逐渐成为了各国刑事领域公认的准则。

**四、结语**

一直以来,为了回避传统民族国家公法领域内强大的主权强制力,学者们都力图将法律全球化理论限制在私法领域中,同时,力图以强化法律的技术性、淡化法律的文化性来回避法律全球化面临的文化冲突。① 但是,经济全球化带来的法律全球化乃至公法的国际化与全球化却是无法回避的趋势,而这也需要我们更加重视对公法国际化与公法全球化的研究,为我国的公法发展提供学术支持。

## 第四节 国际人权公约对我国公法发展的要求

随着整个法学的研究范式向权利本位的转换,我国公法的发展越来越受到国际人权公约的影响。国际人权公约为全世界设置了公认的人权标准,从理论到实践都对我国公法的发展提出了一些新的要求。

**一、国际人权公约在中国的适用**

(一) 国际人权公约在中国的适用方式

就国际法作为一个独立存在的法律现象来说,国际法显然是与国内法相对应的相互独立的两个法律体系。对于某个民族国家的国内法与其已经批准或加入的国际法之间的关系,在通过批准或加入时的"声明"、"保留"和"谅解"后,如果从法律的功能出发,经过民族国家批准后的国际法应当与民族国家自身制定的国内法一起共同组成该民族国家的法律规范体系,两者之间不可能出现法律功能上的差异,有的只是规范的来源、形式的不同。被缔约国批准的国际人权公约中的人权在缔约国中只能获得相当于批准机构依据宪法所制定的法律、法规中所保护的权利地位,这样的人权在缔约国国内法上所受到的法律保护的性质应当是宪法权利之下的法律权利。②

有学者认为,由于被缔约国批准的国际人权公约与缔约国国内保障人权的法律之间的功能是完全一致的,这就要求缔约国应当建构比较完善的人权解释理论来解决国际人权公约与国内保障人权的法律之间法律效力协调问题、国际

---

① 陈金钊、张其山:《法律全球化的境遇》,载《山东公安专科学校学报》2002年第6期(总第66期)。

② 莫纪宏:《国际人权公约与中国》,世界知识出版社2005年版,第217—218页。

人权公约中所保护的人权与缔约国国内法所保护的人权在规范上的价值差异和矛盾问题等。① 我们完全赞同该学者的观点,理由如下:

(1) 中国现行宪法在序言中明确规定,宪法是国家的根本法,具有最高的法律效力。宪法的法律效力高于其他法律,其他法律必然包含被缔约国批准的国际人权条约,已经批准的《经济、社会和文化权利国际公约》当然在内,更不必说缔约国未批准的国际人权公约了。因此,我们认为,有学者将人权放在宪法权利下面进行研究是值得商榷的,因为宪法具有最高的法律效力,而国际人权公约所保障的"人权"与《宪法》规定的公民的权利从法律效力上讲应是有所区别的。

(2) 即便如此,我们认为,被缔约国批准的国际人权条约根据其内容和属性应属于法律。按照中国《宪法》和《立法法》的规定,中国法律文件的效力等级依次是:宪法—法律—行政法规—地方性法规和部门规章。在法律与法律之间,其效力等级是相同的,不能说由同一个立法机关制定的一部法律的效力高于另外一部法律。即使是全国人大通过的"法律",其效力等级与全国人大常委会通过的"其他法律"也是相同的。况且全国人大通过的法律也不都是"法律",全国人大也有权制定"非法律"。因此,从效力上看,《经济、社会和文化权利国际公约》应属于中国法律的一部分。

(3) 国际人权公约不能直接作为司法审判的依据,中国必须制定相关的国内法,司法机关根据本国立法机关制定的国内法来进行审判。关于国际条约与国内法的关系,源于西方国际法学界的两种理论:一为一元论,即认为国际法与国内法同属于一个法律体系;二为二元论,即认为国际法与国内法是两个独立存在的、不同的法律体系。但许多国际法学者认为,从中国宪法、法律和国际条约的批准程序来看,国际条约在中国法律体系中处于低于宪法,而与法律或行政法规同等的地位。② 关于国际条约在国内的适用,若大致划分,可分为"转化"和"纳入"两种方式。前者是基于二元论,后者是基于一元论。中国没有在宪法中规定国际条约和国内法的关系,我们一直反对"宪法司法化"的提法,宪法不能直接应用于司法审判的实践,因为宪法往往带有一定的宣示性质,必须将宪法条文转化为相关立法,根据这些转化后的法律才能进行司法审判,这是世界上许多国家都遵循的原则。国际人权公约中的许多权利在中国宪法中都有相关条文予以规定,二者的精神实质是一致的。宪法不能作为司法审判的依据予以直接适用,国际人权公约相应的条款也不能在司法审判中直接予以适用。

---

① 莫纪宏:《国际人权公约与中国》,世界知识出版社2005年版,第220页。
② 朱晓青、黄列主编:《国际条约与国内法的关系——中德国际条约与国内法关系研讨会论文集》,世界知识出版社2000年版,第6—9页。

(二)《经济、社会和文化权利国际公约》在中国的适用

1. 关于社会经济权利

(1) 社会经济权利的法律渊源

1948年12月10日通过的《世界人权宣言》被公认为在促进人权和基本自由保障方面迈出了极大的一步,其把经济权利作为一项重要内容加以规定。《世界人权宣言》第17条规定,人人得有单独的财产所有权以及同他人合有的所有权。任何人的财产不得任意剥夺。该条规定宣示了个人对其财产所享有的财产权,就国家尊重财产权的义务来说,国家必须避免干涉个人的财产权以及让个人负担不合理的重负。该项权利既包括个人权利的侧面,也包括集体权利的侧面。经济权利具有双重作用,这在财产权方面表现得最为清楚。一方面,这项权利构成一种基础,能够确保人们得到适当生活水准,另一方面它还是独立以及由独立带来的自由的基础。财产权必须由至少两项其他权利来补充:一是工作权,它可以带来收入,确保适当的生活水准;二是社会保障权,它可以补充,如果需要还可以完全替代由于财产或工作原因造成的收入不足——这里的"不足"是相对于享受适当的生活水准而言的。

《世界人权宣言》第22条规定,每个人,作为社会的一员,有权享受社会保障,并有权享受他的个人尊严和人格的自由发展所必需的经济、社会和文化方面各种权利的实现,这种实现是通过国家努力和国际合作并依照各国的组织和资源情况。

第23条规定,人人有权工作、自由选择职业、享受公正和合适的工作条件并享受免于失业的保障。人人有同工同酬的权利,不受任何歧视。每一个工作的人,有权享受公正和合适的报酬,保证使他本人和家属有一个符合人的生活条件,必要时并辅以其他方式的社会保障。人人有为维护其利益而组织和参加工会的权利。

第24条规定,人人有享有休息和闲暇的权利,包括工作时间有合理限制和定期给薪休假的权利。

第25条规定,人人有权享受为维持他本人和家属的健康和福利所需的生活水准,包括食物、衣着、住房、医疗和必要的社会服务;在遭到失业、疾病、残废、守寡、衰老或在其他不能控制的情况下丧失谋生能力时,有权享受保障。母亲和儿童有权享受特别照顾和协助。一切儿童,无论婚生或非婚生,都应享受同样的社会保护。前述这些规定为我们勾勒了一个基本的经济权利的轮廓,使我们对其内涵有了一个清楚的认识和把握,也可以说为当今世界确立了一个基本的标准。

1966年12月16日通过的《经济、社会和文化权利国际公约》是一个具有法律约束力的国际文件,更是把经济权利集中加以规定。

## 公法原理

第6条规定,本公约缔约各国承认工作权,包括人人应有机会凭其自由选择和接受的工作来谋生的权利,并将采取适当步骤来保障这一权利。本公约缔约各国为充分实现这一权利而采取的步骤应包括技术的和职业的指导和训练,以及在保障个人基本政治和经济自由的条件下达到稳定的经济、社会和文化的发展和充分的生产就业的计划、政策和技术。

第7条规定,本公约缔约各国承认人人有权享受公正和良好的工作条件,特别要保证:(甲)最低限度给予所有工人以下列报酬:① 公平的工资和同值工作同酬而没有任何歧视,特别是保证妇女享受不差于男子所享受的工作条件,并享受同工同酬;② 保证他们自己和他们的家庭得有符合本公约规定的过得去的生活;(乙)安全和卫生的工作条件;(丙)人人在其行业中有适当的提级的同等机会,除资历和能力的考虑外,不受其他考虑的限制;(丁)休息、闲暇和工作时间的合理限制,定期给薪休假以及公共假日报酬。

第9条规定,本公约缔约各国承认人人有权享受社会保障,包括社会保险。

第11条规定,本公约缔约各国承认人人有权为他自己和家庭获得相当的生活水准,包括足够的食物、衣着和住房,并能不断改进生活条件。各缔约国将采取适当的步骤保证实现这一权利,并承认为此而实行基于自愿同意的国际合作的重要性。本公约缔约各国既确认人人免于饥饿的基本权利,应为下列目的,个别采取必要的措施或经由国际合作采取必要的措施,包括具体的计划在内:(甲)用充分利用科技知识、传播营养原则的知识、和发展或改革土地制度以使天然资源得到最有效的开发和利用等方法,改进粮食的生产、保存及分配方法;(乙)在顾及到粮食入口国家和粮食出口国家的问题的情况下,保证世界粮食供应,会按照需要,公平分配。

第12条规定,本公约缔约各国承认人人有权享有能达到的最高的体质和心理健康的标准。本公约缔约各国为充分实现这一权利而采取的步骤应包括为达到下列目标所需的步骤:(甲)减低死胎率和婴儿死亡率,和使儿童得到健康的发育;(乙)改善环境卫生和工业卫生的各个方面;(丙)预防、治疗和控制传染病、风土病、职业病以及其他的疾病;(丁)创造保证人人在患病时能得到医疗照顾的条件。

国际劳工组织制定和推动实施的国际劳工公约和建议书是经国际劳工组织的所有成员国的三方磋商之后由国际劳工大会通过的,又被称为国际劳工标准,其目的在于促进对全世界劳动者基本权益的保护。自1919年至2003年4月,国际劳工组织已制定了184项公约和192项建议书。公约作为一种多边条约,应当经过会员国的批准。建议书旨在对各国的立法行动和制定政策起指导作用,所以是不必批准的,因此不具有公约的法律约束。第29号:强迫劳动公约

(1930年),要求禁止所有形式的强迫或强制劳动。但允许某些例外,如服兵役、受到适当监督的服刑人员的劳动和紧急情况下的劳动,如战争、火灾、地震。第87号:结社自由和保护组织权利公约(1948年),赋予所有工人和雇主无须经事先批准,建立和参加其自己选择的组织的权利,并制定了一系列规定,确保这些组织在不受公共当局的干涉的情况下自由行使其职能。第98号:组织和集体谈判权利公约(1949年),为防止发生排斥工会的歧视,防止工人组织和雇主组织之间相互干涉提供保护,并对促进集体谈判作出了规定。第100号:同工同酬公约(1951年),呼吁对男女工人同等价值的工作给予同等报酬和同等津贴。第105号:废除强迫劳动公约(1957年),禁止使用任何形式的强近或强制劳动作为一种政治强制或政治教育手段,作为对发表政治或意识形态观点的惩罚,作为动员劳动力的手段,作为一种劳动纪律措施,作为参与罢工的惩罚或歧视的手段。第111号:(就业和职业)歧视公约(1958年),呼吁制定一项国家政策,消除在获得就业机会、培训和工作条件方面,任何基于种族、肤色、性别、宗教、政治见解、民族血统或社会出身等原因的歧视,促进机会和待遇平等。第138号:最低就业年龄公约(1973年),旨在消除童工劳动,规定准予就业的最低年龄不得低于完成义务教育的年龄。第182号:最恶劣形式童工劳动公约(1999年),呼吁立即采取有效措施确保禁止和消除最恶劣形式的童工劳动,它包括奴役制和类似的做法,强迫征募儿童参与武装冲突,使用儿童卖淫和从事任何非法活动,以及可能危害儿童的健康、安全和道德的工作。

(2) 经济社会权利在中国的实施

中国已批准了国际劳工组织8项核心劳工公约中的4项公约。中国未批准国际劳工组织关于结社自由和有效地承认集体谈判权利的公约(国际劳工组织第87号和第98号公约)和关于消除一切形式的强迫或强制劳动公约(国际劳工组织第29号和第105号公约)。中国已批准国际劳工组织关于消除童工公约(国际劳工组织第138号和第182号公约)和关于消除就业和职业歧视公约(国际劳工组织第100号和第111号公约)。

从以上规定中可以看出,工作权的基本含义包括两方面:一方面是政府有义务从宏观的角度采取各项促进就业的措施,尽可能为全体劳动者提供更多的就业机会,最终实现充分就业的目标;另一方面,在就业岗位不能满足所有劳动者就业需要的情况下,政府应保证每个劳动者享有平等的就业机会,禁止任何因种族、性别、民族、肤色等原因而进行就业歧视。严格地讲,工作权是一个复杂的权利系统,包括与就业有关的权利、由就业派生出来的权利、平等待遇和非歧视权利和辅助性权利。与就业有关的权利又包括免于奴隶制和类似的习俗、免于强迫和强制劳动、工作自由、获得免费就业服务的权利、严格意义上的就业权、就业保护的权利和免于失业的保障权。由就业派生出来的权利又包括公正的工作条件、安全和卫生的工作条件、公平报酬、职业指导和培训、妇女和年轻人在工作中受到保护、社会保障等权利。平等待遇和非歧视权利主要指同工同酬、平等就业等权利。辅助性权利主要包括结社自由和组织权利、集体谈判权利、罢工权利和工人迁徙自由等，还可以包括集会自由、拥有财产权、人身自由和安全、公正审判权、表达自由等。

《经济、社会和文化权利国际公约》第11条中所规定的权利被艾德先生称为"包括食物权在内的适当的生活水准权"。经济、社会和文化权利委员会在其《第12号一般性意见(1999年)》中已对食物权作了解释："当每个男子、女子、儿童，单独或同他人一道在任何时候都具备取得足够食物的实际和经济条件或获取食物的手段时，取得足够食物的权利就实现了。适当的确切含义在很大程度上由总的社会、文化、气候、生态条件及其他条件决定。"

委员会认为，适当的食物权的核心内容是指能获得在数量上和质量上足以满足个人饮食需要的权利。食物不得含有有害物质并能为某一特定文化环境所接受。此外，食物还必须是可持续地获得的。在食物权之外，适当的生活水准权还包括住房权、清洁的饮用水权等。为尊重少数民族的风俗习惯，适应和满足各少数民族生产生活特殊用品的需要，国家实行特殊的民族贸易和民族特需用品生产供应政策。

2005年4月27日至29日，委员会正式审议中国履约报告。委员会通过关于中国履行公约报告的"结论性意见"，对中国颁布实施《劳动保障监察条例》、修订《集体合同规定》和《最低工资规定》，通过《中国农村扶贫开发纲要(2001—2010)》，落实《关于切实加强防治艾滋病工作的通知》和通过《2020年教育发展纲要》等方面工作予以积极评价。同时也对中国流动人口在就业、社会保障、卫生服务、住房和教育等方面的权益保护、贩卖妇女和儿童以及遗弃老年人等问题表示了关注。委员会还提出相关改进建议，希望中国政府在下次定期报告中列出国内生产总值用于教育、卫生和住房计划的比例；呼吁采取有效措施，确保公约第3条规定的非歧视原则得到切实遵守，包括消除男女工资差别、保证男女机会均等；希望制定具体的环境政策，特别是减少大气污染，以及评估大型基础设施建设项目对环境的影响等。

公约第7条还规定缔约国要保证人人享有安全和卫生的工作条件。经社文委员会在报告指南里，要求缔约国提供信息，说明规定最低职业安全和卫生条件的法律或行政规章。虽然制定什么样的具体标准是缔约国自己的事情，但是制定标准的义务是存在的。国家还有义务采取一定的政策(如通过立法)预防工伤事故的发生，虽然国家没有义务保证不发生任何事故，但是必须有相关的预防政策,这些制定政策、法律标准的义务应该属于国家的"即刻性义务"。

公约中的公正和良好的工作条件还包括人人享有休息权。具体说,就是工作时间的合理限制以及"定期给薪休假"和"公共假日报酬",这也是经社文委员会关注的重点。在这方面,国际劳工组织通过了不少公约,经社文委员会基本上是参考这些公约以这些劳工公约的标准为准。其中的定期给薪休假,在起草公约时曾经准备用年度给薪休假。欧洲社会宪章第2条第3项规定的年度给薪假是至少2周,而国际劳工组织1970年第130号给薪休假公约(修订)规定是3周,公约的定期假标准应该不少于一年2周。

(3) 中国对《经济、社会和文化权利国际公约》的保留

根据《经济、社会和文化权利国际公约》第8条的规定,公约缔约各国承担保证:(甲) 人人有权组织工会和参加他所选择的工会,以促进和保护他的经济和社会利益;这个权利只受有关工会的规章的限制。对这一权利的行使,不得加以除法律所规定及在民主社会中为了国家安全或公共秩序的利益或为保护他人的权利和自由所需要的限制以外的任何限制;(乙) 工会有权建立全国性的协会或联合会,有权组织或参加国际工会组织;(丙) 工会有权自由地进行工作,不受除法律所规定及在民主社会中为了国家安全或公共秩序的利益或为保护他人的权利和自由所需要的限制以外的任何限制;(丁) 有权罢工,但应按照各个国家的法律行使此项权利。

根据国际法的一般原则,我国对该公约也提出了保留,主要是排除了《公约》第8条中(甲)项条款的适用,对于公民自由组织工会和参与自己选择的工会的权利进行了限制:中华人民共和国政府对《经济、社会和文化权利国际公约》第8条第1款(甲)项,将依据《中华人民共和国宪法》、《中华人民共和国工会法》和《中华人民共和国劳动法》等法律的有关规定办理。那么现行的劳动法律与公约的差距在于集体劳动权是一种公权,即其更多是体现为公法上的保护,因此必然要和一国的社会政治条件有密切的联系,在立法上必然要体现政府的政策取向;而个体劳动权本质上是一种私权,在法律的保护上比较易于实现。

我国不允许多元工会的存在,现行的体制是以全国总工会为最高代表的一个工会体系,应当说这种集中统一的体制在相当长的历史时期中发挥了很大的作用,但是在劳动关系已经发生了巨大变化的当代,这种体制面临许多挑战,应当加以关注。比如由于企业改制过程中存在大量下岗职工和原有用人单位的利益冲突,在法律没有明确提供相应的沟通机制的情况下,大量的非法集会和结社是现实存在的。

这从一个侧面突出了现有立法与社会经济情况之间的不适应:一方面,原有的工会由于肩负太多的利益冲突而不能真正完全地担负工人的代表作用;另一

方面,社会中产生出一种对代表自己利益的"新工会"的需求,却不能被现有的法律制度所允许。这种堵塞社会协调的状况只能以诸如静坐、游行示威(未经我国有关公安部门批准)等非法的无序状态出现。

(4) 对南非经验的借鉴

1996年《南非宪法》规定了广泛的社会权,并赋予其与自由权平等的地位。首先,《南非宪法》第26条第3款规定:"没有法院在考虑了所有相关情况后作出的命令,任何人不得被从自己的住宅驱逐出去,其住宅亦不得被拆毁。任何立法均不得允许武断驱逐。"该条规定了对社会权固有的尊重义务(消极禁止的义务),法院应当予以实施。例如,南非开普省高等法院根据《南非宪法》第26条第3款禁止武断驱逐房客的规定,不仅要求房主证明他是所有权人以及被告为非法占有,而且还要求房主证明将被告驱逐出住房的命令具有正当合理性,从而使脆弱和处于不利地位群体受到更多的保障。

其次,法院也经常履行对社会权的积极义务。在格鲁特母案中,格鲁特母是由510名小孩和390名成人组成的团体中的一名成员,该团体生活在一个非正式住所。他们非法占用附近用于建造低价房的土地,但是均被驱逐出去。在驱逐过程中,他们的房子被烧毁,财物被损坏。先前的住房被占用后,他们绝望地在那一地区的一个运动场地搭起了帐篷,并且向开普省高等法院提起诉讼,诉称《南非宪法》第26条规定的获得适当住房权以及第28条第1款第3项规定的儿童获得庇护所的权利受到了侵犯。

开普省高等法院作出判决:儿童以及他们的父母有权获得《南非宪法》第28条第1款第3项规定的庇护所,国家有关机构或部门有责任立即向他们提供帐篷、活动厕所和定期供应水。高等法院的裁决认为,父母有权与他们的孩子在前述庇护所共同食宿。虽然父母不享有独立的庇护所权利,但他们享有派生的权利,其基础是"孩子的最大利益是与孩子相关的每件事的优先关注"的宪法性规定。没有正当理由地分离家庭,绝不是儿童的最佳利益。"这将使儿童处于极为不利的地位,他们的父母也一样,后者由于种族隔离而不能为自己的孩子提供适当住房。"

被告不服,向宪法法院提出上诉。宪法法院一致的裁决指出,宪法要求政府积极行动改善成千上万处于困境中的人民。政府必须提供住房、医疗保健、充足的食物和水以及社会保障给那些不能维持生存的人。法院强调所有宪法权利是互相联系和互相支持的。实现社会经济权利以确保人民享受权利法案中的其他权利,也是促进种族、性别平等和社会发展的关键。没有食物、衣服或住所就没有人的尊严、自由和平等。因此,不能孤立看待充足住房权。政府必须创造条件保障公民在平等基础上获得房屋,宪法并不强迫政府在现有资源之外或立即实现这些权利。

然而,政府必须赋予这些权利以效力,法院在适当情况下能够且必须履行这些义务。问题是政府采取的实现第26条规定的权利的措施是否合理。要做到合理,就不能不考虑权利受到剥夺的程度和范围。对于那些需求最为紧迫、享有权利的能力也因而受到极度破坏的人,在制定各种旨在实现权利的措施时,绝不应有任何的忽略。法院强调,虽然近年来政府采取了全面的住房计划并建立了大量住宅,但是政府没有在其可获得的资源条件下,为开普地区的那些没有土地、没有住房、生活在难以忍受的境况中的人提供合理的支持。因此,国家的住房计划不合情理,国家没有履行其逐步实现社会权的义务。于是,宪法法院向市政当局发出命令,要求其限期向被上诉人提供基本服务。

2. 关于文化权利

(1) 文化权利的法律渊源

《世界人权宣言》第27条规定,人人有权自由参加社会的文化生活,享受艺术,并分享科学进步及其产生的福利。人人对由于他所创作的任何科学、文学或美术作品而产生的精神的和物质的利益,有享受保护的权利。

《经济、社会和文化权利国际公约》第15条规定,本公约缔约国承认人人有权:参加文化生活;享受科学进步及其应用所产生的利益;对其本人的任何科学、文学或艺术作品所产生的精神上和物质上的利益,享有受保护的权利。本公约缔约国为充分实现这一权利而采取的步骤应包括为保存、发展和传播科学和文化所必需的步骤。本公约缔约国承担尊重进行科学研究和创造性活动所不可缺少的自由。本公约缔约国认识到鼓励和发展科学与文化方面的国际接触和合作的好处。

《公民权利和政治权利国际公约》第27条规定,在那些存在着人种的、宗教的或语言的少数人的国家中,不得否认这种少数人同他们的集团中其他成员共同享有自己的文化、信奉和实行自己的宗教或使用自己的语言的权利。这里所说的"共同享有自己的文化"包含着保持其固有的生活方式,主要是劳动生活方式即生产方式,也包含经济权利的内容在里面。该规定主要是配合《经济、社会和文化权利国际公约》而实施的,两个公约的很多相关规定都是相辅相成,不可分割的。

中国《宪法》第47条中规定,中华人民共和国公民有进行科学研究、文学艺术创作和其他文化活动的自由。国家对于从事教育、科学、技术、文学、艺术和其他文化事业的公民的有益于人民的创造性工作,给予鼓励和帮助。基于目前的资料,我们有理由认为,联合国的相关文献为我们确定了一个经典的文化权利的内涵,主要集中于文化权利的范围方面,但由于社会生活的不断变迁,文化权利的内涵会有新的发展,加之世界上存在着众多发展程度不一的不同民族(种族、族群、文化集团),因而必然会对文化权利这一概念基于不同的立场而有多种理解,中国《宪法》对文化权利的规定比较明确,但不是特别全面。

(2) 学术与科学研究的自由

所谓学术与科学研究的自由,简言之,就是学术与科学研究的活动的自由。其基本意义是指大学(或其他高等学府)的学术人员在研究、发表和讨论学术过程中,除了受基于理性方式产生的纯学术行规与权威的制约外,不受其他规制或权威的干涉与控制的自由。其基本内容则包括学术与科学研究自由、研究发表自由、教授自由。尽管除此以外,学生的学习自由构成学术自由之有机组成部分已成共识,然而,学习自由则不过是学术自由内涵发展带来的应有之结果。作为一项宪法权利,学术与科学研究的自由无疑属于精神自由权的范畴,是精神自由在学术领域的集中体现。

(3) 受教育权

受教育权首先是公民的一项基本权利;其次每个公民都有平等地接受教育的权利;再次在义务教育阶段,公民的受教育权利是一种权利与义务的复合体;另外在非义务教育阶段,公民的受教育权利是一种可以选择的自由权利;最后公民的受教育权要求义务相对方提供积极的条件和机会来实现权利主体权利的实现,尤其是在义务教育阶段。我国《教育法》第36条规定:"受教育者在入学、升学、就业等方面依法享有平等的权利。学校和有关行政部门应当按照国家有关规定,保障女子在入学、升学、就业、授予学位、派出留学等方面享有与男子平等的权利。"我国《义务教育法》第4条规定:"国家、社会、学校和家庭依法保障适龄儿童、少年接受义务教育的权利。"第5条规定:"凡年满6周岁的儿童,不分性别、民族、种族,应当入学接受规定年限的义务教育。条件不具备的地区,可以推迟到7周岁入学。"我国《预防未成年人犯罪法》第48条规定:"依法免予刑事处罚、判处非监禁刑罚、判处刑罚宣告缓刑、假释或者刑罚执行完毕的未成年人,在复学、升学、就业等方面与其他未成年人享有同等权利,任何单位和个人不得歧视。"同时,我国《教育法》第42条明确规定:"受教育者享有参加教育教学计划安排的各种活动,使用教育教学设施、设备、图书资料的权利。""受教育者按照国家有关规定获得奖学金、贷学金和助学金的权利。""在学业成绩和品行上获得公正评价,完成规定的学业后获得相应的学业证书、学位证书。"

3. 中国应承担公约中规定的义务

人权包括文化权利给缔约国带来三类或三层义务,即尊重、保护和实现人权的义务。依次下来,尊重的义务要求缔约国不得直接或间接地干预对人权的享有。保护的义务要求缔约国采取措施,防止第三方干预。实现的义务包括便利、

## 第十六章 公法的发展趋势

提供和促进的义务,要求缔约国为全面实现人权采取适当的法律、行政、预算、司法、促进和其他措施。① 艾德先生又在此基础上进行了学理解释,在第一个层次上,国家必须尊重个人拥有的资源、个人寻找喜欢的工作的自由、采取必要行动和利用必要资源的自由——单独或与他人一起——以满足个人的需要。在第二个层次上,国家义务包括如保护行动自由和自己使用资源的自由,以防止更强大、更具扩张性的主体——更强大的经济利益团体——妨碍这种自由,确保免受欺诈、确保在贸易和契约关系中免于不道德行为的影响、确保免受有害或危险产品的交易和倾倒的影响等。在第三个层次上,国家有义务通过促进和直接提供权利的方式实现每个人的经济、社会和文化权利。②

由于我国的特殊国情,在工作权保障方面目前主要是政府积极促进就业,2007 年通过的《就业促进法》中明确提及,劳动者依法享有平等就业和自主择业的权利。劳动者就业,不因民族、种族、性别、宗教信仰等不同而受歧视。国家应该提供的措施包括:(1) 技术和职业指导、培训的方案;(2) 在保障个人的基本政治和经济自由的条件下,为达到稳定的经济、社会和文化发展以及充分和生产性就业而应采取的政策和方法。这里更可看出国家的义务并不是为每个人实际提供工作,而是创造和提供工作机会,因而国家要实行职业指导培训等措施,以便人们能有更多的就业机会。另外,为充分实现工作权,国家还有义务采取相关政策和方法以达到稳定的经济、社会和文化发展以及充分就业。

对于少数民族的工作权,在《民族区域自治法》中也有特别的规定,其第 22 条规定,民族自治地方的自治机关根据社会主义建设的需要,采取各种措施从当地民族中大量培养各级干部、各种科学技术、经营管理等专业人才和技术工人,充分发挥他们的作用,并且注意在少数民族妇女中培养各级干部和各种专业技术人才。《民族区域自治法》中规定,民族自治地方的自治机关录用工作人员的时候,对实行区域自治的民族和其他少数民族的人员应当给予适当的照顾。民族自治地方的自治机关可以采取特殊措施,优待、鼓励各种专业人员参加自治地方各项建设工作。第 23 条规定,民族自治地方的企业、事业单位依照国家规定招收人员时,优先招收少数民族人员,并且可以从农村和牧区少数民族人口中招收。这些法律和相关政策的制定与实施,都极大地促进了少数民族人员以及民族自治地方的其他人员的就业。

为了保障学术与科学研究的自由,就必须着眼于制度机制的构建,实现两个

---

① 经济、社会和文化权利委员会第 14 号一般性意见第 33 段。
② 〔挪〕A. 艾德、C. 克洛斯、A. 罗萨斯:《经济、社会和文化权利教程》(修订第 2 版),中国人权研究会组织翻译,四川人民出版社 2004 年版,第 20—21 页。

层次上的分离:首先,它要求大学、学院以及其他高教机构既要与国家政治权力分离,又要与大财团等经济势力相分离,实现大学自治。就大学自治的基本内容而言,无论公立大学还是私立大学,都是共通的,即应包含研究自由、教学自由及学习自由等事项。其自治权的范围则包括:(1) 指定资金使用于特殊之目的;(2) 支出费用仅受审计上的监督;(3) 决定大学雇员的分配、工作负担、薪资及升迁;(4) 选择教师、行政人员及学生;(5) 建立有关等级、学位授予、开设课程及发展计划上的学术政策;(6) 研修有关学术自由、成长比率以及研究和服务活动的行政之政策等。其次,它还要求将大学的行政人员与大学的学者们相分离。尽管大学官员任命教授,给各系分配预算,进而有限度地决定学校的课程设置,但是他们不能越俎代庖来决定被任命的教授的教学方式以及教学内容。此外,需要指明的是,在一个现代立宪国家里,对学术自由的保障不仅有赖于制度层面的隔离机制的构建,而且还有赖于宪法保障制度的有效行使。尽管大学自治构筑起了防范国家权力侵犯的屏障,然而,大学自治保障下的学术自由并不能避免国家权力的侵犯。就此而言,通过违宪审查机构对国家权力行使的审查以保障学术自由,不仅是世界各个立宪国家通行的做法,而且也是其应有之义。

(三)《公民权利和政治权利国际公约》在中国的适用

2004年3月14日第十届全国人民代表大会第二次会议通过的《宪法修正案》第24条对《宪法》第33条做了修正,在该条中增加了第3款:"国家尊重和保障人权。"中国正在为批准《公民权利和政治权利国际公约》做着积极的准备。

1. 关于生命权

生命权的基本内容有三个方面:(1) 生命安全维护权,即禁止他人非法剥夺生命,从而保证人的生命按照自然规律延续。此即所谓"安享天年"。(2) 防止生命危害发生。有危及生命安全的危险和行为发生时,权利人(即享有生命权的人)为维护生命安全,可以采取相应的措施,保护自己,排除危害。其中,最基本的措施就是正当防卫和紧急避险。当不法侵害生命权的行为发生时,权利人有权进行正当防卫,防止生命危害发生;不仅权利人有权正当防卫,其他人也有权正当防卫,以保护权利人的生命不受非法侵害。当危及生命的紧急危险发生时,权利人有权紧急避险,致他人以轻微损害,以保全生命。(3) 改变生命危险环境的权利。当环境对生命构成危险,但该危险尚未发生时,权利人有权要求改变环境,消除危险。例如,我国《宪法》第36条关于人身自由的保护、第38条关于人格尊严的保护、第43条关于休息的权利、第45条关于弱者的特殊保护等条文,都是以生命权为前提的,是生命权的延伸。如果宪法不承认公民的生命权,其他任何权利和自由都是没有意义的。

在死刑存在的条件下,对不应被剥夺生命权的行为人生命予以剥夺,即使是以国家的名义,也难说不是对生命至上性的一种漠视。根据《公民权利和政治权利国际公约》第6条:"在未废除死刑的国家,判处死刑只能是作为对最严重的罪行的惩罚……"而所谓"最严重的罪行",根据联合国经济和社会理事会《关于保护面对死刑的人的权利的保障措施》的解释,是指蓄意而结果为害命或其他极端严重的罪行。按照这一标准,现行刑法关于死刑罪名的设置不能说没有侵犯被告人生命权、背离生命至上原则的嫌疑。同时,在罪刑规范设置上,表现为教唆、帮助自杀罪缺乏规定。生命至上原则要求,尽可能地对一切非法剥夺他人生命的行为予以刑法规制,对生命权作尽量周全的保护。这就取决于侵犯生命权基本罪与补充罪罪名体系的完备。

2. 关于人身安全权

人身安全权,是指人人享有生命、健康和身体完整性不受侵犯的权利。人身安全是仅次于生命的重要的人身利益,是人从事一切活动的前提条件和基本要求。对人身安全的侵犯会导致身体活动能力的减弱和丧失。该项人权首先强调人身不受侵犯,即指公民在大多数情况下,侵犯身体权往往与侵害生命权、健康权同时发生,对于侵害身体的行为,如果有损害后果的,按侵害健康权的行为处理,如果致人死亡的,按侵害生命权的行为处理。但是,对于既没有侵害生命权,也没有侵害健康权,但侵犯了公民身体的行为,有关法律保护制度则有待于完善。其次指健康不受侵害。所谓健康是指维持人体生命活动的生理机能的正常运作以及功能的完善发挥。狭义上的健康,只包括生理健康而不包括心理健康。健康权是公民享有的身体健康不受非法侵害的人格权利。

3. 关于人身自由权

广义的人身自由是指公民的身体、人格和身份不受非法侵犯。它包括人格尊严、身份自由、婚姻自由、住宅安全。公民享有人身自由的具体形式主要有三种:一是控制权,即权利主体根据自己的意志对自己的身体、人格和身份进行控制的权利。这种控制就是一定程度的支配,既可以是积极地行使和运用自己的身体、人格和身份,也可以是消极地保守和克制自己的身体、人格和身份。二是利用权,即权利主体利用自己的身体、人格和身份从事各种活动,以满足自己的某种需要。三是有限处分权,包括有限的转让权、抛弃权和消灭权。它是指权利主体在法律不禁止的条件下将自己的身体、人格和身份的转让给他人、抛弃或消灭掉的权利。

公民的人身不受非法拘禁是人身自由的基本要求。而人身自由的核心是行动的自由。住宅安全,是指任何机关或个人,非经法律许可,不得随意强行进入、搜查或者查封公民的住宅。所谓住宅,即供人起居寝食之用的场所。它是公民的人身自由的一项重要内容,也是公民生活中最起码的一项权利。现代宪法一般都有住宅安全权的规定。公民的住宅安全权是公民人身安全、财产安全和生活安宁权的集合和表现。从住宅安全权所要排除的现象来看,它主要包含如下内容:(1)国家机关及其工作人员非经法定程序不得侵入公民住宅。(2)私人或单位、组织派遣的人员包括记者等非经邀请或许可不得进入公民住宅。公民有权决定是否同意其他人进入其住宅,他人应当尊重这一权利。(3)公民对非法侵入住宅者享有抵抗权,这种抵抗权是一种正当防卫。

同时还有关注反酷刑问题。我国的法律、政策与司法实践一贯反对酷刑(包括肉刑、刑讯逼供与体罚虐待),我国政府于1986年12月12日签署、1988年9月5日正式批准了《禁止酷刑公约》,并在我国《刑法》中规定了刑讯逼供罪、暴力取证罪、非法拘禁罪、虐待被监管人罪等酷刑犯罪,以及与酷刑罪相关的故意杀人罪、故意伤害罪、侮辱罪和伪证罪等。

要在全世界范围内遏制酷刑,关键在于处理好人权的国际保护和国家主权之间的关系。因此,一方面需要进一步完善国际公约,另一方面,更重要的是,各国应切实履行自己的国际义务,在国内刑法中将国际公约中关于酷刑罪的有关内容加以规定并认真执行。毕竟,人权的保护责任主要还是由主权国家的政府来承担的。

4. 关于表达自由

在1948年的《联合国人权宣言》里,表达自由第一次被当时和后来申请加入的联合国成员国通过公约的方式宣布为对它们具有约束力的国际法规范。第12条规定:"任何人的私生活、家庭、住宅和通信不得任意干涉,他的荣誉和名誉不得加以攻击。人人有权享受法律保护,以免受这种干涉或攻击。"第27条规定:"人人有权自由参加社会的文化生活,享受艺术,并分享科学进步及其产生的福利。"第29条第2款中对这一权利在行使时所必须接受的限制作出了规定:"人人在行使他的权利和自由的时候,只受法律所确定的限制,确定此种限制的唯一目的在于保证对旁人的权利和自由给予应有的承认的尊重,并在一个民主的社会里适应道德、公共秩序和普遍福利的正当需要。"

《公民权利和政治权利国际公约》将表达自由的权利扩展到适用所有的媒体:"人人有自由发表意见的权利,此项权利包括寻求、接受和传递各种消息和思想的自由,而不论国界,也不论口头的、书写的、印刷的、采取艺术形式的、或通过他所选择的任何其他媒介。"我国《宪法》第35条规定,中华人民共和国公民有言论、出版……的自由。《宪法》第35条同时还规定了与这两类自由相近的自由,即集会、结社、游行、示威的自由。《宪法》第41条规定了公民对国家机关和国家工作人员批评、建议、申诉、控告、检举的权利。《宪法》第47条规定了公民进行科学研究、文艺创作和其他文化活动的自由。我国《宪法》第31条明确表示:"中华人民共和国公民在行使自由和权利的时候,不得损害国家的、社会的、集体的利益和其他公民合法的自由和权利。"《刑法》第 103 条规定了煽动分裂国家罪,第 105 条规定了煽动颠覆国家政权罪,第 249 条和第 250 条禁止散布煽动民族仇恨之言论,第 221 条和第 222 条规定了对于商业性言论的限制。分则第 5 章第 9 节规定了"制作、贩卖、传播淫秽物品罪",《刑法》第 240 条和《民法通则》第 101 条规定了对侵犯公民名誉权的惩罚。《公民权利和政治权利国际公约》第 19 条规定:"……2. 人人有表达自由……。3. 本条第 2 款所载权利之行使,附有特殊义务及责任,因此得以限制,但是,这些限制必须是由法律所规定的并且为下列所需:(1) 尊重他人权利或者是名誉;(2) 保障国家安全或者是公共秩序,或者是公共健康或道德。"第 20 条规定:"1. 任何鼓吹战争之宣传,应以法律禁止之。2. 任何鼓吹种族、民族或宗教的言论,构成煽动歧视、敌视或强暴者,应以法律禁止之。"

(四) 其他人权在中国的实施——以发展权为例

除了前述两个主要的国际人权公约之外,中国政府还签署了一系列的国际人权公约,如《儿童权利公约》、《消除一切形式对妇女歧视公约》等。以和平权和发展权为代表的一系列人权被认为是"第三代人权"①,是由联合国大会《发展权宣言》(1986)确立起来的。② 发展权是一项基本人权,是最重要的一项人权,是实现人权的手段,也是人权本身的目的。

1. 对发展权的不同观点

发展权的提出和获得普遍性承认经过了几十年的过程。塞内加尔外长在 1966 年在呼吁建立国际经济新秩序的讲话中首次提到了发展权。阿尔及利亚的正义与和平委员会于 1969 年发表的"不发达国家发展权利"的报告中首次使用"发展权利"四个字。1969 年联合国大会通过了《社会进步和发展宣言》,把促进发展中国家的经济进步的视野从保障其基本经济主权拓展到了寻求新的发展方式和机遇问题上,虽然没有明确提出发展权的概念,但已经包含了发展权问题的几乎全部内涵。1977 年人权委员会通过了第 4 号决议,第一次在联合国人权委员会系统内确认发展权是一项人权。1986 年 12 月,第 41 届联大通过了《发展权利宣言》,发展权被纳入其中。自此,发展权是"一项普遍的、不可分割的人权,也是基本人权的一个组成部分"的理念得到广泛的认可。而少数民族的经济发展权是发展权的一个重要组成部分,甚至已经成为发展权实现的瓶颈

---

① "第一代人权"是指公民权利与政治权利;"第二代人权"是指经济、社会和文化权利;"第三代人权"是指发展权和环境权。

② 国际人权法教程项目组编写:《国际人权法教程》,中国政法大学出版社 2002 年版,第 456 页。

因素之一。

《发展权利宣言》第1条规定:"发展权是一项不可剥夺的人权,由于这种权利,每个人都有权参与、促进并享有经济、社会、文化和政治发展,在这种发展中,所有人权和基本自由都能获得充分实现。"发展权最初是发展中国家针对不合理的国际经济旧秩序提出的,发展首先意味着经济发展,发展权的内容也就首先是经济发展权。发展权不仅限于经济发展权,还包括社会发展权、文化发展权、政治发展权等不可分割相互依存的发展权利体系。这是发展中国家针对自身实际提出的加快国家发展的积极主张。

在发展权问题上,发展中国家与发达国家的观点有很大的分歧,"发展中国家认为,发展权的核心含义是经济发展。发展的目的是在全体人民和所有个人积极、自由和有意义地参与发展及其带来的利益的公平分配的基础上,不断改善全体人民和所有个人的福利。只有在一定经济与社会条件的基础上,公民与政治权利的行使才有保证。……发达国家则强调发展权的政治含义。它们认为,发展应该以人为中心,要使个人充分自由地参与政治、经济、社会活动,民主、法制和尊重人权是发展过程中的关键因素。"

2. 发展权的性质

经济自决的概念产生于两个国际人权公约之前。早在联合国建立三年之后,联合国就建立了一个拉丁美洲经济委员会。该委员会的相关研究对于联合国对经济自决的重视起了推动作用。联合国大会在其后通过了两个关于经济自决的决议,主张对自然资源的永久主权是自决权的重要内容。

1960年联合国大会通过的《给予殖民地国家和人民独立宣言》的"序言"第7段宣布:"认为殖民主义的继续存在阻碍了国际经济合作的发展,妨碍了附属国人民的社会、文化和经济发展,并妨碍了联合国的世界和平的理想的实现。"两个国际人权公约的第1条第2款都规定:"所有人民得为他们自己的目的自由处置他们的天然财富和资源,而不损害根据基于互利原则的国际经济合作和国际法而产生的任何义务,在任何情况下不得剥夺一个人民的生存手段。"所有人民在经济方面的自决,意味着人民有权自由地决定其经济地位,自由地利用自己的自然资源以便谋求经济发展。人民自决权包括的经济自决权为发展权概念的提出奠定了基础。《非洲人权和民族权宪章》中规定了发展权,"一切民族在适当顾及本身的自由和个性并且平等分享人类共同遗产的条件下,均享有经济、社会和文化的发展权","各国均有义务单独或集体保证发展权利的行使"。

国际法院法官韦拉曼特利对发展权作出的解释是,该项权利不仅仅是指对发展的追求以及由于发展带来的经济所得,还在于人的幸福和福利总的价值的增长。此外,发展与环境之间的关系也在不同场合得到强调,其中包括良好健康的自然环境对实现发展权的重要性,也包括适当的发展对于保护自然环境的影响。

20世纪70、80年代,从殖民统治之下解放出来的新独立国家在获得政治自决之后发现它们的经济自决也是非常重要的,从而提出了建立国际经济新秩序以实现其经济自决的主张。在这种背景下提出的发展权是以集体为权利主体的。随着人权国际化以及发展中国家与发达国家之间人权斗争的不断深入,发展权作为个人的权利得到发达国家的强调,以避免将人权与国家或政府的权利混为一谈。

**二、国际人权监督机制对我国公法发展的要求**

国际社会一直在探讨行之有效并能为各国所接受的在人权保护方面的行之有效的监督机制。从传统的国际法观念转变到视人权为国际法问题的立场上,从而在人权遭侵犯时能有国际措施来加以救济,这无疑是关键的一步,是革命性的转变。[①] 联合国人权条约机构是指根据联合国人权条约设立的、负责监督人权条约履约状况的专家委员会。目前,共有7项人权条约设有专家委员会,它们是《公民权利和政治权利国际公约》的人权事务委员会(ICCPR)、《经济、社会和文化权利国际公约》的经济社会文化权利委员会(CESCR)、《消除一切形式种族歧视国际公约》的消除种族歧视委员会(CERD)、《消除对妇女一切形式歧视公约》的消除对妇女歧视委员会(CEDAW)、《禁止酷刑和其他残忍、不人道和有辱人格的待遇或处罚的公约》的禁止酷刑委员会(CAT)、《儿童权利公约》的儿童权利委员会(CRC)、《保护所有移徙工人及其家庭成员权利公约》的保护所有移徙工人及其家庭成员权利委员会(MWC)。各人权条约机构由一定数量的专家组成,由各缔约国提名、经缔约国大会选举产生,以个人名义任职,任期为4年。其主要职责为审查缔约国提交的履约报告并提出建议;根据公约规定,有些条约机构还负有接受个人或者国家指控缔约国未履行公约义务的来文、到缔约国进行实地查访的职责。

(一) 国家报告制度

《经济、社会和文化权利国际公约》和《公民权利和政治权利国际公约》中都规定了国家报告制度。虽然中国目前还没有批准《公民权利和政治权利国际公约》,但是正在为批准该公约做着积极的准备,对该制度的探讨有助于为中国正式批准该公约铺平道路。

---

① 国际人权法教程项目组编:《国际人权法教程》(第1卷),中国政法大学出版社2002年版,第20页。

1. 《公民权利和政治权利国际公约》中规定的国家报告制度

《公民权利和政治权利国际公约》第 40 条规定了缔约国定期报告制度。该条要求各缔约国承担在公约对有关缔约国生效后一年内及此后每逢委员会要求这样做的时候,提出关于它们已经采取而使本公约所承认的各项权利得以实施的措施和关于在享受这些权利方面所作出的进展的报告。所有的报告应送交联合国秘书长转交人权事务委员会审议。如果存在着影响实现公约的因素和困难,报告中应指出影响实现公约的因素和困难。人权事务委员会应研究公约各缔约国提交的报告,并把它自己的报告以及它认为适当的建议送交各缔约国。委员会也可以把这些建议连同它从各缔约国收到的报告的副本一起转交经济及社会理事会。各缔约国可就按照本条第 4 款所作出的建议向委员会提出意见。

从成立至今,委员会已经审查了大量缔约国报告,逐步发展了一整套关于报告的指导原则和处理报告的程序。在审查缔约国报告时,委员会可以使用联合国专门机构的资料、联合国其他机构的研究报告,以及非政府组织提供的材料。但是,委员会缺乏通过它自己所做的调查对国家报告进行审议的权力。当然它的成员可以作为人权专家就自己所知向国家代表提出询问。根据委员会的程序规则,在审议报告时,国家代表必须到场。委员会通过要求代表对报告的内容进行解释和提出补充资料的办法,就能使严重不遵守公约的问题突出出来,并提请联合国大会和各缔约国注意。

此外,联合国的人权机构也进行了改革。2006 年 3 月 15 日联大以压倒多数通过决议,决定设立人权理事会,取代原有的人权委员会。从决议所规定的内容看,人权理事会与人权委员会相比,确实有很大的不同。首先,它的地位提高了,由经社理事会下的一个职能委员会变成联大的附属机构;随之,它的权力得到扩大,将对联合国人权高级专员的工作进行指导,还将审议所有国家的人权状况;在工作方式上也由仅仅几个星期的年度会议变为全年经常举行的多次会议,必要时还可以举行特别会议。这些改革都使联合国的人权工作得到了加强。① 目前,我们所关注的是,联合国人权机构的改革是否会从程序上影响到人权事务委员会的工作,尤其是对国家报告的审议和个人来文的审议。

2. 《经济、社会和文化权利国际公约》中将规定的国家报告制度

公约要求缔约国就其"在遵行本公约所承认的权利方面所采取的措施和所取得的进展"提交报告。但是公约本身没有建立一个特别机构来审议报告,它

---

① 何洪泽:《人权理事会 但愿"新瓶装新酒"》,载《人民日报海外版》2006 年 3 月 17 日第 1 版,查阅自新华网,文章网络地址:http://news.xinhuanet.com/world/2006-03/17/content_4310373.htm,最后访问日期:2008 年 12 月 30 日。

只规定向经济及社会理事会提交报告。1978 年 5 月 3 日,经社理事会通过 1978/10 号决议,建立了"公约执行情况政府专家会期情况工作组"审议缔约国报告。1985 年 5 月 28 日,经社理事会通过 1985/17 号决议,建立了"经济、社会和文化权利委员会",取代工作组。缔约国在公约对其生效后 2 年内向委员会提交报告,随后每 5 年提交一次。委员会秘书处收到缔约国的报告之后,将报告交给委员会的五人会前工作组做初步审查,工作组列出在报告中发现的问题清单,提交有关缔约国,请缔约国在出席会议前对这些问题作出书面答复。如果缔约国提交不出报告,委员会就根据一切现有资料审议该国的经济、社会和文化权利状况,即使缔约国代表缺席,审议工作仍照常进行。委员会完成对报告进行分析后提出"结论性意见"。① 该意见不具有法律拘束力,但如果缔约国无视这些意见或不采取行动,将有损于该国的国际形象。

2003 年 6 月 27 日,中国政府首次向联合国提交了此公约的履约报告。2004 年 6 月 7 日,经社理事会对中国就《经济、社会和文化权利国际公约》执行情况首次报告提出了建议,其中主要包括要求中国提供《经济、社会和文化权利国际公约》在中国法院适用的情况,中国在种族、宗教和性别方面的反歧视立法,等等。② 可见,经社文委员会十分关注公约在各国社会生活中实际所起的作用,也就是公约的实施状况。该制度作为一种外部力量敦促各成员国采取切实可行的措施来提高国内的经济、社会和文化权利保障状况,其范围涉及经济、社会和文化权利的方方面面。

(二) 个人来文制度

《公民权利和政治权利国际公约任择议定书》规定了个人来文制度,由于对公民权利最大的侵害来源于政府的公权力,为了进一步加强对人权的保护,该制度旨在使那些权利受到侵害的个人能向人权事务委员会提出申诉。其主要内容如下:人权事务委员会有权接受并审查个人来文;议定书缔约国管辖下的,认为其公约所保护的权利遭受侵害的受害者;来文只能向既批准《公民权利和政治权利国际公约》,又批准《公民权利和政治权利国际公约任择议定书》的缔约国提出;来文必须署名,并已用尽国内救济,同时,所涉事件不处于另一国际调查或解决程序的审查之中。

委员会就个人来文作出的决定只是意见,对有关缔约国没有约束力,但是这些决定一般都得到了有关缔约国的遵守。缔约国根据委员会的意见而采取了多

---

① 徐显明主编:《国际人权法》,法律出版社 2004 年版,第 81—82 页。
② List of Issues: China. 07/06/2004. E/C.12/Q/CHN/1. (List of Issues) COMMITTEE ON ECONOMIC, SOCIAL AND CULTURAL RIGHTS/Pre-sessional working group.

种措施,例如,认定与公约不一致的法律已经被修正或废除,受害者得到了补偿,减刑或释放,等等。

2003年,第59届联合国人权委员会通过决议,决定设立工作组,讨论制订《经济、社会和文化权利国际公约任择议定书》。这向国际社会传递了一种明确的信息,国际社会欲加强对缔约国实施《经济、社会和文化权利国际公约》的监督力度。《经济、社会和文化权利国际公约任择议定书》的草案中也设立了个人来文制度。①

根据《公民权利和政治权利国际公约》第28条的规定设立了人权事务委员会。委员会主要有五种职能:审议缔约国提交的报告;提出"一般性意见",对公约某些条款的范围和含义作出解释;接受和审议一缔约国指控另一缔约国未履行公约义务的指控;接受和审议个人声称其人权遭到缔约国侵害的来文;协助缔约国实施公约条款和编写报告。委员会为使公约被承认为联合国最重要的人权公约作出了重要贡献。② 从以上关于委员会的职能的分析可以看出,接受和审议个人声称其人权遭到缔约国侵害的来文是其重要职能之一。下面是一个与公民文化权利,尤其是少数人(少数民族)的文化权利相关的经典案例。

### 洛夫莱斯诉加拿大③

来文作者洛夫莱斯是一位马利西特印第安妇女。1970年她与一位非印第安男子结婚,依据加拿大《印第安人法》第12条第1款第2项的规定,她婚后便失去了其作为印第安人的身份和权利,这一结果导致她离婚后,无权再回到她原先居住的托比克印第安保留地生活。

来文作者辩称:加拿大《印第安人法》的第12条第1款第2项规定,是基于性别差异的一种歧视,因为依据该法律,一个印第安男子并不因为与非印第安女子结婚而失去其作为印第安人的身份和权利,此外,这一规定还侵犯了《公民权利和政治权利国际公约》第2条第1款、第3条、第23条第1款、第4款、第26条和第27条所确认的来文作者缔结婚姻的权利、不受歧视的权利和作为少数人群体成员享有自己文化的权利。

加拿大政府承认《印第安人法》的一些条款需要重新进行认真地审议和改革,但其强调该法是为保护印第安人群体的利益而制定的,该法的有关规定是基于19世纪印第安人农业社会的父系家庭关系的传统,同时也是为

---

① E/CN.4/1997/105.
② 徐显明主编:《国际人权法》,法律出版社2004年版,第73页。
③ Sandra Lovelace v. Canada, Communication No. 24/1977; Canada. 30/07/81. CCPR/C/13/D/24/1977. (Jurisprudence).

## 第十六章 公法的发展趋势

了保护业已受到威胁的保留地制度。有关法律条款的修改只能通过咨商印第安人的方法来解决。由于印第安人自己内部对平等权利的问题意见不一,因此政府尚没有采取有效的措施。

人权事务委员会的意见认为:加拿大国内法的有关规定,使本案申诉人失去其印第安人身份以及与此相关联的各种利益的损害,特别是否认她作为印第安人所享有的居住在托比克保留地的权利。在申诉人所陈述的数项损害中,委员会认为最主要的是她失去生活在印第安人社群中所能享有的文化上的利益,她与其家庭、家族成员、朋友、邻居的情感上的联系和民族认同。在本案中,由于在托比克之外不存在类似的社区,否认申诉人的印第安人身份事实上侵害了她与其所属群体的其他成员一起享有自己文化和语言的权利。《印第安人法》的规定否认申诉人在保留地居住的权利是不合理的,这种限制对于保护该部落的认同是不必要的,因此加拿大政府违反了依据公约第 27 条规定所应承担的义务。在此案之后,加拿大修改了其《印第安人法》,删除了第 12 条第 1 款第 2 项的规定。

前述案例的处理是建立在个人来文制度基础之上的,其超越国家权力的准司法权力的运用是保障人权的另一个重要途径。

(三) 非政府组织在国际人权监督机制中的作用

非政府组织(简称 NGO)是当前国际上通行的一种说法,是指那些非政府性、非政党性、非营利性,具有公益性、志愿性和合法性的社会中介组织。① "非政府组织"的称呼极其多样,有的称为"民间社团"、"非赢利部门"、"独立部门"、"志愿部门"、"第三域"或者"第三部门",等等。联合国在《宪章》第 71 条中首次称其为"非政府组织"。对其的每一种称呼反映了对该领域的某一方面性质的认识,大部分的西方学者从国家—经济(市场)—公民社会的三分法基础之上,把非政府组织理解为介于国家、政府组织与经济组织之外的非赢利社团。作为法律概念,联合国经社理事会在 1952 年第 288(X) 号决议中为非政府组织定义为:"任何不是依据政府间协议建立起来的国际组织均应称为非政府组织。"1996 年经社理事会通过一份新的决议,在《联合国与非政府组织咨询关系决议》中,把非政府组织范围扩大至包括国家的、地方的、区域的层面。②

非政府组织是国际人权政治中的一支重要力量。在国际人权政治的长期历史发展中,人权非政府组织已越来越深刻地卷入联合国的人权事务中,联合国在

---

① 王楠、郑保章:《组织与社会的碰撞:中国非政府组织》,载《前沿》2004 年第 12 期。
② 刘超:《非政府组织的驳兴与国际法律秩序的变塑》,载《现代法学》2004 年第 4 期。

**公法原理**

人权事务方面也越来越倚重于人权非政府组织的活动支持。1993年6月14—25日,在维也纳召开的世界人权大会上,官方的统计数字显示了参加大会的非政府组织的庞大力量。在维也纳人权大会的最终决议文件中,NGOs的几个重要游说观点都得到了反映。在其他会议上,非政府人权组织也已将人权与环境、妇女、人道救助等问题结合起来。如在北京第四次世界妇女大会最后的宣言和行动纲领就充分反映了许多非政府组织对普遍人权和妇女人权的主张。北京世界妇女大会行动纲领中特别强调了非政府组织所要求的妇女性权利、难民妇女、土著妇女和非法移民妇女的权利及反暴力的权利等方面。[1]

大赦国际的前任法律官员海林纳·库克也曾报告说,大赦国际每年向联合国各人权机构递交的报告有500份之多,其中包含了上千个案例。非政府组织通过向联合国人权机构递交有关侵犯人权事件的信息,一方面能够扩大事件的影响,另一方面也能够迅速地促进处理某些事件的外交进程。除了提供信息之外,非政府组织还常常向联合国人权机构和人权大会提出倡议、进行游说、协助起草文件等,在联合国人权事务中,许多人权公约和实施制度机构都是在非政府组织的建议和倡导的促发下产生的。[2]

在少数人文化权利保障方面,非政府组织和少数群体社团可以直接参与国家报告的起草工作。通过查明哪个政府机构负责起草报告,并且与该机构联系,看能否在报告定稿之前提供资料或意见。多数国家都希望非政府组织参与起草报告。如果非政府组织所在的国家不是相关人权公约的缔约国,则非政府组织的宣传和游说会侧重该国批准这些公约。

以《欧洲保护少数人框架公约》为例,其咨询委员会的信息来源的一个重要方面就是非政府组织。非政府组织可以在任何时间向设在欧洲委员会的框架公约秘书处发送信息。秘书处将把信息转交咨询委员会成员。在咨询委员会审议国家报告时提交这种信息往往最为有效。秘书处将告知接收非政府组织评论意见的最后期限。如果有充分的时间和资源,非政府组织也会起草一份完整的替代报告或"影子报告",系统地论述国家报告所涉及的全部问题。这时非政府组织一般会考虑与其他国家或非政府组织合作,这将最大程度地减少重复劳动,并可提供更具代表性和更加全面的资料,这种信息反过来可以使报告更加可信。在部长委员会的结论和建议公开之前,非政府组织可以进行宣传并在全国发起就少数群体权利问题进行讨论。非政府组织还监测政府对结论和建议所做的反应,包括该国应部长委员会要求提供的后续行动信息。

---

[1] 蔡拓、刘贞晔:《人权非政府组织与联合国》,载《国际观察》2005年第1期。
[2] 资料来源于 www.amnesty.org。

而《非洲人权和人民权利委员会议事规则》则授权委员会给予非政府组织以观察员地位,并在1999年5月制定了"关于非政府组织享有非洲人权和人民权利委员会观察员地位的标准",非洲的少数群体权利组织应争取此种地位。享有观察员地位可使一个非政府组织有权收到公开文件,参加委员会及其附属机构的公开会议。委员会可以与非政府组织直接磋商,也可以通过为此目的设立的各种委员会进行磋商。非政府组织可以散发文件,可以在公开会议所审议的议程项目下进行口头发言,并可以参加委员会设立的工作组。同时,观察员可以请求将它们特别关心的问题列入委员会的临时议程。①

### 三、国际人权公约的新发展为我国公法的发展指明了方向

#### (一) 关于人类责任宣言

现在,国际生活建立在两个支柱基础上:一是《世界人权宣言》,它关注个人的尊严和对个人权利的捍卫;另一个是《联合国宪章》,它关注和平与发展。这两个支柱已经成为国际关系体系进步的公认框架。但是,过去的五十多年中世界发生了太多的变化,人类现在面临着新的挑战。显然,最初的两个支柱已经不足以应对目前和未来的变动了。

建立一个主要关注人类和生物圈之间关系的第三个支柱的想法——《地球宪章》草案,最初于1972年在斯德哥尔摩世界大会上被提出来。此后,1997年在维也纳由一个25位知名政界人士参加的"互动委员会大会"②提出了著名的"人类责任宣言"③,这些价值包括:对一切生命形式和生存尊严权的尊重,主张对话而远离暴力,同情和关心他人,团结亲善,诚实坦率,平安和谐,公正平等,把共同利益置于个人利益之上。在指导人类责任实施的原则中强调,我们在自己的思想和行动中都对保证人权的确定不移负有责任,表现文化的多元性在应对今天和明天的挑战中与统一行动同样重要。没有尊重人类尊严和权利的正义基础就不可能实现持久的和平。为了使人性充分伸张,人类的非物质追求和物质需要都必须得到关注。

与此相类似的另外一种主张是"全球伦理"。全球伦理的主要源泉是人类脆弱性这一理念以及尽可能解除每个人所受苦难的愿望。另一个源泉是对全人类道德平等的信仰。联合国大会全体成员于2000年通过的《千年宣言》重申要无区别地尊重人权和自由、尊重一切人的平等权利。全球伦理的核心内容有五

---

① 该部分参考了"联合国少数群体指南第6号小册子"。
② Interaction Council congress.
③ Universal Declaration for Human Responsibility.

个:(1)公平。承认人人平等,不分阶级、种族、性别、社区或辈分,是普遍价值观的精神。平等也包括必须保护可供子孙后代利用的环境和自然资源。(2)人权和义务。人权是不可或缺的国际行为准则。这个关切是为了保护所有人的完整性免受对自由和平等构成的威胁。(3)民主。民主的宗旨有很多:提供政治自治、维护人权以及为公民全面参与经济发展创造条件。在全球的层面上,民主标准对保证参与、赋予穷国和边缘化的社区以及遭受歧视的少数群体以发言权是必要的。(4)保护少数群体。对少数群体的歧视发生在若干层面:不承认、剥夺政治权利,社会经济排斥以及暴力。只有少数群体在较大的国家和国际层面得到承认和平等的权利,全球伦理才具有全面性。(5)和平解决冲突的办法以及公平谈判。①

无论是人类责任宣言还是全球伦理以及《千年宣言》都是建立在人类共同的行为准则和价值追求的基础之上的,人类目前面临的主要问题之一就是保护少数人的文化,赋予少数人以平等权,这是尊重一切生存和生命形式、保护文化多样性、和平解决冲突的必由之路。

(二)中国公法对人权保障的促进措施的完善

1. 设立专门的国家人权机构

联合国经济、社会和文化权利委员会认为,国家人权机构形式各异,其在促进和确保所有人权的不可分割性和相互依存性方面可以发挥关键的作用。以下开列的活动表明国家人权机构在这些权利方面可以展开和有时已经展开的各种活动:(1)推广教育和宣传方案,以提高大众和公务员、司法机构、私营部门和劳工组织等特定群体对经济、社会和文化权利的认识和理解;(2)认真审查现有法律和行政法规以及法案草案和其他提案,以确保这些文件符合《经济、社会和文化权利国际公约》的要求;(3)在经济、社会和文化权利方面提供技术咨询或展开调查,包括应政府当局或其他有关机构的请求提供这种咨询或展开这种调查;(4)确定可以衡量履行《公约》义务的国家一级的标准;(5)在全国范围内或在各地区或在极其脆弱的社区内进行研究和调查,查明正在落实特定经济、社会和文化权利的程度;(6)监督《公约》所确认的特定权利的遵守情况,并就此向政府当局和民间社会提交报告;以及(7)审查关于在缔约国内适用的经济、社会和文化权利标准遭到侵犯的控诉。② 同时,在国内设立这样的机构,可以由其承担统一编写报告的任务,可以统一协调中国参加的各个人权条约所要求的报告编

---

① 联合国开发计划署编:《2004年人类发展报告——当今多样化世界中的文化自由》,中国财政经济出版社2004年版,第90页。

② 经济、社会和文化权利委员会第10号一般性意见。

写工作。

中国还没有专门的以人权命名的或以保障人权为主要职责的政府机构。目前,中国向联合国各条约机构提交的国家报告是由外交部、全国妇联等不同的政府部门负责的,过于分散,往往造成重复劳动,不利于政府职能的充分发挥,不符合行政效率的价值理念。如果能设立专门的国家人权机构,不论其名称如何,都将是适应联合国驻中国的所有机构合署办公的新形势,避免机构重复,提高行政效率的需要。该机构的职责还可以包括:开展有关人权事项及相关理论的研究,以促进人权在中国的接受、理解和遵守;编制人权发展规划;对中国尚未加入的其他人权公约的现状及其未来发展开展前瞻性研究,对中国的加入提供指导与建议,等等。从国家人权机构所承担的审查与调查职能上看,该机构应直接隶属于全国人民代表大会常务委员会。

2. 促进自然人、法人和其他组织对人权的参与

人权和各项基本自由可以使我们充分发展利用我们的人类品质、智慧、才能和良知,并满足我们精神需求和其他需求。这些权利的基础就是,人类越来越需要一种使每个人所固有的尊严和价值都能得到尊重和保护的生活。胡锦涛总书记在十七大报告中提出"从各个层次、各个领域扩大公民有序政治参与","保障人民的知情权、参与权、表达权、监督权",表明中央十分重视扩大公民有序政治参与,进一步加大了解决扩大公民有序政治参与问题的力度,把社会公平正义赋予了民主新意。这是对《宪法》第 35 条关于公民权利的进一步阐发,在党的代表大会报告中尚是首次。我们认为,参与权不仅仅是一项重要的政治权利,它也包含经济方面和文化方面的内涵。本书将参与权单独列为一项内容进行讨论,主要指的是公民有参与国家事务和地方事务的管理社会生活的权利。参与权包括选举权和被选举权、监督权等参政权的相关内容,也包括参与社会生活的决策权。

我们必须意识到,人权保护最基本的方面就是树立保护意识。如果保护人权的意识深入到全社会每个人的内心深处,人权的保护与提升才能顺利开展。这其中最重要的就是权利意识,使全社会都意识到尊重人权对我们未来发展的重要性,而达到该目的最好的办法就是加强人权教育。联合国大会于 1994 年宣布 1995—2004 年为联合国人权教育十年。大会重申,"人权教育不只是提供信息,而应是一个全面的终生过程,处于任何发展阶段和任何社会的人借此学习尊重他人的尊严,并且学习在所有社会确保此种尊重的途径和方法"。针对我国目前的实际情况,具体的人权教育措施主要包括:一是组织编写人权方面的教材,让人权文化进入中国的小学、初级中学和职业学校的课堂,使全社会成员从小就能接受系统和正规的人权教育;二是经常开展人权活动,吸引全社会成员的

**公法原理**

参与,从而自觉接受人权的教育与熏陶,这对于人权底蕴相对缺乏的我国而言,意义尤其重要。人们一旦经过系统的人权教育,必定会自觉和自主地去保护、传承与发展人权事业,并成为一种社会的公共意识。这样,人权的保护才能从根本上得以解决。

# 参 考 文 献

1. 〔古希腊〕亚里士多德：《政治学》，吴寿彭译，商务印书馆1997年版。
2. 〔古希腊〕柏拉图：《法律篇》，张智仁、何勤华译，法律出版社2001年版。
3. 〔古希腊〕柏拉图：《理想国》，郭斌和、张竹明译，商务印书馆1997年版。
4. 〔古罗马〕西塞罗：《论共和国 论法律》，王焕生译，中国政法大学出版社1997年版。
5. 〔英〕霍布斯：《利维坦》，黎思复、黎廷弼译，商务印书馆1985年版。
6. 〔英〕洛克：《政府论》（上、下），叶启芳、瞿菊农译，商务印书馆1982年版。
7. 〔德〕黑格尔《法哲学原理》，范扬、张企泰译，商务印书馆1961年版。
8. 〔德〕康德：《法的形而上学原理——权利的科学》，沈叔平译，商务印书馆1991年版。
9. 〔美〕汉密尔顿、杰伊、麦迪逊：《联邦党人文集》，程逢如等译，商务印书馆1997年版。
10. 〔英〕边沁：《政府片论》，沈叔平等译，商务印书馆1997年版。
11. 〔法〕卢梭：《论人类不平等的起源和基础》，李常山译，商务印书馆1997年版。
12. 〔英〕密尔：《代议制政府》，汪瑄译，商务印书馆1982年版。
13. 〔英〕霍布斯：《论公民》，应星、冯克利译，贵州人民出版社2003年版。
14. 〔英〕戴雪：《英宪精义》，雷宾南译，中国法制出版社2004年版。
15. 〔英〕W·Ivor·詹宁斯：《法与宪法》，龚祥瑞等译，生活·读书·新知三联书店1997年版。
16. 〔英〕哈耶克：《自由秩序原理》，生活·读书·新知三联书店1997年版。
17. 〔法〕孟德斯鸠：《论法的精神》（上、下），张雁深译，商务印书馆1961年版。
18. 〔法〕托克维尔：《论美国的民主》（上、下），董果良译，商务印书馆1997年版。
19. 〔美〕潘恩：《常识》，何实译，华夏出版社2004年版。
20. 〔法〕卢梭：《社会契约论》，何兆武译，商务印书馆1980年版。
21. 〔英〕阿克顿：《自由史论》，胡传胜等译，译林出版社2001年版。
22. 〔英〕阿克顿：《自由与权力》，侯健、范亚峰译，商务印书馆2001年版。
23. 〔英〕埃德蒙·柏克：《自由与传统》，蒋庆等译，商务印书馆2001年版。
24. 〔英〕以赛亚·伯林：《自由论》，胡传胜译，译林出版社2003年版。
25. 〔法〕邦雅曼·贡斯当：《古代人的自由与现代人的自由》，阎克文等译，商务印书馆1999年版。
26. 〔德〕卡尔·施米特：《宪法学说》，上海人民出版社2005年版。
27. 〔美〕约翰·罗尔斯：《正义论》，何怀宏、何包钢、廖申白译，中国社会科学出版社

1988年版。

28. 〔德〕哈贝马斯:《在事实与规范之间——关于法律和民主法治国的商谈理论》,童世骏译,生活·读书·新知三联书店2003年版。

29. 〔美〕伯尔曼:《法律与宗教》,梁治平译,中国政法大学出版社2003年版。

30. 〔美〕埃德加·博登海默:《法理学——法律哲学和方法》,张智仁译,上海人民出版社1992年版。

31. 〔德〕拉德布鲁赫:《法哲学》,王朴译,法律出版社2005年版。

32. 〔德〕考夫曼:《法律哲学》,刘幸义等译,法律出版社2004年版。

33. 〔德〕阿图尔·考夫曼、温弗里德·哈斯默尔主编:《当代法哲学和法律理论导论》,郑永流译,法律出版社2002年版。

34. 〔德〕马克斯·韦伯:《论经济与社会中的法律》,张乃根译,中国大百科全书出版社1998年版。

35. 〔德〕卡尔·拉伦茨:《法学方法论》,陈爱娥译,商务印书馆2003年版。

36. 〔英〕维尔:《宪政与分权》,苏力译,生活·读书·新知三联书店1997年版。

37. 〔德〕列奥·斯特劳斯:《自然权利与历史》,彭刚译,生活·读书·新知三联书店2003年版。

38. 〔日〕大须贺明:《生存权论》,林浩译,法律出版社2001年版。

39. 〔美〕约瑟夫·斯托里:《美国宪法评注》,毛国权译,上海三联书店2006年版。

40. 〔美〕斯坦利·I.库特勒:《最高法院与宪法——美国宪法史上重要判例选读》,朱曾汶等译,商务印书馆2006年版。

41. 〔美〕阿奇博尔德·考克斯:《法院与宪法》,田雷译,北京大学出版社2006年版。

42. 〔美〕阿希尔·里德·阿马:《宪法与刑事诉讼》,房保国译,中国政法大学出版社2006年版。

43. 〔美〕麦迪逊:《辩论;美国制宪会议记录》(上下),尹宣译,辽宁人民出版社2003年版。

44. 〔美〕詹姆斯·M.伯恩斯等:《民治政府》,陆震纶等译,中国社会科学出版社1996年版。

45. 〔美〕宝罗·布莱斯特等:《宪法决策的过程:案例与材料》,张千帆等译,中国政法大学出版社2002年版。

46. 〔美〕萨托利:《民主新论》,冯克利、阎克文译,上海人民出版社2009年版。

47. 〔美〕列奥·施特劳斯、约瑟夫·克罗波西:《政治哲学史》,李天然等译,河北人民出版社1998年版。

48. 〔美〕罗纳德·德沃金:《自由的宪法——对美国宪法的道德解读》,刘丽君等译,上海人民出版社2001年版。

49. 〔德〕K.茨威格特、H.克茨:《比较法总论》,潘汉典、米健、高鸿钧、贺卫方译,法律出版社2003年版。

50. 〔日〕大木雅夫:《比较法》,范愉译,法律出版社1999年版。

51. 〔法〕勒内·达维德:《当代主要法律体系》,漆竹生译,上海译文出版社1984年版。

52. 〔美〕史蒂芬·霍尔姆斯等:《权利的成本——为什么自由依赖于税》,毕竞悦译,北京大学出版社2004年版。

53. 〔美〕西尔维亚·斯诺维斯:《司法审查与宪法》,谌洪果译,北京大学出版社2005年版。

54. 〔美〕赫伯特·J.斯托林:《反联邦党人赞成什么——宪法反对者的政治思想》,汪庆华译,北京大学出版社2006年版。

55. 〔美〕凯斯·R.桑斯坦:《偏颇的宪法》,宋华琳、毕竞悦译,北京大学出版社2005年版。

56. 〔美〕小詹姆斯·R.斯托纳:《普通法与自由主义理论——柯克、霍布斯及美国宪政主义诸源头》,姚中秋译,北京大学出版社2005年版。

57. 〔美〕马克·沃伦:《民主与信任》,吴辉译,华夏出版社2004年版。

58. 〔英〕戴维·赫尔德:《民主的模式》,燕继荣等译,中央编译出版社1998年版。

59. 〔美〕斯科特·戈登:《控制国家——西方宪政的历史》,应奇等译,江苏人民出版社2001年版。

60. 〔美〕文森特·奥斯特罗姆:《美国联邦主义》,王建勋译,上海三联书店2003年版。

61. 〔英〕詹姆斯·布赖斯:《现代民治政体》(上、下),张尉慈等译,吉林人民出版社2001年版。

62. 〔英〕马丁·洛克林:《公法与政治理论》,郑戈译,商务印书馆2002年版。

63. 〔美〕杰罗姆·巴伦等:《美国宪法概论》,刘瑞祥等译,中国社会科学文献出版社1995年版。

64. 〔美〕汉密尔顿等:《美国宪法原理》,严欣淇译,中国法制出版社2005年版。

65. 〔美〕凯斯·R.孙斯坦:《设计民主:论宪法的作用》,金朝武等译,法律出版社2006年版。

66. 〔美〕埃尔金、索乌坦编:《新宪政论》,周叶谦译,生活·读书·新知三联书店1997年版。

67. 〔美〕路易斯·亨金、阿尔伯特·J.罗森塔尔编:《宪政与权利》,郑戈、赵晓力、强世功译,生活·读书·新知三联书店1997年版。

68. 〔美〕罗森鲍编:《宪政的哲学之维》,刘茂林、郑戈译,生活·读书·新知三联书店1997年版。

69. 〔美〕埃尔斯特、〔挪〕斯莱格斯塔德编:《宪政与民主》,生活·读书·新知三联书店1997年版。

70. 〔美〕爱德华·S.考文:《美国宪法的"高级法"背景》,强世功译,生活·读书·新知三联书店1996年版。

71. 〔法〕莱昂·狄骥:《宪法学教程》,王文利等译,辽海出版社、春风文艺出版社1996年版。

72. 〔日〕美浓部达吉:《公法与私法》,黄冯明译,中国政法大学出版社2003年版。

73. 〔日〕三浦隆:《实践宪法学》,李力等译,中国人民公安大学出版社2002年版。
74. 〔日〕杉原泰雄:《宪法的历史——比较宪法学新论》,吕昶等译,社会科学文献出版社2000年版。
75. 〔日〕阿部照哉等:《宪法》(上、下),中国政法大学出版社2006年版。
76. 〔日〕芦部信喜:《宪法》,林来梵等译,北京大学出版社2006年版。
77. 〔英〕韦德:《行政法》,徐炳译,中国大百科全书出版社1997年版。
78. 〔美〕伯纳德·施瓦茨:《行政法》,徐炳译,群众出版社1986年版。
79. 〔日〕和田英夫:《现代行政法》,倪健民译,中国广播电视出版社1995年版。
80. 〔日〕室井力:《日本现代行政法》,吴微译,中国政法大学出版社1995年版。
81. 〔日〕盐野宏:《行政法》,杨建顺译,法律出版社1999年版。
82. 〔日〕南博方:《日本行政法》,杨建顺、周作彩译,中国人民大学出版社1988年版。
83. 〔德〕平特纳:《德国普通行政法》,朱林译,中国政法大学出版社1999年版。
84. 〔德〕毛雷尔:《德国行政法总论》,高家伟译,法律出版社2001年版。
85. 〔印〕赛夫:《德国行政法》,周伟译,台湾五南图书公司1991年版。
86. 〔法〕莫里斯·奥里乌:《行政法与公法精要》,龚觅等译,春风文艺出版社、辽海出版社1998年版。
87. 翁岳生编:《行政法》(上、下),中国法制出版社2002年版。
88. 翁岳生:《法治国家之行政与司法》,月旦出版社1994年版。
89. 城仲模:《行政法的一般法律原则》(一)、(二),台湾三民书局1994年版。
90. 林纪东:《行政法》,三民书局1990年修订六版。
91. 陈新民:《行政法学总论》,台湾三民书局1997年版。
92. 吴庚:《行政法的理论与适用》,台湾三民书局1989年增订七版。
93. 龚祥瑞:《比较宪法与行政法》,法律出版社1985年版。
94. 王名扬:《英国行政法》,中国政法大学出版社1987年版。
95. 王名扬:《美国行政法》,中国法制出版社1995年版。
96. 王名扬:《法国行政法》,中国政法大学出版社1988年版。
97. 罗豪才:《现代行政法的平衡理论》,北京大学出版社1997年版。
100. 应松年主编:《当代中国行政法》(上、下),中国方正出版社2005年版。
101. 杨建顺:《日本行政法通论》,中国法制出版社1998年版。
102. 陈新民著:《德国公法学基本理论》(上、下),山东人民出版社2001年版。
103. 徐秀义、韩大元主编:《现代宪法学基本原理》,中国公安大学出版社2001年版。
104. 熊文钊:《现代行政法原理》,法律出版社2000年版。
105. 张文显:《法理学》,法律出版社1997年版。
106. 卓泽渊:《法治国家论》,中国方正出版社2001年版。
107. 周叶中主编:《宪法》,高等教育出版社、北京大学出版社2000年版。
108. 马怀德主编:《行政诉讼原理》,法律出版社2003年版。
109. 张文显著:《法学基本范畴研究》,中国政法大学出版社1993年版。

110. 吕世伦主编:《现代西方法学流派》,中国大百科全书出版社2000年版。
111. 郭道晖:《法理学精义》,湖南人民出版社2005年版。
112. 袁曙宏:《公法学的分散与统一》,北京大学出版社2007年版。
113. 张文显著:《法哲学范畴研究》修订版,中国政法大学出版社2001年版。

# 后 记

历经五年的艰辛和努力，《公法原理》终于从课堂讨论题目提升为中国法学会部级研究课题，再到北京大学出版社列出版计划，如今，该书的书稿已然成为出版清样摆在案头。

2004年9月，我们开始招收宪法与行政法专业硕士研究生。为了能够给研究生们构建一个宏观、完善的公法理论体系与课程框架，我们的培养计划中设置了"公法原理"必修课程，但在前期的准备工作中，我们也遇到了很多的困难，最大的一个就是困难就是，纵观我国其他有宪法与行政法专业的院校，几乎没有与公法原理相关或相类似的课程设置，在市面上也找不到一套完整的公法原理相关教材或读物。这就意味着，我们在作出了课程创新的同时，也就面临着要从头开始整体上设置与完善公法原理课程的挑战。基于此，我们在公法原理的课程讲授中，大胆创设了一种新的教学模式，即师生互动式教学模式。在该模式中，由我首先提出公法原理的基本概念、基本范畴、基本制度和基本价值的框架体系，在与张俊杰老师交换意见的基础之上初步形成了公法原理的教学提纲，之后由学生或学生小组负责各专题的相关资料的查阅、收集与整理。在课堂中，每个专题的学生根据自己老师所列题目和参考书目，进行大量的相关资料阅读并作出专题报告，其他同学则根据该报告和所收集到的资料阐述自己的意见或展开辩论。最后，由授课老师对该专题进行深入讲解，对同学们提出的问题进行讲解。现在看来，这种体现了"教学相长"理念的师生互动教学模式是很成功的。

从2004年开始授课到2008年，公法原理课程走过了五个年头。在五年的课程讲授中，我们每一年都针对以往授课发现的问题进行总结并在下一年教学中力图有所改进，有所创新。曾有一年，针对之前学生资料准备中法学理论专著阅读较少的问题，我们专门将公法原理课程与公法学专著导读相结合，将法学名著的内容引入到了公法原理的课程中来作为有益的补充。在课堂上，我们给每个学生都分配了一定的公法学专著阅读任务，从学生们的读书报告上，明显可以看出其理论认识逐渐加深的印记。尔后的公法原理课程中，我们仍然强调了对

# 后 记

学生理论专著阅读量的要求。

晃眼五年,转瞬而过。或许,公法原理课程刚刚开设时,我们的资料还尚显稚嫩,但是,经过公法原理课程五年多来的教与学的实践,公法原理这一课程不断丰富与完善,并取得了显著的成果,学生们广泛参与,在参与中增进了专业思想和专业兴趣的养成,打下了较为坚实的公法学专业理论基础。2007 年,公法原理课程还成为了中国法学会部级法学研究课题,并将五年以来的课程教学成果凝聚成为这部《公法原理》。

在此,我不得不提到中央民族大学宪法与行政法硕士研究生各届的学生们,他们积极参与了公法原理课程的研究和讨论,他们的思考与努力都凝结在了本书中。他们是分别是:2004 级学生姚新柱、刘春禾、刘健、李滔、陈富宏、殷玉洁、李勇、马凌云、郭晋、郭柏然、赵聪、张怡宁、王洋、韩艳英、林大可;2005 级学生孙建、吴勇辉、鲁延法、张伟、朱光耀、蒋北娟、蒋慕鸿、王燕、王媛媛、哈胜男、阎洪烨、赵坤、王昊、吴昊、杨红利、刘箫音、李国华、雷剑、钟秀华、杜梅、张静;2006 级学生曹旭东、王江波、徐良君、黄悦波、程遥、冀陈强、郑毅、骆兴国、宋振华、姚亚楠、王唯奇、朱硕、邱晶晶、张琰、罗汀、齐娜、马倩、王宏、李晶、张景茹、任晓莉、崔明明、麦育亥、李苗苗、吴贤萍;2007 级学生郑爱林、金新艳、张燕、侯慧岩、郑伟、李鹏、牛强、王略、马万青、毛希彤、康占北、张涛、蔡琴、冯瑞丽、王雨莲、沈朝阳、陈琳、王璞、余彤、吴旸、陈智刚、邱宇、李丽辉、郑宇昕、张侨姗、雷磊;2008 级学生张白茹、但吉、王静、李晓果、孔杰、宁宇、李青、孙轩轩、张利钦、张明亮、蓝琼、陆叶、蔡锟、史小凡、李维斯。

本书得以面世与北京大学出版社及责任编辑的大力支持是分不开的。作为国内一流大学的出版社,北京大学出版社已经推出了一系列较有影响的公法学著作,在社会中获得了广泛的声誉。本书能够位列其中,既是对我们教学科研成果的肯定,也是对我们继续前进的激励。在此,对北京大学出版社及各位编辑出版工作人员表示衷心的感谢。

最后,本书的撰写分工如下:

| | | |
|---|---|---|
| 第一章 | 公法观念 | 熊文钊、吴勇辉 |
| 第二章 | 公法的逻辑起点——公权力 | 熊文钊、张伟 |
| 第三章 | 公法的归宿——权利 | 张俊杰 |
| 第四章 | 公法规范 | 熊文钊、曹旭东 |
| 第五章 | 公法关系 | 姚新柱、刘春禾 |
| 第六章 | 公法原则 | 熊文钊、孙建 |
| 第七章 | 公权民授制度 | 张杰 |
| 第八章 | 权力的配置与制约 | 张杰 |

| 第九章　正当法律程序 | 张步峰 |
| 第十章　权利保障制度 | 张杰、熊文钊 |
| 第十一章　公法责任与救济 | 刘志峰 |
| 第十二章　公法与正义 | 吴勇辉 |
| 第十三章　公法与利益 | 张俊杰、冯瑞丽 |
| 第十四章　公法与秩序 | 张俊杰 |
| 第十五章　公法与效率 | 张俊杰、雷磊 |
| 第十六章　公法的发展趋势 | 田艳、蔡锟 |

在此也对各位撰稿人表示最衷心的感谢。

本书是我们在充分借鉴前人成果的基础上，对公法的原理进行系统化建构的初步尝试。限于学力，疏漏之处在所难免，还请海内外方家批评指正！

熊文钊

2009 年 8 月 6 日谨识